Ökonomie des Sozialstaats

Friedrich Breyer · Wolfgang Buchholz

Ökonomie des Sozialstaats

3., aktualisierte und überarbeitete Auflage

 Springer Gabler

Prof. Dr. Friedrich Breyer
Universität Konstanz
Konstanz, Deutschland

Prof. Dr. Wolfgang Buchholz
Universität Regensburg
Regensburg, Deutschland

ISBN 978-3-658-33368-3   ISBN 978-3-658-33369-0   (eBook)
https://doi.org/10.1007/978-3-658-33369-0

Die Deutsche Nationalbibliothek verzeichnet diese Publikation in der Deutschen Nationalbibliografie; detaillierte bibliografische Daten sind im Internet über http://dnb.d-nb.de abrufbar.

Planung/Lektorat: Carina Reibold
Springer Gabler ist ein Imprint der eingetragenen Gesellschaft Springer Fachmedien Wiesbaden GmbH und ist ein Teil von Springer Nature.
Die Anschrift der Gesellschaft ist: Abraham-Lincoln-Str. 46, 65189 Wiesbaden, Germany

Vorwort zur dritten Auflage

Nach gut 10 Jahren war es an der Zeit, eine neue Auflage dieses Werkes herauszubringen. Dabei wurden nicht nur alle Daten aktualisiert, sondern auch zahlreiche neue Themen behandelt, darunter in Kap. 2 der Zusammenhang zwischen Ungleichheit und Besteuerung, in Kap. 5 implizite Umverteilung in der Gesetzlichen Rentenversicherung, in Kap. 6 die Pflegeversicherung, in Kap. 7 das Bedingungslose Grundeinkommen und sein Gegenstück, Arbeitsverpflichtungen in der Grundsicherung, sowie in Kap. 9 Möglichkeiten der Stärkung der Nachhaltigkeit der sozialen Sicherungssysteme durch Elemente der Kapitaldeckung.

Wir danken den zahlreichen Kollegen, die uns wertvolle Anregungen gegeben haben, namentlich Michael Eichenseer, der zu einigen Kapiteln des Buches beigetragen hat, und David Rostam-Afschar zum Thema des Bedingungslosen Grundeinkommens. Patrick Hasse hat die Abbildungen mit großer Akribie überarbeitet oder neu angefertigt.

Konstanz	Friedrich Breyer
Regensburg	Wolfgang Buchholz
im Dezember 2020	

Vorwort zur zweiten Auflage

Die erste Auflage dieses Werks wurde vom Markt so freundlich aufgenommen, dass sich bereits jetzt, kaum zwei Jahre nach ihrem Erscheinen, die Notwendigkeit einer Neuauflage ergab. Wir haben die Gelegenheit dazu benutzt, nicht nur die üblichen Kinderkrankheiten einer Erstauflage sorgfältig zu beseitigen, sondern auch die empirischen Angaben zu aktualisieren, insbesondere die zur Entwicklung der Armutsquoten in Kap. 2. Auch bei der Überarbeitung haben wir wertvolle Hinweise von Mitarbeitern und Studierenden erhalten. Zu nennen sind hier vor allem Stefan Hupfeld und Dominik Sachs (Universität Konstanz) sowie Andreas Graichen, Paul Guter und Jan Schumacher (Universität Regensburg). Das Inhaltsverzeichnis und das Sachregister wurden von Gundula Hadjiani (Konstanz) mit der gewohnten Sorgfalt erstellt, noch immer verbliebene Mängel sind in vollem Umfang den Autoren anzulasten.

Konstanz   Friedrich Breyer
Regensburg   Wolfgang Buchholz
im August 2008

Vorwort zur ersten Auflage

Der Sozialstaat nimmt in Deutschland wie in vielen anderen Industriestaaten ca. 30% der Wirtschaftskraft in Anspruch. Damit ist er nicht nur der größte Sektor der Volkswirtschaft, sondern seine Gestaltung steht auch seit Jahren im Zentrum der politischen Debatten in unserem Land. Zudem sind die normativen Grundlagen des Sozialstaats und seine Auswirkungen auf die Märkte seit Jahrzehnten Gegenstand ökonomischer Analysen. Dennoch existiert bis heute kein deutsches Lehrbuch, das die Ökonomie des Sozialstaats auf einem wirtschaftstheoretisch gesicherten Fundament darstellt. Diese Lücke versucht das vorliegende Werk zu schließen. Es soll als Grundlage für Lehrveranstaltungen dienen, die die Theorie der Sozialpolitik im fortgeschrittenen Teil eines Diplom- oder Bachelor-Studiums oder im Master-Studium der Volkswirtschaftslehre behandeln.

Der vorliegende Text ist aus Vorlesungen hervorgegangen, die die Autoren an den Universitäten Konstanz und Regensburg gehalten haben. Er hat von zahlreichen Diskussionen mit unseren früheren und jetzigen Mitarbeitern an beiden Universitäten erheblich profitiert. Besonderen Anteil an seinem Gelingen hatten Prof. Dr. Mathias Kifmann (Universitäten Konstanz und Augsburg), Dr. Eva Ackstaller, Julian Doenecke und Andreas Graichen (Universität Regensburg), Normann Lorenz, Stefan Hupfeld, Nick Netzer (Universität Konstanz) sowie Florian Scheuer (Konstanz und MIT). Wertvolle Verbesserungsvorschläge erhielten wir auch von Herrn PD Dr. Robert Fenge (ifo München) sowie von unseren Studenten, für die stellvertretend Peter Klisch (Konstanz) genannt sei. Das Manuskript und die Grafiken wurden von Mila Böhm, Frauke Kurth (Regensburg) und Gundula Hadjiani (Konstanz) kompetent erstellt, die Endredaktion haben Melanie Zabel und Oliver Knüttel (Konstanz) mit großer Sorgfalt durchgeführt. Etwaige verbliebene Mängel sind in vollem Umfang den Autoren anzulasten.

Konstanz   Friedrich Breyer
Regensburg   Wolfgang Buchholz
im September 2006

Inhaltsverzeichnis

Einleitung

1

1.1 Soziale Sicherung als Teil der Staatsaufgaben: Versuch einer Einordnung

In Deutschland wie in nahezu allen entwickelten Ländern besteht in der Bevölkerung weitgehende Übereinstimmung im Hinblick darauf, dass der Staat eine soziale Verantwortung trägt, der er durch entsprechende sozialpolitische Maßnahmen nachzukommen hat. Nach allgemeinem Verständnis gilt der Sozialstaat auch heute noch als etwas Positives, während die Etikettierung eines politischen Reformvorschlages als „unsozial" fast schon einem Totschlagsargument gleichkommt. Dieser Konsens über die prinzipielle Wünschbarkeit sozialstaatlicher Aktivitäten verdeckt aber die erheblichen Unterschiede in den Auffassungen darüber, was überhaupt unter Sozialpolitik zu verstehen ist und wie weit diese reichen sollte.

Aus wissenschaftlicher Sicht ist diese diffuse Wahrnehmung des Problemfeldes höchst unbefriedigend, weil auf einer solchen Basis weder aussagekräftige Analysen noch eine seriöse wirtschaftspolitische Beratung möglich sind. Um zu einem besseren Verständnis der sozialen Aufgaben des Staates zu gelangen, ist deshalb zunächst eine Begriffsklärung erforderlich, bei der das Handlungsfeld des Sozialstaates in allgemeine ökonomische Zusammenhänge eingebettet und dabei insbesondere vor dem Hintergrund des Marktsystems erfasst wird. Der Ausgangspunkt für die Charakterisierung und Motivation sozialpolitischer Maßnahmen besteht dann in der Feststellung, dass der Marktprozess in manchen Situationen zu Verteilungseffekten führen kann, die aus bestimmten Gründen als nicht akzeptabel angesehen werden. Die Sozialpolitik lässt sich aus dieser Perspektive dann als Unterform der Verteilungspolitik begreifen.

Je nach Standpunkt des Betrachters äußert sich diese distributive Unzulänglichkeit des Marktes in ganz verschiedener Weise: So herrscht bei vielen die Auffassung, dass die vom Markt sowohl auf weltweiter als auch auf nationaler Ebene zustande gebrachte

© Der/die Autor(en), exklusiv lizenziert durch Springer Fachmedien Wiesbaden GmbH, ein Teil von Springer Nature 2021
F. Breyer und W. Buchholz, *Ökonomie des Sozialstaats*,
https://doi.org/10.1007/978-3-658-33369-0_1

Einkommens- und Vermögensverteilung zu ungleich und damit „ungerecht" sei, was nur durch staatliche Umverteilungspolitik von oben nach unten behoben werden könne. Zudem wird vielfach beklagt, dass in Marktbeziehungen Abhängigkeiten entstehen und verfestigt werden können. Dadurch werde eine „Ausbeutung" der Schwächeren möglich, die somit des sozialen Schutzes etwa durch das Arbeits- oder das Mietrecht bedürften.

Von besonderer Bedeutung für die Rechtfertigung der zentralen Teile der Sozialpolitik ist schließlich die Feststellung, dass unter bestimmten Bedingungen und in bestimmten Situationen die Individuen überhaupt nicht in der Lage sind, das zur Sicherung ihres Grundbedarfs nötige Einkommen tatsächlich am Markt zu erzielen. Individuen können etwa alt werden oder behindert sein und damit zu wenig produktiv sein, um ihren Lebensunterhalt mithilfe der ihnen verfügbaren Mittel bestreiten zu können. Sie können krank und damit arbeitsunfähig werden oder aufgrund unzulänglicher Qualifikation oder ungünstiger wirtschaftlicher Entwicklung ihren Arbeitsplatz verlieren – oder erst gar keinen bekommen. In besonderen Lebenslagen wie einer mit hohen Behandlungskosten verbundenen schweren Erkrankung oder im Falle der Pflegebedürftigkeit kommt es sogar zu einem zusätzlichen Bedarf, der die Finanzierungsmöglichkeiten auch des Durchschnittsverdieners vielfach weit übersteigt. Gerade im Hinblick auf solche Notlagen mit extrem hohen Kosten der Existenzsicherung besteht breiter Konsens über die Notwendigkeit sozialer Schutzvorkehrungen, die von unserem Sozialstaat auch im Wesentlichen gewährt werden. Ein besonderer Bedarf ergibt sich nach weitgehender Auffassung insbesondere auch dann, wenn aus einem am Markt erworbenen Einkommen auch andere Personen ohne ausreichendes eigenes Markteinkommen wie in erster Linie die eigenen Kinder mitversorgt werden müssen. Aus diesem Grund gilt traditionellerweise die Familienförderung als wichtiges Teilgebiet der Sozialpolitik.

Wer die Notwendigkeit der Bereitstellung dieser Sicherungsleistungen durch den Staat – und damit letztlich durch Ausübung von Zwang gegenüber allen Bürgern – rechtfertigen möchte, muss allerdings auch überzeugend nachweisen, dass private Organisationen und Märkte zur Wahrnehmung dieser Funktion nicht in der Lage sind. Für viele Lebensrisiken, etwa das Risiko des vorzeitigen Todes oder auch das Risiko der Krankheitskosten, haben sich jedoch bereits seit einem Jahrhundert oder länger Versicherungsmärkte etabliert, auf denen der Einzelne durch Zahlung von Prämien Sicherungsleistungen in Form von Versicherungsverträgen erwerben kann. In Anbetracht der Existenz dieser Märkte ist daher zu begründen, inwiefern sie „unvollkommen" sind und möglicherweise zu einer ineffizienten Risikoallokation führen. Gelingt es, dies zu zeigen, so hat man neben den oben genannten distributiven Argumenten auch Effizienzgründe gefunden, die für die Existenz staatlicher Pflichtversicherungen sprechen.

1.2   Begriff, Grundprinzipien und Instrumente der Sozialpolitik

1.2.1   Der Begriff Sozialpolitik

In der Literatur fehlt es nicht an Definitionen des Begriffs der Sozialpolitik. So definieren Lampert und Althammer (2014) Sozialpolitik als

„politisches Handeln, das darauf gerichtet ist,

a) die wirtschaftliche und soziale Stellung von wirtschaftlich oder sozial absolut oder relativ schwachen Gesellschaftsmitgliedern durch den Einsatz geeigneter Mittel im Sinne der in einer Gesellschaft verfolgten gesellschaftlichen und sozialen Grundziele (freie Entfaltung der Persönlichkeit, soziale Sicherheit, soziale Gerechtigkeit, Gleichbehandlung) zu verbessern und
b) den Eintritt wirtschaftlicher oder sozialer Schwäche im Zusammenhang mit dem Auftreten existenzgefährdender Risiken zu verhindern."

Man sieht also, dass Sozialpolitik vor allem durch ihre Funktionen definiert wird, nämlich durch

a) Umverteilung,
b) Versicherung gegen existenzgefährdende Risiken.

Diese Zielsetzungen korrespondieren mit einer weiteren Einteilung, die verschiedene Bereiche der Sozialpolitik gegeneinander abgrenzt, nämlich

1. *Fürsorge-, Sozialhilfe- und Familienpolitik:* Steuerfinanzierte staatliche Transfers an bestimmte Bevölkerungsgruppen,
2. *Soziale Sicherung:* Beitragsfinanzierte Versicherungen mit *Zwangsmitgliedschaft*, teilweise mit impliziter Umverteilung zwischen den Versicherten.

Diese Kernbereiche der Sozialpolitik werden im Zentrum dieses Buches stehen. Zu einer auf weiteren Sinne sozialen Motiven beruhenden Politik gehören auch Umverteilungsmaßnahmen im Rahmen des Steuersystems (durch Einkommensteuerprogression oder Vermögensteuern) oder durch kostenlose Bereitstellung oder Subventionierung von Leistungen (etwa im Bildungswesen oder im öffentlichen Verkehr), die zu einer gleichmäßigeren Einkommens- und Vermögensverteilung führen sollen. Auch davon wird im Folgenden die Rede sein.

1.2.2 Gestaltungsprinzipien der Sozialpolitik

Hier kann man zunächst einige allgemeine Gestaltungsprinzipien voneinander unterscheiden.

Das Versicherungsprinzip und konkreter: das Äquivalenzprinzip
Unter einer Versicherung versteht man die „gegenseitige Deckung zufälligen schätzbaren Geldbedarfs zahlreicher gleichartig bedrohter Wirtschaften", es geht also um die Abdeckung eines Risikos. Angewendet auf die Sozialpolitik, besagt das Versicherungsprinzip allgemein, dass ein Leistungsanspruch im Fall des Eintretens eines Schadensereignisses (z. B. Arbeitslosigkeit) durch eine vorherige Beitragszahlung erworben wird. In seiner Konkretisierung besagt das Äquivalenzprinzip, dass die Beiträge so kalkuliert werden, dass sie dem Erwartungswert der vom Versicherungsnehmer zu beanspruchenden Leistungen entsprechen. Nach dem Äquivalenzprinzip erfolgt also in der Ex-ante-Betrachtung keine Umverteilung von Einkommen zwischen verschiedenen Gruppen von Versicherten.

Das Versorgungsprinzip oder Fürsorgeprinzip
Unter Versorgung versteht man öffentliche Sach- oder Geldleistungen, auf die der Empfänger einen Rechtsanspruch hat, aber nicht aufgrund einer eigenen Beitragszahlung, sondern aufgrund anderer Voraussetzungen. Zu denken ist hierbei etwa an die Gewährung von Kindergeld an alle Eltern.

Fürsorge bedeutet demgegenüber die Gewährung öffentlicher Sach- oder Geldleistungen in einer *Notlage* nach Bedürftigkeit, ohne dass dem eine eigene Beitragszahlung des Betroffenen vorausgegangen ist. Beispiele hierfür sind das Arbeitslosengeld II und das Sozialgeld. In der Bundesrepublik Deutschland besteht auch auf Fürsorgeleistungen ein Rechtsanspruch, aber nur „dem Grunde nach". Art und Höhe der Leistungen werden von den Behörden nach Würdigung der Besonderheiten der Lage des Betroffenen festgelegt.

1.2.3 Instrumente der Sozialpolitik

Neben den eher abstrakten Grundprinzipien kann man auch danach fragen, wie die Leistungen der Sozialen Sicherung konkret organisiert sind. Man unterscheidet hierbei die „Organisationsprinzipien" oder „Instrumente" der Sozialen Sicherung nach den folgenden Kriterien.

1. Freiwilligkeit versus Zwang
Nach dem Kriterium des Ausmaßes von Zwang, der auf die Betroffenen ausgeübt wird, kann man drei verschiedene Stufen unterscheiden:

a) Abwesenheit von Zwang: Den von einem Risiko Bedrohten wird es überlassen, ob und mit wem sie einen Versicherungsvertrag abschließen. Beispiele hierfür sind
   - das Risiko des Verlustes von Eigentum (Sachversicherungen),
   - das Risiko des vorzeitigen Todes (Lebensversicherung),
   - das Risiko der Krankheitskosten bei Besserverdienenden (galt in Deutschland vor 2009) sowie die zahlreichen Krankenzusatzversicherungen (z. B. für den Zahnersatz oder die Chefarztbehandlung im Krankenhaus).

b) Versicherungspflicht: Die von einem Risiko Bedrohten werden verpflichtet, Versicherungsschutz in einem gesetzlich bestimmten (Mindest-)Umfang bei einem Versicherungsanbieter ihrer Wahl abzuschließen. In Deutschland finden wir dieses Ausmaß von Zwang u. a. bei
   - dem Krankheitskostenrisiko (gesetzliche Krankenversicherung mit Kassenwahl, private Krankenversicherung),
   - dem Haftpflichtrisiko eines Pkw-Halters (Kfz-Haftpflichtversicherung).

c) Pflichtversicherung: Die von einem Risiko Bedrohten werden gezwungen, Versicherungsschutz in einem bestimmen Umfang von einem bestimmten Anbieter abzuschließen. Beispiele für dieses höchste Maß von Zwang sind
   - das Risiko der Langlebigkeit (gesetzliche Rentenversicherung),
   - das Risiko des Berufsunfalls (gesetzliche Unfallversicherung).

2. Privatrechtliche, öffentlich-rechtliche oder staatliche Organisation
Die Tatsache, dass der Gesetzgeber den Bürger zwingt, eine bestimmte Versicherung abzuschließen, bedeutet noch lange nicht, dass der Staat selber diese Versicherung anbietet. Vielmehr kann man nach diesem zusätzlichen Kriterium drei verschiedene Organisationsformen finden:

a) privatrechtliche Organisation: Versicherungsanbieter sind private Unternehmen,
b) öffentlich-rechtliche Organisation: Versicherungsträger sind Körperschaften öffentlichen Rechts. Damit können sie vom Gesetzgeber verpflichtet werden, hoheitliche Aufgaben zu übernehmen, gleichzeitig aber eine Selbstverwaltung besitzen.
c) Staatliche Organisation: Versicherungsträger ist eine staatliche Behörde wie der National Health Service in Großbritannien.

3. Finanzierungsverfahren
Bei einer Reihe von Lebensrisiken handelt es sich um Schadensereignisse, die in verstärktem Maße, wenn nicht ausschließlich, im höheren Lebensalter auftreten. Im ersten Fall ist an Krankheit und Pflegebedürftigkeit zu denken, im zweiten Fall an das Risiko unerwarteter Langlebigkeit. In beiden Fällen gibt es zwei unterschiedliche Wege, die Leistungen zu finanzieren, nämlich

a) das Kapitaldeckungsverfahren (KDV): Für jede Kohorte von Versicherten wird aus deren Beitragszahlungen ein Deckungskapital aufgebaut, aus dessen Erträgen (und dessen Auflösung) die Versicherungsleistungen für diese Versicherten vollständig finanziert werden. Das KDV entspricht dem Prinzip der kollektiven Vorsorge. (Individuelle Vorsorge ist bereits bei Anwendung des Versicherungsprinzips gewährleistet.)

b) das Umlageverfahren (UV): Die Beitragszahlungen einer Periode (eines Jahres) werden dazu verwendet, die Versicherungsansprüche zu finanzieren, die im gleichen Jahr anfallen. Der Versicherungsträger hat zu jedem Zeitpunkt ein Deckungskapital von null. Er hält lediglich eine Liquiditätsreserve in bescheidener Höhe, um bei kurzfristigen Schwankungen des Beitragsaufkommens oder der Leistungsansprüche keine teuren Kassenkredite aufnehmen zu müssen.

1.3   Der quantitative Umfang der Sozialpolitik in Deutschland

1.3.1   Status Quo und Entwicklungstendenzen

Zur Einstimmung betrachten wir zunächst einige Zahlen, welche die in der Realität hohe quantitative Bedeutung der staatlichen Umverteilungsaktivitäten belegen.

In amtlichen Statistiken werden Sozialleistungen als besonderer Posten ausgewiesen. Wenn man diesen zum Bruttoinlandsprodukt (BIP) in Relation setzt, ergibt sich die *Sozialleistungsquote*. Diese soll das Ausmaß der sozialstaatlichen Aktivitäten in einer Volkswirtschaft messen. In Deutschland erreicht die Sozialleistungsquote zurzeit einen Wert von ungefähr 30 %, d. h. 3 von 10 in Deutschland erwirtschafteten Euros fließt in Sozialleistungen. Der genaue Wert der Sozialleistungsquote betrug im Jahr 2019 30,3 %, die Sozialleistungen insgesamt beliefen sich dabei auf 1040,3 Mrd. € und damit erstmals über eine Billion Euro.

Die Sozialleistungsquote ist aber nicht nur hoch, sie hat im Zeitablauf auch stark zugenommen. Vor dem Jahr 1970 lag sie noch unter 20 %, bevor sie stark zu wachsen begann. Allerdings vollzog sich das Wachstum in Schüben, wie die Abb. 1.1 zeigt.

So erreichte die Sozialleistungsquote schon im Jahr 1975 einen Wert von 26,3 %, bevor sie bis 1990 wieder auf 24,1 % absank. Erst im Zuge der deutschen Vereinigung stieg sie wieder auf nahezu 30 % an und erreichte im Folgejahr der Finanzkrise, 2009, wegen des Einbruchs des BIP ihren Höchststand von 30,9 %. An dieser Zeitreihe wird damit auch klar, dass die in Deutschland relativ hohe Sozialquote keineswegs nur ein Phänomen der allerjüngsten Vergangenheit darstellt.

Im *internationalen Vergleich* liegt die Sozialleistungsquote Deutschlands im oberen Mittelfeld (vgl. Tab. 1.1). Unter den EU-Staaten wiesen im Jahr 2017 Dänemark, Frankreich und Finnland Sozialleistungsquoten von über 30 % und damit höhere Quoten als Deutschland auf.

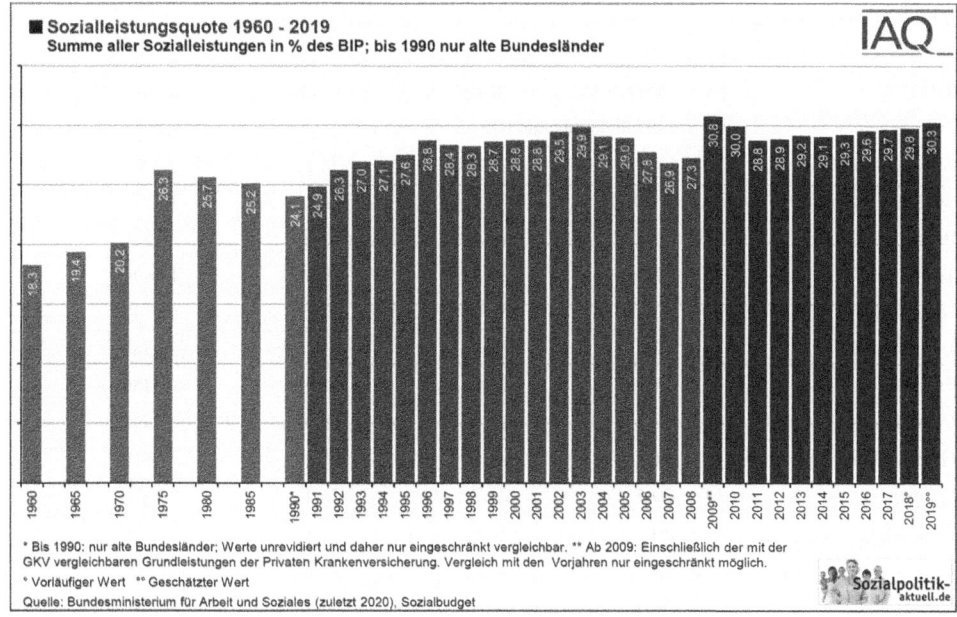

Abb. 1.1 Sozialleistungsquote in Deutschland, 1960–2019. (Quelle: Universität Duisburg-Essen, IAQ 2021)

Betrachtet man diese Tabelle, so fällt auf, dass hohe Sozialleistungsquoten vor allem in wohlhabenden Ländern beobachtet werden. Dieser Zusammenhang ist für das Jahr 2017 in Abb. 1.2 dargestellt, in der auf der Abszisse das BIP pro Kopf (in 1000 €) und auf der Ordinate die Sozialleistungsquote in Prozent gemessen sind. Die Datenpunkte beziehen sich auf alle gegenwärtigen EU-Mitgliedsstaaten außer Irland und Luxemburg.[1]

Eine OLS-Schätzung dieses Zusammenhangs ergibt folgende lineare Gleichung:

$$SQ = 12{,}77 + 0{,}444 \text{ BIP/Kopf}, \ R^2 = 0{,}736. \tag{1.1}$$

Das bedeutet, dass ein (fiktives) EU-Mitgliedsland mit einem BIP von null eine Sozialquote von 12,77 % aufweisen würde, während ein Zuwachs des BIP pro Kopf um 10.000 € die Sozialquote um beachtliche 4,4 Prozentpunkte steigert. Sozialleistungen weisen damit eindeutig den Charakter eines „Luxusguts" auf, von dem sich wohlhabende Länder mehr leisten als ärmere.

---

[1]Luxemburg hat wegen des extrem großen Bankensektors ein sehr großes BIP pro Kopf. Das Gleiche gilt für Irland durch die Ansiedlung der Europa-Zentralen großer multinationaler Konzerne, die durch die niedrige Gewinnbesteuerung angelockt wurden. Man erkennt das in Tab. 1.1 durch den Vergleich der Jahre 2012 und 2017: Durch die Aufblähung des BIP ging die irische Sozialleistungsquote um mehr als ein Drittel zurück.

Tab. 1.1 Sozialleistungsquoten in Europa 2007–2017 und BIP pro Kopf 2017. (Quelle: Eurostat 2020)

Jahr	2007	2012	2017	2017
	Sozialleistungsquoten			BIP pro Kopf (€)
EU – 27 (ab 2020)		28,7	28,1	27.080
Belgien	26,3	29,7	28,8	35.210
Bulgarien	13,4	16,5	16,9	6.310
Tschechien	17,6	20,4	18,6	17.490
Dänemark	30,4	33,6	32,2	47.740
Deutschland	27,0	28,9	29,7	35.380
Estland	11,9	14,9	16,0	14.480
Irland	17,7	23,9	15,0	53.890
Griechenland	21,3	28,1	25,2	17.410
Spanien	20,4	25,7	23,4	24.430
Frankreich	30,4	33,8	34,1	32.380
Kroatien		21,6	21,6	11.560
Italien	25,6	29,1	28,9	26.490
Zypern	16,4	20,9	18,6	23.200
Lettland	10,6	14,3	14,9	11.620
Litauen	14,2	16,3	15,1	12.720
Luxemburg	19,5	22,7	21,9	82.550
Ungarn	22,1	21,2	18,3	12.010
Malta	17,8	19,2	16,1	21.250
Niederlande	25,9	30,6	29,3	40.730
Österreich	27,0	29,2	29,4	37.030
Polen	18,4	18,9	20,3	11.820
Portugal	23,0	26,4	24,6	17.650
Rumänien	13,3	15,4	14,4	8.320
Slowenien	21,0	24,7	22,6	19.430
Slowakei	15,7	17,8	18,2	14.980
Finnland	24,4	29,9	30,6	36.400
Schweden	27,4	29,1	28,8	43.430
zum Vergleich:				
Vereinigtes Königreich	24,6	28,6	26,3	32.460
Island	20,3	22,9	23,3	38.530
Norwegen	22,1	24,6	28,4	69.130
Schweiz	23,9	26,6	28,3	58.700

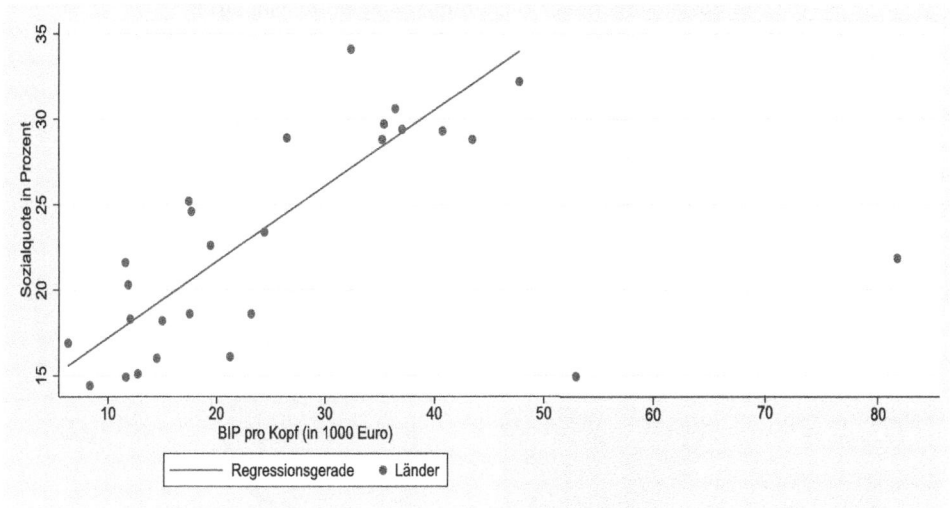

Abb. 1.2 Sozialleistungsquoten und BIP pro Kopf 2017 in der EU-27. (Quelle: Eurostat 2020)

Wie sich die Sozialleistungen in Deutschland für das Jahr 2019 auf die *einzelnen Bereiche* aufschlüsseln lassen, zeigt Abb. 1.3.

Den dicksten Brocken an den gesamten Sozialleistungen macht die *Gesetzliche Rentenversicherung* mit 30,5 % aus, während auf die *Krankenversicherung* 25,4 % entfallen. An dritter Stelle stehen schon Pensionen und Beihilfen für Beamte mit 7,8 %.

Neben der gesetzlichen Renten- und Krankenversicherung werden auch die Pflegeversicherung (4,1 %) und Arbeitslosenversicherung (2,6 % des Sozialbudgets) durch Beiträge finanziert, wobei für die meisten Versicherten, nämlich die Arbeitnehmer, die Beitragshöhe proportional zum Lohneinkommen ist und die Hälfte des Beitrags vom Arbeitgeber bezahlt werden muss. Der Gesamtbeitragssatz für diese vier Zweige der gesetzlichen Sozialversicherung hat im Lauf der Zeit stark zugenommen. Anders als bei der Sozialleistungsquote kam es hier auch in den letzten 25 Jahren zu einem erheblichen Anstieg. Von 30,5 % im Jahre 1975 hat sich der Anteil des Sozialversicherungsbeitrags am Bruttoarbeitsentgelt auf (im Durchschnitt) 42 % im Jahr 2003 erhöht (siehe Tab. 1.2). Weil die Sozialversicherungsbeiträge scheinbar wie eine Lohnsteuer wirken und den Produktionsfaktor Arbeit verteuern, wird gerade in diesem Anstieg ein zentrales Problem speziell des deutschen Sozialsystems gesehen. Anhand der Tabelle wird auch das erfolgreiche Bemühen der Bundesregierung in den Jahren seit diesem Spitzenwert deutlich, den Gesamtbeitragssatz unter 40 % zu drücken und dort zu halten. Dazu wurde allerdings ein wachsender Teil der Ausgaben dieser Systeme durch Zuschüsse aus dem Bundeshaushalt finanziert.

Worin besteht nun das gemeinsame Element dieser verschiedenen Teilsysteme des Sozialstaats? Vereinfacht ausgedrückt, führen diese sozialen Aktivitäten des Staates

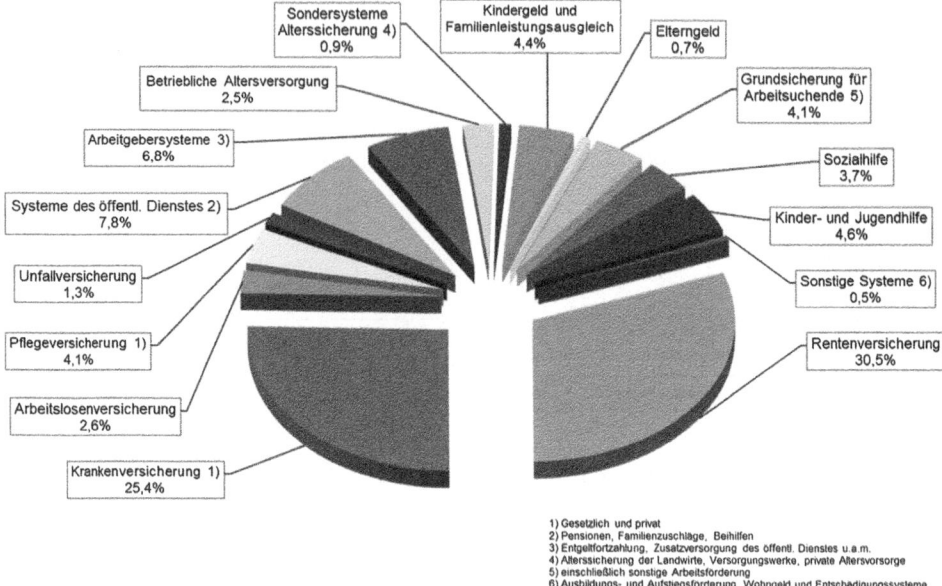

Das Sozialbudget nach Sicherungszweigen im Jahr 2019:
Anteile an den Gesamtausgaben einschließlich der Beiträge des Staates

1) Gesetzlich und privat
2) Pensionen, Familienzuschläge, Beihilfen
3) Entgeltfortzahlung, Zusatzversorgung des öffentl. Dienstes u.a.m.
4) Alterssicherung der Landwirte, Versorgungswerke, private Altersvorsorge
5) einschließlich sonstige Arbeitsförderung
6) Ausbildungs- und Aufstiegsförderung, Wohngeld und Entschädigungssysteme

Abb. 1.3 Aufschlüsselung des deutschen Sozialbudgets 2019. (Quelle: Bundesministerium für Arbeit und Soziales 2020, S. 6)

dazu, dass einem Teil der Bürger durch staatlichen Zwang etwas genommen wird, um es anderen (in Form von Geld- oder Sachleistungen) zu geben. Es erfolgt also – zumindest in der zeitpunktbezogenen Betrachtung – eine *Umverteilung,* je nach dem betrachteten Sozialsystem von Reichen zu Armen, von Jungen zu Alten, von Gesunden zu Kranken, von Beschäftigten zu Arbeitslosen. Man kann jedoch nach dem Anlass der Umverteilung zwei Zweige des Sozialstaats unterscheiden:

1. Transfers an wirtschaftlich Schwächere,
2. Soziale Sicherung gegen elementare Lebensrisiken.

Im ersten Fall organisiert der Staat die Umverteilung mit dem Ziel einer gleichmäßigeren Einkommens- und Vermögensverteilung oder der Vermeidung von Armut. Die Personenkreise der Transferempfänger und der Finanziers lassen sich hier in der Regel klar voneinander abgrenzen. Im zweiten Fall ist der Staat der Träger oder Initiator einer Versicherung gegen Risiken, denen prinzipiell jeder Bürger ausgesetzt ist (Krankheit,

Tab. 1.2 Sozialversicherungsbeiträge in Deutschland, 1970–2020. (Quelle: Universität Duisburg-Essen, IAQ 2021)

Jahr	Rentenver-sicherung	Krankenver-sicherung[1]	Arbeitslosenver-sicherung	Pflegever-sicherung	Gesamt[2]
1970	17,0	8,2	1,3		26,5
1975	18,0	10,4	2,0		30,4
1980	18,0	11,4	3,0		32,4
1985	19,2	11,8	4,1		35,1
1990[3]	18,7	12,6	4,3		35,6
1995	18,6	13,2	6,5	1,0	39,3
2000	19,3	13,6	6,5	1,7	41,1
2001	19,1	13,6	6,5	1,7	40,9
2002	19,1	14,0	6,5	1,7	41,3
2003	19,5	14,3	6,5	1,7	42,0
2004	19,5	14,2	6,5	1,7	41,9
2005	19,5	14,2[4]	6,5	1,7[5]	41,9
2006	19,5	14,2[4]	6,5	1,7	41,9
2007	19,9	14,8[4]	4,2	1,7	40,6
2008	19,9	14,9[4]	3,3	1,95[6]	40,1
2009	19,9	14,9[4][7]	2,8	1,95	39,6
2010	19,9	14,9[4][8]	2,8	1,95	39,6
2011	19,9	15,5[4][9]	3,0	1,95	40,4
2012	19,6	15,5[4][9]	3,0	1,95	40,1
2013	18,9	15,5[4][9]	3,0	2,05	39,45
2014	18,9	15,5[4][9]	3,0	2,05	39,45
2015	18,7	14,6 + 0,9[10]	3,0	2,35	39,55
2016	18,7	14,6 + 1,1	3,0	2,3[3]	39,75
2017	18,7	14,6 + 1,1	3,0	2,55	39,95
2018	18,6	14,6 + 1,0	3,0	2,55	39,75
2019	18,6	14,6 + 0,9[11]	2,5	3,05	39,65
2020	18,6	14,6 + 1,1	2,4	3,05	39,75

1)   durchschnittlicher Beitragssatz; ab 2009 einheitlicher Beitragssatz zum Gesundheitsfonds
2)   ab 2005 inkl. des Sonderbeitrags von 0,9 %, ab 2015 inkl. des Zusatzbeitrags zur GKV.
3)   vor 1990 alte Bundesländer, ab 1990 Deutschland
4)   einschließlich des Sonderbeitrags von 0,9 %, der allein von den Versicherten zu tragen ist.
5)   ab 2005 ohne Arbeitnehmersonderbeitrag für Kinderlose (0,25%)
6)   bis 06/2008: 1,7%   7) bis 06/2010: 15,5 %
8)   Ohne Berücksichtigung Zusatzbeiträge (max. 8 Euro als Pauschale oder max. 1 % des Einkommens).
9)   ab 2011 (GKV-Finanzierungsgesetz) Zusatzbeiträge nur als Pauschale und ohne Begrenzung.
10) ab 2015: Allgemeiner, paritätischer Beitragssatz von 14,6% und (geschätzter) durchschnittlicher Zusatzbei-trag – 2020: 1,1%. Der einkommensabhängige Zusatzbeitrag wird in jeweils unterschiedlicher Höhe von den einzelnen Kassen erhoben.
11) Der Zusatzbeitrag musste bis 2019 allein von den Versicherten getragen werden, ab 2019 beteiligen sich paritätisch auch die Arbeitgeber.

Pflegebedürftigkeit, Arbeitslosigkeit, Langlebigkeit) und für die private Versicherungen entweder nicht angeboten werden oder aus bestimmten Gründen nicht optimal zu funktionieren scheinen. Hier ist jeder in den jeweiligen Zweig des sozialen Sicherungssystems einbezogene Bürger sowohl Beitragszahler als auch (potenzieller) Leistungsempfänger, das heißt erst in der Ex-post-Betrachtung sieht etwas wie eine Umverteilung aus, was ex ante gar keine ist, weil nämlich jeder für seinen Beitrag die gleiche Gegenleistung in Form eines Leistungsanspruchs im „Schadensfall" erhält.

1.3.2 Fundamentalkrise des Sozialstaates

Die Sozialsysteme in Deutschland waren seit ihrem Bestehen permanenten Änderungen unterworfen. An der Reformdebatte der vergangenen Jahre ist aber grundsätzlich neu und anders, dass die meisten der an dieser Debatte beteiligten Politiker und Wissenschaftler von einer Fundamentalkrise des deutschen Sozialstaats ausgehen. Dessen Totalumbau – und das heißt in sehr vielen Fällen „Rückbau" – erscheint unumgänglich, um den ansonsten längerfristig drohenden Zusammenbruch der sozialen Sicherungssysteme zu vermeiden. Für diese bedrohlich erscheinende Lage werden vor allem die folgenden Ursachen angeführt:

1. die demografische Entwicklung, d. h. die schon jetzt einsetzende und sich in Zukunft erheblich verstärkende Alterung der Gesellschaft durch reduzierte Geburtenraten und einen Anstieg der Lebenserwartung. Dies führt zu verstärkten Belastungen der „Jungen" aufgrund steigender Ausgaben für die Renten-, Kranken- und Pflegeversicherung, so dass die Herstellung von Generationengerechtigkeit mittlerweile für viele als herausragendes verteilungspolitisches Ziel gilt.
2. die „Globalisierung", die den Sozialstaat sowohl auf der Einnahme- wie auch auf der Ausgabenseite zu bedrohen scheint. Kapital als besonders mobiler Produktionsfaktor wird bevorzugt in die Länder fließen, in denen die Lohnkosten niedrig sind und die Kapitalerträge nur gering belastet werden. Lohnabhängige Beiträge als zentraler Bestandteil der Finanzierung des Sozialsystems gelten aus dieser Perspektive als erheblicher Nachteil im internationalen Standortwettbewerb. Aber nicht nur das Kapital, sondern auch die Individuen sind mobil. Befürchtet wird etwa, dass durch „Armutsmigration" nach Deutschland (aus Entwicklungs- und Schwellenländern) der deutsche Sozialstaat ausgebeutet und auf Dauer ausgehöhlt werden könnte.
3. die in den meisten entwickelten Ländern in großen Teilen der Bevölkerung gewachsene Abneigung gegen die ungleiche und somit als ungerecht empfundene Verteilung von Einkommen und Vermögen.

1.4   Elemente einer Theorie der Sozialpolitik

Die Theorie der Sozialpolitik lässt sich in einen normativen und einen positiven Zweig aufgliedern.

1.4.1   Normative Rechtfertigungen der Sozialpolitik

Jeglicher staatlicher Zwang kann aus ökonomischer Sicht entweder allokativ oder distributiv gerechtfertigt werden:

1. allokativ: auf Versicherungsmärkten liegt Marktversagen vor. Hierbei ist allerdings zu zeigen, dass staatliche Eingriffe eine Pareto-Verbesserung herbeiführen können.
2. distributiv: Märkte sorgen nicht für eine gerechte Verteilung von Chancen und Einkommen: Gerechtigkeit ist zu definieren, und es ist nach geeigneten Institutionen zur Erreichung von mehr Gerechtigkeit zu suchen.

Die genaue Diskussion der verschiedenen Begründungsmuster wird im Zentrum dieses Buches stehen. Daher sollen an dieser Stelle die einzelnen Argumente nur angedeutet, jedoch nicht ausführlich besprochen werden. Den größeren Umfang werden dabei die allokativen Begründungen einnehmen. Marktversagen wird in verschiedener Hinsicht behauptet:

1. Versicherungsmärkte versagen, da manche der hier relevanten Risiken *nicht versicherbar* sind: Es liegen verbundene, d. h. positiv korrelierte, bzw. systemische Risiken vor (konjunkturelle Arbeitslosigkeit, medizinischer Fortschritt in der Krankheitskostenversicherung).
2. Versicherungsmärkte versagen wegen asymmetrischer Information über Risiken („Market for Lemons"): Versicherte können ihre Schadenswahrscheinlichkeit besser einschätzen als der Versicherer. Damit kann für gute Risiken kein risikoäquivalenter Vertrag mit voller Risikodeckung Bestand haben.
3. Versicherungsmärkte versagen wegen Verhaltensrisikos („Moral Hazard"), d. h. geringerer Vorsicht bei Bestehen eines Versicherungsschutzes.
4. Versicherungsmärkte versagen dort, wo die rentabelste Art der Absicherung ein „Vertrag" zwischen den Generationen ist, der bilateral nicht justiziabel ist.
5. Das Angebot privater Versicherungsverträge genügt nicht, wenn Individuen aus mangelnder Voraussicht keinen abschließen. Junge Individuen müssen im eigenen Interesse und gegen ihre kurzfristigen Präferenzen zu vernünftigem Verhalten gezwungen werden. Eine langfristig angelegte Versicherung gilt aus dieser Perspektive als *meritorisches Gut*.

6. Das Angebot privater Versicherungsverträge genügt nicht, wenn Individuen in unteren Einkommensbereichen keine Versicherung abschließen, weil sie darauf vertrauen, im Notfall von der Gesellschaft aufgefangen zu werden, und in diesem Sinne als Trittbrettfahrer handeln.

7. In der Gesellschaft besteht Altruismus (von Reichen gegenüber Armen). Private Unterstützungszahlungen fallen jedoch wegen ihres Kollektivgut-Charakters zu gering aus. Daher ist staatlicher Zwang wohlfahrtserhöhend.

1.4.2 Positive Erklärungen über das Zustandekommen von Sozialpolitik

Anders als bei den normativen Theorien geht es hierbei nicht um die Rechtfertigung, sondern lediglich um die Erklärung, warum bestimmte sozialpolitische Maßnahmen in Demokratien zustande kommen. Dabei unterscheiden sich die einzelnen Erklärungsansätze darin, wie detailliert die demokratischen Institutionen und ihre Funktionsmechanismen berücksichtigt werden.

Im einfachsten Fall („direkte Demokratie") unterstellt man, dass über konkrete sozialpolitische Maßnahmen unter den Bürgern in Referenden abgestimmt wird. Dabei spielen folgende Gründe für die Erklärung bestimmter Maßnahmen eine Rolle:

1. Jegliche Umverteilung ist in einer Demokratie mehrheitsfähig, falls
   – das Medianeinkommen geringer ist als das Durchschnittseinkommen und
   – die Effizienzverluste nicht so groß sind, dass sie aus der Sicht des Medianwählers den Umverteilungseffekt kompensieren.
2. Auch Nettozahler akzeptieren die mit der Sozialpolitik verbundenen Transfers, da sie im Gegenzug den sozialen Frieden erkaufen. Dieser ist wichtig, damit der Markt seine Produktivität voll entfalten kann.
3. Teile der Transferlasten innerhalb der Sozialversicherung (z. B. der Bundeszuschuss zur Gesetzlichen Rentenversicherung) werden „vom Staat" getragen, und die Wähler nehmen sie weniger deutlich wahr („fiskalische Illusion").
4. Bei intergenerativen Transfers kann sich eine Mehrheit der Wähler als Gewinner fühlen, solange Vertrauen in den Fortbestand des Systems herrscht. Potenzielle Verlierer finden sich allenfalls unter den zukünftigen Generationen, die heute noch nicht wahlberechtigt sind.

Im Rahmen einer repräsentativen Demokratie kommen folgende Gesichtspunkte hinzu:

5. Im politischen Prozess sind die einzelnen Wählergruppen nicht immer gemäß ihrer Größe repräsentiert, sondern auch gemäß ihrer Organisierbarkeit. Gut organisierte Interessengruppen wie die Arbeitnehmer können dann einen überproportionalen Einfluss ausüben.

6. Die Sozialversicherungsbürokratie hat ein Interesse daran zu überleben und versorgt Politiker und Bevölkerung mit einseitigen Informationen über die Leistungsfähigkeit des Systems, so dass das System größer ist, als es bei rationaler Entscheidung der Wähler unter vollkommener Information wäre.

1.5 Der Aufbau des Buches

Wir wollen uns im ersten Schritt (Teil I) überlegen, welche ökonomischen Gründe auf allgemeiner theoretischer Ebene für staatliche *Umverteilungsmaßnahmen* im engeren Sinne sprechen können. Vielfach wird der Sozialstaat z. T. recht pauschal mit Forderungen nach sozialer Gerechtigkeit und dem Wunsch nach einer gleichmäßigeren Verteilung von Lebenschancen zu begründen und zu verteidigen versucht. Es soll deshalb erörtert werden, was aus ökonomischer und teilweise auch sozialphilosophischer Sicht hinter derartigen Argumenten steckt. Dabei werden Gerechtigkeitsgründe (Kap. 2) und Effizienzgründe (Kap. 3) für eine Umverteilungspolitik unterschieden.

Im zweiten Schritt (Teil II) soll dann das System der Sozialen Sicherung im engeren Sinne sowie seine unterschiedlichen Teilsysteme näher analysiert werden. Auch dabei werden wir uns zunächst mit der Frage beschäftigen, was überhaupt für die staatliche Bereitstellung von Versicherungsleistungen oder auch nur für eine staatliche Regulierung von Versicherungsmärkten spricht (Kap. 4). Im Anschluss daran wird untersucht, ob und in welchem Umfang speziell in Einzelbereichen der Sozialen Sicherung (bei der Altersvorsorge: Kap. 5, bei der Krankenversicherung: Kap. 6, bei der sozialen Grundsicherung und der finanziellen Absicherung gegen Arbeitslosigkeit: Kap. 7) sowie bei der Unterstützung von Familien (Kap. 8) staatliche Eingriffe erforderlich sind. Für praktische Anwendungen bedeutsam ist insbesondere die Diskussion der Frage nach der aus ökonomischer Sicht *adäquaten Ausgestaltung staatlicher Maßnahmen* in diesen verschiedenen Bereichen der sozialen Sicherung. Damit einher geht eine Bestandsaufnahme und Beurteilung der in Deutschland existierenden Regelungen sowie eine Abschätzung des Reformbedarfs. So wird etwa gefragt, inwieweit

- die Schaffung einer zweiten kapitalgedeckten Säule im System der Alterssicherung („Riester-Rente") die Renten dauerhaft zu sichern vermag und inwieweit zusätzliche Maßnahmen wie die Einführung eines demografischen Faktors oder die Erhöhung des Renteneintrittsalters zur nachhaltigen Sicherung des deutschen Rentensystems erforderlich sind.
- die Ausgliederung der „reinen" Einkommensumverteilung aus der Finanzierung der gesetzlichen Krankenversicherung sinnvoll und möglich ist und zu einer Effizienzsteigerung und damit eventuell zu einer wirksamen Kostendämpfung im Gesundheitswesen beitragen kann. Taugt das Modell Schweiz (mit seinen „Kopfpauschalen") auch für Deutschland?

- die Sozialhilfe reformiert werden muss, damit auch für die unteren Lohngruppen genügend Anreize zur Aufnahme einer legalen Beschäftigung bestehen.

Mit den Zukunftsperspektiven, die der Sozialstaat in Deutschland angesichts all dieser Herausforderungen hat, wollen wir uns am Schluss des Buches (Kap. 9) auseinandersetzen.

Literatur

Bundesministerium für Arbeit und Soziales. (2020). *Sozialbudget 2019*. Bonn.

Eurostat. (2020). https://ec.europa.eu/eurostat/databrowser/view/tps00098/default/table?lang=de. Zugegriffen: 28. Jan. 2021.

Lampert, H., & Althammer, J. (2014). *Lehrbuch der Sozialpolitik* (9. Aufl.). Berlin u. a.: Springer.

Universität Duisburg-Essen, IAQ. (2021). *Sozialpolitik aktuell in Deutschland*. https://www.sozial-politik-aktuell.de/finanzierung-datensammlung.html Zugegriffen: 27. Jan. 2021.

Gleichheit und Gerechtigkeit

2

2.1 Vorbemerkung: Die positive Wahrnehmung von Gleichheit im Alltagsdenken

„Gleichheit" ist ein Begriff mit enormer emotionaler Anziehungs- und Schlagkraft. Viele, wenn nicht die meisten, sind der Ansicht, dass größere Gleichheit generell besser als größere Ungleichheit ist. Auch zahlreiche Ökonomen teilen den Wunsch nach einer „gerechten Gesellschaft", in der die wirtschaftliche Ungleichheit zumindest in Grenzen gehalten wird. So wurde selbst von einem der Gründungsväter der liberalen Chicago Schule, Henry Simons, extreme Ungleichheit als „unlovely" wahrgenommen. Es ist deshalb nicht verwunderlich, dass sich auch Ökonomen immer wieder mit dem Thema „Gleichheit und Gerechtigkeit" auseinandersetzen (vgl. als grundlegende Diskussionen aus verschiedenen Blickwinkeln etwa Roemer 1996; Kolm 1996 und Sen 2010).

Der Forderung nach größerer Gleichheit der materiellen Lebensbedingungen liegen verschiedene ethisch-moralische Motive zugrunde, die wir jetzt kursorisch darstellen wollen.

- Menschen sind als Angehörige der gleichen biologischen Gattung in ihren physischen und intellektuellen Fähigkeiten nicht allzu verschieden – zumindest im Vergleich zu allen tierischen Gattungen. Angesichts dieser *natürlichen Gleichheit der Menschen* erscheint eine zu große *ökonomische Ungleichheit* als nicht begründbar und ungerecht. Der Wunsch nach Gleichheit erhält dann einen moralischen Eigenwert, der sich aus der herausgehobenen Stellung des homo sapiens und dem Prinzip der Menschenwürde begründet.
- Die Gleichheit vor dem Gesetz und bei der politischen Partizipation (ein Bürger – eine Stimme) ist ein wesentlicher Teil der politischen Kultur aller demokratischen Staaten. Ebenso beruht die Ablehnung jeglicher Form von Rassismus auf der Annahme der universellen Gleichheit aller Menschen. Aus dieser Perspektive

F. Breyer und W. Buchholz, *Ökonomie des Sozialstaats,* https://doi.org/10.1007/978-3-658-33369-0_2

erscheint es nicht allzu weit hergeholt, die Forderung nach Gleichheit auch auf den ökonomischen Bereich auszudehnen.

- Ökonomische Gleichheit stellt nach Ansicht vieler eine wichtige Voraussetzung dafür dar, dass Menschen positive Wesenszüge, wie Hilfsbereitschaft und Achtung der Mitmenschen, entwickeln, sodass die Vermeidung oder Begrenzung von Ungleichheit übergeordneten ethischen Zielen dient. Zumindest seit der französischen Revolution gelten „égalité" und „fraternité" als zentrale Leitideen für gesellschaftlichen Fortschritt. Ungleichheit wird hingegen für die Förderung negativer Wesenszüge wie Neid, Statusdenken und Entsolidarisierung verantwortlich gemacht und als wichtige Ursache für den Verlust des Selbstwertgefühls und der Selbstachtung bei unterprivilegierten Individuen angesehen. Als Weggefährte der materialistischen Kultur des Kapitalismus wird – im Sinne von Erich Fromms „Haben oder Sein" – Ungleichheit mit Entfremdung der Individuen von ihrem wahren Selbst assoziiert.
- Oftmals ist Reichtum nicht durch eigene Leistung erworben und die damit verbundene Ungleichheit von Einkommen und Vermögen rein zufallsbedingt. Vor diesem Hintergrund wird gefragt, warum Ungleichheit akzeptiert werden soll, wenn sie primär eine Folge von Glück ist und ihr deshalb eine moralische Rechtfertigung fehlt.

Folgerung 2-1

Die weitverbreitete Forderung nach mehr wirtschaftlicher Gleichheit beruht auf der Vorstellung einer prinzipiellen Gleichheit aller Menschen, dem Streben nach Gerechtigkeit und dem Wunsch nach Brüderlichkeit und Solidarität im menschlichen Zusammenleben. ◄

Die systematische Erörterung dieser Gründe würde ein tieferes Eindringen in die philosophische Ethik und der dort vertretenen egalitaristischen Positionen erfordern und damit den Rahmen dieses Buches überschreiten (vgl. hierzu aber beispielsweise Kersting 2000 oder Krebs 2000). Wir konzentrieren uns im Folgenden auf ökonomische Ansätze und Argumente in der Gleichheitsdebatte – die allerdings an einigen Stellen mit der philosophischen Diskussion eng verflochten ist. Dabei beschreiben wir in Abschn. 2.2 zunächst die gängigen Konzepte zur Messung von Ungleichheit gegebener Verteilungsprofile (wie die Lorenzkurve, den Gini-Index oder den Theil-Koeffizienten). In Abschn. 2.3 wird der traditionelle wohlfahrtstheoretische Ansatz präsentiert, in dessen Rahmen eine Bewertung von Verteilungsprofilen mit Hilfe von Wohlfahrtsfunktionen erfolgt und der auch die Grundlage für eine spezielle Klasse numerischer Ungleichheitsmaße, der Atkinson-Indizes, liefert. In Abschn. 2.4 erörtern wir dann eine Vielzahl von Einwänden, die gegen gleichheitsorientierte Verteilungsziele vorgebracht werden. In diesem Zusammenhang gehen wir insbesondere auf die Schwierigkeiten ein, die sich bei der Bestimmung einer angemessenen Zielgröße für die Verteilungspolitik ergeben. In Abschn. 2.5 betrachten wir die verschiedenen, zu Umverteilungszwecken eingesetzten Instrumente, wie progressive Einkommensteuern, Steuern auf

Vermögen und dessen Übertragung sowie die öffentliche Bereitstellung von im Prinzip „privaten" Gütern (wie Bildung oder medizinische Versorgung). Abschn. 2.6 beschreibt die aus ökonomischer Sicht bestehenden Grenzen der Umverteilung, die zum einen aus Informationsproblemen und zum anderen aus Anreizproblemen resultieren und zum Konflikt zwischen Gerechtigkeit und Effizienz führen. Mit diesem Konflikt beschäftigt sich insbesondere die „Optimalsteuertheorie", so dass wir in diesem Abschnitt auf einige ihrer für die Thematik dieses Buches besonders relevanten Resultate gleichfalls eingehen werden. Die Bekämpfung der Armut als alternatives verteilungspolitisches Ziel ist Gegenstand von Abschn. 2.7. In Abschn. 2.8 schließlich werden die wichtigsten empirischen Trends in der Entwicklung von Einkommens- und Vermögensungleichheit sowohl auf nationaler als auch auf globaler Ebene beschrieben und zu erklären versucht.

2.2 Die Messung von Ungleichheit

2.2.1 Das Transferprinzip von Dalton und das Lorenzkurven-Kriterium

Selbst in relativ einfachen Situationen lässt sich nicht unmittelbar und in eindeutiger Weise beurteilen, welche von zwei Verteilungen als „ungleicher" gelten sollte. Dies zeigt z. B. im Fall von sechs Individuen der Vergleich der beiden Einkommensprofile (1, 1, 1, 1, 1, 45) und (1, 4, 6, 8, 10, 21), bei denen der zu verteilende Gesamtbetrag beide Male 50 beträgt. Im ersten Einkommensprofil haben fünf der sechs Individuen zwar ein identisches Einkommensniveau, beim Einkommen des sechsten Individuums zeigt sich jedoch ein erheblicher Ausreißer nach oben. Im zweiten Einkommensprofil hingegen weisen alle Individuen ein unterschiedliches Einkommen auf, dafür ist der Abstand zwischen dem niedrigsten und dem höchsten Einkommensniveau wesentlich geringer als beim ersten Einkommensprofil. Intuitiv würden wohl die meisten Menschen das erste Profil für „ungleicher" halten, aber wie misst man das? Bei der Bestimmung von Kriterien für die Messung von Ungleichheit besteht also ein konzeptionelles Problem.

Um hier mehr Klarheit zu schaffen, betrachten wir ganz allgemein eine aus n Individuen $i=1,\ldots, n$ bestehende Ökonomie, in der y_i für das fest vorgegebene Einkommen von Individuum i steht. Das zugehörige *Einkommensprofil* (bzw. die Einkommensverteilung) wird dann durch den Vektor $Y=(y_1,\ldots,y_n)$ angegeben. Dabei unterstellen wir, dass dieses Einkommensprofil geordnet ist, d. h. dass $y_1 \leq \ldots \leq y_n$ gilt. Wir formulieren in diesem Rahmen zunächst eine wohl unstrittige Minimalbedingung dafür, dass mehr oder weniger Gleichheit herrscht. Dieses *Transferprinzip von Dalton* (vgl. Dalton 1920) lautet wie folgt:

„Zu mehr Gleichheit kommt es dann, wenn bei einem gegebenen (geordneten) Einkommensprofil $Y=(y_1,\ldots, y_n)$ ein Einkommenstransfer in Höhe von T von einem

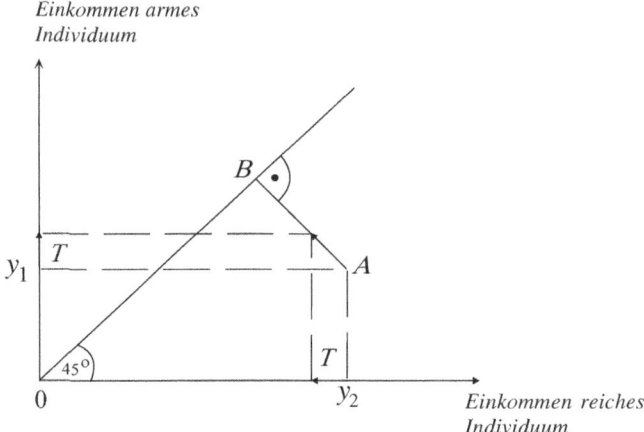

Abb. 2.1 Transfer-Kriterium von Dalton

reicheren Individuum l zu einem ärmeren Individuum k stattfindet, der die Rangordnung aller Einkommen nicht ändert."[1]

Das Einkommensprofil nach Vornahme des Transfers lautet dann $\tilde{Y} = (y_1, \ldots, y_k + T, \ldots, y_l - T, \ldots, y_n)$, und es gilt (gemäß der Forderung nach Erhaltung der Rangordnung) $y_k + T \leq y_{k+1}$ und $y_l - T \geq y_{l-1}$. Das neue Einkommensprofil $\tilde{Y}$ heißt dann *Dalton-gleicher* als das alte Einkommensprofil Y.

In einem Zwei-Personen-Diagramm, in dem auf der Horizontalen das Einkommen des reicheren und auf der Vertikalen das Einkommen des ärmeren Individuums abgetragen ist, lässt sich das Dalton'sche Transfer-Kriterium leicht illustrieren (vgl. Abb. 2.1).

Ein Dalton-Transfer in Höhe von T vom reicheren zum ärmeren Individuum führt das ursprüngliche Einkommensprofil (y_1, y_2) in das neue Einkommensprofil $(y_1 + T, y_2 - T)$ über. Alle gemäß dem Dalton-Kriterium im Vergleich zum Ausgangszustand A als gleicher geltenden Einkommensprofile liegen auf der Strecke AB, welche die Winkelhalbierende im rechten Winkel schneidet.

Man kann das Dalton-Konzept noch in einer anderen Weise grafisch veranschaulichen, die eine Verallgemeinerung auf den Fall einer beliebigen Zahl von Individuen erlaubt. So ist in Abb. 2.2 dargestellt, über welchen Anteil am Gesamteinkommen das ärmere Individuum 1, das den Anteil $x = 1/2$ an der Gesamtbevölkerung hat, verfügt.

Der Streckenzug zwischen den Punkten $(0, 0)$, $(\frac{1}{2}, \frac{y_1}{y_1+y_2})$, und $(1, 1)$ beschreibt die *Lorenzkurve des Einkommensprofils* $Y = (y_1, y_2)$. Durch den Dalton-Transfer T (von Reich zu Arm) verändert sich der Funktionswert bei $x = 1/2$. Er wächst um $\frac{T}{y_1+y_2}$. Die

---

[1]Dabei handelt es sich um einen hypothetischen Transfer. Ob es überhaupt möglich ist, einen Betrag T von Person l zu Person k zu transferieren, ohne das Sozialprodukt insgesamt zu schmälern, ist in diesem Zusammenhang deshalb ohne Bedeutung.

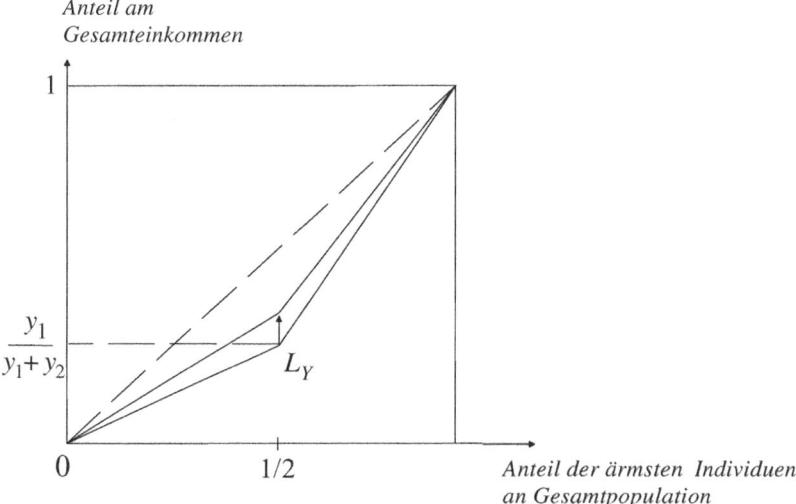

Abb. 2.2 Lorenz-Kurve

neue Lorenz-Kurve, die sich nach Vornahme des Dalton-Transfers ergibt, liegt näher an der Winkelhalbierenden als die ursprüngliche Lorenzkurve.

Die *allgemeine Definition der Lorenzkurve* für ein gegebenes Einkommensprofil $Y = (y_1, \ldots, y_2)$ lautet:

$$L_Y\left(\frac{j}{n}\right) = \frac{1}{n\mu} \sum_{i=1}^{j} y_i \text{ für } j = 0, \ldots, n. \tag{2.1}$$

Dabei bezeichnet $\mu = \frac{1}{n} \sum_{i=1}^{n} y_i$ das Durchschnittseinkommen, so dass $n\mu$ das Gesamteinkommen aller n Individuen angibt. Die Lorenzkurve an der Stelle j/n beschreibt also, welchen Anteil des Gesamteinkommens die j ärmsten Individuen auf sich vereinigen.

Die Darstellung der Lorenzkurve in (Gl. 2.1) bezieht sich auf diskrete Einkommensverteilungen. Die „Kurve" besteht dann zunächst nur aus einer Menge von Punkten, die nur aus Zweckmäßigkeitsgründen in Abb. 2.2 durch Linien verbunden werden. Wenn die Zahl n der Individuen größer wird, ähnelt das Bild immer mehr einer echten Kurve, wie sie sich bei einer stetigen Einkommensverteilung unmittelbar ergibt. Das *Lorenzkurven-Kriterium* lautet dann wie folgt:

Eine Einkommensverteilung $\tilde{Y} = (\tilde{y}_1, \ldots, \tilde{y}_n)$ heißt *Lorenz-gleicher* als $Y = (y_1, \ldots, y_n)$, falls die (in Abb. 2.3 als stetige Funktion eingezeichnete) Lorenzkurve zum Einkommensprofil $\tilde{Y}$ (mit $\tilde{Y} \neq Y$) nirgends unter der Lorenzkurve von Y liegt. Formal bedeutet dies, dass

$$L_{\tilde{Y}}\left(\frac{j}{n}\right) \geq L_Y\left(\frac{j}{n}\right) \tag{2.2}$$

Abb. 2.3 Vergleich zweier Verteilungen nach dem Lorenz-Gleichheitskriterium

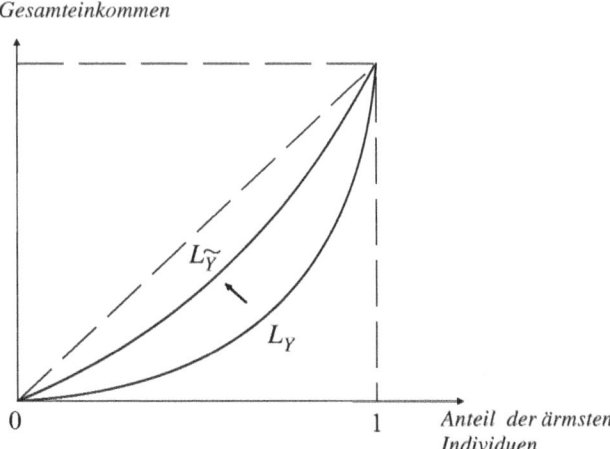

für alle $j = 1, \ldots, n$ gelten muss. Wegen der unterstellten Nicht-Identität der Einkommensprofile Y und $\tilde{Y}$ gilt dann zumindest für ein Individuum j in (Gl. 2.2) sogar ein strenges Ungleichheitszeichen.

Offensichtlich führt ein Dalton-Transfer zu einem Lorenz-gleicheren Verteilungsprofil: Mehr Dalton-Gleichheit impliziert also eine höhere Lorenz-Gleichheit. Für den Fall mit zwei Personen ist dies unmittelbar klar. Für den allgemeinen Fall $n > 2$ lässt sich diese Aussage leicht wie folgt begründen:

Wir vergleichen die Lorenzkurven der beiden Einkommensprofile $Y = (y_1, \ldots, y_n)$ und $\tilde{Y} = (y_1, \ldots, y_k + T, \ldots, y_l - T, \ldots, y_n)$, wobei die Rangerhaltungsbedingung $y_1 \leq \ldots \leq y_k + T \leq y_{k+1} \leq \ldots \leq y_{l-1} \leq y_r - T \leq \ldots \leq y_n$ gelten soll. Für $j < k$ und $j \geq l$ gilt dann $L_{\tilde{Y}}(\frac{i}{n}) = L_Y(\frac{i}{n})$, während man für alle $j = k, \ldots, l - 1$ die Beziehung $L_{\tilde{Y}}(\frac{i}{n}) = L_Y(\frac{i}{n}) + \frac{T}{n\mu} > L_Y(\frac{i}{n})$ erhält. Die Lorenzkurve für $\tilde{Y}$ hat also genau für die zwischen k und $l - 1$ liegenden Individuen einen höheren Wert als die Lorenzkurve zu Y. Daraus folgt, dass jede Einkommensverteilung, die aus einer gegebenen Einkommensverteilung durch eine endliche Zahl von Dalton-Transfers zustande kommt, Lorenz-gleicher ist als die ursprüngliche Einkommensverteilung.

Wenn ein Einkommensprofil $\tilde{Y}$ Lorenz-gleicher ist als ein Einkommensprofil Y, so gibt es umgekehrt eine endliche Sequenz von Dalton-Transfers, die Y in $\tilde{Y}$ überführt. Im Zwei-Personen-Fall erkennt man dies sofort anhand der Abb. 2.2: Wenn nämlich für zwei Einkommensverteilungen $Y = (y_1, y_2)$ und $\tilde{Y} = (\tilde{y}_1, \tilde{y}_2)$ mit dem gleichen Durchschnittseinkommen μ die Ungleichung $\tilde{\lambda} = L_{\tilde{Y}}(\frac{1}{2}) > L_Y(\frac{1}{2}) = \lambda$ gilt, dann transformiert ein Dalton-Transfer in Höhe von $T = 2\mu(\tilde{\lambda} - \lambda)$ das Einkommensprofil Y in das Einkommensprofil $\tilde{Y}$. Im allgemeinen Fall mit einer beliebigen Zahl von Individuen ist der Beweis diese Aussage relativ kompliziert, so dass wir hier darauf verzichten. Der interessierte Leser sei in diesem Zusammenhang auf Atkinson (1970) verwiesen.

Insgesamt lässt sich festhalten, dass das Lorenz-Kriterium automatisch aus dem Dalton-Kriterium folgt, was eine Motivation für das zunächst eher abstrakt erscheinende Lorenz-Kriterium liefert: „Wer Dalton akzeptiert, muss zwangsläufig auch Lorenz akzeptieren."

Das Lorenz-Kriterium stellt ein wichtiges Hilfsmittel für Verteilungsanalysen dar. Da es sich aus dem Transferprinzip von Dalton ableiten lässt, beruht es nur auf elementaren und ziemlich schwachen normativen Voraussetzungen. Das tiefere Problem, ob „gleichmäßiger" auch mit „gerechter = besser" identifiziert werden kann bzw. soll, wird durch diese Motivation des Lorenzkurven-Kriteriums allerdings nicht gelöst.

Folgerung 2-2

Das Lorenzkurven-Kriterium als wichtigstes Instrument zur Messung von Ungleichheit lässt sich durch das intuitiv einsichtige Transferprinzip von Dalton begründen. ◄

2.2.2 Numerische Ungleichheitsmaße

Das zuvor beschriebene Lorenz-Kriterium zur Ungleichheitsmessung hat den Nachteil, dass es nicht vollständig ist. Die Lorenzkurven verschiedener Einkommensprofile können sich nämlich schneiden, sobald es mehr als zwei Individuen gibt. Bei einem Vergleich der entsprechenden Einkommensprofile lässt sich mit Hilfe des Lorenz-Kriteriums dann keine Aussage über mehr oder weniger Gleichheit treffen. Als Beispiel für eine solche Situation betrachten wir im Fall $n = 3$ die beiden Einkommensprofile $Y^1 = (2,9,9)$ und $Y^2 = (4,4,12)$, deren Lorenzkurven in Abb. 2.4 dargestellt sind. An der Stelle 1/3 liegt die Lorenzkurve von Y^2 über der von Y^1, während dies bei 2/3 gerade umgekehrt ist.

Weil es auf minimalen normativen Voraussetzungen, nämlich dem Dalton-Kriterium, beruht, ist die begrenzte Reichweite des Lorenz-Kriteriums nicht allzu überraschend. Um diese Einschränkung zu überwinden und alle Einkommensprofile im Hinblick auf den Grad ihrer Ungleichheit vergleichen zu können, gibt es verschiedene Möglichkeiten. In diesem Abschnitt stellen wir die wichtigsten aus der Statistik bekannten aggregierten Ungleichheitsmaße (vgl. zur Übersicht etwa Ebert 1988, und Cowell 2000) dar, bei denen jedem Einkommensprofil ein numerischer Ungleichheitskoeffizient zugeordnet wird. Je höher dieser Koeffizient ist, desto größer ist die Ungleichheit des zugrunde liegenden Einkommensprofils. Die Vergleichbarkeit aller Einkommensprofile und damit die Vollständigkeit des entsprechenden Messkonzepts sind dann in offensichtlicher Weise sichergestellt. Allerdings ist bei jedem aggregierten Ungleichheitsmaß zunächst zu prüfen, ob es dem Dalton-Transferprinzip genügt. Erst dann ist gewährleistet, dass es tatsächlich eine Erweiterung des Lorenz-Kriteriums liefert.

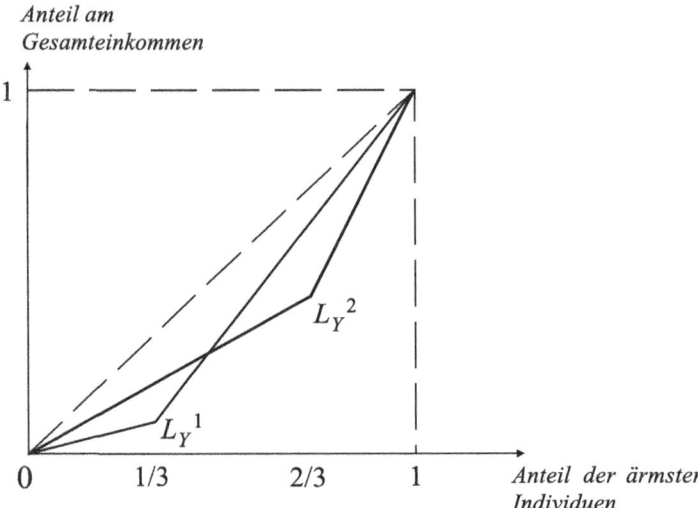

Abb. 2.4 Sich schneidende Lorenzkurven

2.2.2.1 Der Variationskoeffizient

Der *Variationskoeffizient* $v(Y)$ ist bei gegebenem Einkommensprofil $Y = (y_1, \ldots, y_n)$ mit Durchschnittseinkommen μ definiert als

$$v(Y) = \frac{\left[\frac{1}{n}\sum_{i=1}^{n}(y_i - \mu)^2\right]^{1/2}}{\mu}, \tag{2.3}$$

d. h. als Quotient zwischen der Standardabweichung und dem Mittelwert des Einkommens. Um zu zeigen, dass der Variationskoeffizient dem Transferprinzip von Dalton genügt und somit eine Vervollständigung des Lorenzkurven-Kriteriums darstellt, prüfen wir, wie sich der Term $\sum_{i=1}^{n}(y_i - \mu)^2$ ändert, wenn ein Dalton-Transfer T von einem Individuum l zu einem ärmeren Individuum k erfolgt. Von diesem Transfer betroffen sind nur die beiden zu k und l gehörigen Summanden des Ausdrucks in Gl. 2.3. Es gilt:

$$(y_k + T - \mu)^2 + (y_l - T - \mu)^2$$
$$= (y_k - \mu)^2 + 2T(y_k - \mu)^2 + T^2 + (y_l - \mu)^2 - 2T(y_l - \mu) + T^2 \tag{2.4}$$
$$= (y_k - \mu)^2 + (y_l - \mu)^2 - 2T(y_l - y_k) + 2T^2.$$

Der Ausdruck $2T^2 - 2\,T\,(y_l - y_k)$ gibt die vom Transfer T ausgelöste Änderung der Varianz an. Er ist kleiner als null, falls $T < y_1 - y_k$ gilt, d. h. insbesondere dann, wenn sich – wie bei einem Dalton-Transfer von uns vorausgesetzt – die Rangordnung der Einkommen zwischen den betroffenen Individuen nicht ändert. Dann kommt es in der Tat zu einer Verminderung des Variationskoeffizienten, und die Verträglichkeit der

Ungleichheitsmessung auf der Basis des Variationskoeffizienten mit dem Lorenzkurven-Kriterium ist gezeigt.

Die soeben hergeleitete Formel zeigt zudem, dass der Effekt eines Dalton-Transfers auf den Variationskoeffizienten neben der Höhe des Transfers T vom *Abstand* der Einkommensniveaus von Geber und Nehmer, $y_1 - y_k$, abhängt.

Betrachten wir etwa das Einkommensprofil $Y = (10, 1000, 1990)$, bei dem für die Einkommensabstände $y_3 - y_2 = y_2 - y_1$ gilt. In dieser Situation kommt es gemäß der Formel (Gl. 2.4) zur gleichen Veränderung des Variationskoeffizienten, wenn entweder Individuum 2 an das sehr arme Individuum 1 eine Geldeinheit oder aber wenn Individuum 3 an das weniger arme Individuum 2 eine Geldeinheit transferiert. Diese Gleichheit des Effekts entspricht aber nicht der normativen Intuition, weil aus Gerechtigkeitsgründen der Transfer an das ganz arme Individuum als wichtiger anzusehen ist.

2.2.2.2 Der Gini-Koeffizient

Der *Gini-Koeffizient* $G(Y)$ zu einem Einkommensprofil Y errechnet sich als das Doppelte der in Abb. 2.5 beschriebenen Fläche A zwischen der 45°-Linie und der Lorenzkurve zu Y, so dass

$$G(Y) = 2A = 2(\frac{1}{2} - B) = 1 - 2B \tag{2.5}$$

gilt, wenn B für die Fläche unter der Lorenzkurve steht. Liegt die Lorenzkurve überall näher an der Winkelhalbierenden, verkleinert sich der Gini-Koeffizient, der deshalb in offensichtlicher Weise mit dem Lorenz-Kriterium vereinbar ist.

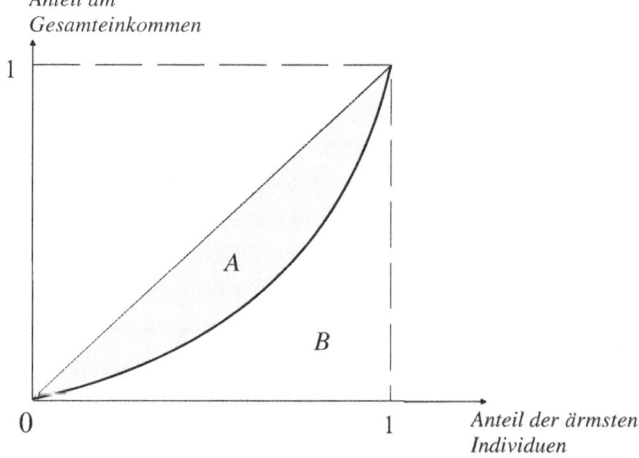

Abb. 2.5 Gini-Koeffizient

Um die Implikationen des Gini-Koeffizienten besser verstehen zu können, berechnen wir ihn für ein beliebiges Einkommensprofil $Y = (y_1, y_2, y_3)$ im Drei-Personen-Fall mit Hilfe der Abb. 2.6. Dabei ergibt sich zunächst für die Fläche B unter der Lorenz-Kurve

$$B = (\frac{1}{2} \cdot \frac{1}{3} + \frac{2}{3}) \cdot \frac{y_1}{3\mu} + (\frac{1}{2} \cdot \frac{1}{3} + \frac{1}{3}) \cdot \frac{y_2}{3\mu} + \frac{1}{2} \cdot \frac{1}{3} \cdot \frac{y_3}{3\mu} = \frac{1}{6} \cdot \frac{1}{3\mu}(5y_1 + 3y_2 + y_3)$$

mit μ als dem Durchschnittseinkommen Der Ausdruck für B lässt sich durch Addition von $\frac{1}{6}\frac{1}{3\mu}(y_1 + y_2 + y_3) - \frac{1}{6} = 0$ auf der rechten Seite umformen zu

$$B = \frac{1}{3^2\mu}(3y_1 + 2y_2 + y_3) - \frac{1}{6}. \tag{2.6}$$

Für den Gini-Index selber erhält man also

$$G(Y) = 1 - 2B = 1 + \frac{1}{3} - \frac{2}{3^2\mu}(3y_1 + 2y_2 + y_3). \tag{2.7}$$

Für eine beliebige Zahl n von Individuen lautet die entsprechende Formel

$$G(Y) = 1 + \frac{1}{n} - \frac{2}{n^2\mu}(ny_1 + (n-1)y_2 + \ldots + y_n). \tag{2.8}$$

Gemäß der Formel (Gl. 2.8) erhält bei der Berechnung des Gini-Koeffizienten das Einkommen eines Individuums ein umso höheres Gewicht, je weiter unten es in der Einkommenshierarchie angesiedelt ist. Ein Transfer eines reichen Individuums vermindert den Gini-Koeffizienten also umso stärker, je „ärmer" der Transferempfänger ist. Allerdings kommt es dabei nur auf die *Position* an, welche der Transferempfänger in

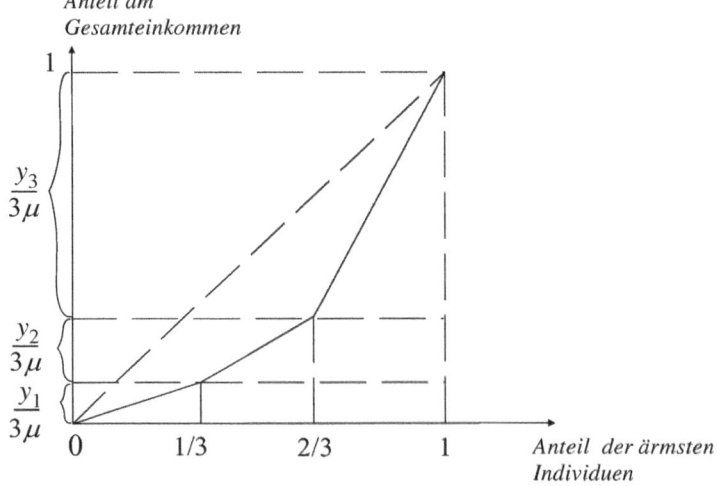

Abb. 2.6 Berechnung des Gini-Koeffizienten

der Einkommenshierarchie einnimmt, nicht aber auf die Höhe seines Einkommens und damit seine „Bedürftigkeit".

2.2.2.3 Der Theil-Koeffizient

Ein anderes häufig verwendetes numerisches Ungleichheitsmaß ist der Theil-Koeffizient, dessen Wurzeln in der Entropie-Theorie liegen. Für ein gegebenes Einkommensprofil $(y_1, \ldots, y_n)$ ist der Theil-Koeffizient wie folgt definiert:

$$Th(Y) = \frac{1}{n} \sum_{i=1}^{n} \frac{y_i}{\mu} \ln \frac{y_i}{\mu}. \tag{2.9}$$

Die mathematischen Eigenschaften des Theil-Koeffizienten $Th(Y)$ lassen sich wesentlich schwerer bestimmen als beispielsweise die des Gini-Index. Zwar ist es offensichtlich, dass bei Gleichverteilung des Einkommens $Th(\mu, \ldots, \mu) = 0$ gilt. Zudem hat man $Th(0, 0, \ldots, n\mu) = \ln n$, was aus dem allgemeinen mathematischen Sachverhalt $\lim_{y \to 0} y \ln y = 0$ folgt. Wenn man den Ausdruck in (Gl. 2.9) durch $\ln n$ dividiert, nimmt der derart modifizierte Theil-Index den Wert 1 bei maximaler Ungleichheit an. Schwierig ist es auch, die Vereinbarkeit des Theil-Index mit dem Dalton'schen Transferprinzip zu zeigen.

Bei der genaueren Analyse der Wirkung von Dalton-Transfers auf den Theil-Koeffizienten zeigt sich, dass der Theil-Index mit dem Dalton'schen Transferprinzip kompatibel ist und dass ein Dalton-Transfer von einem Individuum mit überdurchschnittlichen Einkommen zu einem Individuum mit unterdurchschnittlichem Einkommen einen stärkeren Effekt hat als ein gleich hoher Transfer zwischen zwei Individuen mit überdurchschnittlichem Einkommen.

Unter den allgemein verwendeten numerischen Ungleichheitsmaßen ist der Theil-Koeffizient der einzige, der die „Zerlegbarkeitseigenschaft" („Decomposability Property") besitzt. Das bedeutet, dass der Theil-Index für eine ganze Gruppe von Individuen mit der gewichteten Summe der Theil-Indizes von Untergruppen übereinstimmt.

2.2.2.4 Dezil- und Perzentilmaße

Neben den Indikatoren, die den Grad der Ungleichheit eines gesamten Einkommensprofils in einer einzigen Maßzahl abzubilden versuchen, gibt es auch solche, die bescheidenere Ziele verfolgen. Zu diesen gehören die Dezil- und Perzentilmaße, die in vielen Fällen wichtige Anhaltspunkte für die Beurteilung der Struktur der Einkommensungleichheit liefern. Zur Bestimmung dieser Maße wird die gesamte Bevölkerung zunächst in 10 bzw. 100 gleich große Gruppen unterteilt, wobei die erste Gruppe alle Individuen mit den geringsten Einkommen umfasst. Zur zweiten Gruppe gehören dann die 10 % bzw. das eine Prozent der Gesamtbevölkerung mit den niedrigsten Einkommen im Rest der Bevölkerung nach Ausschluss des untersten Dezils bzw. Perzentils. In dieser Weise verfährt man weiter, bis man schließlich beim höchsten Dezil bzw. Perzentil anlangt, in dem sich die Individuen mit den allerhöchsten Einkommen befinden.

Das Dezilverhältnis $D_{10,1}$, das in vielen empirischen Studien Verwendung findet, errechnet sich auf dieser Grundlage als Quotient zwischen dem Gesamteinkommen des 10. Dezils und dem Gesamteinkommen des ersten Dezils. Es misst somit die relative Einkommenslücke zwischen den reichsten und den ärmsten Individuen in einer Gesellschaft. Je nach dem speziellen Erkenntnisinteresse lassen sich in analoger Weise auch andere Dezilverhältnisse betrachten. So gibt etwa $D_{10,5}$ die relative Einkommenslücke zwischen den Beziehern der höchsten und den Beziehern mittlerer Einkommen an, während $D_{5,1}$ die relative Lücke zwischen den mittleren und den einkommensärmsten Individuen beschreibt. Bei der Berechnung von Perzentilverhältnissen geht man in ganz analoger Weise vor. Ebenso lassen sich auch gröbere Einteilungen der Bevölkerung wählen. Bei fünf Einkommensklassen gelangt man dabei zu Quintilmaßen.

Einen sehr einfachen, aber höchst aufschlussreichen Indikator für die in einer Gesellschaft herrschende Ungleichheit erhält man, wenn man das Durchschnitts- durch das Medianeinkommen dividiert. Das Medianeinkommen entspricht dabei dem Einkommen des Individuums, das gerade in der Mitte der Einkommenshierarchie steht. Gegenüber dem Bezieher dieses Medianeinkommens haben also 50 % der Bevölkerung ein höheres und 50 % der Bevölkerung ein niedrigeres Einkommen. Je größer dieses Verhältnis

$$\rho = \frac{\text{Durchschnittseinkommen}}{\text{Medianeinkommen}}$$

ist, desto mehr konzentriert sich das Gesamteinkommen einer Gesellschaft am oberen Ende der Einkommensskala.

Folgerung 2-3

Das Lorenz-Kriterium erlaubt nicht den Vergleich beliebiger Einkommensverteilungen. Es lässt sich aber durch numerische Ungleichheitsmaße (z. B. den Variations- oder den Gini-Koeffizienten oder den Theil-Index) vervollständigen. Dezil- und Perzentilmaße können zum besseren Verständnis der Struktur von Ungleichheit beitragen. ◄

2.3   Gesellschaftliche Wohlfahrtsfunktionen

2.3.1   Utilitaristische Wohlfahrtsfunktion

Sowohl der Variations- als auch der Gini-Koeffizient stellen ad hoc konzipierte Ungleichheitsmaße dar, die keine unmittelbar einsichtige normative Basis haben. Man kann sich dem Problem der Ungleichheitsmessung aber auch aus ganz anderer Richtung nähern und von einer Bewertung der Einkommensprofile durch eine *gesellschaftliche Wohlfahrtsfunktion H* ausgehen (vgl. dazu bereits Atkinson 1970). Im einfachsten Fall, auf den wir hier Bezug nehmen wollen, ist eine solche Wohlfahrtsfunktion *additiv separabel* und misst – im Sinne einer Gleichbehandlung – bei der Ermittlung des Gesamtnutzens allen Individuen das gleiche Gewicht zu. Als Niveau der gesellschaftlichen Wohlfahrt für ein beliebiges Einkommensprofil $Y = (y_1, \ldots, y_n)$ ergibt sich dann

$$H(Y) = \sum_{i=1}^{n} h(y_i),$$ (2.10)

wobei $h(y)$ eine streng monoton wachsende und streng konkave individuelle Nutzenfunktion bezeichnet, die auf alle einzelnen Einkommensniveaus y_i angewandt wird. Die Verwendung der gleichen Nutzenfunktion $h(y)$ für alle Individuen bedeutet, dass alle Individuen als identisch angesehen werden. Zu beachten ist, dass diese „Nutzen" keine kardinalen Indikatoren für das individuelle Wohlbefinden darstellen. Vielmehr sind sie – im Sinne des Prioritanismus (vgl. etwa Adler 2012) – reine Bewertungsfunktionen, mit denen unterschiedliche Grade der Ungleichheitsaversion bei der sozialen Bewertung zum Ausdruck gebracht werden können. Trotz dieser wichtigen konzeptionellen Unterscheidung wollen wir der Einfachheit halber im Folgenden aber für $h(y)$ die vertraute Bezeichnung Nutzenfunktion beibehalten.

Gängige Vorstellungen über Gleichheit und Gerechtigkeit spiegeln sich in den durch $H(Y)$ gelieferten Bewertungen zunächst nicht wider. Vielmehr wird (im Sinne der utilitaristischen Maxime vom „größten Glück der größten Zahl" und im Einklang mit dem ökonomischen Paradigma) der Gesamtnutzen in einer Ökonomie maximiert.

Zur Motivation dieses utilitaristischen Ansatzes wird (in der Tradition von Harsanyi 1955 und Rawls 1972) oftmals die fiktive Konstruktion eines „Schleier des Nichtwissens" (engl. „Veil of Ignorance") herangezogen, hinter dem ein repräsentatives Individuum nur weiß, dass es später mit der gleichen Wahrscheinlichkeit von $\pi = 1/n$ eine der n möglichen gesellschaftlichen Positionen und das damit jeweils verbundene Einkommensniveau erreichen wird, nicht aber, welches das genau sein wird. Bei dieser Interpretation ist die Nutzenfunktion $h(y)$ die (aus der Entscheidungstheorie bei Risiko wohlbekannte) *von-Neumann-Morgenstern-Nutzenfunktion* des hinter dem Schleier des Nichtwissens stehenden Individuums. Die Konkavität von $h(y)$ bringt dabei die Risikoaversion dieses Individuums zum Ausdruck. Dessen *Erwartungsnutzen* ergibt sich, wenn man das durch (Gl. 2.10) beschriebene Wohlfahrtsniveau $H(Y)$ durch n teilt.

Zwischen dem utilitaristischen Ansatz gemäß (Gl. 2.10) und der Messung von Ungleichheit besteht aber trotz des unterschiedlichen konzeptionellen Ausgangspunkts ein enger Zusammenhang, wie die folgende Überlegung zeigt. Dabei wird wiederum ein Dalton-Transfer vom reicheren Individuum l zum ärmeren Individuum k durchgeführt und dann anhand von Abb. 2.7 geprüft, wie sich dadurch die gesellschaftliche Wohlfahrt gemäß (Gl. 2.10) ändert.

Wenn in Abb. 2.7 aufgrund der Konkavität von $h(y)$ die zugehörige Grenznutzenfunktion $h'(y)$ fällt, ist die Fläche A (= Gewinn an Wohlfahrt H durch den Transfer T) größer als die Fläche B (= Verlust an Wohlfahrt H durch den Transfer T). Bei gleichem Durchschnittseinkommen führt eine Lorenz-gleichere Einkommensverteilung somit zu

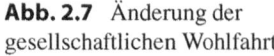 **Abb. 2.7** Änderung der gesellschaftlichen Wohlfahrt

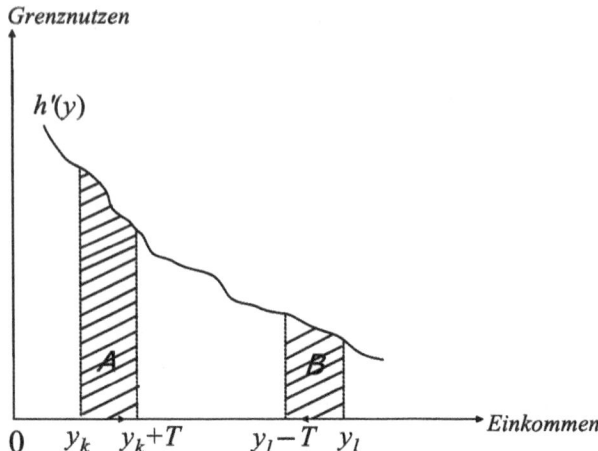

einer höheren gesellschaftlichen Wohlfahrt gemäß *H*. Dies zeigt, dass sich der Wunsch nach einer gleichmäßigeren Einkommensverteilung mit Hilfe der utilitaristischen Wohlfahrtstheorie begründen lässt.

Dalton-Transfers wirken sich auf die gesellschaftliche Wohlfahrt *H* sogar umso mehr aus, je niedriger das Anfangseinkommen des Empfängers ist und je größer somit in Abb. 2.7 die Fläche *A* ist. Die relative Unempfindlichkeit des Effekts eines Dalton-Transfers gegenüber der absoluten Bedürftigkeit des Empfängers, die wir beim Variationskoeffizienten und beim Gini-Koeffizienten festgestellt hatten, ist also bei einem utilitaristischen Kriterium mit streng konkaver Nutzenfunktion nicht gegeben. Auf der anderen Seite wird der Effekt eines Dalton-Transfers auf die Wohlfahrt kleiner, wenn das Einkommen des Gebers wächst und die Fläche *B* schrumpft. Auch dies entspricht der normativen Intuition, weil die Transferzahlung einem Reichen eher zumutbar erscheint.

Es lassen sich zudem Aussagen über die Höhe des Einkommensverlustes, d. h. die „Leakage Rate", treffen, die bei einem Transfer von der reichen Person *l* zur ärmeren Person *k* akzeptabel erscheint. Der Blick auf Gleichung (Gl. 2.10) zeigt, dass die marginale Verlustrate $1 - \frac{h'(y_l)}{h'(y_k)}$ beträgt, die wegen der Konkavität der Nutzenfunktion *h*(*y*) in y_l steigt und in y_k fällt. Auch daran wird deutlich, dass der wohlfahrtstheoretische Ansatz dem Ausmaß der Bedürftigkeit des Empfängers und der Zahlungsfähigkeit des Gebers Rechnung trägt.

Folgerung 2-4

Bei Verwendung einer konkaven Nutzenfunktion führt eine Lorenz-gleichere Verteilung zu einem höheren Wert der entsprechenden gesellschaftlichen Wohlfahrtsfunktion. Auf diese Weise ergibt sich eine wohlfahrtstheoretische Begründung des Gleichverteilungsziels. ◀

2.3.2 Ungleichheitsaversion

Die Bewertung von Ungleichheit durch eine Gesellschaftliche Wohlfahrtsfunktion H hängt im starken Maße von der zugrunde gelegten individuellen Nutzenfunktion $h(y)$ ab. Um diesen Zusammenhang zu präzisieren, betrachtet man für ein gegebenes $h(y)$ zu jedem Einkommensprofil Y das *Gleichheitsäquivalent* $e_h(Y)$, das durch die Bedingung $H((e_h(Y),\ldots, e_h(Y)) = H(Y)$ definiert wird. Ein solches Gleichheitsäquivalent $e_h(Y)$ gibt also an, bei welchem *völlig gleichverteilten* Einkommen die gesellschaftliche Wohlfahrt gemäß H genauso hoch wäre wie beim gegebenen Einkommensprofil Y.

Das Gleichheitsäquivalent $e_h(Y)$ wird in Abb. 2.8 als Schnittpunkt der durch das gegebene Einkommensprofil $Y = (y_1, y_2)$ verlaufenden gesellschaftlichen Indifferenzkurve (dem geometrischen Ort aller Einkommensprofile mit dem gleichen H-Wohlfahrtsniveau wie Y) mit der Winkelhalbierenden (der „Gleichheitslinie") beschrieben. Wegen der Konvexität der gesellschaftlichen Indifferenzkurven, die aus der unterstellten strengen Konkavität der Nutzenfunktion $h(y)$ folgt, ist das Gleichheitsäquivalent immer kleiner als das Durchschnittseinkommen μ. Wie sich leicht zeigen lässt, gilt diese Aussage auch im allgemeinen n-Personen-Fall.

Der Abstand zwischen $e_h(Y)$ und μ zeigt an, welches (das in absoluten Größen gemessene) Opfer an Gesamteinkommen bei gegebener Wohlfahrtsfunktion $H(Y)$ zur Herstellung einer absoluten Gleichverteilung der Einkommen akzeptabel erscheint. Je stärker $e_h(Y)$ vom Durchschnittseinkommen μ abweicht, desto größer ist somit die von $h(y)$ zum Ausdruck gebrachte *Ungleichheitsaversion*. Wir wollen uns jetzt überlegen, von welchen Eigenschaften der Nutzenfunktion $h(y)$ es im Einzelnen abhängt, wie groß diese Ungleichheitsaversion ist.

Zu diesem Zweck betrachten wir zwei Nutzenfunktionen $h_1(y)$ und $h_2(y)$ mit den zugehörigen gesellschaftlichen Wohlfahrtsfunktionen H_1 und H_2 und nehmen an, dass

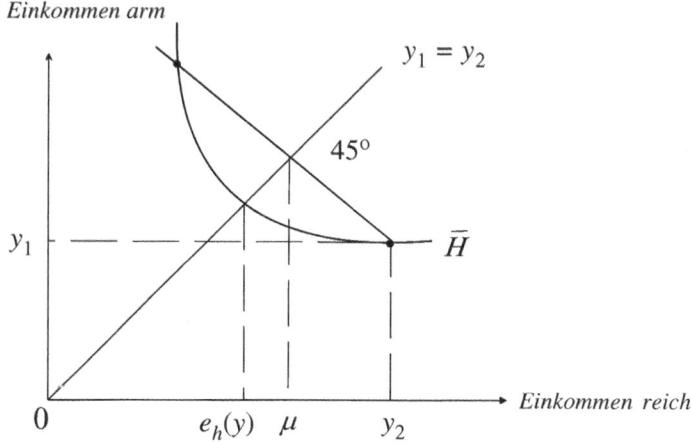

Abb. 2.8 Gleichheitsäquivalent

die gesellschaftlichen Indifferenzkurven zu H_2 für jedes Einkommensprofil (y_1, y_2) mit $y_1 < y_2$ flacher verlaufen als die zu H_1, so dass

$$\frac{h_2'(y_2)}{h_2'(y_1)} < \frac{h_1'(y_2)}{h_1'(y_1)} \tag{2.11}$$

gilt. In diesem Falle wird jedes Gleichheitsäquivalent zu $h_2(y)$ kleiner als das Gleichheitsäquivalent zu $h_1(y)$, so dass $h_2(y)$ eine höhere Ungleichheitsaversion widerspiegelt als $h_1(y)$. Auf der linken (bzw. rechten) Seite von (Gl. 2.11) steht der Betrag des Anstiegs der gesellschaftlichen Indifferenzkurve zu H_2 (bzw. H_1) im Punkt (y_1, y_2). Die Bedingung (Gl. 2.10) ist (wie man durch Überkreuzmultiplizieren und Vertauschen der Seiten sieht) äquivalent zu

$$\frac{h_2'(y_1)}{h_1'(y_1)} > \frac{h_2'(y_2)}{h_1'(y_2)} \tag{2.12}$$

Wegen $y_1 < y_2$ gilt diese Ungleichung, wenn der Quotient aus den beiden Grenznutzenfunktionen $h_2'(y)$ und $h_1'(y)$ mit steigendem y fällt, d. h. gemäß der Quotientenregel, wenn $\left(\frac{h_2'(y)}{h_1'(y)}\right)' = \frac{h_2''(y)h_1'(y)-h_2'(y)h_1''(y)}{h_1'^2(y)} < 0$ gilt. Diese Bedingung ist offensichtlich gleichbedeutend mit

$$\frac{-h_2''(y)y}{h_2'(y)} > \frac{-h_1''(y)y}{h_1'(y)} \tag{2.13}$$

Die Elastizität des Grenznutzens von $h_2(y)$ ist dann überall größer als die Elastizität des Grenznutzens von $h_1(y)$.

In der Entscheidungstheorie bei Risiko entspricht die Elastizität des Grenznutzens $-\frac{h''(y)\cdot y}{h'(y)}$ bekanntlich dem *Arrow-Pratt-Maß* für die Risikoversion (vgl. etwa Gollier 2001). Im Rahmen einer Bewertung von Ungleichheit repräsentiert sie hingegen, wie wir soeben gesehen haben, eine höhere Ungleichheitsaversion.

Strebt die Ungleichheitsversion gegen Unendlich, nähern sich die gesellschaftlichen Indifferenzkurven – wie in Abb. 2.9 dargestellt – einem *L*-förmigen Verlauf an. Im Extremfall mit unendlich großer Ungleichheitsversion gilt dann auch im *n*-Personen-Fall für jedes Einkommensprofil $Y = (y_1, \ldots, y_n)$ mit $y_1 \leq y_2 \leq \ldots \leq y_n$:

$$e_\infty(Y) = y_1. \tag{2.14}$$

Bei einer solchen extremen Ungleichheitsaversion ist man aus der Perspektive der gegebenen gesellschaftlichen Wohlfahrtsfunktion bereit, zur Herstellung von Gleichheit *alle* Individuen auf das Einkommensniveau des ärmsten Individuums abzusenken. Mit der gängigen moralischen Intuition ist dies nicht vereinbar, insbesondere wenn die Anzahl *n* der Individuen groß und das zur Herstellung von Gleichheit nötige Einkommensopfer ebenfalls groß ist. Als gesellschaftliches Bewertungskriterium entspricht dieser Fall mit *extremer Ungleichheitsaversion* der aus der statistischen

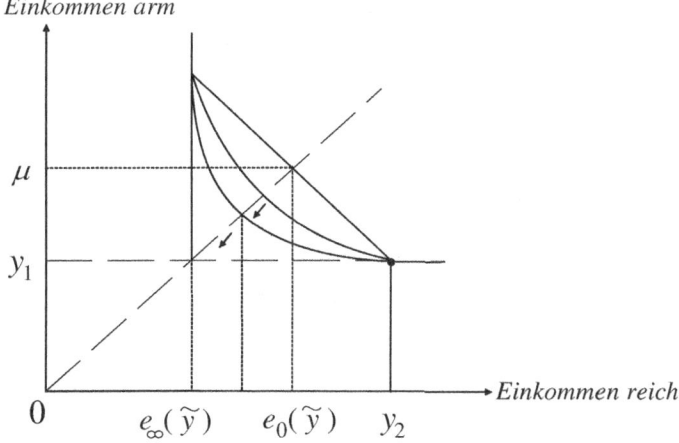

Abb. 2.9 Ungleichheitsaversion und Gleichheitsäquivalent

Entscheidungstheorie bekannten *Maximin-Regel* oder auch dem *Differenzprinzip* von Rawls.

Im anderen Extrem besteht eine *völlige Abwesenheit von Ungleichheitsaversion,* so dass *Verteilungsneutralität* bei der Bewertung verschiedener Einkommensprofile herrscht. Dieser Fall ist bei $h(y) = y$ gegeben. Es gilt dann

$$e_0(Y) = \mu. \tag{2.15}$$

In der Abb. 2.9 sind die zugehörigen gesellschaftlichen Indifferenzkurven negativ geneigte 45°-Linien. Dies zeigt, dass in diesem Falle keinerlei Bereitschaft zu *irgendeinem* noch so kleinen Verzicht an Gesamteinkommen besteht, um zu einer Gleichverteilung der Einkommen zu gelangen. Anders gesagt, spielt das Gleichheitsziel bei der gesellschaftlichen Bewertung von Einkommensprofilen überhaupt keine Rolle.

Zur gängigen *moralischen Intuition* dürfte es am ehesten passen, wenn ein *Mittelweg* zwischen diesen beiden Extremen eingeschlagen wird. Streng monoton wachsende und streng konkave Nutzenfunktionen $h(y)$ liefern solche Kompromisskriterien. Welche Nutzenfunktion $h(y)$ und damit welche Ungleichheitsaversion dabei zum Zuge kommt, hängt von subjektiven Gerechtigkeitsvorstellungen ab, welche die politischen Entscheidungen zu Umverteilungsmaßnahmen bestimmen.

Folgerung 2-5

Die Ungleichheitsaversion einer gesellschaftlichen Wohlfahrtsfunktion wird durch die zugrunde liegende Nutzenfunktion und dabei speziell durch ihre Elastizität des Grenznutzens bestimmt. Bei immer größer werdender Ungleichheitsaversion nähert sich die Bewertung dem Maximin-Kriterium bzw. dem Differenzprinzip von Rawls an. ◀

2.3.3   Die Messung von Ungleichheit mit Hilfe des Atkinson-Maßes

Mit Hilfe der zuvor betrachteten utilitaristischen Wohlfahrtsfunktionen wird es jetzt auch möglich, einen weiteren Typus von Ungleichheitsmaßen zu entwickeln. Der sich dabei ergebende *Atkinson-Index,* der den Grad der Ungleichheit eines Einkommensprofils Y angibt, ist für eine gegebene Nutzenfunktion $h(y)$ wie folgt definiert:

$$A_h(Y) = 1 - \frac{e_h(Y)}{\mu}. \tag{2.16}$$

Ein Atkinson-Maß gibt also an, auf welchen *prozentualen* Anteil am Gesamteinkommen man bei einer Wohlfahrtsbewertung gemäß h bzw. H zur Herstellung einer absoluten Gleichverteilung zu verzichten bereit ist. Wenn sich das Einkommensprofil Y ändert, zeigt ein höherer Wert von $A_h(Y)$ einen höheren Grad an Ungleichheit an. Weil bei einem Dalton-Transfer das Gleichheitsäquivalent steigt, ist das Atkinson-Maß mit dem Lorenz-Kriterium kompatibel.

Bei der Ermittlung seiner Ungleichheitskoeffizienten hat Atkinson selber *isoelastische Nutzenfunktionen* verwendet, die folgendermaßen definiert sind:

$$h_\varepsilon(y) = \begin{cases} y^{1-\varepsilon} & 0 < \varepsilon < 1 \\ \ln y & \text{falls} \quad \varepsilon = 1 \\ -y^{1-\varepsilon} & \varepsilon > 1 \end{cases}. \tag{2.17}$$

Der Verlauf dieser Nutzenfunktionen ist in Abb. 2.10 dargestellt.

Zu beachten ist, dass $-y^{1-\varepsilon}$ (für $\varepsilon > 1$) zwar negativ ist, aber mit zunehmendem y wächst, so dass ein höheres Einkommen auch hier zu einem höheren Nutzen führt. Für die erste und zweite Ableitung von $h_\varepsilon(y)$ hat man $h'_\varepsilon(y) = (1 - \varepsilon)y^{-\varepsilon}$ und $h''_\varepsilon(y) = -(1 - \varepsilon)\varepsilon y^{-\varepsilon-1}$, was insbesondere impliziert, dass die Elastizität des Grenznutzens für alle Einkommensniveaus y den konstanten Wert ε annimmt. Bei isoelastischen Nutzenfunktionen wird die Ungleichheitsaversion also immer höher, je größer der Parameter ε ist.

Abb. 2.10 Isoelastische
Nutzenfunktionen

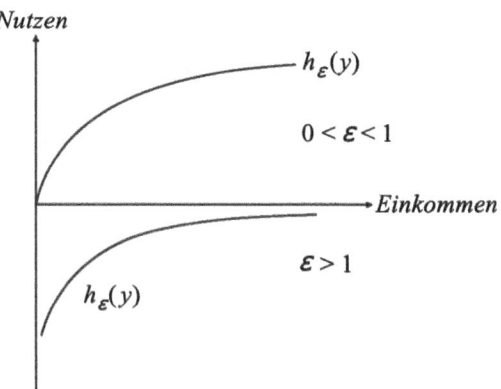

Für ein gegebenes Einkommensprofil $Y = (y_1, ..., y_n)$ berechnet sich das jetzt mit $e_\varepsilon(Y)$ bezeichnete Gleichheitsäquivalent wegen $n \cdot (e_\varepsilon(Y))^{1-\varepsilon} = \sum_{i=1}^{n} y_i^{1-\varepsilon}$ als $e_\varepsilon(Y) = \left(\frac{1}{n} \sum_{i=1}^{n} y_i^{1-\varepsilon} \right)^{1/(1-\varepsilon)}$. Für den Atkinson-Index $A_\varepsilon(Y)$ ergibt sich damit:

$$A_\varepsilon(Y) = 1 - \left(\frac{1}{n} \sum_{i=1}^{n} \left(\frac{y_i}{\mu} \right)^{1-\varepsilon} \right)^{1/(1-\varepsilon)}. \tag{2.18}$$

Wenn der Grad der Ungleichheitsaversion ε wächst, wird das Atkinson-Maß größer. Der Flexibilität des Atkinson-Ansatzes bei Berücksichtigung unterschiedlicher Verteilungsnormen entspricht seine Unbestimmtheit im konkreten Fall. Mehr ist allerdings auch hier nicht zu erwarten. Einen objektiv richtigen Wert für die Ungleichheitsaversion ε gibt es nicht – und kann es auch nicht geben. Die Wissenschaft kann aber – wie es beim Ansatz von Atkinson geschieht – flexible funktionale Formen entwickeln, die zur Berücksichtigung verschiedener verteilungspolitischer Zielsetzungen in der Lage sind. Genau darin liegt der herausragende Beitrag von Atkinson zur Messung von Ungleichheit, der auf in der ökonomischen Theorie wohlvertrauten utilitaristischen Konzepten beruht.

Folgerung 2-6

Auf der Basis utilitaristischer Wohlfahrtsfunktionen lässt sich ein weiterer Typus numerischer Ungleichheitskoeffizienten entwickeln: die Atkinson-Maße, bei deren konkreter Spezifizierung isoelastische Nutzenfunktionen verwendet werden. ◄

2.4 Ökonomische Einwände gegen eine gleichheitsorientierte Umverteilung

2.4.1 Normative Fragwürdigkeit des Gleichheitsziels

Das Plädoyer für staatliche Maßnahmen zur Korrektur der vom Markt zustande gebrachten Verteilungssituation beruht letztlich darauf, dass man an der Gerechtigkeit der Marktergebnisse zweifelt. Viele Ökonomen (wie Hayek 1962, Nozick 1976, Browning 2002 oder auch der Philosoph Frankfurt 2016) stellen bereits den normativen Ausgangspunkt der Verfechter der Gleichheitsmaxime infrage. Die Ablehnung des Egalitarismus wird dabei vor allem mit den folgenden Argumenten begründet:

• Gleichheit ist in offensichtlicher Weise nicht gleichbedeutend mit Gerechtigkeit. Um zu beurteilen, ob eine bestimmte Verteilung als gerecht gelten kann, müssen vielmehr die speziellen Eigenschaften der beteiligten Personen Berücksichtigung finden, so ihre individuellen Fähigkeiten, ihre Präferenzen sowie ihre Verantwortung für den Ausgangszustand, an dem mögliche Umverteilungsmaßnahmen anzusetzen haben.

Aus einer solchermaßen breiteren Perspektive erscheint eine Gleichverteilung in den meisten Fällen alles andere als fair, wie schon ein einfaches Beispiel zeigt. Stellen wir uns dazu vor, dass drei Studentinnen einen Kuchen untereinander aufzuteilen haben. Die drei, Andrea, Barbara und Christina, sollen sich dabei sowohl in ihren Bedürfnissen und ihren Ansprüchen unterscheiden: Andrea hat eine enorme Vorliebe für Süßes, während Barbara in dieser Hinsicht aber eher indifferent ist, jedoch gerade ganz hungrig von einem längeren Fahrradausflug zurückkommt. Christina hingegen ist diejenige, die den Kuchen überhaupt erst gebacken hat. In dieser Situation stehen wir drei verschiedenen Arten von gerechtfertigt erscheinenden Ansprüchen (Vorliebe-Bedürftigkeit-Verdienst) gegenüber, die bei der Suche nach einer fairen Verteilung gegeneinander abzuwägen sind. Eine solche Abwägung ist jedoch nicht in objektiver Weise möglich, sondern hängt selber von den subjektiven moralischen Präferenzen des Beobachters ab. Ein Konsens darüber, was als wirklich gerecht zu gelten hat, lässt sich – eventuell auch unter den drei beteiligten Studentinnen – nicht ohne weiteres erreichen, was im Extremfall zu harten Verteilungskämpfen führen kann.

- Ungleiches gleich zu behandeln, ist generell ungerecht. Schenkt man der Gesamtheit der für ein Urteil über Verteilungsgerechtigkeit relevanten Faktoren keine Beachtung und fokussiert sich einseitig auf die Gleichheit der Endergebnisse, schafft man im Endeffekt nicht mehr, sondern weniger Gerechtigkeit. Dies lässt sich an zahlreichen ökonomisch relevanten Beispielen deutlich machen: Wenn etwa ein Individuum ein höheres Vermögen hat, weil es in den vorangegangenen Perioden sparsamer war als ein anderes, scheint es unfair, gerade ihm etwas wegzunehmen, um etwa dem Verschwender oder dem Bequemen ein besseres Leben zu ermöglichen. In einem solchen Fall wäre es sogar denkbar, dass es den von der Verteilungspolitik Begünstigten, wenn man ihren Nutzen über den gesamten Lebenszyklus hinweg betrachtet, besser gehen kann als den Zahlern. Ebenso hängt die Bereitschaft zum Engagement in riskante Projekte von den persönlichen Präferenzen eines Individuums, d. h. dem Grad seiner Risikoaversion, ab. Zu erwarten ist, dass risikofreudige Individuen ein besonders hohes, aber auch ein besonders niedriges Endvermögen aufweisen können, weil sich gerade solche Individuen auf riskante Projekte einlassen. Je höher die Risikobereitschaft der Individuen also ist, desto mehr Ungleichheit bei den Endvermögen ist in einer Gesellschaft deswegen zu erwarten. Gemäß dem Ansatz von Dworkin (1981) sind auf diese Weise zustande kommende Ungleichheiten zu akzeptieren, da sie das Ergebnis freiwilliger Wahlhandlungen von Individuen und damit von „Option Luck" sind. Zu korrigieren sind Dworkins Ansicht nach nur die Folgen von „Brute Luck", d. h. von reinem Pech etwa in Form einer ungünstigen genetischen Ausstattung, wofür ein Individuum nicht verantwortlich gemacht werden kann.

- Der Marktprozess führt zwar zu ungleicher Einkommens- und Vermögensverteilung. Von Phänomenen wie Korruption und Erpressung abgesehen, beruht die Aneignung materieller Güter jedoch auf dem Tausch von Eigentumsrechten und damit auf einem fairen Prozess. So kann es zu erheblichen Ungleichheiten kommen, wenn Individuen anderen Individuen freiwillig hohe Summen bezahlen, um deren besondere Qualifikationen (etwa im medizinischen Bereich) in Anspruch zu nehmen oder auch nur um deren Darbietungen auf künstlerischem (oder sportlichem) Gebiet genießen zu können. Wenn aber die ex ante festgelegten Spielregeln des Tausches als fair erscheinen, scheint es inkonsequent, das Ergebnis zu kritisieren. Die Individuen haben einen legitimen Anspruch nicht nur auf die Früchte ihrer Arbeit, sondern auch auf die Ergebnisse aus ihren Markttransaktionen. Die „Regelgerechtigkeit" sollte über die „Zustands- oder Ergebnisgleichheit", wie sie in der Forderung nach ökonomischer Gleichheit zum Ausdruck kommt, dominieren – und zwar schon deswegen, weil es viel einfacher ist, über faire Regeln Übereinstimmung zu erzielen als darüber, welche Ergebnisse (Zustände) als gerecht gelten können. Eine Grauzone zwischen fairem Tausch und Erpressung besteht allerdings, wenn Individuen in Katastrophenfällen die Notsituation anderer zum eigenen Vorteil ausnutzen, indem sie für die von ihnen angebotenen Produkte oder Dienstleistungen stark überhöhte Preise fordern.

- Manche Umverteilungstheoretiker sprechen von der Verteilung von Gütern so, als ob diese einfach vorhanden seien. Güter müssen jedoch v. a. durch Einsatz menschlicher Arbeit produziert werden. Daher muss man, wenn man über die Verteilung von Gütern redet, auch sagen, wie die notwendigen Arbeitsleistungen verteilt werden sollen.

- Es ist eine Grundvoraussetzung für eine funktionierende Marktwirtschaft, dass es durch eine Rechtsordnung gesicherte Eigentumsrechte gibt. Nur dann wissen die Individuen, dass sich ihr Einsatz tatsächlich lohnt. Es erscheint deshalb inkonsequent, wenn der Staat, dessen primäre Aufgabe aus ökonomischer Sicht ja gerade die Schaffung und Aufrechterhaltung dieser Eigentumsordnung ist, diese gleichzeitig aushöhlt, indem er die im Marktprozess Erfolgreichen zumindest teilweise enteignet. Der aus ökonomischer Sicht begründbare Minimalstaat soll sich deshalb nur auf die Korrektur ungerechten und illegalen Eigentumserwerbs beschränken. Jede Form der Umverteilung führt in gewissem Maße zu einer Einschränkung des Rechts auf Privateigentum und Selbstbestimmung, so dass fundamentale Grundrechte eingeschränkt werden. Mit einer freiheitlichen Gesellschaftsordnung steht eine Umverteilungspolitik deshalb in prinzipiellem Konflikt.

- Der Markt ist ein sich selbst regulierendes System, dessen großer Vorteil gegenüber Planwirtschaften in der dezentralen Informationsbeschaffung und -verarbeitung autonom agierender Marktakteure besteht (vgl. Hayek 1945, 1991). Gerade dadurch werden Marktwirtschaften in die Lage versetzt, den Wohlstand aller zu mehren. Aus einem allgemeinen Vorsichtsmotiv ist deshalb bei Eingriffen in das Marktsystem, die über die staatliche Vorgabe der Rechtsordnung und die Garantie ihrer Einhaltung hinausgehen, Zurückhaltung geboten. Versuche, das Marktergebnis insbesondere aus sozialen Gründen zu verändern, tragen das Risiko in sich, in Folge unüberwindbarer Informationsdefizite der politischen Entscheidungsträger die Zustände noch zu verschlimmern. Die Geschichte des real existierenden Sozialismus liefert ein anschauliches Beispiel dafür, wohin ein im Prinzip sogar gut (im Sinne der Herstellung von sozialer Gerechtigkeit) gemeinter Versuch der Lenkung des Wirtschaftsprozesses im Endeffekt gerade auch zulasten ärmerer Individuen führen kann. Wenn man das Marktgeschehen aber nicht umfassend steuern kann, lässt es sich nicht vermeiden, dass man im Einzelfall ungerecht erscheinende Verteilungseffekte akzeptieren muss. Zudem ist auf längere Sicht zu erwarten, dass die Früchte einer vom Markt zustande gebrachten positiven Wirtschaftsentwicklung auch das Los der Bedürftigen verbessern werden.

- Die wohlfahrtstheoretische Begründung von Umverteilungsmaßnahmen, die z. B. auch dem Ungleichheitsmaß von Atkinson zugrunde liegt, beruht auf der Annahme eines abnehmenden Grenznutzens des Einkommens. An dieser Annahme wird kritisiert (vgl. Frankfurt 2016), dass sie lediglich eine naive Extrapolation des Falles mit einem einzigen Gut darstellt und somit bei genauerer Betrachtung weniger stichhaltig ist, als es auf den ersten Blick erscheint. So ist schon das Sättigungsphänomen, wie es beim Konsum eines einzelnen Gutes auftritt, weniger selbstverständlich, wenn man komplementäre Nutzeneffekte beim Konsum mehrerer Güter berücksichtigt. Zudem versetzt ein höheres Einkommen Individuen in die Lage, völlig neue und ihm bisher unbekannte Konsummöglichkeiten wahrzunehmen und kostspielige Vorlieben zu entwickeln. So wird ein Individuum erst nach einem Millionengewinn im Lotto teure Hobbies, wie die Sportfliegerei oder das Sammeln goldener Uhren, für sich entdecken und Freude daran gewinnen. Ein Einkommenszuwachs ermöglicht es dem Individuum in diesem Falle, diese neuen Bedürfnisse noch besser zu befriedigen und damit seinen Nutzen weiter steigern zu können.

Folgerung 2-7

Von Ökonomen werden grundsätzliche Einwände gegen das Gleichverteilungsziel vorgebracht, die sich sowohl auf Konflikte zwischen Gleichheit und Gerechtigkeit als auch auf die Funktionsbedingungen einer Marktwirtschaft beziehen. ◀

2.4.2 Die Unbestimmtheit des Bezugspunkts für Umverteilungsmaßnahmen

Bei einer gleichheitsorientierten Umverteilungspolitik geht es darum, eine Angleichung der Lebensbedingungen zwischen Individuen herbeizuführen, denen es zunächst besser oder schlechter geht. Bei jeder Umverteilungspolitik zwischen Arm und Reich muss man sich aber zuallererst darüber klarwerden, an welchem Wohlbefindensindikator sie sich orientieren, woran sich also das „gleicher" bzw. „ungleicher" überhaupt bemessen soll. Es ist als zunächst einmal eine Antwort auf die Frage „Inequality of what?" (Sen 1980/2019) zu finden. Ansonsten lässt sich ja die relative Position eines Individuums in der Wohlbefindens-Hierarchie nicht feststellen, so dass auch nicht gesagt werden kann, wer bei der konkreten Ausgestaltung verteilungspolitischer Maßnahmen zum Geber und wer zum Nehmer werden sollte. Dafür gibt es neben dem Einkommen, von dem wir aus

Vereinfachungsgründen bisher ausgegangen waren, noch andere Indikatoren, wie den Nutzen der Individuen, ihr Vermögen oder ihre Lebenschancen. Im Folgenden sollen die Vor- und Nachteile dieser einzelnen Zielgrößen der Umverteilungspolitik erörtert werden. Insbesondere werden dabei auch Zielkonflikte aufgezeigt, die sich bei der Verwendung dieser Indikatoren ergeben können.

2.4.2.1 Nutzen als Zielgröße

Genaue Auskunft über das wirkliche Wohlbefinden von Individuen gibt nur deren Nutzen, der somit die eigentlich am besten geeignete Zielgröße für verteilungspolitische Maßnahmen zu liefern scheint. Allerdings ist es nicht ohne weiteres möglich, individuellen Nutzen so zu messen, dass ein objektiver Vergleich zwischen verschiedenen Individuen möglich wird. Wie ein „hedonisches Kalkül" in der Tradition von Jeremy Bentham praktisch auszugestalten wäre und wie eine Maßeinheit für den individuellen Nutzen überhaupt aussehen könnte, ist nur schwer vorstellbar.

Man kann sich die Sache aber auch einfacher machen und in pragmatischer Weise danach fragen, welche Voraussetzungen mindestens gegeben sein müssen, damit Individuen ein einigermaßen zufriedenes und selbstbestimmtes (und insofern „glückliches") Leben führen können. Der „(Basis)Nutzen" eines Individuums wird dann an dessen Möglichkeiten zur Erfüllung menschlicher Grundbedürfnisse (wie einer ausreichenden und gesunden Ernährung und dem Zugang zu Bildung und medizinischer Versorgung oder auch an seiner Lebenserwartung) festgemacht. Seine wichtigste Anwendung findet dieser Gedanke in dem vom Nobelpreisträger Amartya Sen (vgl. etwa Sen 2010, 2019) entwickelten *Befähigungsansatz (Capability Approach)*, der vor allem im entwicklungspolitischen Kontext von praktischer Bedeutung ist und insbesondere auch eine konzeptionelle Grundlage für den von den Vereinten Nationen verwendeten *Human Development Index* (sowie für den *Human Poverty Index*) liefert.

Allerdings beeinflussen naturbedingte und somit nicht-ökonomische Ungleichheiten (wie Krankheit, Behinderung oder auch das Aussehen) die Nutzen der Individuen teilweise erheblich. Eine wichtige ethische Frage ist daher, ob Umverteilungsmaßnahmen darauf abzielen sollen, auch solche außerhalb des eigentlichen ökonomischen Bereiches liegenden Ungleichheiten zu beseitigen (etwa durch von der Gemeinschaft finanzierte Schönheitsoperationen) oder mit Hilfe monetärer Transfers zumindest zu kompensieren. Damit verbindet sich auch aus dem Blickwinkel der Verteilungsgerechtigkeit die grundsätzliche Frage nach der angemessenen Reichweite staatlichen Handelns und der Trennlinie zwischen privatem und öffentlichem Bereich.

2.4.2.2 Einkommen als Zielgröße

Wenn man den individuellen Nutzen nicht direkt messen kann, trotzdem aber eine am Nutzen orientierte Umverteilungspolitik verfolgen möchte, liegt es nahe, nach einem Hilfsindikator für den Nutzen zu suchen. Ein geeigneter Kandidat hierfür ist nach allgemeinem Verständnis das Einkommen, das einem Individuum in einem bestimmten Zeitraum (in der Regel einem Jahr) zufließt.

Im Hinblick auf einen Nutzenvergleich kann die Orientierung an der Einkommenshöhe jedoch völlig falsche Signale liefern, wie das folgende Beispiel zeigt: Zwei
Individuen A(ndrea) und B(arbara) haben die gleichen Präferenzen, weisen aber unterschiedliche Produktivitäten w_A und w_B (= Lohnsätze) sowie unterschiedliche Zeit-
potenziale $\overline{F}_A$ und $\overline{F}_B$ auf, die zum Arbeiten genutzt werden können. Andrea soll
produktiver als Barbara, aber weniger Zeit für Erwerbsarbeit zur Verfügung haben als
Barbara, d. h. es soll $w_A > w_B$ und $\overline{F}_A < \overline{F}_B$ gelten. Die Annahme unterschiedlicher Zeit-
ausstattungen der beiden kann man sich etwa dadurch erklären, dass Andrea im Gegen-
satz zu Barbara familiäre Verpflichtungen (z. B. Kinder, pflegebedürftige Eltern) hat, die
ihre zeitlichen Möglichkeiten, einer Berufstätigkeit nachzugehen, reduzieren. Es wird
dann die in der Abb. 2.11 beschriebene Konstellation möglich, in der Andrea in ihrem
Haushaltsoptimum zwar ein höheres Lohneinkommen als Barbara ($y_A^* > y_B^*$) bezieht,
dabei aber nur einen niedrigeren Nutzen erreicht ($\overline{u}_A < \overline{u}_B$).

An diesem Beispiel wird klar, dass ein höheres Einkommen nicht unbedingt
einen höheren Nutzen anzeigen muss. Die Ursache hierfür liegt einfach darin, dass
eine Orientierung am Indikator „Einkommenshöhe" andere nicht-monetäre Nutzenkomponenten, wie etwa das Ausmaß des individuellen Freizeitkonsums, ausblendet.

In einer empirischen Studie kam Easterlin (1974) zum Ergebnis, dass kein eindeutiger
Zusammenhang zwischen der Einkommenshöhe und dem subjektiven Wohlbefinden
von Individuen besteht. Insbesondere zeigte sich in Easterlins Studie, dass die Höhe des
Bruttosozialprodukts in einzelnen Ländern nur wenig Einfluss auf die Lebenszufrieden-
heit seiner Bewohner hat. Gleichzeitig konnte aber festgestellt werden, dass innerhalb
eines Landes reiche Individuen sehr wohl glücklicher sind als arme Individuen, was als
„Easterlin Paradox" interpretiert wurde. Zurückgeführt wurden diese Beobachtungen
darauf, dass das Wohlbefinden von Individuen nicht primär von der absoluten Höhe ihres
Einkommens, sondern von ihrer relativen Einkommensposition in einer Gesellschaft
abhängt. Die Individuen befinden sich so gesehen in einer „hedonischen Tretmühle", so

Abb. 2.11 Einkommen
als unzureichender
Nutzenindikator

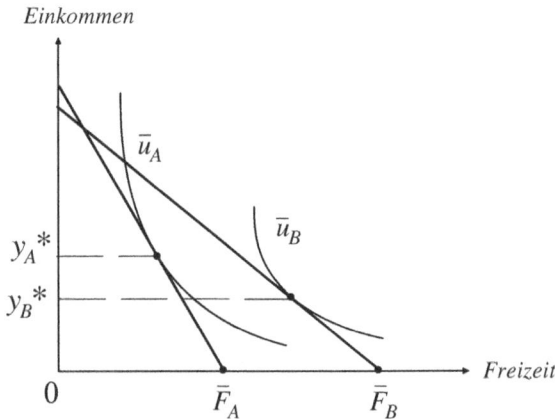

dass ein allgemeiner, alle gleichmäßig betreffender Einkommenszuwachs ihren Nutzen nicht zu erhöhen vermag.

Neuere Studien zur Zufriedenheitsforschung (vgl. etwa Weimann, Knabe und Schöb 2012, 2015) haben indessen gezeigt, dass auch im Ländervergleich die Einkommenshöhe neben anderen Faktoren durchaus einen positiven Einfluss auf das individuelle Wohlbefinden hat, und somit Zweifel an der Gültigkeit von Easterlins Resultaten geweckt. So finden sich die reichen Länder in Nordeuropa an der Spitze der globalen Zufriedenheitsskala, während die armen Länder in Afrika südlich der Sahara an deren unterem Ende stehen. Stevenson und Wolfers (2013) konstatieren in einem Ländervergleich sogar einen durchgehend monoton steigenden Zusammenhang zwischen Einkommen und Wohlbefinden. Zudem zeigen die neueren Untersuchungen, dass das Glücksempfinden von Individuen in starkem Maße auch von nicht-ökonomischen Faktoren (wie der Stabilität der Familien und dem in einer Gesellschaft herrschenden Vertrauensniveau) abhängt, deren Bedeutung zwischen den verschiedenen Ländern erheblich differiert.

Zudem spielt es für den Zusammenhang zwischen Einkommen und Wohlbefinden eine erhebliche Rolle, wie das subjektive Wohlbefinden definiert und woran es gemessen wird. So haben etwa die beiden Nobelpreisträger Angus Deaton und Daniel Kahneman (2010) in einer vielbeachteten Studie gezeigt, dass zwar das emotionale Wohlbefinden („Wie gut ich drauf bin") nur bis zu einem Jahreseinkommen von 75.000 $ ansteigt, für die von Individuen empfundene allgemeine Lebenszufriedenheit sich jedoch keine solche Einkommensgrenze feststellen lässt. Schließlich muss man auch ein Kausalitätsproblem im Auge behalten, da wichtige Determinanten des individuellen Wohlbefindens (wie physische und seelische Gesundheit oder Arbeitslosigkeit) auch für die Einkommenserzielung wichtig sind.

Insgesamt lässt sich festhalten, dass das Einkommen zwar alles andere als einen perfekten Nutzenindikator liefert, ihm jedoch in dieser Hinsicht die Eignung auch nicht völlig abgesprochen werden sollte.

Gemäß dem alten Sprichwort „Jeder ist seines Glückes Schmied" könnte man es aber auch von vornherein als fairer ansehen, nicht eine Angleichung der erreichten Nutzenniveaus, sondern des Einkommens als eines Hilfsmittels zur Erzeugung des individuellen Nutzens anzustreben. Was die Individuen aus ihrem Einkommen machen, bleibt dann ihre Sache. Im Sinne liberaler Vorstellungen belässt ein solcher „Ressourcenegalitarismus" den Individuen ihre Wahlfreiheit und ihre Eigenverantwortung und trägt ihren unterschiedlichen Präferenzen Rechnung (vgl. z. B. Fleurbaey 2008). Das Einkommen als Zielgröße erhält so gesehen einen eigenständigen normativen Wert, der über seine rein instrumentelle Rolle als Nutzenindikator hinausreicht.

Mit der Entscheidung für das Einkommen als Zielgröße der Umverteilungspolitik sind aber noch lange nicht alle Probleme gelöst. Vielmehr ist man mit einer Vielzahl von Fragen konfrontiert, welche die Definition und Messung von Einkommen betreffen: Nach üblichem Verständnis entspricht Einkommen dem Nettozufluss an verfügbaren Mitteln (seinem Zuwachs an „wirtschaftlicher Leistungsfähigkeit"), den ein Individuum während einer Periode erfährt. Was als Teil dieses wirtschaftlichen Einkommens anzusehen ist, steht aber a priori keineswegs eindeutig fest. Inwieweit sollen „virtuelle" Einkommensbestandteile (wie die eingesparte Miete bei selbst genutztem Wohnraum oder die Eigenproduktion von Gütern und Dienstleistungen im Haushalt) berücksichtigt werden? Inwieweit sollen realisierte und nicht realisierte Wertzuwächse bei Vermögensgegenständen (Aktien, Grund und Boden, Kunstgegenständen) zum Einkommen gezählt werden? Inwieweit ist für ein sinnvolles Einkommenskonzept eine längerfristige Perspektive über eine einzelne Periode hinaus angemessen? Bejaht man dieser Frage, dann wäre eine Korrektur des Einkommens um kurzfristige „Ausreißer" erforderlich – und das effektive Einkommen eines Individuums hätte sich daran zu bemessen, was es sich *permanent* leisten kann. Verzichtet man aber auf entsprechende Anpassungen des Geldeinkommens, kann man nicht vermeiden, dass man wirtschaftlich im Wesentlichen gleich leistungsfähige Individuen ungleich behandelt.

Ein anderes empirisch relevantes Problem bei der aus Fairnessgründen gebotenen Anpassung des monetären Einkommens entsteht, wenn Einkommen nicht an eine alleinlebende Person, sondern an einen aus mehreren Personen bestehenden Haushalt fließt. So sind größere Haushalte mit gleichem Durchschnittseinkommen im Vorteil, weil deren Mitglieder gewisse Güter (wie einen Kochherd oder eine Waschmaschine) gemeinsam nutzen können. Konkret bedeutet das, dass etwa ein zusammenlebendes Paar zur Erreichung eines gleichen Lebensstandards weniger als Doppelte des Einkommens eines Ein-Personen-Haushalt benötigt. Um im Rahmen der Verteilungspolitik diesen Haushaltsersparnissen und Skaleneffekten Rechnung zu tragen, verwendet man üblicherweise *Äquivalenzskalen,* bei denen das erste Haushaltsmitglied mit dem Faktor 1,0 gewichtet wird, zusätzlichen Haushaltsmitgliedern aber geringere Gewichte zugewiesen werden. Das Äquivalenzeinkommen eines einzelnen Haushaltsmitglieds als modifiziertes Durchschnittseinkommen erhält man dann, indem man das gesamte Einkommen eines Haushalts durch die Summe der Gewichte seiner Mitglieder teilt.

Mittlerweile am meisten – und so auch vom Statistischen Bundesamt (Destatis) – verwendet wird die „modifizierte OECD-Äquivalenzskala", bei der den weiteren Angehörigen des Haushalts, die älter als 14 Jahre sind, der Gewichtungsfaktor 0,5 zugeordnet wird. Kinder unter 14 Jahren erhalten den Faktor 0,3. Diese Skala hat Ende der 1990er Jahre die „alte OECD-Äquivalenzskala" abgelöst, bei der die Gewichte für die weiteren Haushaltsmitglieder höher waren und 0,7 für Personen über 15 und 0,5 für Personen unter 15 Jahren betrugen. Der Bedarf weiterer Haushaltsmitglieder wird im neuen Verfahren somit niedriger als beim alten Verfahren eingeschätzt. Insbesondere für kinderreiche Haushalte hat sich dadurch ein höheres Haushaltsäquivalenzeinkommen ergeben. Bei Konzentration kinderreicher Familien im unteren Abschnitt der Einkommenshierarchie ergibt sich durch die Umstellung damit eine Abnahme der gemessenen Einkommensungleichheit. Die üblichen Skalen mit festen Gewichtungsfaktoren werden vielfach im Hinblick auf die tatsächlichen Lebensbedingungen von Familien als wenig realistisch angesehen. Deshalb schlagen Dudel u. a. (2020) die

Verwendung von Äquivalenzskalen vor, bei denen die Gewichtungsfaktoren nicht fix sind, sondern vom Einkommen abhängen.

2.4.2.3 Vermögen als Zielgröße

Wenn man das Vermögen von Individuen als Zielgröße der Verteilungspolitik verwenden möchte, ergeben sich teilweise noch mehr Schwierigkeiten als beim Einkommen:

- Insbesondere bei Sachvermögen bestehen erhebliche Bewertungsprobleme, die zum Teil konzeptioneller Natur sind: Soll man sich an den historischen Anschaffungskosten eines Vermögensgutes (unter Berücksichtigung eventueller Zu- oder Abschreibungen) oder eher am Barwert der in Zukunft zu erwartenden Vermögenserträge orientieren? Wie hoch wäre bei einer zukunftsorientierten Betrachtung dann der Abzinsungsfaktor für zeitlich weit entfernte Erträge anzusetzen, und inwieweit sollen und können Risiken bei Festlegung des Abzinsungsfaktors Berücksichtigung finden?
- Höheres Vermögen bedeutet nicht zwangsläufig einen höheren Bestand an liquiden Mitteln, die zu Umverteilungszwecken genutzt werden können. Ein *Zwang zur Liquidierung* von Vermögenswerten würde aber erheblich in die individuelle Entscheidungsfreiheit eingreifen und oftmals auch zu *Zerschlagungsverlusten* führen.
- Die Frage ist auch, inwieweit *Humankapital* (d. h. das individuelle Potenzial zur Erzielung von Erwerbseinkommen) bei der Ermittlung des Gesamtvermögenswertes erfasst werden soll bzw. kann. Weil Humankapital – zumindest bei Ausschluss von Zwangsarbeit – durch staatlichen Eingriff nicht direkt an andere Individuen übertragen werden kann, würde dieses im verteilungspolitischen Zusammenhang ohnehin eine spezielle Behandlung erfordern. Die faktische Unmöglichkeit eines zwangsweisen Transfers von Humankapital schließt natürlich nicht aus, dass Individuen ihre speziellen Talente und Fertigkeiten *freiwillig* in den Dienst Bedürftiger stellen, wie es etwa bei humanitären Initiativen im Bereich der Obdachlosenhilfe der Fall ist.

2.4.2.4 Chancen als Zielgröße

Dass die Verteilungspolitik nicht eine Angleichung der Ergebnisse, sondern der individuellen Möglichkeiten anstreben sollte, ist eine höchst populäre Idee, die von den Angehörigen ansonsten verschiedener politischer Lager geteilt wird. Die Forderung nach Schaffung gleicher Startchancen entspricht nicht nur einer fundamentalen Vorstellung von Fairness, sondern belässt den Individuen die Verantwortlichkeit für die Folgen ihres Handelns – und steht somit – als „Responsibility-Driven Egalitarianism" – in Einklang mit den normativen Grundlagen der Marktwirtschaft.

Trotz seiner augenscheinlichen Attraktivität ist das Streben nach Chancengerechtigkeit mit vielfältigen ethischen und praktischen Schwierigkeiten konfrontiert. Während es ein elementares ethisches Gebot (und breitester politischer Konsens) ist, dass Individuen nicht wegen ihres Geschlechts, ihrer Rasse oder ihrer ethnischen Herkunft diskriminiert werden dürfen, ist es weniger klar, wie weit Versuche zur Herstellung gleicher Startbedingungen gehen sollen bzw. dürfen: Die Individuen betreten den Wettbewerb um lukrative Positionen und allgemein den ökonomischen Handlungsraum ja nicht als Gleiche. Vielmehr sind sie vorab sowohl durch ihre Gene als auch durch ihr soziales Umfeld in familiärer und kultureller Hinsicht geprägt. Dadurch werden sie mit unterschiedlichen Talenten und Präferenzen speziell im Hinblick auf ihre Motivationen versehen und erhalten Zugang zudem zu sozialen Netzwerken, welche die spezifischen Eigenschaften von Individuen noch weiter fördern können. Angesichts dieser schon zu Beginn bestehenden Ungleichheit stellt sich die nicht ohne subjektive Wertung zu beantwortende Frage, wann man überhaupt von wirklicher Chancengleichheit sprechen kann. Schon diese Unbestimmtheit des Begriffs weckt Zweifel an der Tauglichkeit und vor allem Reichweite der Zielgröße „Chancengerechtigkeit" als Grundlage der Verteilungspolitik. Dazu kommt, dass eine rigorose Politik zur Schaffung von Chancengleichheit Gefahr läuft, sehr stark in elementare Persönlichkeitsrechte, wie in das Erziehungsrecht der Eltern, eingreifen zu müssen.

In einer Welt mit Unsicherheit tritt Chancengleichheit zudem unweigerlich in Konflikt mit Ergebnisgleichheit, was konkret heißt, dass ein fairer Prozess mit ex ante völlig gleichen Startbedingungen zu erheblicher Einkommensungleichheit ex post nicht nur führen kann, sondern fast zwangsläufig führen muss. Dies zeigt ein einfaches Beispiel, bei dem

W_0 das individuelle Anfangsvermögen einer großen Zahl identischer Individuen,
L den im schlechten Fall drohenden Vermögensverlust, der sich mit der Wahrscheinlichkeit π ergibt,
G den individuellen Vermögenszuwachs bei günstigem Projektausgang, für den die Wahrscheinlichkeit $1-\pi$ beträgt,

bezeichnen. Wenn die individuellen Risiken stochastisch unabhängig sind, ergibt sich nach Realisierung der Ergebnisse gemäß dem „Gesetz der großen Zahl" ein Zustand, in dem der Anteil $1-\pi$ der Bevölkerung das individuelle „Gewinnereinkommen" W_0+G erhält, während sich der Anteil π mit dem „Verlierereinkommen" W_0-L begnügen muss. Trotz völliger Gleichheit der Individuen im Ausgangszustand und einem fairen Zufallsprozess landen die Individuen im Endzustand dann also auf möglicherweise höchst unterschiedlichen Einkommenspositionen.

Wenn jedoch – wie in diesem Beispiel – reines Glück oder Pech für die entstehende Ungleichheit verantwortlich sind, kann man sich natürlich auch fragen, ob die erfolgreichen Individuen ihren Vorteil tatsächlich verdienen – und zwar insbesondere dann, wenn die Gewinne und die Verluste sehr hoch ausfallen. Bringt man dieses zusätzliche Gerechtigkeitskriterium ins Spiel (vgl. etwa Fleurbaey 2008), kann eine Umverteilung ex post durchaus als angebracht erscheinen. Zu einer solchen Ansicht wird man auch dann gelangen, wenn man wie Sandel (2020) eine zu große Ungleichheit der erreichten materiellen Positionen als Ursache für eine demokratischen Idealen widersprechende

Spaltung der Gesellschaft in hochmütige Gewinner auf der einen und gedemütigte Verlierer auf der anderen Seite begreift.

Im Zusammenhang mit Chancengleichheit hat Atkinson (2016) zudem eine wichtige Unterscheidung zwischen non-kompetitiver auf der einen und kompetitiver Chancengleichheit auf der anderen Seite getroffen. Letztere bezieht sich dabei auf Situationen, in denen in einer Art Nullsummenspiel nur einer oder wenige Teilnehmer eines Wettbewerbs einen hohen Gewinn erzielen können, während die anderen leer ausgehen. Die Konzentration auf Chancengleichheit lenkt nach Ansicht Atkinsons die Aufmerksamkeit nur auf einen Nebenkriegsschauplatz und verstellt den Blick auf das eigentliche Problem: Was nützt es, wenn man die Chancen zur Teilnahme in einem Prozess angleicht, der dann zu einer höchst ungleichen Verteilung der Resultate führt? Atkinson möchte stattdessen durch Umbau der Anreizstrukturen erreichen, dass schon die im Wettbewerb erzielbaren Ergebnisse weniger ungleich sind. Die Forderung nach Chancengleichheit würde dann automatisch an Bedeutung verlieren.

Die Chancen, die ein Individuum im Leben hat, sind zudem nicht unabhängig von der materiellen Lage seiner Familie. Mit einem goldenen Löffel im Mund geboren zu sein, erhöht die Chancen, selber weitere goldene Löffel zu erwerben. Um Chancengleichheit zu erreichen, muss so gesehen in die Vermögensverteilung eingegriffen werden, beispielsweise durch eine hohe Erbschaftsbesteuerung.

Folgerung 2-8

Auch wenn man das Gleichverteilungsziel grundsätzlich akzeptiert, bleibt die Frage zu klären, anhand welches Indikators die Verteilungsposition von Individuen bestimmt werden soll. Dabei kann es bei den verschiedenen möglichen Indikatoren (Nutzen, Einkommen, Vermögen, Chancen) zu unterschiedlichen Ergebnissen und zu erheblichen Konflikten zwischen den Indikatoren kommen. ◄

2.5   Instrumente der Umverteilung

Wenn der Staat Umverteilungspolitik betreiben will, stehen ihm dazu verschiedene Instrumente zur Verfügung. Insbesondere können Steuern und Staatsausgaben so gestaltet werden, dass die am Markt zustande gekommene Ungleichheit reduziert wird. In diesem Kapitel sollen diese Umverteilungszwecken dienenden Instrumente zunächst aus theoretischer Sicht dargestellt werden.

2.5.1   Progressive Einkommensteuern

Zur Angleichung der Einkommen bedienen sich die meisten Industriestaaten seit Beginn des 20. Jahrhunderts progressiver Einkommensteuern, die einkommensstarken

Individuen eine relativ höhere Steuerlast als einkommensschwachen Individuen auf-
erlegen. Dass progressive Einkommensteuern den gewünschten nivellierenden Verteilungseffekt haben, folgt aus dem *Satz von Jakobsson,* den wir unter anderem in
diesem Abschnitt zeigen wollen. Zuvor starten wir aber mit einigen Definitionen zur
Präzisierung des Progressionsbegriffs.

2.5.1.1 Definitionen

Eine Einkommensteuertariffunktion $T(y)$ gibt an, wieviel Einkommensteuer ein
Individuum mit dem Bruttoeinkommen y (= *Bemessungsgrundlage* der Steuer) zu entrichten hat. Solche Tariffunktionen sind zumindest abschnittsweise differenzierbar: Die
mit $T'(y)$ bezeichnete Ableitung von $T(y)$ beim Einkommen y ist der sich bei dieser Einkommenshöhe ergebende *Grenzsteuersatz,* der beschreibt um wieviel (Cent) sich die
Steuerbelastung erhöht, wenn ausgehend vom Einkommensniveau y das Einkommen
um eine weiteren kleinen („marginalen") Betrag (etwa um einen Euro) erhöht wird. Im
Falle einer *proportionalen Steuer* $T(y) = t \cdot y$ erhält man $T'(y) = t$ für alle relevanten Werte
der Bemessungsgrundlage y. Üblicherweise gilt für die Grenzsteuersätze $0 \leq T'(y) < 1$,
was bedeutet, dass die Steuerzahlung mit steigendem Bruttoeinkommen einerseits nicht
sinkt, andererseits aber auch niemals gleich stark oder stärker als das Bruttoeinkommen
wächst.

Vom Grenzsteuersatz klar zu unterscheiden ist der *Durchschnittssteuersatz* $T(y)/y$,
der die auf jede Einheit der Bemessungsgrundlage y im Durchschnitt entfallende Steuerlast angibt. Wenn dieser Durchschnittssteuersatz mit steigendem Einkommen zunimmt,
gilt die Steuertariffunktion $T(y)$ als *progressiv* in Bezug auf den Durchschnittssteuersatz, d. h. als *D-progressiv.* Der *Anteil* am Bruttoeinkommen, den ein Individuum als
Einkommensteuer abzuführen hat, nimmt dann mit steigendem Einkommen zu, was
intuitiven Gerechtigkeitsvorstellungen entspricht. Durch Ableitung der Durchschnitts-
steuersatzfunktion mit Hilfe der Quotientenregel erhält man die folgende mathematische
Bedingung für die D-Progression:

$$\left(\frac{T(y)}{y}\right)' = \frac{T'(y)y - T(y)}{y^2} > 0. \tag{2.19}$$

Die Bedingung (Gl. 2.16) ist offensichtlich äquivalent sowohl zu $T'(y) > T(y)/y$ als
auch zu $\frac{T'(y)y}{T(y)} > 1$. Diese alternativen Kriterien bedeuten, dass ein Steuertarif $T(y)$ dann
und nur dann die D-Progressionseigenschaft aufweist, wenn der Grenzsteuersatz über
dem Durchschnittssteuersatz liegt bzw. wenn die als *Aufkommenselastizität* bezeichnete
Elastizität des Steuerbetrags in Bezug auf das Bruttoeinkommen größer ist als eins.

Wenn $T(0) = 0$ gilt, d. h. wenn bei einem Einkommen von null keine Steuer anfällt,
kommt es zur D-Steuerprogression, wenn die Tariffunktion progressiv in Bezug auf
den Grenzsteuersatz ist, d. h. wenn der Grenzsteuersatz $T'(y)$ mit steigendem Einkommen y wächst und somit $T''(y) > 0$ gilt. Eine solche *G-progressive* Tariffunktion
$T(y)$ hat dann einen konvexen Verlauf. Die G-Progression liefert eine einfache und

anhand einer gegebenen Tariffunktion leicht zu beobachtende hinreichende Bedingung für die D-Progression: Weil aus $T''(y) > 0$ und $T(0) = 0$ mit Hilfe des Hauptsatzes der Infinitesimalrechnung die Ungleichung $T'(y)y > \int_0^y T'(z)dz = T(y)$ folgt, gilt $T'(y) > \frac{T(y)}{y}$ sowie $\frac{T'(y)y}{T(y)} > 1$ für alle $y > 0$.

Bei unserer Analyse der Verteilungseffekte progressiver Steuern benutzen wir zudem die *Netto-* oder *Residualeinkommensfunktion* $S(y) = y - T(y)$, die bei gegebenem Steuertarif das nach Steuerzahlung verbleibende Nettoeinkommen angibt und die sich gleichfalls zur Charakterisierung der D-Progression eignet. Wegen $\frac{S(y)}{y} = \frac{y - T(y)}{y} = 1 - \frac{T(y)}{y}$ ist der Tarif $T(y)$ nämlich genau dann D-progressiv, wenn das Verhältnis von Netto- zu Bruttoeinkommen $\frac{S(y)}{y}$ mit steigendem Bruttoeinkommen y abnimmt. Wie zuvor zeigt man leicht, dass diese Bedingung gleichbedeutend ist mit $\frac{S'(y)y}{S(y)} < 1$, d. h. mit der Forderung, dass die *Residualeinkommenselastizität* überall kleiner als eins ist.

2.5.1.2 Der Verteilungseffekt progressiver Steuern: Der Satz von Jakobsson

Dass eine progressive Einkommensteuer die Einkommensungleichheit vermindert, ist der Inhalt des berühmten *Satzes von Jakobsson* (1976), der wie folgt lautet:

Wenn $T(y)$ eine D-progressive Steuertariffunktion mit der zugehörigen Residualein-kommensfunktion $S(y)$ ist, dann ist für jedes Bruttoeinkommensprofil $Y = (y_1, ..., y_n)$ das Nettoeinkommensprofil $(S(y_1), ..., S(y_n))$ Lorenz-gleicher als Y.

Um dieses fundamentale steuertheoretische Resultat zu zeigen, passen wir – mit Hilfe eines Proportionalitätsfaktors λ – das Nettoeinkommensprofil zunächst so an, dass $\lambda \sum_{i=1}^n S(y_i) = \sum_{i=1}^n y_i$ gilt und definieren dann eine Hilfsfunktion $\tilde{S}(y) = \lambda S(y)$. Wegen der D-Progressivität von $T(y)$ ist $\tilde{S}(y)$ wie auch $S(y)$ eine fallende Funktion von y. Da die Lorenzkurve von $(\tilde{S}(y_1), ..., \tilde{S}(y_n))$ die gleiche wie die von $(S(y_1), ..., S(y_n))$ ist, müssen wir zum Nachweis des Satzes von Jakobsson zeigen, dass das Einkommensprofil $(\tilde{S}(y_1), ..., \tilde{S}(y_n))$ Lorenz-gleicher als $Y = (y_1, ..., y_n)$ ist. Dazu nehmen wir im Rahmen eines indirekten Beweises an, dass dies nicht der Fall ist: Dann gibt es ein $k < n$, so dass an der Stelle k/n die Lorenzkurve von $(\tilde{S}(y_1), ..., \tilde{S}(y_n))$ unterhalb der von $(y_1, ..., y_n)$ liegt, so dass.

$$\sum_{i=1}^k \tilde{S}(y_i) = \sum_{i=1}^k \frac{\tilde{S}(y_i)}{y_i} y_i \leq \sum_{i=1}^k y_i. \tag{2.20}$$

gilt. Dann muss aber $\frac{\tilde{S}(y_k)}{y_k} < 1$ gelten. Weil aufgrund der Progressivität von $T(y)$ die Funktion $\frac{S(y)}{y}$ mit steigendem Einkommen y fällt, erhielte man ansonsten $\frac{S(y_j)}{y_j} > 1$ sogar für alle $j \leq k$. Die Ungleichung (Gl. 2.18) würde dann verletzt. Ebenfalls wegen der Monotonie von $\frac{S(y)}{y}$ folgt aus $\frac{\tilde{S}(y_k)}{y_k} < 1$ aber $\frac{\tilde{S}(y_j)}{y_j} < 1$ für alle $j > k$ und somit in der Summe $\sum\limits_{i=k+1}^{n} \tilde{S}(y_i) = \sum\limits_{i=k+1}^{n} \frac{\tilde{S}(y_i)}{y_i} y_i < \sum\limits_{i=k+1}^{n} y_i$. Addiert man diese Ungleichung

nun zu (Gl. 2.19), erhält man aber $\sum\limits_{i=1}^{n} \tilde{S}(y_i) < \sum\limits_{i=1}^{n} y_i$ und damit einen Widerspruch zu

$\sum\limits_{i=1}^{n} \tilde{S}(y_i) = \sum\limits_{i=1}^{n} \lambda S(y_i) = \sum\limits_{i=1}^{n} y_i$.

Die nivellierende Wirkung progressiver Steuertarife lässt sich auch anhand der Zwei-Personen-Ökonomie leicht verdeutlichen. In diesem Fall führt ein D-progressiver Einkommensteuertarif ein gegebenes Bruttoeinkommensprofil (y_1, y_2) in ein näher an der Winkelhalbierenden gelegenes und somit gleicheres Einkommensprofil $(S(y_1), S(y_2))$ über: Aus $\frac{S(y_1)}{y_1} > \frac{S(y_2)}{y_2}$, was aufgrund der D-Progression bei $y_2 > y_1$ gilt, ergibt sich $\frac{S(y_1)}{S(y_2)} > \frac{y_1}{y_2}$.

Der gleichheitsfördernde Effekt einer progressiven Einkommensteuer wird, wie sich leicht zeigen lässt, noch verstärkt, wenn die Steuereinahmen durch gleich hohe Transfers („Lump Sum Transfers") an die Steuerpflichtigen zurückerstattet werden.

Mit Hilfe einer Verallgemeinerung des Theorems von Jakobsson lassen sich, zumindest in gewissen Fällen, auch die Verteilungseffekte von Steuertarifreformen bestimmen. Dazu nehmen wir an, dass ein ursprünglicher Steuertarif $T_a(y)$ durch einen neuen Steuertarif $T_b(y)$ ersetzt wird, dessen Residualeinkommenselastizität für alle Einkommensniveaus y unter der von $T_a(y)$ liegt, was bedeutet, dass

$$\frac{S_b'(y)y}{S_b(y)} \leq \frac{S_a'(y)y}{S_a(y)} < 1 \qquad (2.21)$$

für alle $y > 0$ gilt. Diese Bedingung besagt, dass beim neuen Tarif eine gleich hohe prozentuale Erhöhung des Bruttoeinkommens zu einer geringeren prozentualen Erhöhung des Nettoeinkommens als beim alten Tarif führt. In diesem Sinne kann der Tarif $T_b(y)$ dann im Vergleich zum Tarif $T_a(y)$ als progressiver gelten. In dieser Situation besagt der verallgemeinerte Satz von Jakobsson, dass für jedes gegebene Bruttoeinkommensprofil $Y = (y_1, \ldots, y_n)$ das Nettoeinkommensprofil $(S_b(y_1), \ldots, S_b(y_n))$ Lorenz-gleicher als das Nettoeinkommensprofil $(S_a(y_1), \ldots, S_a(y_n))$ ist.

Allerdings kann in der Regel nicht erwartet werden, dass die Steuertarife vor und nach einer Tarifreform dem Kriterium (Gl. 2.21) genügen. In der Regel ist man deshalb gezwungen, zur Ermittlung der Verteilungseffekte auf aggregierte Verteilungsmaße, wie etwa den Gini-Index, zurückzugreifen. Die dabei erhaltenen Ergebnisse hängen – anders als bei einem Vergleich mit Hilfe des Kriteriums (Gl. 2.21) – aber nicht nur von den Steuertarifen vor und nach der Tarifreform ab, sondern auch von der jeweils zugrunde liegenden Einkommensverteilung $Y = (y_1, \ldots, y_n)$. Deshalb kann man in diesem Falle nicht allgemein davon sprechen, dass der eine Tarif progressiver als der andere ist.

Folgerung 2-10

Progressive Einkommensteuertarife, bei denen die relative Steuerlast mit steigendem Bruttoeinkommen zunimmt, führen dazu, dass die Verteilung der Nettoeinkommen

Lorenz-gleicher ist als die Verteilung der Bruttoeinkommen (Satz von Jakobsson). Deswegen stellen progressive Steuertarife ein wichtiges Instrument der Verteilungspolitik dar. ◄

2.5.1.3 Die Begründung der Einkommensteuerprogression durch Prinzipien des gleichen Opfers

In der Ökonomie des öffentlichen Sektors gibt es eine lange Tradition, die Gestalt von Einkommensteuertarifen aus bestimmten Gerechtigkeitsprinzipien herzuleiten, d. h. aus Forderungen nach einer fairen Verteilung der Steuerlast unter die Steuerpflichtigen. Eine Konkretisierung dieses Ziel liefert das *Prinzip des absolut gleichen Opfers,* demzufolge alle Individuen durch die Besteuerung einen Nutzenverlust in gleicher absoluter Höhe erleiden sollen (vgl. etwa Buchholz et al. 1988). Zur Formalisierung dieses altehrwürdigen finanzwissenschaftlichen Gerechtigkeitspostulats nehmen wir an, dass der Nutzen eines Individuums mit dem Einkommen y durch eine differenzierbare Nutzenfunktion $u(y)$ gemessen wird, die mit dem Einkommen monoton wächst und einen mit zunehmendem Einkommen abnehmenden Grenznutzen aufweist, d. h. für die $u'(y) > 0$ und $u''(y) < 0$ gilt. Wenn nun $T(y)$ wiederum eine Steuertariffunktion mit zugehöriger Residualeinkommensfunktion $S(y) = y - T(y)$ ist, bedeutet Besteuerung gemäß dem Prinzip des gleichen absoluten Opfers, dass bei allen Einkommensniveaus y die Differenz zwischen dem Nutzen vor und dem Nutzen nach Besteuerung die gleiche absolute Höhe haben soll, d. h. dass

$$u(y) - u(S(y)) = \Delta \tag{2.22}$$

für alle y mit $S(y) > 0$ gelten soll, wobei Δ für den bei allen y gleich hohen Nutzenverlust durch die Besteuerung steht. Wenn man die Gleichung (Gl. 2.22) nach y ableitet, ergibt sich $S'(y) = \frac{u'(y)}{u'(S(y))}$ und damit.

$$\frac{S'(y)y}{S(y)} = \frac{u'(y)y}{u'(S(y))S(y)}. \tag{2.23}$$

Damit es zu einer progressiven Besteuerung kommt, muss – wie wir zuvor gezeigt haben – die Residualeinkommenselastizität auf der linken Seite von (Gl. 2.23) kleiner als eins werden. Wegen $S(y) < y$ tritt dies ein, falls $\varphi(y) := u'(y)y$ eine abnehmende Funktion von y ist, was wiederum der Fall ist, wenn $u''(y)y + u'(y) < 0$ bzw. $-\frac{u''(y)y}{u'(y)} > 1$ gilt. Um auf der Grundlage des Prinzips des gleichen absoluten Opfers zu Steuerprogression zu gelangen, muss also die Elastizität des Grenznutzens der Nutzenfunktion $u(y)$ hinreichend groß sein, d. h. über eins liegen.

Dieser Zusammenhang stimmt mit der Intuition überein: Wie wir in Abschn. 2.3 gesehen haben, entspricht eine hohe Elastizität des Grenznutzens ja einer starken Ungleichheitsaversion, die logischerweise zum Wunsch nach Nivellierung der Einkommen und somit eben zu einer progressiven Gestaltung des Einkommensteuertarifs führt. Anstelle des Prinzips des absolut gleichen Opfers wird manchmal auch das *Prinzip des gleichen relativen Opfers* verwendet, bei dem gefordert wird, dass

$$\frac{u(y) - u(S(y))}{u(y)} = \Delta \tag{2.24}$$

für alle Einkommensniveaus gilt und somit der *relative* Nutzenverlust durch die Besteuerung für alle Individuen gleich hoch ausfällt. Einfache Rechnungen zeigen, dass auch hier eine hohe Elastizität des Grenznutzens für Steuerprogression sorgt, die relevanten Bedingungen aber schwächer sind als beim Prinzip des absolut gleichen Opfers.

Obwohl diese Opferprinzipien auf theoretischer Ebene eine Grundlage für die Rechtfertigung von Steuerprogression liefern können, ist ihre praktische Anwendbarkeit dadurch klar beschränkt, dass eine kardinale Messbarkeit individueller Nutzen in der Realität nicht gegeben ist. Zudem müsste man, um mit Opferprinzipien kompatible Einkommensteuertarife bestimmen zu können, Annahmen über die Höhe der Elastizität des Grenznutzens treffen.

Man kann den Spieß allerdings auch umdrehen und untersuchen, welches Niveau die Elastizität des Grenznutzens und damit die in einer Gesellschaft herrschende Ungleichheitsaversion haben müssen, damit real existierende Steuertarife dem Prinzip des gleichen absoluten Opfers genügen. Durch die zahlreichen empirischen Studien zu diesem Thema (vgl. Groom and Maddison 2019 als Überblick) wurde den Opferprinzipien neue Aufmerksamkeit zuteil. Der Wert der Elastizität des Grenznutzens, der sich in allermeisten dieser Studien zeigte, bewegt sich im Intervall zwischen 0 und 1.

Folgerung 2-11

Bei hinreichend hoher Ungleichheitsaversion der zugrunde liegenden Nutzenfunktion lässt sich ein progressiver Verlauf des Einkommensteuertarifs mit Hilfe des Prinzips des gleichen absoluten Opfers begründen. Dieses besagt, dass alle Individuen durch die Besteuerung einen Nutzenverlust in gleicher absoluter Höhe erleiden sollen. ◄

2.5.2   Die Besteuerung von Vermögen

Wenn – wie in jüngster Zeit (vgl. z. B. Fratzscher 2016) – besonders die gestiegene Ungleichheit von Vermögen beklagt wird, scheint es naheliegend, dieser Entwicklung durch die Erhebung von Steuern entgegenzuwirken, die Vermögensgrößen als Bemessungsgrundlage haben. Bei Umsetzung dieser Forderung treten jedoch gravierende Probleme auf, die dazu führen, dass das Aufkommen solcher Steuern in der Regel keinen allzu großen Anteil am gesamten Steueraufkommen hat. Einige der Argumente, die in diesem Zusammenhang von Bedeutung sind, haben wir schon im Abschn. 2.4.2.3 kennengelernt, als wir die Eignung von Vermögen als Zielindikator für die Umverteilungspolitik erörtert haben.

Vermögensbezogene Steuern können in zweierlei Formen auftreten: Zum einen in Form von Abgaben auf den Vermögensbestand einer Person und zum anderen in Form von Steuern, die beim Übergang von Vermögen von einer Person zu einer anderen – sei es durch Vererbung oder durch Schenkung – zu entrichten sind. Diese beiden Grundtypen vermögensbezogener Steuern werden wir nun nacheinander diskutieren.

2.5.2.1 Steuern auf den Vermögensbestand

Eine Vermögensteuer lässt sich wie schon die Einkommensteuer als Instrument begreifen, mit dessen Hilfe eine Angleichung der individuellen Nutzen erreicht werden kann. Ein höheres Vermögen verleiht ja seiner Besitzerin Prestige, Macht und Einfluss, gibt ihr materielle Sicherheit und wirkt somit nutzenstiftend. Ähnlich wie bei Einkommensteuern ist auch bei Vermögensteuern eine progressive Ausgestaltung des Tarifs denkbar, wie sie etwa von Piketty (2016) vorgeschlagen worden ist und die dann – gemäß dem Satz von Jakobsson – zu einer gleichmäßigeren Verteilung des Vermögens sorgen würde.

Eine Vermögensteuer kann einmalig oder periodisch (in der Regel dann jährlich) erhoben werden. Für beides lassen sich Beispiele auch in Deutschland finden: Eine im Grundsatz, wenn auch nicht in der Form ihrer Erhebung einmalige Vermögensabgabe stellte der im Jahr 1952 eingeführte Lastenausgleich dar, durch den eine gleichmäßigere Verteilung materieller Kriegsfolgeschäden erreicht werden sollte. Die Erhebung einer solchen Steuer wird durch Art. 106 Abs. 1 des Grundgesetzes gestattet. Bis zu ihrer Aussetzung im Jahr 1997 gab es in Deutschland auch eine allgemeine, jährlich zu entrichtende Vermögensteuer, deren Steuersatz für Privatpersonen zum Schluss 1 % des steuerpflichtigen Vermögens (oberhalb eines individuellen Freibetrags von 120.000 DM) betrug.

Mit bescheidenerem Anspruch als dem einer Umverteilung des Vermögensbestandes kann eine jährliche Vermögensteuer zum Ersatz bzw. zur Ergänzung einer Kapitaleinkommensteuer dienen (vgl. etwa Boadway und Pestieau 2018), indem sie auch Vermögenserträge zu erfassen vermag, die bei der Kapitaleinkommensbesteuerung unberücksichtigt bleiben. Dazu gehören vor allem Wertzuwächse bei Firmenvermögen oder wertvollen Sammelobjekten, die – wenn überhaupt – erst zum Zeitpunkt ihrer Veräußerung der Einkommensteuer unterliegen. Ebenso wäre eine Vermögensteuer in der Lage, den geldwerten Vorteil einer selbst genutzten Immobilie zumindest teilweise zu erfassen, der sich auf direktem Wege nur schwer ermitteln lässt. Darin könnte man einen Schritt zu mehr allgemeiner Steuergerechtigkeit sehen.

Jedoch sind Vermögensteuern selber mit erheblichen Gerechtigkeitsproblemen konfrontiert:

- Individuen, die nicht über genügendes laufendes Einkommen und somit über die zur Errichtung der Vermögensteuer nötige Liquidität verfügen, werden durch eine

Vermögensteuer möglicherweise enteignet und eventuell über die reine Steuerzahlung hinaus zusätzlich stark belastet. Zu dieser auf diese Weise betroffenen Bevölkerungsgruppe gehören in aller Regel aber nicht die Superreichen, sodass im Endeffekt die Ungleichheitsproblematik sogar noch verschärft werden könnte. Stellen wir uns als Beispiel dazu vor, dass Andrea auf einem Flohmarkt ein Gemälde eines bis dato unbekannten Künstlers gekauft hat, das nachher im Wert erheblich steigt. Sie hängt an dem Bild, möchte es deshalb nicht verkaufen, ist aber auch nicht in der Lage, die jährliche Vermögensteuerzahlung aus ihrem beschränkten Einkommen zu bezahlen. Vielleicht gelingt es ihr – mit dem Gemälde als Sicherheit – dafür einen Kredit zu bekommen, dessen Zinsen ihre Belastung aber noch weiter erhöhen. Ein Millionär hat es da leichter – er könnte die anfallende Vermögensteuer bildlich gesprochen aus seiner Portokasse bezahlen.

- Im Unternehmensbereich kann eine Vermögensbesteuerung gerade kleine Unternehmen bei der Bildung von Eigenkapital behindern und auf diese Weise möglicherweise ihre langfristigen Ertragsaussichten schmälern und durch das Fehlen eines Risikopuffers ihr Konkursrisiko erhöhen.
- Ersparnisse, die dazu dienen, den Konsum über den Lebenszyklus zu glätten, würden durch eine allgemeine jährliche Vermögensteuer mitbelastet. Eine Steuerbefreiung von Altersvorsorgeprodukten, die diesem Problem abhelfen würde, lässt sich aber praktisch nur schwer umsetzen, da eine klare und faire Abgrenzung von anderen Ersparnisformen kaum möglich ist. Auch eine vermietete Wohnung oder Aktienvermögen können der Sicherung des eigenen Lebensstandards im Alter genauso dienen wie eine Kapitallebensversicherung.
- Eine faire Ausgestaltung der Vermögensteuer setzt eine gleichmäßige und aktuelle Bewertung aller Vermögensgegenstände voraus, die auch bei Inkaufnahme hoher administrativer Kosten kaum zu bewerkstelligen ist. Bei der Bewertung immaterieller Vermögenswerte (den „Intangible Assets" wie dem Wert von Marken oder Patenten) besteht ohnehin ein breiter Ermessensspielraum. Die ungleichmäßige Erfassung aller Vermögensbestandteile (und dabei speziell die faktische Bevorzugung des Immobilienvermögens) war im Übrigen der entscheidende Grund dafür, dass das Bundesverfassungsgericht im Jahre 1995 die bis dahin geltende Vermögensteuer in Deutschland als unvereinbar mit Artikel 3 des Grundgesetzes, dem Gleichheitsgrundsatz, erklärte. Bei der jährlichen Kontrolle von Bankschließfächern und heimischen Tresoren, die eine gleichmäßige Besteuerung des Gesamtvermögens gleichfalls erfordern würde, müssten die Steuerbehörden zudem in erheblichem Maße in die Privatsphäre der Bürger eindringen.
- Gerade bei hochwertigen mobilen Vermögensgegenständen (wie Gold und Juwelen oder teuren Kunstgegenständen) ist es auch nicht allzu schwer möglich, sie ins Ausland zu verbringen und damit dem heimischen Fiskus zu entziehen, was die Vermögensbesteuerung noch ungerechter machen würde. Um dieses Schlupfloch zu stopfen, hat Piketty (2016) die Einführung einer global koordinierten Vermögensteuer (mit Steuersätzen für Milliardäre bis zu 10 %) gefordert, die auf einem ausgefeilten

Informationsaustausch von Bankdaten beruht. Ein solcher Ansatz erscheint angesichts der realen politischen Verhältnisse nicht nur ziemlich utopisch, sondern er würde bei seiner Realisierung, vor allem aufgrund der unüberwindbaren Erfassungsprobleme außerhalb des Bankenbereichs, auch zu erheblichen neuen Ungerechtigkeiten führen.

Folgerung 2-12

Steuern auf den Vermögensbestand können (neben der Finanzierung hoher staatlicher Ausgaben in Notsituation und der Vermögensumverteilung) auch als Instrument der indirekten Besteuerung von Kapitaleinkommen dienen. Die Erhebung von Vermögensteuern ist aber mit erheblichen Gerechtigkeitsproblemen konfrontiert, die insbesondere auf den Schwierigkeiten einer einheitlichen Bewertung aller Vermögensgegenstände sowie deren unterschiedlichem Liquiditätsgrad beruhen. ◄

2.5.2.2 Steuern auf Erbschaften und Geschenke

Zur Korrektur einer als zu ungleich angesehenen Vermögensverteilung erscheinen Erbschaftsteuern auch von einem wirtschaftsliberalen Standpunkt aus betrachtet besser geeignet als Steuern auf den Vermögensbestand: Der Erblasser kann über sein Vermögen während der eigenen Lebenszeit ohne zusätzliche steuerliche Belastung verfügen, was vor allem sein Vorsorgesparen schützt, während ein Erbe keinen auf eigener Leistung beruhenden Anspruch auf das Ererbte hat und zudem sein Arbeitsanreiz durch eine hohe Erbschaft möglicherweise stark reduziert wird. Aus dieser Perspektive kann man für hohe Erbschaftsteuersätze (und in diesem Sinne eventuell sogar für die völlige Einbeziehung eines durch Erbschaft erworbenen Betrages in die Einkommensteuer des Erben) plädieren. In jüngster Zeit liefert die „Responsible Wealth"-Bewegung in den USA, die sich aus der Gruppe der fünf Prozent reichsten Amerikaner rekrutiert, hierfür ein Beispiel. Nach Ansicht der Mitglieder dieser Gruppe (und vieler anderer) kann durch eine hohe Erbschaftsbesteuerung auch ein wichtiger Beitrag zur Schaffung von Chancengerechtigkeit, zur Stärkung des Leistungsprinzips und zur Vermeidung übermäßiger Vermögenskonzentration geleistet werden.

Diesem auf Individuen (d. h. Erblasser und Erbe) bezogenen Blick auf die Erbschaftbesteuerung kann man jedoch eine alternative Sichtweise entgegenhalten, bei der statt Individuen Familien oder Dynastien als Grundbaustein der Gesellschaft gelten. Das Problem der Erbschaftsbesteuerung stellt sich dann von vornherein in anderer Weise, weil Ersparnisse nicht zum Zweck der Steigerung des eigenen Vermögens, sondern des Vermögens des Generationenverbunds einer Familie vorgenommen werden. Damit verbindet sich die Erwartung, dass die Erben in der gleichen Weise handeln, sodass es zu einer Kette familiärer Verpflichtungen zum Erhalt und Vermehrung des Vermögens kommt. Solange das Vermögen in der Familie verbleibt, kommt es dann überhaupt zu keinen Transfers, sodass einer entsprechenden Steuer die Rechtfertigungsgrundlage fehlt. Diese dynastische Perspektive impliziert, dass bei der Erbschafts- und Schenkungsteuer eine Trennlinie zwischen Vererbungen innerhalb der Kernfamilie und solchen, die an außenstehende Personen gehen, zu ziehen ist. Damit ergibt sich eine Begründung für das Verwandtschaftsprinzip, das besagt, dass Erbschaften an nahe Verwandte weniger stark besteuert werden als Erbschaften an weiter entfernte oder nicht verwandte Erben. Das deutsche Erbschaftsteuerrecht folgt diesem Prinzip, indem der maximale Erbschaftsteuersatz bei Kindern und Ehepartnern 30 %, bei ferner Stehenden jedoch 50 % beträgt. Bei den Freibeträgen wird eine noch stärkere Differenzierung nach dem Verwandtschaftsgrad vorgenommen.

Was die Vor- und Nachteile einer Besteuerung von Vermögensübertragungen betrifft, sind darüber hinaus viele der Überlegungen von Bedeutung, die wir im vorherigen Abschnitt im Zusammenhang mit Steuern auf den Vermögensbestand erörtert haben. So ergeben sich im Prinzip die gleichen Bewertungsprobleme, die bei Erbschafts- und Schenkungssteuern allerdings in etwas abgemilderter Form auftreten, weil hier eine zu einem konkreten Wertmaß führende Veräußerung leichter möglich und eher zumutbar ist.

Jedoch fällt bei Steuern auf Vermögensübertragungen auf einen Schlag ein höherer Steuerbetrag an als bei periodischen Vermögensteuern. Die Konsequenz ist, dass Unternehmen zur Finanzierung der Steuerzahlung eventuell zerschlagen werden müssen oder durch die zu schulternde Steuerlast zumindest an Konkurrenzfähigkeit einbüßen, was sich negativ auf die wirtschaftliche Entwicklung und die Beschäftigungssituation auswirkt und dadurch längerfristig sogar eine Verminderung der gesamten Steuereinnahmen des Staates nach sich ziehen kann. Bei der Übertragung speziell von Firmenvermögen sind deshalb Stundungen und Ausnahmeregelungen angezeigt, deren genaue Ausgestaltung jedoch nicht einfach ist. Die langwierige Diskussion um die jüngste Erbschaftsteuerreform 2016 in Deutschland legt davon ein deutliches Zeugnis ab.

Folgerung 2-13

Ob die Besteuerung von Erbschaften als gerecht anzusehen ist, wird höchst kontrovers diskutiert. Diese Einschätzung wird insbesondere davon bestimmt, ob man Erbschaften als Vermögensübertragung zwischen Individuen oder aber als Instrument des Vermögenserhalts im Rahmen einer dynastischen Familienstruktur begreift. ◄

2.5.3   Die öffentliche Bereitstellung privater Güter

Unter Ökonomen besteht ein allgemeiner Konsens darüber, dass der Staat für die Bereitstellung öffentlicher Güter, wie innere oder äußere Sicherheit oder den Schutz der natürlichen Umwelt, zu sorgen hat. Wegen der Nicht-Rivalität im und der Nicht-Ausschließbarkeit vom „Konsum" dieser öffentlichen Güter ist auch ein ansonsten perfekt funktionierender Marktprozess nicht in der Lage, solche Güter in ausreichendem Maße bereitzustellen. Daneben kümmert sich der Staat aber auch um die Versorgung mit Gütern, für die private Eigentumsrechte existieren oder sich zumindest schaffen ließen, so dass deren Bereitstellung prinzipiell dem Markt überlassen werden könnte. So sind die allermeisten Staaten in Bereichen wie dem der medizinischen Versorgung und dem der Bildung und Erziehung (von der Kinderkrippe bis zur Universität) höchst aktiv – und fördern häufig etwa auch den öffentlichen Nahverkehr und den Wohnungsbau. Sie tun das in erster Linie aus verteilungspolitischen Gründen, weshalb wir der öffentlichen Bereitstellung privater Güter einen eigenen Abschnitt widmen. Die von den Staaten dabei ergriffenen Maßnahmen sind höchst vielfältig: Zumeist stellt der Staat Bildungsangebote durch eigene Institutionen (öffentliche Schulen und Universitäten) selber kostenlos oder zu verbilligten Preisen bereit. Teilweise gibt es aber auch Subventionen einerseits für die Anbieter (etwa im Bildungsbereich in Form von Zuschüssen an private Schulträger), andererseits für die Nachfrager von Bildungsangeboten (in Form von Gutscheinen für den Schulbesuch).

In diesem Abschnitt wollen wir zunächst die verschiedenen Motive und Instrumente, die im Zusammenhang mit der öffentlichen Bereitstellung privater Güter stehen, näher beleuchten, bevor wir dann in einem einfachen Modell mögliche paradoxe Wohlfahrtseffekte beschreiben, zu denen es dabei kommen kann.

2.5.3.1 Motive und Instrumente

Die öffentliche Bereitstellung privater Güter lässt sich als Spezialfall einer auf dem Sachleistungsprinzip beruhenden Umverteilungspolitik ansehen, die aus ökonomischer Sicht gegenüber monetären Transfers zumindest auf den ersten Blick Nachteile aufzuweisen scheint. Durch Sachleistungen büßen ja die dadurch begünstigten Individuen ihre Wahlfreiheit ein, so dass ihre Präferenzen nicht zum Zuge kommen können und somit ein effizientes Ergebnis nicht erreicht wird. Das Bild ändert sich, wenn man die Präferenzen der Individuen in den Blick nimmt, die im Rahmen der Umverteilungspolitik für die Finanzierung der Sachleistungen aufzukommen haben.

- Die Sicherung des existenznotwendigen Grundbedarfs (an Nahrungsmitteln, menschenwürdigen Wohnbedingungen und medizinischer Versorgung) genießt nach den Vorstellungen der meisten Menschen absolute Priorität. Sachleistungen sind, was die Sicherung des Grundbedarfs betrifft, klar zielgerichtet, während Geldleistungen leicht missbraucht werden können, indem beispielsweise das empfangene Geld statt für den Kauf gesunder Nahrungsmittel für Spirituosen verwendet wird. Die Geber werden auch mehr zu geben bereit sein, wenn sie wissen, dass ihr Transfer in ihrem Sinne verwendet wird, d. h. zum Erwerb der von ihnen geschätzten Güter dient. Sachtransfers können deshalb zu einer Pareto-Verbesserung führen. Sachleistungen schützen ihre Empfänger auch vor den Folgen ihrer eigenen Irrationalität und Kurzsichtigkeit, indem sie verhindern, dass der erhaltene monetäre Transfer für unnötige Dinge verschwendet wird. Ein solches Fehlverhalten kann, wenn existenzielle Katastrophen für die Empfänger vermieden werden sollen, zudem zusätzliche Transfers nötig machen, was auch nicht im Interesse der Geber liegt.
- Neben dem Wunsch nach Garantie des reinen Existenzminimums für Bedürftige haben viele Geber auch bestimmte Vorstellungen im Hinblick auf ein als vernünftig

und angemessen anzusehendes Konsumverhalten der Empfänger der Unterstützungsleistungen. Die Lektüre eines Buches gilt dem Geber etwa als wertvoller und
förderungswürdiger als der Konsum von TV-Soaps oder die Nutzung von Computer-
Spielen, so dass eine entsprechende Ausrichtung des Konsums beim Empfänger zu
einer positiven psychischen Externalität beim Geber führt. Wenn in diesem Sinne
die öffentlich bereitgestellten privaten Güter zu „meritorischen Gütern" werden,
kommt es unweigerlich zu einem Konflikt für das die marktwirtschaftliche Ordnung
tragende Prinzip der Konsumentensouveränität. In paternalistischer Weise erheben
die Geber ja einen Anspruch darauf, besser als die Empfänger zu wissen, was für
diese gut ist. Dieser Konflikt wird aber entschärft, wenn in Betracht gezogen wird,
dass die Empfänger auf die negativen Gesundheitsfolgen ihres Konsumverhaltens nur
unzureichend achten. Aus diesen Gründen akzeptieren viele Individuen bis zu einem
Grade eine externe Steuerung ihres Verhaltens, etwa durch „Stupse" („Nudges"), wie
sie von „liberalen Paternalisten" (wie Thaler und Sunstein 2009) empfohlen werden.
Die Bereitstellung meritorischer Güter lässt sich auf diese Weise rechtfertigen und mit
liberalen Auffassungen in Einklang bringen.
- Entscheidungen, die für die späteren Lebenschancen von Kindern von entscheidender
  Bedeutung sind, müssen von ihren Eltern getroffen werden, so dass in dieser Hin-
  sicht das Prinzip der Konsumentensouveränität von vornherein nicht greift. Die zielgerichtete staatliche Bereitstellung privater Güter, besonders in den Bereichen von
  Bildung und Gesundheit, kann einen wichtigen Beitrag dazu leisten, Kinder vor den
  Fehlern ihrer Eltern zu schützen und damit auch für ein Mehr an Chancengerechtigkeit zu sorgen.
- Vom Konsum bestimmter Güter und Dienstleistungen, die zur Erhöhung des Human-
  kapitals auf Empfängerseite führen, können für die Geber auch in materieller Hinsicht
  positive externe Effekte ausgehen. So erhöht eine bessere Ausbildung die Arbeitsproduktivität und leistet zudem einen Beitrag zur Stabilisierung des wirtschaftlichen
  und politischen Systems. Von einer reinen Einkommensumverteilung sind solche
  positiven Wirkungen viel weniger zu erwarten. Davon wird in Kap. 3 dieses Buches
  noch ausführlicher die Rede sein.

Die öffentliche Bereitstellung bzw. Förderung privater Güter hat aber auch eine
Schattenseite, die ihre Ursache darin hat, dass die endgültigen Verteilungseffekte einer
entsprechenden Politik vielfach weniger transparent sind als bei monetären Transfers.
Die materiell Bessergestellten können diesen Mangel an Transparenz strategisch zu
nutzen versuchen, indem sie sich für Maßnahmen einsetzen, mit denen zwar – im Sinne
eines Strebens nach besserer Versorgung mit meritorischen Gütern – vordergründig
soziale Ziele verfolgt werden, die aber im Endeffekt doch primär den eigenen Interessen
dienen. Die staatliche Finanzierung kultureller Institutionen (wie die von Theatern
und Opernhäusern) oder die Möglichkeit zum kostenfreien Universitätszugang wird
manchmal als Ergebnis entsprechender Rent-Seeking-Aktivitäten einkommensstärkerer

Gruppierungen angesehen – und eine damit verbundene Umverteilung von unten nach oben beklagt. Damit soll aber nicht gesagt sein, dass es nicht auch andere legitimere Gründe für das staatliche Engagement in diesen Bereichen gibt.

Bei der öffentlichen Bereitstellung privater Güter ist eine große Spannbreite der verwendeten Instrumente und Methoden zu beobachten. Diese unterscheiden sich insbesondere im Hinblick darauf, ob staatliche Institutionen die Bereitstellung selber vornehmen oder ob sich der Staat darauf beschränkt, private Anbieter sowohl zu finanzieren als auch zu kontrollieren. Für eine direkte staatliche Bereitstellung sprechen vor allem die folgenden Gründe:

- Wenn die Sicherung hoher Qualitätsstandards (wie vor allem bei der medizinischen Versorgung und im Bildungsbereich) von besonderer Bedeutung ist, spricht viel für eine hierarchische staatliche Organisation mit starken direkten Kontroll- und Durchgriffsrechten. Externe Kontroll- und Regulierungsinstitutionen sind hingegen mit enormen Informationsproblemen konfrontiert, die eine effektive Überwachung privater Anbieter erheblich erschweren.
- Wenn private Anbieter Bankrott gehen oder die geforderten Qualitätsstandards nicht erfüllen, muss der Staat mit zusätzlichen Kosten sowie Bürgerprotesten rechnen. Diese Gefahr ist besonders hoch, wenn mangels Alternativen ein Austausch eines nicht den Erwartungen entsprechenden privaten Anbieters nicht ohne weiteres möglich ist und der bisherige Anbieter („Incumbent") lokale Marktmacht besitzt. Die konsequente Durchsetzung von Qualitätsvorgaben wird dadurch erheblich erschwert. Der in Deutschland von der öffentlichen Hand geförderte Schienenpersonennahverkehr liefert einige eindrucksvolle Beispiele für diese Problematik.
- Große staatliche Anbieter verfügen vielfach über erhebliche Skalenvorteile, die sie im Prinzip zu einem kostengünstigen Leistungsangebot befähigen können. Das Gleiche gilt für ihre hohe Verhandlungsmacht bei der Lohnfindung sowie in Verhandlungen mit Bauträgern oder mit den Lieferanten von Vorprodukten.

Gleichzeitig kann aber auch eine vom Staat geförderte und kontrollierte Bereitstellung durch private Anbieter beträchtliche Vorteile im Hinblick auf die Effizienz der Leistungserbringung aufweisen:

- Der Wettbewerb zwischen verschiedenen privaten Anbietern verspricht eine Kostensenkung und eine Stärkung der Innovationsanreize. Gerade die Erwartung an Verbesserung der Effizienz durch marktwirtschaftliche Ansätze war die Grundlage für zahlreiche Privatisierungsmaßnahmen, wie sie in Deutschland und vielen anderen Ländern etwa im Bereich des öffentlichen Personenverkehrs, aber teilweise auch im Klinikbereich vor allem seit den 1990er Jahren durchgeführt worden sind. Davon – und von der teilweise berechtigten Furcht vor Qualitätseinbußen bei den erbrachten Leistungen – wird später im Kapitel noch ausführlicher die Rede sein. Aber auch im Schulbereich macht es die Diversität von Anbietern möglich, verschiedene pädagogische Strategien zu vergleichen und damit (auch unter Zuhilfenahme bildungsökonomischer Evaluationen) zu einer Verbesserung der Lernmethoden zu gelangen.

- Bei Managern in staatlichen Unternehmen, deren Handeln nicht vom Gewinn- erzielungsmotiv bestimmt ist, sind die Anreize zur Einhaltung der Kostendisziplin geringer als bei Managern in der Privatwirtschaft. Um Wählerstimmen zu gewinnen und lästige Streiks im Klinik- oder Schulbereich zu vermeiden, sind Politiker eventuell auch eher bereit, hohe Lohnforderungen von Beschäftigten im öffentlichen Sektor zu akzeptieren. Auch dies steht dem Ziel der Kostendämpfung und Effizienz- steigerung entgegen, dessen strikte Verfolgung allerdings zu einer Demotivierung der Beschäftigten und damit zu einem Qualitätsverlust bei der erbrachten Leistung führen kann.

- Eine größere Zahl konkurrierender Anbieter sorgt für mehr Wahlfreiheit, was eine Erhöhung des Nutzens der Nachfrager erwarten lässt. In diesem Zusammenhang ist allerdings zu bemerken, dass gerade die Reduzierung der Wahlmöglichkeiten ein Ziel der öffentlichen Bereitstellung eines privaten Gutes sein kann, da nur einheitliche Qualitätsstandards beim öffentlich bereitgestellten Gut (und eine einheitliche Quali- tät) die angestrebte Gleichheit schaffen. Ein Bildungssystem, das allen unabhängig von ihrer finanziellen Lage gleichwertige Abschlüsse ermöglicht, gilt als wichtige Bedingung von Chancengerechtigkeit. Vor diesem Hintergrund kann man sich auch fragen, inwieweit eine staatliche Subventionierung von Elite-Schulen und Elite-Uni- versitäten zu rechtfertigen ist.

Folgerung 2-14

Weil sie damit ihre eigenen Präferenzen besser zur Geltung bringen können, ist die öffentliche Bereitstellung privater Güter (wie im Bereich von Bildung und medizinischer Versorgung) ein von den Gebern in vielen Fällen präferiertes Instrument der Umverteilung. Inwieweit der Staat dabei selber aktiv werden oder sich stattdessen darauf beschränken soll, das Angebot privater Anbieter zu subventionieren und zu kontrollieren, bedarf einer Abwägung der jeweiligen Vor- und Nachteile im Einzelfall. ◀

2.5.3.2 Wohlfahrtseffekte: Eine kurze theoretische Analyse

In dem kleinen Modell, mit dem wir einen paradoxen Wohlfahrtseffekt bei der öffentlichen Bereitstellung eines privaten Gutes beschreiben wollen, gibt es zwei Typen von Individuen $i = 1,2$, arme und reiche, die alle die gleiche Nutzenfunktion $u(x_i, z_i)$ haben, jedoch über unterschiedliche Einkommen y_1 und y_2 mit $y_1 < y_2$ verfügen. Dabei soll x_i den Konsum eines von einem Individuum vom Typ i am Markt erworbenen Numéraire-Gutes bezeichnen, während z_i für das Konsumniveau eines anderen privaten Gutes steht, das auch vom Staat bereitgestellt werden kann und dessen Grenzkosten der Produktion auf den Wert 1 normiert werden.

Im Laissez-Faire-Szenario wird das Gut z *nicht* vom Staat bereitgestellt, sondern wird von beiden Typen zum Preis $p = 1$ (= Grenzkosten der Produktion des z-Gutes) am Markt erworben. Ein Individuum vom Typ i maximiert dann seinen Nutzen $u(x_i, z_i)$ in gewohnter Weise unter der Nebenbedingung $x_i + z_i = y_i$, d. h. seiner individuellen Budgetrestriktion. In Abb. 2.12 erreicht ein Individuum $i = 1,2$ in diesem Fall sein Optimum im Punkt A_i, in dem die Budgetlinie mit Anstieg -1 von einer zu $u(x_i, z_i)$ gehörigen Indifferenzkurve tangiert wird.

Im zweiten Szenario wird das Gut z stattdessen öffentlich bereitgestellt. Dabei nehmen wir an, dass der Staat die Beschaffungskosten dieses Gutes durch eine proportionale Einkommensteuer finanziert, deren Steuersatz t beträgt und die sowohl von den reichen als auch von den armen Individuen zu entrichten ist. Wenn $\beta < 1$ den Anteil der armen Individuen an der Gesamtpopulation angibt, beträgt das durchschnittliche Pro-Kopf-Steueraufkommen $t\overline{y}(\beta) = t(\beta y_1 + (1 - \beta)y_2)$, womit in Abhängigkeit vom Steuersatz t der Staat vom Gut z die Menge $z(t) = t\overline{y}(\beta)$ finanzieren kann. Um umgekehrt eine bestimmte Menge z bereitstellen zu können, ist dann der Steuersatz $t(z) = z/\overline{y}$ nötig. Wenn t, oder äquivalent z, variiert wird, bewegt sich ein Individuum vom Typ $i = 1,2$ entlang einer Budgetlinie, die durch den Ausstattungspunkt $(y_i, 0)$ verläuft und die den Anstieg

$$\frac{t\overline{y}(\beta)}{-ty_i} = -\frac{\overline{y}(\beta)}{y_i} = -\frac{\beta y_1 + (1 - \beta)y_2}{y_i} \tag{2.25}$$

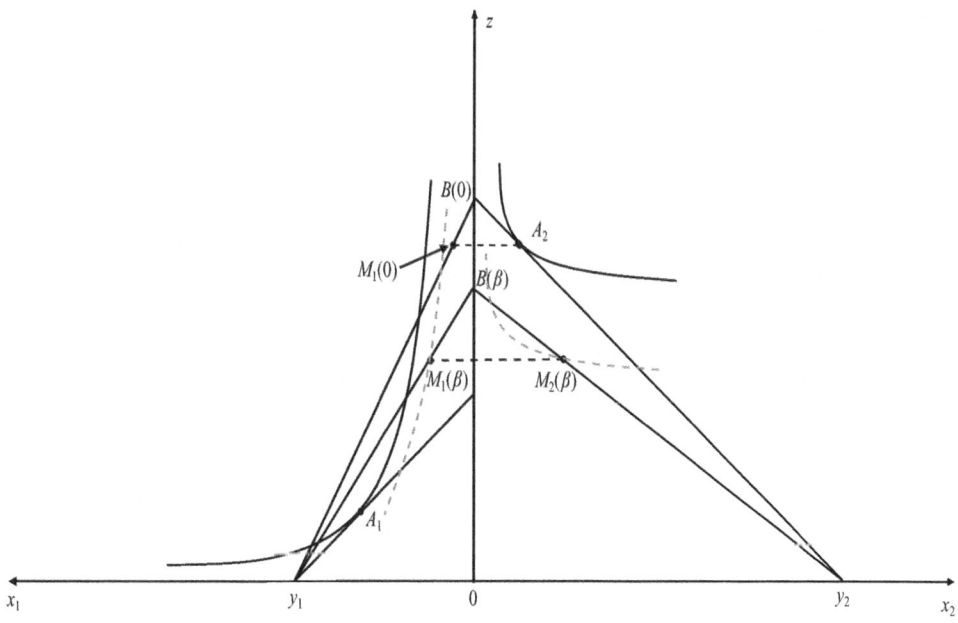

Abb. 2.12 Öffentliche Bereitstellung eines privaten Gutes im Zwei-Personen-Fall

aufweist. Diese Budgetlinien der armen und der reichen Individuen schneiden die z-Achse im gleichen Punkt $B(\beta) = (0, \overline{y}(\beta))$. Der mit $p_i(\beta)$ bezeichnete Kehrwert des Betrags des Anstiegs in (Gl. 2.25) gibt den impliziten Preis des Gutes z an, den ein Individuum vom Typ i im Szenario mit öffentlicher Bereitstellung zu bezahlen hat. Wie eine kurze Rechnung zeigt, gilt dann $p_1(\beta) < 1 < p_2(\beta)$. In Abb. 2.12 bedeutet dies, dass sich – ausgehend von der Budgetlinie mit Anstieg -1 im Laissez-Faire-Szenario – die Budgetlinie eines armen Individuums nach außen und die eines reichen Individuums nach innen dreht, und zwar so lange, bis sich beide Budgetlinien im gleichen Punkt auf der z-Achse schneiden. Ein armes Individuum stellt sich durch die öffentliche Bereitstellung des z-Gutes somit potenziell besser als im Laissez-Faire-Szenario, ein reiches Individuum durch die Subvention des Konsums des armen Individuums hingegen schlechter, was dem mit der öffentlichen Bereitstellung des Gutes z intendiertem Umverteilungseffekt entspricht.

Die Drehung der Budgetlinie eines armen Individuum fällt umso stärker und die eines reichen Individuums umso schwächer aus, je kleiner der Anteil β der armen Individuen ist. Wenn β fällt, wird ein einzelnes armes Individuum ja stärker subventioniert, während die Kosten der Subventionierung für ein einzelnes reiches Individuum abnehmen. Konsequenterweise verschiebt sich in Abb. 2.12 der Punkt $B(\beta)$ auf der z-Achse dann nach außen.

Wir nehmen jetzt an, dass der Staat bei gegebenem Anteilsparameter β die bei öffentlicher Bereitstellung als optimal angesehene Menge $z^*(\beta)$ des z-Guts mithilfe einer utilitaristischen Wohlfahrtsfunktion bestimmt. Formal bedeutet das, dass der Staat den in der Gesamtpopulation pro Kopf erzielten Durchschnittsnutzen

$$\beta u((1 - t(z))y_1, z) + (1 - \beta)u((1 - t(z))y_2, z) \to \max \qquad (2.26)$$

maximiert, wobei $t(z) = z/\overline{y}$ als Bedingung für die Finanzierung der Menge z zu beachten ist. In Abb. 2.12 werden die Punkte, welche die beiden Typen von Individuen in Folge dieser Wohlfahrtsmaximierung jeweils erreichen, mit $M_i(\beta) = ((1 - \frac{z^*(\beta)}{\overline{y}})y_i, z^*(\beta))$ für $i = 1,2$ bezeichnet.

Betrachtet wird jetzt die Situation, die entsteht, wenn β gegen null geht, d. h. der Anteil der armen Individuen sehr klein wird: Die utilitaristische Zielfunktion in (Gl. 2.26) nähert sich dann der Zielfunktion eines reichen Individuums im Laissez-Faire-Szenario an. Das Gleiche gilt dann auch für die Position des reichen Individuums, d. h. man hat $\lim_{\beta \to 0} M_2(\beta) = A_2$. Wenn nun im Laissez-Faire-Szenario die Nachfrage des reichen Individuums nach dem z-Gut sehr hoch ist, verschlechtert sich für hinreichend kleine Werte von β das arme Individuum durch die öffentliche Bereitstellung gegenüber dem Laissez-Faire-Szenario. Wie in der in Abb. 2.12 dargestellten Situation tritt dieser Fall ein, wenn der Punkt $M_1(0)$ unterhalb der Indifferenzkurve durch das Laissez-Faire-Optimum A_1 eines armen Individuums liegt. Den Punkt $B(0)$ würde ein armes Individuum im Grenzfall erreichen, wenn β gegen null strebt.

Solange aber β einen positiven Wert annimmt – so klein dieser auch sein mag – liegt die Position $M_2(\beta)$ eines reichen Individuums auf einer Budgetlinie, die unterhalb seiner

Budgetlinie im Laissez-Faire-Szenario verläuft. Der von einem reichen Individuum in $M_2(\beta)$ erreichte Nutzen ist dann kleiner als der in seinem Laissez-Faire-Optimum A_2. Damit ergibt sich der paradoxe Effekt, dass es im Falle der öffentlichen Bereitstellung des privaten Gutes z bei Maximierung der Gesamtwohlfahrt aller Individuen zu einer Pareto-Verschlechterung gegenüber dem Laissez-Faire-Zustand ohne staatlichen Eingriff kommt.

Dies zeigt, dass in dem hier betrachteten Rahmen eine gut gemeinte Umverteilungspolitik höchst unerwünschte Konsequenzen haben kann, weil sie möglicherweise nicht nur auf Seite der Zahler, sondern auch auf Seite der vorgeblichen Nutznießer zu Wohlfahrtsverlusten führt. Der Grund für diesen etwas überraschenden Effekt ist darin zu suchen, dass auf der einen Seite die armen Individuen, sofern sie nur in kleiner Zahl vorhanden sind, durch die Dominanz der Präferenzen der Reichen zu einem „Überkonsum" des z-Gutes gezwungen werden – und auf dem Weg über die proportionale Einkommensteuer dafür auch bezahlen müssen. Auf der anderen Seite erleiden die reichen Individuen durch die Subventionierung des Konsums der Armen einen Nutzenverlust, selbst wenn die Zahl der armen Individuen relativ gering ist.

Folgerung 2-15

Die öffentliche Bereitstellung eines privaten Gutes kann zu einer Pareto-Verschlechterung führen. Dieser Fall tritt dann ein, wenn die Finanzierung des öffentlich bereitgestellten Gutes durch eine proportionale Einkommensteuer erfolgt, die Bereitstellungsmenge dieses Gutes durch Maximierung einer utilitaristischen sozialen Wohlfahrtsunktion bestimmt wird und der Anteil der zu begünstigenden Individuen an der Gesamtpopulation relativ klein ist. ◄

2.6 Ökonomische Grenzen der Umverteilung

In diesem Abschnitt wollen wir von den im Abschn. 2.4 beschriebenen Problemen und Einwänden absehen und uns vorstellen, dass in die Gesellschaft das Gleichheitsziel prinzipiell akzeptiert wird und zudem Einigkeit über eine bestimmte Zielgröße der Umverteilungspolitik herrscht. Doch selbst wenn diese ziemlich heroischen Annahmen erfüllt sind, bleibt der Spielraum der Umverteilungspolitik durch Hindernisse bei ihrer praktischen Umsetzung beschränkt. Ambitionierte Umverteilungsziele lassen sich dann überhaupt nicht oder nur unter Inkaufnahme hoher Effizienzverluste erreichen. Umgekehrt heißt dies, dass unter realistischen Bedingungen der Umverteilungsspielraum des Staates eingeschränkt wird. Worauf dies im Einzelnen zurückzuführen ist, wird jetzt anhand mehrerer Modelle demonstriert. Eine umfassende Darstellung findet sich etwa in Boadway und Keen (2000).

2.6.1   Unvollkommene Information

2.6.1.1 Das Modell

Es soll wiederum zwei Typen von Individuen geben, die über die Höhe ihres jeweiligen Arbeitsangebots zu entscheiden haben. Der Einfachheit halber nehmen wir an, dass es in der Gesellschaft von beiden Typen gleich viele Individuen gibt. Alle Individuen sollen die gleichen Präferenzen haben, die durch die Nutzenfunktion $u(F_i, c_i)$ beschrieben werden. Dabei bezeichnet F_i die von einem Individuum vom Typ $i = 1, 2$ genossene Freizeit und c_i seinen Konsum eines am Markt erworbenen Konsumgutes. Die Ausgaben für dieses Konsumgut werden ausschließlich aus Lohneinkommen bestritten. Unterschiede zwischen den Individuen bestehen bei ihren Produktivitäten, d. h. ihren Lohnsätzen. Und zwar soll der Lohnsatz eines Individuums vom Typ 2 größer sein als der eines Individuums vom Typ 1, d. h. $w_2 > w_1$.

Wenn die Anfangsausstattung aller Individuen mit potenzieller Arbeitszeit einheitlich $\overline{F}$ beträgt, lautet die Budgetgleichung eines Individuums $i = 1,2$ dann

$$c_i = w_i\left(\overline{F} - F_i\right) \quad \text{bzw.} \quad c_i + w_iF_i = w_i\overline{F}. \tag{2.27}$$

In Abb. 2.13 entspricht eine solche Budgetgleichung einer Budgetgeraden mit dem Anstieg $-w_i$ und dem F-Achsenabschnitt $\overline{F}$.

Wenn der Betrag T *pauschal* von Individuum 2 an Individuum 1 umverteilt wird, so führt das in Abb. 2.13 dazu, dass sich die Budgetgerade von Individuum 2 um T parallel nach unten und die von Individuum 1 um T parallel nach oben verschiebt. Mit

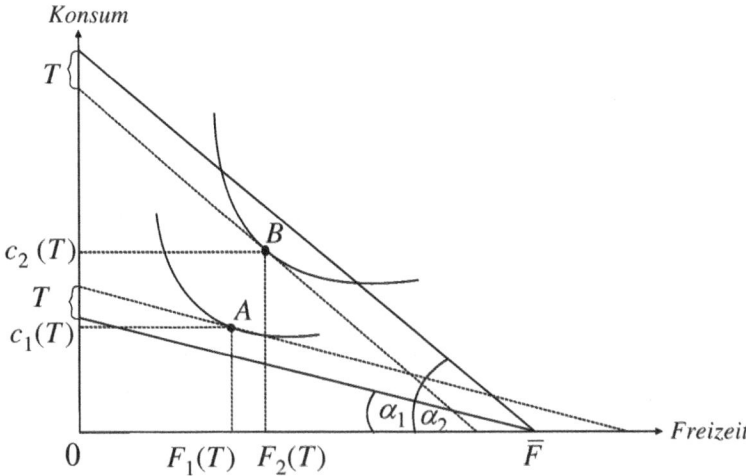

Abb. 2.13 Wirkung eines Pauschaltransfers

„pauschal" ist dabei gemeint, dass – ohne Kopplung an weitere Bedingungen oder Kriterien – der Betrag T dem produktiveren Individuum 2 entzogen und an das weniger produktive Individuum 1 transferiert wird. Solche Pauschaltransfers werden hier unterstellt, um die Argumentation möglichst einfach zu halten.

Auf den um T verschobenen Budgetgeraden wählen die beiden Individuen ihre optimalen Freizeit-Konsum-Kombinationen, die wir – in Abhängigkeit von der Transferhöhe T – mit $(F_i(T), c_i(T))$ für $i = 1,2$ bezeichnen. In den entsprechenden Optimalpunkten A bzw. B von Individuum 1 bzw. Individuum 2 werden die (nach unten bzw. nach oben) verschobenen Budgetgeraden jeweils von einer zur Nutzenfunktion $u(F,c)$ gehörigen Indifferenzkurve tangiert.

Im Hinblick auf das verteilungspolitische Ziel wird nun angenommen, dass die Verteilungspolitik die völlige Gleichverteilung der Nutzen der beteiligten Individuen anstrebt. Dieses Ziel wird durch den Transfer T^* erreicht, für den $u(F_1(T^*), c_1(T^*)) = u(F_2(T^*), c_2(T^*))$ gilt. Die dabei erreichten Optimalpunkte $A^* = (F_1(T^*), c_1(T^*))$ und $B^* = (F_2(T^*), c_2(T^*))$ der beiden Individuen liegen dann auf derselben Indifferenzkurve, wie es in Abb. 2.14 veranschaulicht ist.

Das Gelingen einer solchen auf eine völlige Angleichung der Nutzenniveaus abzielenden Umverteilungspolitik setzt aber voraus, dass der umverteilende Staat über alle relevanten Charakteristika der beteiligten Individuen perfekt informiert ist. Insbesondere muss er darüber Bescheid wissen, ob ein Individuum zur Gruppe der produktiveren Individuen gehört und deshalb zu Zahlungen in das Transfersystem heranzuziehen ist oder ob es weniger produktiv ist und damit auf der Empfängerseite steht. Im Folgenden soll untersucht werden, was geschieht, wenn der Staat nicht über diese Informationen verfügt.

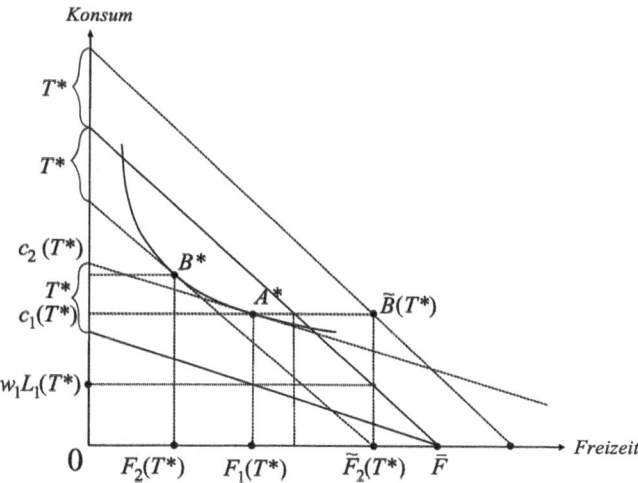

Abb. 2.14 Nutzennivellierender Pauschaltransfer und Täuschungsanreiz

2.6.1.2 Täuschungsanreize der Individuen bei unvollkommener Information

Es wird in diesem Szenario ausgegangen, dass der Staat die im vorherigen Abschnitt beschriebene extreme Umverteilungspolitik betreiben will und dabei den Transferbetrag T^* ankündigt, bevor die Individuen ihren Arbeitseinsatz gewählt haben. Jedoch soll er nur die von den Individuen erzielten Einkommen und damit ihre Konsumniveaus beobachten können, aber nicht ihre jeweiligen Produktivitäten und ihre Arbeitszeiten. In dieser durch *asymmetrische Information* (zwischen dem Staat auf der einen und den Individuen auf der anderen Seite) gekennzeichneten Situation entsteht dann das Problem, dass ein produktiveres Individuum 2 den Anreiz bekommt, sich als ein weniger produktives Individuum 1 auszugeben, um damit in den Genuss der Transferzahlung zu kommen.

Um eine solche Täuschung gegenüber dem Staat glaubhaft zu machen, muss ein Individuum 2 sein für den Staat beobachtbares Lohneinkommen auf das Niveau $w_1 L_1(T^*) = w_1(\overline{F} - F_1(T^*))$ reduzieren, das Individuum 1 beim angekündigten Transfer T^* wählt und diese in den Punkt A^* führt. Weil ein Individuum 2 aber produktiver als ein Individuum 1 ist, kann es dieses Lohneinkommen mit einem geringeren Arbeitseinsatz erzielen und deshalb mehr Freizeit konsumieren als ein Individuum 1. Das dann von einem Individuum 2 erreichte Freizeitniveau beträgt

$$\tilde{F}_2(T^*) = \overline{F} - \frac{1}{w_2}\left(c_1(T^*) - T^*\right) > \overline{F} - \frac{1}{w_1}\left(c_1(T^*) - T^*\right) = F_1(T^*). \quad (2.28)$$

Grafisch liegt in Abb. 2.14 die Position, die Individuum 2 durch die Verstellung erreicht, in dem mit $\tilde{B}^*$ bezeichneten Schnittpunkt der Parallelen zur F-Achse durch A^* mit der um T^* parallel nach oben verschobenen ursprünglichen Budgetgeraden eines Individuum 2. In $\tilde{B}^*$ erreicht Individuum 2 dann ein höheres Nutzenniveau als Individuum 1 im Punkt A^*, der gemäß der Bestimmung von T^* auf der gleichen Indifferenzkurve wie der von Individuum 2 ohne Verstellung erreichte Optimalpunkt B^* liegt. Dadurch wird bestätigt, dass sich Individuum 2 unter den gegebenen Bedingungen durch eine Verstellung besserstellt.

Wenn in Folge dieser Täuschung der Staat die als Zahler vorgesehenen produktiven Individuen nicht identifizieren kann, lassen sich natürlich die für die Umverteilung benötigten Steuereinnahmen nicht erzielen. Die geplante Umverteilungspolitik scheitert dann aufgrund unzureichender Informationen des Staates, und die angestrebte vollkommene Angleichung der Nutzenniveaus wird nicht erreicht. Welche Möglichkeiten der Umverteilungspolitik in dieser Situation noch verbleiben, soll im nächsten Abschnitt untersucht werden.

2.6.1.3 Begrenzter Umverteilungsspielraum bei unvollkommener Information

Wir wollen jetzt zeigen, dass sich der Täuschungsanreiz für ein Individuum 2 durch eine Absenkung des Transferbetrags T reduzieren lässt, d. h. dass der Nutzengewinn, den Individuum 2 durch Täuschung erzielen kann, bei kleiner werdendem T zurückgeht.

Wird T reduziert, so verschiebt sich die Budgetgerade eines Empfänger-Individuums 1 parallel nach unten. Unter der üblicherweise getroffenen Annahme der Normalität von Güterkonsum und Freizeit sinkt dadurch sowohl seine Nachfrage nach dem Konsumgut als auch die nach Freizeit. Für ein sich verstellendes Individuum 2 haben diese bei Individuum 1 ausgelösten Effekte dann die folgenden Konsequenzen:

- Weil der Güterkonsum (= Lohneinkommen plus Transfer) von Individuum 2 bei erfolgreicher Täuschung genauso hoch sein muss wie der von Individuum 1, reduziert sich auch der zur Täuschung erforderliche Güterkonsum von Individuum 2.
- Weil Individuum 1 nach Kürzung des Transfers mehr arbeitet, wird ein größerer Teil seines Güterkonsums dann durch eigene Arbeit (also nicht durch den Transfer) finanziert. Infolgedessen muss auch Individuum 2 bei Verstellung mehr arbeiten, um das gleiche Arbeitseinkommen wie ein Individuum 1 erzielen.

Für einen beliebigen Transferbetrag T wählt ein sich verstellendes Individuum 2 die Freizeitmenge $\tilde{F}_2(T)$, für die Folgendes gilt:

$$w_2(\overline{F} - \tilde{F}_2(T)) = w_1(\overline{F} - F_1(T)) \quad \text{bzw.} \quad \tilde{F}_2(T) = (1 - \frac{w_1}{w_2})\overline{F} + \frac{w_1}{w_2}F_1(T)$$

(2.29)

Anhand von (Gl. 2.29) ist direkt erkennbar, wie der Freizeitkonsum $\tilde{F}_2(T)$ von Individuum 2 bei Verstellung zurückgeht, wenn mit fallendem Transferbetrag T die Freizeitnachfrage $F_1(T)$ von Individuum 1 sinkt.

Bei Verminderung des Transferbetrags T nehmen bei einem sich verstellenden Individuum 2 also sowohl der Güter- als auch der Freizeitkonsum ab, so dass auch sein Nutzen $\tilde{u}_2(T) = u(\tilde{c}_2(T), \tilde{F}_2(T))$ fällt. Gleichzeitig bewirkt die Abnahme von T aber auch, dass sich die Budgetgerade von Individuum 2 im Falle der Nicht-Täuschung parallel nach außen verschiebt und sich dadurch der Nutzen $u_2(T) = u(c_1(T), F_1(T))$ von Individuum 2 im entsprechenden Optimalpunkt erhöht. Der Täuschungsanreiz für ein Individuum 2 geht somit zurück.

Wie wir zuvor gesehen haben, gilt $\tilde{u}_2(T^*) > u_2(T^*)$ für $T = T^*$, während man für $T = 0$ die Ungleichung $\tilde{u}_2(0) < u_2(0)$ erhält. Bei $T = 0$ wäre eine Täuschung ja völlig sinnlos, weil sie Individuum 2 von seiner optimalen Position im Fall ohne Transfer und dem Nutzen $u_2(0)$ wegführen würde. Wenn man nun den mathematischen Zwischenwertsatz dann auf die stetige und nach unseren vorherigen Überlegungen streng monoton wachsende Funktion $\varphi(T) := \tilde{u}_2(T) - u_2(T)$ anwendet, zeigt sich, dass es genau einen Transferbetrag $\hat{T}$ gibt, für den $\varphi(\hat{T}) = 0$ und somit $\tilde{u}_2(\hat{T}) = u_2(\hat{T})$ gilt. Bei $\hat{T}$ ist Individuum 2 dann indifferent zwischen Täuschung und Nicht-Täuschung.

Der Transferbetrag $\hat{T}$ ist kleiner als der zur völligen Angleichung aller Nutzen erforderliche Transferbetrag T^*. Er gibt das Ausmaß der maximal realisierbaren Umverteilung an und sorgt somit für die „Anreizkompatibilität" des Transfermechanismus. Im dann erreichten Zustand ist gegenüber der Situation ohne jede Umverteilung das Nutzengefälle zwischen einem Individuum vom Typ 1 und einem Individuum vom Typ 2 zwar geringer geworden als im Ausgangszustand, jedoch nicht völlig beseitigt. Daran wird klar, dass im Falle asymmetrischer Information eine Umverteilung nur eingeschränkt möglich ist.

Folgerung 2-16

Auch bei Akzeptanz des Gleichverteilungsziels kann eine Umverteilungspolitik an unzureichenden Informationen scheitern: Wenn sich die Produktivität von Individuen nicht beobachten lässt, erhalten produktivere Individuen (und damit potenzielle Zahler in einem Umverteilungsmechanismus) den Anreiz, sich zu verstellen und sich als weniger produktive Individuen (und damit Empfänger) auszugeben. Um den produktiveren Individuen diesen Täuschungsanreiz zu nehmen und damit zu einem anreizkompatiblen Transfermechanismus zu gelangen, werden Abstriche beim Umverteilungsziel erforderlich. ◄

2.6.2   Der Konflikt zwischen Gleichheit und Effizienz

Wenn der umverteilende Staat lediglich die Einkommensniveaus beobachten kann, bleibt ihm realistischer Weise keine andere Wahl, als sich bei der Gestaltung der Umverteilungspolitik an den Einkommen der Individuen zu orientieren. Die Höhe des Einkommens wird dann zur Richtschnur für die Bestimmung der Position, die ein Individuum im Umverteilungssystem einnimmt: Wer ein hohes Einkommen hat, muss eine Umverteilungssteuer bezahlen, wer nur über ein geringes Einkommen verfügt, erhält einen Transfer. Auf der Geberseite hätte man in dem im Folgenden vorliegenden Fall, in dem das gesamte Einkommen aus Arbeitstätigkeit resultiert, dann eine Lohneinkommensteuer, auf der Empfängerseite spiegelbildlich einen mit steigendem Lohneinkommen fallenden Zuschuss zum Lohn, d. h. eine negative Einkommensteuer. Aus effizienztheoretischer Sicht entsteht dann aber das Problem, dass bei einem solchen einkommensbezogenen Umverteilungsmechanismus die Steuer bzw. die Subvention einen Keil zwischen Brutto- und Nettolohn treibt und dadurch einen wohlfahrtsschädlichen Verzerrungseffekt auslöst. Ein Geber-Individuum würde sich besserstellen, wenn es den Steuerbetrag direkt in pauschaler und verzerrungsfreier Form als „Lump-Sum" Steuer entrichten würde. Bei einem Transferempfänger gilt spiegelbildlich ein entsprechendes Resultat, d. h. er könnte ein höheres Nutzenniveau erreichen, wenn es den gleichen Transferbetrag nicht über eine Lohnsubvention, sondern in pauschaler Form erhielte.

Wie es im Arbeitsangebotsmodell (und in anderen Modellen mit verzerrenden Steuern) zu diesen als „steuerliche Zusatzlasten" („Excess Burdens") bezeichneten Wohlfahrtsverlusten kommt, wird in jedem Lehrbuch zur Mikroökonomik beschrieben. Im ersten Unterabschnitt rekapitulieren wir der Vollständigkeit halber diese Überlegungen. Im zweiten Unterabschnittabschnitt skizzieren wir dann – gleichfalls im

Rahmen des Arbeitsangebotsmodells – die Grundzüge der Optimalsteuertheorie, in deren Rahmen der Konflikt zwischen Umverteilung und Effizienz in transparenter Weise beschrieben wird und die in dieser Hinsicht einige überraschende Ergebnisse bereithält.

2.6.2.1 Zusatzlasten

Zur Darstellung der steuerlichen Zusatzlasten betrachten wir die Wirkung einer proportionalen Einkommensteuer mit dem Steuersatz t auf das Arbeitsangebot eines Geber-Individuums: Durch eine solche Steuer dreht sich in Abb. 2.15 die ursprüngliche Budgetgerade mit dem Anstieg $-w_2$ im Anfangsausstattungspunkt $(\overline{F}, 0)$ nach unten. Im Optimalpunkt B nach Besteuerung, in der diese gedrehte Gerade mit Anstieg $-(1 - t)w_2$ von einer Indifferenzkurve des Individuums tangiert wird, führt das Geber-Individuum den Betrag BD als Steuer ab und erreicht das Nutzenniveau $\overline{u}_B$.

Würde einem Geber-Individuum der gleiche Steuerbetrag in Form einer Pauschalsteuer entzogen, würde sich seine ursprüngliche Budgetgerade um BD parallel nach unten verschieben. Im dann resultierenden Optimalpunkt C würde es im Vergleich zu $\overline{u}_B$ das höhere Nutzenniveau $\overline{u}_C$ erreichen. Die von der proportionalen Einkommensteuer verursachten steuerlichen Zusatzlasten wird dann durch den Abstand zwischen $\overline{u}_B$ und $\overline{u}_C$ angezeigt.

In Abb. 2.15 ist eine Situation beschrieben, in der die proportionale Einkommensteuer das Arbeitsangebot und somit das Bruttolohneinkommen des Geber-Individuums erhöht. Das liegt daran, dass in Abb. 2.15 der positive *Einkommenseffekt* auf das Arbeitsangebot, der durch die Bewegung vom Punkt A zum Punkt C beschrieben wird, stärker als der negative *Substitutionseffekt* ausfällt, der sich als Bewegung vom Punkt C zum Punkt B darstellt. Wenn hingegen der Einkommenseffekt vom Substitutionseffekt dominiert würde, käme es zum umgekehrten Ergebnis, d. h. die Besteuerung hätte eine negative Wirkung auf das Arbeitsangebot und das Lohneinkommen. Ein Wohlfahrtsverlust durch steuerliche

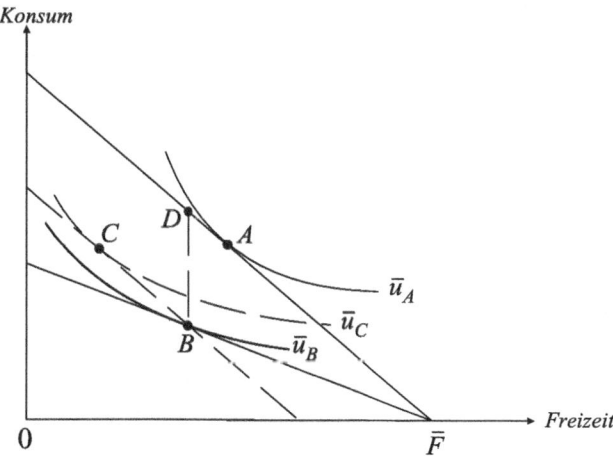

Abb. 2.15 Pauschalsteuer vs. lineare Einkommensteuer

Zusatzlasten entstünde auch in diesem Fall. Je stärker die Abweichung des Arbeitsangebots von der im Haushaltsoptimum ohne Besteuerung ist, desto größer werden die Zusatzlasten.

In ganz analoger Weise wie zuvor im Fall der Besteuerung lassen sich auch die Zusatzlasten beschreiben, die durch die (Lohn)Subventionierung des weniger produktiven Individuums entstehen.

Folgerung 2-17

Durch steuerliche Zusatzlasten, die durch einen an der Höhe des erzielten Einkommens ansetzenden Umverteilungsmechanismus verursacht werden, kommt es zu Effizienzeinbußen. Steuerliche Zusatzlasten der Einkommensbesteuerung entstehen auch dann, wenn bei Dominanz des Einkommenseffekts über den Substitutionseffekt das Bruttolohneinkommen durch die Besteuerung erhöht wird. ◄

2.6.2.2 Ein Ausflug in die Optimalsteuertheorie

Die Theorie der optimalen Einkommensbesteuerung beschäftigt sich im Wesentlichen mit der Frage, welche Eigenschaften Einkommensteuertarife sowie Umverteilungssysteme aufzuweisen haben, wenn bei der Verfolgung von Verteilungszielen die Verhaltensreaktionen der Individuen und damit mögliche Effizienzverluste beachtet werden. Die Grundgedanken des optimalsteuertheoretischen Ansatzes wollen wir jetzt zunächst am Beispiel eines Umverteilungsmechanismus erklären, dem eine proportionale Steuer auf Lohneinkommen zugrunde liegt. Im zweiten Unterabschnitt wenden wir uns dann der in den letzten Jahren in der Optimalsteuertheorie intensiv diskutierten Frage zu, wie bei der Besteuerung von Spitzeneinkommen zu verfahren ist. Im dritten Unterabschnitt dehnen wir unsere Überlegungen dann noch auf die Frage nach der optimalen Besteuerung von Kapital bzw. Vermögen aus.

In diesem Abschnitt kann es natürlich nur darum gehen, dem Leser einen allerersten Eindruck im Hinblick auf die von der Optimalsteuertheorie behandelten Themen zu vermitteln. Eine umfassende Darstellung zur optimalen Einkommensbesteuerung findet sich bei Piketty und Saez (2013a) und Bierbrauer (2018).

2.6.2.2.1 Das optimale lineare Umverteilungsschema

Wie im vorherigen Abschnitt gehen wir vom üblichen mikroökonomischen Arbeitsangebotsmodell aus. Dabei nehmen wir erneut an, dass es zwei in gleich großer Zahl vorhandene Typen $i = 1, 2$ von Individuen gibt, die sich lediglich in ihrem Lohnsatz unterscheiden. Der Bruttolohnsatz eines weniger produktiven Individuen soll wiederum w_1 betragen, der Lohnsatz der produktiveren Individuen w_2. Mit L_i bezeichnen wir den Arbeitseinsatz eines Angehörigen der Gruppe $i = 1, 2$. Beide Gruppen sollen durch eine proportionale Einkommensteuer mit dem Steuersatz t belastet werden, deren Aufkommen $t(w_1 L_1 + w_2 L_2)$ gleichmäßig auf alle Individuen umverteilt wird. Das für den Konsum verfügbare Einkommen eines Individuums aus Gruppe $i = 1, 2$ beträgt dann $(1 - t)w_i L_i + t\frac{w_1 L_1 + w_2 L_2}{2}$. Für ein Individuum aus Gruppe 1 hat man dann

2.6 Ökonomische Grenzen der Umverteilung

$w_1 L_1 + t \frac{w_2 L_2 - w_1 L_1}{2}$ und für ein Individuum aus Gruppe 2 $w_2 L_2 - t \frac{w_2 L_2 - w_1 L_1}{2}$. Daran wird deutlich, dass bei gegebenen Brutto-Einkommen $y_1 = w_1 L_1$ und $y_2 = w_2 L_2$ der Steuer-Transfer-Mechanismus zu einer Erhöhung des Nettoeinkommens eines Individuums vom Typ 1 und einer Verminderung des Netto-Einkommens eines Individuums vom Typ 2 führt, falls das von einem produktiveren Individuum erzielte Brutto-Einkommen größer ist als das Brutto-Einkommen eines weniger produktiven Individuums, d. h. falls $w_2 L_2 > w_1 L_1$ gilt.

Das Arbeitsangebot eines nutzenmaximierenden Individuums vom Typ $i = 1, 2$, das unter diesen Bedingungen bei einem gegebenem Steuersatz t zustande kommt, wird mit $L_i(t)$ und das daraus resultierende Einkommen mit $y_i(t) = w_i L_i(t)$ bezeichnet. Das Durchschnittseinkommen beträgt dann $Y(t) = \frac{y_1(t) + y_2(t)}{2}$. Bei Bestimmung dieser Werte ist zu beachten, dass sie nicht einfach aus dem üblichen Nutzenmaximierungskalkül bei gegebener Freizeitausstattung, gegebenem Lohnsatz und gegebenem Steuersatz folgen, sondern zusätzlich vom rückverteilten Steueraufkommen abhängen, das wiederum vom Steuersatz abhängt und einen zusätzlichen Einkommenseffekt verursacht. Von den dadurch bei Bestimmung von $L_i(t)$, $y_i(t)$ und $Y(t)$ entstehenden Problemen soll hier abgesehen werden, weil dadurch das Verständnis der grundlegenden Wirkungsmechanismen unnötig erschwert würde.

Die bei gegebenem t in diesem Szenario erreichten Nutzenniveaus der Individuen in beiden Gruppen bezeichnen wir im Folgenden mit

$$u_i(t_i) = u\left(\overline{F} - \frac{y_i(t)}{w_i}, (1 - t_i) y_i(t_i) + Y(t) \right) \tag{2.30}$$

Bei Entscheidung über den optimalen Steuersatz t^* verfolgt die Regierung nun – ebenso wie in unserem Modell zur öffentlichen Bereitstellung eines privaten Gutes – das Ziel, die gesellschaftliche Wohlfahrt

$$W(u_1(t), u_2(t)) = h(u_1(t_1)) + h(u_2(t_2)) \tag{2.31}$$

zu maximieren. Zu beachten ist jedoch, dass – anders als in Abschn. 2.5 – die Nutzen der Individuen durch eine Funktion $h(u)$ bewertet werden.

Nach Einsetzen von (Gl. 2.30) führt die Ableitung von (Gl. 2.31) nach dem Steuersatz t dann unter Beachtung des Enveloppen-Theorems zur folgenden Bedingung erster Ordnung für den optimalen Steuersatz t^*:

$$\sum_{i=1}^{2} \alpha_i(t^*)(-y_i(t^*) + Y(t^*) + t^* \frac{\partial Y}{\partial t}(t^*)) = 0. \tag{2.32}$$

In (Gl. 2.32) steht

$$\alpha_i(t^*) - h'(u_i(t^*)) \frac{\partial u}{\partial c}(\overline{F} - \frac{y_i(t^*)}{w_i}, (1 - t^*) y_i(t^*) + Y(t^*))$$

für das marginale Wohlfahrtsgewicht, das einem Individuum vom Typ i zukommt. In ihm spiegeln sich sowohl die durch die Bewertungsfunktion $h(u_i)$ zum Ausdruck gebrachte Ungleichheitsaversion (vgl. Abschn. 2.3) als auch der abnehmende Grenznutzen des

Konsums der Individuen wider, die beide auf eine gleichheitsfördernde Steuerpolitik hin-
wirken.

Wenn man (Gl. 2.32) nach t^* auflöst, gelangt man zu einer leicht interpretierbaren
Bedingung, die ein optimaler Steuersatz im hier betrachteten Umverteilungssystem
erfüllen muss:

$$t^* = \frac{\sum_{i=1}^{2} \alpha_i(t^*)(Y(t^*) - y_i(t^*))}{-\frac{\partial Y}{\partial t}(t^*) \cdot \sum_{i=1}^{2} \alpha_i(t^*)} \qquad (2.33)$$

Wir betrachten nun den Fall, dass $\partial Y/\partial t < 0$ (und somit $-\partial Y/\partial t > 0$) gilt, d. h. dass
eine Steuererhöhung zu einer Verminderung des gesamten Arbeitsangebots beider
Individuen und damit zu einem abnehmenden Gesamteinkommen führt. Wie wir im vorherigen Unterabschnitt gesehen haben, lässt sich dieser negative Arbeitsangebotseffekt
einer Steuererhöhung darauf zurückzuführen, dass für die gegebene individuelle Nutzenfunktion der Substitutionseffekt stärker ist als der Einkommenseffekt.

Es lassen sich dann die folgenden Bestimmungsfaktoren für die Höhe des optimalen
Steuersatzes t^* und damit für die Intensität der Umverteilungspolitik identifizieren.

- Zu erwarten ist, dass das marginale Wohlfahrtsgewicht eines weniger produktiven und
damit ärmeren Individuums größer ist als das eines produktiveren und damit reicheren
Individuums und somit $\alpha_2(t^*) > \alpha_1(t^*)$ gilt. Dies liegt zum einen an der Ungleichheitsaversion der Wohlfahrtsfunktion und zum anderen daran, dass der Grenznutzen
des Konsums bei einem ärmeren höher als bei einem reicheren Individuum ist. Wegen
$Y(t^*) - y_1(t^*) = y_2(t^*) - Y(t^*) > 0$ wird gemäß (Gl. 2.33) der optimale Steuersatz unter diesen Annahmen positiv, d. h. es kommt im optimalen Steuer-Transfer-
System in der Tat zu einer Umverteilung. (Der Verzicht auf Umverteilung wäre nur
bei $\alpha_2(t^*) = \alpha_1(t^*)$ optimal, d. h. wenn die Bewertungsfunktion $h(u_i)$ linear ist und
somit keine Ungleichheitsaversion vorliegt und gleichzeitig der Grenznutzen des
Konsums bei den Individuen konstant ist.) Wächst α_2 und sinkt α_1 (um den jeweils
gleichen Betrag), wozu es als Folge einer Zunahme der Ungleichheitsaversion bei
der gesellschaftlichen Bewertung kommen kann, steigt t^* und somit das Ausmaß der
Umverteilung.
- Aus (Gl. 2.33) folgt auch, dass der optimale Steuersatz und damit das Ausmaß der
Umverteilung umso geringer ausfällt, je stärker die Verhaltensreaktion $\partial Y/\partial t$ ist,
d. h. je stärker das Arbeitsangebot bei einer Steuersatzerhöhung zurückgeht und
infolgedessen der umzuverteilende Kuchen schrumpft. Daran wird deutlich, wie
negative Anreizeffekte (hier auf das Arbeitsangebot) die Intensität der Umverteilung
(hier gemessen an der Höhe des Steuersatzes t) beschränken. Sinn und Zweck der
Bestimmung eines optimalen Steuersatzes liegt dann darin, im konkreten Fall eine
Lösung im Konflikt zwischen Equity und Efficiency zu finden.

In einem Steuer-Transfer-System mit proportionaler (Lohn)Einkommensteuer und gleichmäßiger Rückverteilung der Steuereinnahmen ergibt sich ein umso höherer optimaler Steuersatz (und damit umso mehr Umverteilung), je höher die Ungleichheitsaversion ist und je stärker das Arbeitsangebot bei einer Steuersatzerhöhung zurückgeht. ◀

2.6.2.2.2 Die optimale Besteuerung von Spitzeneinkommen

In den vergangenen Jahren hat die sich die Diskussion um eine als zu ungleich wahrgenommene Einkommensverteilung eines speziellen Aspekts angenommen, nämlich der starken Erhöhung der Einkommen am oberen Ende der Einkommenshierarchie. Vor diesem Hintergrund stellt sich konsequenterweise die Frage, wie hoch die Besteuerung dieser Spitzeneinkommen ausfallen soll.

Was den *Grenz*steuersatz für Spitzenverdiener angeht, liefert die Optimalsteuertheorie eine auf den ersten Blick ziemlich überraschende Antwort (vgl. Mirrlees 1971): Der Grenzsteuersatz am oberen Ende der Einkommensskala soll null betragen, so dass über das absolute Spitzeneinkommen hinausgehende Einkommensteile steuerfrei bleiben – was in krassem Gegensatz zu den intuitiven Erwartungen an ein gerechtes Steuersystem zu stehen scheint. Die Begründung für diese Forderung erschließt sich leicht durch einen Widerspruchsbeweis. Dazu nehmen wir an, dass für den gegebenen (differenzierbaren) Einkommensteuertarif $T(y)$ der Grenzsteuersatz $T'(\hat{y})$ bei dem von einem Individuum mit maximalem Lohnsatz $\hat{w}$ – dem Spitzenverdiener – erzielten Einkommen $\hat{y}^* = \hat{w}\hat{L}^* = \hat{w}(\overline{F} - \hat{F}^*)$ positiv ist. Wenn dann für Einkommensniveaus $y > \hat{y}^*$ der Einkommensteuertarif derart geändert wird, dass beim neuen geknickten Tarif der Grenzsteuersatz in diesem Bereich null beträgt und somit das zusätzliche Nettoeinkommen gleich dem zusätzlichen Bruttoeinkommen ist, wird das betrachtete Individuum ein höheres Arbeitsangebot wählen und dadurch ein höheres Einkommens- und Nutzenniveau erreichen.

In der Abb. 2.16, in der $S(\hat{w}L) = \hat{w}L - T(\hat{w}L)$ (mit $L = \overline{F} - F$) die Nettoeinkommensfunktion des Individuums mit dem maximalen Lohnsatz $\hat{w}$ bezeichnet und ein gemäß der Definition in Abschn. 2.5.1 G-progressiver Steuertarif $T(y)$ unterstellt ist, bewegt sich das betrachtete Individuum durch die Veränderung des Steuertarifs vom ursprünglichen Optimalpunkt $A = (\hat{F}^*, \hat{y}^*)$ in den neuen links von A gelegenen Optimalpunkt B (vgl. Hindriks und Myles 2013, S. 553). Obwohl für das dabei erzielte *zusätzliche* Einkommen keine Steuer anfällt, bleibt die Steuerzahlung dieses Individuums (und sowieso auch die aller anderen Individuen mit niedrigerem Einkommen) die gleiche, weil sich ja am Verlauf des Steuertarifs im Einkommensbereich $y < \hat{y}^*$ nichts ändert. Die Individuen, denen die mit den Steuereinnahmen finanzierten Ausgaben zugutekommen, erleiden somit keine Verluste. Insgesamt kommt es durch die Tarifreform also zu einer

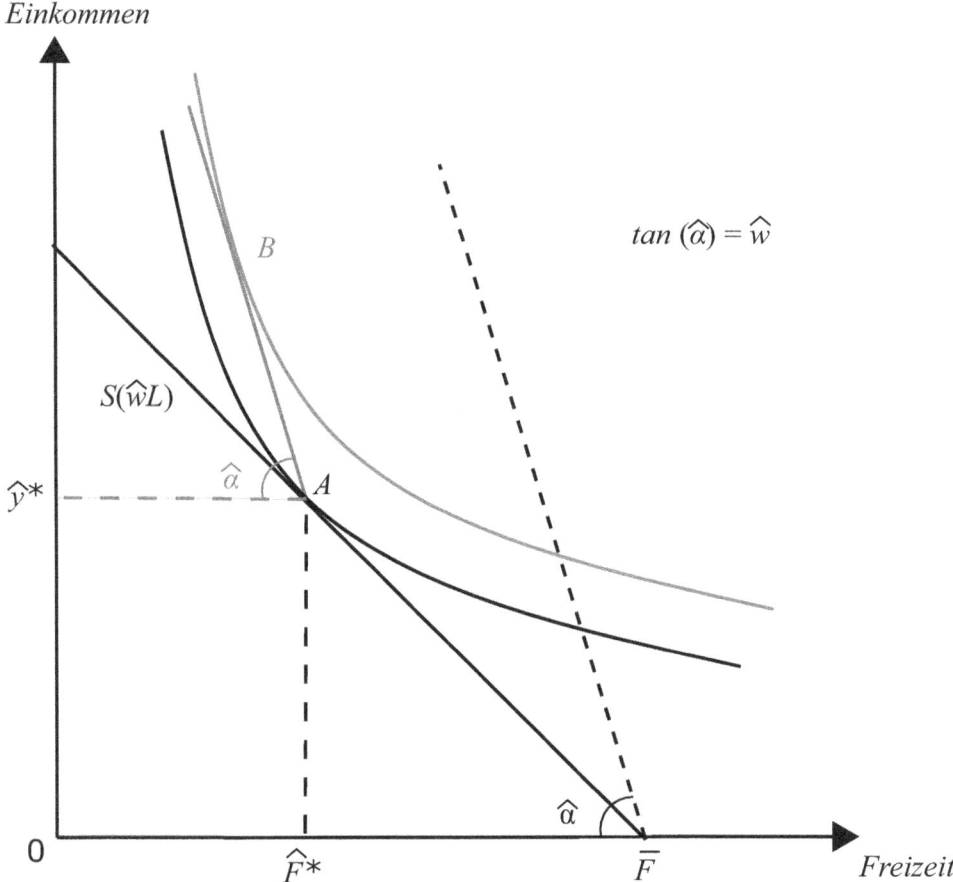

Abb. 2.16 Grenzsteuersatz null für Bestverdiener

Pareto-Verbesserung, was heißt, dass der ursprüngliche Steuertarif $T(y)$ nicht optimal gewählt sein kann.

Dieses theoretische Resultat ist aber nur von höchst begrenzter praktischer Bedeutung, da aus ihm nicht auf die angemessene steuerliche Belastung der Bezieher hoher Einkommen geschlossen werden kann: Zum einen lassen sich die *Durchschnitts*steuersätze und somit die effektiven Steuerbelastungen aller Individuen völlig unabhängig vom *Grenz*steuersatz des einkommensstärksten Individuums wählen, und zum anderen steht angesichts unvollkommener Informationen der Steuerbehörden und der Dynamik des Wirtschaftsprozesses a priori gar nicht fest, wie hoch das Spitzeneinkommen überhaupt ist. Vielmehr ist bei Gestaltung eines optimalen Steuertarifs von einer statistischen

Verteilung der Spitzeneinkommen auszugehen, bei der es keine definitive Obergrenze der Einkommen gibt.

Im Anschluss an Diamond und Saez (2011) gelangen Piketty und Saez (2013a, S. 423) unter dieser realistischen Annahme zu einem optimalen Spitzengrenzsteuersatz von

$$\hat{t} = \frac{1 - \hat{\alpha}}{1 - \hat{\alpha} + ae} > 0. \tag{2.34}$$

In dieser Formel stehen $\hat{\alpha}$ für das den einkommensstärksten Individuen zugewiesene Wohlfahrtsgewicht und e für die von einer marginalen Erhöhung des Steuersatzes ausgelöste Veränderung der steuerlichen Bemessungsgrundlage und damit für die Verhaltensreaktion dieser Individuen. Der Parameter a beschreibt die genaue Form der bei diesem Ansatz zugrunde gelegten Pareto-Verteilung der Einkommen: Ein hoher Wert von a zeigt dabei an, das sich in den Enden („Tails") der Verteilung nur relativ wenige Individuen befinden.

Wenn a gegen unendlich strebt und dann grob gesprochen die Zahl der Individuen über einer gewissen Einkommensgrenze verschwindend klein wird, nähert sich der optimale Steuersatz $\hat{t}$ dem Wert null an. Das zunächst erhaltene Ergebnis über die optimale Besteuerung spiegelt sich somit auch als Spezialfall in Formel (Gl. 2.34) wider. Nehmen das Wohlfahrtsgewicht $\hat{\alpha}$ der Spitzenverdiener oder ihre Verhaltensreaktion e ab, kommt es – ganz im Einklang mit der ökonomischen Intuition – zu einem Anstieg des optimalen Spitzensteuersatzes $\hat{t}$.

Wenn zusätzliche Faktoren bei der Bestimmung des optimalen Spitzensteuersatzes Berücksichtigung finden, ist (Gl. 2.33) zu modifizieren – so etwa, wenn die Entlohnung von Spitzenverdienern nicht auf ihrem produktiven Beitrag zum Volkseinkommen, sondern auf unproduktiven Rent-Seeking-Aktivitäten beruht, die darauf abzielen, den vorhandenen „Kuchen" zum eigenen Vorteil umzuverteilen. Gegenüber (Gl. 2.34) fällt der optimale Spitzensteuersatz in diesem Fall höher aus.

Für den Spezialfall $\hat{\alpha} = 0$, in dem die Formel (Gl. 2.34) zu $\hat{t} = \frac{1}{1+ae}$ wird, gelangen Diamond und Saez (2011) unter Annahme der von ihnen als realistisch angesehenen Parameterwerte $a = 1,5$ und $e = 0,25$ zu einem optimalen Spitzensteuersatz von $\hat{t} = \frac{1}{1+1,5\cdot0,25} = \frac{1}{1,375} = 0,73$, der weit über den in allen Ländern zurzeit geltenden Spitzensätzen der Einkommensteuer liegt. Durch Berücksichtigung eines Versicherungsmotivs im Hinblick auf zukünftige Produktivitäten und Erwerbsmöglichkeiten der Individuen ergibt sich bei Kindermann und Krüger (2020) für das oberste Prozent der Einkommensbezieher sogar ein optimaler Steuersatz von über 80 %.

Diese Resultate bedeuten, dass der Umverteilungseffekt der Einkommensbesteuerung aktuell erheblich unter dem Niveau bleibt, das aus Sicht der neueren Optimalsteuertheorie wünschenswert wäre. Diese theoretische Erkenntnis mündet dann in die politische Forderung, dass „high earners should be subject to high and rising marginal tax rates on earnings" (Diamond und Saez 2011, S. 166).

Folgerung 2-19

Während die ältere Optimalsteuertheorie für das Maximaleinkommen einen Grenzsteuersatz von null als optimal angesehen hat, gelangt die neuere Optimal-steuertheorie im Gegensatz dazu zu über 70 % liegenden Grenzsteuersätzen für Spitzeneinkommen. Diese Unterschiede sind auf unterschiedliche Modellannahmen zurückzuführen – und dabei insbesondere darauf, dass die neuere Optimalsteuer-theorie realistischerweise nicht von einem eindeutig bestimmten Maximaleinkommen ausgeht. ◄

2.6.2.2.3 Optimale Kapitalbesteuerung

Unter Effizienzgesichtspunkten erscheint die Besteuerung von bereits akkumuliertem Kapital auf den ersten Blick als attraktive Option: Da in einer bestimmten Periode die Vermögen der Individuen gegeben sind, wirkt deren Besteuerung wie eine Pauschal-steuer, durch die die relativen Preise nicht verzerrt werden und die somit keine Zusatz-lasten verursacht. Ein solches Verhalten des Staates würde aber – vielleicht mit Ausnahme von Fällen, in denen der Staat zur Bewältigung unerwarteter Ereignisse (wie Kriegen, Naturkatastrophen oder Epidemien) plötzlich zusätzliche Finanzmittel in erheb-lichem Umfang benötigt – als höchst unfair angesehen und das Vertrauen der Bürger in den Staat untergraben. Weil sie eine Wiederholung des staatlichen Übergriffs befürchten, würde die Leistungs- und Risikobereitschaft der Individuen geschwächt und ihr Anreiz zum Erwerb neuen Einkommens und Vermögens vermindert. Die Steuereinnahmen des Staates würden auf längere Frist vermutlich fallen, so dass sich der scheinbare „Vor-teil" einer plötzlich einsetzenden Steuer auf den Kapitalbestand in sein Gegenteil ver-kehren würde. Folgt man der Logik von Chamley (1986), wäre eine Regierung, die in einer bestimmten Periode eine Täuschungsstrategie praktiziert und ihre Bürger mit einer Vermögensbesteuerung „überrascht", gut beraten, sich in den Folgeperioden bei dieser Art der Besteuerung zurückzuhalten. Nur auf diese Weise können Effizienzverluste ver-mieden und eine neue Vertrauensbasis geschaffen werden.

Aber auch bei auf Dauer angelegten steuerlichen Regelungen stellt sich die Frage, welche Rolle kapitalbezogene Steuern darin aus Sicht der Optimalsteuertheorie spielen sollten. Das Bild, das sich dabei in der Literatur ergibt, ist uneinheitlich und zum Teil recht widersprüchlich. Die Einschätzung von Piketty (2008), derzufolge „the current state of optimal capital taxation theories is wholly unsatisfactory", besitzt auch heute noch Gültigkeit.

In der traditionellen Optimalsteuertheorie wurde die Auffassung vertreten, dass die Einkünfte aus Kapitalvermögen steuerfrei zu bleiben hätten, weil ansonsten Sparent-scheidungen verzerrt und das Gebot der Allokationsneutralität in Bezug auf intertemporale Konsummuster verletzt würden. Die Keile, die Kapitaleinkommensteuern zwischen Brutto- und Nettorendite treiben, wachsen durch den Zinseszinseffekt im Zeitablauf immer mehr – und damit steigen auch die dadurch ausgelösten Allokationsverzerrungen.

Da sich Kapitaleinkünfte aber bei den wohlhabenderen Individuen konzentrieren, führt die aus dieser Überlegung abgeleitete Forderung nach Steuerfreiheit von Kapitaleinkünften aber dazu, dass die Umverteilungswirkung der Einkommensbesteuerung eingeschränkt wird. Zwischen den Empfehlungen der Optimalsteuertheorie und den Geboten der Steuergerechtigkeit kommt es somit zu einem Konflikt.

Mittlerweile (vgl. etwa Diamond und Piketty 2011) wurden aber sowohl auf theoretischer als auch auf praktischer Ebene Einwände gegen diese Sichtweise formuliert. Die Gründe hierfür können hier nur ansatzweise skizziert werden: So ist es auf Basis grundlegender Einsichten der Second-Best-Theorie von vorneherein klar, dass angesichts der Verzerrungen, die von der Lohn- bzw. Konsumbesteuerung verursacht werden, eine Verzerrungsfreiheit in anderen Bereichen wie dem der Kapitalallokation in der Regel nicht unbedingt wünschenswert ist. Die Besteuerung der Erträge aus Sachkapital kann so gesehen angezeigt sein, um Investitionsneutralität gegenüber dem Humankapital, dessen Erträge ja der Lohneinkommensteuer unterliegen, herzustellen. Aus der Perspektive der „New Dynamic Public Finance" (Golosov et al. 2003) ist die Kapitaleinkommensbesteuerung in der Lage, negative Arbeitsangebotseffekte, die bei Unsicherheit über die zukünftigen Arbeitsproduktivitäten durch übermäßiges Vorsorgesparen entstehen können, zu vermeiden. „Es gilt die produktiven Mitglieder der Gesellschaft davon abzuhalten, es sich mit ihren Ersparnissen allzu bequem zu machen." (Bierbrauer 2016, S. 19) Wenn die Erträge von Investitionen selber unsicher sind, kann eine mit Verlustausgleichsregelungen ausgestattete Besteuerung von Kapitaleinkünften zudem die Risikobereitschaft von Individuen und Unternehmen erhöhen und über die auf diese Weise induzierte Zunahme innovativer Aktivitäten positive Wachstumsimpulse auslösen. Durch die Besteuerung von Kapitalerträgen werden im Übrigen auch leistungsfähigere Individuen stärker belastet, falls diese, wie in der Realität zu erwarten, eine höhere Spareigung aufweisen. Eine solche indirekte Besteuerung von Fähigkeiten kann nicht nur als fair erscheinen, sondern verspricht auch Effizienzvorteile. Schließlich ist es (etwa bei kleineren Gewerbebetrieben) vielfach nicht leicht möglich, klar zwischen Lohn- und Kapitaleinkünften zu unterscheiden. Die Abschaffung der Kapitaleinkommensbesteuerung würde deshalb die Tür für legale Steuervermeidungsstrategien öffnen und damit zu neuen Ungerechtigkeiten führen.

Was Vermögensübertragungen – vor allem durch Vererbung – angeht, hat sich in der Optimalsteuertheorie ein gewisser Konsens dahingehend herausgebildet, dass deren Besteuerung zu einem effizienteren Steuersystem beitragen kann. Bei der Gestaltung eines optimalen Erbschaftsteuersystems (vgl. dazu die Übersicht in Crémer und Pestieau 2006) müsste allerdings nach der Art der Erbschaft und den zugrunde liegenden Motiven des Erblassers unterschieden werden. So sollten zufällige Erbschaften besonders hoch besteuert werden, da von einer solchen Besteuerung keine Verhaltensreaktionen ausgehen. Eine hohe Besteuerung kann auch angezeigt sein, wenn der Erblasser aus der von ihm antizipierten Vererbung im Sinne eines Warm-Glow- oder Joy-of-Giving selber Nutzen zieht. Weil dort die Verhaltensreaktionen stärker ausfallen, wären aus Sicht der Optimalsteuertheorie hingegen Erbschaften, die aus altruistischen oder strategischen

Motiven vorgenommen werden, niedriger zu besteuern oder eventuell gar zu subventionieren (vgl. Piketty and Saez 2013a). Die wesentlich niedrigere Besteuerung von Vererbungen im Rahmen der Kernfamilie, wie sie sich in den meisten real existierenden Erbschaftsteuersystemen findet, entspricht diesem theoretischen Resultat (vgl. auch Richter 1987). Ein großer Teil dieser Erbschaften ergeben sich eben nicht durch Zufall, sondern beruhen auf rationalen Entscheidungen, die den Erhalt des Vermögens innerhalb der Familiendynastie zum Ziel haben. Die neuere Optimalsteuertheorie bestätigt somit Vorstellungen über die angemessene Ausgestaltung der Erbschaftsbesteuerung, wie wir sie bereits in Abschn. 2.5 diskutiert hatten.

Naturgemäß fällt es schwer, aus den Erkenntnissen der Optimalsteuertheorie konkrete Schlussfolgerungen für die angemessene Höhe von Erbschaftsteuersätzen zu ziehen. Trotzdem sei angemerkt, dass Piketty and Saez (2013b) durch Kalibrierung ihres theoretischen Modells zu relativ hohen Erbschaftsteuersätzen von über 50 % gelangen.

Folgerung 2-20

Die von der älteren Optimalsteuertheorie vertretene Ansicht, Kapitaleinkünfte sollten zwecks Herstellung von Allokationsneutralität steuerfrei bleiben, ist durch neuere Entwicklungen in der Optimalsteuertheorie aus einer Vielzahl von Gründen revidiert worden – so etwa durch Modellergebnisse, die besagen, dass die Kapitaleinkommensbesteuerung zur Verhinderung negativer Arbeitsanreize beitragen kann. Der Gegensatz zwischen den Erkenntnissen der Optimalsteuertheorie und den intuitiven Erwartungen an ein gerechtes Steuersystem wird auf diese Weise abgebaut. ◄

2.7 Bekämpfung von Armut als alternatives verteilungspolitisches Ziel

2.7.1 Armutskriterien

Die Probleme, die wir im Abschn. 2.4 im Zusammenhang mit der Spezifizierung des Gleichverteilungsziels aufgezeigt haben, können zu der Schlussfolgerung führen, dass sich die Verteilungspolitik an einem weniger ehrgeizigen und konzeptionell weniger problematischen Ziel orientieren sollte: der Beseitigung bzw. der Verminderung von Armut. Es geht dann nicht wie bei den egalitaristischen Ansätzen um eine Änderung der relativen Verteilung zwischen den Individuen, sondern vielmehr wird in erster Linie die Verbesserung der Lage der wirklich Bedürftigen angestrebt – d. h. von Individuen, die über keine ausreichenden Mittel verfügen, um aus eigener Kraft ein menschenwürdiges Leben führen zu können. Gründe für Armut liegen auf individueller Ebene in Krankheit, Behinderung, mangelnder Ausbildung oder auch ungünstigen sozialen Startbedingungen, welche den Zugang zum Arbeitsmarkt erschweren. Auf gesamtwirtschaftlicher Ebene kann Armut die Folge von Naturkatastrophen (Missernten, Überschwemmungen, Dürre), von konjunkturellen Verwerfungen (Massenarbeitslosigkeit infolge von Rezessionen) oder aber auch – wie besonders in den Entwicklungsländern Afrikas – die Folge einer anhaltenden Wachstumsschwäche (etwa aufgrund von zu geringer Kapitalbildung oder auch falscher Wirtschafts- und Finanzpolitik) sein. Beim Ziel der Armutsbekämpfung ist – im Vergleich zum Ziel der Gleichverteilung – die potenzielle Zielgruppe der Transferempfänger kleiner. Allerdings kann in einem Land die Zahl der Armen so groß sein, dass innerhalb dieses Landes nicht genügend Mittel zur vollständigen Beseitigung der Armut aufgebracht werden können. In diesem Falle wird der Kampf gegen die Armut zu einem internationalen Problem, das man im Rahmen der Entwicklungshilfe zu bewältigen versucht.

Wenn sich die Umverteilungspolitik auf die Bekämpfung der Armut konzentriert, wird auch das zuvor ausführlich diskutierte Problem der Bestimmung einer angemessenen Zielgröße für die Umverteilungspolitik entschärft. Individuen mit sehr niedrigem Einkommen sind in der Regel wenig produktiv und befinden sich in einer insgesamt unbefriedigenden Lebenssituation, sei es aufgrund der eigentlichen Ursache der Armut (wie etwa Behinderung) oder sei es aufgrund des Empfindens, von dem in einer Gesellschaft als üblich angesehenen Lebensstandard ausgeschlossen zu sein. Weit mehr als in den mittleren und höheren Einkommensschichten besteht deshalb am unteren Ende der Einkommensskala eine Korrelation von geringem Einkommen und niedrigem Niveau des individuellen Wohlbefindens bzw. Nutzens. Einen (quantitativ allerdings kaum bedeutsamen) Ausnahmefall stellen in diesem Zusammenhang „Aussteiger" dar, die zugunsten eines ungebundenen und selbstbestimmten Lebens eine erhebliche Einschränkung beim materiellen Konsum freiwillig in Kauf nehmen.

Besonders in Bezug auf Entwicklungsländer scheint es sinnvoll, sich bei der Definition von Armutsindikatoren auch stark an nicht-monetären Indikatoren, wie der Versorgung mit Grundbedarfsgütern (etwa mit medizinischen Leistungen oder Nahrungsmitteln), zu orientieren. Die Bestimmung solcher Indikatoren (beispielsweise die Zahl der pro Tag verfügbaren Kilokalorien, die einem Individuum zur Verfügung stehen) ist in wesentlich objektiverer Weise möglich als die Bestimmung von Wohlbefindensindikatoren im Rahmen einer auf das Gleichverteilungsziel ausgerichteten Umverteilungspolitik.

Die Klassifikation eines bestimmten Teils der Bevölkerung als „arm" erfordert die Festlegung einer auf das Einkommen bezogenen *Armutsschwelle A*. Es ist ein zentrales Thema der gesamten Armutsliteratur, ob diese Armutsschwelle *absolut* (in Bezug auf den zum Überleben nötigen Existenzminimumbedarf) oder *relativ* (bezogen auf das Durchschnitts- oder Medianeinkommen einer Gesellschaft) definiert sein sollte. Bei der *relativen* Bestimmung von Armut gelten beispielsweise alle diejenigen Individuen als arm, deren Einkommen weniger als 40, 50 oder 60 % des Durchschnittseinkommens oder des *Medianeinkommens* beträgt. (Das Medianeinkommen ist das Einkommen desjenigen Individuums, das bei Ordnung der Individuen nach der Höhe ihrer Einkommen gerade den mittleren Rang einnimmt, so dass 50 % der Gesamtpopulation ärmer und 50 % der Gesamtpopulation reicher sind als dieses Individuum.)

Die Festlegung einer relativen Armutsschwelle ist nicht objektiv möglich und letztlich willkürlich. Selbst wenn sich in einer ohnehin schon wohlhabenden Gesellschaft die Einkommen aller und somit auch der Armen stark erhöhen, könnte bei einer relativen Armutsschwelle die gemessene Höhe der Armut steigen.

Das andere Extrem, d. h. die Verwendung von strikt an absoluten Bedarfskriterien orientierten Armutsindikatoren, erscheint aber realitätsfern, weil sich das, was als Grundbedarf zu gelten hat, nicht ohne Bezug zum jeweiligen sozialen Kontext definieren lässt. Die Menschheit hat über Jahrtausende hinweg ohne Nutzung von Elektrizität und Telekommunikationstechniken existiert. Dennoch käme in einer entwickelten Industriegesellschaft niemand auf die Idee, den Armen die Mittel zur Nutzung solcher Techniken systematisch zu verwehren. Dies schließt aber nicht aus, dass in Einzelfällen der Ausschluss nicht zahlungswilliger oder –fähiger Stromverbraucher erfolgt, was in Deutschland pro Jahr ca. 300.000mal mit oft dramatischen Folgen auch geschieht. Die Beteiligung der Armen an den Segnungen des wirtschaftlichen Fortschritts ist in bestimmten Bereichen (z. B. bei der medizinischen Versorgung) aus ethischen Gründen ohnehin dringend geboten. Dass man die Armutsschwelle an einem festen Prozentsatz des Durchschnitts- oder Medianeinkommens festmachen sollte, ist aber keine zwingende Schlussfolgerung aus dieser Überlegung. Viel eher wird eine mit steigendem Pro-Kopf-Einkommen degressive Entwicklung der Armutsschwelle nahegelegt.

2.7.2 Numerische Armutsindikatoren

Numerische Armutsmaße haben die Funktion, das Ausmaß der in einer Gesellschaft herrschenden Armut in einer Zahl zu erfassen und damit zu quantifizieren (vgl. z. B. Atkinson 1987 und Foster und Shorrocks 1988). Ganz ähnlich wie bei den Ungleichheitsmaßen gibt es auch hier ganz unterschiedliche Ansätze, die wir jetzt kurz beschreiben wollen.

Es sei wiederum $Y = (y_1, \ldots, y_n)$ mit $y_1 \le y_2 \le \ldots \le y_n$ ein (geordnetes) Einkommensprofil mit dem Durchschnittseinkommen $\mu = \frac{1}{n} \sum_{i=1}^{n} y_i$. Mit A wird die exogen vorgegebene *Armutsschwelle* bezeichnet. Jedes Individuum, dessen Einkommen unterhalb von A liegt, gilt also als arm. Die *Zahl* der beim gegebenen Einkommensprofil Y dann armen Individuen wird für eine gegebene Armutsschwelle A mit $k_A(Y)$ bezeichnet und heißt *absoluter Headcount-Index*. Der *Anteil* der Armen an der Gesamtpopulation der n Individuen beträgt $\frac{k_A(Y)}{n}$ und heißt *relativer Headcount-Index* oder *Headcount-Ratio*.

Sowohl der absolute als auch der relative Headcount-Index vernachlässigen aber die *Tiefe der Armut,* d. h. sie berücksichtigen nicht, wie weit die Einkommen der jeweils Armen unterhalb der Armutsschwelle liegen. Ein alternatives Armutsmaß, das diesen

Nachteil vermeidet, wird vom *Poverty-Gap-Index* $G_A(Y)$ (*Armutslückenindex*) geliefert, der bei gegebenem A durch die Formel

$$G_A(Y) = \frac{1}{n} \sum_{i=1}^{k_A(Y)} \frac{A - y_i}{A} = \frac{1}{n} \sum_{i=1}^{k_A(Y)} (1 - \frac{y_i}{A}) \tag{2.35}$$

definiert wird. Ein Poverty-Gap-Index misst also die Summe der relativen Abstände, die die Einkommen der Armen zur Armutsschwelle haben.

Ein anderes denkbares Armutsmaß

$$H_A(Y) = \sum_{i=1}^{k_A(Y)} \frac{A - y_i}{n\mu} \tag{2.36}$$

zeigt an, welcher Anteil am Gesamteinkommen der betreffenden Volkswirtschaft insgesamt von den Nicht-Armen an die Armen umverteilt werden müsste, um die Armut vollständig zu beseitigen.

Alle bisher betrachteten Armutsmaße genügen nicht der recht plausiblen normativen Forderung, dass ein Transfer an ein ganz armes Individuum die gemessene Armut stärker vermindern sollte als ein gleich hoher Transfer an ein nicht ganz so armes Individuum. Die Klasse der *Foster'schen Armutsmaße*, deren Grundgedanke der gleiche wie bei den Atkinson-Maßen zur Messung von Ungleichheit ist, schafft hier Abhilfe. Für die Armutsschwelle A und ein gegebenes $\alpha \geq 0$ wird das zugehörige *Foster-Maß* $F_{A,\alpha}(Y)$ definiert als

$$F_{A,\alpha}(Y) = \frac{1}{n} \sum_{i=1}^{k_A(Y)} (1 - \frac{y_i}{A})^\alpha \tag{2.37}$$

Die Flexibilität des Foster'schen Ansatzes zeigt sich daran, dass einige zuvor beschriebene Armutsmaße Spezialfälle der Foster-Maße darstellen. So erhält man, wenn man in Formel (Gl. 2.37) $\alpha = 0$ setzt, den absoluten *relativen Headcount-Index* und für $\alpha = 1$ den *Poverty-Gap-Index*. Je größer α gewählt wird, desto mehr relatives Gewicht erhalten bei der Armutsmessung gemäß (Gl. 2.37) die Individuen mit sehr niedrigem Einkommen im Vergleich zu den Armen mit einem näher an der Armutsschwelle gelegenen Einkommensniveau.

Folgerung 2-21

An Stelle des Gleichverteilungszieles kann sich die Verteilungspolitik auch darauf konzentrieren, die Lage der Individuen zu verbessern, deren Einkommen unter einer bestimmten Grenze liegt und die somit als arm gelten. Bei der Bestimmung dieser Armutsschwelle und der Messung des Ausmaßes der Armut durch einen Armutsindex gibt es verschiedene Alternativen. ◄

2.8   Empirische Befunde

2.8.1   Daten und Trends

2.8.1.1   Einkommensungleichheit

Die Entwicklung der Einkommensungleichheit war in den letzten Jahrzehnten durch zwei gegensätzliche Entwicklungen gekennzeichnet: Auf der einen Seite hat die Ungleichheit der Einkommen über die gesamte Weltbevölkerung hinweg betrachtet erheblich abgenommen, während sie auf der anderen Seite in nahezu allen Industrie- und Schwellenländern zugenommen hat. Im Folgenden sollen diese beiden Entwicklungen getrennt betrachtet werden. Die numerischen Werte für das Ausmaß der Ungleichheit, die wir dabei präsentieren, sind allerdings mit einer gewissen Vorsicht zu interpretieren. So werden die Haushaltsbefragungen (wie in Deutschland durch das Sozioökonomische Panel SOEP), auf denen internationale Vergleiche der Einkommensverteilung vielfach beruhen, nicht in jedem Land nach der gleichen Methode durchgeführt. Zudem ist die Repräsentativität der Befragungen – insbesondere angesichts der Probleme bei der Erfassung der Bezieher von Spitzeneinkommen und gezielter Falschangaben – nicht gesichert. Auch stimmen die mit Hilfe von Haushaltsbefragungen erhaltenen Ergebnisse vielfach nicht mit den Daten aus der volkswirtschaftlichen Gesamtrechnung oder der Steuerstatistik überein, sodass man auch aus diesem Grund an der Validität der ausgewiesenen Zahlen gewisse Zweifel anmelden muss. Im Hinblick auf die qualitativen Trends besteht jedoch weitgehende Einigkeit. Zu vermerken ist darüber hinaus, dass die Ergebnisse empirischer Verteilungsanalysen in nicht unerheblichem Maße von der verwendeten Äquivalenzskala abhängen, auf deren Grundlage die einzelnen Mitglieder eines Haushalts gewichtet werden. Die größte Bedeutung hat in diesem Zusammenhang insbesondere bei internationalen Vergleichen die „modifizierte OECD-Skala", die wir schon im Abschn. 2.4.2.2 beschrieben haben.

2.8.1.1.1   Globale Ungleichheit

Auf globaler Ebene ist der Gini-Index, der seit dem Beginn der industriellen Revolution über Jahrzehnte hinweg bis 1990 zugenommen hatte (vgl. Bourguignon und Morrison 2002), um mehr als 8 Prozentpunkte gefallen, und zwar nach Berechnungen von Bourgignon (2015) von 0,7 auf 0,62. Wird die Entwicklung der Ungleichheit mit Hilfe des Theil-Index gemessen, fällt der Rückgang noch stärker aus. Was speziell die Verteilung der Lohneinkommen als wichtiger Bestimmungsfaktor für die allgemeine Einkommensungleichheit angeht, gelangen Hammar und Waldenström (2017) zu einem ähnlichen Ergebnis. So ergab ihre Analyse eines alternativen Datensatzes, dass der Gini-Index in Bezug auf die Bruttolöhne zwischen 1988 und 2018 von 0,673 auf 0,528 abgenommen hat. Die Verminderung der globalen Ungleichheit, die sich seit dem "Watershed Moment" (Bourguignon 2015, S. 28) zu Beginn des 21. Jahrhunderts beschleunigt hat, ist dabei vollständig auf die schrumpfende Einkommensungleichheit zwischen einzelnen Ländern zurückzuführen. Dabei dominierte der Einfluss, der vom wirtschaftlichen Aufschwung asiatischer Länder und hier vor allem des bevölkerungs-reichen Chinas ausgelöst wurde. Andere Länder vor allem in Afrika sind hingegen beim Wachstum des Sozialprodukts zurückgeblieben, was der Angleichung der Einkommen auf globaler Ebene entgegenwirkt. Auch ist darauf hinzuweisen, dass sich auf Grund-lage anderer Beurteilungskriterien ein weniger positives Bild im Hinblick auf die Ent-wicklung der globalen Ungleichheit ergibt. Dies gilt etwa dann, wenn – wie im World Inequality Report 2018 – der Einkommensanteil des am besten gestellten einen Prozents der Weltbevölkerung zu dem der 50 % Einkommensschwächsten in Relation gesetzt wird.

2.8.1.1.2 Einkommensungleichheit auf nationaler Ebene

Die Entwicklung der Einkommensungleichheit innerhalb der klassischen Industrieländer hat – mit nicht unwesentlichen Unterschieden im Detail zwischen den einzelnen Ländern – in den vergangenen 150 Jahren einen im Großen und Ganzen wellenförmigen Verlauf genommen: Die Ungleichheit war bis zum ersten Weltkrieg sehr hoch, fiel dann (vor allem in der Zeit vor dem 2. Weltkrieg) bis in die 1980er Jahre, um dann wieder anzu-steigen. In Deutschland (vgl. dazu insbesondere Peichl et al. 2018) ist der Gini-Index sowohl bei den Markteinkommen als auch beim verfügbaren Einkommen schon seit den 1970er Jahren trotz einiger Schwankungen relativ stark gestiegen: Während der Gini-Index der Markteinkommen im Jahre 1991 den Wert 0,4 hatte, wuchs er auf einen Wert von 0,48 im Jahr 2016. Dabei sticht die enorme Diskrepanz zwischen dem 9. und dem 1. Einkommensdezil ins Auge: Während das Realeinkommen für das 9. Dezil in diesem Zeitraum real um mehr als 20 % zugenommen haben, ist es für das 1. Dezil um ca. 5 % gefallen (vgl. SVR 2019, S. 319). Für den Anstieg des Gini-Koeffizienten beim Markein-kommen war insbesondere der Rückgang der Lohnquote verantwortlich, die in Deutsch-land – wie auch in den allermeisten anderen Industrieländern – von 76 % Anfang der 1980er Jahre fast kontinuierlich gesunken ist und im Jahre 2007 mit 63,6 % einen Tief-punkt erreicht hat. Seither ist die Lohnquote wieder gestiegen. Im Jahr 2019 hat sie nach Angaben von Destatis wieder einen Wert von 72 % erreicht.

Die Werte für den auf das verfügbare Einkommen bezogenen Gini-Koeffizienten belaufen sich stattdessen auf 0,27 im Jahr 1992 und 0,29 im Jahr 2017 und fallen somit wesentlich niedriger als beim Markteinkommen aus. Der große Abstand, der sich in Deutschland zwischen den auf das Brutto- und auf das Nettoeinkommen bezogenen Gini-Koeffizienten feststellen lässt, zeigt den überaus starken Umverteilungseffekt, der durch das deutsche Steuer- und Transfersystem bewirkt wird. Mit der zunehmenden Ein-kommensungleichheit ist in Deutschland auch die Ungleichheit im Konsum gewachsen, für die – wie Peichl et al. (2018) gezeigt haben – der Gini-Index bemerkenswerterweise über dem für die verfügbaren Einkommen liegt.

In den Vereinigten Staaten, Großbritannien, Frankreich und Japan als anderen wichtigen OECD-Ländern ist der Gini-Index der Markteinkommen zwar ähnlich hoch wie in Deutschland, bei den verfügbaren Einkommen variiert er hingegen sehr stark (vgl.

zu diesen Ländervergleichen z. B. Bourguignon 2018). In der Gruppe dieser Länder ist er in den Vereinigten Staaten mit einem Wert von 0,39 am höchsten, in Großbritannien und Japan liegt er im Bereich 0,34 und 0,36, während sich Deutschland und Frankreich mit einem Wert von knapp 0,3 in etwa auf dem gleichen Niveau bewegen. Im Durchschnitt aller OECD-Staaten ist der Gini-Index der verfügbaren Einkommen nach Angaben der OECD in den letzten Jahrzehnten gestiegen, und zwar von 0,29 im Jahr 1981 auf den Wert 0,315 im Jahr 2017.

Richtet man den Blick nicht auf den Gini-Koeffizienten, sondern beispielsweise auf den Quotienten zwischen den Anteilen am verfügbaren Gesamteinkommen, die jeweils auf die einkommensstärksten und einkommensschwächsten 20 % der Gesamtbevölkerung entfallen, so ist für Deutschland (wie etwa auch in Frankreich, Großbritannien und Japan) in den vergangenen 30 Jahren nur ein leichter Anstieg festzustellen (vgl. BMF 2019). Dieser Quotient lag in Deutschland während des gesamten Beobachtungszeitraums nahe bei 4 und somit niedriger als in den anderen betrachteten Ländern (außer Frankreich). Besonders hoch ist das 80:20-Quintilverhältnis in den Vereinigten Staaten, wo es zwischen 1994 und 2016 noch weiter von 7 auf 8 gestiegen ist.

Wie stark in den Vereinigten Staaten die Verschiebung der Einkommen zugunsten der Superreichen ist, zeigt auch deutlich die dem World Inequality Report 2018 entnommene Abb. 2.17, in deren oberen Hälfte die Entwicklung der Einkommensanteile einerseits des einkommensstärksten Prozents der Bevölkerung und andererseits der einkommensschwächsten Hälfte der US-Bürger abgebildet sind. Während sich der eine, die Spitze der Einkommenshierarchie betreffende Anteil verdoppelt hat, schrumpfte der andere Anteil fast auf die Hälfte. Im Jahre 2016 hatte das oberste Prozent der Einkommensbezieher in den Vereinigten Staaten etwa anderthalbmal so viel jährliches Einkommen zur Verfügung wie die untere Hälfte der Einkommensbezieher.

Obwohl in einigen Ländern (wie vor allem Großbritannien) der Einkommensanteil der Spitzenverdiener nicht unerheblich zugenommen hat, ergibt sich für den Durchschnitt der westeuropäischen Länder ein im Vergleich zu den Vereinigten Staaten wesentlich ausgeglicheneres Bild, wie die untere Hälfte von Abb. 2.17 zeigt. Im Falle der westeuropäischen Länder schneiden sich die beiden Kurven nicht. Vielmehr bleibt der Einkommensanteil der unteren Hälfte relativ konstant bei ca. 20 %, während sich der Anteil des obersten einen Prozents mäßig erhöht hat.

In manchen Entwicklungs- und Schwellenländer fiel der Anstieg der Einkommensungleichheit teilweise noch stärker aus als selbst in den Vereinigten Staaten. So stieg in China seit 1990 der Gini-Koeffizient um 15 Prozentpunkte auf einen Wert von mittlerweile fast 0,5. Noch stärker nahm die Ungleichheit in Russland und Indien zu. Insbesondere kam es dort zu einem kräftigen Anstieg des Einkommensanteils des höchsten Einkommensdezils. Die Entwicklung verläuft aber nicht in allen Schwellenländern nach diesem Muster. So ist, wenn auch auf einem hohen Niveau, in Brasilien die Einkommensungleichheit nicht nur relativ stabil, sondern sie war seit Ende der 1980er Jahren sogar tendenziell rückläufig. Mit einem von der Weltbank ermittelten Wert von 0,53 ist der Gini-Index in Brasilien aber immer noch um einiges höher als in den

top 1% vs. bottom 50% national income shares in the US and Western europe, 1980–2016

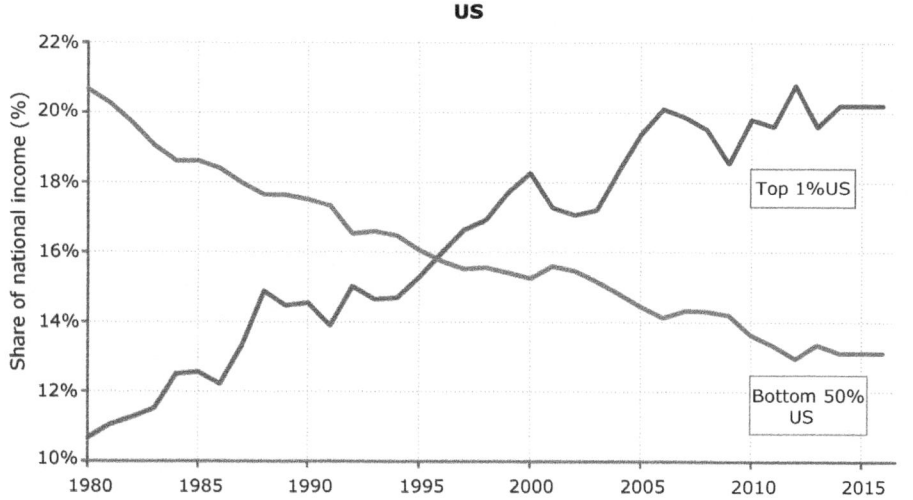

Source: WID.world (2017). See wir2018.wid.world for data series and notes.

In 2016, 12% of national income was receivedby the top 1% in Western Europe, compared to 20% in the United States. In 1980, 10% of national income was received by the top 1% in Western Europe, compared to 11% in the United States.

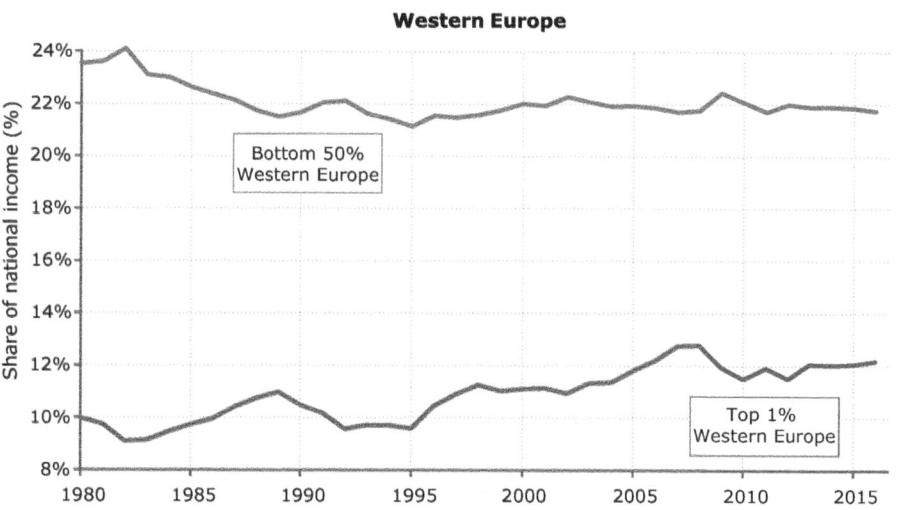

Source: WID.world (2017). See wir2018.wid.world for data series and notes.

In 2016, 22% of national income was received by the Bottom 50% in Western Europe.

Abb. 2.17   World Inequality Report

klassischen Industrie- und vielen anderen Schwellenländern. Weltweite Spitzenreiter bei der Einkommensungleichheit sind im Übrigen die Länder im südlichen Afrika, allen voran Südafrika mit einem Gini-Index von 0,63.

2.8.1.1.3 Das Zusammenspiel globaler und nationaler Entwicklungen

Die entgegengesetzten Trends der Abnahme der Einkommensungleichheit zwischen den einzelnen Ländern auf der einen und der Zunahme der Einkommensungleichheit innerhalb vieler Länder auf der anderen Seite spiegeln sich in der von Lakner und Milanovic (2016) entwickelten und in Abb. 2.18 dargestellten „Elefantenkurve" wider, in der die auf die verschiedenen Perzentile der Weltbevölkerung entfallenden Einkommenszuwächse im Zeitraum von 1998 bis 2008 dargestellt sind.

Der Einkommenszuwachs fällt am stärksten in einem breiten mittleren Bereich, dem Elefantenrücken aus. Dies zeigt den wirtschaftlichen Aufstieg großer Bevölkerungsanteile und das Entstehen einer Mittelklasse in den Schwellenländern an, bei welcher der relative Einkommenszuwachs bei bis zu 80 % lag. Die Kurve fällt dann bis zum 80. Perzentil entlang des Elefantenkopfs ab. Dies bringt die Stagnation der Realeinkommen bei der unteren Mittelklasse in den Industrieländern und die relative Verschlechterung ihrer Einkommensposition zum Ausdruck. Der erneute Anstieg am rechten Ende der Kurve, dem Elefantenrüssel, schließlich spiegelt die relative Besserstellung der einkommensstärkeren Individuen in den entwickelten Ländern (und insbesondere den starken Anstieg der Spitzeneinkommen) und damit die insgesamt steigende Ungleichheit in diesen Ländern wider.

Die Elefantenkurve in ihrer ursprünglichen Form lässt sich in methodischer Hinsicht aus verschiedenen Gründen kritisieren, so insbesondere deswegen, weil sie der unterschiedlichen demografischen Entwicklung in den einzelnen Weltregionen nicht

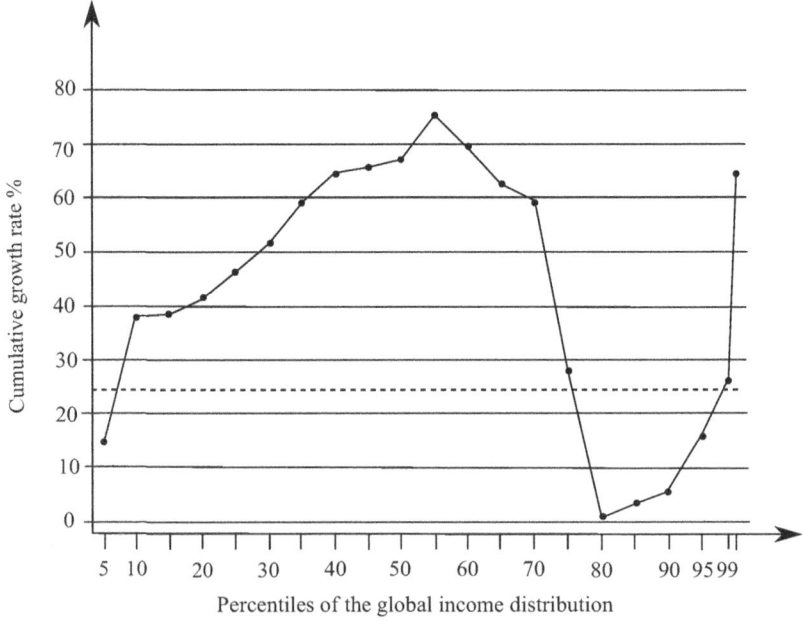

Abb. 2.18   „Elefantenkurve"

ausreichend Rechnung trägt (vgl. z. B. Corlett 2016). Dennoch ist positiv zu vermerken, dass sie eine höchst eingängige Beschreibung der Trends liefert, welche die Entwicklung der Verteilungssituation auf globaler Ebene bestimmen.

Folgerung 2-22

Die Ungleichheit sowohl der Markteinkommen als auch der verfügbaren Einkommen ist in nahezu allen Staaten seit den 1980er Jahren wenn auch mit unterschiedlichen Verlaufsmustern gewachsen. Diese Entwicklung war in den Vereinigten Staaten (wie auch manchen Schwellenländern) besonders ausgeprägt. Die Ungleichheit der Markteinkommen kann durch Besteuerung und Transfers erheblich reduziert werden, wie sich insbesondere am Beispiel Deutschlands zeigt. ◄

2.8.1.2 Vermögensungleichheit

Die Messung und der Vergleich der Ungleichheit ist beim Vermögen noch mit wesentlich mehr Problemen behaftet als beim Einkommen, was sich in den nicht unerheblich divergierenden Ergebnissen einzelner Studien niederschlägt. Auf konzeptioneller Ebene steht – wie wir schon zuvor bemerkt haben – a priori nicht eindeutig fest, was überhaupt zum Vermögen eines Individuums zu zählen ist. Unklar ist insbesondere, wie Renten- und Pensionsansprüche, selbstgenutzte Kraftfahrzeuge sowie die Teilhabe am in Staatsbesitz befindlichen Vermögen (dem im *World Inequality Report* 2018 besondere Aufmerksamkeit geschenkt wird) zu berücksichtigen sind. Auf erhebungstechnischer Ebene entstehen Schwierigkeiten dadurch, dass sich manche Vermögensgegenstände (wie hochwertige Sammlerstücke), wenn überhaupt, nur mit hohem Aufwand bewerten lassen und bei manchen anderen (wie Aktien) der Wert oftmals rasch und stark schwankt. Das Vermögen ist zudem stärker als das Einkommen bei sehr wenigen superreichen Individuen konzentriert, die bei Haushaltsbefragungen ohnehin unterrepräsentiert sind und bei denen nicht immer davon ausgegangen werden kann, dass sie den Wert ihres Besitzes wahrheitsgemäß deklarieren – oder ihn überhaupt genau kennen. Bei Abwesenheit einer umfassenden Vermögensteuer liefern auch die Steuerstatistiken keine verlässlichen Auskünfte über die individuelle Vermögenslage reicher Individuen. Am unteren Ende der sozialen Hierarchie sind viele Individuen verschuldet und weisen deshalb negative Vermögenswerte auf, was die Anwendbarkeit des Gini-Koeffizienten einschränkt (vgl. etwa Cowell 2013). Sofern der Gini-Koeffizient aber berechnet wird, weist er durchgehend Werte von weit über 0,5 auf – und ist somit wesentlich höher als der Gini-Koeffizient für die Einkommensverteilung. Speziell in Deutschland liegt der Gini-Koeffizient der Vermögensverteilung nach Berechnungen des DIW konstant über 0,75 (vgl. Grabka und Halbmeier 2019). Dabei wurden allerdings die Ansprüche aus der Gesetzlichen Rentenversicherung und die Pensionsansprüche ausgeblendet, während die aus privaten Lebens- und Rentenversicherungen (inklusive denen aus Riester-Verträgen) erfasst wurden.

Um das Ausmaß der Vermögensungleichheit zu quantifizieren, benutzt man zusätzlich Dezil- oder Perzentilquoten, die ein grelles Licht auf die Vermögenskonzentration an der Spitze werfen.

Gemäß DIW (2019) beträgt – bezogen auf das Jahr 2017 – der Anteil, den die 10 % reichsten Deutschen am Gesamtvermögen haben, 56 %. Doch auch in dieser Spitzengruppe ist das Vermögen höchst ungleich verteilt, weil mehr als ein Drittel dieser 56 % auf das allerreichste ein Prozent der deutschen Bevölkerung entfallen. Dieses oberste Perzentil besitzt somit genauso viel Vermögen wie die 75 % der ärmeren Individuen in Deutschland. Eine neue Stichprobe des am DIW angesiedelten SOEP kam sogar zu dem Ergebnis, dass das reichste Prozent der Bevölkerung 35 % des Nettovermögens besitzt. Ein negatives Vermögen wird in der DIW-Studie für das unterste Dezil konstatiert.

Nach dem World Inequality Report 2018 ergeben sich für Frankreich und Großbritannien am oberen Rand der Vermögensverteilung relativ ähnliche Anteilsquoten wie in Deutschland – so für das oberste Dezil/Perzentil 55/23,4 % in Frankreich und 52/20 % in England. In den Vereinigten Staaten sowie mittlerweile in China sind die entsprechenden Werte noch wesentlich höher. Für das oberste Dezil beträgt in den USA (China) der Vermögensanteil 73 (67,4) Prozent und für das oberste Perzentil 38,6 (29,6) Prozent.

Über einen längeren Zeitraum hinweg betrachtet folgt die Entwicklung der Ungleichheit von Einkommen und Vermögen in den meisten klassischen Industrieländern einem ähnlichen Muster: Die Vermögensungleichheit ist bis zum 1. Weltkrieg angestiegen, so dass beispielsweise in Großbritannien das oberste Dezil (Perzentil) Vermögensanteile von bis zu 80 (60) Prozent erreichte. Nach Ende des 1. Weltkriegs sanken diese Werte bis in die 1970er/1980er Jahre – in Westeuropa um 30 Prozentpunkte und in den Vereinigten Staaten um immerhin 15 Prozentpunkte. Im letzten Viertel des 20. Jahrhunderts setzte dann in den meisten dieser Länder ein entgegengesetzter Trend ein, d. h. ein erneuter Anstieg der Vermögensungleichheit (vgl. z. B. Piketty 2016, Kapitel 10 zu Details dieser Entwicklung). In manchen Schwellen- und Entwicklungsländern ist eine noch viel größere Vermögensungleichheit zu konstatieren.

Folgerung 2-23

Die Vermögensungleichheit übersteigt – gemessen am Gini-Index – die Einkommensungleichheit und ist weltweit seit den 1980er Jahren ebenfalls gewachsen. Der Vermögensbesitz der allerreichsten Individuen ist dabei vor allem in den USA und China sehr hoch und gerade in diesen Ländern auch besonders stark gestiegen. ◄

2.8.1.3 Armut

Im Zusammenhang mit ökonomischer Ungleichheit ist aus entwicklungsökonomischer Perspektive die Entwicklung der Armut von vorrangigem Interesse. Dabei steht die absolute Armut, d. h. die Fähigkeit zur Deckung des existenziellen Grundbedarfs, im Vordergrund. Deren Ausmaß wird insbesondere durch den relativen Headcount Index, d. h. den Prozentsatz der Bevölkerung mit einem unter der Armutsschwelle liegenden Einkommen, gemessen. Gemäß der offiziellen Definition der Weltbank wird diese absolute Armutsschwelle mittlerweile bei 1,90 US $ pro Individuum und Tag angesetzt (mit 2005 als Referenzjahr). Im Hinblick auf dieses Kriterium hat sich die Quote der Armen weltweit in den vergangenen Jahrzehnten stark vermindert, und zwar von 44 % im Jahre 1981 über 36 % in 1990 auf 10 % im Jahr 2015. Angesichts des anhaltenden Bevölkerungswachstums in manchen Regionen der Welt fällt dieser positive Trend etwas schwächer aus, wenn man anstelle von Anteilen die absolute Zahl der von Armut betroffenen Individuen betrachtet, die sich in den letzten drei Jahrzehnten aber immerhin von 1,85 Mrd. auf ca. 740 Mio. reduziert hat. Die einzelnen Regionen der Welt tragen in höchst unterschiedlichem Maße zu dieser positiven Entwicklung bei: Während in China und anderen asiatischen Staaten die absolute Armut nahezu verschwunden ist, verharrt sie im südlichen Afrika auf sehr hohem Niveau und erreicht (wie beispielsweise im Kongo) Extremwerte von über 70 %. In dieser Region, in der zurzeit schon mehr als die Hälfte der weltweit Armen lebt, ist die Zahl der Armen sogar noch weiter im Steigen begriffen. Insgesamt ist aber festzustellen, dass ein erheblicher Teil der Weltbevölkerung den Weg aus absoluter Armut und Elend gefunden hat, was der Nobelpreisträger Angus Deaton sehr treffend als den „großen Ausbruch" („The Big Escape") charakterisiert hat (vgl. Deaton 2017).

In den entwickelten Ländern spielt die absolute Armut naturgemäß nur eine äußerst geringe Rolle. Bei der Betrachtung der Armutssituation steht in diesen Ländern vielmehr die relative Armut im Fokus, bei der – wie schon im Abschn. 2.7.1 beschrieben – die Armutsschwelle in Relation zum Medianeinkommen der jeweiligen Volkswirtschaft festgelegt wird. Am häufigsten wird, wie von den Statistikbehörden in den Ländern der EU, für die Messung dieser Armut eine *Armutsgefährdungsquote* von 60 % des Medianeinkommens zugrunde gelegt. Nachdem diese Quote seit Mitte der 1990er Jahre um ca. 3 Prozentpunkte auf 14,7 % im Jahr 2005 angestiegen war, ist sie nach Angaben des Statistischen Bundesamts in Deutschland seither noch einmal leicht auf 15,5 % im Jahr 2018 angestiegen. Bemerkenswerterweise ist diese Entwicklung allein auf einen Zuwachs in den westlichen Bundesländern zurückzuführen ist, während die Armutsgefährdungsquote in den östlichen Bundesländern in den letzten Jahren hingegen abgenommen hat. Zwischen den verschiedenen Regionen und Altersgruppen bestehen erhebliche Unterschiede. So ist die Armutsgefährdungsquote in den wirtschaftlich starken süddeutschen Bundesländern niedriger als etwa in Nordrhein-Westfalen, und bei Kindern ist sie (mit über 20 %) wie auch bei Alleinerziehenden höher als bei den Senioren (mit 14 %). Zu den von Armutsgefährdung besonders betroffenen Personenkreisen zählen auch Arbeitslose, Migranten und – wenig überraschend – Personen mit niedrigem Bildungsabschluss. In der gesamten EU ist die durchschnittliche Armutsgefährdungsquote mit 16,9 % höher als in Deutschland. Interessanterweise bestehen hierbei gerade auch zwischen ehemals kommunistischen Ländern erhebliche Unterschiede: So liegt die Quote in Rumänien bei über 23, in Tschechien hingegen knapp unter 10 %.

Folgerung 2-24

In globalem Maßstab ist die absolute Armut in den vergangenen Jahrzehnten stark zurückgegangen, was insbesondere auf die Entwicklung in China zurückzuführen ist. In Deutschland wie in anderen entwickelten Ländern ist in diesem Zeitraum ein tendenzieller Anstieg der relativen Armut festzustellen. ◄

2.8.2   Erklärungsansätze

Es besteht ein breiter Konsens darüber, dass die im vorherigen Unterabschnitt beschriebenen Trends in erheblichem Maße auf die stärkere Integration der Weltwirtschaft, d. h. auf die immense Zunahme der Waren- und Kapitalströme seit dem letzten Viertel des 20. Jahrhunderts, zurückzuführen sind. Dieser Globalisierungsprozess hatte viele Ursachen wie vor allem die wirtschaftliche Liberalisierung in China nach dem Tod von Mao Tsetung 1976, den Zusammenbruch des realexistierenden Sozialismus in Europa 1989 oder aber auch den Abbau von Handelsschranken in der EU oder durch das NAFTA Abkommen zwischen den USA, Mexiko und Kanada 1994. Die Auswirkungen auf die Arbeitsmärkte in den traditionellen Industrieländern waren erheblich, weil die Arbeitnehmer in diesen Ländern der Konkurrenz mit billigen Arbeitskräften in den weniger entwickelten Volkswirtschaften ausgesetzt wurden und dadurch Verhandlungsmacht im Lohnfindungsprozess einbüßten. Der auf diese Weise ausgelöste Lohndruck betraf am meisten die wenig qualifizierten Arbeitnehmer in den entwickelten Ländern, die so zu Verlierern der Globalisierung wurden. Durch die Verlagerung weiter Teile der industriellen Produktion gingen insbesondere ursprünglich gut bezahlte industrielle Arbeitsplätze verloren – und zwar oftmals geräuschlos ohne Entlassungen, indem frei-werdende Stellen nicht wiederbesetzt wurden. Junge Leute konnten deshalb in vielen Ländern – wenn überhaupt – oftmals nur Jobs im schlechter bezahlten Dienstleistungssektor finden, in denen die Gewerkschaftsmacht traditionell eher niedrig ist.

Der im Zuge der Globalisierung zunehmende Wettbewerb auf den Gütermärkten und der dadurch verursachte Kostendruck verstärkte zudem die Anreize für Firmen zur Substitution des Produktionsfaktors Arbeit durch Kapital, d. h. insbesondere durch Automatisierung von Produktionsprozessen (vgl. Acemoglu und Restrepo 2020), sowie durch Auslagerung von Teilen ihrer Beschäftigung in Niedriglohnbranchen wie das Gebäudereinigungs- oder Sicherheitsgewerbe. Die Deregulierung und Flexibilisierung von Arbeitsmärkten – wie etwa in Deutschland die Liberalisierung der Arbeitnehmer-überlassung („Leiharbeit") im Jahr 2003 – hat diesen Trend gefördert, gleichzeitig aber – genauso wie die Verminderung der Arbeitslosenunterstützung im Rahmen von Hartz IV – zur Vermeidung von Arbeitslosigkeit beigetragen. Parallel zum Globalisierungsprozess verbesserte sich in Folge des qualifikationsspezifischen technologischen Wandels (des *Skilled-Biased Technological Change*) und dabei insbesondere der stark gestiegenen Bedeutung von Informationstechnologien die Verhandlungsposition gut ausgebildeter

Fachkräfte, deren Entlohnung deshalb relativ zu der niedriger qualifizierten Arbeitnehmer zugenommen hat (vgl. z. B. Card und DiNardo 2002). In diesem Zusammenhang ist insbesondere auch der Einfluss gestiegen, den – im Sinne einer *Education Wage Premium* – die von einem Individuum erreichten Ausbildungsabschlüsse auf dessen spätere Entlohnung haben.

Insgesamt gesehen haben in den entwickelten Ländern also zwei sich überlappende Effekte zu einer Zunahme der Ungleichheit beigetragen. Zum einen die – im Gegensatz zu „Bowley's Gesetz" stehende – Verschiebung der Primärverteilung zugunsten des Produktionsfaktors Kapital und zum anderen innerhalb der Gruppe der Arbeitnehmer die stärkere Spreizung der Lohneinkommen. Für die europäischen Staaten wird dabei ein Überwiegen des zweiten Effekts konstatiert, während in den USA die ungleiche Verteilung der Kapitaleinkommen an Bedeutung gewonnen hat (vgl. Hoffmann et al. 2020). Dazu kommt, dass im Gegensatz zu früher hohe Kapitaleinkünfte vermehrt mit hohen Arbeitseinkünften einhergehen (vgl. Milanovic 2020, Kap. 2).

In den Schwellenländern, allen voran China, hat die durch das exportgetriebene Wachstum bewirkte Schaffung von Arbeitsplätzen vielen Individuen erlaubt, aus der Armut zu entfliehen – was die Abnahme der Ungleichheit auf globaler Ebene erklärt. Gleichzeitig ist die Ungleichheit auch innerhalb der Schwellenländer gestiegen. Dies steht ganz im Einklang mit der Kuznets-Kurven-Hypothese, die besagt, dass in der ersten Phase eines wirtschaftlichen Entwicklungsprozesses die Ungleichheit der Einkommensverteilung erst einmal steigt, um erst in einer späteren Phase abzunehmen (vgl. Kuznets 1955).

Neben diesen grundlegenden, von der Globalisierung der Produktionsprozesse getriebenen Mechanismen gibt es aber noch eine Reihe anderer Faktoren, die zu einer Zunahme der Ungleichheit in den entwickelten Ländern beigetragen haben (vgl. Stiglitz 2012, Atkinson 2018 und Bourguignon 2015 für eine ausführlichere Diskussion). Einige davon wollen wir im Folgenden kurz nennen.

- Viele der global agierenden Firmen wie Amazon, Microsoft, Facebook oder Google bzw. Alphabet befinden sich in der Position von Quasi-Monopolisten, weil auf ihren Tätigkeitsfeldern der Markteintritt neuer Wettbewerber aus verschiedenen Gründen erheblich erschwert bis faktisch unmöglich ist. Deren Start-Up-Kosten sind hoch, während die etablierten Anbieter von enormen Skalenvorteilen profitieren. Dazu kommt, dass in einigen dieser Bereiche der übliche Preiswettbewerb ausgeschaltet ist, weil die Nutzer für die wahrgenommenen Dienstleistungen nicht direkt mit Geld, sondern stattdessen mit der Preisgabe persönlicher Daten (und indirekt durch die Finanzierung von Werbung) bezahlen. In manchen Fällen (wie vor allem bei Facebook) vermindern auch Netzwerkexternalitäten („Mein individueller Nutzen steigt mit der Zahl andere Nutzer") und Verhaltensträgheiten der Nutzer den Anreiz zum Anbieterwechsel. Die Regulierung und Besteuerung dieser Technologie-Konzerne ist aufgrund ihres globalen Aktionsradius zudem überaus schwierig, was die Erzielung überaus hoher (Monopol)Renteneinkommen weiter begünstigt.

Nicht umsonst zählen mit Stand 2020 Jeff Bezos (Amazon, mit einem Vermögen von 104 Mrd. US $), Bill Gates (Microsoft, 99,2 Mrd. US $) und Mark Zuckerberg (Facebook, 57,4 Mrd. US $) zu den zehn reichsten Menschen der Welt.

- Die Deregulierung der Kapitalmärkte in den 1990er Jahren machte es für Banken und andere Finanzdienstleister wie Hedge-Fonds möglich, innovative und gleichzeitig wenig transparente Finanzprodukte zu entwickeln. Dadurch erhöhten sich ihre Gewinne kurzfristig sehr stark, was extrem hohe Bonus-Zahlungen an die Spitzenmanager dieser Unternehmen ermöglichte. So beliefen sich die Bonus-Zahlungen der fünf größten amerikanischen Banken in 2007, d. h. dem Jahr vor der Finanzkrise, auf stolze 37 Mrd. US $. In diesem Zusammenhang wird von Kritikern der Finanzbranche wie Stiglitz (2012) die Ansicht vertreten, dass Lobby-Aktivitäten und andere Rent-Seeking-Strategien wie die gezielte Vereinnahmung von Regulierungs- und Überwachungsbehörden *(Regulatory Capture)* es der Finanzindustrie erlaubt hätten, sich einer wirksamen staatlichen Kontrolle zu entziehen.

- Die Privatisierung von zuvor durch die öffentliche Hand angebotenen Dienstleistungen und die Liberalisierung der entsprechenden Märkte (wie vor allem bei Bahn, Post und Telekommunikation) führte zu einem Verlust gut bezahlter Stellen. Dieser die Ungleichheit fördernde Effekt wurde bei den Reformen teilweise bewusst in Kauf genommen, um die Effizienz der Leistungserbringung erhöhen und die Nutzerpreise sowie die staatlichen Subventionen deckeln zu können.

- In den letzten Jahrzehnten konnten die Spitzenverdiener im Kunstbereich, der Unterhaltungsindustrie und dem Sport ihre Einkommen dramatisch erhöhen. So beträgt das jährliche Gehalt eines Fußballprofis in der deutschen Fußballbundesliga mittlerweile bis zu 15 Mio. €. Diese Entwicklung ist neben dem gestiegenen Publikumsinteresse und der damit korrespondierenden höheren Zahlungsbereitschaft (z. B. 150 € für ein Violinkonzert mit Anne Sophie Mutter) auf Fortschritte in der Kommunikationstechnologie zurückzuführen, die den Darbietungen herausragender Talente eine wesentlich größere Reichweite verschafft und damit deren Einkommen in die Höhe treibt. Damit geht einher, dass der Nutzen der Konsumenten und damit ihre Zahlungsbereitschaft mit der Qualität eines Künstlers oder Sportvereins überproportional ansteigt, was bedeutet, dass „hearing a succession of mediocre singers does not add up to a single outstanding performance" (Rosen 1981, S. 846). Ihre knappe Zeit und Aufnahmekapazität möchten die Konsumenten nicht für zweitrangige Angebote vergeuden. Schon deshalb wenden sie sich bevorzugt den Spitzentalenten zu, deren Einkommen dadurch – im Sinne eines „The Winner Takes it All" (Frank und Cook 1995) – in besonderem Maße steigen. Die Medien und die Werbeindustrie profitieren von diesem Trend, so dass sie ihn nach Kräften fördern und verstärken.

- Ähnliche Mechanismen lassen sich bei Großunternehmen beobachten, deren Vorstände ihre Einkünfte auch enorm erhöht haben und teilweise gleichfalls zu Superstars mit hoher Medienpräsenz geworden sind. So hat sich das durchschnittliche Einkommen des Vorstands eines DAX-Unternehmens in Deutschland in den vergangenen

30 Jahren (bis auf einen Maximalwert von über 20 Mio. € pro Jahr) in etwa verzehnfacht, wobei die Zunahme der variablen Entgeltbestandteile den größten Einfluss hatte. In einem insgesamt kompetitiveren Umfeld und einem zumindest zeitweise gegenüber hohen Einkommen weniger ablehnenden sozialen Klima waren die Anteilseigner bereit, diese hohen Steigerungsraten zu gewähren. In vielen Fällen stellten die hohen Entgelte eine Belohnung für gestiegene Firmengewinne und Aktienkurse dar. Jedoch stiegen die Einkommen mancher Top-Manager auch bei negativen Erfolgsbilanzen, was die Diskussion um die Gerechtigkeit der Einkommensverteilung anheizte.

- Zur Erhöhung der Ungleichheit und des Armutsrisikos tragen zudem Faktoren bei, die im Zusammenhang mit Veränderungen in der demografischen Struktur und im individuellen Verhalten stehen. So ist in Deutschland die Zahl von Ein-Personen-Haushalten, die wegen fehlender Haushaltseinsparungen eher unter die Armutsrisikoschwelle fallen, stark gestiegen (und zwar nach Angaben von Destatis von 1991 bis 2018 um 46 % auf 17,3 Mio.). In diese Kategorie fallen nicht nur Rentner, sondern zunehmend auch jüngere Personen wie insbesondere Studierende, deren Zahl sich in Deutschland im vergangenen Jahrzehnt um mehr als eine Dreiviertelmillion erhöht hat.

- Die Ungleichheit der personalen Einkommensverteilung in den entwickelten Ländern wird auch durch ein verändertes Heiratsverhalten erhöht. In früheren Zeiten war es üblich, dass Männer mit hohem Einkommen Frauen mit geringeren beruflichen Qualifikationen geheiratet haben, die nach der Eheschließung ihre Berufstätigkeit aufgegeben haben und sich stattdessen im Sinne der klassischen Hausfrauenehe um Kinder und Küche kümmerten. Im Zuge des steigenden Bildungsniveaus von Frauen ist es mittlerweile zum Regelfall geworden, dass Personen gleichen Bildungsniveaus und gleicher Einkommensmöglichkeiten eine Partnerschaft eingehen und berufstätig bleiben. Diese „Wahl eines gleichartigen Partners" (Assortative Mating) ist von nicht unerheblicher Bedeutung für die Entwicklung der Ungleichheit, wie etwa eine Studie (OECD 2011) zeigt. Dieser Studie zufolge lassen sich immerhin 11 % der Zunahme der Ungleichheit in den OECD-Staaten zwischen den 1980er und den 2000er Jahren auf diesen Einflussfaktor zurückführen.

Unsere Erörterung der Ursachen für eine höhere Ungleichheit der Einkommen bezog sich bisher auf das Markteinkommen und damit auf die primäre Einkommensverteilung. Die Sekundärverteilung, d. h. die Verteilung der verfügbaren Einkommen, wird aber in entscheidendem Maße vom Steuersystem und den Sozialausgaben bestimmt. Im Hinblick auf diesen Einflussfaktor ist festzustellen, dass – motiviert durch den Wunsch nach Verbesserung der Leistungsanreize und unter dem Druck des internationalen Steuerwettbewerbs – seit den 1980er Jahren in den meisten Staaten umfangreiche Steuerreformen auf den Weg gebracht wurden, die eine Senkung der persönlichen Einkommensteuer im oberen Einkommensbereich beinhalteten. Der Umverteilungseffekt des Steuersystems wurde auf diese Weise abgeschwächt. Die Stoßrichtung dieser Reformen zeigt sich deutlich an der Entwicklung des Spitzengrenzsteuersatzes der Einkommensteuer in einzelnen Ländern. So lag der Spitzengrenzsteuersatz der Einkommensteuer in Deutschland bis zur Jahrtausendwende durchgehend über 50 % – und betrug von 1975–1989 sogar 56 %. Seinen Minimalwert erreichte er dann mit 42 % in den Jahren 2005/2006: Dazu kam allerdings noch der Solidaritätszuschlag in Höhe von 5,5 % der Einkommens- und Körperschaftsteuerschuld, was zu einem effektiven Spitzengrenzsteuersatz von $(1+0.055) \times 42 \% = 44{,}31 \%$ führte. Für sehr hohe Einkommen (über ca. 275.000 € in 2021 bei Einzelveranlagung) gibt es seit 2007 zusätzlich eine „Reichensteuer", durch die sich der Grenzsteuersatz jenseits dieser Einkommensschwelle auf 45 % erhöht. Mit dem Solidaritätszuschlag, der ab einem Jahreseinkommen von ca. 100.000 € Jahreseinkommen auch in Zukunft in der vollen Höhe von 5,5 % erhoben wird, werden daraus 47,475 %. In den USA ging bei der auf Bundesebene erhobenen Einkommensteuer („Federal Income Tax") der Spitzengrenzsteuersatz seit den 1960er Jahren von 91 % auf mittlerweile 37 % zurück. Ende der 1980er Jahre sank er zwischenzeitlich sogar auf nur 28 %. Eine ähnliche Entwicklung lässt sich auch in Großbritannien beobachten: Während dort in den 1970er Jahren der Spitzengrenzsteuersatz für einzelne Einkommensarten sogar an die 100 % heranreichte, hat er seit der Thatcher-Ära der 1980er Jahre kräftig abgenommen. Mittlerweile beläuft er sich in Schottland auf 46 % und in den anderen Landesteilen auf 45 %.

Zu einer Abschwächung des von der Einkommensbesteuerung bewirkten Umverteilungseffekts kam es darüber hinaus auch dadurch, dass – als Reaktion auf die zunehmende internationale Mobilität des Kapitals und die damit einhergehende Intensivierung des internationalen Steuerwettbewerbs – einige Länder eine Abkehr von der *synthetischen Einkommensteuer* klassischen Typs vollzogen haben, bei der unabhängig von ihrer Quelle alle Bestandteile des Einkommens eines Individuums prinzipiell dem gleichen Steuertarif unterworfen werden. Mit den skandinavischen Staaten als Vorreiter sind diese Länder stattdessen zu einer *dualen Einkommensteuer* übergegangen, bei der zumindest ein Teil der Kapitaleinkünfte aus der Bemessungsgrundlage der progressiven Einkommensteuer herausgelöst und von einem separaten linearen Steuertarif (mit einem im Vergleich zum Spitzensteuersatz der traditionellen Einkommensteuer wesentlich niedrigeren Grenzsteuersatz) erfasst werden. Mittlerweile kommt das System der dualen Einkommensbesteuerung auch in Deutschland zur Anwendung. Bei der dazu im Jahre 2009 eingeführten Abgeltungsteuer auf Kapitalerträge beträgt der Steuersatz (ohne Solidaritätszuschlag) 25 %.

Um die internationale Wettbewerbsfähigkeit heimischer Firmen zu sichern und Standortverlagerungen zu vermeiden, kam es in vielen Ländern auch zu einer Verminderung der Unternehmenssteuern. So wurden auch in Deutschland die Sätze der Körperschaftsteuer schrittweise gesenkt – zuletzt 2008 von 25 auf 15 % (allerdings bei gleichzeitiger Abschaffung des *Halbeinkünfteverfahrens*, d. h. der partiellen Anrechenbarkeit der auf ausgeschüttete Gewinne gezahlten Körperschaftsteuer auf die persönliche Einkommensteuer). Verbrauchsteuern wurden im Lauf der letzten Jahrzehnte hingegen erhöht. So stieg in Deutschland der Standardsatz der Umsatzsteuer in mehreren Schritten von 10 % bei Einführung des Mehrwertsteuersystems im Jahre 1968 auf aktuell 19 %. Spezielle Verbrauchsteuern (auf Tabakprodukte und Energiegüter) wurden gleichfalls mehrfach erhöht. Die Belastungswirkung durch das Steuersystem wurde dadurch regressiver und sein Umverteilungseffekt abgeschwächt. Die Änderung der Besteuerungsregeln ist aber nur die Seite der Medaille: Ungleichheitsverschärfend wirkte darüber hinaus eine insgesamt aggressivere und missbräuchliche Steuergestaltung vor allem großer multinationaler Firmen, die mit Verlagerung des Firmensitzes in Niedrigsteuerländer und der Verfolgung von *BEPS-Strategien* einhergeht. Die Abkürzung BEPS steht dabei zum einen für Kürzungen des steuerpflichtigen Gewinns zum Zwecke der Steuerersparnis (*Base Erosion*) und zum anderen für Gewinnverlagerungen in Staaten mit für die Firmen vorteilhafteren steuerlichen Regelungen *(Profit Shifting)*.

Folgerung 2-25

Die Abnahme der globalen Ungleichheit und die gleichzeitige Zunahme der Ungleichheit in den traditionellen Industrieländern sind in erheblichem Maße auf den Prozess der Globalisierung und die dadurch ausgelösten Veränderungen auf den Arbeitsmärkten zurückzuführen. Für die Entwicklung der Ungleichheit auf nationaler Ebene waren weitere Faktoren verantwortlich – wie der für die höher qualifizierten Individuen vorteilhafte technische Fortschritt, das Aufkommen global agierender Informationstechnologiebranchen, Deregulierungs- und Liberalisierungsmaßnahmen in vielen Staaten sowie Steuerreformen zum Vorteil der Reichen. ◄

Die Zunahme der Ungleichheit in den entwickelten Volkswirtschaften wird teilweise auch als Folge fundamentaler Faktoren gedeutet, die in kapitalistischen Ökonomien die funktionelle Einkommensverteilung, d. h. die Verteilung des Sozialprodukts auf die Produktionsfaktoren Arbeit und Kapital bestimmen. In diesem Sinne hat Piketty (2016) einen dynamischen Prozess beschrieben, der zu einem kontinuierlichen Anstieg der Profitquote und damit im Zeitablauf auch zu einer ungleicheren personellen Einkommensverteilung führt. Aufgrund dieser Entwicklungstendenzen befürchtet Piketty die Rückkehr des „patrimonialen Kapitalismus", der bis zum 1. Weltkrieg bestanden hat und dessen charakteristisches Merkmal die Präsenz einer erheblichen Zahl ökonomisch passiver Rentiers ist.

Der von Piketty wahrgenommene Prozess hin zu mehr Ungleichheit beruht im Wesentlichen auf der Annahme, dass – wie auch aus wachstumstheoretischer Perspektive zu erwarten – die Kapitalrendite r dauerhaft über der Wachstumsrate g des Sozialprodukts liegt, d. h. dass $r > g$ gilt. Diese Ungleichung stand auch im Zentrum der lebhaften Debatte, die sich um Pikettys Buch entsponnen hat. Zur Beschreibung der sich daraus ergebenden Verteilungseffekte machen wir uns zunächst klar, wie sich der Quotient $\beta(t)$ von Kapital $k(t)$ und Sozialprodukt $y(t)$ im Zeitablauf entwickelt. Bezeichnet s die gesamtwirtschaftliche Sparquote, erhält man aus $y(t) = y(0) \cdot e^{gt}$ für den Kapitalbestand in der Periode t den Wert $k(t) = k(0) + \int_0^t sy(\tau)d\tau = k(0) + sy(0) \int_0^t e^{g\tau}d\tau$. Offensichtlich konvergiert $\beta(t) = \frac{k(t)}{y(t)}$ gegen $\beta = s/g$, wenn der Zeitparameter gegen Unendlich geht. Der Anteil des Kapitaleinkommens am Sozialprodukt beträgt in der langen Frist dann $\alpha = r\beta = s \cdot r/g$, woraus sich unmittelbar die

Bedeutung des Verhältnisses von r und g für die funktionale Einkommensverteilung ablesen lässt: Ein hoher Zinssatz r und eine niedrige Wachstumsrate g – und somit eben die Relation $r>g$ – wirken sich positiv auf die Verteilungsposition der Kapitalbesitzer aus und fördern damit die Ungleichheit von Einkommen und Vermögen. Jedoch ist auch in der einfachen Modellwelt von Piketty (2016) die Bedingung $r>g$ weder notwendig noch hinreichend für einen hohen Anteil des Kapitaleinkommens am Sozialprodukt. Vielmehr spielt hierfür auch die Höhe der Sparquote s eine entscheidende Rolle: Bei einem hohen s kann dieser Effekt nämlich auch bei $r<g$ eintreten, während bei einem kleinen s der Anteil der Kapitaleinkommen auch bei $r>g$ auf einem niedrigen Niveau bleiben kann. Liegt in diesem Fall jedoch die Sparquote s nahe genug bei eins, ergibt sich $\alpha = s \cdot r/g > 1$, was bedeuten würde, dass der Anteil des Kapitaleinkommens das Sozialprodukt übersteigen müsste. Diese logische Unmöglichkeit bedeutet, dass eine Entwicklung mit $r>g$ und gleichzeitig hoher Sparquote nicht auf Dauer Bestand haben kann.

Während diese Argumente wie auch in Pikettys Grundmodell auf der Annahme konstanter Werte für r, g und s beruhen, ist in der Realität im Zeitablauf mit deren Veränderung zu rechnen: Während ein Rückgang des wirtschaftlichen Wachstums, d. h. eine Abnahme von g, cet. par. den Anteil des Kapitaleinkommens am Sozialprodukt erhöht, führt ein höheres Kapitalangebot cet. par. zu einer sinkenden Kapitalrendite r. Nur wenn die Substitutionselastizität zwischen Kapital und Arbeit größer als eins ist, kann man erwarten, dass sich die funktionale Einkommensverteilung tatsächlich zugunsten der Kapitalbesitzer verschiebt, wenn der Kapitalbestand wächst. Hiervon geht Piketty – ebenso wie von einer Verlangsamung des Wirtschaftswachstums – aus, indem er für die kommenden Jahrzehnte auf der Basis historischer Daten für diese Substitutionselastizität von Werten zwischen 1,3 und 1,6 ausgeht. Diese Annahme ist aber mit hohen Unsicherheiten behaftet. Wenn eine verstärkte Kapitalbildung durch Altersvorsorgesparen verursacht wird, kommt es zudem zu einer breiteren Streuung des Vermögens, was dem Trend zu mehr Ungleichheit zumindest entgegenwirkt. Gleiches gilt, wenn man die Verteilungseffekte der Aufteilung von Vermögen durch seine Vererbung an mehrere Erben berücksichtigt (vgl. Mankiw 2015).

Auf grundsätzlicher Ebene haben Acemoglu und Robinson (2015) eine tiefe Skepsis gegenüber Versuchen zum Ausdruck gebracht, Veränderungen der Verteilungssituation auf „allgemeine Gesetze des Kapitalismus" zurückzuführen – wie es bei Piketty geschieht. Die tatsächliche Entwicklung der Ungleichheit hängt vielmehr von einer Vielzahl politischer Maßnahmen ab, mit denen – etwa auf dem Wege einer höheren Besteuerung von Kapital und dem daraus resultierenden Einkommen – den primären Trends bei der funktionellen Einkommensverteilung entgegengewirkt werden kann. Bei einer gestiegenen Ungleichheit der funktionellen Einkommensverteilung sind in Demokratien solche Reaktionen auch zu erwarten, wie die politische Diskussion in den letzten Jahren ganz deutlich zeigt. Bezieht man in dieser Weise den politischen Prozess als zusätzlichen endogenen Faktor in die Betrachtung mit ein, ist nicht mit einer kontinuierlichen Zunahme der Ungleichheit, sondern mit Zyklen zu- und abnehmender Ungleichheit zu rechnen, so dass es über längere Zeiträume hinweg zu „Kuznets-Wellen" (anstelle der einfachen Kuznets-Kurve) kommt (vgl. Milanovic 2016).

Insgesamt ist festzuhalten, dass Piketty zwar wichtige Mechanismen für die Entwicklung der funktionalen Einkommensverteilung, jedoch keine absolut gültige Gesetzmäßigkeit beschreibt, was den Wert seines Ansatzes erheblich reduziert (vgl. als umfassende kritische Einschätzung von Piketty's Werk Milanovic 2014). Wie sich die tatsächliche Entwicklung der wirtschaftlichen Ungleichheit aus dem Zusammenspiel der einzelnen Faktoren ergibt, ist eine empirische Frage. In diesem Zusammenhang haben Fuest et al. (2015) in einer auf neun Länder bezogenen ökonometrischen Analyse gezeigt, dass eine hohe Differenz zwischen r und g in der Vergangenheit tatsächlich mit einem hohen Vermögensanteil der 10 % reichsten Individuen korreliert war, was Pikettys Hypothesen teilweise bestätigt.

Folgerung 2-26

In der Behauptung Pikettys, dass aufgrund der Beziehung $r > g$ zwischen der Wachstumsrate g und dem Zinssatz r in kapitalistischen Volkswirtschaften ein fundamentaler Trend zu mehr Ungleichheit besteht, spiegelt sich zwar ein empirisch relevanter Mechanismus wider, dem jedoch zahlreiche andere Faktoren entgegenwirken. ◄

2.9   Übungsaufgaben

Aufgabe 2.1
Zeigen Sie für die im Text genannten Einkommensprofile (1, 1, 1, 1, 1, 45) und (1, 4, 6, 8, 10, 21), dass das zweite „Lorenz-gleicher" ist als das erste.

Aufgabe 2.2
a. Gegeben sei eine Vier-Personen-Ökonomie mit dem Einkommensprofil $Y = (1, 3, 6, 10)$. Ermitteln Sie die dazugehörige Lorenz-Kurve. Nehmen Sie an, dass ein Dalton-Transfer vom vierten zum zweiten Individuum in Höhe von 2 stattfindet. Zeigen Sie, dass sich dadurch eine im Sinne des Lorenz-Kriteriums gleichmäßigere Einkommensverteilung ergibt.
b. Ermitteln Sie den Gini- und den Variationskoeffizienten für das Einkommensprofil Y.
c. Welche Auswirkung hat eine proportionale Steuer mit dem Steuersatz $t = 30$ % auf die Lorenzkurve dieses Einkommensprofils?
d. Das Steueraufkommen dieser proportionalen Steuer wird den Individuen jetzt in pauschaler Form zurück erstattet, d. h. jedes Individuum erhält einen gleich hohen

Einkommenstransfer. Zeigen Sie, dass es durch ein solches Steuer-Transfer-Schema zu mehr Lorenzgleichheit kommt. Veranschaulichen Sie die Wirkung eines solchen Steuer-Transfer-Schemas grafisch für den Fall zweier Individuen.

Aufgabe 2.3

Wir betrachten zwei verschiedene Zwei-Personen-Ökonomien. In der ersten sei das Einkommensprofil (1,1), in der zweiten das Einkommensprofil (5,5) gegeben. Das Einkommensprofil in der ersten Ökonomie soll sich zu (1,3) verändern, das in der zweiten zu (3,5). Wie ändert sich die Lorenzkurve in jeder der beiden Ökonomien? Wie ändert sich dann die Lorenzkurve der Einkommensverteilung für die aus vier Personen bestehende Ökonomie, die aus den beiden Teilökonomien zusammengesetzt ist? Weshalb könnte dieses Ergebnis paradox erscheinen?

Aufgabe 2.4

Die Gesamtwohlfahrt von n Individuen mit dem Einkommensprofil $Y = (y_1, \ldots, y_n)$ wird gegeben durch die gesellschaftliche Wohlfahrtsfunktion

$$H(y_1, y_2, \ldots, y_n) = \sum_{i=1}^{n} h(y_i),$$

wobei

$$h(y_i) = \begin{cases} \dfrac{y_i^{1-\varepsilon}}{1 - \varepsilon} \text{ falls } \varepsilon \neq 1 \\ \text{ mit } \varepsilon \geq 0. \\ \ln y_i \text{ falls } \varepsilon = 1 \end{cases}$$

a. Zeigen Sie für den Fall $n = 2$, dass eine im Sinne des Lorenz-Kriteriums egalitärere Einkommensverteilung immer zu einer Wohlfahrtserhöhung führt.
b. Stellen Sie für den Zwei-Personen-Fall das Gleichheitsäquivalent für $(y_1, y_2) = (5,10)$ in einem y_1-y_2-Diagramm dar.
c. Berechnen Sie den Atkinson-Index dieser Einkommensverteilung für $\varepsilon = 0,5$, $\varepsilon = 1$ und $\varepsilon = 2$. Wie kann man den Atkinson-Index interpretieren?

Aufgabe 2.5

In einer Ökonomie mit einer großen Zahl von Individuen habe ein einzelnes Individuum die Nutzenfunktion $u(F, c) = Fc$, wobei F für die Freizeit und c für den Konsum eines am Markt erworbenen Konsumgutes steht. Die Individuen verfügen über die einheitliche Zeitausstattung $\overline{F} = 10$. Ein Individuum vom Typ 1 habe den Lohnsatz $w_1 = 1$, ein Individuum vom Typ 2 den Lohnsatz $w_2 = 2$.

a. Wie hoch muss der Transferbetrag T^* gewählt werden, wenn es gleich viele Individuen von Typ 1 und Typ 2 gibt, der Staat eine vollkommene Gleichverteilung der Nutzen aller Individuen anstrebt und vollkommene Information im Hinblick auf die Produktivität der Individuen herrscht?

b. Wie hoch ist der maximale *durchsetzbare* Transfer $\hat{T}$, wenn der Staat nur die erzielten Einkommen, nicht aber die Produktivität der einzelnen Individuen beobachten kann?

Aufgabe 2.6
Ermitteln Sie für die Einkommensprofile $Y_0 = (5, 15, 25, 55)$ und $Y_1 = (10, 10, 10, 70)$ das Foster'sche Armutsmaß für $\alpha = 1$ und $\alpha = 2$, wenn die Armutsschwelle bei 50 % des Durchschnittseinkommens angesetzt wird. Interpretieren Sie Ihre Ergebnisse. Was passiert, wenn α steigt?

Literatur

Acemoglu, D., & Robinson, J. A. (2015). The rise and decline of general laws of capitalism. *Journal of Economic Perspectives, 29,* 3–28.

Acemoglu, D., & Restrepo, P. (2020). Robots and jobs: Evidence from the US labor market. *Journal of Political Economy, 128*(6), 2188–2244.

Adler, M. (2012). *Well-Being and fair distribution: Beyond cost-benefit analysis.* Oxford: Oxford University Press.

Atkinson, A. B. (1970). On the measurement of inequality. *Journal of Economic Theory, 2,* 264–263.

Atkinson, A. B. (1987). On the measurement of poverty. *Econometrica, 55,* 749–764.

Atkinson, A. B. (2016). *Ungleichheit – Was können wir dagegen tun?* Stuttgart: Klett-Cotta.

Bierbrauer, F. (2016). Effizienz oder Gerechtigkeit? *Perspektiven der Wirtschaftspolitik, 17,* 2–24.

BMF (2019). Soziale Ungleichheit und inklusives Wachstum im internationalen Vergleich, Monatsbericht Mai 2019.

Boadway, R., & Keen, M. (2000). Redistribution. In A. B. Atkinson & F. Bourguignon (Hrsg.), *Handbook of income distribution* (Bd. 1, S. 677–789). Amsterdam et al.: Elsevier.

Boadway, R., & Pestieau, P. (2018). The Dubious case for an annual wealth tax. *Ifo Dice Report, 16,* 3–7.

Bourguignon, F. (2015). *The globalization of inequality.* Princeton: Princeton University Press.

Bourguignon, F. (2018). World changes in inequality: An overview of facts, causes, consequences, and policies. *CESifo Economic Studies, 64,* 345–370.

Browning, E. K. (2002). The case against income redistribution. *Public Finance Review, 30,* 509–530.

Buchholz, W., Richter, W., & Schwaiger, J. (1988). Distributional implications of equal sacrifice rules. *Social Choice and Welfare, 5,* 223–226.

Card, D., & DiNardo, J. E. (2002). Skill-Biased technological change and rising wage-inequality: Some problems and puzzles. *Journal of Labor Economics, 20,* 733–783.

Cowell, F. A. (2000). Measurement of inequality. In A. B. Atkinson & F. Bourguignon (Hrsg.), *Handbook of income distribution* (Bd. 1, S. 87–166). Amsterdam et al.: Elsevier.

Crémer, H., & P. Pestieau. (2006). Wealth transfer taxation: A survey of the theoretical literature. In S. Kolm & J. Mercier Ythier (Hrsg.), *Handbook of the economics of giving, altruism and reciprocity,* (Vol. 1, S. 1107–1134). Amsterdam et al.: Elsevier.

Dalton, H. (1920). Measurement of the inequality of incomes. *Economic Journal, 30,* 348–361.

Deaton, A. (2017). *Der große Ausbruch – Von Armut und Wohlstand der Nationen.* Stuttgart: Klett-Cotta.

Diamond, P. A., & Saez, E. (2011). The case for a progressive tax: From basic research to policy recommendations. *Journal of Economic Perspectives, 25,* 165–190.

Dudel, C. et al. (2020). Income (in-)dependent equivalence scales and inequality measurement. To appear in: *German Economic Review.*

Dworkin, R. (1981). What is equality? Part 2: Equality of resources. *Philosophy & Public Affairs, 10,* 283–345.

Easterlin, R. (1974). Does economic growth improve the human lot? Some empirical evidence. In P. A. David & M. E. Reder (Hrsg.), *Nations and households in economic growth: Essays in honor of Moses Abramovitz.* New York: Academic Press.

Ebert, U. (1988). Measurement of inequality: An attempt at unification and generalization. *Social Choice and Welfare, 5,* 147–169.

Fleurbaey, M. (2008). *Fairness, responsibility, and welfare.* Oxford: Oxford University Press.

Fratzscher, M. (2016). *Verteilungskampf – Warum Deutschland immer ungleicher wird.* München: Hanser.

Foster, J. E., & Shorrocks, A. F. (1988). Poverty orderings and welfare dominance. *Social Choice and Welfare, 5,* 171–198.

Gollier, C. (2001). *The economics of risk and time, Cambridge, MA, und London.* England: The MIT Press.

Golosov, M., Kocherlakota, N., & Tsyvinski, A. (2003). Optimal indirect and capital taxation. *Review of Economic Studies, 70,* 569–587.

Grabka, M. M., & Halbmeier, C. (2019). Vermögensungleichheit in Deutschland bleibt trotz deutlich steigender Nettovermögen anhaltend hoch. *DIW Wochenbericht, 40,* 736–745.

Groom, B., & Maddison Pr, D. (2019). New estimates of the elasticity of marginal utility for the UK. *Environmental and Resource Economics, 72,* 1155–1182.

Frank, R. H., & Cook, P. J. (1995). *The winner-take-all society: Why the few at the top get so much more than the rest of Us.* New York: The Free Press.

Frankfurt, H. G. (2016). *Ungleichheit: Warum wir nicht alle gleich viel haben müssen.* Berlin: Suhrkamp.

Fuest, C., Peichl, A., & Waldenström, D. (2015). Piketty's r −g model: Wealth inequality and tax policy. *CESifo Forum, 1*(2015), 3–10.

Hammar, O., & Waldenström, D. (2017). Global Earnings Inequality, 1970–2015, IZA DP No. 10762.

Harsanyi, J. C. (1955). Cardinal welfare, individualistic ethics and interpersonal comparisons of inequality. *Journal of Political Economy, 63,* 309–321.

Hayek, F. A. (1945). The use of knowledge in society. *American Economic Review, 35,* 519–530.

Hayek, F. A. (1991). *Die Verfassung der Freiheit.* Tübingen: Mohr Siebeck.

Hindriks, J., & Myles, G. D. (2013). *Intermediate public economics* (2. Aufl.). Cambridge: The MIT Press.

Hoffmann, F., Lee, D. S., & Lemieux, T. (2020). Growing income inequality in the united states and other advanced economies. *Journal of Economic Perspectives, 34,* 52–78.

Jakobsson, U. (1976). On the measurement of the degree of progression. *Journal of Public Economics, 5,* 161–168.

Kahneman, D., & Deaton, A. (2010). High income improves valuation of life but not emotional well-being. In *Proceedings of the National Academy of Sciences of the United States of America PNAS* 107 (S. 16489–16493).

Kersting, W. (2000). *Theorien sozialer Gerechtigkeit.* Stuttgart: Metzler.

Kindermann, F., & Krüger, D. (2020). High marginal tax rates on the top 1%? Lessons from a life-cycle model with idiosyncratic income risk, *Discussion Paper*.

Kolm, S.-C. (1996). *Modern theories of justice*. Cambridge: MIT Press.

Krebs, A. (Hrsg.). (2000). *Gleichheit oder Gerechtigkeit?* Frankfurt a. M.: Suhrkamp.

Lakner, C., & Milanovic, B. (2015). Global economic distribution: From the fall of the Berlin wall to the great recession. *The World Bank Economic Review, 30*, 203–232.

Milanovic, B. (2014). The return of "Patrimonial Capitalism": A review of capital in the twenty-first century. *Journal of Economic Literature, 52*, 519–534.

Milanovic, B. (2016). *Global inequality: A new approach for the age of globalisation*. Cambridge: Cambridge University Press.

Milanovic, B. (2020). *Kapitalismus global: Über die Zukunft des Systems, das die Welt beherrscht*. Berlin: Suhrkamp.

Mirrlees, J. (1971). An exploration in the theory of optimum income taxation. *Review of Economic Studies, 38*, 175–208.

Nozick, R. (1976). *Anarchie, Staat und Utopia*. München: Verlag Moderne Industrie.

OECD. (2011). *Divided we stand: Why inequality keeps rising*. Paris: OECD Publishing.

Peichl, A., Hufe, P., & Stöckli, M. (2018). Ökonomische Ungleichheit in Deutschland – Ein Überblick. *Perspektiven der Wirtschaftspolitik, 19*, 185–199.

Piketty, T. (2008). *Wealth taxation in the 21st century: A personal view*. Comments on the Mirrlees Review. Discussion Paper: Paris School of Economics.

Piketty, T. (2016). *Das Kapital im 21 Jahrhundert* (8. Aufl.). München: Beck.

Piketty, T., & Saez, E. (2013a). Optimal labour income taxation. In: A. Auerbach, R. Chetty, M. Feldstein, & E. Saez (Hrsg.), *Handbook of public economics*, (Vol. 5, S. 391–474). Amsterdam et al.: Elsevier.

Piketty, T., & Saez, E. (2013b). A theory of optimal inheritance taxation. *Econometrica, 81*, 1851–1886.

Rawls, J. (1972). *Eine Theorie der Gerechtigkeit*. Frankfurt a. M.: Suhrkamp.

Rosen, S. (1981). The economics of superstars. *American Economic Review, 71*, 845–858.

Richter, W. F. (1987). Taxation as insurance and the case for rate differentiation according to consanguinity under inheritance taxation. *Journal of Public Economics, 33*, 363–376.

Roemer, J. E. (1996). *Theories of redistributive justice*. Cambridge: Harvard University Press.

Sandel, M. J. (2020). *Vom Ende des Gemeinwohls – Wie die Leistungsgesellschaft unsere Demokratien zerreißt*. Frankfurt a. M.: Fischer.

Sen, A. (2010). *Die Idee der Gerechtigkeit*. München: Beck.

Sen, A. (2019), *Gleichheit? Welche Gleichheit?* Ditzingen: Reclam (Erstveröffentlichung 1980).

Stevenson, B., & Wolfers, J. (2013). Subjective well-being and income: Is there any evidence of satiation, *American Economic Review* 103. In *Papers and Proceedings* (S. 598–604).

Stiglitz, J. (2012). *Der Preis der Ungleichheit: Wie die Spaltung der Gesellschaft unsere Zukunft bedroht*. München: Siedler Verlag.

Thaler, R. H., & Sunstein, C. R. (2009). *Nudge – wie man kluge Entscheidungen anstößt*. Berlin: Econ Verlag.

Weimann, J., Knabe, A., & Schöb, R. (2012). *Geld macht doch glücklich, Wo die ökonomische Glücksforschung irrt*. Stuttgart: Schäffer-Poeschel Verlag.

Weimann, J., Knabe, A., & Schöb, R. (2015). *Measuring happiness: The economics of well-being*. Cambridge: The MIT Press.

Effizienzorientierte Begründungen für Umverteilung

3

Üblicherweise beruht die Forderung nach Umverteilungsmaßnahmen auf dem Wunsch nach mehr sozialer Gerechtigkeit, der – wie wir zuvor ausführlich erörtert haben – in Konflikt mit dem Ziel ökonomischer Effizienz zu stehen scheint. Im Gegensatz dazu ist es aber auch möglich, die staatliche Umverteilungspolitik eher funktional zu begründen und redistributive Maßnahmen durch Bezugnahme auf im engeren Sinne ökonomische Ziele zu motivieren.[1] Eine Umverteilung wird aus dieser Perspektive nicht etwa deshalb gefordert, weil eine gleichmäßigere Verteilung für sich betrachtet als etwas Gutes gilt, sondern weil man sich dadurch positive ökonomische Effekte insbesondere auf Höhe und Wachstum des Sozialprodukts verspricht. Das Ideal würden aus dieser Perspektive Umverteilungsmaßnahmen darstellen, die sogar zu einer Pareto-Verbesserung führen, d. h. den Nutzen aller Beteiligten erhöhen. In diesem Falle würden nicht nur die Empfänger, sondern auch die Geber von einem Einkommenstransfer profitieren. Die Umverteilung wäre in diesem Falle kein Null-Summen-Spiel, und ein Verteilungskonflikt zwischen Transferzahler und Transferempfänger würde vermieden. Beide Seiten (Geber und Nehmer) könnten einer solchen Umverteilungspolitik freiwillig zustimmen. Wir wollen jetzt anhand verschiedener theoretischer Modelle erörtern, wie es zu diesem erfreulichen Phänomen kommen kann.

---

[1]Vgl. dazu die immer noch aktuelle Übersicht in Boadway und Keen (2000, Kap. 2).

3.1 Spezielle Präferenzen der Individuen

3.1.1 Altruismus

3.1.1.1 Der Fall eines einzelnen Geber-Individuums

Im einfachsten Fall nehmen wir an, dass es zwei Individuen (ein „armes" und ein „reiches") und nur ein einziges Gut gibt, von dem das arme Individuum die Menge c_a und das reiche Individuum die Menge c_r konsumiere. Die Anfangsausstattung des reichen Individuums mit diesem Gut sei y_r und die des armen y_a ($< y_r$). Anders als in den üblichen Modellen der Haushaltstheorie soll das reiche Individuum jetzt aber nicht allein am eigenen Konsum c_r, sondern auch am Konsum des armen Individuums interessiert sein. Das reiche Individuum ist dann kein Egoist, sondern ein *Altruist*, der aus dem Konsum des anderen Individuums Nutzen zieht. Es liegt dann eine *positive psychische Externalität* vor.

Die Nutzenfunktion des reichen Individuums lässt sich in diesem Falle beschreiben als $u(c_r, c_a)$, wobei die partiellen Ableitungen nach c_r und c_a beide positiv sein sollen: $u_{c_r} = \partial u / \partial c_r > 0$, $u_{c_a} = \partial u / \partial c_a > 0$. In einem c_r-c_a-Diagramm (siehe Abb. 3.1) stellt die durch den Anfangsausstattungspunkt $A = (y_r, y_a)$ verlaufende negativ geneigte 45°-Linie die Transformationskurve des reichen Individuums dar. Damit wird zum Ausdruck gebracht, dass auch nach einem Einkommenstransfer vom reichen zum armen Individuum der Gesamtkonsum beider Individuen so hoch wie ihr Gesamteinkommen ist, d. h. dass $c_r + c_a = y_r + y_a$ gilt. Es wird also vorausgesetzt, dass beim

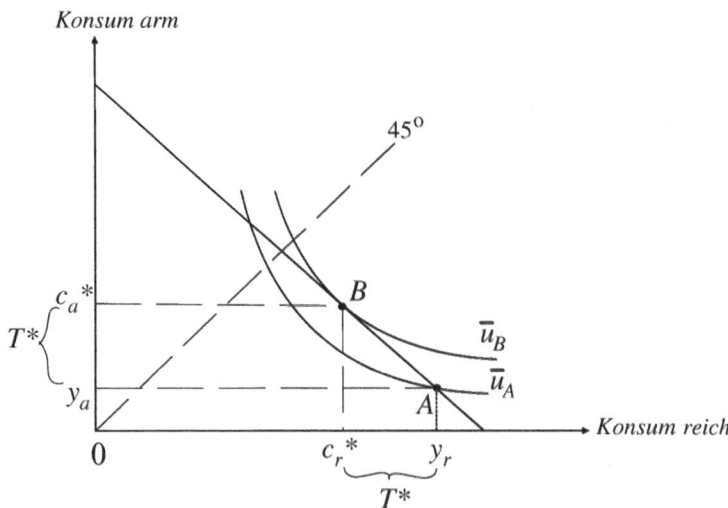

Abb. 3.1 Nutzenerhöhung beim Altruisten durch Transfer

Transfer $T = y_r - c_r = c_a - y_a$ kein Einkommen verlorengeht. Auf dieser Transformationsgeraden wählt das reiche Individuum seinen Optimalpunkt $B = (c_r{}^*, c_a{}^*)$.

Die Annahme ist plausibel, dass für alle (c, c) auf der Winkelhalbierenden die Ungleichung $\frac{\partial u}{\partial c_r}(c, c) > \frac{\partial u}{\partial c_a}(c, c)$ gilt. Das bedeutet, dass bei gleichem Güterkonsum von Geber und Nehmer der Grenznutzen des reichen Individuums höher ist, wenn sein eigener Konsum zunimmt als wenn sich der Konsum des armen Individuums um den gleichen marginalen Betrag erhöht. Trotz seines Altruismus ist einem reichen Individuum der eigene Konsum dann wichtiger als der Konsum des armen. Für den optimalen Transfer gilt dann $T^* < (y_r - y_a)/2$, so dass der vom Geber erreichte Optimalpunkt B unterhalb der Winkelhalbierenden liegt. Eine völlige Angleichung des Konsums beider Individuen entspricht in diesem Fall also nicht den Präferenzen des Gebers.

Das reiche Individuum stellt sich durch den Transfer T^* (also im Punkt B) besser als im Ausgangspunkt A, in dem es nichts für den Armen spendet. Da sich für den Empfänger durch den Transfer gleichfalls eine Nutzenerhöhung ergibt, kommt es durch die auf freiwilliger Basis vorgenommene Umverteilung zu einer Pareto-Verbesserung. Aufgrund dieser Freiwilligkeit besteht in dieser einfachen Situation kein Grund für eine staatliche Umverteilungspolitik.

3.1.1.2 Der Fall mehrerer Geber-Individuen: Das Gefangenen-Dilemma

Zu einer Begründung für staatliche Eingriffe gelangt man im Rahmen dieses Modells erst, wenn nicht nur ein, sondern mehrere potenzielle Geber vorhanden sind. Der Gesamttransfer an arme Individuen stellt dann aus der Sicht der Geber ein *öffentliches Gut* dar, das bei rein freiwilligem Handeln in zu geringem Umfang bereitgestellt wird. Ein in diesem Sinne altruistischer Geber profitiert in diesem Falle nicht nur vom eigenen Transfer, sondern auch von den Transfers, die andere vornehmen. Daraus folgt, dass ein einzelner Geber mit seinem Transfer nicht nur dem Empfänger, sondern auch den anderen potenziellen Gebern einen Nutzengewinn verschafft. Dieser positive externe Effekt wird bei isoliertem Handeln aber nicht in das Kalkül eines individuellen Gebers einbezogen. Weil er sich dann einen eigenen Konsumverzicht sparen könnte, wäre es einem einzelnen Geber sogar lieber, wenn ein bestimmter Transfer von den anderen finanziert würde und er selber die Rolle des Freifahrers einnehmen könnte.

In dieser Situation ist das Ergebnis, das sich infolge freiwillig vorgenommener Transfers einstellt, nicht mehr Pareto-optimal. Vielmehr kommt es, wie ganz allgemein bei der nicht-kooperativen („privaten") Bereitstellung eines öffentlichen Gutes, zu einer gemessen am Optimum zu geringen Bereitstellungsmenge, d. h. hier zu einem zu niedrigen Gesamttransfer an das arme Individuum.[2] Eine *simultane* Erhöhung der Transferzahlungen, die durch Kooperation der beteiligten Geber erreicht werden kann, ermöglicht es in diesem Falle, sowohl die Geber als auch die Empfänger besser zu stellen.

---

[2]Vgl. z. B. Hochman und Rodgers (1969), und Thurow (1971).

Um die Wohlfahrtseffekte eines solchen kooperativen Spendenverhaltens möglichst einfach zu beschreiben, nehmen wir an, dass es zwei reiche Geber-Individuen und ein armes Nehmer-Individuum gibt. Im Ausgangszustand, der bezogen auf ein einzelnes Geber-Individuum wieder im Punkt $A = (y_r,\ y_a)$ liegt, soll kein Anreiz für einen isoliert vorgenommenen freiwilligen Transfer eines Individuums bestehen. In Abb. 3.2 bedeutet dies, dass die Indifferenzkurve durch A in diesem Punkt steiler verläuft als eine negativ geneigte 45°-Linie.

Wir nehmen jetzt an, dass beide Geber-Individuen zugleich den Transfer T tätigen, so dass bei einem solchen *kooperativen Altruismus* der Gesamttransfer jetzt $2T$ beträgt und dadurch jedes der beiden Geber-Individuen den Punkt B erreicht. Der Gebernutzen in B ist größer als der mit u_A bezeichnete Nutzen in A (formal: $u_B > u_A$), sofern T genügend klein ist und die Indifferenzkurve durch A in diesem Punkt nicht allzu steil verläuft. Eine Einigung darüber, dass jedes der beiden reichen Individuen den Betrag T spendet, wäre also im Interesse der beiden Geber-Individuen – und ohnehin des Empfänger-Individuums.

Ein einzelnes Geber-Individuum würde sich jedoch im Punkt C, in dem nur das andere Individuum den Transfer tätigt, als Freifahrer besser stellen als im Punkt B, d. h. man hat $u_C > u_B$. Wenn beide Konsumniveaus c_r und c_a für das reiche Individuum nicht-inferiore „Güter" darstellen, verläuft dessen Indifferenzkurve in C ja steiler als eine negativ geneigte 45°-Linie, so dass B unterhalb der Indifferenzkurve durch C liegen muss. Jedes der beiden Geber-Individuen hat also einen Anreiz, eine Abmachung über eine *gemeinsame* Spende in Höhe von jeweils T zu brechen.

Schließlich wäre der Punkt D, in dem eines der beiden reichen Individuen den versprochenen Transfer leistet, das andere jedoch nicht, für den Transferzahler noch schlechter als der Ausgangszustand A, d. h. $u_D < u_A$. Aus der Sicht eines einzelnen

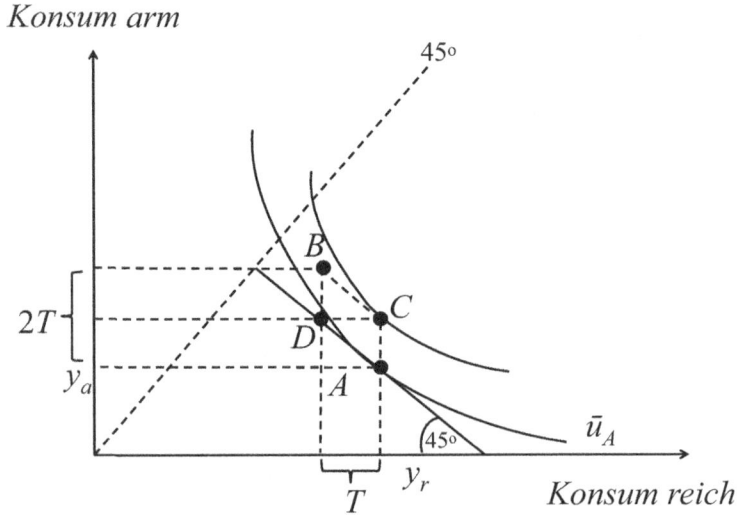

Abb. 3.2 Gefangenendilemma bei mehreren Altruisten

Geber-Individuums ergibt sich damit insgesamt die folgende Rangordnung der möglichen Ergebnisse des „Spendenspiels":

$$u_C > u_B > u_A > u_D. \tag{3.1}$$

Diese Rangordnung der in Abhängigkeit von Strategiekombinationen (Spenden/Nicht-Spenden) erreichten Nutzenwerte entspricht der des *Gefangenen-Dilemmas*.[3] Nicht-Kooperation (d. h. Nicht-Zahlung von T bzw. Bruch der Abmachung) ist in diesem Spiel die *dominante Strategie* für beide Individuen.

Als *Nash-Gleichgewicht* und somit als Ergebnis des Spendenspiels ist bei unkoordiniertem Verhalten beidseitige Nicht-Kooperation zu erwarten, d. h. keines der beiden Individuen ist zu einer freiwilligen Spende bereit. Die Geber-Individuen verbleiben dann in der Position *A,* obwohl sie in *B* einen höheren Nutzen erreichen könnten. Auch die Transferempfänger würden beim Übergang von *A* nach *B* gewinnen. Auf der Basis freiwilligen Handelns kommt diese Pareto-Verbesserung jedoch nicht zustande.

Um den Übergang vom Punkt *A* zum für alle Beteiligten vorteilhafteren Punkt *B* zustande zu bringen, ist es erforderlich, eine *Bindung* individuellen Verhaltens vorzunehmen, durch die Freifahrerverhalten ausgeschlossen wird. Jedes Spender-Individuum muss sicher sein können, dass das andere „mitzieht", wenn es selber spendet. Nur dann entgeht es dem Risiko, in der Verliererposition *D* zu landen, in der es in gewissem Sinne betrogen und ausgebeutet wird.

Die naheliegende Möglichkeit zur Schaffung einer solchen Bindung ist die Unterordnung unter eine externe („staatliche") Zwangsgewalt, die durch Androhung von Sanktionen für die allseitige Erbringung der Kooperationsleistung, d. h. eines gemeinsamen Transfers beider Geber-Individuen, sorgt. Eine staatliche Umverteilungspolitik, welche die Individuen aus dem Gefangenen-Dilemma befreit und den altruistischen Präferenzen der Individuen wirksam Geltung verschafft, lässt sich mit Hilfe dieses Arguments rechtfertigen.

3.1.1.3 Der optimale kooperative Transfer

Der *optimale* Transfer T^{**}, den ein jedes der beiden Individuen in der kooperativen und symmetrischen Lösung zu leisten hat, wird in Abb. 3.3 durch den Punkt *B* bestimmt, in dem die Budgetgerade durch *A* mit dem Anstieg -2 von einer Indifferenzkurve eines Geber-Individuums tangiert wird. Der im Vergleich zu einer negativ geneigte 45°-Linie steilere Anstieg dieser Budgetgeraden bringt zum Ausdruck, dass die beiden Individuen kooperieren und einem individuellen Transfer in Höhe von T dann ein Gesamttransfer von $2\,T$ entspricht.

---

[3]Vgl. zu einer allgemeinen Darstellung dieses *Prisoner's Dilemma* Buchholz und Eichenseer (2020).

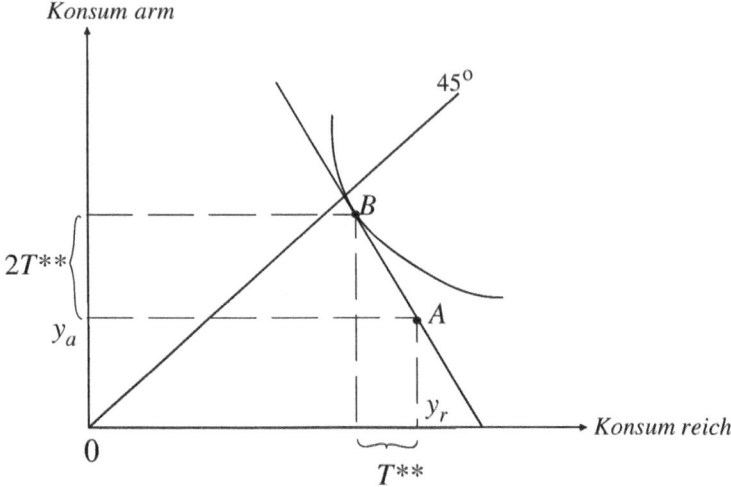

Abb. 3.3 Optimaler kooperativer Transfer

Bei mehreren altruistischen Gebern kann eine staatliche Umverteilungspolitik zur Überwindung des sich bei rein freiwilligen Spenden ergebenden Gefangenen-Dilemmas und somit zu einer Pareto-Verbesserung führen. ◄

3.1.1.4 Andere Strukturen des Spenden-Spiels

Das oben beschriebene Gefangenen-Dilemma wird abgemildert, wenn die altruistischen Präferenzen der Geber eine *Warm-Glow-of-Giving*-Komponente im Sinne von Andreoni (1990) aufweisen. Für die Spender zählt in diesem Falle nicht nur das Wohl des Empfängers und damit die insgesamt erreichte Spendensumme, sondern auch das gute Gefühl bzw. das beruhigte Gewissen, wenn sie durch ein eigenes Konsumopfer zugunsten der Armen eine moralisch wertvolle Handlung vollbringen. Man hat es dann in gewissem Sinne mit einem *unreinen* Altruismus zu tun. Genauso wie zuvor sind vier mögliche Positionen zu unterscheiden, die ein einzelnes Geber-Individuum in diesem Falle im Spenden-Spiel erreichen kann:

A. den Ausgangszustand, in dem keines der beiden Individuen spendet, d. h. beidseitige Nicht-Kooperation,
B. den Zustand, in dem beide spenden, d. h. beidseitige Kooperation,
C. den Zustand, in dem nur das andere Individuum spendet, das in den Abb. 3.2 und 3.3 betrachtete Individuum jedoch nicht,
D. den Zustand, in dem das betrachtete Individuum spendet, das andere aber nicht.

Im Falle von *Warm Glow of Giving* (oder *Joy of Giving*) wird die Konstellation $u_B > u_C$ und $u_D > u_A$ möglich. Die Freude an der eigenen guten Tat ist in diesem Fall so stark, dass ein einzelnes Geber-Individuum auf alle Fälle spendet, unabhängig davon, was das andere tut. Spenden stellt in diesem Fall die dominante Strategie für beide Geber dar. Die Rangordnung zwischen den Nutzenniveaus u_C und u_D spielt dabei keine Rolle.

Denkbar erscheint im Falle des *Warm Glow of Giving* aber auch die Rangordnung der Nutzenniveaus:

$$u_B > u_C > u_A > u_D. \tag{3.2}$$

In diesem Fall lohnt sich eine individuelle Spende für ein einzelnes Individuum genau dann, wenn auch das andere Individuum spendet. In diesem Fall existieren zwei Nash-Gleichgewichte in reinen Strategien: In dem „schlechten" Gleichgewicht leisten die beiden Individuen keine Spende, in dem anderen „guten" Gleichgewicht spenden beide. In einem solchen *Assurance Game* (oder manchmal auch *Stag Hunt Game*) muss für eine Stabilisierung der Erwartungen gesorgt werden, die ein Individuum über das Verhalten des jeweils anderen hat (vgl. z. B. Sen 1967). Die Rolle des Staates kann dann auf eine entsprechende Koordinierungsfunktion beschränkt bleiben, während ein expliziter Zwang zur Umverteilung nicht nötig ist, um das optimale Ergebnis zu erreichen.

Bei Vorliegen eines *Warm-Glow-of-Giving-Motivs* ist es gerade in großen Gruppen nicht unwahrscheinlich, dass das Spendenspiel die Struktur eines *Assurance Game* aufweist. Die Wirkung einer isolierten Spende würde bei einer großen Zahl von Empfängern gewissermaßen „verpuffen". Es muss deshalb eine kritische Masse an gesamtem Spendenaufkommen erreicht werden, um einzelne Spender zu einer freiwilligen Gabe zu bewegen.

Folgerung 3-2

Wenn die altruistischen Geber (im Sinne eines „Warm Glow of Giving") aus der Vornahme der Spendenhandlung selber Nutzen ziehen, kann es zu anderen Spielstrukturen als denen des Gefangenen-Dilemmas kommen. Zur Erreichung einer Pareto-optimalen Lösung reicht dann ein geringeres Maß an staatlichen Eingriffen aus. ◄

Auch ohne staatliche Beteiligung kann durch die Hervorhebung bestimmter Bedürftiger (oder aber auch durch die Möglichkeit einer Übernahme von „Patenschaften" für einzelne Not leidende Individuen) eine Aktivierung des Warm Glow of Giving und damit eine zumindest teilweise Überwindung des Kooperations-Dilemmas erreicht werden. *Salienz*, d. h. eine ganz besondere, von den Medien vermittelte Auffälligkeit einer Notlage („Fotos verhungernder Kinder"), kann in dieser Weise zur Überwindung eines Kooperationsproblems bei freiwilliger Umverteilung beitragen. Aus dieser Beobachtung lässt sich eine – vielleicht etwas ernüchternde – Erkenntnis ableiten: Auch karitative

Organisationen, die Spenden zu humanitären Zwecken sammeln und weiterleiten, bedürfen eines geschickten Marketings und einer professionellen Öffentlichkeitsarbeit, um Spender zu gewinnen und wirksame Hilfe leisten zu können.

3.1.2 Statusorientierung

Wir wollen jetzt den Fall betrachten, dass die Individuen nicht nur an der Höhe des eigenen Einkommens (und an den Gütern, die sie sich damit kaufen können) interessiert sind, sondern auch am Abstand des eigenen Einkommens von dem der anderen Individuen. Das subjektive Nutzenempfinden der Individuen hängt in diesem Falle nicht nur von ihrer materiellen Lage, sondern auch von ihrer Position in der Einkommenshierarchie ab.[4] Eine solche *Statusorientierung* führt – wie im Folgenden gezeigt wird – zu allokativen Verzerrungen bei der Entscheidung über den Einkommenserwerb, die sich durch staatliche Umverteilungsmaßnahmen zumindest begrenzen lassen.

Der Einfachheit halber betrachten wir wieder ein Szenario mit zwei Individuen, deren jeweilige Einkommensniveaus wir wiederum mit y_1 und y_2 bezeichnen. Bei einem gegebenen Einkommensprofil (y_1, y_2) soll der Nutzen von Individuum i jetzt den folgenden Wert annehmen:

$$U_i = u(y_i) + h(y_i - y_j) - c(y_i) \tag{3.3}$$

Dabei bezeichnet y_j das Einkommen des jeweils anderen Individuums $j \neq i$. Die drei einzelnen Komponenten dieses Nutzenausdrucks erklären sich wie folgt:

- $u(y_i)$ ist der Nutzen, den Individuum i aus dem Konsum der Güter zieht, die sich mit dem Einkommen y_i erwerben lassen.
- $h(y_i - y_j)$ ist der *Statusnutzen* von Individuum i: Er ist positiv, wenn Individuum i das andere Individuum j im Einkommen übertrifft $(y_i > y_j)$ und negativ, wenn das Einkommen von Individuum i unter dem von Individuum j liegt $(y_i < y_j)$. Es verschafft einem Freude (Frust), wenn man mehr (weniger) als der andere hat. Bei $y_i = y_j$ gilt $h(y_i - y_j) = h(0) = 0$.
- $c(y_i)$ beschreibt die Kosten, die Individuum i bei Erzielung des Einkommens y_i zu tragen hat. Darunter kann man sich etwa ein monetäres Äquivalent für das „Arbeitsleid" von Individuum i vorstellen.

Welches Einkommensniveau Individuum i in dieser Situation wählen wird, hängt offensichtlich davon ab, wie hoch das Einkommen des anderen Individuums j jeweils ist. Die *Reaktionsfunktion* $y_i^r(y_j)$, die bei gegebenem Einkommen y_j des anderen Individuums j die optimale Anpassung von Individuum i beschreibt, ergibt sich durch Maximierung

---

[4]Vgl. z. B. Heffetz und Frank (2011).

des Nutzens von Individuum i bei gegebenem Einkommen y_j des jeweils anderen Individuums. Die Lösung dieses Optimierungsproblems wird durch die folgende Bedingung erster Ordnung bestimmt:

$$\frac{\partial U_i}{\partial y_i} = u'\left(y_i^r(y_j)\right) + h'\left(y_i^r(y_j) - y_j\right) - c'\left(y_i^r(y_j)\right) = 0. \tag{3.4}$$

Da beide beteiligten Individuen in der gleichen Weise handeln, ergibt sich bei diesem nicht-kooperativen Spiel (mit den individuellen Einkommensniveaus als strategischen Variablen) ein symmetrisches Nash-Gleichgewicht, in dem beide Individuen das gleiche Einkommen $\hat{y}$ erzielen. Bei diesem Einkommen $\hat{y}$ sind die Entscheidungen der beiden Individuen miteinander konsistent, d. h. es gilt $y_i^r(\hat{y}) = y_j^r(\hat{y}) = \hat{y}$ und die obige Bedingung erster Ordnung wird zu

$$u'(\hat{y}) + h'(0) - c'(\hat{y}) = 0. \tag{3.5}$$

Wenn $h'(0) > 0$ gilt, d. h. wenn eine marginale positive Abweichung des eigenen Einkommens von dem des anderen zu einem Zuwachs an Statusnutzen führt, folgt aus (Gl. 3.5)

$$u'(\hat{y}) < c'(\hat{y}). \tag{3.6}$$

Wir wollen jetzt annehmen, dass der Staat die Einkommen beider Individuen einer proportionalen Einkommensteuer mit Steuersatz t unterwirft und das jeweils erzielte Steueraufkommen in Höhe von $t(y_i + y_j)$ zu gleichen Teilen an die beiden Individuen zurück transferiert. Wenn die Einkommensniveaus der Individuen differieren, führt dieses Umverteilungsschema zu einem Transfer vom reicheren zum ärmeren Individuum.

Das Netto-Einkommen von Individuum i beläuft sich unter Einwirkung dieses Steuer-Transfer-Schemas für jede Einkommenskombination (y_1, y_2) auf

$$(1-t)y_i + \frac{t(y_i + y_j)}{2} = (1 - \frac{t}{2})y_i + \frac{t}{2}y_j,$$

woraus sich ein Nutzen in Höhe von

$$u((1 - \frac{t}{2})y_i + \frac{t}{2}y_j) + h((1-t)(y_i - y_j)) - c(y_i)$$

ergibt. Die Reaktionsfunktion $y_{it}^r(y_j)$ von Individuum i wird analog zum Fall ohne Steuer durch die Bedingung 1. Ordnung

$$(1 - \frac{t}{2})u'((1 - \frac{t}{2})y_{it}^r(y_j) + \frac{t}{2}y_j) + (1-t)h'((1-t)(y_{it}^r(y_j) - y_j)) - c'(y_{it}^r(y_j)) = 0 \tag{3.7}$$

bestimmt. Das in diesem Fall im symmetrischen Cournot-Nash-Gleichgewicht von beiden Individuen erzielte Einkommen $\hat{y}_t$ ist dann durch die folgende Bedingung charakterisiert:

$$(1 - \frac{t}{2})u'(\hat{y}_t) + (1 - t)h'(0) - c'(\hat{y}_t) = 0. \tag{3.8}$$

Wenn mit steigendem Einkommen y der Grenznutzen fällt $(u''(y) < 0)$ und die Grenz-kosten des Einkommenserwerbs steigen $(c''(y) \geq 0)$, gilt

$$\hat{y}_t < \hat{y}, \tag{3.9}$$

d. h. nach Einführung der Besteuerung wird von beiden Individuen ein niedrigeres Ein-kommensniveau gewählt als im Fall ohne Besteuerung.

Diese Aussage lässt sich folgendermaßen begründen: Beim ursprünglichen Ein-kommensniveau $\hat{y}$ hätte man ja (wegen (Gl. 3.4), $u'(\hat{y}) > 0$ und $h'(0) > 0$)

$$(1 - \frac{t}{2})u'(\hat{y}) + (1 - t)h'(0) - c'(\hat{y}) < 0. \tag{3.10}$$

Damit Gleichheit zwischen der linken und der rechten Seite in (Gl. 3.8) erreicht wird, muss wegen $u''(y) < 0$ und $c''(y) \geq 0$ das Einkommensniveau y gegenüber $\hat{y}$ sinken.

Im Nash-Gleichgewicht beträgt bei Anwendung des Steuer-Transfer-Schemas mit dem Steuersatz t der Nutzen jedes der beiden Individuen dann

$$u((1 - \frac{t}{2})\hat{y}_t + \frac{t}{2}\hat{y}_t) + h((1 - t)(\hat{y}_t - \hat{y}_t))c(\hat{y}_t) = u(\hat{y}_t) + h(0) - c(\hat{y}_t).$$

Der bei $\hat{y}_t$ durch die Umverteilungsmaßnahme erreichte Nutzen liegt – zumindest bei einem nicht allzu hohen Steuersatz t – über dem Nutzen bei $\hat{y}$, d. h. es gilt

$$U(\hat{y}_t) = u(\hat{y}_t) + h(0) - c(\hat{y}_t) > u(\hat{y}) + h(0) - c(\hat{y}) = U(\hat{y}). \tag{3.11}$$

Da $h(0)$ in beiden Nutzenausdrücken auftritt, folgt diese Ungleichung aus

$$u(\hat{y}_t) - c(\hat{y}_t) > u(\hat{y}) - c(\hat{y}). \tag{3.12}$$

Diese Ungleichung gilt ihrerseits, weil wegen $u'(\hat{y}) < c'(\hat{y})$ die Funktion $u(y) - c(y)$ an der Stelle $y = \hat{y}$ fällt. Eine nicht zu große Verminderung von y (gegenüber $\hat{y}$) erhöht des-halb in der Tat die Nutzen der Individuen. Gegenüber der Laissez-Faire-Situation kommt es dann zu einer Pareto-Verbesserung.

Im gesamtwirtschaftlichen Optimum, das wir jetzt den Nash-Gleichgewichten gegen-überstellen wollen, erzielt jedes der beiden Individuen das Einkommen $y*$, das durch die Bedingung

$$u'(y*) = c'(y*) \tag{3.13}$$

bestimmt wird. Zu dieser Bedingung gelangt mit Hilfe der Bedingungen 1. Ordnung, die sich bei Maximierung des Gesamtnutzens

$$U_1 + U_2 = u(y_1) + h(y_1 - y_2) - c(y_1) + u(y_2) + h(y_2 - y_1) - c(y_2)$$

ergeben. Vergleicht man (Gl. 3.5) mit (Gl. 3.13), so folgt – wiederum wegen $u''(y) < 0$ und $c''(y) > 0$ – dass das Einkommen im gesamtwirtschaftlichen Optimum niedriger als im Laisser-Faire-Zustand ist, d. h. dass $y^* < \hat{y}$ gilt.

Wenn wir in (3.9) $\hat{y}_{t^*} = y^*$ setzen, lässt sich auch leicht ein Steuersatz ermitteln, der in das Optimum führt. Dieser optimale Steuersatz t^* beträgt

$$ t^* = \frac{2h'(0)}{u'(y^*) + 2h'(0)}. \tag{3.14} $$

Die Intuition, die hinter diesen Resultaten über die Effekte von Statusorientierung steckt, lässt sich leicht erklären: Die Statusorientierung der Individuen schafft einen zusätzlichen Anreiz zum Einkommenserwerb, was an sich noch kein Problem ist. Wenn aber das Erwerbsstreben aller Individuen in dieser Weise stimuliert wird, übertölpeln sie sich bei ihrem Streben, die anderen zu übertreffen, gewissermaßen selber. Die Bemühungen eines Individuums um Verbesserung seines Status werden durch gleichgerichtete Aktivitäten des anderen Individuums konterkariert und damit faktisch zunichtegemacht. Anders gesagt: Bei Statusorientierung stellt ein zusätzlicher Einkommenserwerb eines Individuums für die anderen Individuen eine negative Externalität dar, die gegenüber dem erreichbaren Optimalzustand zu einer Wohlfahrtsminderung führt. Da im Nash-Gleichgewicht die Individuen trotz aller Anstrengungen doch wieder nur auf einem identischen Einkommensniveau landen und somit keinen echten Statusgewinn erzielen, nützt ihnen ihr Aufwand zur Verbesserung ihrer Statusposition im Endeffekt nichts. Vielmehr bewegen sich die Individuen in einem Hamsterrad, in dem sie trotz erhöhtem Aufwand nicht vorankommen, d. h. ihren Nutzen nicht steigern.

Die Umverteilung im Rahmen des beschriebenen Steuer-Transfer-Mechanismus führt in dieser Situation zu einer Internalisierung der wohlfahrtsschädlichen Externalität, indem sie die zu Statuszwecken vorgenommenen Anstrengungen für die Individuen weniger attraktiv macht. Der Anreiz zu selbstschädigendem Verhalten wird reduziert, und die Individuen sparen sich einen Teil der Kosten, die sie aufwenden, um im Wettkampf um Status die Nase vorne zu haben. Dadurch wird eine Pareto-Verbesserung erreicht.

Folgerung 3-3

Ein Umverteilungsmechanismus kann zur Abschwächung der individuellen Anreize zu unproduktivem statusorientiertem Verhalten und auf diese Weise zu einer Wohlfahrtsverbesserung beitragen. ◄

Durch Statusorientierung der Individuen werden noch weitere Verhaltensreaktionen ausgelöst. Wenn die Individuen auf ihre relative Position in der Gesellschaft Wert legen, wird es in der Regel für sie auch wichtig sein, dass ein hoher Status nach außen deutlich sichtbar ist. Die Signalisierung von Status erfolgt durch Statusgüter, zu denen v. a. bestimmte Luxusgüter wie Segelyachten, Reitpferde, Luxusautos, Brillantencolliers usw.

gehören. Aber auch im alltäglichen Bereich gibt es ähnliche Phänomene. So ist immer wieder zu hören, dass Kinder mit teurer Markenkleidung ausgestattet sein müssen, um von ihren Altersgenossen respektiert zu werden. Für die Eltern können dadurch die von Kindern verursachten Kosten beträchtlich erhöht werden.

Durch die zum Erwerb von Statusgütern erforderlichen Geldausgaben sinkt zudem die relative Bedeutung nicht-monetärer Nutzenkomponenten wie etwa der Freizeit. Die Bereitschaft der Individuen, auf Freizeit zu verzichten und mehr zu arbeiten, steigt, weil sie sich nur so zusätzliche Statusgüter leisten können. Statusorientierung erhöht dann auch die Schwelle, bei der sich eine Sättigung mit Einkommen bzw. Konsumgütern einstellt. Neben der Freizeit erscheinen dann auch andere, nicht auf den Gelderwerb ausgerichtete Aktivitäten wie etwa die Kindererziehung den Individuen als weniger wertvoll. In materialistischen Gesellschaften, die auf Status großen Wert legen, ist so gesehen mit einer niedrigeren Geburtenrate zu rechnen. Allerdings kann – wie sich in traditionellen patriarchalischen Gesellschaften zeigt – eine hohe Kinderzahl auch als Statusmerkmal gelten, so dass es ganz entscheidend von den herrschenden gesellschaftlichen Wertvorstellungen abhängt, in welcher Richtung Statusorientierung die demografische Entwicklung beeinflusst. In den entwickelten Volkswirtschaften macht sich in den vergangenen Jahren zudem ein Trend bemerkbar, gesellschaftlichen Status durch bewusste Abkehr von herkömmlichen Konsummustern zu gewinnen. Vom möglichen Fahrspaß abgesehen zählt dabei ein schickes Fahrrad mehr als ein teures Auto. Wie sich dieser Wandel bei den Statuspräferenzen auf die Anreize zum Einkommenserwerb auswirkt, dürfte eine spannende Frage sein.

3.2 Die Versicherungsfunktion des Staates

3.2.1 Das Problem

Ob Individuen im Laufe ihres Lebens reich oder arm werden, hängt in einem nicht unerheblichen Maße von Glück oder Pech ab. Insbesondere ist in der Regel nicht genau prognostizierbar, welchen Marktwert Kapitalgüter in der Zukunft haben werden und ob eine Investition den erhofften Ertrag tatsächlich erbringt. Solche Investitionsrisiken bestehen insbesondere auch beim Humankapital, d. h. beim Erwerb berufsspezifischer Fertigkeiten und Kenntnisse eines Individuums. Welche Art der Ausbildung, d. h. welche Investition in das eigene Humankapital, sich für ein Individuum wirklich lohnt, lässt sich angesichts der Unwägbarkeiten der Entwicklung der Arbeitsnachfrage nur schwer voraussehen.

Erworbenes Humankapital kann sich entwerten, und zwar sogar schlagartig. Dazu kommt es nicht nur auf individueller Ebene etwa durch Krankheiten und Unfälle, sondern auf kollektiver Ebene ist dies auch vielfach die Folge wirtschaftlichen Wandels (etwa durch die Entwicklung neuer Güter und Produktionsverfahren, die Veränderung von Präferenzen, den Zusammenbruch einzelner Unternehmen oder ganzer Branchen).

Nach Erfindung des Automobils waren die Dienstleistungen von Hufschmieden wesentlich weniger gefragt, und durch die Verlagerung der Produktion in das kostengünstigere Ausland hat die spezielle Qualifikation von Textilingenieuren in Deutschland an Wert eingebüßt. Die wirtschaftliche Entwicklung als Prozess der „kreativen Zerstörung" macht somit auch vor dem Einzelnen und den von ihm erworbenen Fähigkeiten nicht Halt.

In einer frühen Lebensphase wissen die Individuen über ihren späteren wirtschaftlichen Erfolg oder Misserfolg und die Renditen ihrer (Humankapital)Investitionen nur ungenau Bescheid. Wenn die Individuen risikoscheu sind, werden sie *ex ante* (bevor der Zufall wirkt und zur Zuweisung einer bestimmten Einkommensposition führt) den Wunsch verspüren, sich gegen die sich auf diese Weise ergebenden Risiken abzusichern. Sie werden deshalb in bestimmtem Umfang eine Umverteilung der Einkommen *ex post* (nach ihrer Realisierung) befürworten. Staatliche Umverteilungsmaßnahmen erhalten aus dieser Perspektive den Charakter einer Versicherung, die dann ihrerseits Rückwirkungen auf die Investitionstätigkeit der Individuen hat. Wir stellen dieses Motiv für eine staatliche Umverteilung und die dabei resultierenden Anreiz- und Wohlfahrtseffekte jetzt anhand eines einfachen Modells dar.

3.2.2 Wohlfahrtserhöhung durch Umverteilung bei Risiko: Das Grundmodell

Wir nehmen an, dass vor Ablauf des Zufallsprozesses ein repräsentatives Individuum mit dem Anfangsvermögen W_0 nur weiß, dass es später mit der Wahrscheinlichkeit $\pi_1 = \pi$ die Endvermögensposition $W_1 = W_0 - L$ einnehmen und mit der Gegenwahrscheinlichkeit $\pi_2 = 1 - \pi$ auf der Endvermögensposition $W_2 = W_0$ bleiben wird. Der Misserfolg äußert sich also in einem Vermögensverlust in Höhe von L. In einer großen Gruppe und bei stochastisch unabhängigen Einzelschicksalen ist das Gesetz der großen Zahlen anwendbar. Dann entspricht die Misserfolgswahrscheinlichkeit π_1 auch dem *Anteil* der Individuen an der Gesamtpopulation, die Pech haben, während π_2 den Anteil der „Glücklichen" angibt. Die Wahrscheinlichkeiten stimmen in diesem Falle mit den relativen Häufigkeiten überein.

Zur Beurteilung der Vorteilhaftigkeit riskanter Projekte eines Individuums wird jeder Endvermögenswert W durch eine *von Neumann-Morgenstern* (vNM) *Nutzenfunktion* $u(W)$ bewertet, die monoton in W wächst. Als Ausdruck der unterstellten Risikoaversion des betrachteten Individuums soll die vNM-Nutzenfunktion zudem streng konkav sein, so dass bei zweifacher Differenzierbarkeit von $u(W)$ für deren zweite Ableitung $u''(W) < 0$ gilt. Der Wert, den ein riskantes Projekt (bzw. die entsprechende „Lotterie") $(W_1, \pi_1; W_2, \pi_2)$ für das betrachtete Individuum hat, wird dann durch den *Erwartungsnutzen*

$$EU = \sum_{i=1}^{2} \pi_i \cdot u(W_i)$$

(3.15)

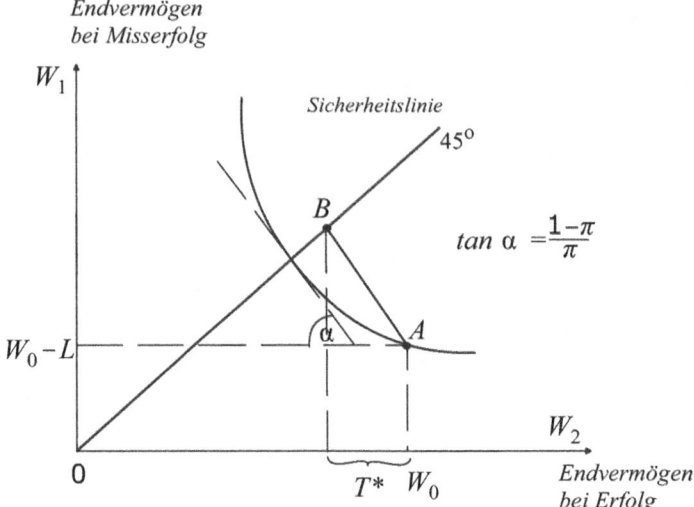

Abb. 3.4 Erwartungsnutzenerhöhung durch Transferschema

des Projektes gemessen. Für gegebene Wahrscheinlichkeiten/Häufigkeiten $\pi_1 = \pi$ und $\pi_2 = 1 - \pi$ beschreiben wir in einem W_2-W_1-Diagramm (vgl. Abb. 3.4) *Linien gleichen Erwartungsnutzens*. Auf einer solchen Indifferenzkurve liegen alle Endvermögenskombinationen (W_1, W_2), die bei gegebenen Wahrscheinlichkeiten und gegebener vNM-Nutzenfunktion $u(W)$ als gleichwertig gelten. Jede solche Indifferenzkurve hat einen fallenden Verlauf und ist aufgrund der unterstellten Risikoaversion konvex. An einer bestimmten Stelle (W_1, W_2) beträgt der Anstieg einer Erwartungsnutzen-Indifferenzkurve

$$\frac{dW_1}{dW_2} = -\frac{\pi_2 \cdot u'(W_2)}{\pi_1 \cdot u'(W_1)} = -\frac{(1 - \pi) \cdot u'(W_2)}{\pi \cdot u'(W_1)} \tag{3.16}$$

Im Schnittpunkt mit der Winkelhalbierenden, d. h. der *Sicherheitslinie,* auf der $W_1 = W_2$ gilt, hat jede Indifferenzkurve deshalb die Steigung $-\pi_2/\pi_1$. Aus (Gl. 3.16) folgt zudem, dass eine durch einen bestimmten Punkt (W_1, W_2) unterhalb der Winkelhalbierenden verlaufende Indifferenzkurve dort umso steiler (flacher), je kleiner (größer) die Misserfolgswahrscheinlichkeit $\pi = \pi_1$ ist.

Durch ex ante geplante Umverteilungsmaßnahmen für die ex post realisierten Einkommen gelingt es in dieser Situation, den Erwartungsnutzen der Individuen zu erhöhen. Ein entsprechendes Transferschema findet dann hinter dem schon in Abschn. 2.3 verwendeten *Schleier des Nichtwissens,* wenn noch niemand weiß, ob ihn das Schicksal zu einem Erfolgsmenschen oder zu einem Pechvogel machen wird, allgemeine Zustimmung. In einem demokratischen Abstimmungsverfahren würde ein solcher Umverteilungsmechanismus von allen Bürgern einstimmig gebilligt. Welche Art der Umverteilung dabei gewählt würde, wollen wir jetzt genauer analysieren.

Wenn jedes erfolgreiche Individuum einen Transfer in Höhe von T zu zahlen hat und im Umverteilungsprozess keine Transaktionskosten entstehen, erhält jedes erfolglose Individuum den Betrag $(\pi_2/\pi_1) \cdot T$. Für verschiedene Niveaus von T liegen die möglichen Kombinationen der Vermögensniveaus nach Einrichtung des Umverteilungsmechanismus auf einer (Transfer-)Geraden mit dem Anstieg $-\pi_2/\pi_1$, die durch den Ausgangspunkt $(W_0, W_0 - L)$ führt. Bei einer Erhöhung von T (grafisch: der Annäherung der Nach-Transfer-Vermögensposition an die Sicherheitslinie) erhöht sich der Erwartungsnutzen eines Individuums hinter dem Schleier des Nichtwissens. In Abhängigkeit von T beträgt dieser Erwartungsnutzen

$$EU = \pi_1 \cdot u(W_0 - L + \frac{\pi_2}{\pi_1}T) + \pi_2 \cdot u(W_0 - T) \tag{3.17}$$

Durch Ableitung dieses Ausdrucks nach T ergibt sich als Bedingung erster Ordnung für den optimalen Transfer T^*

$$dEU = \pi_2 \cdot \left(u'(W_0 - L + \frac{\pi_2}{\pi_1}T^*) - u'(W_0 - T^*) \right) = 0. \tag{3.18}$$

Diese Bedingung ist genau dann erfüllt, wenn

$$W_0 - L + \frac{\pi_2}{\pi_1}T^* = W_0 - T^* \tag{3.19}$$

gilt, d. h. wenn das Vermögen von Erfolgreichen und Erfolglosen vollständig angeglichen ist. Die Konkavität der Nutzenfunktion sorgt dann – wie man leicht nachrechnet – für die Erfüllung der Bedingung zweiter Ordnung für ein Maximum des Erwartungsnutzens beim Transferbetrag T^*, dessen Höhe

$$T^* = \pi_1 \cdot L. \tag{3.20}$$

beträgt. Daraus folgt, dass die Individuen in der hier betrachteten Situation ex ante sogar für eine Umverteilungspolitik votieren, die eine völlige Nivellierung der Einkommen ex post zur Folge hätte. In Abb. 3.4 führt der optimale Transfer T^* zum Punkt B auf der Sicherheitslinie.

Folgerung 3-4

Risikoaverse Individuen bevorzugen hinter dem Schleier des Nichtwissens eine Umverteilungspolitik ex post, die bei vollkommener Zufallsabhängigkeit der möglichen Einkommenspositionen und ohne Transaktionskosten sogar zu einer völligen Angleichung der Einkommensniveaus führt. ◄

3.2.3   Der Zusammenhang mit dem klassischen Utilitarismus und der Gerechtigkeitstheorie von Rawls

Dass Transfers von Reich zu Arm den Erwartungsnutzen erhöhen, liegt daran, dass bei Risikoscheu der vNM-Grenznutzen einer Einkommens-Einheit beim ärmeren Individuum über dem beim reicheren liegt. Wenn man $u(W)$ nicht als vNM-Nutzenfunktion, sondern als Wohlbefindensindikator („echtes Nutzenempfinden beim Vermögen W") interpretiert, entspricht die Konkavität von $u(W)$ einer Standardannahme des *Utilitarismus,* gemäß der ein Einkommenszuwachs einem armen Individuum mehr nützt als einem reichen. Der Erwartungsnutzen aus der Theorie der individuellen Entscheidung bei Risiko ist aus dieser Perspektive analog zu einer (additiv-separablen) *gesellschaftlichen Wohlfahrtsfunktion,* welche den gesellschaftlichen Gesamtnutzen misst und die wir bereits im Abschn. 2.3 kennengelernt haben. Das im vorherigen Abschnitt formulierte Argument besagt dann, dass diese gesamtwirtschaftliche Wohlfahrt maximal wird, wenn ein gegebenes Gesamtvermögen bzw. -einkommen gleichmäßig verteilt ist. Auf diese Weise gelangt man zu einer Begründung der Gleichverteilungsmaxime, wie sie der klassische Utilitarismus entwickelt hat.

Dass Umverteilungsmaßnahmen im Eigeninteresse völlig egoistischer, jedoch risikoaverser Individuen liegen, die ihre zukünftige soziale Position nicht kennen, ist auch ein zentrales Element des Ansatzes, den der Sozialphilosoph *John Rawls* (1921–2002) im Jahre 1971 in seinem berühmten Buch „Theorie der Gerechtigkeit" entwickelt hat. Rawls selber hat im Zusammenhang mit der Annahme eines Schleiers des Nichtwissens die *Maximin-Regel* als Bewertungskriterium für Vermögens-(Einkommens-) Profile vorgeschlagen. Dabei werden – wie gleichfalls bereits im Abschn. 2.3 gezeigt – die verschiedenen Vermögens- bzw. Einkommensprofile nur nach der Höhe des jeweils niedrigsten individuellen Vermögensniveaus beurteilt. Ein solches „Ranking" erscheint aber nicht immer einleuchtend: Gemäß der Maximin-Regel ist beispielsweise das Vermögensprofil (10, 1000, 1000) (mit der Eintrittswahrscheinlichkeit von 1/3 für jeden der drei Endvermögenswerte) dem Vermögensprofil (9, 100.000, 100.000) überlegen. Dieses Urteil widerspricht jedoch der moralischen Intuition, weil man beim zweiten Vermögensprofil ein ca. 100 mal so großes Gesamtvermögen realisieren könnte. Aus der Perspektive der Entscheidungstheorie bei Risiko verkörpert die Maximin-Regel eine unendlich hohe Risikoaversion – analog zur unendlich hohen Ungleichheitsaversion aus Abschn. 2.3. Als Hypothese für das Verhalten von Individuen bei Risiko scheint diese Annahme bei realistischer Betrachtung nicht allzu plausibel. Auch hinter dem von *Rawls* benutzten Schleier des Nichtwissens würden die Individuen ja vermutlich bereit sein, sich gewissen Verlustrisiken auszusetzen, wenn sie dafür entsprechende Chancen auf Vermögensmehrung bekommen.

Der Wunsch risikoscheuer Individuen, sich durch die Etablierung wohlfahrtsstaatlicher Umverteilungsmechanismen gegen Wechselfälle des Lebens abzusichern, kann auch zu einer Erklärung für die historische Entwicklung des Sozialstaats beitragen: In dynamischen wachstumsorientierten Gesellschaften, in denen für die Einzelnen große wirtschaftliche Chancen, aber auch erhebliche Risiken bestehen, sind aus der Sicht dieses Ansatzes relativ viele Umverteilungsmaßnahmen zu erwarten. Wenn jeder um seinen Platz in der Sozialhierarchie kämpfen muss und der Ausgang dieses Kampfes ungewiss ist, ist der Absicherungsbedarf besonders ausgeprägt. In einer statischen Klassengesellschaft, in der jeder weiß, wo er steht und stehen bleiben wird, ergibt sich demgegenüber nur ein geringer Bedarf an einer zur Minderung individueller Einkommensrisiken vorgenommene Umverteilungspolitik.

Im Übrigen ist auch zu beachten, dass diese Begründung für Umverteilung umso weniger greift, je weniger die Ungleichheit der Einkommens- bzw. Vermögenspositionen auf Zufall, sondern auf von den Individuen selber beeinflussbaren Faktoren beruht und der Umverteilungsprozess Kosten verursacht.

3.2.4 Die Theorie des Wohlfahrtsstaates von Hans-Werner Sinn: Wohlfahrtsgewinne durch erhöhte Risikoübernahme

Das Vorhandensein von Umverteilungsmechanismen hat in der Regel Auswirkungen auf das Verhalten der Individuen. Wenn sie gegen Verlustgefahren abgesichert sind, steigt auch ihre Bereitschaft, riskante Projekte zu wagen. Zahl und Umfang der in Angriff genommenen innovativen (und damit in der Regel riskanten) Investitionen wird zunehmen, und die Individuen werden insbesondere bereit sein, mehr Humankapital zu bilden. Umverteilungsmaßnahmen zum Zwecke der Minderung des individuellen Risikos können auf diesem Weg wachstumsfördernde Effekte haben.

Ein auf diesem Gedanken basierender Ansatz zur ökonomischen Rechtfertigung staatlicher Umverteilungsmaßnahmen wurde von *Hans-Werner Sinn* (dem früheren Präsidenten des ifo Instituts in München) entwickelt (vgl. Sinn 1995, 1996). Die *Sinn'sche Theorie des Wohlfahrtsstaates* baut dabei auf der Theorie der Steuerwirkungen bei Risiko auf, die sich schon seit längerem in der finanzwissenschaftlichen Literatur findet. In Bezug auf die Sparentscheidung von Individuen wurden positive Anreizeffekte von Umverteilungsmechanismen und die dadurch bewirkte Minderung der individuellen Risiken von Varian (1980) beschrieben.

3.2.4.1 Das Modell

Im Modell von *Sinn* wird davon ausgegangen, dass es eine große Zahl identischer Individuen mit individuellem Anfangsvermögen W_0 und der vNM-Nutzenfunktion $u(W)$ gibt. Alle diese Individuen haben die Möglichkeit, in riskante Projekte derselben Art zu investieren, wobei ein repräsentatives Individuum den Umfang seiner riskanten Investition kontinuierlich variieren kann. Bei einer Humankapitalinvestition bedeutet diese Annahme, dass sich ein Individuum für kürzere oder längere Ausbildungszeiten entscheiden kann. Bei einer Investition in Sachkapital kann man sich zur Interpretation dieses Modells hingegen vorstellen, dass ein Unternehmer die Größe seiner Produktionskapazitäten und damit das Ausmaß seines Risikoengagements in gewissen Grenzen

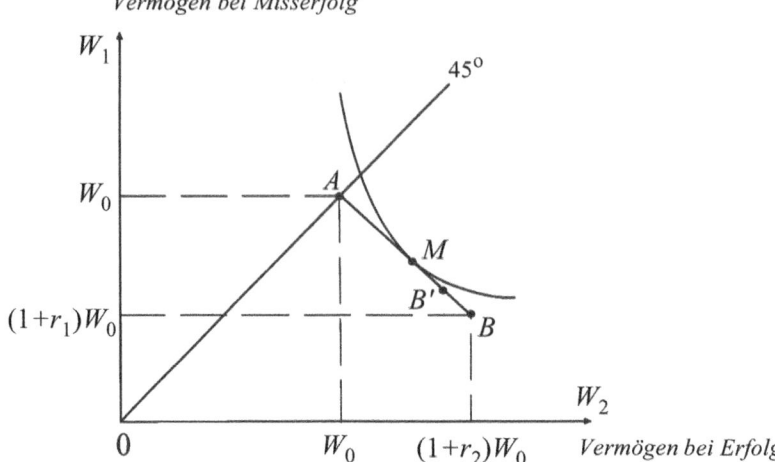

Abb. 3.5 Der Domar-Musgrave-Effekt

beliebig wählen kann. Die Eintrittswahrscheinlichkeiten und Auszahlungen dieser Projekte sollen für alle Individuen gleich sein.

Das riskante Projekt eines Individuums ist dadurch charakterisiert, dass für jeden investierten Euro sich das Vermögen des Individuums bei Scheitern des Projektes um r_1€ ($r_1 < 0$) vermindert, und bei Gelingen um r_2€ ($r_2 > 0$) erhöht. Hat das Individuum aus seinem Anfangsvermögen W_0 den Betrag V in das riskante Projekt investiert, erzielt es in den beiden möglichen Zuständen $i = 1, 2$ also die Endvermögenswerte $W_0 - V + V(1 + r_i) = W_0 + r_i V$. Wenn das Individuum überhaupt nichts in das riskante Projekt investiert ($V = 0$), verbleibt es in Abb. 3.5 im Punkt $A = (W_0, W_0)$ auf der Sicherheitslinie; investiert es sein gesamtes Anfangsvermögen riskant ($V = W_0$), gelangt es in den Punkt $B = ((1 + r_2)W_0, (1 + r_1)W_0)$. Die Verbindungsstrecke zwischen A und B definiert dann die Möglichkeitslinie, die alle durch Variation von $V \in [0, W_0]$ erreichbaren Endvermögenskombinationen angibt.

Mit M bezeichnen wir den Punkt auf der Stecke AB, in dem der Erwartungsnutzen des repräsentativen Individuums maximal wird. Der Parameter $a^* = V^*/W_0 = \overline{AM}/\overline{AB}$ gibt dann an, welchen *Anteil* des Anfangsvermögens das Individuum zur Maximierung seines Erwartungsnutzens in das riskante Projekt stecken wird. Wenn sich das Individuum für keine der Randlösungen $V = 0$ bzw. $V = W_0$ entscheidet, wird die Möglichkeitslinie AB im Optimalpunkt M von einer Erwartungsnutzen-Indifferenzkurve tangiert.

Wenn – wie bereits zuvor – $\pi_1 = \pi$ die Misserfolgs- und $\pi_2 = 1 - \pi$ die Erfolgswahrscheinlichkeit des Investitionsprojektes bezeichnen, findet man die optimale Investition V^* eines Individuums in das riskante Projekt mathematisch durch Maximierung seines Erwartungsnutzens, d. h. durch Lösung des Optimierungsproblems

$$\max_V \pi_1 u(W_0 + r_1 \cdot V) + \pi_2 u(W_0 + r_2 \cdot V). \tag{3.21}$$

Als Bedingung erster Ordnung für den optimalen Wert V^* ergibt sich dann

$$-\pi_1 \cdot u'(W_0 + r_1 V^*) \cdot r_1 = \pi_2 \cdot u'(W_0 + r_2 V^*) \cdot r_2, \tag{3.22}$$

was heißt, dass der (mit π_1 und r_1 gewichtete) Grenznutzen des Endvermögens im Misserfolgsfall mit dem (mit π_2 und r_2 gewichteten) Grenznutzen des Endvermögens im Erfolgsfall übereinstimmen muss. Im Optimum muss eine zusätzliche Einheit an Vermögen also sowohl im günstigen als auch im ungünstigen Fall den gleichen (marginalen) Zuwachs beim vNM-Nutzen erbringen.

Damit das Individuum überhaupt bereit ist, einen Teil seines Anfangsvermögens riskant zu investieren und man somit zu $V^* > 0$ gelangt, muss der aus der aus einer riskanten resultierende Erwartungswert des *Vermögenszuwachses* positiv sein, sodass

$$\pi_1(1 + r_1)V + \pi_2(1 + r_2)V - V > 0 \text{ bzw.}$$
$$\pi_1 r_1 + \pi_2 r_2 > 0 \tag{3.23}$$

gelten muss.

Weshalb (Gl. 3.23) eine notwendige und hinreichende Bedingung für $V^* > 0$ liefert, kann man sich grafisch auch leicht dadurch klarmachen, dass man den Anstieg der Budgetlinie r_1/r_2 mit dem Anstieg $-\pi_2/\pi_1$ der Erwartungsnutzen-Indifferenzkurven auf der Sicherheitslinie vergleicht: Zu einer positiven Investition in das riskante Projekt kommt es genau dann, wenn die Indifferenzkurven beim Schnittpunkt mit der Sicherheitslinie steiler verlaufen als die Budgetgerade, d. h. eben wenn $\frac{\pi_2}{\pi_1} > \frac{-r_1}{r_2}$ gilt.

3.2.4.2 Der Domar-Musgrave-Effekt

Gefragt wird jetzt danach, wie sich die Entscheidung eines individuellen Unternehmers ändert, wenn sich der Staat gleichmäßig an den Gewinnen und den Verlusten aus dem riskanten Projekt beteiligt. Der dabei auftretende Effekt entspricht der Wirkung einer Einkommen- bzw. Vermögenszuwachssteuer mit dem Steuersatz t und vollständigem Verlustausgleich. Bei symmetrischer Partizipation des Staates an Gewinnen und Verlusten erhält man als Endpunkt der Möglichkeitslinie den Punkt

$$B' = [W_0(1 + (1 - t)r_2), W_0(1 + (1 - t)r_1)], \tag{3.24}$$

während der Anfangspunkt bei $A = (W_0, W_0)$ verbleibt. Durch eine solche Steuer reduzieren sich sowohl der maximale Gewinn als auch der maximale Verlust (gegenüber W_0) proportional um den Anteil t ihres ursprünglichen Wertes. Geometrisch bedeutet dies, dass sich die Möglichkeitslinie auf das $(1-t)$-fache ihrer ursprünglichen Länge verkürzt (vgl. Abb. 3.5).

Für die Höhe der optimalen Investition in das riskante Projekt hat dies die folgenden Konsequenzen: Angenommen, ohne die Steuer hätte sich eine innere Lösung M ergeben, d. h. eine Lösung, die weder mit A noch mit B zusammenfällt. Sofern der Steuersatz t so niedrig ist, dass der neue Endpunkt der Möglichkeitslinie B' – wie in Abb. 3.5 dargestellt – noch rechts von M liegt, d. h. falls $t < \overline{MB}/\overline{AB}$ gilt, bleibt es auch nach Einführung der Steuer bei der Endvermögenskombination M als bestmöglichem Ergebnis für das

Individuum. Jedoch entspricht dem gleichen Punkt M jetzt eine höhere Investition in das riskante Projekt. Die Funktion $V(t)$, die den beim Steuersatz t riskant investierten Vermögensbetrag angibt, wächst also in t. Bezogen auf den *Anteil* $a(t) = V(t)/W_0$ am Anfangsvermögen, der beim Steuersatz t in das riskante Projekt fließt, gilt nämlich

$$a(t) = \frac{\overline{AM}}{\overline{AB'}} = \frac{\overline{AM}}{(1-t)\overline{AB}} = \frac{1}{1-t}a(0) = \frac{1}{1-t}a^*. \tag{3.25}$$

Durch die staatliche Risikobeteiligung steigt der riskant investierte Teil des Anfangsvermögens gemäß (Gl. 3.25) also auf das $1/(1-t)$-fache seines ursprünglichen Wertes.

Dieses Ergebnis lässt sich auch folgendermaßen erklären: Würde das Individuum auch nach Besteuerung den gleichen Teil von W_0 in das riskante Projekt stecken wie zuvor, wäre der gewichtete Grenznutzen des Endvermögens im ungünstigen Fall kleiner als der gewichtete Grenznutzen des Endvermögens im günstigen Fall. Gleichheit der Grenznutzen im Erfolgs- und im Misserfolgsfall wird nur dann erreicht, wenn die Investition in das riskante Projekt so angepasst wird, dass (Gl. 3.25) gilt. Für die absolute Größe des riskant investierten Vermögensbetrags $V(t)$ hat man dann natürlich ebenfalls

$$V(t) = a(t)W_0 = \frac{a^*}{1-t}W_0 = \frac{1}{1-t}V^*. \tag{3.26}$$

Algebraisch kann man diese Steuerwirkungen auch ganz einfach dadurch begründen, dass man im Optimierungsproblem (Gl. 3.21) die Ausdrücke r_i durch $(1-t)\,r_i$ ersetzt. Dadurch modifiziert sich (Gl. 3.22) zu

$$-\pi_1 \cdot u'(W_0 + r_1(1-t) \cdot V(t)) \cdot (1-t)r_1 = \pi_2 \cdot u'(W_0 + r_2(1-t) \cdot V(t)) \cdot (1-t)r_2. \tag{3.27}$$

Da man beide Seiten durch $1-t$ kürzen kann, zeigt der Vergleich von (Gl. 3.27) mit (Gl. 3.22), dass falls V^* die Gleichung (Gl. 3.22) löst, für $V(t)$ die Bedingung

$$W_0 + r_1(1-t) \cdot V(t) = W_0 + r_1 V^* \tag{3.28}$$

gelten muss. Damit erhält man auch auf diesem Wege $V(t) = \frac{1}{1-t}V^*$ wie in (Gl. 3.26).

Der absolute Vermögensbetrag V, der in das riskante Projekt investiert wird, steigt durch die Steuer mit vollkommenem Verlustausgleich also auf das $1/(1-t)$-fache seines ursprünglichen Wertes. Diese risikofördernde Wirkung einer staatlichen Risikobeteiligung ist in der steuertheoretischen Literatur als *Domar-Musgrave-Effekt* bekannt (vgl. Domar und Musgrave 1944).

Folgerung 3-5

Der Domar-Musgrave-Effekt besagt, dass bei risikoaversen Individuen die proportionale Beteiligung des Staates an den Gewinnen und Verlusten eines Projektes mit dem Faktor t die Investition in dieses Projekt auf das $1/(1-t)$-fache des ursprünglichen Wertes erhöht. ◄

3.2.4.3 Die Wirkung eines Umverteilungsmechanismus: Der Sinn-Effekt

Mit einer Umverteilung zwischen Erfolgreichen und Erfolglosen hat der rein partial-analytische Domar-Musgrave Effekt zunächst aber noch nichts zu tun. Um die auf ihm beruhenden Umverteilungswirkungen herauszuarbeiten, muss darüber hinaus die *Verwendung des Steueraufkommens* berücksichtigt werden. Zu diesem Zweck wird wiederum angenommen, dass die einzelnen riskanten Projekte der Individuen stochastisch unabhängig voneinander sind. Die individuellen Risiken gleichen sich dann aus, sodass das Steueraufkommen pro Kopf im Aggregat nach dem Gesetz der großen Zahlen zu einer (quasi) sicheren Größe wird. Der Staat trägt dann faktisch kein Risiko: Er ist in der Lage, aus den Steuereinnahmen die Aufwendungen etwa für ein öffentliches Gut in vorab festgelegtem Umfang zu finanzieren.

Die Steuer verursacht in diesem Fall nicht nur keine „Kosten" in Form steuerlicher Zusatzlasten, sondern sie führt (ähnlich wie eine *Pigou-Steuer,* die zur Internalisierung von Umweltbeeinträchtigungen dient), sogar zu einer Wohlfahrtserhöhung: Der Nutzen der Individuen aus der Investitionstätigkeit bleibt gleich, weil sie mit und ohne Besteuerung den Punkt *M* in der Abb. 3.5 erreichen. Weil die Individuen jedoch aufgrund ihrer Risikoaversion (vgl. Gl. 3.23) nur in Projekte mit positivem erwarteten Ertrag investieren, wird aus der Besteuerung der Investitionserträge ein positives Steueraufkommen erzielt, das zur Finanzierung öffentlicher Güter verwendet werden kann. Wenn diese öffentlichen Güter von allen Individuen (den Erfolglosen und den Erfolgreichen) gleichermaßen genutzt werden, ergibt sich darüber hinaus nicht nur ein Zuwachs an Wohlfahrt, sondern auch ein nivellierender Verteilungseffekt in Bezug auf die von den Individuen erreichten Nutzen.

Die hier betrachtete Einkommensteuer mit vollständigem Verlustausgleich kann aber auch zum Bestandteil eines *geschlossenen Umverteilungsmechanismus* werden, bei dem die gesamten Steuereinnahmen an die Bürger zurückverteilt werden. Dazu nehmen wir an, dass das sichere Steueraufkommen pauschal und in gleichen Beträgen (also insbesondere unabhängig von Erfolg oder Misserfolg der jeweiligen Investitionsprojekte) an die Individuen zurückfließt.

Wir betrachten nun ein einzelnes Individuum und gehen dabei davon aus, dass alle anderen Individuen die Investition $\tilde{V}$ in das riskante Projekt gewählt haben. Dann erhält dieses Individuum als eines unter sehr vielen einen sicheren Transfer $T(\tilde{V})$ annähernd in Höhe des Erwartungswerts des Steueraufkommens pro Kopf, d. h. man hat

$$T(\tilde{V}) = t(\pi_1 r_1 + \pi_2 r_2)\tilde{V} > 0. \tag{3.29}$$

Wir nehmen jetzt weiter an, dass das betrachtete Individuum (gemäß der Nash-Verhaltenshypothese) das von den anderen Individuen gewählte $\tilde{V}$ als gegeben ansieht und den entsprechenden Rückerstattungsbetrag $T(\tilde{V})$ bei seiner Investitionsentscheidung antizipiert. In Abb. 3.6 wird die Möglichkeitslinie eines einzelnen Individuum dann (bei gegebenem riskant investiertem Betrag $\tilde{V}$ der anderen) durch

$$W_i = T(\tilde{V}) + W_0 + (1 - t)r_i V \tag{3.30}$$

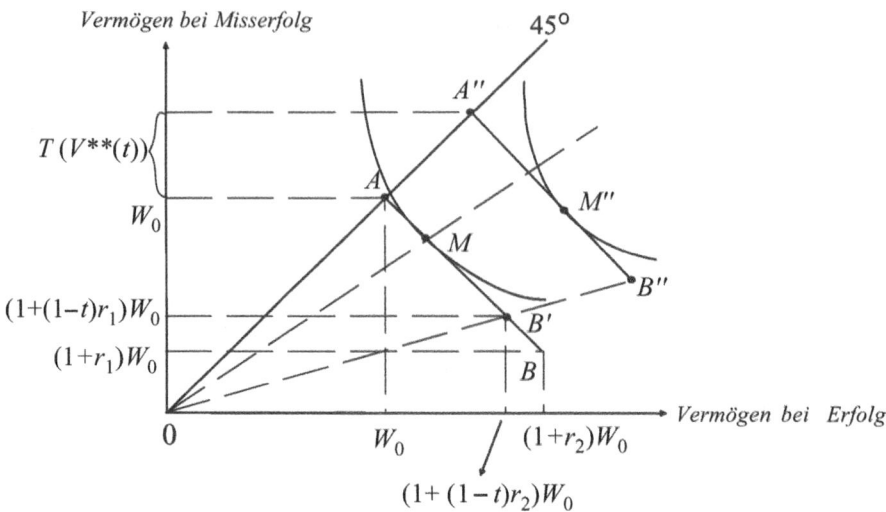

Abb. 3.6 Sinn'sches Redistributionsparadoxon

für die beiden Zustände $i = 1,\ 2$ und $0 \leq V \leq W_0$ bestimmt. Diese Möglichkeits-
linie ergibt sich aus der ursprünglichen Budgetgeraden durch Parallelverschiebung um
$T(\tilde{V})$ nach rechts oben. Gegenüber der Budgetlinie AB' mit Besteuerung, aber ohne
Rücktransfer der Steuereinnahmen wird sie zudem länger, was daran liegt, dass ein
Individuum jetzt zusätzlich zu W_0 noch den Transferbetrag $T(\tilde{V})$ riskant investieren kann.
Für die weitere Argumentation ist dieser Effekt aber ohne größere Bedeutung.

Der den Erwartungsnutzen des Individuums maximierende Wert von V auf dieser
neuen Möglichkeitslinie wird in Abhängigkeit vom Steuersatz t und dem Transferbetrag
$T = T(\tilde{V})$ mit $V^*(t, T(\tilde{V}))$ bezeichnet. Die Gleichgewichtslösung in diesem Steuer-
Transfer-Schema liegt dann bei dem Investitionsniveau $V^{**}(t)$, bei dem die Steuereinnahmen zu dem Transferbetrag $T(V^{**}(t))$ führen, bei dem sich ein einzelnes Individuum
gerade für die Investition von $V^{**}(t)$ in das riskante Projekt entscheidet. Bei $V^{**}(t)$
sind, anders formuliert, die Höhe der riskanten Investition und das dann erzielte und
pauschal rückerstattete Steueraufkommen miteinander konsistent. Formal bestimmt
sich dieser Gleichgewichtswert bei gegebenem Steuersatz t durch die Bedingung
$V^{**}(t) = V^*(t, T(V^{**}(t)))$.

Dass ein solches Gleichgewicht existiert und eindeutig ist, müsste genau genommen
noch bewiesen werden. Weil die dazu erforderlichen Überlegungen aber technisch ziemlich aufwendig sind, wird auf sie hier verzichtet. Vielmehr konzentrieren wir uns darauf,
das neue Gleichgewicht mit dem alten zu vergleichen.

Den Anfangspunkt der neuen gleichgewichtigen Möglichkeitslinie bezeichnen wir mit
A'', den Endpunkt mit B'' und das Erwartungsnutzenmaximum auf $A''B$ mit M. Der Punkt

B'' beschreibt das Ergebnis, das eintreten würde, wenn ein einzelnes Individuum sein gesamtes post-Transfer Anfangsvermögen $W_0 + T(V^{**}(t))$ in das riskante Projekt steckte.

Es ist eine übliche (und realistische) Annahme über individuelle Risikopräferenzen, dass mit zunehmendem Anfangsvermögen die Neigung zu riskanten Investitionen steigt. Diese *Verhaltenshypothese abnehmender absoluter Risikoaversion* (*Decreasing Absolute Risk Aversion*, DARA) bewirkt, dass $V^{**}(t) > V^*(t)$ gilt bzw. geometrisch in Abb. 3.6, dass der neue Optimalpunkt M weiter von der Sicherheitslinie entfernt ist als der alte Optimalpunkt M: $\overline{A''M''} > \overline{AM}$.

Insgesamt zeigen diese Überlegungen, dass das Ausmaß der Investition in das riskante Projekt durch den Steuer-Transfer-Mechanismus in zweifacher Weise positiv beeinflusst wird:

1. durch den Domar-Musgrave-Effekt, d. h. grafisch durch die Verkürzung *der ursprünglichen Budgetlinie* infolge der Steuer mit vollkommenem Verlustausgleich, sowie
2. durch einen Vermögens/Einkommens-Effekt infolge von DARA, d. h. grafisch durch die *Parallelverschiebung der verkürzten Budgetlinie nach oben* in Folge der Steuerrückerstattung.

Weil der Erwartungswert der Gewinne aus dem riskanten Projekt proportional zu V ist, ergibt sich eine Zunahme des Erwartungswerts der Endvermögen. Die Ökonomie wird „reicher", sodass die Einführung des Steuer-Transfer-Mechanismus in der Tat zu einer Erhöhung des Sozialprodukts sowie der Erwartungsnutzen der Individuen führt.

3.2.4.4 Das Redistributionsparadoxon von Sinn

Nachdem wir im vorherigen Abschnitt im Fall riskanter Projekte zunächst die Allokationseffekte einer Umverteilungspolitik betrachtet haben, sollen im Folgenden die sich dabei ergebenden Verteilungseffekte näher untersucht werden. Dazu halten wir zunächst fest, dass aufgrund des Gesetzes der großen Zahl in Abb. 3.6 die Koordinaten der beiden Gleichgewichtspunkte M und M'' die jeweils ex post vom π_1-ten bzw. vom π_2-ten Teil der Individuen erreichten Endvermögenswerte angeben. Offensichtlich ist keineswegs ausgeschlossen, dass M'' unterhalb der Geraden liegt, die den Ursprung mit dem ursprünglichen Optimalpunkt M verbindet. Und zwar tritt dieser Fall genau dann ein, wenn die vNM-Nutzenfunktion $u(W)$ nicht nur die Eigenschaft abnehmender absoluter, sondern sogar die abnehmender *relativer* Risikoaversion (*Decreasing Relative Risk Aversion*, DRRA) aufweist. Die DRRA-Annahme bedeutet, dass sich bei steigendem Anfangsvermögen der riskant investierte Vermögensteil prozentual erhöht, d. h. dass bei einer z. B. 20 %igen Erhöhung des Anfangsvermögens der riskant investierte Betrag um mehr als 20 % wächst. Es gilt dann.

$$\frac{V^{**}(t)}{W_0 + T(V^{**}(t))} > \frac{V^*(t)}{W_0}. \tag{3.31}$$

Auf der Verbindungsgeraden zwischen dem Ursprung und dem Punkt M liegen alle Vermögensprofile, die gemäß dem Lorenzkriterium genauso (un)gleich verteilt sind wie die Vermögensverteilung M, die sich bei Abwesenheit des Steuer-Transfer-Mechanismus einstellt. Wenn der neue Optimalpunkt M'' – wie in Abb. 3.6 eigezeichnet – unterhalb dieser Geraden liegt, so bedeutet dies, dass durch den Umverteilungsmechanismus die Ungleichheit der Endvermögensverteilung steigt.

Auf den ersten Blick erscheint dieses Ergebnis vielleicht überraschend, weil das Umverteilungsschema ja mit dem Ziel einer Verminderung der Ungleichheit zwischen Erfolgreichen und Erfolglosen eingeführt wurde. Der soeben beschriebene Sachverhalt wird deshalb auch als *Sinn'sches Redistributionsparadoxon* bezeichnet (vgl. Sinn 1995, 1996). Bei näherem Hinsehen wird die Ursache dieses unerwarteten Verteilungseffektes aber leicht erklärbar: Der Umverteilungsmechanismus schafft so starke Anreize zu einer zusätzlichen Investition in die riskanten Projekte, dass die dadurch ausgelösten ungleichheitsfördernden Effekte die primären nivellierenden Umverteilungseffekte des Steuer-Transfer-Mechanismus überkompensieren.

Wenn man will, kann man diesen Sachverhalt als Gegensatz zwischen distributiven Zielen (höhere Gleichverteilung der Einkommen bzw. Vermögen) und allokativen Zielen (Steigerung des Sozialprodukts) deuten. Zu beachten ist dabei jedoch, dass dieser Konflikt hier andere Ursachen als in den üblicherweise betrachteten Fällen hat, in denen er auf den von den Umverteilungsmaßnahmen ausgelösten Effizienzverlusten beruht. Im Modell von Sinn geht die Zunahme der Ungleichheit mit der Zunahme des Sozialprodukts einher, und es wäre der *Verzicht* auf redistributive Maßnahmen, der zu mehr Gleichheit bei einem geringeren Sozialprodukt führen würde.

Folgerung 3-6

Durch einen Umverteilungsmechanismus (mit pauschaler Rückerstattung der im Aggregat sicheren Steuereinnahmen) wird die investitionsfördernde Wirkung des Domar-Musgrave-Effekts verstärkt. Unter Umständen kann es dabei sogar zu einer unerwarteten Erhöhung der Ungleichheit der Vermögensverteilung ex post kommen (Sinn'sches Redistributionsparadox). ◄

Die risiko- und damit wachstumsfördernde Wirkung von Umverteilungsmechanismen beruht darauf, dass sich die Risiken einzelner stochastisch unabhängiger Investitionsprojekte im Aggregat ausgleichen und damit die Möglichkeit besteht, das vom Unternehmer selber zu tragende Risiko zu mindern. Mit abnehmender Eigenbeteiligung am Risiko sinkt jedoch gleichzeitig das Eigeninteresse an umsichtigem Verhalten bei der Auswahl und der Durchführung der Investitionsvorhaben. Die Möglichkeit, Risiken auf andere abwälzen zu können, schafft ein *Moral Hazard (oder Verhaltensrisiko)-Phänomen,* das Wohlfahrtsverluste erwarten lässt. Im Hinblick auf die Wohlfahrtseffekte besteht ein Konflikt zwischen Risikominderungsstrategien (durch Pooling und Streuung von Risiken) auf der einen Seite und dem durch individuelle Risikobeteiligung geschaffenen Anreiz zur sorgfältigen Überwachung und Kontrolle der Projekte auf der anderen Seite (vgl. Buchholz und Konrad 2000).

Ein solches *Prinzipal-Agenten-Problem* entsteht nicht erst durch die betrachteten staatlichen Maßnahmen. Vielmehr stellt es sich schon immer dann, wenn bei Investitionsprojekten die Kapitalgeber nicht mit den eigentlichen Unternehmern identisch sind. Durch eine staatliche Risikobeteiligung und die dadurch bewirkte Minderung der individuellen Risiken wird das Prinzipal-Agenten-Problem jedoch verschärft. Dass der Staat, wie im Modell von Sinn beschrieben, eine Versicherungsfunktion übernimmt, ist aufgrund dieser damit zwangsläufig verbundenen negativen Allokationseffekte somit nicht eindeutig positiv zu beurteilen. Speziell bei Humankapitalinvestitionen dürfte die Übernahme eines erheblichen Teils der individuellen Risiken durch den Staat, sei es durch kostenlosen Zugang zu Bildungseinrichtungen oder auch nur durch zinsgünstige Studienkredite, jedoch mit ökonomischen Vorteilen verbunden sein. Wegen der langen Ausreifungszeit gerade dieser speziellen Art von Investitionen und der großen Schwierigkeiten in jungen Jahren, Kreditsicherheiten beizubringen, sind die Möglichkeiten einer Finanzierung über den Kapitalmarkt hier stark beschränkt (vgl. z. B. Galor und Moav 2004). Gleichzeitig ist eine Eigenbeteiligung der Individuen am Projektrisiko automatisch gegeben, weil diese ja viel Zeit und Energie in ihre Ausbildung stecken.

3.3 Verbesserung der Funktionsbedingungen der Marktwirtschaft

3.3.1 Verminderung von Kontrollkosten

Wie Umverteilungsmaßnahmen in einem anderen Zusammenhang zur Abmilderung des Prinzipal-Agenten-Problems beitragen können, soll jetzt erörtert werden. Aus der Investitionstheorie weiß man, dass ein Investitionsprojekt genau dann als vorteilhaft gilt und durchgeführt werden sollte, wenn der Barwert der mit ihm verbundenen Einnahmen größer ist als der Barwert der mit ihm verbundenen Ausgaben. Auf die Höhe der Anfangsausstattung des Unternehmers kommt es dabei nicht an. Steht dem Unternehmer selber nicht ausreichend Kapital zur Finanzierung des Projekts zur Verfügung, kann er sich die fehlenden Mittel durch Beteiligungs- oder Fremdfinanzierung von Dritten verschaffen. Probleme treten in einer Idealwelt mit vollkommen symmetrischer Information dabei nicht auf. Wenn die Kapitalgeber über die gleichen Informationen verfügen wie der Unternehmer selber (und auch die gleichen Risikopräferenzen haben), werden sie auch zu keiner anderen Beurteilung der Vorteilhaftigkeit eines Investitionsprojektes kommen.

Die Realität ist jedoch von den idealen Bedingungen dieses Modells weit entfernt. Insbesondere ist nicht davon auszugehen, dass externe Kapitalgeber in gleichem Maße über die Chancen und Risiken eines Investitionsprojektes sowie über die Qualifikation des Unternehmers Bescheid wissen wie dieser selber. Vielmehr wird der Unternehmer, der das Projekt durchführt, in der Regel über einen Informationsvorsprung verfügen. Eine Umverteilung hin zu den Unternehmern kann in einer solchen Situation mit asymmetrischer Information zu einem Wohlfahrtsgewinn führen, weil sich dadurch der Spielraum für eigenverantwortliche Entscheidungen der besser informierten Unternehmer erweitern lässt. Wie es dazu kommen kann, zeigt das folgende kleine Modell.[5]

Es soll eine große Zahl „guter" und „schlechter" Unternehmer geben, die jeweils ein Investitionsprojekt durchführen können. Alle Projekte sind identisch sowohl im Hinblick auf mögliche Gewinne und Verluste als auch im Hinblick auf die bei Durchführung des Projektes anfallenden Kosten, die einheitlich c betragen sollen. Bei günstigem Ausgang ergibt sich bei jedem Projekt ein Erlös in Höhe von $x_2 > c$, bei ungünstigem Ausgang ein Erlös in Höhe von $x_1 = 0$. Der Gewinn im Erfolgsfall beträgt dann $y_2 = x_2 - c$. Im Misserfolgsfall entsteht hingegen ein Verlust in Höhe von c, d. h. der Gewinn beträgt $y_1 = -c$.

Weil die Unternehmer aber eine unterschiedliche Qualifikation zur Projektdurchführung verfügen, differieren die Misserfolgswahrscheinlichkeiten zwischen den beiden Typen von Unternehmern. Die Misserfolgswahrscheinlichkeit eines schlechten Unternehmers beträgt π_s, die eines guten Unternehmers π_g, wobei $\pi_s > \pi_g$ gilt. Die Erfolgswahrscheinlichkeiten sind dann $1 - \pi_s$ bzw. $1 - \pi_g$. Die Differenz zwischen π_s und π_g soll nun so groß sein, dass der Gewinnerwartungswert e_s eines Projektes bei Durchführung durch einen „schlechten" Unternehmers negativ, der Gewinnerwartungswert e_g bei einem guten Unternehmers jedoch positiv ist, d. h. es gilt

$$e_s = \pi_s y_1 + (1 - \pi_s) y_2 < 0$$
$$e_g = \pi_g y_1 + (1 - \pi_g) y_2 > 0. \tag{3.32}$$

Im Ausgangszustand verfügen alle Unternehmer zwar über ein gewisses Know-how, das sie prinzipiell zur Durchführung des Projekts befähigt, jedoch über keinerlei Kapital. Es gibt aber externe Kapitalgeber, die ausreichend Kapital zur Finanzierung der Kosten aller überhaupt infrage kommenden Projekte besitzen, und von denen wir der Einfachheit halber annehmen, dass sie risikoneutral sind. Zwischen Kapitalgebern und Unternehmern sollen die Informationen asymmetrisch verteilt sein, was bedeutet, dass zwar jeder Unternehmer seine eigene Qualität kennt, die Kapitalgeber aber bei ihrer Investitionsentscheidung nicht wissen, ob ein einzelner um Kapital nachsuchender Unternehmer „gut" oder „schlecht" ist.

Wenn ein Unternehmer genügend Kapital zur Finanzierung eines Projektes bekommt, wird er es immer durchführen, wenn er dabei zumindest keinen Verlust macht. Der Unternehmerlohn soll bei der Ermittlung von y_1 und y_2 schon berücksichtigt sein. Wir fragen uns jetzt, wie in dieser Situation Verträge zwischen Kapitalgebern und Unternehmern beschaffen sein können, in denen die Bedingungen der Überlassung von

---

[5]In komplizierteren Modellen werden ähnliche Effekt z. B. von Hoff und Lyon (1995), Aghion an Bolton (1997) und Aghion, Caroli und García-Penalosa (1999) behandelt.

Kapital in Höhe der Projektkosten c geregelt werden: Weil die Kapitalgeber die beiden Typen von Investoren nicht unterscheiden können, ist in den Vertragskonditionen allenfalls eine Differenzierung nach „Erfolg" und „Misserfolg" des jeweiligen Projektes möglich. Dabei soll es keine Verifizierungsprobleme geben. Es kann somit ohne Risiko vereinbart werden, dass ein Unternehmer im Misserfolgsfall den Betrag z_1 und im Erfolgsfall den Betrag z_2 an seinen Kapitalgeber bezahlt. Wenn der Anteil der schlechten Unternehmer α_s an der Gesamtheit der Unternehmer und der Anteil der guten α_g $(= 1 - \alpha_s)$ beträgt, hat ein Kapitalgeber unter diesen Bedingungen bei einem beliebigen von ihm finanzierten Projekt einen Gewinnerwartungswert in Höhe von $(\alpha_s \pi_s + \alpha_g \pi_g) z_1 + (\alpha_s (1 - \pi_s) + \alpha_g (1 - \pi_g)) z_2 - c$. Wenn – wie wir annehmen – die risikoneutralen Kapitalgeber die Anteilswerte α_g und α_s kennen, werden sie ihre Entscheidung über die Überlassung von Kapital an diesem Wert orientieren.

Wenn wir jetzt weiter annehmen, dass der ansonsten gemäß unserer Annahme völlig vermögenslose Unternehmer in der Durchführungsphase des Investitionsprojektes den gesamten Unternehmerlohn konsumiert, muss er die Zahlungen z_1 und z_2 völlig aus den Projekterträgen finanzieren. Es gilt also $z_1 = x_1 = 0$ und $z_2 \leq x_2 = y_2 + c$. Wegen $c = - y_1$ ist der Gewinnerwartungswert des Kapitalgebers dann sicher kleiner als

$$
\begin{aligned}
&(\alpha_s (1 - \pi_s) + \alpha_g (1 - \pi_g))(y_2 - y_1) + y_1 \\
&= (\alpha_s \pi_s + \alpha_g \pi_g) y_1 + (\alpha_s (1 - \pi_s) + \alpha_g (1 - \pi_g)) y_2 \\
&= \alpha_s e_s + \alpha_g e_g.
\end{aligned}
\tag{3.33}
$$

Wenn der Anteil α_s der schlechten Unternehmer groß ist, d. h. wenn $\alpha_s > e_g / (e_g - e_s)$ gilt, wird der Ausdruck in (Gl. 3.33) und damit der Gewinnerwartungswert des Kapitalgebers negativ. Dies hat zur Folge, dass in diesem Fall kein Investitionsprojekt, weder ein schlechtes noch ein gutes, realisiert wird. Das wohlfahrtserhöhende Potenzial der Projekte guter Unternehmer wird in diesem Falle aufgrund der asymmetrischen Information nicht genutzt. Die mithilfe des Kapitalmarkts realisierte Lösung ist somit ineffizient.

Die Fehlallokation lässt sich vermeiden, wenn das Ausgangsvermögen so umverteilt wird, dass jeder Unternehmer mindestens ein Vermögen in Höhe der Investitionskosten c besitzt. Wichtig ist, dass bei dieser Umverteilung nicht darauf geachtet werden muss, ob das Kapital an gute oder schlechte Unternehmer fließt. Wenn jeder Unternehmer die finanziellen Folgen seines Projektes selber zu tragen hat, gelangen die Projekte der guten Unternehmer zur Durchführung, während die schlechten Unternehmer von sich aus auf die Durchführung des Projektes verzichten. Das effiziente Resultat kommt dann ohne zusätzliche Überwachungsmaßnahmen zustande, weil die Beteiligung der Unternehmer an den Projektverlusten für eine Selbst-Selektion sorgt. Dazu bedarf es im Rahmen unseres Modells aber einer Umverteilung. Die Unternehmer haben bei Scheitern ihrer Projekte ja erst dann etwas zu verlieren, wenn sie selber über ein ausreichendes Vermögen verfügen. Das Prinzipal-Agenten-Problem und die mit ihm verbundenen Wohlfahrtsverluste werden durch die Umverteilung von vornherein vermieden. Umverteilung hat auf diese Weise einen wachstumsfördernden Effekt: „Redistribution from the rich to those who are purely endowed with physical or human capital creates investment opportunities, thus fostering growth" (Aghion et al. 1999, S. 1630).

Eine Umverteilung kann aber auch auf einem etwas anderen Wege zur Realisierung effizienter Lösungen führen. In dem von uns betrachteten Modell ist das Versagen vertraglicher Regelungen zwischen Kapitalgeber und Unternehmer darauf zurückzuführen, dass der Unternehmer über kein eigenes Vermögen verfügt und deshalb alle Zahlungen an den Kapitalgeber aus den Projekterträgen bestreiten muss. Wäre dem nicht so, könnte ein Finanzierungskontrakt auch Zahlungen an die Kapitalgeber vorsehen, die aus dem Anfangsvermögen des Unternehmers zu finanzieren sind und für eine Eigenbeteiligung des Unternehmers am Projektrisiko sorgen. Wenn sie Sicherheiten stellen können und eventuell mit ihrem Privatvermögen haften, fällt es Individuen deshalb leichter, sich Kapital zur Durchführung rentabler Projekte zu beschaffen. Die Umverteilungspolitik kann sie auch dazu in die Lage versetzen.

Zu fragen ist dann allerdings, weshalb sich ein vermögender Unternehmer überhaupt Geld von anderen beschaffen möchte, obwohl er über eine zur Finanzierung der Projekte im Prinzip ausreichende Kapitalausstattung verfügt. Das eigene Kapital des Unternehmers kann jedoch in anderen Projekten gebunden sein, die er entweder selber weiterführen möchte oder deren Veräußerung mit hohen Kosten verbunden wäre. Der Unternehmer wird deshalb die Beschaffung neuen Kapitals vorziehen und das alte dabei als Sicherheit einsetzen. Wenn bei Scheitern des Investitionsprojektes auf die Sicherheiten des Unternehmers zurückgegriffen werden muss, entstehen in der Regel Zerschlagungsverluste. Deren Antizipation durch die Unternehmer schafft für sie zusätzliche Anreize zu vorsichtigem Verhalten und sorgfältiger Projektdurchführung, was das Vertrauen der Kapitalgeber weiter stärkt.

Folgerung 3-7

Eine Umverteilung hin zu Individuen, die als Unternehmer riskante Projekte durchführen, kann bei asymmetrischer Information zu einer besseren Auswahl und Durchführung der Projekte und damit zu einer vorteilhafteren Kapitalallokation führen. ◄

Für eine gewisse Sorgfalt bei Auswahl und Durchführung von Investitionsprojekten sorgt überdies die Risikoscheu der Unternehmer, von der wir in diesem Unterabschnitt bislang abgesehen haben. Deren Wirkung wird aber dadurch vermindert, dass das Verlust- und Haftungsrisiko eines Unternehmers durch das in seinem Besitz befindliche Vermögen beschränkt wird. Seine vNM-Nutzenfunktion wird im linken Bereich, d. h. bei hohen Verlusten, zu einer horizontalen Geraden und verläuft deswegen nicht mehr durchgehend konkav, sodass die haftungsbeschränkten Unternehmer risikofreudig werden. Durch die von Sinn (1989) so bezeichnete *Maehkminn-Regel:* „Mehr als er hat kann, man ihm nicht nehmen" kann die effizienzfördernde Kontrollfunktion der Risikoaversion erheblich an Bedeutung verlieren. Dieser negative Effekt ist naturgemäß umso weniger ausgeprägt, je höher das Vermögen des Unternehmers ist. Ähnlich wie in dem in diesem Unterabschnitt dargestellten Modell gelangt man auf diese Weise zu einer weiteren effizienzorientierten Begründung von Umverteilungsmaßnahmen.

3.3.2 Verbesserter Schutz von Eigentumsrechten

Seit *Adam Smith* gilt es als zentrale Staatsaufgabe, für den Schutz von Eigentumsrechten zu sorgen. Nur wenn das von Individuen gebildete Vermögen sicher ist und sie (oder ihre Nachkommen) von den Erträgen des Vermögens tatsächlich profitieren können, lohnt sich die Bildung von Eigentum. Auch geregelte Tauschprozesse sind ohne garantierte Eigentumsrechte nicht denkbar. Die Sicherung von Eigentumsrechten ist somit eine Grundvoraussetzung für eine funktionierende Marktwirtschaft und wirtschaftliches Wachstum. Die Bereitstellung des speziellen öffentlichen Gutes „Eigentumsschutz" verursacht aber Kosten: Man benötigt eine Armee zur Verteidigung der Eigentumsrechte gegen äußere Feinde und einen Justizapparat zur Verteidigung gegen Räuber und Diebe nach innen.

Diese *Defensivausgaben* zum Schutz des Eigentums lassen sich möglicherweise durch eine Umverteilung von Vermögen senken. Wenn die Opfer, die den (reichen) Gebern dabei entstehen, geringer sind als diese Kostenersparnisse, lohnt sich eine Umverteilung auch für die Reichen. Es kommt dann auch hier zu einer Pareto-Verbesserung. Im Einzelnen könnten in diesem Zusammenhang die folgenden Gründe für positive Effekte einer Umverteilung sprechen.

- Durch Verminderung von Armut wird die Wegnahme fremden Eigentums weniger lohnend. Ein höheres eigenes Vermögen senkt ja auch den Grenznutzen illegalen Vermögenserwerbs, sodass bei gegebenem Niveau der vom potenziellen Übeltäter antizipierten Bestrafungskosten (z. B. angedrohte Jahre im Kerker gewichtet mit der Wahrscheinlichkeit, ertappt zu werden) das Delikt Diebstahl an Attraktivität verliert (vgl. Becker 1968).
- Sanktionen greifen mehr, wenn Individuen etwas zu verlieren haben. Bei ganz Armen versagen Geldstrafen ohnehin – denn sie können sie ja nicht bezahlen. Die Einrichtung und Unterhaltung von Gefängnissen ist jedoch teuer – und bei Armen bleibt der Abschreckungseffekt klein, wenn der Abstand zwischen dem Lebensstandard hinter Gittern und dem in Freiheit nicht allzu groß ist. Die Maehkminn-Regel begünstigt risikofreudigeres Verhalten auch bei der Begehung von Straftaten. Wirksame Sanktionen lassen sich bei niedrigem Vermögen und geringen Lebenschancen der Individuen, wenn überhaupt, nur durch Senkung humaner Standards im Strafvollzug erreichen. Umgekehrt kann man aus dieser Perspektive die Abschaffung von Folter und Todesstrafe auch als Begleiterscheinung des wirtschaftlichen Fortschritts deuten, der zu einer Verbesserung der wirtschaftlichen Verhältnisse der unteren

Bevölkerungsschichten und damit zu einer höheren Effektivität weniger grausamer Strafen geführt hat.

- Die innere Identifikation mit der Eigentumsordnung ist bei Individuen nur dann zu erwarten, wenn sie selber über eigenen Besitz verfügen. Hinter einer freiwilligen Befolgung von Normen steht vielfach die Verinnerlichung des Reziprozitätsgedankens der „Goldenen Regel": „Was du nicht willst, dass man dir tut, das füg' auch keinem andern zu." Bestohlen werden kann aber nur derjenige, der selber etwas hat. Die regulative Wirkung der „Goldenen Regel" greift also nur dann, wenn alle über hinreichend viel Besitz verfügen. Wenn die Individuen aber die Eigentumsordnung von sich aus ohne Anwendung gesetzlicher Regelungen respektieren, stellen sie das öffentliche Gut „Sicherung der Eigentumsordnung" freiwillig bereit. Ein normengeleitetes Befolgen von Regeln ersetzt dann wenigstens zum Teil den wesentlich kostspieligeren staatlichen Schutz der Eigentumsrechte.

Von gewisser Bedeutung dürfte die Achtung vor fremdem Eigentum auch auf kollektiver Ebene sein, wenn es sich auf die Vorbeugung gegen politische Enteignungen bezieht. Durch eine gleichmäßigere Verteilung wird das Neidmotiv abgeschwächt. Dadurch werden nicht nur soziale Revolten unwahrscheinlicher, sondern es ist auch im politischen Prozess demokratischer Staaten mit einem Nachlassen von Umverteilungsbestrebungen zu rechnen: Je größer die Ungleichheit ist, desto eher werden Regierungen gewählt werden, die harte Umverteilungsmaßnahmen auf den Weg bringen. Dann ist aber zu befürchten, dass die ökonomischen Grenzen der Umverteilung weniger Beachtung finden, Leistungsanreize und Risikobereitschaft untergraben werden und es zu erheblichen Einbußen bei Wohlfahrt und Wirtschaftswachstum kommt. Vor diesem Hintergrund ist die Vorstellung alles andere als abwegig, dass eine strategisch wohlkalkulierte Umverteilungspolitik für die Begüterten die „billigere" Lösung darstellen kann.

Die These, dass Ungleichheit schlecht für das Wirtschaftswachstum sei, wird zu einem erheblichen Teil durch diesen Wirkungsmechanismus begründet, der auf der Endogenität der Umverteilungspolitik in demokratischen Gesellschaften beruht (vgl. Persson und Tabellini 1994, Alesina und Rodrik 1994 und Alesina und Perroti 1996). Auf längere Sicht können durch das Nachlassen der wirtschaftlichen Dynamik dann auch die Armen durch einen umgekehrten Trickle-Down-Effekt Einbußen erleiden, so dass es sogar zu einer Pareto-Verschlechterung kommt. Eine mit Bedacht gestaltete Umverteilungspolitik kann deshalb – quasi im Sinne einer Vorbeugungsmaßnahme – einen wichtigen Beitrag zur Stabilisierung der marktwirtschaftlichen Ordnung leisten und damit die Grundlage für eine für alle vorteilhaften wirtschaftlichen Entwicklung sichern.[6]

---

[6]Zu den zahlreichen anderen Faktoren, die für Zusammenhang von Ungleichheit und Wirtschaftswachstum von Bedeutung sind, vgl. z. B. Voytchovsky (2009).

Eine zielgerichtete Umverteilungspolitik kann auf verschiedenen Wegen zu einer Stabilisierung der Eigentumsordnung und damit zum Funktionieren der Marktwirtschaft beitragen. ◄

3.3.3 Erhöhung von Leistungsanreizen und Produktivitäten

Wie ein Umverteilungsmechanismus zu einer Steigerung des Volkseinkommens führen kann, haben wir im Zusammenhang mit dem Sinn'schen Redistributionsparadoxon bereits im Abschn. 3.2.4 gesehen. Aber auch im Rahmen des bereits in Kap. 2 betrachteten Arbeitsangebotsmodells lässt sich eine Situation beschreiben, in der eine Umverteilung eine Erhöhung des Gesamteinkommens bewirkt. Dazu nehmen wir an, dass es zwei gleich große Gruppen von Individuen gibt, die in ihrer Zeitausstattung $\overline{F}$ sowie in ihrem Lohnsatz w übereinstimmen, deren Nutzenfunktionen aber verschieden sein können. Unterscheiden sollen sie sich in jedem Falle in der Höhe ihres Kapitalvermögens, das für ein ärmeres Individuum W_1 und für ein reicheres W_2 beträgt. Der Zinssatz r soll für alle Individuen in der betrachteten Periode der gleiche sein, sodass sich das exogene Kapitaleinkommen eines armen Individuums auf rW_1 und das eines reichen Individuums auf rW_2 beläuft. In Abb. 3.7 starten die Arbeitsangebotsentscheidungen der Individuen also in den Punkten $A_1 = (\overline{F}, rW_1)$ bzw. $A_2 = (\overline{F}, rW_2)$ und führen in der gewohnten Weise dann zu den Optimalpunkten B_1 bzw. B_2.

Durch proportionale Besteuerung des Kapitaleinkommens und gleichmäßige Lump-Sum-Rückverteilung verschiebt sich die Budgetgerade eines armen Individuums parallel nach oben und die eines reichen Individuums um den gleichen Betrag $T(t) = t \cdot r \cdot (W_2 - W_1)/2$ parallel nach unten. Die neuen Startpunkte für die Arbeitsangebotsentscheidung sind dann $A_1' = (\overline{F}, rW_1 + T(t))$ bzw. $A_2' = (\overline{F}, rW_2 - T(t))$, und die neuen Optimalpunkte auf den verschobenen Budgetlinien sind B_1' bzw. B_2'. Gegeben

Abb. 3.7 Veränderung des Einkommens bei Umverteilung von Kapitaleinkommen

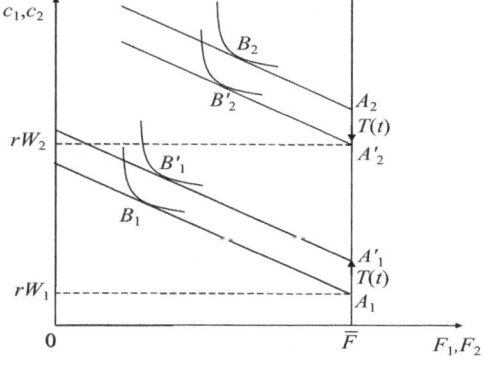

dass Freizeit ein normales Gut ist, nimmt durch den vom Umverteilungsmechanismus ausgelösten Einkommenseffekt die Freizeitnachfrage eines armen Individuums zu und sein Arbeitsangebot demzufolge ab. Bei einem reichen Individuum sind die Effekte gerade umgekehrt. Fällt nun die Erhöhung des Arbeitsangebots bei einem reichen Individuum stärker aus als bei einem armen, kommt es bei Einführung des Steuer-Transfer-Mechanismus zu einer Erhöhung des Gesamteinkommens aller Individuen.

Eine Umverteilung von Einkommen und Vermögen kann aber auch zur Steigerung der wirtschaftlichen Aktivitäten und damit zur Förderung des Wirtschaftswachstums führen, indem sie zu einer Erhöhung der Produktivität der Transferempfänger beiträgt. Dazu kommt es insbesondere, wenn die mit einer Erhöhung des Lebensstandards einhergehende Verbesserung des Gesundheits- und Ernährungszustandes diese Individuen leistungsfähiger macht. Gerade in Entwicklungsländern wird durch entsprechende Hilfsmaßnahmen eine Integration vieler Individuen in den Erwerbsprozess überhaupt erst möglich (vgl. z. B. Deaton 2017 und Weil 2014).

Zu diesem direkten Produktivitätseffekt einer Umverteilung treten mögliche positive Wirkungen auf die Motivation der Individuen, die sich gleichfalls positiv auf die wirtschaftliche Entwicklung eines Landes auswirken: Die Individuen werden nur dann längerfristig planen und ein Eigeninteresse am Erwerb anspruchsvollerer Fähigkeiten entfalten, wenn sie von den Belastungen des täglichen Überlebenskampfes befreit sind. Nur bei ausreichender Basisversorgung werden sie Humankapital bilden wollen und können, d. h. sich selber durch Teilnahme an Bildungsprogrammen qualifizieren und sich um eine gute Erziehung ihrer Kinder bemühen.

Auch ist die Schaffung von „Sozialkapital" nur zu erwarten, wenn alle Gesellschaftsmitglieder über eine bestimmte materielle Grundausstattung verfügen. Jede auf längere Sicht gedeihlich soziale Kooperation erfordert kurzfristig Verzichte und Kompromisse, die man sich nur leisten kann, wenn man nicht von der Hand in den Mund lebt und deshalb nicht gezwungen ist, auf sofortige Gegenleistungen zu bestehen. Bei weit verbreiteter Armut ist der Aufbau eines Klimas wechselseitigen Vertrauens als wichtiger soziokultureller Bedingung für wirtschaftliches Wachstum nur wenig wahrscheinlich, was ökonomisch nachteilige Konsequenzen für die Arbeitsbeziehungen und das politische Verhalten hat.[7]

Zudem werden Individuen auch demotiviert und ihre Einsatzfreude und Loyalität nehmen ab, wenn sie ihre materielle Position (absolut und v. a. auch im Vergleich mit anderen) als unbefriedigend empfinden und in der Grundstimmung leben, nur für den Vorteil anderer zu arbeiten und unfair behandelt zu werden. In diesem Sinne weist – speziell in Bezug auf die Beziehungen zwischen Arbeitgebern und Arbeitnehmern – die *Effizienzlohntheorie* darauf hin, dass Unternehmen ihren Mitarbeitern vielfach einen über der Grenzproduktivität liegenden Lohn bezahlen, um auf diese Weise deren Motivation anzuspornen. Zuwendungen dieser Art erzeugen beim Empfänger ein Gefühl

---

[7]Vgl. zu Vertrauen als Faktor der wirtschaftlichen Entwicklung Bjornskov (2018).

des Dankes und setzen damit einen Gift-Exchange-Mechanismus (vgl. z. B. Fehr et al. 1998) in Gang, durch den die höhere Bezahlung – quasi als Gegenleistung – mit einer gesteigerten Arbeitsleistung beantwortet wird. Gerade in Bereichen, in denen Kontrollen und Sanktionen kaum greifen, sind solche indirekten Anreize von besonderer Bedeutung. Einsatzbereitschaft allgemein, die Entwicklung sozialer Tugenden wie Pünktlichkeit und Fleiß sowie die Bereitschaft zur Humankapitalbildung lassen sich durch Maßnahmen auf betrieblicher Ebene, wie sie die Effizienzlohntheorie beschreibt, allein aber nur begrenzt fördern. In Erweiterung dieses Ansatzes auf die gesamtgesellschaftliche Ebene können jedoch staatliche Umverteilungsmaßnahmen dazu beitragen, dass sich bei unterprivilegierten Individuen nicht der Eindruck verfestigt, sie seien von vornherein chancenlos und „abgehängt", sodass sich für sie eigene Anstrengungen von vornherein nicht lohnen. Eine auf diesem Wege gelingende Integration dieser Gruppe in den Arbeitsprozess dient nicht nur der Vermeidung sozialen Elends, sondern auch dem Wirtschaftswachstum.

Folgerung 3-9

Umverteilung kann sowohl die Leistungsanreize als auch die Produktivität von Individuen erhöhen, so vor allem durch die Verbesserung von Ernährung, Bildung und Gesundheit sowie der Leistungsmotivation. Diese Faktoren legen die Vermutung nahe, dass eine mehr wirtschaftliche Gleichheit positiv für das Wirtschaftswachstum ist. ◄

3.4 Allgemeine Einschätzung der effizienzorientierten Ansätze

Die These, dass sich eine gleichmäßigere Verteilung von Einkommen und Vermögen positiv auf die ökonomische Effizienz und das Wirtschaftswachstum auswirkt, lässt sich durch verschiedene Argumente relativieren, deren wichtigste wir im Folgenden darstellen möchten:

- Die zuvor präsentierten Überlegungen, die diese These stützen, beschreiben zum großen Teil lediglich mögliche Wirkungszusammenhänge, die nur in ganz speziellen Situationen und unter bestimmten Bedingungen auftreten. Schon allein deshalb können sie keine allgemein gültigen Rezepte für eine Umverteilung zwischen Reich und Arm liefern. Ein „Unternehmer" ist nicht automatisch ärmer als ein potenzieller „Kapitalgeber". Was die Wünschbarkeit von Transfers an „unproduktive" Individuen (wie Alte oder Behinderte) angeht, lassen sich aus den produktivitätsorientierten Ansätzen ohnehin keine Erkenntnisse ziehen. Ein wichtiges Feld der Umverteilungspolitik bleibt somit von vornherein ausgeblendet.
- Was Auswirkungen von Umverteilung auf die Qualität der Unternehmenskontrolle angeht, gelangt man bei näherer Betrachtung zu einem eher ambivalenten Urteil. So

kann es hier zu einer Verschlechterung kommen, wenn sich infolge der Umverteilung die Freifahrerprobleme aufseiten der externen Kapitalgeber verschärfen. Ein einzelner kleiner Anteilseigner, der an einem Unternehmen nur einen geringen Anteil hält, hat wenig Anreiz, sich über die Situation dieses Unternehmens genau zu informieren. Wenn die Eigentumsrechte hingegen in den Händen weniger Eigentümer gebündelt sind und in diesem Sinne eine Vermögenskonzentration vorliegt, besitzen diese ein hohes Eigeninteresse an einer wirksamen Überwachung der Unternehmensleitung. Allerdings ist dazu eine ungleiche Verteilung des Vermögensbesitzes nicht in jedem Fall erforderlich. Vielmehr reicht vielfach die Etablierung ihrerseits einfacher zu kontrollierender Finanzintermediäre (Versicherungen, Investmentfonds) aus, sodass insbesondere dieses aus der *Corporate-Governance*-Literatur stammende Argument gegen eine gleichmäßigere Verteilung nicht allzu überzeugend ist.

- Im Hinblick auf die Wachstumschancen einer Volkswirtschaft kann eine Umverteilung von Reich zu Arm nachteilig sein, weil sich dadurch die Anreize der Armen (beim Arbeitsangebot, bei der Aus- und Weiterbildung, bei unternehmerischem Engagement und der Risikoübernahme) vermindern, mit den Bessergestellten gleichzuziehen oder sie sogar zu überflügeln. Das Status-Argument, das wir in Abschn. 3.1.2 präsentiert hatten, kehrt sich dann um. Der Überbietungswettlauf gilt aus dieser Perspektive nicht als wohlfahrtsschädlich, sondern als wichtiger Motor des Wirtschaftswachstums und damit als Triebkraft zumindest auf längere Sicht für die Verbesserung der wirtschaftlichen Lage aller.
- Die Umverteilung von Reich zu Arm lässt eine Verminderung der Gesamtersparnisbildung und somit des Investitionsniveaus erwarten, da die *Konsumquote* $c(y)/y$, die den Anteil der Konsumausgaben am Gesamteinkommen beschreibt, mit zunehmendem Einkommen fällt. Wenn man jedoch im Rahmen eines nachfrageorientierten Ansatzes in der Tradition von Keynes davon ausgeht, dass die Investitionsbereitschaft in erheblichem Maße vom Konsum getrieben und somit durch einen niedrigen Konsum gedämpft wird, tritt der umgekehrte Effekt ein. Eine Umverteilung von Reich zu Arm wirkt in diesem Fall wachstumsfördernd (vgl. zu diesen Nachfrageeffekten z. B. Hartwig 2018). Wenn man jedoch Innovationsentscheidungen in die Betrachtung einbezieht, ändert sich das Bild nochmals. In diesem Falle kann eine höhere Ungleichheit nämlich wachstumsfördernd wirken, weil sie die Gruppe der Pionierkonsumenten, die bereit sind, für neue innovative Produkte (z. B. Elektroautos) einen hohen Preis zu zahlen, vergrößert und auf diese Weise stärkere Innovationsanreize für Unternehmen schafft (vgl. Foellmi und Zweimüller 2006).
- Wenn man in erster Linie das Wohl der ganz Armen im Auge hat, könnte eine Umverteilung von Vermögen von der Mittelschicht zu den Reichen positiv wirken, wenn die Reichen aufgrund einer höheren Sättigung mit Konsumgütern eine höhere Spendenbereitschaft zugunsten der Armen aufweisen. Dieses Argument setzt natürlich voraus, dass die Reichen nicht in erster Linie deswegen reich werden, weil sie sich durch besondere Raffgier und Egoismus auszeichnen („Dagobert-Duck-Phänomen"),

sondern dass ihnen das Schicksal der Bedürftigen am Herzen liegt. Gerade die Super-Reichen müssten dann in besonderem Maße altruistisch handeln und eine gemessen am Vermögen überproportionale Spendenbereitschaft für karitative Zwecke aufweisen („Bill Gates-Phänomen").

- Auf kollektiver Ebene können die Ansprüche der Armen noch schneller wachsen, als sich ihre materielle Lage verbessert. Solange die Armen in extremer materieller Not und abgeschiedenen sozialen Räumen leben, liegt ihnen der Vergleich mit der Situation der Wohlhabenden eher fern, sodass nur wenige Ansatzpunkte für die Herausbildung von Neid bestehen. Wenn der Kampf ums nackte Über-leben jedoch nachlässt, werden die dann freigesetzten Kräfte eventuell nicht für produktive Zwecke, sondern für verstärkte Umverteilungsbestrebungen eingesetzt. Mit einem höheren Bildungsgrad der Unterprivilegierten verbessern sich zudem ihre organisatorischen Fähigkeiten, die sie zu einem erfolgreichen Umsturz der bestehenden Eigentumsordnung benötigen. In der Tat lässt sich beobachten, dass Revolutionen in Gesellschaften, die im Entwicklungsprozess schon ein Stück weit fortgeschritten sind, häufiger auftreten als in stagnierenden Gesellschaften, die im Zustand der Armut verharren.

- Individuen können ganz generell ihre Fähigkeiten nicht nur in produktiver Weise zur Erzeugung von Gütern und Dienstleistungen nutzen, sondern sie können auch ihre Ressourcen mit dem Ziel einsetzen, Einkommen und Vermögen zu ihren Gunsten umzuverteilen. Der für ein solches *Rent Seeking* getätigte Aufwand steht dann für produktive Zwecke nicht mehr zu Verfügung, wodurch es zu Wohlfahrtsverlusten und einer Beeinträchtigung der wirtschaftlichen Entwicklung kommt. In diesem Zusammenhang kann befürchtet werden, dass ein hohes Maß an Umverteilung in einer Gesellschaft die Ausprägung einer ökonomisch schädlichen Mentalität fördert, die den rein auf Umverteilung ausgerichteten Bestrebungen gegenüber produktiven Aktivitäten den Vorzug gibt. Gewissermaßen in Umkehrung der Überlegung aus Abschn. 3.3.3 können sich in einer solchen Situation auch Demotivierungseffekte bei den produktiven Individuen ergeben, denen bei der Umverteilungspolitik die Rolle von Netto-Zahlern zugedacht ist.

- Was den in der Empirie bestehenden Zusammenhang zwischen Ungleichheit und Wirtschaftswachstum angeht, führen die zahlreichen zu diesem Thema vorhandenen Studien zu höchst widersprüchlichen Ergebnissen (vgl. Hartwig 2018). Ein gewisser Konsens scheint sich aber dahin gehend abzuzeichnen, dass bei geringer Ungleich-heit das Wachstum positiv beeinflusst wird, wenn die Ungleichheit steigt, während bei hoher Ungleichheit der gegenteilige Effekt eintritt. Wo dabei genau die Grenze liegt, bleibt umstritten. Neuere Studien (siehe Cho et al. 2014) sehen die Schwelle schon bei einem Gini-Index von ca. 0,25. Zudem zeigt sich, dass der bei Erhöhung des Gini-Index eintretende Wachstumseffekt in nicht unerheblichem Maße vom Entwicklungs-stand eines Landes abhängig ist: Nur bis zu einem Pro-Kopf-Einkommen von 5000 $ geht eine Verminderung der Ungleichheit mit einer Steigerung des Wirtschafts-wachstums einher, bei einem höheren Einkommen jedoch mit einer Abschwächung des Wachstums (vgl. Fuest et al. 2018). Als Kausalbeziehung im Sinne von „Mehr oder weniger Ungleichheit ist günstig für das Wirtschaftswachstum" darf diese Korrelation ohnehin nicht missdeutet werden. Natürlich ist auch die umgekehrte Wirkungsrichtung möglich, so wenn – im Einklang mit der Kuznets-Hypothese – ein Wachstumsprozess in seiner Startphase fast zwangsläufig eine Zunahme der Ungleichheit bewirkt. Am Beispiel Chinas haben wir dieses Phänomen bereits im Abschn. 2.8 kurz erörtert. Insgesamt bleibt festzuhalten, dass „die Behauptung, es gebe quasi eine mechanische Beziehung zwischen Ungleichheit und Wachstum, weder aus theoretischer noch aus empirischer Sicht haltbar (ist)." Diese Behauptung „taugt daher mit Sicherheit nicht als Richtlinie für eine praktische Wirtschaftspolitik" (Fuest et al. 2018, S. 24), wenngleich sie beispielsweise auch vom IWF vertreten wird.

3.5   Übungsaufgaben

Aufgabe 3.1
Die Nutzenfunktion eines (reichen) Geber-Individuums sei $u(c_r, c_a) = \ln c_r + \delta \cdot \ln c_a$ mit $\delta < 1$, und für die Einkommensniveaus eines reichen und eines armen Individuums gelte $y_r = 4$ und $y_a = 1$.

a. Wie hoch ist in dieser Situation der optimale Transfer, den ein einziges Geber-Individuum bei isoliertem Handeln vornehmen möchte? Wie wirkt sich die Höhe des Parameters δ auf das Niveau dieses optimalen Transfers aus?

b. Es wird jetzt angenommen, dass es zwei identische Geber-Individuen gibt, für die $\delta = 1/5$ gilt. Bestimmen Sie zunächst den optimalen Transfer T^*, wenn diese beiden Individuen kooperativ über die Höhe des Transfers entscheiden. Ermitteln Sie dann, welchen Nutzen ein einzelnes Geber-Individuum erreicht, wenn
   – beide Individuen den Transfer T^* vornehmen,
   – nur das betrachtete Individuum selber, nicht aber das andere Individuum den Transfer T^* vornimmt,
   – nur das andere Individuum den Transfer T^* vornimmt.

c. Welche Spielstruktur liegt hier vor? Bestimmen Sie das Nash-Gleichgewicht dieses Spendenspiels im Zwei-Personen-Fall. Wie sind die Überlegungen zu modifizieren, wenn es mehr als zwei Geber-Individuen gibt?

Aufgabe 3.2
Im symmetrischen Status-Spiel mit zwei Individuen $i = 1,2$ sei $u(y_i) = y_i^{1/2}$, $c(y_i) = 2y_i$ und $h(y_i - y_j) = y_i - y_j$. Welches Einkommensniveau wird jedes der beiden Individuen bei unkoordiniertem Verhalten wählen? Welches Einkommensniveau wäre demgegenüber optimal? Wie lässt sich durch ein Steuer-Transfer-Schema die optimale Lösung herbeiführen?

Aufgabe 3.3

Risikoaverse Individuen entscheiden sich ex ante, d. h. auf Stufe 1 vor Eintreten eines Zufallsereignisses, für ein Umverteilungsschema, durch das ex post auf Stufe 2 Einkommen von den „Glücklichen" zu den „Pechvögeln" transferiert wird.

Wie ändert sich das Niveau des dabei auf Stufe 1 gewählten optimalen Transfers T^*, wenn angenommen wird, dass der Anteil β des Transfers „versickert" und nicht bei den Empfängern ankommt (etwa weil die Durchführung der Umverteilungspolitik Transaktionskosten verursacht)? Beantworten Sie diese Frage sowohl algebraisch als auch grafisch für die Nutzenfunktion $u(W) = \ln W$ und die Verlusthöhe L.

Aufgabe 3.4

Ein einzelner Investor habe die von Neumann-Morgenstern-Nutzenfunktion $u(W) = \ln W$ und verfüge über das Anfangsvermögen W_0. Davon kann er den Teil a in ein riskantes Projekt investieren, welches die folgende Auszahlungsstruktur aufweist: Falls das Projekt gelingt, verzinst sich das vom Investor eingesetzte Kapital mit dem Zinssatz $r_2 > 0$; falls das Projekt jedoch scheitert, kommt es zu einer negativen Verzinsung mit $r_1 < 0$. Die Wahrscheinlichkeit für das Scheitern des Projektes soll $\pi = 0{,}5$ betragen.

a. Bestimmen Sie den Erwartungsnutzen des Investors für verschiedene Werte von a, und ermitteln Sie dann den optimalen Anteil des Anfangsvermögens a^*, der von einem Investor riskant investiert wird.

b. Gehen Sie im nächsten Schritt davon aus, dass sich der Staat in Form einer (proportionalen) Vermögenszuwachssteuer mit dem Steuersatz t und vollständigem Verlustausgleich gleichmäßig an den Gewinnen und Verlusten des riskanten Projekts beteiligt. Bestimmen Sie das sich in diesem Fall ergebende optimale Niveau $a^*(t)$ der Investition in das riskante Projekt. Geben Sie auch eine intuitive Erklärung des dabei zu beobachtenden Domar-Musgrave-Effekts an.

c. Nehmen Sie nun an, dass das Aufkommen aus der proportionalen Einkommensteuer mit Verlustausgleich den Investoren pauschal und in gleichen Teilen zurückerstattet wird und dass es eine große Anzahl identischer Investoren gibt, deren Projekte eine identische Auszahlungsstruktur aufweisen, jedoch stochastisch unabhängig voneinander sind. Beschreiben Sie die Verteilungseffekte, die sich durch diesen Umverteilungsmechanismus ergeben, indem Sie das Verhältnis der Nettovermögen W_1/W_2 bestimmen.

Aufgabe 3.5

Angenommen es gibt ein Projekt (z. B. Kuchen backen), dessen Durchführung ein Anfangskapital in Höhe von $c = 10$ (für die Zutaten) erfordert. Bei erfolgreicher Durchführung (Kuchen gelingt und kann verkauft werden) ergibt sich eine Auszahlung (Gewinn) von $y_2 = 30$, während bei einem Scheitern (Kuchen verbrennt) die Auszahlung negativ ist und betragsmäßig den Investitionskosten entspricht: $y_1 = -c$.

In einem Dorf im Bayerischen Wald gibt es zehn Frauen (potenzielle Investoren), die das lokale Pfarreifest durch einen Kuchenverkauf bereichern möchten, allerdings nicht über das für den Erwerb der Zutaten notwendige Kapital verfügen, um ihr Projekt durchzuführen. Ein aus München Stammender, der kürzlich in das Dorf gezogen ist und über ausreichend Kapital verfügt, überlegt sich, als Kapitalgeber das soziale Engagement der Frauen zu unterstützen. Allerdings weiß der Münchner vom ansässigen Bürgermeister, dass nur eine von den zehn Frauen gut backen kann ($\alpha_g = 0{,}1$), während die neun anderen eher nicht geeignet sind ($\alpha_s = 0{,}9$). Leider hat der Bürgermeister ihm nicht gesagt, welche der Frauen die „gute" Bäckerin ist, aber er hat erwähnt (und das weiß er von seinem Bruder, dem örtlichen Konditormeister), dass das Gelingen eines Kuchens nicht nur vom Geschick der Bäckerin, sondern auch vom Glück abhängt. So schätzt er die Erfolgswahrscheinlichkeit einer „schlechten" Bäckerin immerhin auf $1 - \pi_s = 0{,}2$, während er der „guten" Bäckerin aufgrund der Zufallskomponente lediglich eine Erfolgswahrscheinlichkeit von $1 - \pi_g = 0{,}6$ einräumt. Falls der Münchner einen „Vertrag" mit einer der Frauen abschließen sollte, würde er die Konditionen wie folgt festlegen: Er streckt die Investitionskosten (Kapitalbedarf für Zutaten) vor und bekommt im Erfolgsfall (Kuchen gelingt und kann auf dem Fest verkauft werden) den gesamten Erlös aus dem Kuchenverkauf ($z_2 = y_2 + c$), während er im Misserfolgsfall (Kuchen verbrennt und kann nicht verkauft werden) keine Zahlung fordern kann ($z_1 = 0$).

Prüfen Sie, ob es grundsätzlich effizient ist, einen Kuchen zu backen, und welches Ergebnis sich in der gegebenen Situation einstellt. Was würde sich ändern, wenn der Münchner den potenziellen Bäckerinnen ohne Verpflichtung zu irgendeiner Gegenleistung einen ausreichend hohen Geldbetrag schenkt?

Aufgabe 3.6
Welche Bedingungen müssen die Einkommenselastizitäten des Arbeitsangebots erfüllen, damit es in der in Abb. 3.8 beschriebenen Situation durch eine marginale Lump-Sum-Umverteilung des Kapitaleinkommens zu einer Erhöhung des gesamten Arbeitsangebots (und damit des gesamten Markteinkommens) kommt? Welcher Effekt für das Gesamteinkommen ergibt sich, wenn die beiden Typen von Individuen die Nutzenfunktionen $u^{(1)}(F_1, c_1) = F_1^{\alpha_1} \cdot c_1$ und $u^{(2)}(F_2, c_2) = F_2^{\alpha_2} \cdot c_2$ mit $\alpha_1 \neq \alpha_2$ haben? Bei Beantwortung dieser Fragen sollen Sie auch auf den Fall eingehen, in dem – anders als im Text dieses Kapitels – die beiden Gruppen von Individuen unterschiedlich groß sein können.

Literatur

Aghion, P., & Bolton, P. (1997). A theory of trickle-down growth and development. *Review of Economic Studies, 64*, 151–172.

Aghion, P., Caroli, E., & García-Pentalosa, C. (1999). Inequality and economic growth: The perspective of the new growth theories. *Journal of Economic Literature, 37*, 1615–1660.

Alesina, A., & Rodrik, D. (1994). Distributive policy and economic growth. *Quarterly Journal of Economics, 109,* 465–490.

Alesina, A., & Perotti, R. (1996). Income distribution, political instability, and investment. *European Economic Review, 40,* 1203–1228.

Andreoni, J. (1990). Impure altruism and donations to public goods: A theory of warm-glow-giving. *Economic Journal, 100,* 464–477.

Becker, G. S. (1968). Crime and punishment: An economic approach. *Journal of Political Economy, 76,* 169–217.

Bjornskov, C. (2018). Social trust and economic growth. In E. M. Uslaner (Hrsg.), *Oxford Handbook of Social and Political Trust, Kap. 22* (S. 535–555). Oxford: Oxford University Press.

Boadway, R., & Keen, M. (2000). Redistribution. In A. B. Atkinson & F. Bourguignon (Hrsg.), *Handbook of income distribution* (Bd. 1, S. 677–789). Amsterdam: Elsevier.

Buchholz, W., & Konrad, K. A. (2000). Risiko und Steuern. In N. Andel (Hrsg.), *Probleme der Besteuerung III* (S. 63–139). Berlin: Duncker und Humblot.

Cho, D., Kim, B.M. und Rhee, D.-E. (2014), Inequality and growth: Nonlinear evidence from heterogeneous panel data, KIEP Research Paper No. 14–1.

Deaton, A. (2017). *Der große Ausbruch: Von Armut und Wohlstand der Nationen.* Stuttgart: Klett-Cotta.

Domar, E., & Musgrave, R. A. (1944). Proportional income taxation and risk-taking. *Quarterly Journal of Economics, 58,* 388–422.

Fehr, E., Kirchler, E., Weichbold, A., & Gächter, S. (1998). When social norms overpower competition: Gift exchanges in experimental labor markets. *Journal of Labor Economics, 16,* 324–351.

Foellmi, R., & Zweimüller, J. (2006). Income distribution and demand-induced innovations. *Review of Economic Studies, 73,* 941–960.

Fuest, C., Neumeier, F., & Stöhlker, D. (2018). Ungleichheit und Wirtschaftswachstum Warum OECD und IWF falsch liegen. *ifo Schnelldienst, 71*(10), 22–25.

Galor, O., & Moav, O. (2004). From physical to human capital allocation: Inequality and the process of development. *Review of Economic Studies, 71,* 1001–1026.

Heffetz, O. & Frank, R. H. (2011). Preferences for status: Evidence and economic implications. In J. Benhabib, A. Bisin & M.O. Jackson (Hrsg.), *Handbook of Social Economics* (Bd. 1, Kap. 3, S. 69–91) Amsterdam: Elsevier.

Hartwig, J. (2018). Wachstumsfolgen von Einkommensungleichheit – Theorie, empirische Evidenz und Politikempfehlungen. *List Forum für Wirtschafts- und Finanzpolitik, 44,* 101–141.

Hochman, H. M., & Rodgers, J. D. (1969). Pareto optimal redistribution. *American Economic Review, 59,* 542–557.

Hoff, K., & Lyon, A. B. (1995). Non-leaky buckets: Optimal redistributive taxation and agency costs. *Journal of Public Economics, 58,* 365–390.

Persson, T., & Tabellini, G. (1994). Is Inequality harmful for growth? *American Economic Review, 84,* 600–621.

Sen, A. (1967). Isolation, insurance and the social rate of discount. *Quarterly Journal of Economics, 81,* 112–124.

Sinn, H.-W. (1989). *Ökonomische Entscheidungen bei Ungewissheit* (2. Aufl.). Heidelberg: Physica.

Sinn, H.-W. (1995). A theory of the welfare state. *Scandinavian Journal of Economics, 97,* 495–526.

Sinn, H.-W. (1996). Social insurance, incentives and risk-taking. *International Tax and Public Finance, 3,* 259–280.

Thurow, L. (1971). The income distribution as a pure public good. *Quarterly Journal of Economics, 85,* 416–424.

Varian, H. (1980). Redistributive taxation as social insurance. *Journal of Public Economics, 14,* 49–68.

Voitchovsky, S. (2009). Inequality and economic growth. In W. Salverda, B. Nolan, & T. M. Smeeding (Hrsg.), *Oxford Handbook of Economic Inequality, Kap. 22* (S. 549–574). Oxford: Oxford University Press.

Weil, D. (2014). Health and economic growth. In P. Aghion & S. Durlauf (Hrsg.), *Handbook of Economic Growth, Kap. 3* (Bd. 2, S. 623–682). Amsterdam: Elsevier.

Effizienzgründe für die Existenz einer Sozialversicherung

4

4.1 Der erste Hauptsatz der Wohlfahrtsökonomik

In fast allen entwickelten Ländern der Erde existieren Sozialversicherungen gegen elementare Lebensrisiken, die durch staatliche oder halbstaatliche Trägerschaft und Zwangsmitgliedschaft für die gesamte Bevölkerung oder doch große Bevölkerungsgruppen gekennzeichnet sind. Insbesondere der auf den einzelnen Bürger ausgeübte Zwang bedarf in einer ansonsten freiheitlich verfassten Gesellschaft einer triftigen Begründung, die nach Möglichkeit einen Effizienzvorteil nachweist. Einen geeigneten Ausgangspunkt jeder Effizienzbetrachtung bildet der Erste Hauptsatz der Wohlfahrtsökonomik. Dieser besagt:

> **Erster Hauptsatz der Wohlfahrtsökonomik**
> In einer Ökonomie mit rein privaten Gütern und einer perfekten Eigentumsordnung ist jedes Marktgleichgewicht bei vollkommener Konkurrenz ein Pareto-Optimum.

Die genannten Staatseingriffe können also nur dann angebracht sein, wenn auf den entsprechenden Versicherungsmärkten eine oder mehrere Voraussetzungen des Theorems in der Realität nicht erfüllt sind. Als Gründe für eine solche Abweichung kommen infrage:

1. die Existenz öffentlicher Güter, also von Gütern, die durch Nichtrivalität im Konsum und hohe Ausschließungskosten charakterisiert sind. Im Bereich der sozialen Sicherung könnte man – bei Vorliegen von Altruismus der Wohlhabenden gegenüber den von der Natur Benachteiligten – dem Konsum der Armen den Charakter eines

F. Breyer und W. Buchholz, *Ökonomie des Sozialstaats*, https://doi.org/10.1007/978-3-658-33369-0_4

öffentlichen Gutes zuerkennen. Diese Begründung für Sozialtransfers wurde in Kap. 3 ausführlich diskutiert.

2. das Vorliegen einer unvollkommenen Eigentumsordnung oder die Unmöglichkeit, beliebige Verträge zu schließen. Im ersten Fall ist die angemessene Antwort eher die Aufforderung an den Staat, die Eigentumsordnung zu präzisieren. Der zweite Grund kann aber faktischer Natur sein. So gelten etwa Verträge mit Kindern als sittenwidrig, und Verträge mit Ungeborenen sind sogar physisch unmöglich. Wie wir in Kap. 5 sehen werden, könnte dieser Mangel die Existenz einer umlagefinanzierten Rentenversicherung mit Zwangsmitgliedschaft rechtfertigen.

3. die Verletzung der Voraussetzungen der vollkommenen Konkurrenz. Hierzu zählt insbesondere die Annahme vollkommener Markttransparenz, die bedeutet, dass die Marktteilnehmer die Qualität der gehandelten Güter kostenlos beobachten können. Diese Voraussetzung ist auf Versicherungsmärkten verletzt, wenn der Versicherer den Umfang des Risikos, das er versichern soll, weniger gut abschätzen kann als der potenzielle Versicherungsnehmer („asymmetrische Information"). Dies kann zum einen daran liegen, dass der Versicherer eine gegebene Größe nicht beobachten kann, wie z. B. eine Erbanlage, die dem Versicherungsnehmer durch einen Gentest bekannt ist („Adverse Selection"). Zum anderen ist es möglich, dass der Versicherungsnehmer sein Risiko sogar durch eine Handlung, die der Versicherer nicht beobachten kann, selbst beeinflusst („Verhaltensrisiko", engl. „Moral Hazard").

Im Folgenden beschränken wir uns auf die unter 3. genannten Abweichungen von den Voraussetzungen des 1. Hauptsatzes und diskutieren, inwiefern diese eine Effizienzverbesserung durch Errichtung einer Sozialversicherung mit Zwangsmitgliedschaft begründen können.

4.2   Adverse Selektion auf Versicherungsmärkten

Im Folgenden beschreiben wir zunächst, wie Versicherungsmärkte funktionieren. Auf dieser Grundlage wird dann analysiert, wo die Leistungsfähigkeit solcher Märkte an Grenzen stößt, sodass staatliche Eingriffe angezeigt sind. Die Argumentation ist auf alle Lebensrisiken (Krankheit, Arbeitslosigkeit, Pflegebedürftigkeit, Erwerbsunfähigkeit, Langlebigkeit) anwendbar, die typischerweise durch Sozialversicherungen abgedeckt werden. Wir werden daher im Folgenden ganz allgemein vom „Schadensfall" sprechen, obwohl diese Bezeichnung gerade im Hinblick auf das Langlebigkeitsrisiko paradox klingt.

4.2.1 Das Versicherungsmarktgleichgewicht unter idealen Bedingungen

Es sei W_0 das Anfangsvermögen eines repräsentativen Individuums. Dieses Vermögen bleibt erhalten, wenn das Individuum keinen Schadensfall erleidet. Im Schadensfall, der mit der Wahrscheinlichkeit π (mit $0 < \pi < 1$) eintritt, entstehen dem Individuum Kosten in Höhe von L (L = Loss). Wir unterstellen $L \leq W_0$, denn einen Schaden, der höher ist als das Anfangsvermögen (z. B. in der Haftpflichtversicherung) wird das Individuum nicht versichern wollen, da es mehr als dieses ohnehin nicht verlieren kann. Der Einfachheit halber wird angenommen, dass das Individuum keine weiteren Nutzeneinbußen aus dem Schaden erleidet. Die von Neumann-Morgenstern Nutzenfunktion u des Individuums sei im Nettovermögen strikt monoton wachsend und strikt konkav, d. h. es gelte

$$u'(W) > 0 \text{ und } u''(W) < 0, \tag{4.1}$$

was bedeutet, dass das Individuum risikoavers ist.

Wir nehmen an, dass dem Individuum eine private Versicherung angeboten wird. Wenn die (potenziell variable) *Deckungssumme* der privaten Versicherung V ist und der *Prämiensatz* p beträgt, erreicht das Individuum im Schadensfall das Endvermögen $W_1 = W_0 - pV - L + V$, und andernfalls das Endvermögen $W_2 = W_0 - pV$. Die Prämienzahlung in Höhe von pV fällt immer an, und im Schadensfall übernimmt die Versicherung den Betrag V an den Gesamtschadenskosten L.[1] Der für ein Individuum bei einem gegebenen Prämiensatz p *optimale* Deckungsgrad V^* ergibt sich dann durch die Maximierung des Erwartungsnutzens

$$EU(V) = \pi u \left[W_0 - L + V - pV \right] + (1 - \pi) u \left[W_0 - pV \right] \tag{4.2}$$

bezüglich V. Die Maximierung des Erwartungsnutzens führt zur Marginalbedingung

$$\pi (1 - p) u' \left[W_0 - L + V^*(1 - p) \right] - (1 - \pi) p u' \left[W_0 - pV^* \right] = 0. \tag{4.3}$$

Als nächstes ist zu definieren, was wir in diesem Kapitel als ein Gleichgewicht auf dem Versicherungsmarkt bei vollkommener Konkurrenz verstehen wollen. Das hier verwendete Gleichgewichtkonzept geht auf Rothschild und Stiglitz (1976) zurück. Ein RS-Gleichgewicht bezeichnet eine Menge von Versicherungsverträgen mit den folgenden Eigenschaften:

1. Jeder einzelne Vertrag bringt seinem Anbieter im Erwartungswert einen nicht-negativen Gewinn ein.

---

[1]Manchmal wird als zusätzliche Beschränkung $V \leq L$ angenommen. Die Modellergebnisse ändern sich aber nicht, wenn der Fall $V > L$, also eine „Überversicherung" zugelassen wird.

2. Es gibt keinen potenziellen Vertrag außerhalb der Gleichgewichtsmenge, der mit einem positiven erwarteten Gewinn verbunden wäre.

3. Unter allen Verträgen, welche die Bedingungen 1. und 2. erfüllen, werden diejenigen realisiert, bei denen die Individuen den höchsten Erwartungsnutzen erreichen.

Wenn es eine große Zahl identischer Individuen gibt, deren Risiken gleich, aber stochastisch unabhängig voneinander sind, ist – bei Abwesenheit von Verwaltungskosten – im resultierenden RS-Versicherungsmarktgleichgewicht ein ganz bestimmter Prämiensatz $\hat{p}$ – die *faire Prämie* – zu erwarten. Diese ist *genauso hoch wie* die Schadenswahrscheinlichkeit, d. h. es gilt $\hat{p} = \pi$. Wäre der Prämiensatz niedriger ($p < \pi$), würden die Versicherungsgesellschaften im (statistischen) Durchschnitt einen Verlust erleiden, wäre der Prämiensatz höher ($p > \pi$), ergäbe sich für die Versicherer im Durchschnitt aller Versicherungsfälle ein positiver Gewinn. Dies kann aber kein stabiler „gleichgewichtiger" Zustand sein, weil ein (zunächst bestehender) Gewinn dazu führen würde, dass einzelne Versicherer ihre Prämien senken würden, um ihren Marktanteil und damit auch ihren Gewinn zu erhöhen. Zusätzlich würden neue Anbieter von Versicherungsleistungen angelockt. Ein ähnlicher Mechanismus liegt auch dem aus der Mikroökonomik bekannten langfristigen Konkurrenzmarktgleichgewicht zugrunde.

Gilt $\hat{p} = \pi$, tritt in der Marginalbedingung (Gl. 4.3) der Faktor $\pi(1 - \pi)$ vor beiden Summanden auf und kann somit weggekürzt werden. Man erhält als Bedingung erster Ordnung für V^* also

$$u'\left[W_0 - L + (1 - \pi)V^*\right] = u'\left[W_0 - \pi V^*\right].\tag{4.4}$$

Diese Bedingung ist wegen der strikten Konkavität von u genau dann erfüllt, wenn

$$W_0 - L + (1 - \pi)V^* = W_0 - \pi V^* \quad \text{bzw.} \quad V^* = L \tag{4.5}$$

gilt. Bei einer *fairen Prämie* kommt es also wegen der oben genannten Bedingung 3. für ein RS-Gleichgewicht zu einer vollständigen Absicherung des Schadens. Ein Individuum erreicht in beiden Fällen, bei Glück und bei Pech, dann das gleiche sichere Endvermögen $W_0 - \pi L$.

Die Bedingung zweiter Ordnung im Vollversicherungszustand, die anzeigt, dass man tatsächlich ein Erwartungsnutzenmaximum und nicht etwa ein -minimum erreicht, lautet

$$\pi(1 - \pi)^2 u''\left[W_0 - L + V^*(1 - \pi)\right] + (1 - \pi)\pi^2 u''\left[W_0 - \pi V^*\right] < 0, \tag{4.6}$$

die wegen $u''(W) < 0$ erfüllt ist.

Grafisch (vgl. Abb. 4.1) bedeutet die vollständige Risikoabsicherung, dass das Individuum auf der *fairen Versicherungsgeraden,* die durch den Ausgangspunkt $A = (W_0, W_0 - L)$ führt und den Anstieg $- (1 - \pi)/\pi$ aufweist, den Punkt B wählt, in dem diese Linie die Sicherheitslinie (45°-Linie) schneidet. Im Punkt B wird die faire Versicherungsgerade von einer Erwartungsnutzen-Indifferenzkurve tangiert. Diese hat, wie man anhand des totalen Differentials von $\pi u[W_1] + (1 - \pi)u[W_2]$ an einem beliebigen Punkt (W_2, W_1) erkennen kann, die Steigung

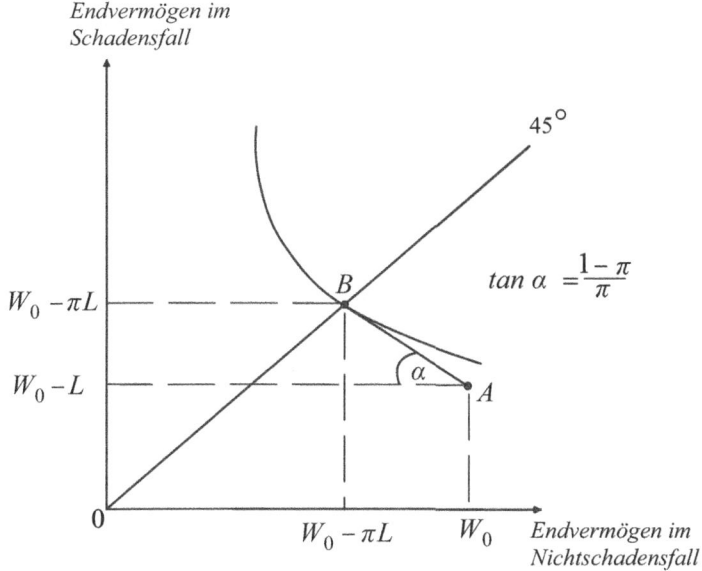

Abb. 4.1 Haushaltsoptimum bei Risikoaversion und fairer Versicherung

$$\frac{dW_1}{dW_2} = -\frac{1-\pi}{\pi} \cdot \frac{u'(W_2)}{u'(W_1)} \tag{4.7}$$

und ist also umso flacher, je höher die Schadenswahrscheinlichkeit ist.

Das soeben beschriebene Gleichgewicht ist zugleich eine Pareto-optimale Risiko-allokation, denn bei gegebenem erwarteten Gewinn des Versicherers in Höhe von null kann der Versicherungsnehmer nicht bessergestellt werden.

Man macht sich leicht klar, dass sich die Bedingung für Pareto-Optimalität auf den Fall mehrerer Typen von Versicherten j mit unterschiedlicher Schadenswahrscheinlichkeit π_j und gleichem potenziellen Schaden L verallgemeinern lässt: In diesem Fall muss jeder Typ j eine Versicherung mit der Versicherungssumme $V^* = L$ und der Prämie $\pi_j \cdot L$ erhalten. Man bezeichnet ein solches Optimum als ein First-Best-Optimum.

Abb. 4.2 stellt diese Situation für den Fall zweier verschiedener Typen von Individuen dar, die beide in großer Zahl vorhanden sein sollen. Diesen beiden Typen s und g droht im Schadensfall zwar der Verlust L, sie weisen aber unterschiedliche *Schadens-wahrscheinlichkeiten* π_s bzw. π_g auf. Und zwar gilt $\pi_s > \pi_g$, sodass die s-Typen die „schlechten" und die g-Typen die „guten" Risiken sind. In Abb. 4.2 ist für jeden der beiden Typen jeweils eine Indifferenzkurve dargestellt: $I_g(B_g)$ und $I_s(B_s)$. Wegen $\pi_s > \pi_g$ und (4.7) ist $I_g(B_g)$ an einem möglichen Schnittpunkt steiler als $I_s(B_s)$. Das gleiche gilt in den jeweiligen Schnittpunkten B_g und B_s der Indifferenzkurven mit der Sicherheitslinie, wo $I_g(B_g)$ den Anstieg $-(1-\pi_g)/\pi_g$ und $I_s(B_s)$ den Anstieg $-(1-\pi_s)/\pi_s$ hat.

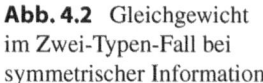

Abb. 4.2 Gleichgewicht
im Zwei-Typen-Fall bei
symmetrischer Information

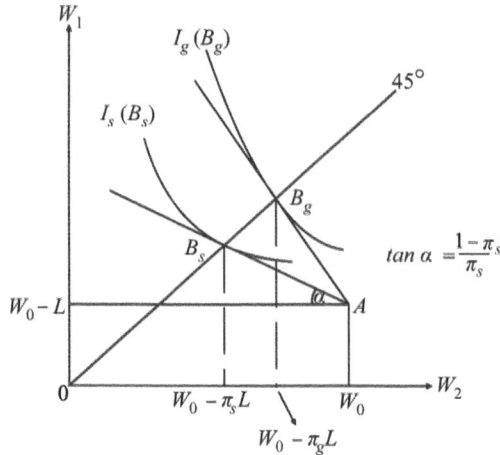

___

Folgerung 4-1

Bei symmetrischer Information erhält im Gleichgewicht jedes Individuum einen Versicherungsvertrag mit einer fairen Prämie. Dieses Gleichgewicht ist Pareto-effizient. ◄

Die Annahme vollkommener Information der Versicherungsgesellschaften über das jeweilige Schadensrisiko ist jedoch unrealistisch. Welche Auswirkungen sich auf die Versicherungsmarktlösung ergeben, wenn man diese Annahme fallen lässt, zeigt die nächste Überlegung.

4.2.2 Mögliche Versicherungsmarkt-Gleichgewichte bei asymmetrischer Information

Im Folgenden wird angenommen, dass es zwei Typen von Risiken gibt, aber nur die Individuen selber wissen, zu welcher Risikoklasse sie gehören, die Versicherungsgesellschaften jedoch nicht. Es herrscht also *asymmetrische Information* zwischen Versicherern und Versicherten.[2] Die Versicherungsgesellschaften sollen aber zumindest den (mit μ bezeichneten) Anteil der guten Risiken an der Gesamtpopulation kennen. Außerdem soll es den Versicherern möglich sein, die Höhe des Versicherungsschutzes, die sie einem bestimmten Individuum anbieten, zu rationieren, ihm also eine ganz bestimmte Versicherungssumme zu einer festen Prämie zu offerieren. Jeden Versicherungsvertrag können wir daher als Wertepaar $(V, \pi V)$, charakterisieren, und man

___

[2]Für einen Überblick vgl. Dionne und Doherty (1992).

spricht von „Preis-Mengen-Verträgen". Alternativ könnte gesetzlich festgelegt sein, dass der Versicherer nur eine Prämie p pro Einheit Versicherungsschutz vorgibt und der Versicherte die Versicherungssumme frei wählen kann. Bei solchen „Preis"-Verträgen ist etwa ein konvexer Verlauf der Prämienhöhe in Abhängigkeit von der Deckungssumme nicht durchsetzbar, da sich der Nachfrager seinen Versicherungsschutz immer bei mehreren Anbietern zusammenstückeln kann. Weiterhin wird unterstellt, dass jeder Versicherungsnehmer nur einen einzigen Vertrag abschließen kann.

Das oben beschriebene First-Best-Optimum mit Vollversicherung, in dem die beiden Risikotypen differenzierte Verträge $(L, \pi_s L)$ und $(L, \pi_g L)$ mit für sie jeweils fairen Prämiensätzen erhalten und damit in die entsprechenden Vollversicherungspunkte B_s und B_g (vgl. Abb. 4.2) gelangen würden, ist unter diesen Voraussetzungen nicht erreichbar. Schlechte Risiken, die für die Versicherungsunternehmen als solche nicht erkennbar sind, hätten ja einen Anreiz, sich als gute Risiken auszugeben, um dadurch in den Genuss des nur für die g-Typen vorgesehenen Vertrags $(L, \pi_g L)$ zu gelangen. Denn der Punkt B_g liegt auch für den s-Typ auf einer höheren Indifferenzkurve als B_s. Somit kann die First-Best-optimale Trennlösung kein Gleichgewicht auf dem Versicherungsmarkt darstellen.

Als nächstes wollen wir zeigen, dass auch kein *vereinendes* oder „*Pooling*"-*Gleichgewicht* existiert. In einer solchen Lösung würde allen Versicherten der gleiche Versicherungsschutz V^* zum einheitlichen Prämiensatz

$$\bar{p} = \bar{\pi} = \mu \pi_g + (1 - \mu) \pi_s \qquad (4.8)$$

angeboten, eine Unterscheidung zwischen den beiden Risikotypen wäre somit nicht nötig ist, und die Versicherungsgesellschaften machten im Erwartungswert weder Gewinne noch Verluste. Wegen vollkommener Konkurrenz und der 1. Eigenschaft eines RS-Gleichgewichts muss jedes vereinende Gleichgewicht in Abb. 4.3 auf der „Pooling-Geraden" $A\bar{B}$ liegen, deren Anstieg $-(1 - \bar{\pi})/\bar{\pi}$ beträgt. Bei Vollversicherung, d. h. bei $V = L$, ergäbe sich der Punkt B auf der Sicherheitslinie, bei einer Teilversicherung ($V < L$) käme ein Versicherungspunkt zwischen A und B, z. B. der Punkt M^* zustande.

In Abb. 4.3 sind die mit $I_s(M^*)$ bezeichnete Erwartungsnutzen-Indifferenzkurve eines s-Typen und die mit $I_g(M^*)$ bezeichnete Indifferenzkurve eines g-Typen durch den Punkt M^* eingezeichnet. Aus (4.7) folgt, dass in M^* die Kurve $I_g(M^*)$ wegen $\pi_g < \pi_s$ *steiler* als $I_s(M^*)$ ist. Die beiden Indifferenzkurven $I_s(M^*)$ und $I_g(M^*)$ können sich wegen ihrer unterschiedlichen Steigungen rechts von M^* aber nirgends schneiden, sodass $I_g(M^*)$ rechts von M^* überall unterhalb von $I_s(M^*)$ liegt. Daraus ergibt sich eine für die weitere Argumentation zentrale Folgerung: Zwischen M^* und der Verbindungsstrecke AB_g existiert ein Bereich, der zugleich unterhalb von $I_s(M^*)$ und oberhalb von $I_g(M^*)$ liegt. Mit Q bezeichnen wir einen beliebigen Punkt in diesem Bereich.

Die Existenz eines solchen Punktes Q eröffnet den Versicherungsgesellschaften eine neue strategische Option: Sie können allen potenziellen Kunden eine *Teilversicherung* anbieten, die sie in den Punkt Q führt. Für die g-Typen ist ein solches Angebot attraktiv, weil sie sich in Q besserstellen als in M^*. Der Punkt Q ist ja so bestimmt, dass er über

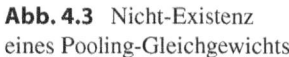

Abb. 4.3 Nicht-Existenz
eines Pooling-Gleichgewichts

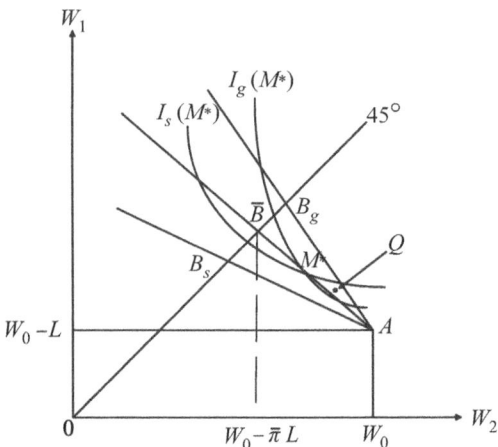

$I_g(M^*)$ liegt. Umgekehrt würden sich im Punkt Q die s-Typen schlechter stellen als in der ursprünglichen gemeinsamen Lösung M^*, weil Q unterhalb von $I_s(M^*)$ liegt. Dadurch werden die unerwünschten s-Typen vom Vertragsangebot Q ferngehalten. Bei gegebenen Vertragsangeboten der anderen Versicherungsgesellschaften lohnt sich ein solches Angebot Q für den einzelnen Versicherer, denn er macht bei den „guten" Risiken Gewinne, da der Punkt Q unterhalb der „fairen Versicherungsgeraden" AB_g für diesen Typ liegt. Dies wäre allerdings eine Verletzung der 2. Eigenschaft eines RS-Gleichgewichts. Damit ist bewiesen, dass die Lösung M^* (wie jeder andere Punkt auf der Pooling-Geraden) kein Versicherungsmarktgleichgewicht darstellt.

Dieses negative Resultat besagt aber keineswegs, dass bei asymmetrischer Information über die Schadenswahrscheinlichkeiten *niemals* ein Versicherungsmarkt-gleichgewicht vom Rothschild-Stiglitz-Typ existiert. Um ein RS-Gleichgewicht zu erreichen, müssen allerdings in geschickter Weise die Vertragsangebote für die beiden Risikotypen differenziert werden, sodass es zu *Trennlösungen* kommt. Dabei ist darauf zu achten, dass bei den dann vorhandenen Vertragsangeboten ein s-Typ nicht davon profitieren würde, wenn er sich als g-Typ verstellt. Neben dieser *Selbstselektions-* (bzw. *Anreizkompatibilitäts*)-*Bedingung* muss natürlich sichergestellt sein, dass die Versicherungsgesellschaften mit jedem einzelnen Vertrag weder Gewinne noch Verluste machen und es keinen weiteren profitablen Vertrag gibt. Die *Nullgewinnbedingung* folgt aus den Eigenschaften 1. bis 3. eines RS-Gleichgewichts und der Annahme eines freien Marktzutritts von Versicherungsgesellschaften.

Abb. 4.4 Nicht-Existenz
eines Trennungs-
Gleichgewichts

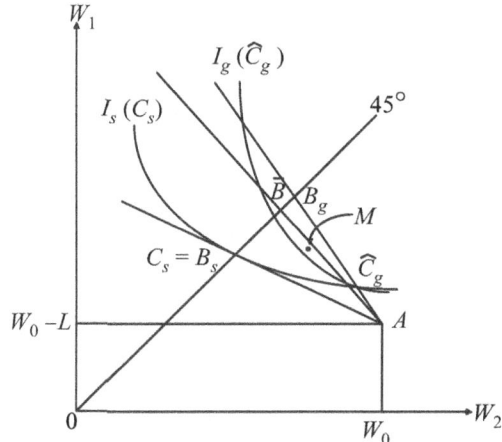

4.2.3 Mögliche Trennlösungen

Wir wollen jetzt untersuchen, wie *Trennlösungen,* die ein Gleichgewicht darstellen könnten, im Einzelnen beschaffen sind. Die Versicherungspunkte, die die *s*- bzw. *g*-Typen dabei jeweils erreichen, bezeichnen wir ganz allgemein mit C_s bzw. C_g.

In einem Trenngleichgewicht ist die Nullgewinnbedingung für die Versicherungsgesellschaften erfüllt, wenn beide Risikogruppen jeweils Kontrakte zu ihrem individuell fairen Prämiensatz wählen. Der Punkt C_s muss also auf der Strecke AB_s, und C_g muss auf der Strecke AB_g liegen. Um die Anreizkompatibilitätsbedingung einzuhalten, darf sich C_g nicht gleichzeitig oberhalb der durch C_s verlaufenden *s*-Indifferenzkurve $I_s(C_s)$ befinden.

In einem RS-Gleichgewicht wird ein Vertrag angeboten (Punkt C_s), bei dem die *s*-Typen ihren höchsten Erwartungsnutzen unter der Nullgewinn-Bedingung für den Versicherer erreichen. Der auf die *g*-Typen zielende Vertrag darf die *s*-Typen dann nicht besserstellen als der zuvor genannte Vertrag in Punkt C_s und muss, wegen der Bedingung 3 für ein RS-Gleichgewicht, den Erwartungsnutzen der *g*-Typen unter dieser Bedingung maximieren. Die sich dann ergebende Lösung ist in Abb. 4.4 dargestellt:

- Die *s*-Typen erreichen den Vollversicherungspunkt mit der für sie fairen Prämie $\pi_s : C_s = B_s$.
- Die *g*-Typen erreichen denjenigen Punkt $\hat{C}_g$, in dem die durch B_s verlaufende *s*-Indifferenzkurve $I_s(B_s)$ die für *g*-Typen faire Versicherungsgerade AB_g schneidet.

Beide Risikotypen bezahlen dann den für sie individuell fairen Prämiensatz, die *g*-Typen erhalten aber (zur Sicherung der Anreizkompatibilität) nur einen partiellen

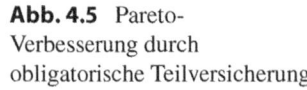

Abb. 4.5 Pareto-Verbesserung durch obligatorische Teilversicherung

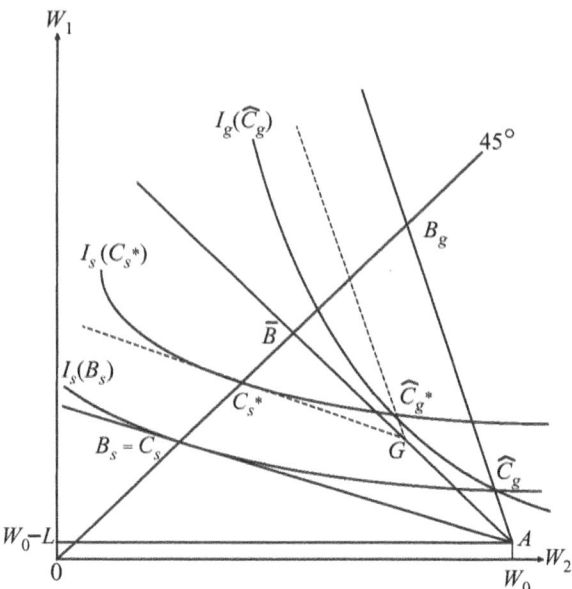

Versicherungsschutz. Nur dadurch wird den schlechten Risiken der Anreiz genommen, sich als gute Risiken auszugeben und den auf diesen Typ zielenden Vertrag zu kaufen, wodurch die Versicherungsunternehmen Verluste machen würden.

Die hier beschriebene Lösung $(B_s, \hat{C}_g)$ stellt unerfreulicherweise nicht immer ein Versicherungsmarktgleichgewicht dar. Um zu erkennen, ob dieser Fall eintritt, betrachten wir in Abb. 4.4 die Indifferenzkurve $I_g(\hat{C}_g)$ eines Individuums vom Typ g durch $\hat{C}_g$. Es lässt sich dann feststellen, dass $(B_s, \hat{C}_g)$ sicher kein RS-Gleichgewicht sein kann, wenn $I_g(\hat{C}_g)$ abschnittsweise unterhalb der Mischvertrags-Linie $A\overline{B}$ verläuft. Durch das Angebot eines Vertrags, der in einen zwischen $I_g(\hat{C}_g)$ und $A\overline{B}$ gelegenen Punkt M führt (vgl. Abb. 4.4), gelingt es Versicherungsgesellschaften nämlich, sowohl s- als auch g-Typen aus der Trennlösung $(B_s, \hat{C}_g)$ herauszulocken. Also zeigt sich, dass es in der in Abb. 4.5 dargestellten Konstellation keine Trennlösung gibt, die ein Versicherungsmarktgleichgewicht darstellt. Weil aber, wie wir zuvor gesehen haben, auch eine Mischvertrags-Lösung kein Gleichgewicht sein kann, existiert in diesem Falle somit überhaupt kein RS-Gleichgewicht.

Dieser Fall tritt genau dann ein, wenn der Anteil μ der guten Risiken an der Gesamtpopulation hoch ist. Die Gesamtschadenswahrscheinlichkeit $\overline{\pi}$ ist dann von π_g nicht allzu verschieden, und $A\overline{B}$ liegt vergleichsweise nahe an AB_g. Dies ist auch intuitiv plausibel: Bei einem hohen Wert von μ wirken sich die in der Mischlösung anfallenden höheren Prämienzahlungen zur Subventionierung der s-Typen für die g-Typen weniger negativ aus als die Beschränkung der Versicherungsleistung auf eine Teilversicherung, wie sie sich in der Trennlösung $(B_s, \hat{C}_g)$ ergäbe.

Bei Nicht-Existenz eines Gleichgewichts lässt sich aus dem Modell nicht ableiten, wie sich der Versicherungsmarkt entwickelt. Daher lassen sich für diesen Fall auch keine wirtschaftspolitischen Schlussfolgerungen aus dem Rothschild-Stiglitz-Modell ziehen. Vielmehr müssten wir uns nach einem anderen Modell umsehen, das ein Gleichgewicht besitzt und damit besser geeignet ist, die Realität zu erklären. Dazu Näheres in Abschn. 4.2.5.

4.2.4   Staatliche Eingriffe zur Allokationsverbesserung

Für den umgekehrten Fall, in dem der Anteil μ der guten Risiken so klein ist, dass $(B_s, \hat{C}_g)$ ein RS-Gleichgewicht darstellt, lässt sich dagegen beweisen, dass durch staatliche Maßnahmen unter Umständen eine Pareto-Verbesserung möglich wird. Wie es dazu kommt, zeigt die Abb. 4.5.

Der Staat führt hier eine *partielle* Zwangsversicherung zum Prämiensatz $\overline{\pi}$ ein. Der dadurch erreichte Punkt G (auf der Linie $A\overline{B}$) dient dann beiden Typen als Ausgangspunkt für freiwillige Zusatzversicherungen. Der Markt für solche Zusatzversicherungen führt dann zu einem neuen Trenngleichgewicht $(C_s^*, \hat{C}_g^*)$ in dem sich beide Typen besserstellen können als im alten Trenngleichgewicht $(B_s, \hat{C}_g)$. Für die s-Typen ist diese Verbesserung offensichtlich. Damit sich der Nutzen der g-Typen erhöht und somit $\hat{C}_g^*$ auf einer höheren g-Indifferenzkurve liegt als $\hat{C}_g$, darf der Anteil der guten Risiken nicht zu klein sein und die Höhe der staatlichen Zwangsversicherung nicht zu hoch ausfallen. Weshalb dies so ist, macht ein Blick auf Abb. 4.5 klar: Eine Pareto-Verbesserung durch die entsprechende Lösung ist ja umso eher zu erwarten, je näher der Punkt G an der Indifferenzkurve $I_g(\hat{C}_g)$ liegt. Die Intuition für dieses Ergebnis ist die folgende: Die g-Typen zahlen zwar eine höhere als die faire Prämie, da sie die s-Typen quersubventionieren. Dafür kann die Zwangsversicherung aber die Anreizverträglichkeitsbedingung lockern, sodass die g-Typen eine höhere Versicherungsdeckung erhalten. Bei hinreichend großer Risikoaversion stellt dies für sie eine Verbesserung dar.

Folgerung 4-2

Bei asymmetrischer Information existiert nur dann ein Rothschild-Stiglitz-Gleichgewicht, wenn der Anteil der „guten Risiken" nicht zu groß ist. Wenn zugleich der Anteil der guten Risiken auch nicht zu klein ist, ist dieses Gleichgewicht nicht Pareto-effizient. In diesem Fall ist eine obligatorische Teilversicherung mit einheitlicher Prämie Pareto-verbessernd. ◄

4.2.5   Ein anderes Konzept von Versicherungsmarktgleichgewichten

Das Ergebnis, nach dem eine staatliche Zwangsversicherung unter bestimmten Voraussetzungen aus Effizienzgründen erwünscht sein kann, beruht allerdings ganz entscheidend auf dem hier unterstellten Gleichgewichtskonzept von Rothschild und Stiglitz. Dieses kann jedoch durchaus kritisiert werden, verlangt es doch u. a., dass ein Versicherungsunternehmen mit jedem einzelnen der von ihm angebotenen Verträge einen nichtnegativen erwarteten Gewinn macht. Diese Verhaltensannahme kann als unrealistisch angesehen werden, da Firmen eine Mischkalkulation betreiben, wenn dies insgesamt für sie günstig ist. Als Alternative haben Wilson (1977) sowie Spence (1978) und Miyazaki (1977) daher das folgende („WSM")-Gleichgewichtskonzept vorgeschlagen:

1. Jeder Versicherer bietet ein Bündel von Verträgen an, das ihm insgesamt einen nicht-negativen Erwartungsgewinn verspricht.
2. Kein potenzielles Bündel von Vertragsangeboten außerhalb der angebotenen Menge wäre mit einem nicht-negativen Erwartungsgewinn verbunden, wenn alle Vertragsbündel, die dadurch unprofitabel geworden sind, vom Markt genommen werden.
3. Jedes Individuum wählt unter gemäß 1. und 2. möglichen Verträgen den Vertrag, der seinen Erwartungsnutzen maximiert.

Die entscheidenden Unterschiede zum Gleichgewichtskonzept von Rothschild und Stiglitz bestehen also darin, dass die Unternehmen zum einen Mischkalkulation betreiben können, bei der die guten Risiken die schlechten subventionieren, und dass sie zum anderen vor einem Markteintritt die Reaktion der Wettbewerber antizipieren. Beide Annahmen können als Schritte in Richtung größerer Realitätsnähe angesehen werden, denn Unternehmen werden sehr wohl Mischkalkulation betreiben, wenn es ihnen nützt, und sie werden sich vor einem Markteintritt alle daraus folgenden Konsequenzen überlegen. Mit etwas mathematischem Aufwand lässt sich zeigen, dass immer ein WSM-Gleichgewicht existiert und dass ein solches Gleichgewicht immer Second-Best-optimal ist.

Ein solches Gleichgewicht ist in Abb. 4.6 dargestellt. Hierin ist der Kurvenzug $AD\overline{B}$ folgendermaßen konstruiert: Wenn alle g-Typen den jeweiligen Vertrag kaufen und alle s-Typen den Vertrag auf der Sicherheitslinie, der für sie gleich gut ist wie der betrachtete Vertrag, so erbringt dieses Vertragsbündel dem Versicherer einen Gewinn von null.

Warum verläuft der Kurvenzug $AD\overline{B}$ oberhalb der Nullgewinn-Geraden für den Gesamtmarkt? Betrachten wir dazu die Punkte C und D', den Schnittpunkt der Indifferenzkurve $I_s(C)$ mit der „Pooling"-Geraden. Beide sind für den Versicherten

Abb. 4.6 Wilson-Spence-
Miyazaki-Gleichgewicht

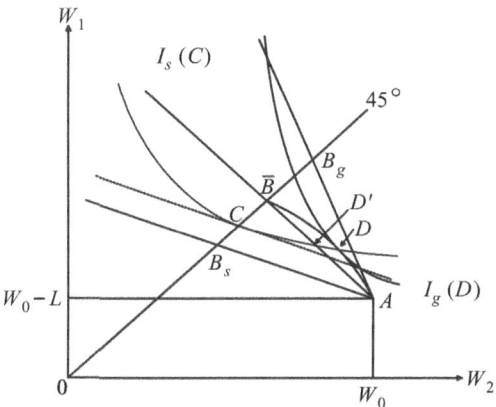

vom Typ s gleich gut, aber in D' ist der Verlust des Versicherers größer als in C. Dies erkennt man, wenn man die Isogewinn-Gerade des Versicherers durch den Punkt C ins Diagramm einzeichnet. Diese verläuft parallel zur Nullgewinn-Geraden AB_s, denn ein erwarteter Verlust in Höhe von Z ist z. B. dadurch erreicht, dass man die Versicherungsprämie um Z senkt. Da diese in jedem Zustand der Natur gezahlt wird, erhöhen sich dadurch sowohl W_1 als auch W_2 um Z – unabhängig von der gekauften Versicherungssumme, daher also die Parallelität zu AB_s. In C ist diese Gerade tangential an die Indifferenzkurve $I_s(C)$, da beide die gleiche Steigung $(1 - \pi_s)/\pi_s$ aufweisen. Wegen der Konvexität der Indifferenzkurven liegt also D' oberhalb dieser Isogewinngeraden. Dies impliziert, dass der Versicherer, der in D' einen Gewinn von Null erwartet, mit der Kombination (C, D') einen Gewinn machen würde. Dieser wird dadurch abgeschmolzen, dass der Gewinn bei den guten Risiken durch die Bewegung von D' nach D verringert wird.

Der Vertrag D ist der beste Punkt auf dieser Kurve aus der Sicht eines g-Typen, also stellt das Vertragsbündel (C,D) ein WSM-Gleichgewicht dar. Es gibt kein anderes Vertragsbündel mit nicht-negativem Gewinn, das aus der Sicht der beiden Typen von Versicherten gegenüber (C,D) Pareto-superior ist, also ist (C,D) second-best-effizient.

Folgerung 4-3

Nach dem Gleichgewichtskonzept von Wilson, Spence und Miyazaki existiert immer ein Pareto-effizientes Gleichgewicht auf dem Versicherungsmarkt. Staatlicher Zwang ist dann nicht wohlfahrtserhöhend. ◀

4.2.6   Asymmetrische Information als Konsequenz staatlicher Regulierung

In diesem Kapitel wurde grundsätzlich unterstellt, dass die betrachtete asymmetrische Informationsverteilung quasi „naturgegeben" ist. Diese Sichtweise ist jedoch nicht ganz selbstverständlich, da die beschriebenen Probleme nicht immer dadurch entstehen, dass eine Marktseite die „Qualität des Produkts" (hier: das Risiko eines Nachfragers) faktisch, d. h. aus unüberwindbaren technischen Gründen oder aufgrund extrem hoher Kosten, nicht beobachten kann. Vielmehr sind häufig die rechtlichen Möglichkeiten der Versicherer, sich Informationen über die (potentiellen) Versicherungsnehmer beschaffen zu können, durch die staatliche Gesetzgebung eingeschränkt.

Ein besonders markantes Beispiel für den Einfluss des Staates auf das Phänomen der asymmetrischen Information liefert die genetische Diagnostik. In § 18 des 2009 verabschiedeten Gendiagnostik-Gesetzes verbietet es der Gesetzgeber den Versicherungsunternehmen,

1. die Vornahme genetischer Untersuchungen oder Analysen [zu] verlangen oder
2. die Mitteilung von Ergebnissen oder Daten aus bereits vorgenommenen genetischen Untersuchungen oder Analysen [zu] verlangen oder solche Ergebnisse oder Daten entgegen[zu]nehmen oder [zu] verwenden.

Ausgenommen sind Lebensversicherungsverträge mit einer Versicherungssumme über 300.000 € und Rentenversicherungen mit einer jährlichen Versicherungsleistung von über 30.000 €.

Damit wird bei allen anderen Verträgen der Zustand der asymmetrischen Information künstlich hergestellt, falls sich der Versicherungsnehmer bereits einem Gentest unterzogen hat. Um die Wohlfahrtswirkungen dieser Maßnahme beurteilen zu können, vergleichen wir in Abb. 4.5 die beiden RS-Gleichgewichte

- bei symmetrischer Information: das Vertragspaar (B_g, B_s) und
- bei asymmetrischer Information: das Vertragspaar (C_g, C_s).

Man erkennt sofort, dass asymmetrische Information niemandem hilft, aber gute Risiken schlechter stellt als symmetrische Information. Versuche, den Informationstransfer gesetzlich oder durch einseitige Verzichtserklärungen zu unterbinden, müssen aus Effizienz-Sicht als verfehlt angesehen werden. Das heißt natürlich nicht, dass es nicht andere gute Gründe für das Verbot der Beschaffung und Nutzung der entsprechenden Informationen gibt. Davon wird im Kap. 6 im Zusamenhang mit adverser Selektion auf Krankenversicherungsmärkten noch die Rede sein.

4.3   Verhaltensrisiko auf Versicherungsmärkten

Wir betrachten im Folgenden ein Individuum, das ein Ausgangsvermögen von W_0 besitzt und mit dem Risiko eines Vermögensverlustes in Höhe von L Geldeinheiten konfrontiert ist, die Eintrittswahrscheinlichkeit des Schadensfalls jedoch durch eine Vorbeugungsaktivität beeinflussen kann, die nicht kostenlos ist. Im einfachsten Fall handelt es sich bei der Vorbeugung um eine 0–1-Entscheidung, d. h. das Individuum kann dann entweder die Vorbeugung komplett unterlassen, sodass die Schadenswahrscheinlichkeit π beträgt, oder es kann Vorbeugungskosten von a aufwenden und die Schadenswahrscheinlichkeit damit auf π^a mit $\pi^a < \pi$ reduzieren.

Bei Abwesenheit einer Versicherungsmöglichkeit wird der Haushalt daher Vorbeugung betreiben, falls sein Erwartungsnutzen mit Vorbeugung höher ist als ohne:

$$E\big[u(W^a)\big] = \pi_a \cdot u[W_0 - a - L] + (1 - \pi^a) \cdot u[W_0 - a] \geq$$
$$\pi \cdot u[W_0 - L] + (1 - \pi) \cdot u[W_0] = E[u(W)]. \tag{4.9}$$

4.3.1   Versicherungsnachfrage: Der Fall symmetrischer Information

Wir führen nun die Möglichkeit einer Versicherung zu versicherungsmathematisch fairer Prämie ein, d. h. die Prämie P entspreche gerade der erwarteten Versicherungsleistung, die sich wiederum als Produkt der Versicherungssumme V und der Schadenswahrscheinlichkeit berechnen lässt. Diese Annahme impliziert, dass der Versicherer risikoneutral ist, z. B. weil der betrachtete Versicherungsvertrag einer von vielen ist, die einzelnen Risiken stochastisch unabhängig sind und der Versicherer deshalb das Gesetz der großen Zahl ausnutzen kann.

Falls die Versicherung die Vorbeugungsausgaben des Haushalts beobachten kann, wird sie ihm zwei Typen von Verträgen anbieten:

1. einen Vertrag, bei dem sich der Versicherungsnehmer zur Vorbeugung verpflichtet und die Prämie daher das π^a-fache der Versicherungssumme beträgt. Mit diesem Vertragstyp kann der Haushalt folgenden Erwartungsnutzen erreichen:

$$E[u(W^a(V))] = \pi^a[W_0 - a - L - \pi^a \cdot V] + (1 - \pi^a) \cdot u[W_0 - a - \pi^a \cdot V], \tag{4.10}$$

2. einen Vertrag, der davon ausgeht, dass der Versicherungsnehmer keine Vorbeugung betreibt und in dem daher eine Schadenswahrscheinlichkeit π unterstellt wird. Dieser Vertragstyp führt zu einem Erwartungsnutzen

$$E[u(W(V))] = \pi \cdot u[W_0 - L + V - \pi \cdot V] + (1 - \pi) \cdot [W_0 - \pi \cdot V]. \tag{4.11}$$

Da der Versicherungsnehmer risikoavers ist und die Versicherung zur jeweils fairen Prämie angeboten wird, wird er sich in beiden Fällen für eine Vollversicherung entscheiden, d. h. $V = L$ wählen, wie wir formal bereits bei der Herleitung von (Gl. 4.3) gesehen haben.

Da der Versicherungsnehmer also in jedem Falle eine Vollversicherung abschließt, wird sein Nutzen nicht mehr davon abhängen, ob der Schadensfall eintritt, und er wird Vorbeugung betreiben, wenn folgende Bedingung erfüllt ist:

$$E[u(W^a(L))] = u[W_0 - a - \pi^a \cdot L] \geq u[W_0 - \pi \cdot L] = E[u(W(L))] \qquad (4.12)$$

bzw., weil $u(W)$ streng monoton wachsend ist, genau dann, wenn

$$W_0 - a - \pi^a \cdot L \geq W_0 - \pi \cdot L \quad \text{bzw.} \quad (\pi - \pi^a) \cdot L \geq a \qquad (4.13)$$

gilt.

Die linke Seite der zweiten Formel in (Gl. 4.13) gibt die erwarteten Einsparungen durch Vorbeugung an und die rechte Seite deren Kosten. Bei symmetrischer Information wird also

- Vorbeugung genau dann betrieben, wenn sie sich im Erwartungswert amortisiert, und
- das verbleibende Risiko durch Vollversicherung auf den Versicherer übertragen.

Die beiden in einem Versicherungsmarktgleichgewicht möglichen Verträge sind daher durch die beiden Paare von Versicherungssumme und Prämie $(L, \pi^a \cdot L)$ sowie $(L, \pi \cdot L)$ beschrieben, wobei ersterer immer dann gekauft wird, wenn Bedingung (Gl. 4.13) erfüllt ist.

4.3.2   Versicherungsnachfrage: Der Fall asymmetrischer Information

Im Unterschied zum vorangegangenen Abschnitt nehmen wir nun an, der Versicherer könne die Vorbeugungsaktivität des Versicherten nicht beobachten oder zumindest nicht bei einem möglichen Rechtsstreit vor Gericht verifizieren.[3] Damit ist ein Vertrag, der entweder die Prämie oder die Versicherungsleistung von der Vorbeugung abhängig macht, nicht durchsetzbar. Dies gilt insbesondere für den Vertrag $(L, \pi^a \cdot L)$, da der Versicherungsnehmer bei Vollversicherung keinen Anreiz mehr hat, auf eigene Kosten Vorbeugung zu betreiben, sodass die in der Kalkulation der kostendeckenden Prämie unterstellte Schadenswahrscheinlichkeit π^a sich nicht realisiert, sondern durch die Wahrscheinlichkeit ohne Vorbeugung π ersetzt werden muss. Der Vertrag $(L, \pi^a \cdot L)$ wird daher von den Versicherungsunternehmen nicht angeboten werden.

---

[3]Ausführlicher zu diesem Thema Ehrlich und Becker (1972), Pauly (1974), Spence und Zeckhauser (1971) sowie Winter (1992).

Im Folgenden wollen wir eine Bedingung dafür entwickeln, welche Verträge tatsächlich angeboten werden können. Für die entsprechenden Verträge ist es dabei erforderlich, dass sie insofern anreizkompatibel sind, als das bei ihrer Prämienkalkulation unterstellte Verhalten für den Versicherungsnehmer tatsächlich individuell rational sein muss. Wir wissen, dass dies für den Vertrag $(L, \pi \cdot L)$ gilt, denn der Vollversicherte wird dann sicher keine Vorbeugung betreiben und damit wird die Schadenswahrscheinlichkeit π betragen. Dieser Vertrag muss aber nicht unbedingt optimal sein. Es könnte nämlich eine Versicherungssumme V geben, die gering genug ist, um einem risikoaversen Haushalt den Anreiz zur Vorbeugung zu erhalten. Wenn dies der Fall ist, so wäre der Vertrag $(V, \pi^a \cdot V)$, anreizkompatibel. Die Suche nach einem optimalen Vertrag umfasst somit zwei Schritte:

1. das Auffinden des besten Vertrags *mit* Anreizen zur Vorbeugung,
2. den Vergleich mit dem Vollversicherungs-Vertrag ohne Vorbeugung, $(L, \pi \cdot L)$.

Schritt 1: Die Bedingung für die Anreizkompatibilität eines Vertrags $(V, \pi^a \cdot V)$ lautet:

$$E[u(W^a(V))] = \pi^a \cdot u[W_0 - a - L + (1 - \pi^a) \cdot V] + (1 - \pi^a) \cdot u[W_0 - a - \pi^a \cdot V]$$
$$\geq \pi \cdot u[W_0 - L + (1 - \pi^a) \cdot V] + (1 - \pi) \cdot u[W_0 - \pi^a \cdot V] = E[u(W(V))].$$
$$(4.14)$$

Die linke Seite von (Gl. 4.14) gibt den Erwartungsnutzen des Versicherten an, wenn er den Vertrag $(V, \pi^a \cdot V)$ abgeschlossen hat und Vorbeugung betreibt, und die rechte Seite den Erwartungsnutzen, wenn er mit dem gleichen Vertrag die Vorbeugung unterlässt. Im Folgenden ist zu überprüfen, ob es ein positives V gibt, das (Gl. 4.14) erfüllt. Falls es existiert, so sind wir wegen der Risikoaversion des Versicherungsnehmers an dem größten Wert von V interessiert, der diese Bedingung erfüllt, d. h. dem Wert V^*, der (Gl. 4.14) als Gleichung erfüllt.

Die Frage, ob ein solches V^* existiert, ist äquivalent zu der Frage, ob die Funktion

$$g(V) := E\big[u(W^a(V))\big] - E[u(W(V))] =$$
$$\pi^a \cdot u\big[W_0 - a - L + (1 - \pi^a) \cdot V\big] + (1 - \pi^a) \cdot u\big[W_0 - a - \pi^a \cdot V\big] \quad (4.15)$$
$$- \pi \cdot u\big[W_0 - L + (1 - \pi^a) \cdot V\big] + (1 - \pi) \cdot u\big[W_0 - \pi^a \cdot V\big]$$

eine Nullstelle besitzt. Trivialerweise gilt wegen $a > 0$

$$g(L) = E\big[u(W^a(L))\big] - E[u(W(L))] = u\big[W_0 - a - \pi^a \cdot L\big] - u\big[W_0 - \pi^a \cdot L\big] < 0.$$
$$(4.16)$$

Ferner treffen wir die Annahme, dass (Gl. 4.9) erfüllt ist, d. h. dass sich Vorbeugung ohne Versicherung lohnt. Dies impliziert:

$$g(0) = E\big[u(W^a)\big] - E[u(W)] =$$
$$\pi^a \cdot u[W_0 - a - L] + (1 - \pi^a) \cdot u[W_0 - a] - \pi \cdot u[W_0 - L] - (1 - \pi) \cdot u[W_0] \geq 0.$$
$$(4.17)$$

Da es sich bei g um eine stetige Funktion handelt, folgt wegen (Gl. 4.16) und (Gl. 4.17) aus dem Zwischenwertsatz, dass es ein V^* mit $g(V^*) = 0$ geben muss. Falls g mehrere Nullstellen hätte, soll V^* die größte davon bezeichnen. Dann ist $(V^*, \pi^a \cdot V^*)$ der anreiz-kompatible Vertrag mit der höchsten Deckungssumme.

Schritt 2: Die Bedingung dafür, dass der im Schritt 1 ermittelte Vertrag $(V^*, \pi^a \cdot V^*)$ besser ist als der Vertrag $(L, \pi \cdot L)$, lautet:

$$\pi^a \cdot u\left[W_0 - a - L + (1 - \pi^a) \cdot V^*\right] + (1 - \pi^a) \cdot u\left[W_0 - a - \pi^a \cdot V^*\right] \geq u[W_0 - \pi \cdot L].$$
$$(4.18)$$

Gilt (Gl. 4.18), so stellt der Vertrag $(V^*, \pi^a \cdot V^*)$ ein Second-Best-Optimum dar.

Unter welchen Voraussetzungen lässt sich dieser Vertrag realisieren? Die Versicherungsunternehmung, die einem Haushalt den Vertrag $(V^*, \pi^a \cdot V^*)$ anbietet, muss sicher sein, dass V^* tatsächlich die gesamte Versicherungssumme ist, die der Versicherte abgeschlossen hat. Er darf also nicht mehr als einen Vertrag mit teilweiser Abdeckung des gleichen potenziellen Schadens abschließen, um sich einen umfangreicheren Versicherungsschutz zusammenzustückeln. Private Versicherungsunternehmen werden Mittel und Wege finden, ein „Stückelungsverbot" durchzusetzen. Dies kann durch eine Vertragsklausel geschehen, in der sich der Versicherungsnehmer verpflichtet, das gleiche Risiko nicht durch weitere Verträge abzudecken, oder durch gegenseitige Kontrollinformationen unter den Versicherungsunternehmen. Aber es sind in speziellen Fällen noch einfachere Methoden denkbar. So lassen sich private Krankenversicherungen in Deutschland von ihren Kunden stets nur Originalrechnungen einreichen, die sie einbehalten. Der Staat ist also nicht aufgerufen, aktiv zu werden, um das Second-Best-Optimum durchzusetzen, er muss lediglich die genannten Kontrollen durch die Versicherungsanbieter tolerieren.

Wenn der Staat eine Versicherungspflicht einführt und dabei die Bürger zu einem höheren Versicherungsschutz als V^* verpflichtet, würde er ihnen den Anreiz zur Vorbeugung nehmen und sie – bei Gültigkeit von (Gl. 4.18) – sogar schlechter stellen als im Marktgleichgewicht. Die Abwesenheit einer Vollversicherung ist hier gerade nicht als ein Versagen des Marktes zu deuten, vielmehr ist sie ein Kennzeichen eines Second-Best-Optimums, da es für den einzelnen bei asymmetrischer Information angesichts der beschriebenen Anreizprobleme vorteilhaft ist, nicht voll versichert zu sein. Gerade die Unterversicherung dient als glaubhaftes Instrument der Selbstbindung der Versicherten gegenüber der Versicherung, Vorsorge zu betreiben und damit die Schadenswahrscheinlichkeit niedrig zu halten.

Folgerung 4-4

Wenn das Vorliegen von Verhaltensrisiko die Ursache dafür ist, dass auf dem Versicherungsmarkt kein Vertrag mit umfassendem Versicherungsschutz zustande kommen, so beruht dies darauf, dass ein solcher Vertrag zu wenig Vorbeugungsanreize mit sich bringt und daher zu teuer ist und vom Nachfrager nicht gewünscht wird. Ein staatlicher Zwang zur Vollversicherung wäre dann mit einer Pareto-Verschlechterung verbunden. ◀

4.4   Schlussfolgerungen für Sozialversicherung bei „Versagen" von Versicherungsmärkten

In diesem Kapitel haben wir „asymmetrische Information" auf Versicherungsmärkten als Abweichung von den Voraussetzungen des 1. Hauptsatzes der Wohlfahrtsökonomik kennengelernt. Ziel der Analyse war es, Fälle zu ermitteln, in denen die Ausübung staatlichen Zwangs zu einer Effizienzverbesserung im Paretianischen Sinn führt, um damit eine Begründung für die Existenz von Sozialversicherungen zu erhalten. Die Antworten, die wir in diesem Kapitel auf unsere Frage erhalten haben, sind eher negativ und nicht eindeutig. Bei adverser Selektion ließ sich eine Konstellation identifizieren, in der staatlicher Zwang eindeutig zu einer Pareto-Verbesserung führt. Die Bedingungen hierfür sind aber ziemlich eng und speziell:

1. Der Versicherungsmarkt muss nach der Theorie von Rothschild-Stiglitz funktionieren, d. h. Versicherer ziehen jedes einzelne Vertragsangebot, das ihnen im Erwartungswert einen Verlust beschert, zurück.
2. Der Anteil von hohen Risiken in der Gesamtbevölkerung darf nicht zu klein sein (denn dann existiert das Gleichgewicht gar nicht), aber auch nicht zu groß.
3. Der Staat darf die Bürger nur zu einer Teilversicherung zwingen und muss private Zusatzversicherungen zulassen.

Davon abgesehen, verhilft die Theorie von Rothschild und Stiglitz aber zu einem verbesserten Verständnis der Probleme, die sich mit der Gestaltung von Versicherungsverträgen verbinden.

Wenn der Versicherungsmarkt nach der Theorie von Wilson, Spence und Miyazaki funktioniert, ist die Begründung für staatlichen Zwang nicht triftig. Dann bleibt ein Versicherer am Markt, wenn das Bündel seiner Vertragsangebote insgesamt einen nichtnegativen Erwartungsgewinn erbringt, d. h. wenn er bereit ist, Quersubventionierung zu betreiben, und beim Markteintritt die Reaktionen der Wettbewerber antizipiert. Welches Gleichgewichtskonzept die realen Versicherungsmärkte am besten beschreibt, dürfte empirisch schwer zu überprüfen sein.

Noch weniger lässt sich staatlicher Zwang rechtfertigen, wenn ein Versicherungsmarkt wegen des Vorliegens von Verhaltensrisiko nur einen unvollkommenen Versicherungsschutz liefert oder überhaupt nicht zu Stande kommt.

Schließlich sind gesetzliche Regelungen, die einen Zustand der asymmetrischen Information künstlich herbeiführen, unter Effizienzgesichtspunkten nicht zu empfehlen.

4.5   Übungsaufgaben

Aufgabe 4.1

Auf einem Krankenversicherungsmarkt gebe es zwei verschiedene Risikotypen. Gute Risiken haben eine Erkrankungswahrscheinlichkeit von $\pi_g = 0,25$, schlechte von $\pi_s = 0,5$. Jedes Individuum hat ein Anfangsvermögen von $W_0 = 12$ und die Nutzenfunktion $u(W) = \ln W$. Im Krankheitsfall betragen die Behandlungskosten $L = 12$.

a. Wie sieht das Gleichgewicht auf dem Versicherungsmarkt bei symmetrischer Information über das Erkrankungsrisiko aus?

b. Wie würde ein Trenngleichgewicht nach Rothschild und Stiglitz bei asymmetrischer Information über das Erkrankungsrisiko aussehen? Unter welchen Bedingungen ist diese Lösung tatsächlich ein Gleichgewicht auf dem Versicherungsmarkt?

c. Vergleichen Sie den Erwartungsnutzen der Versicherten in beiden Gleichgewichten.

d. Wie beurteilen Sie vor dem Hintergrund dieser Ergebnisse § 18 GenDG?

Aufgabe 4.2

Ein Individuum mit der Nutzenfunktion $u(W) = \ln W$ habe ein Vermögen von 100 und eine Erkrankungswahrscheinlichkeit $\pi = 0,3$, die es durch Vorbeugung auf $\pi^a = 0,1$ senken kann. Im Krankheitsfall betragen die Ausgaben $L = 80$. Vorbeugung ist mit Kosten in Höhe von $a = 10$ verbunden. Eine Krankenversicherung sei zu fairer Prämie erhältlich.

a. Ermitteln Sie, ob es effizient ist, Vorbeugung zu betreiben, falls es keine Versicherungsmöglichkeit gibt.

b. Berechnen Sie die optimale Versicherungsleistung, falls der Versicherer die Vorbeugung beobachten kann. Ist es effizient vorzubeugen?

c. Berechnen Sie die optimale anreizkompatible Versicherungsleistung V^* für den Fall, dass der Versicherer die Vorbeugung nicht beobachten kann.

d. Wie ändert sich Ihre Antwort auf die Fragen b) und c), wenn die Vorbeugungskosten $a = 15$ betragen?

e. Diskutieren Sie vor dem Hintergrund dieser Ergebnisse die Aussage: „Wenn ein Versicherungsmarkt durch Verhaltensrisiko nicht zu Stande kommt, muss der Staat mit Versicherungspflicht eingreifen."

Literatur

Dionne, G., & Doherty, N. (1992). Adverse selection in insurance markets: A selective survey. In G. Dionne (Hrsg.), *Contributions to Insurance Economics* (S. 97–140). Boston: Kluwer.

Ehrlich, I., & Becker, G. (1972). Market insurance, self-insurance and self-protection. *Journal of Political Economy, 80,* 623–648.

Miyazaki, H. (1977). The rat race and internal labor markets. *Bell Journal of Economics, 8,* 394–418.

Pauly, M. V. (1974). Overinsurance and public provision of insurance: The roles of moral hazard and adverse selection. *Quarterly Journal of Economics, 88,* 44–62.

Rothschild, M., & Stiglitz, J. (1976). Equilibrium in competitive insurance markets: An essay on the economics of imperfect information. *Quarterly Journal of Economics, 90,* 629–650.

Spence, A. M. (1978). Product differentiation and performance in insurance markets. *Journal of Public Economics, 10,* 427–447.

Spence, A. M., & Zeckhauser, R. (1971). Insurance, information, and individual action. *American Economic Review, 61,* 380–387.

Wilson, C. (1977). A model of insurance markets with incomplete information. *Journal of Economic Theory, 16,* 167–207.

Winter, R. A. (1992). Moral hazard and insurance contracts. In G. Dionne (Hrsg.), *Contributions to Insurance Economics* (S. 61–96). Boston: Kluwer.

Rentenversicherung

5

5.1 Einleitung

Während der Mensch im Laufe seines gesamten Lebens Konsumgüter zum Lebensunterhalt benötigt, ist seine Fähigkeit, durch eigene Arbeit zur Erstellung dieser Güter beizutragen, in den verschiedenen Lebensphasen sehr unterschiedlich ausgeprägt. Abgesehen von krankheitsbedingten Unterbrechungen der Leistungsfähigkeit, können insbesondere Kinder und alte Menschen keinen oder nur einen geringen Beitrag zum eigenen Lebensunterhalt leisten.

Die bäuerliche Großfamilie vergangener Jahrhunderte stellte ein einfaches Instrument dar, dieses zeitliche Auseinanderklaffen von Konsumbedarf und Arbeitsfähigkeit zu überbrücken: In ihr bildeten Arbeitsfähige und Nicht-mehr- (bzw. Noch-nicht-) Arbeitsfähige eine wirtschaftliche Gemeinschaft, sodass ein Ausgleich von Bedarf und Leistungsvermögen zu jedem Zeitpunkt innerhalb der Familie vorgenommen wurde und ein Problem des Ausgleichs über die Zeit gar nicht offen zutage trat. Die moderne Kleinfamilie erfüllt dieselbe Funktion immerhin noch für die Versorgung der Kinder durch die Arbeitsleistungen der Eltern.

Es verbleibt demnach das Problem des Transfers von Mitteln zum Lebensunterhalt aus der Phase der Erwerbstätigkeit in die Phase des Ruhestands im Alter, der gemeinhin als „Altersversorgung" bezeichnet wird. Bei funktionierenden Kapitalmärkten kann dieser Transfer durch Sparen bewirkt werden, wofür es eine breite Palette von Anlageformen mit unterschiedlicher Fristigkeit, Liquidität, Rendite und Risiko gibt, z. B. Immobilien, Aktien, Kapitallebensversicherungen, festverzinsliche Wertpapiere, Sparguthaben. Keine dieser Anlageformen sichert das Individuum allerdings gegen die Unsicherheit über die Länge der Ruhestandsphase ab. Stirbt es schon bald nach Beendigung des Arbeitslebens, so hat es sein Vermögen noch nicht aufgezehrt und es entsteht eine ungeplante und eventuell sogar ungewollte Vererbung (z. B. wenn es keine

F. Breyer und W. Buchholz, *Ökonomie des Sozialstaats*,
https://doi.org/10.1007/978-3-658-33369-0_5

nahen Angehörigen hat). Umgekehrt besteht bei unerwarteter Langlebigkeit die Gefahr, dass es sein Vermögen schon lange vor dem Tod aufgezehrt hat und dann hungern müsste.

Instrumente zur Absicherung des Konsums gegen die Unwägbarkeiten der Lebensdauer nennt man „Alters*sicherung*". Das wichtigste dieser Instrumente stellt die sog. „Leibrente" dar, die dem Individuum bis zu seinem Lebensende eine feste Geldzahlung pro Periode (z. B. pro Monat) zusichert. Diese kann entweder im Nominalbetrag fixiert oder bezüglich einer bestimmten Größe (Lohnniveau oder Preisniveau) indexiert sein. Man kann den Anspruch auf eine Leibrente entweder durch eine einmalige Kapitalzahlung oder durch monatliche Prämienzahlungen bis zum Zeitpunkt des Rentenbeginns erwerben.

Leibrenten kommen in unterschiedlichen Ausprägungen vor. Die wichtigsten Unterscheidungsmerkmale sind:

a) privat versus staatlich, d. h. Anbieter einer Leibrente kann entweder ein privates Versicherungsunternehmen oder ein öffentlich-rechtlicher Träger sein,
b) freiwillig versus obligatorisch, d. h. die Teilnahme kann dem Einzelnen überlassen oder durch Gesetze erzwungen sein,
c) kapitalgedeckt versus umlagefinanziert, d. h. die Beiträge können zur Bildung eines Kapitalfonds verwendet werden, der zur Deckung der späteren Rentenzahlungen dient, oder zur Auszahlung der Leibrenten an die gegenwärtigen Rentner. Beim reinen „Umlageprinzip" werden zu keinem Zeitpunkt Reserven gebildet.

Angesichts dieser Vielfalt von Systemen beschäftigt man sich im Rahmen einer Theorie der Alterssicherung mit den folgenden Fragestellungen, die teilweise positiven, teilweise normativen Charakter haben:

1. Welche Auswirkungen haben die einzelnen Systeme der Alterssicherung auf ökonomische Größen wie das Wachstum des Sozialprodukts, die Bevölkerungszahl oder die Bildungsinvestitionen (positive Fragestellung)?
2. Gibt es Effizienzbegründungen für die Wahl eines bestimmten Systems der Alterssicherung (normative Fragestellung)?
3. Wie kann man erklären, dass Gesellschaften mit demokratischen Entscheidungsprozessen sich für bestimmte Systeme der Alterssicherung entschieden haben (positive Fragestellung)?

Dieses Kapitel ist wie folgt aufgebaut: In Abschn. 5.2 wird eine grobe Charakterisierung des Alterssicherungssystems in Deutschland gegeben, wobei das Hauptaugenmerk auf der Gesetzlichen Rentenversicherung (GRV) liegt. Abschn. 5.3 vergleicht die beiden Finanzierungssysteme, Kapitaldeckung und Umlageverfahren, hinsichtlich der Effizienz der resultierenden Ressourcenallokation. Dazu werden zwei verschiedene ökonomische Modellwelten betrachtet, nämlich zum einen eine kleine und „offene", d. h. in den internationalen

Kapitalmarkt integrierte Volkswirtschaft und zum anderen eine geschlossene Volkswirtschaft. Abschn. 5.4 untersucht Gründe dafür, dass der Staat seine Bürger zur Teilnahme an einer Rentenversicherung zwingt. Die Abschn. 5.5 und 5.6 beschäftigen sich mit Anreizwirkungen, die mit bestimmten Rentensystemen verbunden sind, im Hinblick auf folgende demografisch relevante Größen:

- Investitionen in das Humankapital der nächsten Generation (Bildungsinvestitionen),
- die Wahl der Lebensarbeitszeit,

und es werden jeweils Schlussfolgerungen für die effiziente Gestaltung des Rentensystems gezogen. In Abschn. 5.7 wird die Perspektive gewechselt und die rein positive Frage gestellt, warum es in den meisten Demokratien umlagefinanzierte Rentenversicherungen gibt. Schließlich erweitert Abschn. 5.8 die Perspektive und vergleicht verschiedene Rentensysteme in Europa, vor allem im Hinblick auf die Frage, ob innerhalb dieser Systeme eine intragenerative Umverteilung vorgenommen wird.

5.2 Alterssicherungssysteme in Deutschland und Europa

Alterssicherungssysteme in Industriestaaten können ganz unterschiedlich ausgestaltet sein. Bevor das System in Deutschland ausführlich dargestellt wird (Abschn. 5.2.2), gibt Tab. 5.1 einen Überblick über die derzeit geltenden Systeme in zehn Mitgliedsländern der EU sowie der Schweiz.

5.2.1 Die Gesetzliche Rentenversicherung in Deutschland

Der Hauptpfeiler des Alterssicherungssystems in Deutschland ist die Gesetzliche Rentenversicherung (GRV), in der der weitaus größte Teil der Arbeitnehmer pflichtversichert ist. Daneben gibt es noch weitere Institutionen wie die Beamtenrechtliche Altersversorgung, die Altershilfe der Landwirte, die Versorgungswerke der freien Berufe und die Betriebliche Alterssicherung. Im Jahr 2018 wurden laut Sozialbudget des Bundesministeriums für Gesundheit und Soziales insgesamt 367,7 Mrd. EUR für Alters- und Hinterbliebenenversorgung aufgewendet, davon 313 Mrd. EUR (= 85 %) durch die GRV. Ferner nimmt die GRV neben der Altersversorgung noch weitere Aufgaben wahr, die einer Versicherung gegen die Risiken des vorzeitigen Todes (Hinterbliebenenrenten) oder der Erwerbsminderung (Berufs- und Erwerbsunfähigkeitsrenten, Rehabilitation) gleichzusetzen sind. Für Rehabilitation gab sie 2018 6,7 Mrd. EUR aus.

Die Träger der Rentenversicherung (früher: Landesversicherungsanstalten, Bundesversicherungsanstalt für Angestellte und Bundesknappschaft, heute: die Deutsche Rentenversicherung) sind Körperschaften des öffentlichen Rechts mit einer Selbstverwaltung, die paritätisch durch Vertreter der Versicherten und der Arbeitgeber besetzt ist.

Tab. 5.1 Übersicht über staatliche Rentensysteme in Europa

Land	Versicherte	Rentenansprüche	Finanzierungs-form	Gesetzliches Rentenalter (Männer/Frauen)
Österreich	Angestellte	Lohnbezogen	Umlage	65/60 Vorzeitige Rente: möglich
Belgien	Angestellte	Lohnbezogen	Umlage	65; Vorzeitige Rente: ab 61,5 (61) nach 40 (41) Erwerbsjahren
Dänemark	Sozialrente: alle Zusatzrente: Angestellte	Sozialrente: einheitlich (nach Wohndauer) Zusatzrente: lohn-bezogen	Sozialrente: Umlage Zusatzrente: kapitalgedeckt	Sozialrente: 65, steigend auf 67 bis 2027, Zusatz-rente: 65, Keine vorzeitige Rente
Frankreich	Angestellte	Lohnbezogen	Umlage	62 bei 41,5–43 Beitragsjahren, 65–67 sonst. Vorzeitige Rente: möglich
Deutschland	Angestellte	Lohnbezogen	Umlage	65 + 9 Monate, steigend auf 67 bis 2031 Vorzeitige Rente: möglich
Italien	Angestellte	Lohnbezogen	Umlage	67 Vorzeitige Rente: möglich
Niederlande	Grundrente: alle Zusatzrente: Angestellte	Grundrente: ein-heitlich Zusatzrente: lohn-bezogen	Umlage	65 + 3 Monate, steigend auf 67 bis 2023, danach abhängig von Lebenserwartung, keine vorzeitige Rente
Spanien	Angestellte	Lohnbezogen	Umlage	65 (mit 35,75 Beitragsjahren); steigend auf 67 bis 2027: 67 (mit < 38,5 Bei-tragsjahren) Vorzeitige Rente: möglich

(Fortsetzung)

Tab. 5.1 (Fortsetzung)

Land	Versicherte	Rentenansprüche	Finanzierungs-form	Gesetzliches Rentenalter (Männer/Frauen)
Schweden	Grundrente: alle, Zusatzrente: Angestellte	Grundrente: einheitlich Zusatzrente: lohnbezogen	Teils Umlage, teils kapitalgedeckt	Flexibel zw. 61 und 67, keine vorzeitige Rente
Schweiz	1. Säule: alle 2. Säule: Angestellte	1. Säule: etwas lohnbezogen 2. Säule: Prozentsatz des Sparkapitals	1. Säule: Umlage 2. Säule: kapitalgedeckt	65/64 Vorzeitige Rente: bis zu 2 Jahren
Vereinigtes Königreich	Grundrente: alle, Zusatzrente: Angestellte	Grundrente: einheitlich, bedürftigkeitsgeprüft Zusatzrente: lohnbezogen	Umlage	65 keine vorzeitige Grundrente

Quelle:Missoc (2020)

Da jedoch die wesentlichen Parameter der Beitrags- und Leistungsstruktur nicht in deren Kompetenz fallen, sondern durch Gesetze geregelt werden, kann man von einem staatlichen Rentensystem sprechen.

Ferner handelt es sich im Wesentlichen um eine Zwangsversicherung: Versicherungspflicht besteht für alle Arbeiter und Angestellten, Handwerker und selbstständige Künstler und Publizisten. Alle anderen Personenkreise (selbstständige Erwerbstätige und Nicht-Erwerbstätige) haben die Möglichkeit der freiwilligen Versicherung in der GRV. Auch die Höhe der Beitragszahlungen ist gesetzlich geregelt und nicht vom Versicherten frei wählbar: Sie ist von einem Mindestverdienst (450 EUR pro Monat) an als fester Prozentsatz („Beitragssatz") vom Bruttoarbeitsverdienst bis zu einer oberen „Beitragsbemessungsgrenze" ausgedrückt, die ebenfalls per Gesetz jährlich entsprechend der allgemeinen Einkommensentwicklung angehoben wird und im Jahr 2020 monatlich 6900 EUR (Westdeutschland) bzw. 6450 EUR (Ostdeutschland) betrug. Der Beitragssatz betrug im Jahr 2020 18,6 % und muss jeweils hälftig vom Arbeitgeber und Arbeitnehmer gezahlt werden. Für Beschäftigte in Minijobs (bis 450 EUR/Monat) mussten 12 % des Bruttoverdienstes vom Arbeitgeber abgeführt werden. Allerdings ist eine freiwillige Höherversicherung möglich, die sich später in einem Rentenzuschlag auswirkt.

In der Finanzierung der GRV wurde das Kapitaldeckungsverfahren, das in der Geschichte mehrmals durchbrochen werden musste (z. B. im Zuge der Hyperinflation Anfang der 1920er Jahre und nach dem 2. Weltkrieg), 1957 zunächst durch eine Mischform aus Kapitaldeckungs- und Umlageverfahren („Abschnittsdeckungsverfahren") ersetzt. Seit 1969 herrscht ein (nahezu) reines Umlageverfahren vor, d. h. die Träger der

Rentenversicherung sind gesetzlich lediglich zum Halten einer Schwankungsreserve in Höhe von 20 % einer Monatsausgabe verpflichtet. Davon abgesehen dienen die Beitragseinnahmen nicht der Fondsbildung, sondern der Deckung der laufenden Ausgaben (d. h. im Wesentlichen der Rentenzahlungen). Allerdings reichen die Beiträge zur Finanzierung der laufenden Ausgaben (Renten und Rehabilitationsleistungen) nicht aus: 2019 gab es neben Beitragseinnahmen von 248 Mrd. EUR einen *Bundeszuschuss* von 98,6 Mrd. EUR.

Die Leistungsstruktur in der Alterssicherung ist zum einen durch die Voraussetzungen zum Bezug einer Rente („Altersruhegeld") gekennzeichnet, zum anderen durch die Regelungen zur Berechnung ihrer Höhe. Die Voraussetzungen für den Bezug von Altersruhegeld bestehen im Erreichen einer Altersgrenze und im Vorliegen einer Mindestversicherungsdauer. Die Altersgrenze betrug bis zum Geburtsjahr 1946 allgemein 65 Jahre und wurde nur in bestimmten Fällen abgesenkt:

- für Bergleute mit mindestens 25 Versicherungsjahren auf 60 Jahre,
- für Berufs- oder Erwerbsunfähige mit mindestens 35 Versicherungsjahren auf 60 Jahre,
- für Arbeitslose mit mindestens 15 Versicherungsjahren auf 60 Jahre.

Zu beachten ist ferner, dass die Versicherungsdauer nicht mit der Dauer der Beitragszahlungen identisch ist, sondern auch sog. Ersatz- und Ausfallzeiten (durch Ausbildung, Wehrdienst, Heimatvertreibung, Arbeitsunfähigkeit, Schwangerschaft, Kindererziehung etc.) umfasst.

Vom Geburtsjahr 1947 an wurde die Regelaltersgrenze angehoben, und zwar für die Jahrgänge 1947 bis 1958 um jeweils 1 Monat pro Jahrgang und anschließend um jeweils 2 Monate pro Jahrgang, so dass sie für Geburtsjahre 1964 und später bei 67 Jahren liegen wird. Davon abweichend, wurde sie im Jahr 2014 für das Geburtsjahr 1952 für Erwerbstätige mit mindestens 45 Beitragsjahren auf 63 Jahre abgesenkt. Diese neue Grenze steigt jedoch für jeden nachfolgenden Jahrgang um 2 Monate, so dass sie für den Jahrgang 1964 bei 65 Jahren liegen wird.

Die Formel zur Berechnung der Rentenhöhe („Rentenformel") stellt sich als Produkt einer persönlichen und einer allgemeinen, d. h. volkswirtschaftlichen Komponente und eines Rentenartfaktors dar:

Monatsrente = persönliche Entgeltpunkte × Rentenartfaktor × aktueller Rentenwert

Rentenartfaktor = 1 bei Altersrente

    0,55 bei Witwenrente,

    0,5 bei Erwerbsminderungsrente.

In die persönliche Komponente gehen die Versicherungsdauer und die relative Lohnposition (in % des Durchschnittslohnes) ein, die der einzelne Versicherte während seines

Erwerbslebens innehatte, außerdem das Eintrittsalter (als Indikator für die zu erwartende Dauer des Rentenbezugs):

Persönliche Entgeltpunkte =Summe der Entgeltpunkte × Rentenzugangsfaktor

Entgeltpunkte(für ein Jahr) =eigenes beitragspflichtiges Einkommen dividiert

durch das Durchschnittseinkommen aller Arbeitnehmer

im betreffenden Jahr

Der Zugangsfaktor berücksichtigt den Zeitpunkt des Renteneintritts. Bei Beginn der Rente vor Erreichen der Regelaltersgrenze wird ein Abschlag von 0,3 % pro Monat des vorgezogenen Renteneintritts vorgenommen. Abgesehen davon sowie von den Ersatz- und Ausfallzeiten, kann man also davon sprechen, dass innerhalb der einzelnen Rentner- kohorte relative Beitragsäquivalenz vorliegt, indem die Rentenhöhe zu den insgesamt gezahlten Beiträgen proportional ist („Teilhabeäquivalenz").[1] Zu beachten ist dabei jedoch, dass auch Kindererziehung ohne Erwerbstätigkeit Entgeltpunkte mit sich bringt: für die ersten drei Lebensjahre eines Kindes sogar jeweils einen vollen Entgeltpunkt.

Die Höhe der volkswirtschaftlichen Komponente („allgemeine Bemessungsgrund- lage", AB) orientiert sich am durchschnittlichen Brutto-Arbeitsentgelt bis zur Beitrags- bemessungsgrenze. Seit 2001 wird die AB immer um den Prozentsatz angehoben, um den die „bereinigten Bruttolöhne", d. h. die Bruttolöhne nach Abzug des Rentenver- sicherungsbeitrags einschließlich des maximal förderungsfähigen Beitrags zur privaten Zusatzsicherung („Riester-Rente") im Vorjahr gestiegen sind. Seit 1.7.2005 wird die AB ferner um einen „Nachhaltigkeitsfaktor" korrigiert, der die Entwicklung der Zahl der Beitragszahler und der Rentenempfänger berücksichtigt. Damit bestimmt sich der *Aktuelle Rentenwert* gemäß folgender Formel

$$aRW_t = aRW_{t-1} \cdot \frac{BE_{t-1}}{BE_{t-2}} \cdot \frac{100 - BS_{t-1} - AVA_{t-1}}{100 - BS_{t-2} - AVA_{t-2}} \cdot \left[1 - \alpha \cdot \left(\frac{RQ_{t-1}}{RQ_{t-2}} - 1 \right) \right].$$

Es handelt sich um eine Fortschreibungsformel, bei der es auf die Entwicklung folgender Größen ankommt:

- des durchschnittlichen beitragspflichtigen Bruttoeinkommens *BE,*
- des Rentenbeitragssatzes *BS:* hierdurch wird ein Nettolohnbezug der Rente her- gestellt;

---

[1]Streng genommen gilt diese Aussage allerdings nur dann, wenn immer der gleiche Beitragssatz geherrscht hat oder die Einkommen sich vollkommen parallel zueinander entwickelt haben. Denn nach deutschem Rentenrecht ist der Rentenanspruch nicht zu den tatsächlich gezahlten Beiträgen proportional, sondern zur relativen Position in der Einkommenshierarchie.

- der Größe AVA, die schrittweise erhöht wurde und und der Berücksichtigung privater Altersvorsorgeaufwendungen dient. Seit dem Jahr 2012 beträgt sie 4 %. Sie wirkt sich auch dann rentenmindernd aus, wenn der Einzelne diese Aufwendungen nicht tätigt;
- des Nachhaltigkeitsfaktors (Term in der eckigen Klammer), der die Rentenhöhe vom Rentnerquotienten RQ, also dem Verhältnis der Zahl der Beitragszahler zur Zahl der Rentner abhängig macht und damit zwei Entwicklungen berücksichtigt:
  - die demografische Entwicklung (niedrige Geburtenrate, höhere Lebenserwartung);
  - die Entwicklung auf dem Arbeitsmarkt.

Durch den seit 2005 geltenden Nachhaltigkeitsfaktor wird faktisch eine Rente nach Kassenlage eingeführt, da ein Anstieg des Rentnerquotienten – d. h. ein Wert von $RQ_{t-1} > RQ_{t-2}$ – mit einjähriger Verzögerung automatisch das Rentenniveau senkt. Mit diesem wird das Ziel verfolgt, den Beitragssatz auch langfristig annähernd stabil zu halten: bis zum Jahr 2030 soll er den Wert von 22 % nicht übersteigen. Diesem Ziel dient der willkürlich gewählte Faktor $\alpha = 0{,}25$. Die spätere Manipulierbarkeit dieses Faktors vermindert die Planungssicherheit der heutigen Beitragszahler in Bezug auf ihre spätere Rente. Allerdings sind (nominale) Rentenkürzungen per Gesetz ausgeschlossen, selbst wenn das Durchschnittseinkommen der Arbeitnehmer sinkt. Ferner gibt es eine *Niveausicherungsklausel:* Das Rentenniveau vor Steuern darf bis 2030 nicht unter 43 % des Bruttoeinkommens fallen. Dabei ist jedoch zu beachten, dass der graduelle Übergang zu einer nachgelagerten Besteuerung der Alterseinkünfte den Anstieg der Nettorenten zusätzlich dämpfen wird.

5.2.2   Die neue „Grundrente"

Im Juli 2020 hat der Bundestag die Einführung einer neuen Sozialleistung beschlossen, die „Grundrente" genannt wird und ab 2021 ausgezahlt werden soll. Anspruchsberechtigt sind Personen mit mindestens 33 Beitragsjahren (durch Beitragszahlungen, Kindererziehung oder Pflegetätigkeit), die im Jahresdurchschnitt 30 bis 80 % des Durchschnittslohns verdient und daher 0,3 bis 0,8 Entgeltpunkte erworben haben. Diese Entgeltpunkte werden auf das Doppelte angehoben, allerdings höchstens auf 0,8 Entgeltpunkte pro Jahr für maximal 35 Jahre. Von diesem Zuschlag werden 12,5 % abgezogen. Der Grundrentenanspruch ist bedürftigkeitsgeprüft, allerdings nur im Hinblick auf das eigene Einkommen, das monatlich 1250 EUR und bei Paaren 1950 EUR nicht überschreiten darf. Überschreitendes Einkommen wird zu 60 % angerechnet.

Im Ergebnis ist diese Sozialleistung ein Zwitter zwischen einer durch Beiträge erworbenen Versicherungsleistung (wegen der Mindestzahl an Beitragsjahren) und einer staatlichen Transferleistung zur Armutsvermeidung. Sie soll durch die Rentenversicherung ausgezahlt, aber durch Steuermittel finanziert werden. Auch die Einkommensprüfung soll durch die Rentenversicherung und nicht durchs Finanzamt vorgenommen werden.

5.2.3 Die „Riester-Rente"

Bei der „Riester-Rente" handelt es sich um eine freiwillige kapitalgedeckte Zusatzversorgung, die den Ausfall durch die langfristige Absenkung des Sicherungsniveaus in der GRV kompensieren soll. Sie wird durch steuerliche Absetzung als Sonderausgaben bzw. direkte staatliche Zuschüsse gefördert, wenn sie bestimmte Bedingungen erfüllt:

- Auszahlung frühestens mit Beginn der Zahlungen aus der GRV bzw. mit dem 60. Lebensjahr
- keine einmalige Auszahlung, sondern monatliche Leibrentenzahlungen.

Damit soll zum einen eine Abgrenzung zum „normalen" Sparen erreicht werden. Zudem ist die Förderung für kinderreiche und einkommensschwache Familien besonders hoch. Damit soll vermieden werden, dass die Betroffenen aufgrund geringer eigener Rentenansprüche im GRV-System im Alter Sozialhilfe beziehen müssen.

Im Rahmen des *Alterseinkünftegesetzes* von 2004 wurden einige Änderungen an der Riester-Rente vorgenommen:

- Reduktion der Zertifizierungskriterien,
- Ermöglichung einer Auszahlung von 30 % des Kapitals als Einmalzahlung,
- Unisex-Tarife, d. h. Anbieter von „Riester-Produkten" müssen Männern und Frauen trotz unterschiedlicher Lebenserwartung den gleichen Tarif anbieten.

Jedoch leidet die Riester-Rente unter Akzeptanz-Problemen: bis Ende 2018 waren ca. 16,6 Mio. Verträge abgeschlossen, wovon jedoch nach Schätzungen des Bundesarbeitsministeriums 20 % ruhten, also nicht mehr durch Beiträge bedient wurden.

5.2.4 Betriebliche Altersversorgung

Als weitere kapitalgedeckte Säule des deutschen Alterssicherungssystems wird auch die betriebliche Alterversorgung seit 2002 verstärkt gefördert. Das wichtigste Instrument dabei ist die *Entgeltumwandlung,* die es Beschäftigten erlaubt, einen gewissen Prozentsatz ihres sozialversicherungspflichtigen Einkommens – befreit von Einkommensteuer und Sozialbeiträgen – in betriebliche Altersvorsorgeprodukte (wie v. a. Direktversicherungen, Pensionsfonds, Pensionskassen) zu lenken. Die Höchstgrenze, bis zu der diese Befreiungen gewährt werden, betrug ursprünglich einheitlich 4 % der Beitragsbemessungsgrenze der GRV, wurde aber im Zuge des 2017 verabschiedeten *Betriebsrentenstärkungsgesetz* allerdings nur in Bezug auf die Einkommensteuer auf 8 % verdoppelt. Im Sinne einer *nachgelagerten Besteuerung* werden aber im Gegenzug die späteren Auszahlungen aus den geförderten Verträgen einkommensteuerpflichtig. Ebenso müssen auf diese Betriebsrenten die vollen Beiträge zur Pflegeversicherung sowie –

wenn auch nach Einführung eines Freibetrags mittlerweile nur noch auf einen Teil der Rente – Beiträge zur gesetzlichen Krankenversicherung bezahlt werden, während die Beiträge zur Renten- und Arbeitslosenversicherung im Alter natürlich nicht nachgeholt werden. Allerdings erwirbt ein Versicherter, der die Entgeltumwandlung in Anspruch nimmt, gleichzeitig geringere Ansprüche an die GRV, was auch dazu beiträgt, dass die Kalkulation der individuellen Vorteile aus einer Entgeltumwandlung nicht gerade einfach ist. Bei der GRV kommt es durch die Entgeltumwandlung ohnehin zu einem Beitragsausfall, was vielfach als „Schwächung der GRV" (vgl. z. B. Meinhardt 2016) kritisiert wird. Trotz dieser Kritik (und anderer Einwände) ist die Zahl der bestehenden Verträge zur betrieblichen Altervorsorge in den vergangenen Jahren stark gestiegen – und zwar von 8,1 Mio. im Jahr 2002 auf 16,3 Mio. im Jahr 2019.

5.3 Die Wahl eines effizienten Finanzierungssystems

5.3.1 Die beiden Grundtypen von Alterssicherungssystemen

5.3.1.1 Das Kapitaldeckungsverfahren (KDV)

Die Grundidee beim KDV besteht darin, dass die von den Individuen entrichteten Beiträge zur Rentenversicherung (genauso wie private Ersparnisse) zum Aufbau eines Kapitalfonds verwendet werden. Die späteren Rentenzahlungen werden dann aus den Zinserträgen des angesammelten Kapitals sowie (bezogen auf ein einzelnes Individuum) dessen Auflösung bestritten.

Die prinzipielle Funktionsweise eines solchen kapitalgedeckten Alterssicherungssystems kann anhand eines einfachen Modells dargestellt werden, bei dem die gesamte Lebenszeit eines Individuums zur Vereinfachung in zwei Phasen unterteilt wird: Die Erwerbsphase und die Ruhestandsphase (vgl. Abb. 5.1).

Ein repräsentatives Individuum aus einer Generation t erhält in seiner *Erwerbsphase* (der Periode t) einen Lohnsatz in Höhe von w_t. Seine Arbeitszeit $\bar{l}$ sei hier fix (exogen) vorgegeben. Mit $c_t^{(1)}$ bezeichnen wir den Konsum des Individuums in seiner Erwerbsphase und mit $c_{t+1}^{(2)}$ seinen Konsum in der *Ruhestandsphase*, d. h. der Periode $t+1$. Der Nutzen U des Individuums soll vom Konsum in beiden Lebensabschnitten abhängen: $U = U(c_t^{(1)}, c_{t+1}^{(2)})$. (Die Freizeit als mögliche weitere Nutzenkomponente können wir hier ausblenden, da mit dem zur Arbeitszeit proportionalen Lohneinkommen in der Erwerbsphase auch die von Individuen genossene Freizeit festliegt.) Eine in Periode t am Kapitalmarkt angelegte Geldeinheit soll in Periode $t+1$ einen Ertrag von r_{t+1} erbringen. r_{t+1} ist also der Marktzinssatz, der bei Anlage des Kapitals (von Periode t nach Periode $t+1$) erzielt wird. In einem $c_t^{(1)}$-$c_{t+1}^{(2)}$-Diagramm ist die Budgetgerade eines Individuums eine (fallende) Gerade mit dem Anstieg $-(1+r_{t+1})$, welche die $c_t^{(1)}$-Achse im Punkt $A = (w_t\bar{l}, 0)$ schneidet.

Auf dieser Budgetlinie realisiert das Individuum sein Nutzenmaximum im Punkt C, in dem die Budgetlinie von einer zu U gehörigen Indifferenzkurve tangiert wird. Wenn es

Abb. 5.1 Private Ersparnis und Rente nach dem Kapitaldeckungsverfahren

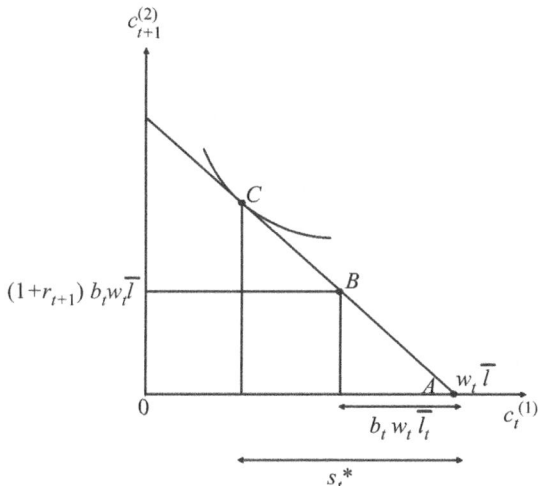

keinen staatlichen Eingriff gibt, entspricht dieses Nutzenmaximum einem Sparbetrag s_t^*. Für den Konsum in der Ruhestandsphase gilt dann $c_{t+1}^{(2)} = (1 + r_{t+1})s_t^*$.

Durch ein Alterssicherungssystem vom KDV-Typ verändert sich dieses Modell in der folgenden Weise. Angenommen b_t bezeichnet den in Periode t im Rahmen einer Pflicht-versicherung erhobenen bruttolohnbezogenen Beitragssatz. Die Beiträge zur Rentenver-sicherung in Höhe von $b_t w_t \bar{l}$, die ein repräsentatives Individuum dann entrichtet, werden am Kapitalmarkt angelegt. In der Periode $t+1$, wenn die Beitragszahler aus der Periode t alt geworden sind und nicht mehr arbeiten, wird jedem der Betrag $(1 + r_{t+1})b_t w_t \bar{l}$ (Ein-zahlung + Zinsen) zurückgezahlt. Die Rente, die ein Individuum erhält, ist also im Bar-wert gleich hoch wie seine Beitragszahlungen. Dies entspricht dem *Äquivalenzprinzip*. Die Budgetgleichung eines einzelnen Individuums lautet in diesem Fall

$$c_t^{(1)} + \frac{c_{t+1}^{(2)} - (1 + r_{t+1})b_t w_t \bar{l}}{1 + r_{t+1}} = w_t \bar{l} - b_t w_t \bar{l}. \tag{5.1}$$

Der Barwert der Konsumausgaben, die ein Individuum aus dem nach Entrichtung der Rentenbeiträge verbleibenden Budget bestreitet, muss dieses Restbudget gerade aus-schöpfen. Wenn das Individuum in der Periode $t+1$ das Konsumniveau $c_{t+1}^{(2)}$ wählt, hat es nur die Differenz $c_{t+1}^{(2)} - (1 + r_{t+1})b_t w_t \bar{l}$ aus seiner privaten Ersparnis zu finanzieren. Den Betrag $(1 + r_{t+1})b_t w_t \bar{l}$ erhält es von der Rentenversicherung. Die obige Budget-gleichung lässt sich umformen zu

$$c_t^{(1)} + \frac{c_{t+1}^{(2)}}{1 + r_{t+1}} = w_t \bar{l}. \tag{5.2}$$

Damit ist gezeigt, dass die Budgetgleichungen mit und ohne KDV-Alterssiche-
rungssystem übereinstimmen. In der Grafik besteht der einzige Unterschied darin, dass
ein Individuum bei seiner privaten Sparentscheidung bei Vorhandensein eines KDV-
Systems nicht im Punkt A, sondern im Punkt $B = ((1 - b_t)w_t\bar{l}, (1 + r_{t+1})b_t w_t\bar{l})$ startet.
Wenn der Optimalpunkt C links oberhalb von B liegt, bedeutet die Einführung eines
KDV-Systems somit lediglich, dass ein Teil des freiwilligen individuellen Sparens durch
staatliches Zwangssparen ersetzt wird. Die private Ersparnis reduziert sich dann auf
$s_t^* - b_t w_t \bar{l}$.

Denkbar ist aber auch, dass der Punkt C rechts unterhalb von B liegt. Eine solche
Situation tritt ein, wenn das betrachtete Individuum eine starke Gegenwartspräferenz
hat und/oder der Beitragssatz b_t hoch ist. In diesem Fall liegt das Niveau des staatlichen
Zwangssparens über dem Betrag, den ein Individuum ansonsten freiwillig sparen würde.
Bei einem perfekten Kapitalmarkt, d. h. insbesondere bei Identität von Soll- und Habenzins, würde sich ein Individuum dann in Periode t um den Betrag $b_t w_t \bar{l} - s_t^*$ verschulden
und diesen Kredit in Periode $t+1$ (samt den dann fälligen Zinsen) aus seinen Renteneinkünften tilgen. Auch in diesem Fall würde es einem Individuum gelingen, die Effekte des
staatlichen Alterssicherungssystems durch eigene gegenläufige Handlungen vollständig
zu neutralisieren.

Folgerung 5-1

> Im Kapitaldeckungsverfahren (KDV) gilt das Äquivalenzprinzip: Beiträge und
> Leistungen sind im Barwert gleich. Bei perfekten Kapitalmärkten ändert auch ein
> KDV mit Teilnahmezwang die Budgetgerade des Individuums nicht, da es lediglich
> private Ersparnis in Zwangssparen umwandelt, das durch Kreditaufnahme konter-
> kariert werden kann. ◄

In der Empirie ist eine solche vollkommene Neutralität jedoch nicht zu erwarten.
Die Kapitalmärkte sind unvollkommen. Der Soll- liegt über dem Habenzins und die
Individuen haben nur begrenzte Möglichkeiten, sich Kredite mit der hier erforderlichen
langen Laufzeit zu beschaffen. Unter realistischen Bedingungen hat also das im Rahmen
des KDV staatlich verordnete Vorsorgesparen für Individuen mit hoher Gegenwartspräferenz und/oder nicht allzu hohem Erwerbseinkommen in der Tat den Effekt, dass
mehr gespart wird, als dies freiwillig geschehen würde (vgl. dazu Abschn. 5.4).

Damit auch die Individuen mit geringerer Gegenwartspräferenz und/oder höherem
Erwerbseinkommen durch die staatliche Alterssicherung nicht den Anreiz für privates
Sparen verlieren, ist es wichtig, dass die Zahlungen aus der Rentenversicherung nicht
nach dem Bedürftigkeitsprinzip (wie bei der Sozialhilfe) erfolgen. Bei einer solchen
Form der sozialen Grundsicherung im Alter würden ja die freiwillig gesparten Ver-
mögensbestände und -erträge vollständig angerechnet, so dass ein wirkliches
individuelles Zusatzsparen gar nicht möglich wäre.

In der Realität stellen Alterssicherungssysteme, die vollständig dem Ansatz des hier beschriebenen KDV entsprechen, nicht den Regelfall dar. Vielmehr dominiert das „Umlageverfahren". Wie dieses aus theoretischer Sicht funktioniert, soll jetzt erläutert werden.

5.3.1.2 Das Umlageverfahren (UV)

Das vorherige Zwei-Perioden-Modell wird jetzt dadurch erweitert, dass es eine Kette aufeinander folgender und *sich überlappender* Generationen geben soll. Man bewegt sich also im Rahmen eines *Overlapping-Generations-Modell* (OLG-Modell). Die Lebenszeit jeder Generation teilt sich erneut in zwei genau gleich lange Phasen, die Erwerbs- und die Ruhestandsphase. Mit „überlappend" ist gemeint, dass die Ruhestandsphase der Generation t mit der Erwerbsphase der Generation $t+1$ zusammenfällt. Die Arbeitszeit eines einzelnen Individuums sei in jeder Periode wieder konstant und betrage $\bar{l}$. Mit w_t bezeichnen wir erneut den in Periode t geltenden Lohnsatz, b_t sei der brutto-lohnbezogene Rentenbeitragssatz. Für die weiteren Überlegungen von entscheidender Bedeutung wird sein, dass sich die Größe der Generationen im Zeitablauf verändern kann. Die Zahl der Individuen in Generation t sei N_t.

Die Idee des Umlageverfahrens besteht darin, dass die Beitragszahlungen von Generation t direkt zur Finanzierung der Rentenzahlungen an die vorherige Generation $t-1$ verwendet werden. Ein Rentenkapitalfonds wie beim KDV wird also nicht auf-gebaut. Die gesamten Beiträge, die Generation t in ihrer Erwerbsphase entrichtet, werden mit Z_t bezeichnet. Die Konstruktion sowohl des KDV als auch des UV kann man mit-hilfe der Abb. 5.2 veranschaulichen. Während im KDV jede Generation t in ihrem Erwerbsalter (Periode t) eine Gesamtersparnis S_t tätigt, die ihr selbst in ihrem Renten-alter zugute kommt (waagerechte Pfeile), erfolgt im UV in jeder Periode t eine Zahlung in Höhe von Z_t von den Erwerbstätigen an die Rentner (senkrechte Pfeile).

Wenn die Rentenzahlung, die ein einzelnes Individuum aus Generation t in seiner Ruhestandsphase, Periode $t+1$, bezieht, p_{t+1} genannt wird, gelten die beiden folgenden Identitäten:

Abb. 5.2 Kapitaldeckungs-versus Umlageverfahren

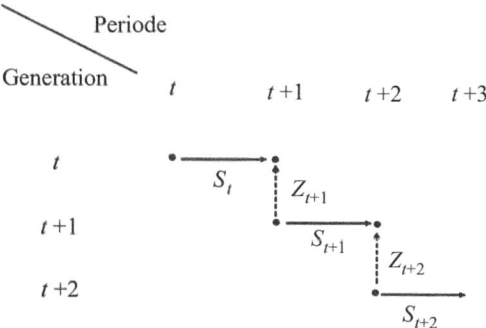

$$Z_{t+1} = N_t \cdot p_{t+1} = \textit{Rentenzahlung an Generation } t,$$

$$Z_{t+1} = N_{t+1} \cdot b_{t+1} \cdot w_{t+1} \cdot \bar{l} = \textit{Beitragszahlung von Generation } t+1.$$

Im Umlageverfahren entsprechen die Rentenzahlungen, die Generation t erhält, genau den Beitragszahlungen durch die Generation $t+1$.

Obwohl es im Umlageverfahren nicht zur Bildung eines Kapitalbestands beim Rentenversicherungsträger kommt, lässt sich immerhin das *Prinzip der Teilhabeäquivalenz* umsetzen: Je zwei Individuen der gleichen Alterskohorte erhalten in diesem Fall Rentenansprüche, die sich proportional zu den gesamten früheren Beitragszahlungen während der Erwerbsphase verhalten. Ein Individuum mit doppelt so hohen Beiträgen wie ein anderes erhält also den zweifachen Rentenanspruch. Aus der Sicht eines einzelnen Individuums wirkt das UV somit ganz ähnlich wie das Zwangssparen im KDV, wobei sich die Beiträge allerdings nicht mit dem Marktzins „verzinsen". Die im Rahmen des UV erzielte *interne Rendite* i_{t+1} ist durch Vergleich zwischen Beitragszahlungen und Rentenansprüchen zu berechnen und dann mit der hypothetischen Rendite (dem Marktzins r_{t+1}) zu vergleichen, die bei Anwendung des KDV erzielt werden könnte. Für die interne Rendite i_{t+1} des UV für einen Angehörigen der Generation t gilt

$$i_{t+1} = \frac{\textit{Rente} - \textit{Beitrag}}{\textit{Beitrag}} = \frac{\textit{Rente}}{\textit{Beitrag}} - 1$$

bzw.

$$1 + i_{t+1} = \frac{p_{t+1}}{b_t w_t \bar{l}} = \frac{\left(N_{t+1} b_{t+1} w_{t+1} \bar{l}\right)/N_t}{b_t w_t \bar{l}} = \frac{N_{t+1}}{N_t} \frac{b_{t+1}}{b_t} \frac{w_{t+1}}{w_t}. \tag{5.3}$$

Für den Quotienten N_{t+1}/N_t kann man offensichtlich auch $1 + n_{t+1}$ schreiben, wobei $n_{t+1} = (N_{t+1} - N_t)/N_t$ die *Wachstumsrate der Bevölkerung* von Generation t bezeichnet. Entsprechend führen wir das Symbol g_{t+1} für die *Wachstumsrate des Lohnsatzes*, $(w_{t+1} - w_t)/w_t$, ein. Die Grundgleichung (Gl. 5.3) lässt sich dann umformen zu

$$1 + i_{t+1} = \frac{b_{t+1}}{b_t}(1 + g_{t+1})(1 + n_{t+1}). \tag{5.4}$$

Wird der Beitragssatz im Zeitablauf konstant gehalten ($b_{t+1} = b_t$), so entspricht die interne Rendite des UV daher der Wachstumsrate der Lohnsumme und damit approximativ der Summe der Wachstumsraten der Lohnsätze und der Bevölkerung:

$$i_{t+1} = (1 + g_{t+1})(1 + n_{t+1}) - 1 = 1 + g_{t+1} + n_{t+1} + g_{t+1} \cdot n_{t+1} - 1 \approx g_{t+1} + n_{t+1}. \tag{5.5}$$

Wird andererseits das Rentenniveau, d. h. das Verhältnis zwischen der Rentenhöhe p_t und dem Arbeitseinkommen $w_t \bar{l}$ über die Zeit konstant gehalten, so muss sich wegen (Gl. 5.3) der Beitragssatz von Periode zu Periode reziprok zur Wachstumsrate der Bevölkerung anpassen:

$$b_{t+1} = \frac{1 + n_t}{1 + n_{t+1}} \cdot b_t. \qquad (5.6)$$

Schließlich kann von der Annahme ausgegangen werden, dass die Politik die interne Rendite des UV konstant zu halten versucht. Dieses Ziel kann man als Ausdruck des Wunsches begreifen, Gerechtigkeit zwischen den Generationen *(intergenerative Gerechtigkeit)* herzustellen. Es soll also

$$i_t = \bar{i} = const$$

für alle Perioden t gelten, woraus nach der obigen Grundgleichung (Gl. 5.4) folgt:

$$1 + \bar{i} = (1 + n_{t+1})(1 + g_{t+1}) \frac{b_{t+1}}{b_t}$$

bzw.

$$\frac{b_{t+1}}{b_t} = \frac{1 + \bar{i}}{(1 + n_{t+1})(1 + g_{t+1})} \qquad (5.7)$$

für alle Generationen t. Zum Beispiel könnte man fordern, dass die interne Verzinsung der eingezahlten Beiträge nicht unter der Kapitalmarktrendite r liegen sollte. Wenn in dieser Situation $n_t + g_t < r_t \le \bar{i}$ für alle $t = 1,2,\dots$ gilt, hat man

$$\frac{1 + \bar{i}}{(1 + n_{t+1})(1 + g_{t+1})} > 1 \qquad (5.8)$$

für alle $t = 1,2,\dots$. Nimmt man der Einfachheit halber über die Zeit konstante Wachstumsraten der Löhne und der Bevölkerung ($\bar{n}$ bzw. $\bar{g}$) an, so erhält man durch Iteration aus (Gl. 5.7)

$$b_t = \left[\frac{1 + \bar{i}}{(1 + \bar{n})(1 + \bar{g})} \right]^{t-1} b_1$$

für jedes t, wenn b_1 den Beitragssatz in der ersten Periode bezeichnet. Wenn, wie in (Gl. 5.8) unterstellt, der Klammerausdruck größer ist als 1, muss für hinreichend großes t der Beitragssatz b_t über eins liegen! Bei einem über eins gelegenen Parameterwert b_t kann sich das Rentensystem offensichtlich nicht mehr aus eigener Kraft finanzieren, so dass es „zusammenbricht" (vgl. Spremann 1984).

Folgerung 5-2

Im Umlageverfahren „verzinsen" sich die Beiträge mit der Wachstumsrate der Lohnsumme zuzüglich der Wachstumsrate der Beiträge. Will man den Teilnehmern langfristig eine interne Rendite sichern, die über der Wachstumsrate der Lohnsumme liegt, so wächst der Beitragssatz über alle Grenzen. Hält man lediglich das Rentenniveau konstant, so entwickelt sich der Beitragssatz reziprok zum Bevölkerungswachstum. ◄

In diesem theoretisch recht einfachen Ergebnis deutet sich bereits ein Zusammenhang an, der in der aktuellen Diskussion um die Zukunft unseres Rentensystems eine zentrale Rolle spielt: So wird vom überwiegenden Teil der Experten in der demografischen Entwicklung (d. h. dem empirisch zu beobachtenden Bevölkerungsrückgang $n_{t+1} < 0$) der entscheidende Grund für weitere Rentenreformen gesehen.

5.3.2 Wohlfahrtsvergleiche zwischen Kapitaldeckungs- und Umlageverfahren

Sämtliche Aussagen in der (positiven und normativen) Wirtschaftstheorie beruhen darauf, dass die Komplexität der Realität durch Bündel von Modellannahmen reduziert wird. Diese beziehen sich zumeist darauf, welche Größen im Rahmen der Analyse als exogen, also von außen determiniert, unterstellt werden. In der Theorie der Alterssicherung sind zwei alternative Annahmenbündel gebräuchlich:

a) die „kleine offene Volkswirtschaft": hier wird unterstellt, dass das betrachtete Land am internationalen Kapitalmarkt teilnimmt („offen"), aber wegen seiner Größe keinen Einfluss auf den sich dort bildenden Zinssatz hat („klein"). Folglich ist der Zinssatz r für das Inland exogen, d. h. die heimische Ersparnis, die ja vom Altersvorsorgemotiv bestimmt sein kann, hat weder Einfluss auf den Weltmarktzins noch auf die heimische Kapitalakkumulation. Sparen und Investieren sind gewissermaßen entkoppelt. Ferner ist auch der heimische Lohnsatz w modellexogen. Dieser Zusammenhang kann etwa damit begründet werden, dass das heimische Sozialprodukt mit einer makroökonomischen Produktionsfunktion mit zwei Faktoren (Arbeit und Kapital) und konstanten Skalenerträgen hergestellt wird. Mit einer solchen CRS-Technologie ist jedoch eine Faktorpreisgrenze verbunden, d. h. sobald ein Faktorpreis gegeben ist, steht auch der andere fest.

b) die „geschlossene Volkswirtschaft": hier gibt es keine Außenbeziehungen, und die heimische Ersparnis wirkt sich unmittelbar auf das Kreditangebot und damit die Kapitalakkumulation aus. Entsprechend wird die Bildung der Faktorpreise mithilfe der Grenzproduktivitäten der makroökonomischen Produktionsfunktion erklärt.

5.3.2.1 Die kleine offene Volkswirtschaft

Im Folgenden wird zunächst die Modellwelt einer kleinen offenen Volkswirtschaft betrachtet.

Weil im KDV die gesamte Altersversorgung über den Kapitalmarkt abgewickelt wird, könnte man vor dem Hintergrund des 1. Hauptsatzes der Wohlfahrtstheorie zumindest im Fall perfekter Kapitalmärkte vermuten, dass das KDV immer zu einer Pareto-optimalen Allokation führt. In diesem Fall ließe sich die Wohlfahrt einer Generation nur dann steigern, wenn sich gleichzeitig eine andere Generation verschlechtert. Diese Vermutung trifft aber nicht in jedem Falle zu, da der 1. Hauptsatz nur für Ökonomien mit endlich vielen Konsumenten gilt, wir es hier aber (bei unendlichem Horizont) mit unendlich vielen zu tun haben. Daher kann es unter bestimmten Bedingungen durch den Umstieg auf ein Umlagesystem zu einer Pareto-Verbesserung kommen. Wenn nämlich Bevölkerungswachstum und Lohnentwicklung so günstig sind, dass die interne Verzinsung eines UV in keiner Periode unter dem Marktzinssatz liegt ($i_t \geq r_t$ für alle t), wäre dieses UV dem KDV nach dem Pareto-Kriterium überlegen. Die erste Generation, die im UV Rentenzahlungen von ihrer Nachfolger-Generation erhält, stellt sich zusätzlich noch dadurch besser, dass sie anders als im KDV nicht mehr selber für ihre Altersversorgung aufzukommen hat. Als theoretische Möglichkeit wurde dieser Fall vom amerikanischen Ökonomen Henry Aaron schon Mitte der 60er Jahre beschrieben und als *Social Insurance Paradox* bezeichnet.[2] Mit $i_t \geq r_t$ ist insbesondere dann zu rechnen, wenn r_t als „natürlicher Zins" negativ ist, was von einigen Autoren – auch aufgrund der weltweit gestiegenen Bedeutung des Vorsorgesparens und eines daraus resultierenden Sparüberhangs – als plausible Annahme gilt (vgl. v. Weizsäcker und Krämer 2019).

Allerdings lässt sich aus theoretischen Gründen, die sich vor allem auf den Produktionsfaktor Boden als Anlageobjekt beziehen, bezweifeln, dass der Zinssatz dauerhaft kleiner als die Wachstumsrate der Wirtschaft sein kann (vgl. z. B. Sinn 2020 mit Bezug auf Homburg 1991), so dass zumindest langfristig eher von der Konstellation ($r_t > i_t$) auszugehen ist. In einer solchen Situation liegt die Erwartung nahe, dass umgekehrt als beim Social Insurance Paradox das KDV dem UV überlegen ist. Diese Problematik ist vor allem dann relevant, wenn es bereits ein UV gibt, das man durch ein KDV *ersetzen* möchte. Zu prüfen ist dann, ob sich ausgehend von einem gegebenen UV der Übergang zu einem KDV so bewerkstelligen lässt, dass es dadurch zu einer Verbesserung für alle Generationen kommt. Mit dieser Frage wollen wir uns jetzt auseinandersetzen.

Beim Versuch, durch einen Systemwechsel vom UV zum KDV eine Pareto-Verbesserung zustande zu bringen, ergibt sich ein grundlegendes Problem: In der Periode, in der die Umstellung erfolgt, muss die dann erwerbstätige Generation sowohl im Rahmen des ursprünglichen UV für die Rentenzahlung an die Vorgänger-Generation aufkommen, die sich – da eine Pareto-Verbesserung angestrebt wird – natürlich auch nicht verschlechtern darf, als auch gleichzeitig im Rahmen des neuen KDV für die eigene Altersvorsorge sparen.

Diese *Doppelbelastung* der Erwerbstätigen in der Umstellungsperiode ließe sich möglicherweise durch einen Trick vermeiden. Dabei finanziert der Staat durch Staatsverschuldung die Rentenzahlungen an die in der Umstellungsperiode Alten und verteilt den Schuldendienst auf die dann folgenden Generationen. Durch die gleichmäßigere Verteilung der „Altlasten" des UV auf mehrere Generationen („Smoothing") kann

---

[2]Vgl. Aaron (1966). Die Idee, dass ein System intergenerativer Transfers für die Teilnehmer mit einer „Verzinsung" ihrer Beiträge verbunden ist, wurde erstmals von Samuelson (1958) formuliert, der von Lohnwachstum absah und daher von einem „biologischen Zins" sprach.

zumindest vermieden werden, dass sich die Generation der Erwerbstätigen in der Umstellungsperiode schlechter stellt. Daraus folgt aber nicht, dass es auf diesem Wege möglich ist, die angestrebte Pareto-Verbesserung tatsächlich zustande zu bringen. Weshalb sich beim Übergang vom UV zum KDV eine Pareto-Verbesserung nicht erreichen lässt, zeigt die folgende theoretische Betrachtung.

5.3.2.1.1 Exogenes Arbeitsangebot

Dabei bleiben wir zunächst in unserem Modellrahmen einer exogen fixierten Arbeitszeit und gehen davon aus, dass es ein UV bereits in der Vergangenheit (in Perioden mit nicht-positiven Indizes $t = \ldots, -3, -2, -1, 0$) gegeben hat und zunächst eine Fortsetzung dieses Systems in die Zukunft (für Perioden mit positiven Zeitindizes $t = 1, 2, 3, \ldots$) geplant ist. Für alle Perioden t soll dann wieder Z_t den Transfer bezeichnen, den die Generation t im gegebenen UV an die jeweilige vorherige Generation $t-1$ bezahlt. Für alle t definieren wir

$$V_t := Z_t - \frac{1}{1 + r_{t+1}} Z_{t+1}.$$

Durch V_t wird die Nettobelastung (Rentenzahlung an die vorherige Generation $t-1$ abzüglich des Barwertes der in Periode $t+1$ von Generation $t+1$ erhaltenen Rentenzahlungen = Abfluss minus Barwert des Zuflusses für Generation t) gemessen, die eine Generation t im UV erfährt. Man kann V_t auch als *implizite Steuer* interpretieren, die Generation t im UV zu tragen hat. Sofern der Wert von V_t negativ ist, gibt $-V_t$ den (barwertmäßigen) Nettovorteil von Generation t im UV an. Generation t erhält dann durch das UV in Barwerten ausgedrückt mehr, als sie zu bezahlen hat.

Ohne Beschränkung der Allgemeinheit können wir jetzt den Fall betrachten, dass die mit dem Ziel einer Pareto-Verbesserung vorgenommene Umstellung vom UV zum KDV in Periode $t = 1$ stattfindet. Zur Abkürzung schreiben wir

$$q_1 := 1 \quad und$$

$$q_t := \frac{1}{(1 + r_2)(1 + r_3) \ldots (1 + r_t)} \quad f\ddot{u}r\ t = 2, 3, \ldots$$

für die aggregierten Abzinsungsfaktoren für Zahlungen in Periode t aus der Perspektive von Periode 1. Der Parameter q_t gibt also an, wie viel die Zahlung von einem Euro in Periode t aus der Perspektive von Periode 1 wert ist.

Der (gleichfalls auf Periode 1 bezogene) Barwert der Nettobelastung, den das ursprüngliche UV für die *Gruppe* der Generationen $1, \ldots, T$ (für beliebiges T) insgesamt verursacht, berechnet sich dann als

$$\sum_{t=1}^{T} q_t V_t = Z_1 - q_{T+1} Z_{T+1}.$$

Dies entspricht der Differenz aus dem Abfluss an Generation 0 und dem Barwert der Rentenzahlung an Generation T. Alle anderen Zahlungen, die sich im Rahmen des UV zwischen den Generationen $t = 1,\dots,T$ abspielen, heben sich wechselseitig auf, weil sie nur Transfers *innerhalb* der hier betrachteten Gruppe von Generationen darstellen.

Die interne Rendite des UV für Generation t lautet in dieser Schreibweise

$$i_{t+1} = \frac{Z_{t+1} - Z_t}{Z_t}.$$

Daraus ergibt sich für jedes t

$$Z_{t+1} = (1 + i_{t+1})Z_t$$

und damit (durch Iteration)

$$Z_{T+1} = (1 + i_{T+1})(1 + i_T)\dots(1 + i_2)Z_1 = \prod_{t=1}^{T}(1 + i_{t+1})Z_1,$$

so dass

$$\sum_{t=1}^{T} q_t V_t = (Z_1 - q_{T+1}Z_{T+1}) = \left(1 - \prod_{t=1}^{T}\left(\frac{1 + i_{t+1}}{1 + r_{t+1}}\right)\right)Z_1$$

gilt.

Eine wichtige Annahme ist jetzt, dass die interne Rendite des UV durchweg unter dem Marktzinssatz liegen soll. Auf diesen Fall konzentrieren wir unsere Überlegungen, denn gerade in diesem Falle erscheint ja der Wechsel vom UV zum KDV besonders attraktiv und im Hinblick auf die Erreichung einer Pareto-optimalen Allokation auch vielversprechend. Formal lautet diese Bedingung, dass für alle t gilt: $i_t < r_t$ bzw. dass es eine Zahl Q gibt mit

$$\frac{1 + i_t}{1 + r_t} \leq Q < 1$$

Dann hat man aber für alle T

$$\prod_{t=1}^{T}\left(\frac{1 + i_{t+1}}{1 + r_{t+1}}\right) \leq Q^T.$$

Daraus folgt

$$\lim_{T \to \infty} \prod_{t=1}^{T}\left(\frac{1 + i_{t+1}}{1 + r_{t+1}}\right) = 0$$

und schließlich

$$\sum_{t=1}^{\infty} q_t V_t = Z_1.$$

Wenn die interne Rendite in jeder Periode unter dem Marktzinssatz liegt, verlieren (bei einer Barwertbetrachtung) alle Generationen von der Generation 1 an im UV zusammen gerade Z_1, d. h. genau den im UV an die Generation 0 fließenden Transferbetrag. Z_1 entspricht also der Gesamtbelastung, die bei Fortführung des UV von den unendlich vielen Generationen von Generation 1 an zu tragen ist.

Was hat dieses theoretische Ergebnis nun mit der Frage der Vorteilhaftigkeit eines Übergangs vom UV zum KDV zu tun? Der Kreditbetrag, den der Staat aufnehmen müsste, um die Generation 1 von den im UV-System erforderlichen Zahlungen an die Generation 0 zu entlasten, beträgt ebenfalls Z_1. Mit D_t bezeichnen wir den infolge dieser Kreditaufnahme in Periode 1 dann in Periode t anfallenden Schuldendienst (infolge von Tilgung und Verzinsung), der dann die Nettobelastung von Generation t bei einem Systemwechsel anzeigt. Wie sich der Schuldendienst genau über die einzelnen Perioden verteilt, muss für die folgende Überlegung nicht spezifiziert werden. Wichtig ist aber, dass der Barwert der Schuldendienstzahlungen wiederum dem Kreditbetrag entspricht:

$$\sum_{t=1}^{\infty} q_t D_t = Z_1,$$

Z_1 misst also auch die Gesamtbelastung aller auf Generation 1 folgenden Generationen bei einem Umstieg vom UV zum KDV.

Ließe sich durch den Systemwechsel in der Tat eine Pareto-Verbesserung erreichen, müsste es eine zeitliche Verteilung der Schuldendienstzahlungen geben, für die

$$D_t \leq V_t \quad \textit{für alle Perioden} \quad t = 1, 2, 3, \ldots$$

und gleichzeitig

$$D_t < V_t \quad \textit{für zumindest eine der Perioden} \quad t = 1, 2, 3, \ldots$$

gilt. Insbesondere müsste dann auch

$$Z_1 = \sum_{t=1}^{\infty} q_t D_t < \sum_{t=1}^{\infty} q_t V_t = Z_1$$

erfüllt sein, was einen Widerspruch darstellt. Damit ist bewiesen, dass ein Pareto-verbessernder Übergang vom UV zum KDV nicht gelingen kann.

Folgerung 5-3

(Breyer 1989) In einer kleinen offenen Volkswirtschaft ist die Summe der Netto-zahlungen der einzelnen Generationen an die umlagefinanzierte Rentenversicherung im Barwert immer null. Den Vorteilen der Gründergeneration entsprechen die Nach-teile der späteren Generationen. Ein vorzeitiger Ausstieg aus dem Umlageverfahren konzentriert diese Verluste auf die Generationen im Übergang und stellt somit keine Pareto-Verbesserung dar. ◄

Ein starkes (und auf den ersten Blick auch intuitiv einleuchtendes) Argument zugunsten eines solchen Systemwechsels greift also nicht. Dies schließt natürlich nicht aus, dass es außerhalb dieses einfachen theoretischen Modells andere Gründe geben könnte, die für einen Übergang vom UV zum KDV sprechen. Welches diese Gründe sein könnten, wollen wir jetzt diskutieren.

5.3.2.1.2 Endogenes Arbeitsangebot

Bisher wurde ein exogen vorgegebenes Arbeitsangebot unterstellt. Lohnabhängige Beiträge zur Rentenversicherung wirken dann ohnehin wie eine Pauschalsteuer, die mit keiner Zusatzlast verbunden ist. Wenn die Individuen über ihr Arbeitsangebot aber variabel entscheiden, so könnte der Wechsel vom UV zum KDV Effizienzvor-teile bringen, wenn sich dadurch die steuerlichen Zusatzlasten, die im UV von einem bruttolohnbezogenen Rentenbeitrag ausgelöst werden, reduzieren lassen (vgl. Homburg 1990). Dieses auf den ersten Blick gleichfalls plausible Argument (Vermeidung von Zusatzlasten durch Abschaffung einer verzerrenden Abgabe von der Art der Lohnsteuer) erweist sich bei näherem Hinsehen aber leider auch als unzutreffend. Die Ursache hier-für liegt darin, dass bei Realisierung des Prinzips der *Teilhabeäquivalenz* im Rahmen des UV nur ein Teil des Rentenbeitrags eine Zusatzlast auslöst. Teilhabeäquivalenz bedeutet ja, dass der Rentenbeitrag auf einen heute (zusätzlich) verdienten Euro zumindest in gewissem Umfang später an das betreffende Individuum zurückfließt. Oder anders gesagt: Im Unterschied zur Finanzierung eines öffentlichen Gutes aus einer Lohnsteuer erwerbe ich mir durch meinen Rentenbeitrag Anspruch auf eine individuelle (private) Gegenleistung – und in dem Umfang, in dem in diesem Sinne Äquivalenz zwischen Rentenbeiträgen und späteren Rentenzahlungen herrscht, kommt es auch nicht zu steuer-lichen Zusatzlasten.

Zur theoretischen Präzisierung dieser Überlegung geben wir eine explizite Formulierung des Nutzenmaximierungskalküls an, das für ein repräsentatives Individuum aus Generation t gilt, wenn dieses nicht nur über seinen Konsum heute und morgen, sondern darüber hinaus auch über sein optimales Arbeitsangebot l_t entscheidet. Die Differenz zwischen der gesamten verfügbaren Zeit $\bar{f}$ und der Arbeitszeit, $f_t = \bar{f} - l_t$, beschreibt dann das vom Individuum gewählte Freizeitniveau. Zu maximieren ist der Nutzen

$$u = u(c_t^{(1)}, c_{t+1}^{(2)}, f_t) \tag{5.9}$$

unter der Nebenbedingung

$$c_t^{(1)} + \frac{c_{t+1}^{(2)}}{1 + r_{t+1}} w_t l_t - b_t w_t l_t + \frac{(1 + i_{t+1}) b_t w_t l_t}{1 + r_{t+1}} \tag{5.10}$$

bzw.

$$c_t^{(1)} + \frac{c_{t+1}^{(2)}}{1 + r_{t+1}} = w_t l_t \cdot \left[1 - b_t \cdot \frac{(r_{t+1} - i_{t+1})}{1 + r_{t+1}} \right]. \tag{5.11}$$

An dieser zweiten Version der Nebenbedingung wird unmittelbar deutlich, dass im Falle von $i_{t+1} \leq r_{t+1}$ nicht der gesamte Beitragssatz b_t als verzerrender Steuersatz wirkt, sondern nur der mit dem UV verbundene implizite Steuersatz in Höhe von

$$\tau_t = \frac{r_{t+1} - i_{t+1}}{1 + r_{t+1}} b_t. \tag{5.12}$$

Das Individuum antizipiert ja die Rückzahlung eines Teils seines Rentenbeitrags und nimmt diesen Teil nicht als endgültigen Einkommensentzug wahr. Es gilt in der Tat $\tau_t < b_t$, solange $i_{t+1} > -1$ ist, d. h. solange ein Individuum überhaupt irgendeine zum früheren Lohneinkommen proportionale Rückerstattung zuvor entrichteter Beiträge erhält. Im Fall $i_{t+1} = r_{t+1}$, d. h. wenn die interne Rendite des UV genauso groß ist wie der Kapitalmarktzins, kommt es durch das UV sogar zu keinerlei allokativen Verzerrungen.

Wenden wir uns nun dem Fall $i_{t+1} < r_{t+1}$ zu, so ist zu untersuchen, ob es möglich ist, diesen vom UV verursachten impliziten Steuerzahlungen und der damit verbundenen Zusatzlast zu entgehen, indem man zu einem KDV wechselt. Genau genommen wollen wir untersuchen, ob eine Pareto-Verbesserung durch folgendes Maßnahmenbündel erreicht werden kann:

1. Aussetzung der Beiträge zum UV in einer einzelnen Periode t,
2. Finanzierung der Renten der Generation $t - 1$ durch Aufnahme einer Staatsschuld in Periode t,
3. Wiederaufnahme des UV mit identischem Beitragssatz b in Periode $t + 1$ und Rückzahlung der Staatsschuld aus den Beiträgen der Generation $t + 1$,
4. Abtragung eines etwaigen Restes der Schuld durch Besteuerung der Generation t.

Aus der Konstruktion der Maßnahmen wird deutlich, dass sämtliche Generationen vor und nach Generation t nicht besser und nicht schlechter gestellt werden. Fraglich ist also lediglich noch, ob Generation t bessergestellt werden kann. Wenn dies der Fall wäre, könnte man die Aussetzung des UV, beginnend mit Periode t, dauerhaft vornehmen und damit die Staatsschuld immer weiter in die Zukunft wälzen, ohne dass sie im Verhältnis zum Sozialprodukt steigt, da man den überschießenden Kreditbetrag jeweils aus Steuermitteln zurückzahlt.

Die Höhe der in Periode t aufzunehmenden Staatsschuld beträgt offensichtlich

$$D_t = b w_t l_t, \tag{5.13}$$

so dass sie sich durch Verzinsung zu Beginn der Periode $t+1$ auf

$$D_{t+1} = b w_t l_t (1 + r_{t+1}) \tag{5.14}$$

erhöht. Das Beitragsaufkommen in Periode $t+1$ beträgt $B_{t+1} = b w_t (1 + i_{t+1}) l_{t+1}$. Unterstellt man $l_t = l_{t+1}$, so ergibt sich eine Restschuld in Höhe von

$$D_{t+1} - B_{t+1} = b w_t l_t (1 + r_{t+1}) - b w_t (1 + i_{t+1}) l_t = b w_t l_t (r_{t+1} - i_{t+1}), \tag{5.15}$$

bzw. abgezinst auf Periode t

$$\frac{1}{1 + r_{t+1}} \left[D_{t+1} - B_{t+1} \right] = b w_t l_t \frac{r_{t+1} - i_{t+1}}{1 + r_{t+1}}. \tag{5.16}$$

Soll dieser Betrag durch eine Steuer auf das Arbeitseinkommen $w_t l_t$ der Generation t aufgebracht werden, so muss der Steuersatz genau dem Wert τ_t aus (Gl. 5.12) entsprechen, womit gezeigt ist, dass man durch das beschriebene Maßnahmenbündel auch die Angehörigen der Generation t nicht besserstellen kann, weil bei ihnen eine zusätzliche Lohnsteuer erhoben werden muss, deren Steuersatz genau dem Anteil des Beitragssatzes zum UV entspricht, den sie als Steuer empfunden hätten.

Insbesondere lassen sich dann auch nicht die mit dieser impliziten Steuer verbundenen Zusatzlasten vermeiden. Eine Verbesserung erschiene allenfalls dadurch möglich, dass man sich bei der Finanzierung des Schuldendienstes einer anderen mit weniger Verzerrungen verbundenen Steuer (etwa einer verzerrungsfreien Pauschalsteuer) bedient. Den Wohlfahrtsgewinn, den man auf diese Weise erzielt, darf man allerdings fairer Weise nicht ursächlich dem Systemwechsel vom UV zum KDV zuschreiben. Schon im Rahmen des ursprünglichen UV wäre es ja möglich gewesen, die dort anfallenden impliziten Steuerzahlungen auf diese alternative Weise zu finanzieren und damit Zusatzlasten zu vermindern.

Folgerung 5-4

(Fenge 1995) Auch bei endogenem Arbeitsangebot lässt sich in einer kleinen offenen Volkswirtschaft mit einem Umstieg vom Umlage- zum Kapitaldeckungsverfahren als solchem keine intergenerative Pareto-Verbesserung erreichen, vorausgesetzt das Umlageverfahren ist nach dem Prinzip der Teilhabeäquivalenz organisiert. Der Teil des Umlagebeitrags, der wie ein Steuerkeil wirkt, ist durch die Differenz zwischen Zinssatz und Wachstumsrate bedingt und lässt sich nicht vermeiden, weil er der Finanzierung des Vorteils der Gründergeneration dient. ◄

Bei einer Einheitsrente, deren Höhe nicht von den Beitragszahlungen abhängt, hingegen wirkt der Beitragssatz b_t in vollem Umfang wie eine verzerrende Lohnsteuer. Durch Mehrarbeit und die damit verbundene höhere Beitragszahlung kann ein einzelnes Individuum ja seine spätere Rentenhöhe nicht positiv beeinflussen. Eine Äquivalenz zwischen Beitragszahlung und Rentenhöhe ist hier nicht gegeben, so dass die Zusatzlast in diesem Fall besonders hoch ist. Andererseits hätte die Abschaffung eines solchen Systems (Einheitsrente, aber lohnabhängige Beiträge) intragenerative Umverteilungswirkungen, da sie die Geringverdiener schlechter stellt. Je nachdem, wie ungleich die Einkommen in der Volkswirtschaft verteilt sind, wird es nicht immer gelingen, durch den Abbau der Zusatzlast *alle Mitglieder* der Gesellschaft besser zu stellen.

5.3.2.2 Die geschlossene Volkswirtschaft

In den USA steht seit längerem ein Argument zugunsten eines zumindest partiellen Übergangs zum KDV im Mittelpunkt der Diskussion. Insbesondere Martin Feldstein hat einen wichtigen Vorzug des KDV gegenüber dem UV darin gesehen, dass im KDV das Sparen und somit die Kapitalbildung insgesamt höher ausfällt als im UV. Das KDV sei deshalb im Hinblick auf das Wirtschaftswachstum und die Schaffung neuer Arbeitsplätze günstiger zu beurteilen als das UV. Wir wollen jetzt prüfen, was tatsächlich hinter diesem Argument steckt. Dazu müssen wir uns allerdings aus der Modellwelt einer kleinen offenen Volkswirtschaft lösen, in der die Kapitalbildung ohnehin nicht aus der heimischen Ersparnis gespeist wird, und eine geschlossene Volkswirtschaft betrachten.

5.3.2.2.1 Das Wachstumsgleichgewicht im Modell von Diamond (1965)

Im Modell der geschlossenen Volkswirtschaft nehmen wir wieder an, das Arbeitsangebot sei exogen, so dass wir es auf 1 normieren können. Es gelten dann für ein repräsentatives Individuum die bereits bekannten Budgetgleichungen in beiden Lebensabschnitten:

$$c_t^{(1)} = (1 - b_t)w_t - s_t \tag{5.17}$$

$$c_{t+1}^{(2)} = (1 + r_{t+1})s_t + (1 + n_{t+1})b_{t+1}w_{t+1}. \tag{5.18}$$

Wie bisher maximiert jedes dieser (annahmegemäß in großer Zahl vorhandenen) Individuen seinen Nutzen über den Lebenszyklus $U(c_t^{(1)}, c_{t+1}^{(2)})$, was auf die Bedingung erster Ordnung für die optimale Ersparnis s_t^*

$$\frac{\partial U / \partial c_t^{(1)}}{\partial U / \partial c_{t+1}^{(2)}} = 1 + r_{t+1} \tag{5.19}$$

führt.

Daneben bestehen in diesem Modell einige makroökonomische Zusammenhänge, die in den bisherigen Modellen nicht aufgetreten sind. Die Gesamtersparnis S_t, die Generation t in der Periode t tätigt, führt in Periode $t+1$ zu einem Realkapitalbestand K_{t+1} in gleicher Höhe ($K_{t+1} = S_t$). Für die entsprechenden Pro-Kopf-Größen s_t und k_{t+1} gilt dann

$$k_{t+1} = \frac{s_t}{1 + n_{t+1}}. \tag{5.20}$$

Mit dem in Periode $t+1$ vorhandenen Kapitalbestand K_{t+1} sowie N_{t+1} Arbeitern werden dann mithilfe der neoklassischen Produktionsfunktion $F(K_{t+1}, N_{t+1})$ genau Y_{t+1} Einheiten des einzigen Guts erzeugt. Aufgrund der Annahme konstanter Skalenerträge kann man alle Größen durch den Arbeitseinsatz dividieren und erhält somit das Pro-Kopf-Produkt gemäß

$$y_{t+1} = f(k_{t+1}). \qquad (5.21)$$

Die Pro-Kopf-Produktionsfunktion f ist zweimal stetig differenzierbar, und es gilt $f'(k)>0$ und $f''(k)<0$ für alle $k>0$. Mit zunehmender Kapitalintensität nimmt der Pro-Kopf-Output also zu, die Grenzerträge gehen jedoch zurück. Die in Periode $t+1$ herrschenden Faktorpreise, d. h. der Zinssatz r_{t+1} und der Lohnsatz w_{t+1}, stimmen in einem Gleichgewichtszustand mit den Grenzproduktivitäten der jeweiligen Produktionsfaktoren überein, d. h.

$$1 + r_{t+1} = f'(k_{t+1}) \qquad (5.22)$$

$$w_{t+1} = y_{t+1} - (1+r_{t+1})k_{t+1}. \qquad (5.23)$$

Dabei ist vorausgesetzt, dass es in der betrachteten Ökonomie auch eine große Zahl von Unternehmen gibt, die als Mengenanpasser handeln. Die Gleichungen (Gl. 5.22) und (5.23) entsprechen dann den Bedingungen erster Ordnung für einen gewinnmaximierenden Faktoreinsatz eines einzelnen Unternehmens.

Obwohl die Marktteilnehmer durch ihre individuellen Entscheidungen keinen Einfluss auf die Höhe von Lohn- und Zinssatz ausüben können, hat ihr aggregiertes Verhalten auf gesamtwirtschaftlicher Ebene sehr wohl Auswirkungen auf die Lage der Gleichgewichtslösung. Für die geschlossene Volkswirtschaft, wie wir sie jetzt betrachten, ist der Zinssatz r_{t+1} (genauso wie s_t, k_{t+1} sowie $c_t^{(1)}$ und $c_{t+1}^{(2)}$) nicht exogen gegeben, sondern bestimmt sich endogen aus dem Zusammenspiel des Verhaltens der Marktteilnehmer.

Die exogen gegebenen Parameter im Modell sind

- die Pro-Kopf-Anfangsausstattung mit Kapital k_t und damit (gemäß (Gl. 5.21) und (5.23) bezogen auf Periode t) das Lohneinkommen w_t in Periode t,
- die Wachstumsrate der Bevölkerung n_{t+1}, sowie
- die das umlagefinanzierte Rentensystem charakterisierenden Beitragsparameter b_t und b_{t+1}.

Für vorgegebene Kombinationen dieser exogenen Parameterwerte werden durch die Gleichungen (Gl. 5.17) bis (Gl. 5.23) die Pro-Kopf-Ersparnis s_t^*, (und damit die Kapitalintensität $k_{t+1}^* = s_t^*/(1+n_{t+1})$ in Periode $t+1$) sowie der Zinssatz r_{t+1} in Periode $t+1$ simultan bestimmt. Die Lösungswerte dieses Gleichungssystems beschreiben ein „Wachstumsgleichgewicht", in dem sich das durch (Gl. 5.19) bestimmte Kreditangebot der Haushalte und die durch (Gl. 5.22) bestimmte Kreditnachfrage der Unternehmen gerade entsprechen. Die Konsumniveaus eines repräsentativen Individuums in seinen beiden Lebensabschnitten ergeben sich dann unmittelbar durch die Gleichungen (Gl. 5.17) und (5.18).

5.3.2.2.2 Der Einfluss des umlagefinanzierten Rentensystems auf die private Ersparnis

Wir wollen jetzt untersuchen, wie sich ein solches Wachstumsgleichgewicht verändert, wenn die Beitragssätze b_t und b_{t+1} variiert werden. Dabei konzentrieren wir uns auf die Wirkungen, die sich in diesem Zusammenhang für die – in Abhängigkeit von den Parametern b_t und b_{t+1} – mit $s_t^*(b_t, b_{t+1})$ bezeichnete Pro-Kopf-Ersparnis ergeben. Um eindeutige Aussagen über das Vorzeichen von $\partial s_t^*/\partial b_t$ und $\partial s_t^*/\partial b_{t+1}$ ableiten zu können, treffen wir zusätzlich die beiden folgenden Annahmen:

Gegenwarts- und Zukunftskonsum sind normale Güter. Dies impliziert u. a., dass bei einem Rückgang des Zinssatzes der Zukunftskonsum sinken muss, da Einkommens- und Substitutionseffekt in die gleiche Richtung gehen.

Die Produktionsfunktion soll die Eigenschaft haben, dass mit wachsender Kapitalintensität k auch der Pro-Kopf-Kapitalertrag $(1+r)\cdot k$ steigt, d. h. wegen (Gl. 5.22)

$$\frac{d\left[f'(k) \cdot k\right]}{dk} = k \cdot f''(k) + f'(k) > 0 \Leftrightarrow \frac{k \cdot f''(k)}{f'(k)} > -1. \tag{5.24}$$

Das ist nicht selbstverständlich, weil im Wachstumsgleichgewicht (wegen $f''(k)<0$) der Zinssatz bei wachsendem Kapitaleinsatz ja abnimmt.

Die Wirkung einer Erhöhung von k_{t+1} auf den Lohnsatz w_{t+1} ist demgegenüber auch ohne Zusatzannahmen eindeutig: Mit (Gl. 5.21) und (5.22) wird (Gl. 5.23) zu

$$w_{t+1} = f(k_{t+1}) - f'(k_{t+1})k_{t+1}. \tag{5.25}$$

Die Ableitung von (Gl. 5.25) nach k_{t+1} ergibt dann

$$\frac{\partial w_{t+1}}{\partial k_{t+1}} = -f''(k_{t+1}) \cdot k_{t+1} > 0. \tag{5.26}$$

Eine steigende Kapitalintensität erhöht also auch die Lohneinkommen.

Bei der Variation der Rentenbeitragsparameter wird jetzt zunächst der Fall betrachtet, in dem allein b_t verändert wird, b_{t+1} aber konstant bleibt. Dann gilt $\partial s_t^*/\partial b_t < 0$, d. h. ein höherer Umlage-Transfer von Generation t an ihre Vorgänger-Generation $t-1$ senkt die Ersparnis von Generation t und damit auch die Realkapitalbildung. Um dies zu zeigen, nehmen wir an, dass das Gegenteil eintritt, d. h. dass im neuen Wachstumsgleichgewicht nach Erhöhung von b_t die Pro-Kopf-Ersparnis und damit die Kapitalintensität größer sind als im ursprünglichen Wachstumsgleichgewicht, so dass sich gemäß (Gl. 5.22) ein niedrigerer Zinssatz ergibt. Der Substitutionseffekt der Zinssenkung senkt dann den Konsum in der zweiten Lebensperiode (der ja relativ teurer geworden ist) und vermindert den Konsum in der ersten Lebensperiode. Die Richtung des Einkommenseffekts, der sich an der Veränderung des Barwerts des Gesamteinkommens

$v_t = (1 - b_t)w_t + (1 + n_{t+1})b_{t+1}w_{t+1}/(1 + r_{t+1})$ festmacht,[3] ist hingegen unbestimmt: Durch die Erhöhung von b_t wird ja der erste Summand in diesem Ausdruck kleiner, während der zweite Summand wegen der durch die Erhöhung von s_t bewirkten Erhöhung von w_{t+1} und gleichzeitigen Senkung von r_{t+1} steigt. Wenn nun das Gesamteinkommen fällt, führt aufgrund der Normalitätsannahme der Einkommenseffekt – wie schon der Substitutionseffekt – zu einer Verminderung des Zukunftskonsums. Aus (Gl. 5.18), (5.24) und (5.26) folgt jedoch, dass es für Generation t unter den getroffenen Annahmen zu einem höheren Konsum $c_{t+1}^{(2)}$ in ihrer Ruhestandsphase kommen muss, was zu einem Widerspruch führt. Wenn hingegen das Gesamteinkommen steigt, würde die Kombination von Einkommens- und Substitutionseffekt eine Erhöhung des Gegenwartskonsums bewirken, der aber gemäß (Gl. 5.17) wegen des Anstiegs von b_t und s_t kleiner wird. Insgesamt zeigt sich also, dass unsere ursprüngliche Annahme falsch war. Vielmehr müssen bei steigendem b_t die Ersparnis s_t^* und damit die Kapitalintensität k_{t+1}^* eindeutig fallen.

Dass $\partial s_t^*/\partial b_{t+1} < 0$ gilt, zeigt man auf analoge Weise. Angenommen, bei einer Erhöhung der Rente steigt die Ersparnis s_t. Infolgedessen geht der Zinssatz zurück und w_{t+1} steigt, so dass der zweite Summand im Ausdruck für das Gesamteinkommen größer wird, während der erste Summand gleich bleibt. Der daraus resultierende Einkommenseffekt führt dann ebenso wie der von der Senkung des Zinssatzes ausgelöste Substitutionseffekt zu einer Erhöhung des Gegenwartskonsums $c_t^{(1)}$, der wiederum gemäß (Gl. 5.17) aufgrund der angenommenen Erhöhung von s_t fallen muss. Aus diesem Widerspruch folgt, dass die Ersparnis auch dann sinkt, wenn der in der Zukunftsperiode gültige Beitragssatz b_{t+1} erhöht wird.

Wird nun der Beitragssatz in beiden Perioden angehoben, so bedeutet dies, dass das Individuum seinen Konsum im Erwerbsalter $c_t^{(1)}$ ausweiten und den im Rentenalter $c_{t+1}^{(2)}$ einschränken möchte. Beides ist nur durch eine Verringerung der privaten Ersparnis s_t^* möglich.

Folgerung 5-5

Die optimale Ersparnis reagiert negativ auf den Umfang einer umlagefinanzierten Rentenversicherung. Daher ist die Kapitalintensität in einer geschlossenen Volkswirtschaft im Gleichgewicht umso kleiner, je größer ein vom Staat betriebenes umlagefinanziertes Rentensystem ausfällt. Wird überhaupt kein Umlagesystem betrieben, so ist der volkswirtschaftliche Kapitalbestand ceteris paribus am größten. ◄

---

[3]Bei dieser Argumentation ist zu beachten, dass die von einem Individuum im Wachstumsgleichgewicht erreichte Position dem Optimalpunkt entspricht, den dieses Individuum auf der Budgetgeraden mit dem $c_t^{(1)}$-Achsenabschnitt v_t und dem Anstieg $-(1 + r_{t+1})$ erreicht. Sowohl v_t als auch r_{t+1} sind dabei insofern endogen, als sie sich aus den aggregierten Aktionen der großen Zahl der beteiligten Individuen ergeben, von einem einzelnen Individuum werden sie aber (analog zum Mengenanpasserverhalten auf einem Konkurrenzmarkt) als exogene Parameter wahrgenommen.

Die ökonomische Intuition für dieses Resultat ist die folgende: Für das Individuum spielt der Beitrag zu einem umlagefinanzierten Rentensystem die gleiche Rolle wie private Ersparnis, denn beide begründen Ansprüche auf Einkommen im Alter, und in dem Maße, wie die eine „Sparform" zunimmt, wird die andere reduziert. Volkswirtschaftlich besteht jedoch ein großer Unterschied, da privates Sparen zur Kapitalbildung führt, Rentenbeiträge im Umlagesystem dagegen direkt an die Rentner der laufenden Periode ausgeschüttet werden und daher in den Konsum fließen.

Gegen die Gültigkeit dieses Ergebnisses wird bisweilen eingewendet, dass das, was aus der Sicht eines hier betrachteten einzelnen Individuums als Ersparnis gilt, auf gesamtwirtschaftlicher Ebene nicht unbedingt eine zusätzliche Kapitalbildung bedeuten muss. Denkbar sei ja auch, dass die (zusätzliche) Ersparnis eines Individuums vollständig in Staatspapiere fließt, mit denen zusätzliche Staatsausgaben finanziert werden. Dazu ist zu bedenken, dass das zuvor abgeleitete Ergebnis ceteris paribus gilt, also u. a. bei gegebener Höhe des staatlichen Haushaltsdefizits. Durch eine Erhöhung des Defizits in Verbindung mit einem Abbau des Umlagesystems würde gewissermaßen das Umlageverfahren durch die Hintertür wieder ausgeweitet.

Wenn im KDV die Kapitalbildung über der im UV liegt, bedeutet das umgekehrt, dass das UV zu Verdrängungseffekten bei der privaten Ersparnis führt. Wie stark Verdrängungseffekte in der Empirie ausgeprägt sind, wird in der Literatur unterschiedlich beurteilt. Im Bezug auf die USA kam Feldstein (2000) zum Schluss, dass das umlagefinanzierte Social Security System die private Spartätigkeit um bis zu 60 % vermindert hat, und in Chile hat, wie einige empirische Studien (z. B. Edwards 1998, S. 257) eindeutig bestätigen, die Einführung eines KDV die Sparquote deutlich erhöht. Allerdings wird auch kritisch gefragt, inwieweit sich die in einem Schwellenland wie Chile gemachten Erfahrungen auf einen entwickelten Staat wie etwa Deutschland übertragen lassen. Immerhin ist die Sparquote in Deutschland zurzeit (trotz des vorhandenen Alterssicherungssystems mit weitgehend umlagefinanzierter Rente) im internationalen Vergleich relativ hoch. A. Börsch-Supan ein anerkannter deutscher Rentenexperte, antwortet auf die Frage: „Erhöht ein Übergang die Ersparnis?" am Ende einer ausführlichen Betrachtung wie folgt:

„Die Diskussion in diesem Abschnitt zeigt, dass auch die Empirie in der Frage nach der Wechselwirkung zwischen Altersvorsorge und Ersparnisbildung an ihre Grenzen stößt. Insgesamt wiegt die Evidenz schwerer, dass das Umlageverfahren ein wichtiges Sparmotiv verdrängt, das durch einen Übergang zu mehr kapitalgedeckter Altersvorsorge wieder zum Leben erweckt wird, als dass es bei den übrigen Sparmotiven zu einer vollständigen Verdrängung kommt. Um es in der Sprache des amerikanischen Rechts auszudrücken: Die Evidenz reicht nicht aus, um die Frage „beyond reasonable doubt" zu beantworten, aber die „preponderance of evidence" zeigt, dass mehr Kapitaldeckung auch einen höheren Kapitalstock impliziert." (Börsch-Supan 2000, S. 442).

5.3.2.2.3 Der Einfluss des umlagefinanzierten Rentensystems auf die Steady-State-Wohlfahrt

Ob die von einem umlagefinanzierten Rentensystem verursachte Verminderung der Ersparnis (und damit in einer geschlossenen Volkswirtschaft der Realkapitalbildung) auch zu einem Verlust an gesamtwirtschaftlicher Wohlfahrt führen muss, steht a priori allerdings keineswegs fest. Vielmehr ist es prinzipiell möglich, dass die Kapitalintensität, die sich in einem Kapitalgleichgewicht ohne staatliches Umlagesystem ergibt, unter Wohlfahrtsgesichtspunkten zu hoch ausfällt. In diesem Falle wäre eine (teilweise) Verdrängung privater Ersparnis durch ein umlagefinanziertes Rentensystem sogar erwünscht, weil sich dadurch die wohlfahrtsschädliche Überakkumulation von Kapital vermeiden lässt.

Um zu beschreiben, wie es durch den unregulierten Marktprozess zu einer übermäßigen Kapitalbildung kommen kann, verwenden wir im Folgenden einen Spezialfall des Modells der geschlossenen Volkswirtschaft. Dabei wird angenommen, dass die Wachstumsrate der Bevölkerung in allen Perioden gleich groß ist, d. h. $n_t = n$ für alle $t = 1,2,\dots$ gilt. In dieser Situation betrachten wir zeitliche Entwicklungspfade, bei denen die relevanten Pro-Kopf-Größen (die Kapitalintensität k_t sowie die Pro-Kopf-Konsumniveaus $c_t^{(1)}$ und $c_{t+1}^{(2)}$ der Individuen in ihrer Erwerbs- und ihrer Ruhestandsphase) im Zeitablauf konstant bleiben. In einem solchen Steady State können wir dann die Zeitindizes weglassen und einfach k, $c^{(1)}$ und $c^{(2)}$ schreiben. (Der Gesamtkapitalbestand sowie der aggregierte Konsum von Erwerbstätigen und Rentnern wachsen dann natürlich proportional zur Bevölkerung). Damit sich in einem Steady State die Kapitalintensität im Zeitablauf nicht ändert, ist eine bestimmte zeitinvariante Pro-Kopf-Ersparnis erforderlich, die

$$s = (1 + n)k \qquad (5.27)$$

beträgt.

Analog zu den allgemeinen Ausführungen über die geschlossene Volkswirtschaft wollen wir zunächst den speziellen Steady State charakterisieren, der sich im Fall ohne umlagefinanziertes Rentensystem als Wachstumsgleichgewicht einstellt.

Die dabei resultierende Kapitalintensität nennen wir k^*, und mit $c^{(1)*}$ bzw. $c^{(2)*}$ bezeichnen wir die zeitinvarianten Pro-Kopf-Konsumniveaus in den beiden Lebensphasen eines Individuums. Für den zeitlich gleichfalls invarianten Marktzinssatz r^* gilt dann gemäß (Gl. 5.22)

$$1 + r^* = f'\left(k^*\right). \qquad (5.28)$$

Die Konsumniveaus $c^{(1)*}$ und $c^{(2)*}$ im gleichgewichtigen Steady State ergeben sich durch Maximierung der Nutzenfunktion $U(c^{(1)}, c^{(2)})$ unter der individuellen Budgetrestriktion

$$c^{(1)} + \frac{c^{(2)}}{1 + r^*} = f\left(k^*\right) - \left(1 + r^*\right)k^*. \qquad (5.29)$$

Für $b_t = b_{t+1} = 0$, d. h. für den Fall ohne Umlagesystem, ist dies eine unmittelbare Konsequenz aus (Gl. 5.17), (5.18), (5.21) und (5.23). Die Budgetgleichung (Gl. 5.29) besagt, dass der Barwert des Lebenskonsums (linke Seite) gleich groß wie das Lohneinkommen in der Erwerbsphase (rechte Seite) sein muss. Gemäß (Gl. 5.19) ist das Nutzenmaximum, das ein Individuum im Kapitalmarktgleichgewicht erreicht, dann durch die Bedingung

$$\frac{\partial U / \partial c^{(1)}}{\partial U / \partial c^{(2)}} = 1 + r^* \tag{5.30}$$

gekennzeichnet.

Ein solches Steady-State-Wachstumsgleichgewicht ist aber allenfalls zufällig Pareto-optimal. In der Regel gibt es einen Steady State, in dem alle Individuen einen höheren Nutzen als in dem vom Staat unbeeinflussten Gleichgewicht erreichen. Zur Ermittlung des wohlfahrtoptimalen Steady State versetzen wir uns in die Rolle eines hypothetischen „wohlwollenden Diktators", der – unabhängig von der Institution des Kapitalmarktes – den in einem Steady State erreichbaren individuellen Nutzen $U(c^{(1)}, c^{(2)})$ unter Beachtung der produktionstechnisch gegebenen Restriktionen maximiert. Die entsprechende volkswirtschaftliche Verwendungsgleichung lautet

$$c^{(1)} + \frac{c^{(2)}}{1 + n} + (1 + n)k = f(k). \tag{5.31}$$

Sie drückt aus, dass das Pro-Kopf-Produkt $f(k)$ in einer Periode für drei Zwecke zu verwenden ist:

- für den Konsum $c^{(1)}$ der in dieser Periode Aktiven,
- für den Konsum der Rentner der entsprechenden Periode, d. h. $c^{(2)}/(1+n)$,
- für die Realkapitalbildung in der Höhe, wie sie (in einem Steady State) zur Aufrechterhaltung der Kapitalintensität erforderlich ist, d. h. $(1+n)\,k$.

Das Optimierungsproblem für den maximalen Nutzen im Steady State lautet also:

$$\max_{c^{(1)}, c^{(2)}, k} U(c^{(1)}, c^{(2)}) \quad \text{unter der Nb.} \quad (5.31) \tag{5.32}$$

Durch Anwendung des Lagrange-Verfahrens zeigt sich sofort, dass die Optimallösung (mit der Kapitalintensität k° und dem Zinssatz r°) folgende Bedingungen erster Ordnung erfüllen muss

$$1 + r^\circ = f'(k^\circ) = 1 + n = \frac{\partial U / \partial c^{(1)}}{\partial U / \partial c^{(2)}}. \tag{5.33}$$

In Worten besagt diese „Goldene Regel der Kapitalakkumulation", dass der Zinssatz (ausgedrückt als Grenzproduktivität des Kapitals minus 1) der Wachstumsrate der Bevölkerung entspricht. Zusätzlich muss die Grenzrate der Substitution zwischen

Gegenwarts- und Zukunftskonsum $\frac{\partial U/\partial c^{(1)}}{\partial U/\partial c^{(2)}}$ im optimalen Steady State den Wert $1+n$ annehmen.

Der Vergleich von (Gl. 5.33) mit (Gl. 5.28) zeigt, dass das Wachstumsgleichgewicht nur dann optimal ist, falls der endogen bestimmte Marktzinssatz $r*$ genauso groß wie die Wachstumsrate der Bevölkerung ist. Damit kann aber nur in Ausnahmefällen gerechnet werden. Dies wird schon daran deutlich, dass die Goldene Regel der Akkumulation zu einer Kapitalintensität $k°$ führt, die – im Gegensatz zur Kapitalintensität $k*$ im Gleichgewicht – unabhängig von den individuellen Präferenzen $U(c^{(1)}, c^{(2)})$ ist.

Weshalb die Übereinstimmung von $k°$ und $k*$ höchst unwahrscheinlich ist, kann man sich auch folgendermaßen klarmachen: Nehmen wir an, $k°$ sei die Kapitalintensität im Wachstumsgleichgewicht, so dass $1+r*=f'(k°)=1+n$ gilt. Die Konsumniveaus in den beiden Lebensphasen eines Individuums wären dann eindeutig determiniert, und zwar würde wegen (Gl. 5.27)

$$c^{(2)*} = \left(1 + r^*\right) \cdot s^* = (1 + n)^2 \cdot k°$$

und folglich wegen (Gl. 5.31)

$$c^{(1)*} = f(k°) - 2(1 + n)k°$$

gelten. Damit in dem durch $k°$ charakterisierten Steady State aber tatsächlich ein Gleichgewicht vorliegt, müsste gemäß (Gl. 5.30) im Punkt

$$(c^{(1)*}, c^{(2)*}) = [f(k°) - 2(1 + n)k°, (1 + n)^2 k°]$$

die Grenzrate der Substitution zwischen Gegenwarts- und Zukunftskonsum gerade $1+n$ betragen. Dies stellt aber eine sehr spezielle Anforderung an die Präferenzen dar, die üblicherweise nicht erfüllt sein wird.

Abhängig von den Präferenzen ist in aller Regel also zu erwarten, dass es im Steady-State-Wachstumsgleichgewicht entweder.

a) zur Überakkumulation von Kapital mit $k*>k°$ und $r*<n$, oder
b) zur Unterakkumulation von Kapital mit $k*<k°$ und $r*>n$

kommt. In Abb. 5.3 ist der Fall a) durch den Punkt A, der Fall b) durch den Punkt B beschrieben.

Fall a) ist analog zum Fall $n>r$ in der kleinen offenen Volkswirtschaft. Auch hier sind die Voraussetzungen des 1. Hauptsatzes der Wohlfahrtsökonomik verletzt und das Gleichgewicht ist dynamisch ineffizient. Der einzige Unterschied ist, dass der Zinssatz r in der geschlossenen Volkswirtschaft nicht mehr exogen gegeben ist, sondern von den Sparentscheidungen der Erwerbstätigen abhängt. Diese müssen dazu veranlasst werden, weniger Ersparnisse und damit Realkapital zu bilden. Dieser Effekt tritt ein, wenn ein Teil des Alterskonsums durch einen direkten Transfer von Seiten der jeweils jüngeren Generation, also durch eine umlagefinanzierte Rentenversicherung, bestritten wird. Wie

Abb. 5.3 Kapitalintensität
und Zinssatz

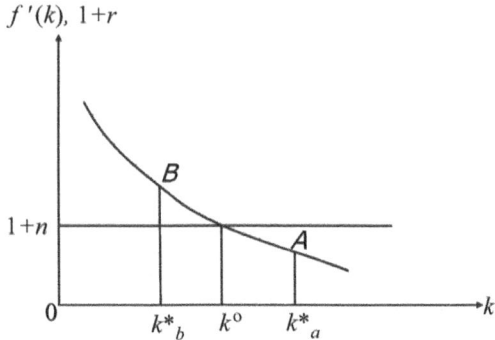

oben gezeigt, wird dadurch private Ersparnis verdrängt und somit die Kapitalintensität gesenkt, was bei Überakkumulation von Kapital erwünscht ist.

Wie sich im Fall a) durch Einführung eines Umlagesystems eine Pareto-Verbesserung erreichen lässt, soll jetzt im Einzelnen aufgezeigt werden. Wir nehmen dazu an, dass bis zu einer Übergangsperiode T die Ökonomie dem Steady-State-Entwicklungspfad folgt, welcher dem unregulierten Wachstumsgleichgewicht entspricht. Der Staat beschließt dann in Periode T die folgenden Maßnahmen zur Einführung eines Umlagesystems, die überraschend erfolgt, d. h. so, dass vorhergehende Generationen diesen Schritt nicht antizipieren:

Die Erwerbstätigen in Periode T zahlen auf ihr Arbeitseinkommen einen Beitragssatz in Höhe von

$$b_T = \frac{1}{w^*} \cdot \left[w^* - w^\circ + \frac{c^{(2)\circ}}{1+n} - (1+n)k^\circ \right] \tag{5.34}$$

mit

$$w^* = f\left(k^*\right) - k \cdot f'\left(k^*\right)$$

$$w^\circ = f(k^\circ) - k^\circ \cdot f'(k^\circ).$$

Die Erwerbstätigen von Periode $T+1$ an zahlen auf ihr Arbeitseinkommen einen Beitragssatz in Höhe von

$$b_t = \frac{1}{w^\circ} \left[\frac{c^{(2)\circ}}{1+n} - (1+n)k^\circ \right], t = T+1,\ldots \tag{5.35}$$

Das Beitragsaufkommen wird an die Rentner der jeweiligen Periode ausgeschüttet.

Wir wollen jetzt prüfen, wie sich das in dieser Weise ausgestaltete Umlagesystem auf das Verhalten der Individuen und das Wachstumsgleichgewicht auswirkt.

Zunächst ist festzustellen, dass sich für die Angehörigen aller Generationen bis einschließlich Generation $T-1$ nichts ändert. Annahmegemäß soll die Einführung des

Umlagesystems in Periode T überraschend erfolgen, so dass sie von den vorherigen Generationen in ihren Entscheidungen nicht antizipiert werden kann.

Die Erhebung des Beitrags führt dazu, dass jeder Erwerbstätige der Periode T über ein Nettoeinkommen von

$$(1 - b_T) \cdot w^* = w^\circ - \frac{c^{(2)\circ}}{1 + n} + (1 + n)k^\circ \qquad (5.36)$$

verfügt, das er auf Gegenwartskonsum $c^{(1)}$ und Ersparnis s aufteilen kann. In der Periode $T+1$ erhält er eine Rente in Höhe von

$$p_{T+1} = (1 + n) \cdot b_{T+1} \cdot w^\circ = c^{(2)\circ} - (1 + n)^2 k^\circ, \qquad (5.37)$$

so dass seine intertemporale Budgetbeschränkung wie folgt lautet:

$$c^{(1)} + \frac{c^{(2)}}{1 + r_{T+1}} = w^\circ - \frac{c^{(2)\circ}}{1 + n} + (1 + n)k^\circ + \frac{c^{(2)\circ} - (1 + n)^2 k^\circ}{1 + r_{T+1}}.$$

Für $r_{T+1} = r^\circ = n$ vereinfacht sich dies zu

$$c^{(1)} + \frac{c^{(2)}}{1 + n} = w^\circ = f(k^\circ) - (1 + n)k^\circ. \qquad (5.38)$$

Das Entscheidungsproblem dieser Individuen lautet damit: $\max\limits_{c^{(1)}, c^{(2)}} U\left(c^{(1)}, c^{(2)}\right)$ unter der Nebenbedingung (Gl. 5.38) und ist damit identisch mit dem Problem (Gl. 5.32) bis auf die Tatsache, dass der Kapitalbestand bereits optimal gewählt ist.

Für alle weiteren Generationen verhält es sich analog. Ihr Nettoeinkommen beträgt

$$(1 - b_t) \cdot w^\circ = w^\circ - \frac{c^{(2)\circ}}{1 + n} + (1 + n)k^\circ, \quad t = T + 1, \dots \qquad (5.39)$$

und ist damit identisch zu (Gl. 5.36). Deshalb wählen auch sie $c^{(1)\circ}$ und $c^{(2)\circ}$.

Damit ist gezeigt, dass von Generation T an ein neu eingeführtes Umlagesystem den Golden-Rule-Steady-State als Wachstumsgleichgewicht implementiert. Andere staatliche Maßnahmen sind – im Gegensatz zur direkten Steuerung des Konsums beim wohlwollenden Diktator – dazu nicht erforderlich.

Die Wohlfahrtsbilanz der Einführung des Umlagesystems in Periode T ist eindeutig:

- Der Nutzen aller Generationen vor Generation $T-1$ bleibt gleich,
- Generation $T-1$ profitiert von dem Transfer, den sie zusätzlich von Generation T erhält.
- Alle Generationen von Generation T an realisieren den Golden-Rule-Nutzen $U(c^{(1)\circ}, c^{(2)\circ})$, der über dem des ursprünglichen Wachstumsgleichgewichts $U(c^{(1)*}, c^{(2)*})$ liegt.

Insgesamt ergibt sich also – wie angestrebt – im Fall a) bei Einführung des Umlage-systems eine Pareto-Verbesserung.

Leider kann man nicht empirisch testen, ob die dazu notwendige Voraussetzung, $r^* < n$, in der Realität erfüllt ist. Denn dazu müsste man den Zinssatz bei Abwesenheit eines Umlagesystems kennen. Tatsächlich beobachten lässt sich in Ländern mit einem Umlagesystem jedoch lediglich die zeitliche Entwicklung des Zinssatzes, der aufgrund der aufgezeigten negativen Sparanreize bereits erhöht ist. Man kann also aufgrund dieser Daten nicht ausschließen, dass zumindest ein UV auf moderatem Niveau wohlfahrts-erhöhend sein könnte.

Im Fall b) gibt es – ausgehend vom Wachstumsgleichgewicht – keine Möglichkeit, den optimalen Steady State zu erreichen, ohne mindestens einer Generation zu schaden. Denn die zu einem Übergang erforderliche zusätzliche Ersparnis muss durch Konsum-verzicht der Übergangsgeneration aufgebracht werden, die sich infolge dieser Zusatz-belastung zwangsläufig schlechter stellt. Ein Abbau des Umlageverfahrens kann daher nicht mehr Pareto-verbessernd sein, jedoch kann er das Wachstumstempo erhöhen.

Folgerung 5-6

Ist das Wachstumsgleichgewicht in einer geschlossenen Volkswirtschaft durch eine Überakkumulation von Kapital, d. h. einen Zinssatz unterhalb der Wachstumsrate der Lohnsumme, gekennzeichnet, so kann der Staat durch Einführung einer umlage-finanzierten Rentenversicherung alle gegenwärtigen und zukünftigen Generationen besserstellen. Hat das Umlagesystem den optimalen Umfang, so kann sogar der Steady State erreicht werden, der die „Goldene Regel der Kapitalakkumulation" umsetzt und damit den Nutzen des repräsentativen Individuums maximiert. ◄

5.3.2.3 Die Mackenroth-These

Einen Vergleich von Rendite und Risiko der beiden Verfahren kann man sich dann sparen, wenn sie realwirtschaftlich betrachtet immer auf das gleiche hinauslaufen, m.a.W. wenn das Kapitaldeckungsverfahren nur ein Schleier vor der Realität ist, dass "aller Sozialaufwand immer aus dem Volkseinkommen der laufenden Periode gedeckt werden muss" und somit – unabhängig vom Finanzierungsverfahren – der Konsum der Alten nur durch einen entsprechenden Konsumverzicht der Jungen ermöglicht werden kann. Diese These, die einer Rede von Gerhard Mackenroth aus dem Jahr 1952 zugeschrieben wird, in Wahrheit aber auf Theodor Bühler 1939 zurückgeht, wird noch heute gerade von vielen Politikern und Praktikern der Rentenversicherung für richtig gehalten, sie erweist sich jedoch bei näherem Hinsehen als falsch bzw. irreführend (vgl. Homburg 1988, S. 66 ff.).

Eine kleine offene Volkswirtschaft kann – insgesamt gesehen – Konsummöglich-keiten in die Zukunft transferieren, indem sie in einer Periode Kapitalexport betreibt und die betreffenden Auslandskredite in der Folgeperiode zurückfordert, m.a.W.

Perioden positiver und negativer Leistungsbilanzsalden aufeinander folgen lässt. Für eine geschlossene Volkswirtschaft fällt diese Möglichkeit weg; dennoch gibt es Wege, Konsummöglichkeiten in die Zukunft zu übertragen, z. B. durch eine vermehrte Produktion langlebiger Konsumgüter wie Wohnhäuser: Alte (und junge) Menschen nutzen eben nicht nur Güter, die in der gleichen Periode hergestellt worden sind.

Noch entscheidender ist in diesem Fall jedoch der Umstand, dass selbst dann, wenn die Mackenroth-These vordergründig richtig wäre, ihre Implikation, es sei gleichgültig, welches Finanzierungsverfahren angewendet wird, irrig ist. Denn sie unterstellt, dass die Höhe des Sozialprodukts in beiden Fällen die gleiche ist. Dies ist jedoch ein Trugschluss, da die verschiedenen Finanzierungsverfahren zu unterschiedlichen Verhaltensanreizen für die Individuen führen und ihre Ausgestaltung deshalb Auswirkungen auf die Erspar- nis und damit die Kapitalbildung sowie – bei gegebenem Arbeitseinsatz – auf die Höhe des Sozialprodukts hat. Die obige theoretische Analyse hat eindeutig gezeigt, dass die gesamtwirtschaftliche Ersparnis im Umlageverfahren geringer ausfällt als im Kapital- deckungsverfahren, da die Umlagebeiträge aus der Sicht der Individuen wie Erspar- nisse wirken, dies jedoch volkswirtschaftlich nicht sind, da sie direkt als Transfers an die Rentner ausgezahlt werden.

5.3.2.4   Weitere Überlegungen zur Reform des Finanzierungsverfahrens

Als Folge der gesunkenen Geburtenziffern wird weltweit ein kompletter oder teilweiser Umstieg vom Umlageverfahren (UV) zum Kapitaldeckungsverfahren (KDV) diskutiert. Als Schlagwort für diesen Umstieg ist z. B. in den USA der Begriff der „Privatisierung" gängig. Lässt man die für einen solchen Wechsel angeführten Argumente Revue passieren, so stellt man im Lichte der obigen theoretischen Analysen fest, dass manche davon nicht triftig sind:

1. Durch den Rückgang der Fertilität und die gestiegene Lebenserwartung ist die Rendite des Umlagesystems stark gesunken, so dass es als Hauptpfeiler der Alters- sicherung nicht mehr geeignet ist.

Dieses Argument ist aus zwei Gründen verfehlt. Zum einen hat die Rendite nichts mit der gestiegenen Lebenserwartung zu tun, denn diese erhöht – bei festem Renteneintritts- alter – sowohl den zur Finanzierung eines gegebenen Rentenniveaus notwendigen Bei- tragssatz als auch die Dauer des Rentenbezugs und damit die Leistung, die der Einzelne aus dem Umlagesystem bezieht. Anders ausgedrückt, müsste bei steigender Lebens- erwartung auch im KDV die Ansparrate erhöht werden, um ein gegebenes Rentenniveau abzusichern. Zum anderen ist ein Ausstieg aus dem UV, wie oben gezeigt, nicht mit einer Pareto-Verbesserung verbunden, da die Nettozahlungen aller zukünftigen Generationen an die Rentenkasse in der Summe konstant bleiben und lediglich anders verteilt werden können.

2. Der Ausstieg aus dem Umlageverfahren beendet ein für alle Male die Verzerrung des Arbeitsangebots, die mit der Beitragserhebung verbunden ist, denn im Rahmen des KDV steht jeder Einzahlung eine im Barwert äquivalente Auszahlung gegenüber, so dass hier das Arbeitsangebot nicht verzerrt wird.

Dies ist zwar richtig, jedoch ist die Verzerrung für die Übergangsgeneration, die noch Beiträge zahlt, aber als erste keinen Rentenanspruch mehr erhält, um so größer, da der gesamte Beitrag wie eine Steuer wirkt. Unterstellt man, dass die Höhe des Wohlfahrts-verlustes mit dem Steuersatz überproportional steigt, so bedeutet die Konzentration der Verzerrung auf eine einzige Generation insgesamt eine Erhöhung des Wohlfahrtsver-lustes.

3. Schließlich wird das Umlageverfahren als politisch anfällig bezeichnet, weil die nach-folgende Generation von Beitragszahlern erst einmal bereit sein muss, die „Renten-ansprüche" der jeweiligen Rentnergeneration zu honorieren. Dagegen beruht das KDV auf privaten Verträgen und ist daher politisch weniger anfällig.

Auch hier ist der erste Satz richtig, der zweite jedoch problematisch, da im Falle eines Kapitaldeckungsverfahrens die nachfolgende Generation die Rentner durch eine höhere Besteuerung von Kapitalerträgen (Zinsen und Wertzuwachs) teilweise enteignen kann.
   Auf der anderen Seite sind viele Menschen trotz der hohen langfristigen Kapital-renditen der Vergangenheit gegenüber dem KDV skeptisch eingestellt, was mit den folgenden Gründen erklärt werden kann:

1. Im KDV sind Versicherte stärker mit Kapitalmarktrisiken konfrontiert. Erfahrungen aus dem Ausland (Verfall des Nikkei-Indexes in den 1990er Jahren), aber auch aus dem Inland (Börsencrash in den Jahren 2001 und 2008) zeigen, dass auch bei einer breit gestreuten Aktienanlage die Rendite über mehrere Jahre hinweg negativ sein kann, wenn man den Zeitpunkt der Kapitalanlage ungünstig gewählt hat.
2. Umgekehrt ist man bei einer „sicheren" Anlage in festverzinslichen Wertpapieren nicht gegen das Inflationsrisiko geschützt, das neben vielen anderen Faktoren auch erheblich vom Verhalten der jeweiligen Zentralbank abhängt.
3. Kritisch werden auch die hohen Vertriebs- und Werbekosten bei privaten Lebensver-sicherungen gesehen.
4. Schließlich wird eingewendet, dass auch die Rendite einer Kapitalanlage gegenüber einer schrumpfenden Bevölkerung nicht immun sei, da ein Kapitalbestand im Falle komplementärer Produktionsfaktoren ohne Arbeit keine Erträge abwirft.

Als Fazit bleibt die Aussage, dass in einer Welt mit vollkommener Voraussicht die Wahl zwischen Umlage und Kapitaldeckung keine Frage der Effizienz, sondern der Verteilung zwischen den Generationen ist, die man allenfalls auf der Basis von distributiven Wert-urteilen beantworten kann. Wendet man etwa das Rawls'sche Maximin-Kriterium auf die

Verteilung zwischen den Generationen an, so hängt die Antwort davon ab, ob man als „Zukunftsoptimist" glaubt, allen kommenden Generationen werde es besser gehen als der heute lebenden: in diesem Fall müsste man das Umlagesystem eher noch ausweiten (wie es etwa 1995 mit der Einführung der Pflegeversicherung in Deutschland geschehen ist). Ist man ein „Zukunftspessimist" und glaubt daran, dass z. B. wegen des Klimawandels alle nachfolgenden Generationen ärmer sein werden als die jetzige, so müsste man jene durch einen Abbau des Umlageverfahrens entschädigen.

In einer Welt der Unsicherheit kommen jedoch zusätzliche Gesichtspunkte hinzu: Kann man etwa die zukünftigen Erträge der Produktionsfaktoren Arbeit und Kapital nicht abschätzen, so wäre es vorteilhaft für den Einzelnen, im Alter an beiden Typen von Erträgen zu partizipieren (Merton 1983). Daher müsste das UV so weit eingeschränkt werden, dass daneben noch eine private Altersvorsorge erforderlich und gewünscht ist.

Wenn in einem KDV (anders als im UV) die Rentenbeiträge keine Steuern darstellen, schwindet auch der Anreiz, sich diesen Steuern durch eine Verlagerung ökonomischer Aktivitäten in die Schattenwirtschaft (den „informellen Sektor") zu entziehen. Die Arbeitskraft wird auf diese Weise aus der Schwarzarbeit, in gesamtwirtschaftlich vielfach wesentlich produktivere Bereiche der regulären Wirtschaft gelenkt. Auch hierfür scheint das chilenische Beispiel eine gewisse empirische Evidenz zu liefern. Dort ist die Beschäftigung im informellen Sektor in den 80er Jahren leicht gesunken, während sie im gleichen Zeitraum in allen anderen lateinamerikanischen Ländern teilweise stark zugenommen hat. Die Gültigkeit dieses Arguments setzt allerdings auch voraus, dass das UV-System nicht dem Prinzip der Teilhabeäquivalenz folgt oder dass die Individuen bei Teilhabeäquivalenz die zukünftigen Rückerstattungen ihrer ursprünglichen Beiträge nicht in ihrem Nutzenkalkül berücksichtigen oder aber dass die implizite UV-Steuer hoch ist. Dies sind die gleichen Gründe, die auch für die Zusatzlast innerhalb eines UV-Systems verantwortlich zu machen sind.

Zudem erhofft man sich durch Einführung eines KDV ganz allgemein eine Belebung der Kapitalmärkte. Aufgrund des größeren Kapitalangebots wird erwartet, dass bei den Kapitalanlegern eine intensivere Suche nach rentablen Anlagealternativen einsetzt. Der intensivere Wettbewerb auf den Kapitalmärkten kann so zu einer Steigerung der realisierten Kapitalproduktivität führen. Ein effizienterer Kapitaleinsatz erscheint auch deswegen wahrscheinlich, weil institutionelle Anleger (große Versicherungskonzerne und Finanzdienstleister) durch die Möglichkeit zur Bündelung von Kontrollaktivitäten zu einer besseren Überwachung und Steuerung der in ihrem Besitz befindlichen Unternehmen in der Lage sind. Die besonders bei Streubesitz auftretenden Prinzipal-Agenten-Probleme lassen sich auf diese Weise eher eindämmen. Von manchen wird in diesem Zusammenhang aber auch eine zu starke Konzentration wirtschaftlicher Macht bei den Kapitalsammelstellen befürchtet. Durch die höhere Nachfrage nach Anlageprodukten durch z. T. eher schlecht informierte Kunden kann es zudem dazu kommen, dass die Finanzunternehmen weniger anstrengen müssen, um am Markt zu bleiben und eine bestimmte Rendite zu erzielen. Die Allokationsfunktion des Kapitalmarkts würde in diesem Fall beeinträchtigt.

Speziell für Entwicklungsländer sieht die Weltbank in kapitalgedeckten Rentensystemen wichtige Impulsgeber für die Bildung funktionierender Finanzmärkte. Auf
diese Weise soll auch der Kapitalflucht aus diesen Ländern entgegengewirkt werden.

Doch auch wenn der Übergang vom UV zum KDV positive Wachstumseffekte hat,
steht keineswegs von vornherein fest, dass ein solch stärkeres Wachstum aus wohl-
fahrtstheoretischer Sicht auch wirklich erwünscht ist. Höheres Wachstum muss nicht
unbedingt höhere Wohlfahrt bedeuten. Allerdings weist z. B. Sinn (2000) darauf hin,
dass es in der Tat theoretisch und empirisch bedeutsame Gründe geben kann, die dafür-
sprechen, dass das in der Realität erreichte Wachstumstempo unter dem optimalen liegt.
Zu diesen Gründen zählen:

- technologische Externalitäten zwischen einzelnen Firmen, die auch in der „Neuen
  Wachstumstheorie" die zentrale Rolle spielen. Dieses Argument kann man auch
  mit dem Öffentlichen-Guts-Charakter von Innovationen und mit zwischen einzel-
  nen Innovationen bestehenden Synergieeffekten in Verbindung bringen. Nicht alle
  Aspekte einer Neuerung lassen sich patentieren. Wenn ein neues Produkt (z. B.
  Mobiltelefone) auf den Markt kommt, schafft dies auch Innovationsanreize bei den
  Nutzern dieses Produkts sowie bei den Zulieferern von Vorprodukten. (Im weitesten
  Sinne lässt sich auch das Isolationsparadoxon hier einordnen. Sparen schafft für ein
  einzelnes Individuum nur dann den angestrebten Vorsorgeeffekt, wenn auch andere
  sparen und somit eine gewisse kritische Masse an Ersparnissen zustande kommt und
  Verbundvorteile genutzt werden können. In einer differenzierten arbeitsteiligen Wirtschaft mit einem entwickelten Kapitalmarkt dürfte dies aber selbstverständlich sein.)
- steuerlich bedingte Verzerrungen. Kapitaleinkommensteuern treiben einen Keil
  zwischen die Grenzproduktivität des Kapitals und die subjektive Zeitpräferenzrate
  der Individuen, so dass gemessen an den Präferenzen der Individuen zu wenig gespart
  wird.

Allerdings bemerkt Sinn dann ganz zu recht, dass es auch direktere Wege zur Behebung
dieser Allokationsstörungen als die Rentenpolitik gibt; so etwa den Abbau steuerlicher
Hemmnisse für Investitionen oder aber eine zielgerichtete steuerliche Investitions-
förderung. Die Einführung eines KDV ist zur Förderung des Wirtschaftswachstums also
keineswegs notwendig. Zudem ist in einer Welt, in der nicht alle negativen externen
Effekte der wirtschaftlichen Aktivität wie etwa Umweltschädigungen vollständig internalisiert sind, kritisch zu fragen, ob eine Stimulierung des Wirtschaftswachstums
unbedingt wohlfahrtserhöhend wirken wird. In diesem Falle wäre die beim Umstieg vom
UV zum KDV zu erwartende Wachstumsbelebung nicht einmal wünschenswert.

Klar ist aber, dass die Schaffung neuer produktiver Arbeitsplätze zusätzliche Kapitalbildung erfordert. Allerdings folgt daraus noch lange nicht, dass zu geringes Sparen die
einzige Ursache für eine unzureichende Realkapitalbildung darstellt bzw. dass durch

verstärktes Sparen die erwünschte Realkapitalbildung tatsächlich eintritt. Dazu braucht es positive Investitionsanreize und Innovationschancen sowie ganz allgemeine positive Gewinnerwartungen seitens der investierenden Unternehmen. Ein wichtiger Faktor für die Zukunftserwartungen ist die antizipierte Nachfrage nach Gütern und Dienstleistungen. Fasst man diesen Zusammenhang ins Auge, so wird sogar denkbar, dass der Übergang zu einem KDV kontraproduktiv im Hinblick auf die angestrebte Förderung des Wirtschaftswachstums wirken kann. Wie wir zuvor durch eine Modellbetrachtung zuvor gesehen haben, ist beim Übergang vom UV zum KDV ja mit einer Erhöhung der individuellen Ersparnis und somit eben einer Verminderung des Konsums zu rechnen. Wenn überdies in einem KDV die Kapitalmarktrisiken (etwa durch staatliche Garantien) nicht wirksam aufgefangen werden, ist es denkbar, dass die Individuen der Gefahr, bei unvorteilhafter Entwicklung der Kapitalmärkte im Alter zu verarmen, durch eine Erhöhung der Ersparnis zu begegnen versuchen. Was das Kapitalangebot angeht, ist ein solches „Angstsparen" sicher vorteilhaft, jedoch geht gleichzeitig die aktuelle Konsumnachfrage weiter zurück, was die Erwartungen der Unternehmen negativ beeinflussen kann. Möglicherweise führen dann die Individuen durch ihre Zurückhaltung beim Konsum kollektiv genau die Abschwächung des Wirtschaftswachstums herbei, gegen dessen Auswirkungen sie sich individuell gerade schützen wollen. (Teilweise wird das niedrige Wirtschaftswachstum Japans in den 1990er Jahren durch ein solches Übermaß an Vorsorgesparen erklärt.) Schon durch dieses Argument ergibt sich, dass man im KDV kein Allheilmittel zur Lösung aller Rentenprobleme sehen darf.

Wenn es durch Kombination mit anderen wirtschaftspolitischen Reformen (Flexibilisierung des Arbeitsmarks, Stimulierung von Neugründungen im Unternehmensbereich) gelingt, durch einen Systemwechsel vom UV zum KDV das Wachstumstempo zu steigern, lassen sich auf diesem Wege auch Verteilungskonflikte entschärfen. Bei einem größer werdenden „Kuchen" können die Ansprüche der verschiedenen Gruppen leichter befriedigt werden. Im Hinblick auf den die Bemühungen um eine Reform des Alterssicherungssystems prägenden Verteilungskonflikt zwischen (jungen) Beitragszahlern und (alten) Rentnern scheint die Förderung des Wirtschaftswachstums gerade in einer alternden Gesellschaft deshalb besonders wichtig zu sein.

Folgerung 5-7

Ist der Zinssatz höher als die Wachstumsrate, so gibt es keine Effizienzgründe dafür, ein bestehendes umlagefinanziertes Rentensystem abzubauen. Damit würde bei hinreichend hohen Zinssätzen vielmehr zum einen eine Umverteilung zu Gunsten zukünftig lebender Generationen bewirkt, zum anderen würde die Alterssicherung des Einzelnen auf mehrere Säulen gestellt und damit gegenüber Schwankungen der Faktorpreise besser geschützt. ◄

5.4   Die Begründung von staatlichem Zwang in der Alterssicherung

5.4.1   Häufig vorgebrachte Begründungen

Eine Vorsorge für das Alter, d. h. für die Ruhestandsphase ohne Erwerbseinkommen, ist für die Individuen durch privates Sparen möglich. Rationale Individuen würden sich auch ohne staatliche Eingriffe für ein solches *Vorsorgesparen* entscheiden. Wir wollen jetzt erörtern, welche Gründe dennoch dafür sprechen können, dass der Staat im Bereich der Altersvorsorge aktiv wird und die Individuen etwa zur Zahlung von Beiträgen in eine Gesetzliche Rentenversicherung zwingt.

Ziel des Vorsorgesparens ist die Aufrechterhaltung des in der Erwerbsphase erreichten Lebensstandards auch im Alter oder zumindest die Vermeidung von Altersarmut. Dabei ergeben sich jedoch einige Risiken: Die Lebenserwartung eines einzelnen Individuums ist unsicher – es weiß also überhaupt nicht, welchen Betrag es anzusparen hat, um sein Sparziel zu erreichen. Zu diesem individuellen Risiko treten kollektive Risiken. Sowohl die Zins- als auch die Preisentwicklung sind nicht genau prognostizierbar, was insbesondere bei den langen Zeiträumen, um die es bei der Altersvorsorge geht, erhebliche Probleme schafft. Ein staatlich organisiertes System, das jedem Individuum für seine gesamte Ruhestandsphase ein von den Fluktuationen des Kapitalmarkts unabhängiges Realeinkommen garantiert, erscheint insbesondere zur Vermeidung des Inflationsrisikos aus dieser Perspektive attraktiv. Allerdings gibt es – etwa in Form inflationsangepasster *Leibrenten* (die genau bis zum Ende des Lebens allmonatlich einen bestimmten Rentenbetrag ausschütten) – auch private Formen der Altersvorsorge, durch die diese Risiken aufgefangen werden können. Zur Rechtfertigung der (in Deutschland) ziemlich weitgehenden Staatseingriffe in den Bereich der Altersvorsorge – insbesondere der ausgedehnten *Versicherungspflicht* – muss man also nach anderen Gründen suchen. In diesem Zusammenhang fragen wir zunächst danach, ob im Bereich der Alterssicherung ein „Versagen" der entsprechenden privaten Versicherungsmärkte zu erwarten ist, wie wir es in ähnlicher Form bei der Krankenversicherung kennengelernt haben.

Das Vorliegen von *Verhaltensrisiko* („Moral Hazard") kann, wie in Kap. 4 ausgeführt wurde, keine triftige Begründung für staatlichen Zwang sein. Zudem ist es fraglich, ob ein Verhaltensrisiko im Bereich der Altersvorsorge überhaupt realistisch ist. Es würde nämlich bedeuten, dass ein Individuum deswegen gesünder lebt, weil es möglichst lange in den Genuss einer Rentenzahlung kommen möchte. Allerdings besteht durchaus die Gefahr, dass Individuen versuchen werden, früh in Rente zu gehen, wenn dies zu günstigen Bedingungen möglich ist. Auch dies ist eine Form von Verhaltensrisiko, die aber wegen der Voraussetzung der „günstigen Bedingungen" ebenfalls eher bei staatlichen Rentensystemen als bei privaten Leibrentenverträgen anzunehmen ist (vgl. dazu Abschn. 5.6).

Adverse Selektion stellt jedoch prinzipiell ein Problem dar, welches eine private Altersvorsorge entscheidend behindern könnte. „Gute Risiken" sind hier (aus der Sicht der Versicherungsunternehmen) solche, die eine geringere Lebenserwartung aufweisen. Falls die Individuen z. B. aufgrund ihrer Lebensweise (oder auch einer medizinischen Untersuchung) über bessere Informationen hinsichtlich ihrer eigenen Lebenserwartung verfügen als ein Versicherungsunternehmen, so ist es plausibel, dass sich Individuen mit hoher Lebenserwartung eher für Leibrentenkontrakte entscheiden und dabei größere monatliche Zahlungen vereinbaren als der Durchschnitt der Bevölkerung. Empirische Untersuchungen aus Ländern wie Großbritannien, in denen private Leibrentenverträge eine größere Rolle spielen, zeigen, dass die Lebenserwartung der Bevölkerungsgruppe, die einen Leibrentenvertrag besitzt, um ca. 10 % höher ist als die der Nicht-Versicherten. Andererseits wurde in Abschn. 4.4 ausgeführt, dass Adverse Selektion nur unter sehr eingeschränkten Voraussetzungen eine Begründung für staatlichen Versicherungszwang liefern kann.

Vielfach wird in einem staatlichen Vorsorgezwang zur Alterssicherung eine Vorkehrung gegen die *irrationale Kurzsichtigkeit* von Individuen gesehen. Obwohl Individuen wissen, dass sie auch in späteren Perioden materielle Bedürfnisse haben, geben sie bei ihrem Ausgabeverhalten doch den aktuellen Bedürfnissen den Vorzug. Die Individuen vernachlässigen die Zukunft zugunsten der Gegenwart: Sie geben zu viel aus und sparen zu wenig. Die Individuen, die sich der Schwäche ihrer Vorstellungskraft und ihres Willens bewusst sind, präferieren dann eine *(Selbst-)Bindung* durch einen externen Akteur, hier den Staat. Aus der Sicht der ökonomischen Theorie mit ihrer Vorstellung eines rational kalkulierenden Homo Oeconomicus erscheint dieser Begründungsansatz aber nicht allzu überzeugend. Insbesondere kann gefragt werden, weshalb die Individuen als Stimmbürger, die zumindest indirekt über einen entsprechenden staatlichen Vorsorgezwang entscheiden, weitsichtiger handeln sollten als bei ihrer individuellen Sparentscheidung.

5.4.2 Altersvorsorge und intergenerativer Altruismus[4]

Es verbleibt ein Argument, das bei Ökonomen eine wesentlich breitere Zustimmung findet: Ohne staatlichen Versicherungszwang wäre es Individuen, die nicht für ihre Ruhestandsphase vorsorgen, möglich, sich bei der Altersversorgung auf die staatliche Grundabsicherung (die Sozialhilfe) zu verlassen. Individuen, die in dieser Weise als Trittbrettfahrer handeln, könnten ihr ganzes in ihrer Erwerbsphase erzieltes Einkommen konsumieren und müssten doch nicht auf eine Grundabsicherung im Alter verzichten. Benachteiligt würden hingegen die Individuen, die in ihrer Erwerbsphase auf Konsum verzichtet und einen Teil ihres Einkommens für den Ruhestand zur Seite gelegt haben.

---

[4]Das Modell geht auf Veall (1986) zurück.

Man kann leicht Beispiele konstruieren, in denen der „Verschwender" über den gesamten Lebenszyklus hinweg betrachtet dann deutlich bessergestellt wäre als der Sparsame. Dies erscheint nicht nur ungerecht, sondern ist auch mit negativen Effizienzwirkungen verbunden.

Da zum einen ein Teil des privaten Vorsorgesparens (wegen der Verrechnung der Sparbeträge mit der Sozialhilfe) den einzelnen Individuen keinen Nutzen bringt, werden die Sparanreize vermindert. Zum anderen sind die Sozialhilfezahlungen, die für die Individuen erforderlich werden, die nicht in ausreichendem Maße selber vorgesorgt haben, aus dem Steueraufkommen zu finanzieren. Zur Steuererhebung dienen üblicherweise Steuern (wie die persönliche Einkommensteuer, die Körperschaftsteuer und diverse Verbrauchsteuern), die mit Zusatzlasten verbunden sind. Wenn man also Sozialhilfeleistungen durch Einführung eines separaten Alterssicherungssystems vermeiden kann, verbindet sich damit auch die Hoffnung, Zusatzlasten der Besteuerung in entsprechendem Umfang zu vermindern.

Letztlich läuft das Argument der Verhinderung von Trittbrettfahrerverhalten auf die Annahme hinaus, dass die nachfolgende Generation ihren Eltern gegenüber altruistisch eingestellt ist, denn sonst würde sie einen Sozialhilfeanspruch im Alter nicht anerkennen. Das im Folgenden zu untersuchende Modell setzt demnach die Existenz einer Sozialhilfe nicht einfach voraus, sondern untersucht, ob Versicherungszwang bei Vorliegen von Altruismus Effizienzgewinne verspricht.

5.4.2.1 Das Grundmodell

Altruismus gegenüber den Eltern als Handlungsmotiv bedeutet, dass das eigene Wohlbefinden (hier der Jungen) sinkt, wenn sie andere (hier die Alten) leiden sehen. In die Sprache der Mikroökonomik besagt dies, dass die Mitglieder einer Generation t nicht nur Nutzen aus ihrem eigenen Konsum $c_t^{(1)}$ und $c_{t+1}^{(2)}$ in den beiden Lebensabschnitten ziehen, sondern auch aus dem Konsumniveau $c_t^{(2)}$, das die Angehörigen der Vorgängergeneration in ihrer Altersphase haben. Die Nutzenfunktion eines repräsentativen Individuums aus Generation t hat also insgesamt drei Argumente und lautet in allgemeiner Form

$$U_t = U(c_t^{(1)}, c_{t+1}^{(2)}, c_t^{(2)}). \tag{5.40}$$

Diese Nutzenfunktion ist jedem beteiligten Individuum, also auch insbesondere den Angehörigen der jeweiligen Elterngeneration bekannt.

Wir betrachten eine kleine offene Volkswirtschaft, in der sowohl der Lohnsatz w als auch der Zinssatz r exogen gegeben und im Zeitablauf konstant sind. Ferner soll sich die Bevölkerungsentwicklung auf einem Steady-State-Pfad mit konstanter Wachstumsrate n befinden. Auf eine Zeitindexierung dieser Variablen können wir deshalb verzichten.

In der auf diese Weise beschriebenen Situation trifft jede Generation t in ihrer Erwerbsphase eine Entscheidung über zwei Aktionsparameter:

1. die Höhe ihrer (nicht-negativen) Pro-Kopf-Ersparnis s_t, durch die sie selber für ihren eigenen Lebensabend vorsorgt,
2. die Höhe Z_t der von einem Angehörigen der Generation t geleisteten Zuwendungen an die Elterngeneration.

Für die Pro-Kopf-Konsumniveaus von Generation t in beiden Perioden ergibt sich dann

$$c_t^{(1)} = w - s_t - Z_t \tag{5.41}$$

$$c_{t+1}^{(2)} = (1 + r) \cdot s_t + (1 + n) \cdot Z_{t+1}, \tag{5.42}$$

und der Konsum der Eltern (Generation $t-1$) in ihrem Ruhestand lautet analog zu (Gl. 5.42):

$$c_t^{(2)} = (1 + r) \cdot s_{t-1} + (1 + n) \cdot Z_t. \tag{5.43}$$

Wir betrachten jetzt zunächst den Fall, in dem es keinerlei staatlichen Zwang zum Vorsorgesparen gibt und somit jede Generation auf rein freiwilliger Basis handelt. Das Ziel unserer Überlegungen ist die Bestimmung einer intertemporalen Gleichgewichtsallokation, in der jede Generation t unter Berücksichtigung der Aktionen der anderen Generationen ihre Handlungsparameter s_t und Z_t in einer für sie nutzenmaximierenden Weise wählt.

Um die Analyse zu vereinfachen und das Gleichgewicht konkret berechnen zu können, verwenden wir eine spezielle Nutzenfunktion der Gestalt

$$U_t = \alpha \cdot \ln c_t^{(1)} + \beta \cdot \ln c_{t+1}^{(2)} + \gamma \cdot \ln c_t^{(2)}. \tag{5.44}$$

Dabei wird zusätzlich angenommen, dass

$$\alpha \cdot (1 + n) > \beta \cdot (1 + r) > \gamma \cdot (1 + n) \tag{5.45}$$

gilt. Die erste Ungleichung in (Gl. 5.45) bedeutet, dass der Zeitdiskontierungsfaktor für den eigenen Konsum, α/β, größer ist als das Verhältnis von Zinsfaktor und Bevölkerungswachstum, $(1+r)/(1+n)$. Die zweite sagt aus, dass bei gleichem Pro-Kopf-Konsum der eigenen und der Elterngeneration im Alter, also bei $c_{t+1}^{(2)} = c_t^{(2)} = c^{(2)}$, ein zusätzlicher Euro Ersparnis einen größeren Nutzen stiftet als ein zusätzlicher Euro Schenkung an die Eltern. In der ersten Ungleichung kommt also ein gewisses Maß an Gegenwartsvorliebe zum Ausdruck und in der zweiten wird das Ausmaß des Altruismus begrenzt.

Das in dieser Situation existierende und eindeutig bestimmte intertemporale Allokationsgleichgewicht weist eine höchst einfache Struktur auf: Keine Generation ist zum freiwilligen Sparen bereit, sondern jede verlässt sich stattdessen auf den Altruismus ihrer Nachfolger und die dadurch bewirkten Schenkungen. In der im Modell beschriebenen intergenerativen Interaktion zieht es jede Generation also vor, andere für ihre Existenzsicherung sorgen zu lassen und – durch Ausbeutung der Nächstenliebe ihrer

Nachfolger – in gewissem Sinne als Trittbrettfahrer zu handeln. Wie diese Freiwillig-keits-Lösung zustande kommt, wollen wir jetzt im Einzelnen zeigen.[5]

Zu diesem Zweck betrachten wir eine beliebige Generation t, die sich über-legt, welche Pro-Kopf-Ersparnis s_t sie wählen soll. Dabei wird sie die von dieser Ent-scheidung bewirkten Reaktionen der anderen Generationen in Rechnung stellen. Wenn wir den Nutzen von Generation t in (Gl. 5.40) und ihre Budgetbeschränkungen (Gl. 5.41) und (5.42) betrachten, zeigt sich, dass in diesem Zusammenhang nur die Verhaltens-reaktion der direkten Nachfolgegeneration $t+1$ eine Rolle spielen kann. Es ist also zunächst zu klären, wie Generation $t+1$ auf die Vorgabe eines bestimmten Wertes von s_t durch Generation t reagiert.

Die für das gegebene s_t von Generation $t+1$ gewählten Aktionsparameter bezeichnen wir mit $\tilde{Z}_{t+1}$ und $\tilde{s}_{t+1}$. Obwohl dies im Endeffekt keine Bedeutung hat, muss im Prinzip auch ein möglicher Effekt der Wahl von s_t auf die Zuwendung von Generation $t+2$ an Generation $t+1$ berücksichtigt werden. Den sich dabei einstellenden Wert nennen wir $\tilde{Z}_{t+2}$. Gemäß (Gl. 5.41) bis (Gl. 5.43) beträgt der Nutzen eines Angehörigen der Generation $t+1$, wenn s_t von Generation t gewählt worden ist, dann

$$
\begin{aligned}
U_{t+1} = &\alpha \cdot \ln\left(w - \tilde{s}_{t+1} - \tilde{Z}_{t+1}\right) + \beta \cdot \ln\left((1+r)\tilde{s}_{t+1} + (1+n)\tilde{Z}_{t+2}\right) \\
&+ \gamma \cdot \ln\left((1+r)s_t + (1+n)\tilde{Z}_{t+1}\right)
\end{aligned}
\tag{5.46}
$$

Weil s_t für Generation $t+1$ annahmegemäß gegeben ist und die Wahl von $\tilde{Z}_{t+1}$ keine Auswirkung auf Generation $t+2$ und somit auf die Wahl von $Z_{t+2} = \tilde{Z}_{t+2}$ haben kann, maximiert $\tilde{Z}_{t+1}$ den Nutzenausdruck (Gl. 5.46) für gegebene Werte s_t, $\tilde{s}_{t+1}$ und $\tilde{Z}_{t+2}$, so dass $\tilde{Z}_{t+1}$ im Falle einer inneren Lösung der folgenden Marginalbedingung genügt:

$$
\frac{\partial U_{t+1}}{\partial Z_{t+1}} = -\frac{\alpha}{w - \tilde{s}_{t+1} - \tilde{Z}_{t+1}} + \frac{\gamma(1+n)}{(1+r)s_t + (1+n)\tilde{Z}_{t+1}} = 0.
\tag{5.47}
$$

Daraus folgt eine explizite Darstellung von

$$
\tilde{Z}_{t+1} = \frac{\gamma}{\alpha + \gamma}(w - \tilde{s}_{t+1}) - \frac{\alpha}{\alpha + \gamma}\frac{1+r}{1+n}s_t.
\tag{5.48}
$$

Nach diesen Vorüberlegungen gehen wir jetzt von einem Steady State aus, in dem jede Generation keinerlei Ersparnis tätigt. Die Gleichung (Gl. 5.48) liefert dann wegen

---

[5]In der Sprache der Spieltheorie handelt es sich um ein sequenzielles Spiel, in dem die Spieler in einer bestimmten Reihenfolge ihre Züge tätigen, nämlich gemäß der Zeitperiode, in der sie im Erwerbsalter sind. Ein bekanntes Beispiel für ein sequenzielles Spiel ist die Oligopoltheorie von Stackelberg. Daher nennt man das Gleichgewicht eines solchen Spiels auch „Stackelberg-Gleichgewicht".

$\tilde{s}_{t+1} = s_t = 0$, dass in diesem speziellen Fall die intergenerativen Pro-Kopf-Transfers für alle Generationen den einheitlichen Wert

$$Z^* = \frac{\gamma}{\alpha + \gamma} w \qquad (5.49)$$

aufweisen.

Wenn Generation t sich einseitig (und in vollkommener Kenntnis der Anpassungs-reaktionen der Nachfolgegeneration) für ein positives s_t entscheidet, folgt ebenfalls aus Gleichung (Gl. 5.23), dass sich der von Generation $t+1$ erhaltene intergenerative Trans-fer gegenüber der Lösung ohne Ersparnisse vermindert und maximal (für den hypo-thetischen Wert $\tilde{s}_{t+1} = 0$) dann noch

$$Z_{t+1}(s_t) := \frac{\gamma}{\alpha + \gamma} w - \frac{\alpha}{\alpha + \gamma} \frac{1 + r}{1 + n} s_t \qquad (5.50)$$

beträgt. Somit berechnet sich der Nutzen von Generation t durch

$$\begin{aligned} U_t = &\alpha \cdot \ln(w - s_t - Z_t) + \beta \cdot \ln((1 + r)s_t + (1 + n)Z_{t+1}(s_t)) \\ &+ \gamma \cdot \ln((1 + n)Z_t + (1 + r)s_{t-1}). \end{aligned} \qquad (5.51)$$

Unsere Argumentation ist abgeschlossen, wenn wir wissen, dass der Nutzen in (Gl. 5.51) in s_t strikt fällt. Dazu berechnet man die Ableitung von (Gl. 5.51) nach s_t, die unter Ver-wendung von (Gl. 5.50) nach einigen elementaren Umformungen

$$\frac{\partial U_t}{\partial s_t} = -\frac{\alpha}{w - s_t - Z_t} + \frac{\beta(1 + r)/(1 + n)}{w + s_t(1 + r)/(1 + n)} \qquad (5.52)$$

lautet. Dieser Ausdruck ist sicher negativ, weil wegen der Annahme (Gl. 5.44) bzw. $\alpha > \beta \cdot (1 + r)/(1 + n)$ der Zähler des ersten Summanden betragsmäßig größer als der Zähler des zweiten Summanden ist und der Nenner des ersten Summanden kleiner als w, der des zweiten Summanden jedoch größer als w ist. Also ist bestätigt, dass es sich aufgrund des Altruismus ihrer Nachfolger für keine Generation lohnt, von sich aus vom Zustand des allseitigen Nichtsparens abzuweichen und eine positive Ersparnis zu tätigen. Dies hätte ja nur den Effekt, dass die nächste Generation ihre Zuwendungen in starkem Maße reduziert.

Die auf diese Weise erreichte Stackelberg-Gleichgewichtslösung[6]

$$s^* = 0, \ Z^* = \frac{\gamma}{\alpha + \gamma} \cdot w, \ c^{(1)*} = \frac{\alpha}{\alpha + \gamma} \cdot w, \ c^{(2)*} = \frac{\gamma}{\alpha + \gamma} \cdot (1 + n) \cdot w \qquad (5.53)$$

---

[6]Es existiert allerdings noch ein zweites Gleichgewicht mit der Eigenschaft ($Z^* = 0$, $s^* = \beta w / (\alpha + \beta)$). Welches Gleichgewicht sich einstellt, hängt vom Verhalten der ersten Generation ab.

ist jedoch nicht effizient. Es kommt also hier zu einer Divergenz zwischen individueller und kollektiver Rationalität. Dies erkennt man, wenn man zum Vergleich die optimale Steady-State-Allokation ermittelt, die man erhält, wenn man die Nutzenfunktion (Gl. 5.40) bei Gleichsetzung von $c_{t+1}^{(2)}$ mit $c_t^{(2)}$, also

$$U = U\left(c^{(1)}, c^{(2)}, c^{(2)}\right) = \alpha \cdot \ln c^{(1)} + (\beta+\gamma) \cdot \ln c^{(2)} \tag{5.54}$$

maximiert und dabei die gesamtwirtschaftliche Ressourcenbeschränkung als Nebenbedingung beachtet. Unterstellt man dabei, dass $r > n$ gilt, so lautet diese:[7]

$$c^{(2)} = (1 + r) \cdot \left(w - c^{(1)}\right). \tag{5.55}$$

Einsetzen von (Gl. 5.55) in (Gl. 5.54) ergibt

$$U = \alpha \cdot \ln c^{(1)} + (\beta + \gamma) \cdot \ln \left[(1 + r) \cdot \left(w - c^{(1)}\right)\right] \tag{5.56}$$

mit der notwendigen Bedingung erster Ordnung für ein Optimum:

$$\frac{\partial U}{\partial c^{(1)}} = \frac{\alpha}{c^{(1)}} - \frac{\beta+\gamma}{w - c^{(1)}} = 0, \tag{5.57}$$

woraus sich folgende Lösungswerte ergeben:

$$c^{(1)\circ} = \frac{\alpha}{\alpha + \beta + \gamma} \cdot w, \; c^{(2)\circ} = \frac{\beta + \gamma}{\alpha + \beta + \gamma} \cdot (1 + r) \cdot w, \; s^{\circ} = \frac{\beta + \gamma}{\alpha + \beta + \gamma} \cdot w, Z^{\circ} = 0. \tag{5.58}$$

Ein Vergleich der Werte im Stackelberg-Gleichgewicht (Gl. 5.53) mit diesen Werten im Wohlfahrtsoptimum ergibt unter anderem $c^{(1)*} > c^{(1)\circ}$ und $c^{(2)*} < c^{(2)\circ}$, d. h. es wird in der Aktivenphase zu viel und in der Rentenphase zu wenig konsumiert, weil der Effekt des Konsums im Rentenalter auf den Nutzen der nächsten Generation als „positiver externer Effekt" von den nutzenmaximierenden Individuen vernachlässigt wird. Zudem fehlt der Anreiz zum Sparen ganz und gar, weil Sparen die später zu erwartenden Transfers schmälern würde.

Aus der Abweichung des Gleichgewichts bei freiwilligem Handeln der Individuen vom gesellschaftlichen Optimum lässt sich ableiten, dass kapitalgedecktes Zwangssparen unter den getroffenen Annahmen wohlfahrtserhöhend ist. Analog dazu lässt sich zeigen, dass auch für den Fall $r < n$ das gesellschaftliche Optimum nicht mit dem Stackelberg-Gleichgewicht in (Gl. 5.53) übereinstimmt. In diesem Falle ist zwar das Umlageverfahren die optimale Finanzierungsform, der Transfer von Jung zu Alt ist jedoch im Optimum höher als in der freiwilligen Lösung, so dass auch in diesem (weniger realistischen) Fall staatlicher Zwang zur Teilnahme an einem umlagefinanzierten Rentensystem begründet ist.

---

[7]Im Falle von $n > r$ muss in den Optimalbedingungen lediglich r durch n ersetzt werden.

Folgerung 5-8

Ist die junge Generation gegenüber der alten altruistisch eingestellt, so wird diese es unterlassen, für ihr Alter durch Sparen vorzusorgen, um im Alter einen möglichst großen Transfer zu erhalten. Ist der Zinssatz höher als die Wachstumsrate, so führt unter diesen Annahmen ein Zwangssparen zu einer höheren Steady-State-Wohlfahrt. Ist die Wachstumsrate höher als der Zinssatz, so ergibt sich ein Effizienzgewinn durch ein umlagefinanziertes Rentensystem mit Zwangsmitgliedschaft. ◄

5.4.2.2 Versicherungszwang und Arbeitsanreize[8]

Das im vorangegangenen Abschnitt abgeleitete Ergebnis, dass Zwangssparen wohlfahrtserhöhend sei, ist jedoch in der Literatur nicht unwidersprochen geblieben, denn das Modell ignoriert die Tatsache, dass die Beiträge zu einem obligatorischen Rentensystem nicht als Pauschalsteuern erhoben werden können. Werden sie jedoch – wie in der Realität üblich – als proportionale Abgaben auf das Arbeitseinkommen eingezogen, so sind mit ihnen negative Arbeitsanreize verbunden, die sich – vor allem in Kombination mit einer bedürftigkeitsgeprüften Sozialhilfe – negativ auf das Arbeitsangebot auswirken könnten. Berücksichtigt man diesen negativen Effekt, so ist eine positive Wirkung des Zwangssparens auf die gesellschaftliche Wohlfahrt nicht mehr gesichert.

Dazu betrachten wir die gegenüber (Gl. 5.44) leicht modifizierte (und entlogarithmierte) Nutzenfunktion

$$U_t = c_t^{(1)} \cdot c_{t+1}^{(2)} \cdot (4 - l_t), \tag{5.59}$$

wobei l_t das Arbeitsangebot bezeichnet, das nur die Werte 0 und 1 annehmen kann.[9] Jedes Individuum i sei durch seine Arbeitsproduktivität w_i ($0 \le w_i \le w^{\max}$) charakterisiert, die gleichzeitig seinen Lohnsatz misst. Von seinem Einkommen in der Erwerbsphase könne das Individuum eine Ersparnis $s_t \ge 0$ abzweigen und zum Marktzinssatz r für die Altersversorgung anlegen. Altruismus kommt in diesem Modell dadurch zum Ausdruck, dass der Staat eine bedürftigkeitsgeprüfte Sozialhilfe in Höhe von $\hat{y}$ anbietet, d. h. jede Person im Erwerbsalter mit einem Einkommen unter $\hat{y}$ und jeder Rentner mit einem Vermögen unter $\hat{y}$ erhalten den Unterschiedsbetrag zu $\hat{y}$ als Transfer ausgezahlt. Zur Finanzierung dieses Transfers erhebt der Staat eine Lohnsteuer mit dem Steuersatz τ. Zusätzlich kann er die Bezieher von Arbeitseinkommen zwingen, den Anteil b für die Altersvorsorge zu sparen. Es ist im Folgenden zu untersuchen, ob ein solcher Sparzwang wohlfahrtserhöhend ist.

Die Budgetgleichungen einer Person mit der Produktivität w_t in den beiden Lebensabschnitten lauten:

---

[8]Dieses Modell folgt Homburg (2000).

[9]Die Zahl 4 in der Nutzenfunktion ist eine willkürliche Setzung und hat keine streng ökonomische Interpretation.

$$c_t^{(1)} = \max \left\{ w_i l_t (1 - b - \tau), \hat{y} \right\} - s_t \tag{5.60}$$

$$c_{t+1}^{(2)} = \max \left\{ (1 + r) \cdot (s_t + b w_i l_t), \hat{y} \right\}. \tag{5.61}$$

Jedes Individuum hat in der Erwerbsphase vier verschiedene Handlungsmöglichkeiten:

1. arbeiten und sparen,
2. arbeiten, aber nicht sparen,
3. weder arbeiten noch sparen,
4. nicht arbeiten, aber sparen.

Die 4. Option kann jedoch niemals optimal sein, weil der Konsumverzicht in Periode 1 unmittelbar zu einer Verringerung des Transfers in Periode 2 führen würde.

Option 1): Maximierung von (Gl. 5.59) unter den Nebenbedingungen (Gl. 5.60) und (5.61) sowie $l_t = 1$ ergibt unter der Annahme $s_t > 0$ optimale Werte für den Konsum in beiden Lebensabschnitten von $c_t^{(1)I} = w_i \cdot (1 - \tau)/2$ und $c_{t+1}^{(2)I} = (1 + r) \cdot w_i \cdot (1 - \tau)/2$ und folglich einen maximalen Nutzen von

$$U_t^I = \frac{3}{4} \cdot (1 + r) \cdot w_i^2 \cdot (1 - \tau)^2, \tag{5.62}$$

der unabhängig von b ist, da jede Zwangsersparnis (sofern sie geringer ist als die freiwillig geplante Ersparnis) durch Reduzierung der freiwilligen Ersparnis konterkariert werden kann.

Option 2): Setzt man $l_t = 1$ und $s_t = 0$ in die Budgetgleichungen (Gl. 5.60) und (5.61) ein, so ergibt sich für hinreichend geringe Werte von b: $c_t^{(1)II} = w_i \cdot (1 - b - \tau)$ und $c_{t+1}^{(2)II} = \hat{y}$ sowie

$$U_t^{II} = 3 \cdot \hat{y} \cdot w_i \cdot (1 - b - \tau), \tag{5.63}$$

der Rentenbeitrag wirkt also in vollem Umfang wie eine Steuer.

Option 3): Setzt man schließlich $l_t = 0$ und $s_t = 0$ in die Budgetgleichungen (Gl. 5.60) und (5.61) ein, so ergibt sich $c_t^{(1)III} = c_{t+1}^{(2)III} = \hat{y}$ und

$$U_t^{III} = 4\hat{y}^2. \tag{5.64}$$

Aus den drei so berechneten maximalen Nutzenwerten lässt sich die optimale Strategie bezüglich Arbeitsangebot und Ersparnis in Abhängigkeit von der Produktivität w_i ermitteln: Strategie 1) ist bei hohem individuellem Lohnsatz optimal, denn die Ungleichung $U_t^I > U_t^{II}$ ist genau dann erfüllt, wenn

$$w_i > w^I = \frac{4\hat{y} \cdot (1 - b - \tau)}{(1 + r) \cdot (1 - \tau)^2} \tag{5.65}$$

gilt. Ferner ist Strategie 3) bei sehr niedriger Produktivität optimal, denn die Ungleichung $U_t^{III} > U_t^{II}$ ist äquivalent zu

$$w_i < w^{II} = \frac{4\hat{y}}{3 \cdot (1 - b - \tau)}. \tag{5.66}$$

In allen anderen Fällen, also bei $w^{II} < w_i < w^I$, ist die Strategie 2) optimal, also das Verhalten des „rationalen Verschwendens", bei dem das Individuum zwar arbeitet, aber nicht spart, sondern sich darauf verlässt, im Alter von der Sozialhilfe zu leben.

Abb. 5.4 stellt den maximal erreichbaren Nutzen in allen drei Strategien in Abhängigkeit von der Produktivität w_i für $b = 0$ dar. Dabei bezeichnet die Parabel die Nutzenkurve $U^I(w_i)$ und die Horizontale den konstanten Wert U^{III}. Beide sind, wie man an (Gl. 5.62) bzw. (Gl. 5.64) erkennt, vom Rentenversicherungsbeitrag b unabhängig. Die ebenfalls eingezeichnete Gerade beschreibt $U^{II}(w_i)$ für den Grenzfall $b = 0$. Man erkennt an (Gl. 5.63), dass eine Erhöhung von b eine Drehung der Geraden im Nullpunkt bewirkt, d. h. die Gerade wird flacher. Mit der Einführung eines Zwangssparbeitrags sind also zwei Effekte verbunden:

1. Die Lohngrenze w^I sinkt, wie man auch an (Gl. 5.65) erkennt, d. h. die Gruppe der Sparer wird größer, und
2. die Lohngrenze w^{II} steigt, wie (Gl. 5.66) deutlich macht, d. h. die Gruppe der freiwillig Arbeitslosen wird ebenfalls größer.

Daraus folgt, dass zwar die Sozialhifeausgaben in der zweiten Lebensperiode sinken, diejenigen in der ersten jedoch steigen. Somit ist auch der Effekt der Einführung von Zwangssparen auf die Höhe des zum Budgetausgleich erforderlichen Steuersatzes τ nicht

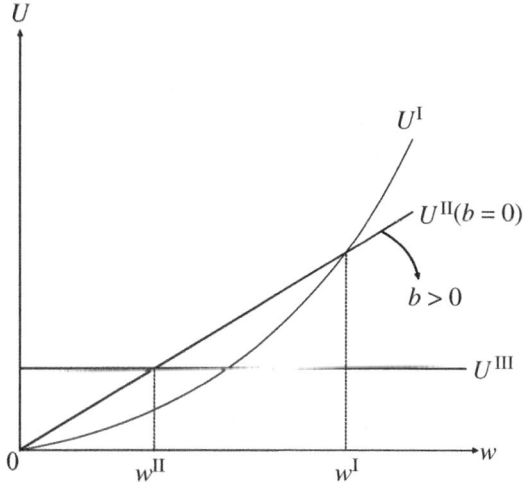

Abb. 5.4 Maximal erreichbarer Nutzen in Abhängigkeit von der Produktivität

eindeutig, sondern er hängt von der Verteilung der Arbeitsproduktivitäten und auch von der Höhe des Beitrags b ab. Allgemeine Aussagen sind auch deshalb schwierig, weil die staatliche Budgetrestriktion in nicht-linearer Weise von den Fiskalparametern y, b und τ abhängt. Sie lautet nämlich

$$\int_0^{w^{II}} \hat{y}\,dw + \int_0^{w^I} \frac{\hat{y}}{1+r}\,dw - b \cdot \int_{w^{II}}^{w^I} w\,dw = \tau \cdot \int_{w^{II}}^{w^{\max}} w\,dw. \tag{5.67}$$

Darin bezeichnet der erste Term die Sozialhilfeausgaben an Personen im Erwerbsalter, der zweite die abdiskontierten Sozialhilfeausgaben an Rentner, der dritte Term die davon abzuziehenden Zwangssparbeiträge und der vierte das Einkommensteueraufkommen. Die Gleichung ist nicht einfach zu lösen, weil auch die Integrationsgrenzen nach (Gl. 5.65) und (5.66) von den Fiskalparametern abhängen.

Es lassen sich jedoch numerische Beispiele konstruieren, in denen es zumindest *möglich* ist, dass sich Zwangssparen negativ auf die Wohlfahrt im Paretianischen Sinne auswirkt (vgl. dazu Übungsaufgabe 5.6).

Folgerung 5-9

Sind Pauschalsteuern nicht verfügbar, so kann ein Zwangssparen für eine Person mit geringer Produktivität wie eine Steuer wirken und damit ihre Arbeitsanreize schmälern. Dadurch kann sich die Finanzierung des Transfersystems insgesamt so stark verteuern, dass im Ergebnis eine Pareto-Verschlechterung gegenüber der Situation ohne Zwangssparen eintritt. ◀

5.5 Rentenversicherung und Bildungsinvestitionen

Die Gestaltung einer umlagefinanzierten Rentenversicherung kann Auswirkungen auf die Geburtenentscheidungen potenzieller Eltern haben (vgl. dazu Kap. 8). Ein Kind in die Welt zu setzen, lässt sich aus ökonomischer Sicht als eine spezifische Humankapital-Investition ansehen. Eine weitere Humankapital-Investition besteht darin, dem Kind eine Ausbildung zukommen zu lassen, die seine zukünftige Produktivität steigert. Im Folgenden wollen wir zeigen, dass auch diese Form von Humankapital-Investitionen, soweit sie von den eigenen Eltern bzw. von der Generation der Eltern getätigt werden, von der Existenz und der Gestaltung einer umlagefinanzierten Rentenversicherung beeinflusst werden kann.

Wir betrachten dazu ein extrem einfaches Zwei-Perioden-Modell, in dem es nur zwei Personen gibt, nämlich eine Mutter und ihre Tochter. Die Mutter habe in Periode 1 ein exogenes Einkommen von W und könne dies für drei Verwendungszwecke ausgeben:

- Konsum in Periode 1, $c^{(1)}$,
- Konsum in Periode 2, $c^{(2)}$,
- Investitionen in die Bildung der Tochter, h.

Der Zinssatz sei null, und die Mutter sei nicht altruistisch und bewerte ihren eigenen Konsumstrom mit der Nutzenfunktion $U(c^{(1)}, c^{(2)})$.

Das Einkommen der Tochter in Periode 2 sei mit w bezeichnet und hänge von der Höhe der Humankapital-Investitionen h ab:

$$w = w(h), w'(h) > 0, w''(h) < 0, \lim_{h \to 0} w'(h) = \infty, \lim_{h \to \infty} w'(h) = 0. \qquad (5.68)$$

Die Tochter konsumiere in Periode 2 c Konsumguteinheiten und ziehe daraus den Nutzen $v(c)$.

Wie viel soll die Mutter in die Bildung ihrer Tochter investieren? Wir bestimmen dazu zunächst das Pareto-optimale Niveau dieser Investition, indem wir den Nutzen der Mutter unter zwei Nebenbedingungen maximieren, nämlich der aggregierten Budget-restriktion der Familie,

$$W + w(h) = c^{(1)} + c^{(2)} + c + h \qquad (5.69)$$

und der Bedingung, dass der Nutzen der Tochter ein bestimmtes Mindestniveau $\overline{v}$ nicht unterschreitet. Daher lautet die Lagrange-Funktion:

$$L = U\left(c^{(1)}, c^{(2)}\right) + \lambda \cdot [v(c) - \overline{v}] + \mu \cdot \left[W + w(h) - c^{(1)} - c^{(2)} - c - h\right], \qquad (5.70)$$

und die Bedingungen erster Ordnung für eine Pareto-optimale Allokation ($c^{(1)*}$, $c^{(2)*}$, c^*, h^*) sind

$$\frac{\partial U\left(c^{(1)*}, c^{(2)*}\right)}{\partial c^{(1)}} = \frac{\partial U\left(c^{(1)*}, c^{(2)*}\right)}{\partial c^{(2)}} = \mu = \lambda \cdot v'\left(c^*\right) \qquad (5.71)$$

$$w'\left(h^*\right) = 1. \qquad (5.72)$$

Gleichung (Gl. 5.72) stellt eine typische Arbitrage-Bedingung dar, die besagt, dass im Optimum der Grenzertrag einer Investition in das Humankapital der Tochter gerade gleich dem Zinsfaktor sein muss, weil damit der Barwert des Familieneinkommens maximiert wird. Im Folgenden gehen wir davon aus, dass in der optimalen Lösung $w(h^*) > c^*$ gilt.

Durch welche Institution könnte nun sichergestellt werden, dass die nicht-altruistische Mutter freiwillig das richtige Niveau h^* der Investition ins Humankapital ihrer Tochter wählt? Die Mutter ist nämlich annahmegemäß nur an ihrem eigenen Konsum interessiert und maximiert ihren Nutzen unter ihrer Budgetrestriktion

$$W = c^{(1)} + c^{(2)} + h, \qquad (5.73)$$

so dass sie ohne spezielle Anreize eine Investition von null wählen würde.

Eine theoretische Möglichkeit, der Mutter die richtigen Anreize zu vermitteln, bestünde in einem Vertrag zwischen Mutter und Tochter, der in Periode 1 geschlossen wird und in dem sich die Tochter verpflichtet, aus ihrem Einkommen in Periode 2 eine

Zahlung an die Mutter zu leisten, die von der Höhe der Bildungsausgaben der Mutter wie folgt abhängt:

$$p(h) = \begin{cases} w(h^*) - c^*, \; \textit{falls } h = h^* \\ \quad 0 \quad \textit{sonst.} \end{cases} \qquad (5.74)$$

Ein solcher Vertrag kann jedoch in der Realität nicht geschlossen werden, weil ein großer Teil der Bildungsausgaben bereits in einem Alter getätigt werden müssen, in dem die Kinder noch nicht geschäftsfähig sind. Deshalb wäre ein solcher Vertrag, der die Tochter zu einer Zahlung an die Mutter verpflichten würde, nach unserer Rechtsordnung nicht einklagbar.

Eine weitere mögliche Institution ist die Einführung einer umlagefinanzierten Rentenversicherung. Diese verpflichtet die Tochter dazu, aus ihrem Einkommen w einen Beitrag $B(w)$ an die Rentenkasse zu leisten, der ihrer Mutter in Form einer Rente $p = B(w)$ zufließt. Damit ändert sich die Budgetrestriktion der Mutter zu

$$W + p = W + B[w(h)] = c^{(1)} + c^{(2)} + h \qquad (5.75)$$

und die Lagrange-Funktion für ihr individuelles Optimierungskalkül ist:

$$L = U(c^{(1)}, c^{(2)}) + \mu \cdot \{W + B[w(h)] - c^{(1)} - c^{(2)} - h\}. \qquad (5.76)$$

Die Bedingung erster Ordnung für die Wahl des nutzenmaximierenden Werts der Bildungsinvestition lautet

$$B'(w) \cdot w'(h) = 1. \qquad (5.77)$$

Diese Bedingung ist mit der Bedingung für ein Pareto-optimales Ausgabenniveau, (Gl. 5.72), genau dann kompatibel, wenn $B'(w) = 1$ gilt. Dies ist für jeden beliebigen Wert von w erfüllt, wenn der Beitrag zur Rentenversicherung die Form

$$B(w) = w - \overline{w} \qquad (5.78)$$

annimmt. Dies bedeutet, dass der Rentenversicherungsbeitrag 100 % beträgt und der Tochter lediglich ein Freibetrag eingeräumt werden darf.

Die abgeleitete „anreizkompatible" Rentenversicherung unterscheidet sich erheblich von der gesetzlichen Rentenversicherung, wie wir sie in Deutschland (und ganz ähnlich in vielen anderen Ländern) vorfinden. Insbesondere beträgt der Beitragssatz nicht 100 %, sondern liegt eher im Bereich von 20 %. Dies kann damit erklärt werden, dass – anders als im hier betrachteten stark vereinfachten Modell – das Einkommen der Kinder nicht nur von der Produktivität, sondern auch vom Arbeitsangebot abhängt, das negativ auf Sozialabgaben reagiert. Ferner fließen die Beiträge nicht den eigenen Eltern zu (vgl. hierzu jedoch das Konzept der „Elternrente", das in Abschn. 8.3.2.2 erörtert wird), sondern der gesamten Elterngeneration. Daher gehen von der Existenz einer umlagefinanzierten Rentenversicherung auch weniger Anreize für die einzelnen Eltern aus, in die Bildung ihrer eigenen Kinder zu investieren, als vielmehr Anreize für die gesamte

„mittlere" Generation, öffentliche Bildungsausgaben zu unterstützen und damit die Produktivität der nächsten Generation zu heben.

Folgerung 5-10

Durch eine umlagefinanzierte Rentenversicherung mit festem Beitragssatz ist jede Generation am Arbeitseinkommen ihrer Nachkommen beteiligt und hat daher einen größeren Anreiz, in deren Bildung zu investieren. Die Rentenversicherung dient damit als Substitut für Verträge zwischen Eltern und Kindern über diese Investitionen, die mangels Geschäftsfähigkeit der Kinder nicht justiziabel sind. Eine optimale Höhe der Bildungsinvestitionen würde allerdings voraussetzen, dass die alte Generation den vollen marginalen Ertrag und damit das gesamte Arbeitseinkommen der Nachkommen oberhalb eines Freibetrags erhält. ◄

5.6   Rentenversicherung und Renteneintritt

5.6.1   Einleitung

In den bisherigen Abschnitten wurde unterstellt, dass das Renteneintrittsalter von außen vorgegeben, also eine exogene Größe ist. Diese Annahme wird nun aufgehoben. Im Folgenden beschäftigen wir uns mit der Frage, wie sich die Ausgestaltung des Systems der gesetzlichen Rentenversicherung auf die Entscheidung des Einzelnen über seinen Eintritt in den Ruhestand auswirkt.

Hierbei wird angenommen, dass die Beendigung des Arbeitslebens nicht nur von Umständen abhängt, die einen Renteneintritt erzwingen, wie z. B. eine gesetzlich fixierte Altersgrenze für den Bezug von Altersruhegeld, sondern dass das Rentenversicherungssystem auch Spielraum für eine freiwillige, ökonomisch motivierte Entscheidung lässt. Mit der Einführung der flexiblen Altersgrenze ist diese Voraussetzung in der Bundesrepublik Deutschland formal seit 1972 erfüllt. Aber auch unabhängig hiervon besteht Raum für individuelle Entscheidungen, und zwar insoweit, als es gelingt, andere Kriterien wie Erwerbsunfähigkeit zu erfüllen, die zum vorzeitigen Rentenbezug berechtigen.

In Tab. 5.2 ist dokumentiert, dass in allen acht hier verglichenen EU-Mitgliedsstaaten in den vergangenen 60 Jahren zwar die Lebenserwartung deutlich gestiegen ist, im Gegensatz dazu jedoch das durchschnittliche Renteneintrittsalter bis zum Jahr 2000 mehr oder weniger stark zurückging. Erst im neuen Jahrtausend fand eine Trendumkehr hin zu einem höheren Rentenalter statt, die allerdings in einigen Ländern nicht stark genug war, um den vorherigen Rückgang wettzumachen. Die Zahlen zeigen aber auch, dass der Renteneintritt im internationalen Vergleich eine starke Variation aufweist: So wird in Schweden fast 5 Jahre länger gearbeitet als in Belgien.

Tab. 5.2 Entwicklung von Lebenserwartung und Renteneintrittsalter

	Lebenserwartung ab Geburt			Durchschnittliches Rentenein-trittsalter		
Zeitraum	1960–65	1995–2000	2015–19	1960	2000	2019
Belgien M	67,9	73,8	79,2	63,3	57,6	61,6
W	73,9	80,6	83,9	60,8	57,4	60,5
Frankreich M	67,6	74,2	79,6	64,5	58,5	60,8
W	74,5	82,0	85,6	65,8	59,5	60,8
Deutschland M	67,4	73,9	78,7	65,2	60,7	64,0
W	72,9	80,2	83,4	62,3	59,7	63,6
Irland M	68,4	73,6	80,4	68,1	63,4	65,6
W	72,3	79,2	84,0	70,8	65,6	64,1
Italien M	67,4	75,0	80,8	64,5	59,3	63,3
W	72,6	81,2	85,2	62,0	58,3	61,5
Spanien M	67,9	74,5	80,6	67,9	60,9	62,1
W	72,7	81,5	86,1	68,0	61,2	61,3
Schweden M	71,6	76,3	80,8	66,0	63,7	66,4
W	75,6	80,8	84,1	63,4	62,3	65,4
Vereinigtes M	67,9	74,5	79,5	66,2	62,4	64,7
Königreich W	73,8	79,8	83,1	62,7	60,4	63,6

Quelle: Statista (2020)

Die Zahlen legen die Vermutung nahe, dass die Unterschiede in den Erwerbsquoten auch durch die verschiedenen Sozialversicherungssysteme erklärt werden können. Politische Bedeutung hat die Wahl des Renteneintrittsalters im Zusammenhang mit der stetig steigenden Lebenserwartung und dem bevorstehenden demografischen Wandel, der sich in einem starken Anstieg des Anteils Älterer in der Bevölkerung in den nächsten Jahrzehnten äußern wird. Eine kompensierende Anhebung der Erwerbsquoten im siebten Lebensjahrzehnt wird von vielen Fachleuten als ein wichtiger Beitrag zur Bewältigung der damit verbundenen finanziellen Probleme der Rentenversicherung gesehen (vgl. Kap. 9).

Dieser Ansatz liegt nahe, wenn man die Budgetgleichung der umlagefinanzierten Rentenversicherung in einem bestimmten Rechnungsjahr betrachtet. Diese lautet:

$$Arbeiter \times Lohnhöhe \times Beitragssatz = Rentner \times Rentenhöhe$$

bzw. wenn man nach dem Beitragssatz auflöst:

$$Beitragssatz = \frac{Rentenhöhe}{Lohnhöhe} \times \frac{Rentner}{Arbeiter} = Rentenniveau \times Rentnerquotient.$$

Wenn man an einem niedrigen Beitragssatz und gleichzeitig an einem hohen Renten-niveau interessiert ist, so sollte der zweite Term auf der rechten Seite, der Rentner-quotient, möglichst klein sein, und eine Anhebung des Renteneintrittsalters hat auf diesen Quotienten einen doppelten Einfluss, weil sie gleichzeitig den Zähler senkt und den Nenner erhöht.

5.6.2 Formale Modellanalyse

Um die Wahl des Renteneintrittsalters durch einen einzelnen Arbeitnehmer analysieren zu können, müssen wir uns im Folgenden auf eine etwas komplexere Modellierung der zeitlichen Struktur als bisher stützen.[10] Ein Aspekt der bisher verwendeten Annahme diskreter Zeitabschnitte von gleicher Länge ist es ja gerade, dass die Länge von Erwerbsleben und Ruhestand fest vorgegeben war. Da eine Variation des Renteneintrittsalters eine Veränderung der Dauer von Aktivphase und Ruhestand bedeutet, ist für die Analyse dieses Verhaltens ein Modell mit kontinuierlicher Zeit geeigneter. Wir behalten dagegen die Annahme einer festen und bekannten Lebensdauer bei. Ferner wird ein vollkommener Kapitalmarkt unterstellt, d. h. zum gleichen, fest vorgegebenen Zinssatz können unbegrenzt Ersparnisse gebildet oder Darlehen aufgenommen werden. Lediglich die intertemporale Budgetgleichung muss eingehalten werden, die betrachtete Person kann also bei ihrem Tod keine Schulden hinterlassen und wird – da sie als egoistisch unterstellt wird – auch keine Guthaben vererben.

Wir betrachten zwei verschiedene Modellvarianten. Im Grundmodell wird versicherungsmathematische Äquivalenz angenommen, das bedeutet, dass zum Zeitpunkt des Renteneintritts des Individuums die Summe der mit dem Kapitalmarktzins verzinsten Beiträge dem Barwert seiner gesamten Rentenansprüche entspricht. Es finden also im Rahmen der Rentenversicherung weder zwischen noch innerhalb von Generationen Ex-ante-Umverteilungen statt. Diese Voraussetzung ist z. B. bei einem kapitalgedeckten Rentensystem erfüllt. Ein Umlagesystem kann dagegen versicherungsmathematische Äquivalenz für jeden einzelnen Versicherten höchstens in dem unwahrscheinlichen Fall garantieren, dass die Wachstumsrate der Lohnsumme zufällig dem Zinssatz entspricht.

Es könnte allerdings *marginale* Äquivalenz in Bezug auf die Variation der Lebensarbeitszeit herstellen. Marginale Äquivalenz bedeutet, dass bei einem Hinausschieben (Vorziehen) des Renteneintritts um ein Jahr der Barwert der dadurch zusätzlich gebildeten (verlorenen) Rentenansprüche genau dem zusätzlich gezahlten (eingesparten) Rentenbeitrag entspricht. Im deutschen Rentenrecht erhöhen sich die Rentenansprüche bei einer Verschiebung des Renteneintritts auf zweierlei Weise: Zum einen werden durch die Mehrarbeit zusätzliche Entgeltpunkte erworben, zum anderen werden prozentuale Zuschläge für einen Renteneintritt nach dem gesetzlichen Rentenalter sowie Abschläge für einen vorzeitigen Renteneintritt berechnet. Die Höhe dieser Zu- und Abschläge könnte so variiert werden, dass sie die mit der Variation des Renteneintritts einhergehende Verkürzung bzw. Verlängerung der Rentenbezugsdauer im Barwert (auf der

---

[10]Die Modellanalyse folgt Crawford und Lilien (1981).

Basis des Kapitalmarktzinses) gerade ausgleichen. Im derzeitigen Rentenrecht „verzinst"
sich das Warten nur ca. mit der Umlagerendite, d. h. mit der Wachstumsrate der Lohnsumme.

5.6.2.1 Versicherungsmathematische Äquivalenz
In diesem Modell wird ein repräsentativer Arbeiter betrachtet, der seinen Nutzen aus
Konsum und Freizeit über die Zeit seines Lebens hinweg, beginnend mit dem Zeitpunkt des Eintritts in das Erwerbsleben $(t=0)$ maximiert. Die Nutzenfunktion ist für
das gesamte Leben ein und dieselbe, unabhängig von der Zeit. Sie ist additiv-separabel
und streng monoton wachsend in Konsum und Freizeit (= Zeit des Ruhestands). Eine
Vererbung findet nicht statt, sodass die Ersparnisse im Laufe des Lebens für Konsum-
zwecke aufgezehrt werden. Die auf den einzelnen Zeitpunkt t bezogene Nutzenfunktion
hat daher folgende Gestalt:

$$W(t) = U[c(t)] + V[F(t)], \tag{5.79}$$

wobei $U[c(t)]$ den Nutzen aus dem Konsum c im Zeitpunkt t misst – mit $U'[c(t)] > 0$,
$U''[c(t)] < 0$ – und $V[F(t)]$ den Nutzen aus der Freizeit F im Zeitpunkt t.

Der Arbeiter kann den Zeitpunkt (und damit das Alter) seines Eintritts in den Ruhestand E selbst bestimmen. Bis dahin ist die Zahl seiner Arbeitsstunden festgesetzt; er
kann also nicht einer Teilzeitbeschäftigung nachgehen bzw. in einen Teilzeitruhestand
eintreten. Daher kann die Größe F in (Gl. 5.79) nur zwei verschiedene Werte annehmen,
und wir normieren die zugehörigen Werte von $V[F(t)]$ auf 0 für alle Zeitpunkte t, die vor
dem Eintritt in den Ruhestand E liegen, und auf $v > 0$ für alle Zeitpunkte t von E an. Die
Lebensdauer wird als bekannt vorausgesetzt und beträgt (vom Beginn des Erwerbslebens
an gerechnet) T Jahre.

Um den Nutzen über den gesamten Lebenszyklus zu bestimmen, sei zunächst der
allgemeine Fall betrachtet, in dem das Individuum seinen Nutzen, den es in jedem
Zeitpunkt t aus Konsum und Freizeit zieht, auf den Planungszeitpunkt $t=0$ mit der
nicht-negativen subjektiven Diskontrate δ abdiskontiert. Sein Lebensnutzen hat dann im
Planungszeitpunkt den Wert

$$\int_0^T W(t) \cdot e^{-\delta t} dt = \int_0^T U[c(t)] \cdot e^{-\delta t} dt + v \cdot \int_E^T e^{-\delta t} dt. \tag{5.80}$$

Das Ziel des Individuums sei es, das Nutzenfunktional in (Gl. 5.80)[11] durch Wahl eines
geeigneten Konsumpfades $c(t)$ für alle $t \in [0, T]$ und des Pensionierungszeitpunkts E
unter Beachtung seiner Budgetrestriktion zu maximieren.

---

[11]Ein Funktional ist eine Funktion, deren Definitionsbereich eine Menge von Funktionen ist, hier:
der Funktionen $c(t)$, die jedem Zeitpunkt t einen Konsum c zuordnen. Ein Funktional ist nicht zu
verwechseln mit der Funktion einer Funktion, bei welcher der Definitionsbereich die Menge der
Werte ist, die eine Funktion annehmen kann (also eine Menge reeller Zahlen).

Die Budgetrestriktion kann wie folgt hergeleitet werden. Das jährliche Arbeitseinkommen $w(t)$ in den Jahren von 0 bis E ist konstant und wird auf 1 normiert. Es wird zu Konsum, Sparen und einem festgesetzten Beitrag zur Rentenversicherung verwendet. Wegen $w(t) = w = 1$ ist die absolute Höhe des Beitrags mit dem Beitragssatz identisch, sodass man schreiben kann:

$$c(t) + s(t) + b = w(t) = 1 \; \forall t \in [0, E]. \tag{5.81}$$

Allerdings kann im Grundmodell wegen der Annahme eines vollkommenen Kapitalmarktes $s(t)$ auch negativ sein: Der Arbeiter beleiht dann seine spätere Rente.

In den Jahren des Ruhestands, also im Intervall (E, T), fällt das Arbeitseinkommen weg. Das Individuum erhält stattdessen eine konstante Jahresrente in Höhe von p und löst bis zu seinem Lebensende T etwaige Ersparnisse oder Schulden auf. Es gilt also:

$$c(t) + s(t) = p \; \forall t \in [E, T]. \tag{5.82}$$

Ferner sei die Existenz eines nicht-negativen exogenen Marktzinssatzes ρ vorausgesetzt.[12] Die auf die gesamte Lebensdauer bezogene Budgetrestriktion verlangt, dass der auf den Zeitpunkt 0 abgezinste Gegenwartswert des Ersparnisstroms $s(t)$ null ist:

$$\int_0^T s(t) \cdot e^{-\rho t} dt = 0, \tag{5.83}$$

was wegen (Gl. 5.81) und (5.82) gleichbedeutend ist mit

$$\int_0^T c(t) \cdot e^{-\rho t} dt = \int_0^E (1 - b) \cdot e^{-\rho t} dt + \int_E^T p \cdot e^{-\rho t} dt. \tag{5.84}$$

Der abgezinste Lebenskonsum darf also das abgezinste Lebenseinkommen aus dem Bezug von Nettolohn (nach Abzug des Rentenversicherungsbeitrags) während der Erwerbsphase, $1 - b$, und der Rente während des Ruhestands, p, nicht übersteigen.

Es handelt sich bei dieser Maximierungsaufgabe um ein Problem der dynamischen Optimierung, für das analog zum statischen Fall ein Lagrange-Funktional gebildet werden kann, indem man vom Zielfunktional (Gl. 5.80) die mit einem Multiplikator λ gewichtete, nach null aufgelöste Nebenbedingung (Gl. 5.84) subtrahiert:

---

[12]An Stelle von r wurde das Symbol ρ gewählt, um auszudrücken, dass es sich hierbei um kontinuierliche (exponentielle) Verzinsung handelt.

$$Z = \int_0^T U[c(t)] \cdot e^{-\delta t} dt + v \cdot \int_E^T e^{-\delta t} dt$$

$$- \lambda \cdot \left\{ \int_0^T c(t) \cdot e^{-\rho t} dt - \int_0^E (1-b) \cdot e^{-\rho t} dt - \int_E^T p \cdot e^{-\rho t} dt \right\}$$

$$= \int_0^E \left\{ U[c(t)] \cdot e^{-\delta t} + \lambda \cdot [1-b-c(t)] \cdot e^{-\rho t} \right\} \tag{5.85}$$

$$+ \int_E^T \left\{ (U[c(t)] + v) \cdot e^{-\delta t} + \lambda \cdot [p-c(t)] \cdot e^{-\rho t} \right\} dt.$$

Das Maximierungskalkül kann nun in zwei Schritte zerlegt werden: Im ersten Schritt wird für gegebenes E der optimale Zeitpfad des Konsums, $c(t)$ für $t \in [0, T]$ gesucht und im zweiten Schritt wird unter Berücksichtigung der dabei erhaltenen Ergebnisse der Optimalwert für E ermittelt.

Diese Zerlegung erleichtert den Lösungsweg beträchtlich, da die Variable E nur in den Integrationsgrenzen auftritt. Zudem hängt das zu maximierende Integral zwar von $c(t)$ selbst ab, nicht aber von seiner zeitlichen Änderungsrate, dc/dt. Für festes E maximiert man daher Z, wenn man für jeden Zeitpunkt t den Wert unter dem Integral maximiert. Bezeichnen wir diese Werte mit L_1 (für $t \leq E$) und L_2 (für $t > E$), so erhält man das Maximum dieser Werte nach dem üblichen Verfahren, indem man die Ableitung von L_1 bzw. L_2 nach dem einzigen Aktionsparameter c gleich null setzt. Diese Ableitung führt in beiden Fällen zum gleichen Resultat:

$$\frac{\partial L_1}{\partial c(t)} = \frac{\partial L_2}{\partial c(t)} = U'[c(t)] \cdot e^{-\delta t} - \lambda \cdot e^{-\rho t} = 0 \tag{5.86}$$

und daher

$$U'[c(t)] = \lambda \cdot e^{-(\delta - \rho)t} \ \forall t \in [0, T]. \tag{5.87}$$

Da λ eine Konstante ist, sagt (Gl. 5.87) aus, dass bei gegebenem Pensionierungsalter E auf dem optimalen Konsumpfad der Grenznutzen des Konsums über die Zeit mit der Differenz zwischen der subjektiven Zeitdiskontrate δ und dem Zinssatz ρ wachsen muss.

Wie kann man diese Optimalbedingung ökonomisch interpretieren? Da der laufende Preis des Konsumguts per Annahme in jeder Periode gleich 1 ist, erkennt man, dass der Ausdruck $e^{-\rho t}$ in Gleichung (Gl. 5.86) den – auf Periode 0 bezogenen – Gegenwartspreis einer Konsumeinheit der Periode t angibt. Formt man nun (Gl. 5.86) um zu

$$\frac{U'[c(t)] \cdot e^{-\delta t}}{e^{-\rho t}} = \lambda, \tag{5.88}$$

so erhält man folgende Aussage: Das Verhältnis aus dem mit der subjektiven Diskontrate abdiskontierten Gegenwartswert des Grenznutzens des Konsums der Periode t und dem mit dem Marktzinssatz abdiskontierten Gegenwartspreis des Konsums der Periode t ist für alle $t \in [0, T]$ gleich der Konstanten λ. Diese Aussage ist in ähnlicher Form aus der

Haushaltstheorie bekannt. Dort lautet die Bedingung für die optimale Aufteilung eines gegebenen Budgets auf die verschiedenen Güter, dass das Verhältnis aus dem Grenznutzen des Konsums eines Gutes und seinem Preis für alle Güter gleich einer Konstanten λ sein muss. λ ist hier wie dort der Grenznutzen des Einkommens, der im Optimum in jeder Verwendungsart gleich sein muss.

Wir werden im Folgenden annehmen, dass die beiden „Abzinsungsraten", die subjektive Rate δ und der auf dem Markt herrschende Zinssatz ρ, übereinstimmen. Diese Annahme ist schon deshalb gerechtfertigt, da die subjektiven Zeitpräferenzen der Individuen als Sparer und Kreditnachfrager neben der Grenzproduktivität von Investitionen ein wesentlicher Bestimmungsgrund des Zinssatzes sind. Durch diese Annahme $\delta = \rho$ vereinfacht sich (Gl. 5.88) zu

$$U'[c(t)] = \lambda = const. \, \forall t \in [0, T].$$ (5.89)

Ein konstanter Grenznutzen des Konsums impliziert jedoch wegen der unterstellten strikten Konkavität von U, dass $c(t)$ selbst konstant und damit unabhängig vom Zeitpunkt t ist, sodass hinfort das Zeitargument t bei c wegfallen kann.

Die additive Separabilität und strikte Konkavität der Nutzenfunktion implizieren also zusammen mit der Annahme des vollkommenen Kapitalmarktes, der Übereinstimmung von subjektiver Diskontrate und Zinssatz sowie der bekannten Lebensdauer, dass der Konsum in allen Perioden gleich hoch ist.

Im Folgenden sei nur noch der Spezialfall betrachtet, in dem der Zinssatz ρ (und damit auch δ) null ist. Diese Vereinfachung ändert an den qualitativen Aussagen des Modells nichts, macht jedoch den mathematischen Formelapparat erheblich übersichtlicher, da man das Maximierungsproblem in (Gl. 5.80) und (5.84) jetzt folgendermaßen schreiben kann:

$$\max_{E,c} [T \cdot U(c) + (T - E) \cdot v]$$ (5.90)

unter der Nebenbedingung

$$T \cdot c = E \cdot (1 - b) + (T - E) \cdot p.$$ (5.91)

Die Bedingung der versicherungsmathematischen Äquivalenz bedeutet, dass den Einzahlungen des Arbeiters in die Rentenversicherung während seiner Arbeitsjahre die Renten entsprechen müssen, die er in den Jahren seines Ruhestands vom Sozialversicherer erhält, was wiederum bei einem Zinssatz von null bedeutet:

$$E \cdot b = (T - E) \cdot p$$ (5.92)

und somit vereinfacht sich die Nebenbedingung (Gl. 5.91) zu:

$$T \cdot c = E.$$ (5.93)

Setzt man (Gl. 5.93) in (Gl. 5.90) ein, um c zu eliminieren, so lautet die Optimierungsaufgabe nun

$$\max_{E} \left[T \cdot U(\frac{E}{T}) + (T - E) \cdot v \right] \tag{5.94}$$

mit der Bedingung erster Ordnung für eine innere Lösung

$$T \cdot U'(c) \cdot \frac{1}{T} - v = 0. \tag{5.95}$$

Somit ergeben sich die optimalen Werte c^* und E^* implizit durch

$$U'(c^*) = v \tag{5.96}$$

$$E^* = T \cdot c^*. \tag{5.97}$$

Es gilt also insbesondere

$$\frac{\partial E}{\partial b} = \frac{\partial E}{\partial p} = 0. \tag{5.98}$$

Das bedeutet, dass unter den Voraussetzungen des vollkommenen Kapitalmarktes, der versicherungsmathematischen Äquivalenz und bekannter Lebensdauer die Parameter des Rentenversicherungssystems b und p (und damit die Existenz der Rentenversicherung als solcher) keinen Einfluss auf die Wahl des optimalen Pensionierungszeitpunktes E (und des optimalen Konsumniveaus c) haben.

Es findet bei Einführung einer obligatorischen Rentenversicherung lediglich in der Erwerbsphase ein Austausch zwischen privatem Sparen und Rentenversicherungsbeiträgen statt, denn bei optimalem Konsum c^* wird die private Ersparnis $s(t)$ für $t \leq E$ gegenüber einem Zustand ohne Rentenversicherung gerade um die Beitragsrate b zur Rentenversicherung gemindert:

$$s(t) = 1 - b - c^* \, (t \leq E). \tag{5.99}$$

Hierbei kann $s(t)$, falls b sehr groß ist, durchaus negativ sein. Zur Aufrechterhaltung seines Konsums nimmt der repräsentative Arbeiter in diesem Fall während seiner Arbeitsjahre entsprechende Kredite auf dem Kapitalmarkt auf, die er später in den Jahren des Ruhestandes aus den Renteneinkünften wieder zurückzahlt.

Folgerung 5-11

Falls der Kapitalmarkt perfekt ist und Diskontrate und Zinssatz null sind, so hat ein Rentensystem mit versicherungsmathematischer Äquivalenz keine Auswirkungen auf den individuell optimalen Renteneintritt. ◄

5.6.2.2 Keine versicherungsmathematische Äquivalenz

Reale Sozialversicherungssysteme weisen erhebliche Abweichungen von der versicherungsmathematischen Äquivalenz auf:

- Häufig (z. B. in den USA) sind sie progressiv: Bezieher niedrigerer Einkommen erhalten, bezogen auf ihre Beiträge, im Erwartungswert eine höhere Rente als Bezieher hoher Einkommen.
- Soweit sie im Umlageverfahren finanziert sind, verzinsen sich die Beiträge nur mit der Umlagerendite, d. h. der Wachstumsrate der Lohnsumme, während versicherungsmathematische Äquivalenz eine Verzinsung mit dem Kapitalmarktzins voraussetzt.
- Bei Verlängerung der Berufstätigkeit nehmen die Renten nur mit abnehmender Rate zu.

Im Folgenden wird dargestellt, wie sich fehlende marginale versicherungsmathematische Äquivalenz auf die Entscheidung über den optimalen Pensionierungszeitpunkt auswirkt. Die Veränderung gegenüber dem bisherigen Szenario besteht darin, dass sich die Rentenbezüge nicht mehr wie bei der versicherungsmathematischen Äquivalenz allein aus den individuellen Versicherungsbeiträgen ergeben, sondern dass die Rentenversicherung eine Umverteilung vornimmt bzw. der Staat hierbei zuschießt. Dies drückt sich in folgender Formel für die Höhe der Rente aus:

$$p = \xi \cdot \frac{Eb}{T - E} + \Phi. \tag{5.100}$$

Hierin bezeichnet Φ mit $\Phi > 0$ eine Grundrente, die unabhängig von der Höhe und Dauer der Erwerbseinkünfte gezahlt wird. Hinzu kommt der von der Zahl der Arbeitsjahre und den gezahlten Beiträgen abhängende, individuelle Teil der Rente, in welchem ξ mit $0 \leq \xi \leq 1$ ein Maß für den Grad der (marginalen) versicherungsmathematischen Äquivalenz ist. Bezogen auf das deutsche Rentensystem, drückt dieser Parameter die Höhe der Ab- und Zuschläge für vorzeitigen bzw. späteren Renteneintritt aus.

Ist $\xi = 0$ („Beveridge-System"), so erfolgt die Rentenzahlung vollkommen unabhängig von der Höhe der während des Arbeitslebens geleisteten Beitragszahlungen und deren Dauer, besteht also ausschließlich aus der Grundrente Φ. Ist $\xi = 1$, so gilt „marginale Äquivalenz", d. h. der Saldo aus Beiträgen und Rentenansprüchen wird im Barwert durch eine Verlängerung der Lebensarbeitszeit nicht verändert.

Das optimale Renteneintrittsalter ergibt sich wiederum als Lösung des Maximierungsproblems in (Gl. 5.90) und (5.91), wobei sich jetzt die Nebenbedingung (Gl. 5.91) unter Verwendung der Gleichung (Gl. 5.100) umformen lässt zu

$$T \cdot c = E \cdot (1 - b) + (T - E) \cdot \left[\xi \cdot \frac{Eb}{T - E} + \Phi \right]$$

oder

$$c = \frac{E}{T} \cdot [1 - \Phi - b \cdot (1 - \xi)] + \Phi = \frac{E}{T} \cdot \Omega + \Phi, \tag{5.101}$$

wobei

$$\Omega := 1 - \Phi - b \cdot (1 - \xi) \tag{5.102}$$

den Effektivlohn misst, den der Arbeiter dafür erhält, dass er auf ein Jahr Ruhestand verzichtet. Er setzt sich zusammen aus dem Brutto-Arbeitseinkommen (1), abzüglich des Beitragsanteils, dem keine spätere Rente gegenübersteht, $b \cdot (1 - \xi)$, sowie der entgangenen Grundrente Φ.

Setzt man in die Nebenbedingung (Gl. 5.101) in die Zielfunktion (Gl. 5.90) ein, so wird diese zu

$$\max_{E} \left[T \cdot U \left(\frac{E}{T} \cdot \Omega + \Phi \right) + (T - E) \cdot v \right] \tag{5.103}$$

mit der Bedingung erster Ordnung für die optimalen Werte c^{**} und E^{**}

$$U'\left(c^{**}\right) \cdot \Omega = v \tag{5.104}$$

$$c^{**} = \frac{E^{**}}{T} \cdot \Omega + \Phi. \tag{5.105}$$

Um zu untersuchen, wie der optimale Zeitpunkt des Renteneintritts E^{**} von den drei Parametern des Rentenversicherungssystems, nämlich dem Beitragssatz b, der Grundrente Φ und dem marginalen Äquivalenzgrad ξ abhängt, setzen wir zunächst (Gl. 5.105) und (5.102) in die Optimalbedingung (Gl. 5.104) ein und stellen E als Funktion der drei Parameter dar:

$$U'\left[\Phi + \frac{E(b, \Phi, \xi)}{T} \cdot [1 - \Phi - b \cdot (1 - \xi)] \right] \cdot [1 - \Phi - b \cdot (1 - \xi)] = v. \tag{5.106}$$

Nach dem Theorem der impliziten Funktionen können wir die Ableitungen dieser Optimalbedingung nach den einzelnen Parametern bilden und jeweils nach der partiellen Ableitung von E nach dem jeweiligen Parameter auflösen, um die Wirkung einer Parameteränderung auf das optimale Renteneintrittsalter zu ermitteln. Dieses Vorgehen liefert die folgenden Ergebnisse:

Die partielle Ableitung von (Gl. 5.106) nach dem Beitragssatz b ergibt:

$$\Omega \cdot U''(c) \cdot \left[\frac{\Omega}{T} \cdot \frac{\partial E}{\partial b} - (1 - \xi) \cdot \frac{E}{T} \right] - U'(c) \cdot (1 - \xi) = 0 \tag{5.107}$$

oder, aufgelöst nach $\partial E / \partial b$:

$$\frac{\partial E}{\partial b} = \left[\frac{U'(c)}{U''(c)} \cdot \frac{T}{\Omega^2} + \frac{E}{\Omega} \right] \cdot (1 - \xi). \tag{5.108}$$

Die Erhöhung des Beitragssatzes b ist also dann ohne Wirkung, wenn der marginale Äquivalenzgrad $\xi = 1$ ist, wie bereits in Abschn. 5.6.2 ermittelt wurde. Ist der Äquivalenzgrad hingegen kleiner als 1, so enthält der Beitrag eine implizite Steuer und eine Erhöhung von b hat somit sowohl einen Substitutionseffekt als auch einen Einkommenseffekt. Der Substitutionseffekt besteht darin, dass der Effektivlohn Ω abnimmt und es sich folglich weniger lohnt zu arbeiten, was, für sich genommen, eine Senkung von E

nach sich zieht. Formal finden wir den Substitutionseffekt im ersten Summanden von (Gl. 5.108):

$$\left[\frac{U'(c)}{U''(c)} \cdot \frac{T}{\Omega^2} \right] \cdot (1 - \xi) < 0. \tag{5.109}$$

Der Einkommenseffekt besagt demgegenüber, dass eine Anhebung des Beitragssatzes bei fehlender marginaler Äquivalenz den Versicherten ärmer macht, was bei der unterstellten Nutzenfunktion – Freizeit ist ein normales Gut – zu einer Erhöhung des Arbeitsangebots durch Hinauszögern des Renteneintritts führt. Der Einkommenseffekt findet sich im zweiten Summanden von (Gl. 5.108):

$$(1 - \xi) \cdot \frac{E}{\Omega} > 0, \tag{5.110}$$

sodass der Gesamteffekt unbestimmt ist.

Analog ergibt die partielle Ableitung von (Gl. 5.106) nach dem marginalen Äquivalenzgrad ξ:

$$\Omega \cdot U''(c) \cdot \left[\frac{\Omega}{T} \cdot \frac{\partial E}{\partial \xi} + \frac{Eb}{T} \right] + b \cdot U'(c) = 0 \tag{5.111}$$

oder, aufgelöst nach $\partial E / \partial \xi$:

$$\frac{\partial E}{\partial \xi} = -\frac{U'(c)}{U''(c)} \cdot \frac{bT}{\Omega^2} - \frac{Eb}{\Omega}. \tag{5.112}$$

Auch eine Erhöhung von ξ hat einen Substitutions- und einen Einkommenseffekt. Der Substitutionseffekt besteht darin, dass der Effektivlohn zunimmt und es sich folglich lohnt, länger zu arbeiten, indem man ein höheres E wählt. Formal finden wir den Substitutionseffekt im ersten Summanden von (Gl. 5.112):

$$-\frac{U'(c)}{U''(c)} \cdot \frac{bT}{\Omega^2} > 0. \tag{5.113}$$

Der Einkommenseffekt besagt, dass eine Anhebung des marginalen Äquivalenzgrades den Versicherten reicher macht, was, da Freizeit ein normales Gut ist, zu einer Reduktion des Arbeitsangebots durch Vorziehen des Renteneintritts führt. Der Einkommenseffekt findet sich im zweiten Summanden von (Gl. 5.112):

$$-\frac{Eb}{\Omega} < 0. \tag{5.114}$$

sodass der Gesamteffekt auch hier unbestimmt ist.

Schließlich ergibt die partielle Ableitung von (Gl. 5.106) nach der Grundrente Φ:

$$\Omega \cdot U''(c) \cdot \left[1 + \frac{\Omega}{T} \cdot \frac{\partial E}{\partial \Phi} - \frac{E}{T} \right] - U'(c) = 0 \tag{5.115}$$

und folglich

$$\frac{\partial E}{\partial \Phi} = -\frac{U'(c)}{U''(c)} \cdot \frac{T}{\Omega^2} - \frac{T-E}{\Omega} < 0. \tag{5.116}$$

Hier weisen Substitutions- und Einkommenseffekt in die gleiche Richtung: Wenn die Grundrente erhöht wird, so steigt das Einkommen, das man ohne Arbeit beziehen kann, und der Effektivlohn sinkt. Daher lohnt es sich weniger zu arbeiten und der Substitutionseffekt (erster Term in (Gl. 5.116)) führt zu einem Vorziehen des Renteneintritts:

$$\frac{U'(c)}{U''(c)} \cdot \frac{T}{\Omega^2} < 0. \tag{5.117}$$

Gleichzeitig steigt das Einkommen des Versicherten durch die Anhebung der Grundrente, und da er sich reicher fühlt, fragt er mehr vom normalen Gut Freizeit nach, was wiederum ein Vorziehen des Renteneintritts bedeutet (zweiter Term in (Gl. 5.116)):

$$-\frac{T-E}{\Omega} < 0. \tag{5.118}$$

Folgerung 5-12

Bei fehlender versicherungsmathematischer Äquivalenz lässt sich die Rentenhöhe in eine Grundrente und einen beitragsproportionalen Anteil aufspalten, wobei der Proportionalitätsfaktor als marginaler Äquivalenzgrad zu interpretieren ist. Änderungen eines dieser Parameter haben stets einen Substitutions- und einen Einkommenseffekt auf das Renteneintrittsalter. Nur bei einer Erhöhung der Grundrente haben beide Effekte das gleiche Vorzeichen und senken das optimale Eintrittsalter. Bei Änderungen des Äquivalenzgrades und des Beitragssatzes sind die Effekte gegenläufig und das Vorzeichen des Gesamteffekts unbestimmt. ◄

In Deutschland wird gelegentlich eine Verschärfung der Abschläge gefordert, die ein Versicherter bei vorzeitigem Renteneintritt hinnehmen muss, weil man sich davon eine Verlängerung der tatsächlichen Lebensarbeitszeit erhoffte. Grafisch lässt sich eine solche Maßnahme als eine Versteilerung der Geraden $p(E)$ ausdrücken, die die Rentenhöhe p zur Lebensarbeitszeit E in Beziehung setzt (vgl. Abb. 5.5). In der Rentenformel (Gl. 5.110) wiederum lässt sich diese Maßnahme als eine Anhebung des Äquivalenzgrads ξ bei gleichzeitiger Senkung der Grundrente Φ darstellen. Vergleicht man die heute gültige Gerade $p_1(E)$ mit der vorgeschlagenen steileren Geraden $p_2(E)$, so ist letztere so konstruiert, dass die Rentenhöhe gleich bleibt, wenn man erst bei der Regelaltersgrenze $E°$ in den Ruhestand eintritt. Es gilt also

$$p_1(E°) = p_2(E°). \tag{5.119}$$

Abb. 5.5 Renteneintrittsalter
und Rentenhöhe

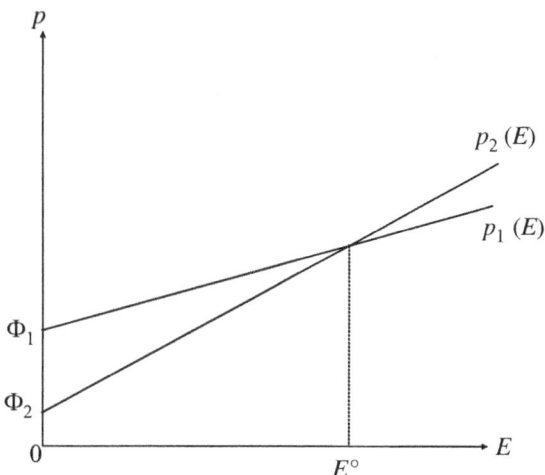

Daraus folgt wegen $\xi_2 > \xi_1$, dass für jedes geringere Eintrittsalter das Rentenniveau nach der Reform niedriger sein muss als im Status Quo:

$$p_2(E) < p_1(E) \,\forall E < E^\circ. \tag{5.120}$$

Wir können nun auf der Basis unserer vorangegangenen Analyse den Effekt dieser kombinierten Maßnahme auf das optimale Renteneintrittsalter aus der Sicht des Individuums herleiten: Der Substitutionseffekt einer Erhöhung des marginalen Äquivalenzgrades wie auch der einer Senkung der Grundrente wirken beide in die gleiche Richtung, nämlich auf eine Erhöhung des Arbeitsangebots durch Hinausschieben des Renteneintritts. Das Vorzeichen des (kombinierten) Einkommenseffekts ist ebenfalls eindeutig: Für alle, die im Ausgangspunkt vor dem Alter E° in Rente gehen, ist wegen (Gl. 5.120) mit der Reform ein Einkommensverlust verbunden, der ebenfalls, da Freizeit als normales Gut angenommen wurde, eine Erhöhung des Arbeitsangebots bewirkt und somit das gleiche Vorzeichen hat wie der Substitutionseffekt.

Mithilfe des Rationalverhaltens-Modells kann damit eindeutig vorausgesagt werden:

Folgerung 5-13

Eine Verschärfung der Abschläge bei vorzeitigem Renteneintritt im deutschen Rentenrecht wird die optimale Lebensarbeitszeit steigern. ◄

Bisher vorliegende empirische Schätzungen (vgl. etwa Berkel und Börsch-Supan 2004) bestätigen diese theoretische Vorhersage.

5.7   Rentenversicherung in der Demokratie

In den vorangegangenen Abschnitten wurde die normative Fragestellung behandelt, wie ein effizientes Alterssicherungssystem aussehen könnte. Demgegenüber wird in diesem Abschnitt die der positiven Theorie zuzuordnende Frage erörtert, welche Form und welcher Umfang der Alterssicherung in einer Gesellschaft tatsächlich zu erwarten sind, in der über diese Angelegenheiten demokratisch entschieden wird. Wir begeben uns damit in die Modellstruktur der „Ökonomischen Theorie der Demokratie" (auch „Neue Politische Ökonomie"), die die Hypothese des rationalen Verhaltens von den Marktentscheidungen auf politische Entscheidungen zu übertragen versucht.

5.7.1   Ein Grundmodell

5.7.1.1 Modellannahmen

Um die Analyse so einfach wie möglich zu halten, betrachten wir eine direkte Demokratie, nehmen also an, dass über das Alterssicherungssystem und seine maßgeblichen Variablen in Referenden unmittelbar von den Wahlberechtigten unter Anwendung der Mehrheitsregel abgestimmt wird.[13] Von der Existenz von Parteien und anderen Institutionen wie Parlament und Regierung wird also abgesehen. Gegen diese Vereinfachung wird bisweilen eingewendet, dass bei Wahlen in repräsentativen Demokratien die Gestaltung der Rentenversicherung selten eine ausschlaggebende Rolle gespielt hat.[14] Im Gegenteil kennen die meisten Wähler die Positionen der Parteien zu dieser Frage nicht genau, wenn diese überhaupt klar definiert sind.

Unsere Vorgehensweise kann jedoch mit der Überlegung gerechtfertigt werden, dass eine etwaige Unzufriedenheit der Mehrheit der Bevölkerung mit dem Rentensystem von einer der um die Macht konkurrierenden Parteien aufgespürt und zum Gewinn von Wählerstimmen ausgenutzt würde. Wenn die Rentenpolitik kein Wahlkampfthema ist, so kann dies also bedeuten, dass alle Parteien gleichermaßen diesen Mehrheitswillen gespürt und in ihr Programm aufgenommen haben und somit dieses Thema mangels Dissens kein herausragendes Interesse auf sich zieht.

Eine weitere Vereinfachung betrifft die Geltungsdauer der analysierten Wahlentscheidung. Wir werden nur den Fall betrachten, in dem die Wähler davon ausgehen, das bei der aktuellen Wahl beschlossene Rentensystem werde permanent gültig bleiben. Ihre Entscheidung werden sie daher nicht nur von den gegenwärtigen, sondern auch allen zukünftigen Kosten und Erträgen aus der Rentenversicherung abhängig machen.

---

[13]Das Modell ist eine disktrete Variante des Modells in Browning (1975)

[14]Eine Ausnahme stellt die Bundestagswahl 1998 dar, bei der die SPD im Wahlkampf versprach, die zuvor im Bundestag beschlossene „Rentenreform 1999" rückgängig zu machen.

Schließlich wird die Analyse auf Entscheidungen über die Einführung bzw. Ausgestaltung einer umlagefinanzierten Rentenversicherung beschränkt. In kapitalgedeckten Rentensystemen erhält jeder Versicherte eine seinen Beiträgen versicherungstechnisch äquivalente Rente. Die staatliche Rentenversicherung und privates Sparen sind daher vollkommene Substitute, und jedes Individuum müsste bezüglich unterschiedlicher Rentenniveaus und Beitragssätze indifferent sein. Dem Vorschlag eines Beitragssatzes von null, d. h. der Nichteinführung einer obligatorischen Rentenversicherung nach dem Kapitaldeckungsverfahren könnte also nie von einer Mehrheit widersprochen werden; die Frage nach dem Ergebnis einer demokratischen Abstimmung über eine kapitalgedeckte Rentenversicherung wäre also trivial.

Oben wurde gezeigt, dass umlagefinanzierte Rentensysteme diejenigen Generationen begünstigen, die bei ihrer Einführung bereits im Rentenalter sind, da sie Leistungen erhalten, ohne zuvor Beiträge abgeführt zu haben. Nach der gleichen Überlegung profitieren auch die Personen, die bei der Einführung nur noch wenige Erwerbsjahre vor sich haben, während derer sie sich an der Finanzierung des Rentensystems beteiligen müssen. Es ist daher naheliegend, bei einer Abstimmung über die Einführung eines solchen Rentensystems auch bei identischen intertemporalen Konsumpräferenzen eine Abhängigkeit der Interessen der Wähler von ihrem Lebensalter zu vermuten.

Demzufolge ist das oben verwendete Modell zweier überlappender Generationen zur Analyse einer Abstimmungssituation ungeeignet, da es zu wenig explizite Struktur hinsichtlich der Altersverteilung der Wähler aufweist. Eine geringe Modifikation jenes Modells reicht jedoch aus, um die vermuteten Effekte zu zeigen. Statt zweier werden nun drei gleichzeitig lebende Generationen betrachtet: junge Aktive (mit dem Altersindex 1), alte Aktive (Altersindex 2) und Rentner (Altersindex 3). Weiterhin beziehen sich alle Wachstumsraten auf die Länge einer Periode, die dem Abstand zwischen zwei aufeinander folgenden Generationen entspricht. Dabei wird unterstellt, dass nur junge Aktive Kinder bekommen können.

Weiterhin wird eine Steady-State-Entwicklung der exogenen Parameter angenommen: Die Bevölkerungswachstumsrate n sei ebenso konstant wie der Zinssatz r. Von einem Lohnwachstum wird abgesehen, d. h. das Einkommen jedes Aktiven betrage in jeder Periode w. Dadurch, dass der Lohnsatz als exogen unterstellt wird, wird insbesondere ausgeschlossen, dass von der Höhe des Beitragssatzes negative Anreizwirkungen auf die Einkommenserzielung ausgehen.

Alle Individuen haben die gleiche additiv-separable, streng monotone und streng konkave Nutzenfunktion[15]

$$U = u_1\big(c^{(1)}\big) + u_2\big(c^{(2)}\big) + u_3\big(c^{(3)}\big), \tag{5.121}$$

---

[15]Um die Notation übersichtlich zu halten, wird im Folgenden auf die Angabe eines Zeitindexes immer dann verzichtet, wenn es klar ist, wie dieser lauten muss. So steht in (Gl. 5.121) $c^{(1)}$ für $c_t^{(1)}$ usw.

von einem Vererbungsmotiv wird also abgesehen, und jeder Wahlberechtigte habe bei seiner Entscheidung nur sein eigenes Wohlergehen im Auge.

Über den Beitragssatz b einer obligatorischen umlagefinanzierten Rentenversicherung wird einmalig demokratisch abgestimmt, d. h. das Ergebnis wird als dauerhaft gültig angesehen. Die Menge der zur Wahl stehenden Alternative umfasst das gesamte Intervall der Beitragssätze von 0 bis 1 (=100 %). Wenn b bestimmt ist, so liegt auch die Rentenhöhe p fest, die sich wie folgt berechnen lässt: Da auf jeden Rentner $1 + n$ alte und $(1 + n)^2$ junge Aktive kommen, gilt

$$p = \left[(1 + n) + (1 + n)^2\right] \cdot w \cdot b. \tag{5.122}$$

Privates Sparen sei in den beiden Erwerbsphasen erlaubt, nicht jedoch eine Kreditaufnahme.[16] Spart ein Individuum als junger Aktiver s_1 und als alter Aktiver s_2, so ergeben sich seine Konsumniveaus in den drei Lebensabschnitten als

$$c^{(1)} = (1 - b) \cdot w - s_1 \tag{5.123}$$

$$c^{(2)} = (1 - b) \cdot w - s_2 \tag{5.124}$$

$$\begin{aligned} c^{(3)} &= p + (1 + r)^2 \cdot s_1 + (1 + r) \cdot s_2 \\ &= \left[(1 + n) + (1 + n)^2\right] \cdot w \cdot b + (1 + r)^2 \cdot s_1 + (1 + r) \cdot s_2. \end{aligned} \tag{5.125}$$

Dabei wird ein und derselbe Wert für den Parameter b eingesetzt, da annahmegemäß die einmal getroffene Entscheidung über den Beitragssatz permanent gültig sein soll.

5.7.1.2 Analyse des Wählerverhaltens

Betrachten wir zunächst die Bestimmung des optimalen Beitragssatzes b aus der Sicht eines jungen Aktiven. Da dieser im Laufe seines Lebens als Beitragszahler und Rentenempfänger mit den vollen Kosten und Erträgen der Rentenversicherung konfrontiert ist, kann der für ihn beste Beitragssatz als Maßstab für das „gesellschaftliche Optimum" angesehen werden. Jener wird simultan mit der optimalen Ersparnis s_1 und s_2 durch Maximierung der Funktion (Gl. 5.121) unter Einsetzen der Nebenbedingungen (Gl. 5.122) bis (Gl. 5.125) bestimmt. Da keine der drei Instrumentvariablen gemäß unserer Annahmen negativ werden darf, ist das Kuhn-Tucker-Theorem anzuwenden. Die notwendigen Bedingungen erster Ordnung für die Optimalwerte b^*, s_1^* und s_2^* lauten dabei

---

[16]Würde unbegrenzte Kreditaufnahme zugelassen, so wäre unter gewissen Voraussetzungen (wenn nämlich das Umlageverfahren eine höhere Rendite aufweist als das Kapitaldeckungsverfahren) der gewünschte Beitragssatz in jedem Fall 100 %, da man ansonsten durch die Erhöhung des Beitrags- und Leistungsniveaus in der Rentenversicherung und Beleihung der später zu erwartenden Rente immer das Konsumniveau in allen Lebensabschnitten steigern könnte.

$$\frac{\partial U}{\partial s_1} = - u_1' \left[w \left(1 - b^* \right) - s_1^* \right]$$
$$+ (1 + r)^2 \cdot u_3' \left[w b^* \left((1 + n)^2 + (1 + n) \right) + (1 + r)^2 s_1^* + (1 + r) s_2^* \right] \le 0$$
$$(= 0, \textit{falls } s_1^* > 0) \tag{5.126}$$

$$\frac{\partial U}{\partial s_2} = - u_2' \left[w \left(1 - b^* \right) - s_2^* \right]$$
$$+ (1 + r)^2 \cdot u_3' \left[w b^* \left((1 + n)^2 + (1 + n) \right) + (1 + r)^2 s_1^* + (1 + r) s_2^* \right] \le 0$$
$$(= 0, \textit{falls } s_2^* > 0) \tag{5.127}$$

$$\frac{\partial U}{\partial b} = - w u_1' \left[w \left(1 - b^* \right) - s_1^* \right] - w u_2' \left[w \left(1 - b^* \right) - s_2^* \right]$$
$$+ w \cdot \left[(1 + n)^2 + (1 + n) \right] \cdot$$
$$u_3' \left[w b^* \left((1 + n)^2 + (1 + n) \right) + (1 + r)^2 s_1^* + (1 + r) s_2^* \right] \le 0$$
$$(= 0, \textit{falls } b^* > 0) \tag{5.128}$$

Einen positiven Beitragssatz befürwortet diese Altersgruppe folglich nur dann, wenn in (Gl. 5.128) das Gleichheitszeichen steht. Ersetzt man nun auf der linken Seite den Ausdruck $u_1'[.]$ durch $(1+r)^2 \cdot u_3'[.]$, der gemäß (Gl. 5.126) nicht größer ist, und gleichermaßen $u_2'[.]$ durch das gemäß (Gl. 5.126) nicht größere $(1+r) \cdot u_3'[.]$ und dividiert man anschließend durch $u_3'[.]$, so vereinfacht sich diese Bedingung zu

$$(1 + n)^2 + (1 + n) \ge (1 + r)^2 + (1 + r), \tag{5.129}$$

was äquivalent ist mit $n \ge r$. D. h. ein junger Aktiver votiert nur dann für ein Umlagesystem mit positivem Beitragssatz, wenn die Bevölkerungswachstumsrate mindestens so groß ist wie der Zinssatz. Dies ist aber genau die Aaron'sche Bedingung dafür, dass im Steady State die Rendite im Umlageverfahren mindestens so groß ist wie im Kapitaldeckungsverfahren.[17] Bei einem genaueren Blick auf die Nutzenfunktion und die drei Nebenbedingungen ist dieser Zusammenhang auch nicht allzu überraschend: Wenn sich ein junger Aktiver für einen positiven Beitragsatz entscheidet, so tut er dies deswegen, weil er durch das Umlageverfahren zu günstigeren Bedingungen für seine 3. Lebensphase vorsorgen kann als durch privates Sparen in Lebensphasen 1. und 2. Durch eine gleich hohe Steigerung der Beitragszahlung in das Umlagesystem (von 1 EUR) in Lebensphase 1 und 2, wie sie von einer Steigerung des Beitragssatzes bewirkt wird, verschafft sich das Individuum in Phase 3 gemäß (Gl. 5.122) eine um $(1+n) + (1+n)^2$ EUR

---

[17]Hier wurde ja von einem konstanten Lohnsatz ausgegangen. Unterstellt man ein Wachstum von w mit der Rate g, so modifiziert sich die Bedingung zu $(1+g) \cdot (1+n) \ge (1+r)$.

höhere Rente. Wenn es im Gegenzug seine private Ersparnis in Phase 1 und 2 jeweils um den gleichen Betrag 1 EUR reduziert, vermindern sich dadurch seine Konsummöglichkeiten in Phase 3 um $(1+r)+(1+r)^2$ EUR. Eine solche Bewegung hin zu einem Umlagesystem lohnt sich für jungen Aktiven also genau dann, wenn (Gl. 5.129) bzw. $n > r$ erfüllt ist.

Ist der Zinssatz dagegen größer als die Wachstumsrate der Bevölkerung ($r > n$), so wird ein junger Erwerbstätiger für $b^* = 0$, also für die Nichteinführung einer umlagefinanzierten Rentenversicherung stimmen.

Für einen alten Aktiven stellt sich die Entscheidung über den für ihn optimalen Beitragsatz b^{**} ganz anders dar. Zum Zeitpunkt der Entscheidung über eine Einführung des Umlageverfahrens stehen für ihn die Höhe seiner Ersparnis s sowie die Höhe seines Nutzens in der ersten Lebensphase bereits fest, sodass er durch Wahl von b und s_2 die (reduzierte) Nutzenfunktion

$$U_2 = u_2\left(c^{(2)}\right) + u_3\left(c^{(3)}\right) \tag{5.130}$$

unter den Nebenbedingungen (Gl. 5.124) und (5.125) maximiert. Die notwendigen Bedingungen erster Ordnung für die optimalen Werte b^{**} und s_2^{**} lauten nach dem Kuhn-Tucker-Theorem

$$\frac{\partial U_2}{\partial s_2} = -u_2'\left[w\left(1 - b^{**}\right) - s_2^{**}\right]$$
$$+ (1+r) \cdot u_3'\left[wb^{**}\left((1+n)^2 + (1+n)\right) + (1+r)^2 s_1 + (1+r)s_2^{**}\right] \le 0$$
$$\left(= 0,\ falls\ s_2^{**} > 0\right) \tag{5.131}$$

$$\frac{\partial U_2}{\partial b} = -wu_2'[w\left(1 - b^{**}\right) - s_2^{**}$$
$$+ w \cdot \left[(1+n)^2 + (1+n)\right]$$
$$\cdot u_3'\left[wb^{**}\left((1+n)^2 + (1+n)\right) + (1+r)^2 s_1 + (1+r)s_2^{**}\right] \le 0 \tag{5.132}$$
$$\left(= 0,\ falls\ b^{**} > 0\right).$$

Setzt man auch in (Gl. 5.132) die rechte Seite gleich null und ersetzt man gemäß (Gl. 5.131) den Ausdruck $u_2'[.]$ durch das nicht größere $(1+r) \cdot u_3'[.]$, so erhält man als notwendige Bedingung für ein Votum der alten Aktiven zu einem positiven Beitragsatz:

$$\left(1 + n^2\right) + (1+n) \ge (1+r)\ oder\ n + (1+n)^2 > r, \tag{5.133}$$

eine Bedingung, die wesentlich schwächer ist als die entsprechende Bedingung (Gl. 5.129) für junge Aktive. (Z. B. genügt es bei einem Zinssatz pro Periode von 100 %, also $r = 1$, dass die Bevölkerung nicht schrumpft, d. h. dass $n \ge 0$ gilt.) Alte Aktive werden also auch dann noch für die Einführung einer umlagefinanzierten Rentenversicherung stimmen, wenn deren Rendite bis zu einem gewissen Ausmaß (das sehr groß sein kann) unter der des Kapitaldeckungsverfahrens liegt.

Wie zuvor im Falle eines jungen Aktiven kann man aber auch jetzt durch einfaches Arbitragekalkül beschreiben, ob sich für ihn die Einführung eines Umlagesystems mit positivem Beitragsatz lohnt oder nicht. Votiert ein alter Aktiver für eine Erhöhung des Beitragssatzes, sodass sich dadurch sein Periodenbeitrag um 1 EUR erhöht, erzielt er dadurch genau wie zuvor in seiner 3. Lebensphase eine um $(1+n)+(1+n)^2$ EUR höhere Rente aus dem Umlagesystem. Der Unterschied zu einem jungen Aktiven besteht nun darin, dass er diesen Rentenbeitrag nur in einer einzigen Periode, nämlich seiner Lebensphase 2, zu zahlen braucht, denn annahmegemäß wird ja erst in dieser Periode die Einführung des Umlageverfahrens erwogen. Dies bedeutet insbesondere, dass ein alter Aktiver die (zusätzliche) Rente aus dem Umlagesystem nur mit den Erträgen aus der Ersparnis s_2 in Phase 2 vergleichen muss.

Für Individuen, die in der ins Auge gefassten Einführungsphase des Umlagesystems bereits Rentner sind, ist das Umlageverfahren aus dem im Prinzip gleichen Grund sogar noch vorteilhafter. Sie erhalten die volle Umlagerente, ohne jemals einen Beitrag gezahlt zu haben. Für sie ist – gemäß (Gl. 5.125) – nur noch der Konsum in Phase 3 variabel, der positiv von Beitragssatz b abhängt. Folglich votieren die Rentner immer für den höchstmöglichen Beitragsatz, der ohne einschränkende Annahme bei 100 % liegt.

5.7.1.3 Das Ergebnis der Abstimmung

Um das Ergebnis eines Mehrheitswahlprozesses in der betrachteten Situation näher bestimmen zu können, konzentrieren wir uns auf den Fall, in dem $n < r$, jedoch $n + (1+n)^2 > r$ gilt. Nach unseren obigen Überlegungen gilt für die von den drei Wählergruppen gewünschten Beitragssätze dann

$$0 = b^* < b^{**} < b^{***} = 1.$$

Die Mehrheitsverhältnisse hängen von den Anteilen der jungen Aktiven, der alten Aktiven und der Rentner in der Gesamtpopulation ab, die

$$\alpha_1 = \frac{(1+n)^2}{1+(1+n)+(1+n)^2}, \alpha_2 = \frac{(1+n)}{1+(1+n)+(1+n)^2}, \alpha_3 = \frac{1}{1+(1+n)+(1+n)^2}$$

lauten. Drei Fälle sind zu unterscheiden:

Fall 1: Es gilt $\alpha_1 > 1/2$, d. h. die jungen Aktiven haben die Mehrheit, sodass der politische Entscheidungsprozess zum Beitragssatz $b^* = 0$ führt. Dieser Fall tritt genau dann ein, falls

$$2 + n < (1+n)^2$$

bzw., wie man nach Lösung einer quadratischen Gleichung leicht sieht, $n > 0,618$ gilt. Bei extrem starkem Bevölkerungswachstum, das pro Periode über 61,8 % liegt, setzen bei der Abstimmung somit die jungen Aktiven ihren Willen durch, und die Einführung des Umlageverfahrens unterbleibt.

Fall 2: Es gilt $\alpha_3 > 1/2$, sodass die Mehrheit bei den Rentnern liegt und – unter den vereinfachenden Annahmen unseres Modells – der Beitragssatz $b*** = 100\,\%$ beträgt. Dazu kommt es dann, wenn

$$(1 + n) + (1 + n)^2 < 1$$

bzw. $n < -0{,}382$ ist. Diese extreme Ausbeutung der Erwerbstätigen ergibt sich also, wenn die Bevölkerung um mehr als 38,2 % pro Periode schrumpft.

Fall 3: Es gilt $\alpha_1 \leq 1/2$ und $\alpha_3 \leq 1/2$. Keine der beiden Extremgruppen hat dann die Mehrheit. Nach dem Medianwähler-Theorem setzt sich bei einer Folge paarweiser Mehrheits-Abstimmungen schließlich die mittlere Alternative $b** \in\,]0,1[$ durch, d. h. es kommt zur Einführung des Umlageverfahrens mit dem von den alten Aktiven gewünschten Beitragssatz $b**$. Um zu diesem Ergebnis zu gelangen, ist es allerdings erforderlich, dass die Präferenzen aller Beteiligten „eingipflig" sind. Diese Eigenschaft folgt daraus, dass die Zielfunktionen der drei Gruppen, wie sie sich aus der Nutzenfunktion (Gl. 5.121) und den Nebenbedingungen (Gl. 5.123)–(5.125) ergeben, einen konkaven Verlauf aufweisen. Aufgrund der extremen Bedingungen für die anderen beiden Fälle ist der dritte Fall als der realistischste anzusehen.

Folgerung 5-14

In der direkten Demokratie setzen sich in einer (einmaligen) Mehrheitsabstimmung über den Beitragssatz einer neu einzuführenden umlagefinanzierten Rentenversicherung – abgesehen von Fällen sehr stark schrumpfender oder wachsender Bevölkerung – die Interessen von Aktiven in der zweiten Hälfte ihres Erwerbslebens durch. Es kommt dann zur Einführung eines Umlageverfahrens, obwohl sich, wenn der Zinssatz höher ist als die Wachstumsrate, die jüngeren Aktiven in der Einführungsphase durch ein auf freiwilligem Sparen beruhendes kapitalgedecktes Alterssicherungssystem besserstellen würden. ◄

Diese Aussage ist sofort auf den realistischeren Fall einer endlichen Folge von Jahrgangsgruppen übertragbar. Die Einschränkung bezüglich der Wachstumsrate der Bevölkerung verschwindet sogar. Bei der Abstimmung setzen sich die Interessen des Wählers im Median der Altersverteilung durch, d. h. desjenigen, für den es genau so viele jüngere wie ältere Wähler gibt. Dieser Medianwähler ist unabhängig von der Wachstumsrate der Bevölkerung älter als der gerade ins Erwerbsleben tretende Aktive. Daher nimmt er nicht mehr über den gesamten Aktivenzeitraum an der Beitragsaufbringung teil, und somit ist der für ihn optimale Beitragssatz höher als der von uns als gesellschaftlich optimal definierte.

5.7.1.4 Komparative Statik des Abstimmungsergebnisses

Um die Modellaussagen empirisch überprüfen zu können, muss man zunächst nach den testbaren Hypothesen fragen, die es generiert. Dazu ist seine komparative Statik zu untersuchen: Wie ändert sich das Modellergebnis, wenn die exogenen Parameter des Modells variiert werden? Der interessanteste Parameter in diesem Modell scheint die Bevölkerungs-wachstumsrate n zu sein: Wie ändert sich der Beitragssatz im politischen Gleichgewicht, wenn n sinkt, d. h. wenn die Bevölkerung langsamer wächst bzw. schneller schrumpft? Die Antwort auf diese Frage kann z. B. empirisch an Hand eines internationalen Vergleichs zwischen Ländern mit unterschiedlichen Reproduktionsraten getestet werden. Außerdem dient sie der Ableitung einer Prognose darüber, wie sich das Rentensystem entwickelt, wenn die Bevölkerung in Folge eines Absinkens der Fertilität schneller altert als zuvor.

Im einfachen 3-OLG-Modell, wie es oben untersucht wurde, hat eine kleine Erhöhung des Parameters n nur eine einzige Wirkung: Da die Rendite des Umlageverfahrens sinkt, wünschen sich junge und mittlere Wähler einen kleineren Beitragssatz. Sofern der Medianwahler sich in einer dieser beiden Gruppen befindet, bedeutet dies eindeutig eine Verringerung des Umfangs einer umlagefinanzierten Rentenversicherung im politischen Gleichgewicht.

Dieses Ergebnis gilt jedoch nicht mehr, wenn, wie oben angedeutet, eine feinere Altersstruktur (z. B. eine Unterteilung nach Jahrgängen) modelliert wird. Bei einer solchen Betrachtung erkennt man sofort, dass die Senkung der Wachstumsrate n einen zweiten Effekt hat, nämlich den, dass der Medianwähler nun älter ist als zuvor. Da jedoch der gewünschte Beitragssatz mit dem Alter zunimmt, hat dieser zweite Effekt das umgekehrte Vorzeichen zum zuerst genannten (Rendite-)Effekt, sodass der Gesamteffekt einer Änderung der Bevölkerungswachstumsrate unbestimmt ist.

5.7.1.5 Das Abstimmungsergebnis in einer Gerontokratie

Nimmt man die Ergebnisse des bislang untersuchten Modells ernst, so gelten besondere Umstände im Fall einer Fertilitätsrate, die so gering ist, dass sich der Medianwähler bereits im Rentenalter befindet. Bei einem (realistischen) Verhältnis der Länge von Erwerbs- und Rentenphase von etwa 2:1 ist dies, wie oben gezeigt, der Fall, wenn die Fertilität, gemessen durch die Netto-Reproduktionsrate, bei 0,6 oder wenig darüber liegt – Werte, die in einigen EU-Mitgliedsländer wie Spanien, Italien und Deutschland, aber auch in einigen osteuropäischen Ländern in den letzten Jahrzehnten erreicht wurden.

Für diese Situation, die man als „Gerontokratie" (Herrschaft der Alten) bezeichnen könnte, sagt das Grundmodell voraus, dass der Beitragssatz auf das maximal zulässige Niveau gesetzt wird.[18] Was ist aber das „maximal zulässige Niveau"? Oben haben wir es vereinfachend auf 100 % gesetzt, aber bereits dieser Wert verlangt, dass das Ausland bereit ist, dem Inland permanent Konsumentenkredite zu gewähren. Eine andere Grenze der Zulässigkeit könnte darin bestehen, dass die jeweils junge Generation „rebellieren" könnte, z. B. dadurch, dass sie auswandert. Eine solche Möglichkeit ist aber in dem Grundmodell nicht vorhanden, und es käme einer Ad-hoc-Annahme gleich, sie im Nach-hinein einzuführen, um „realistische" Ergebnisse zu erhalten.

Sinnvoller erscheint es, die Modellannahmen in einem Modell der Gerontokratie von vornherein so abzuändern, dass die Reaktion der Erwerbstätigen auf die Festlegung des

---

[18]Eine weniger extreme Voraussage ist die, dass eine Absenkung des Rentenniveaus dann im politischen Prozess nicht mehr durchsetzbar ist (Übelmesser und Sinn 2002).

Beitragssatzes durch die Rentner einem Rationalverhaltenskalkül entspricht. Umgekehrt berücksichtigen auch die Rentner die Ausweichreaktionen der Erwerbstätigen bei der Bestimmung des für sie optimalen Beitragssatzes. Diese Überlegung kann sogar in einem Modell mit nur zwei überlappenden Generationen sehr einfach dadurch ausgedrückt werden, dass das Arbeitsangebot der Aktiven nicht mehr als exogen gesetzt, sondern aus einem Nutzenmaximierungs-Kalkül hergeleitet wird. Dazu ist es lediglich erforderlich anzunehmen, dass neben dem Konsum beider Lebensphasen auch Freizeit Nutzen stiftet.

Konkret lautet die Nutzenfunktion eines repräsentativen Mitglieds der Generation t: $U_t = U(c_t^{(1)}, c_{t+1}^{(2)}, l_t)$, wobei l_t das Arbeitsangebot misst. Die Budgetgleichungen der beiden Lebensperioden lauten dann:

$$c_t^{(1)} = (1 - b_t) \cdot l_t - s_t \qquad (5.134)$$

$$c_{t+1}^{(2)} = (1 + r) \cdot s_t + p_{t+1}^e, \qquad (5.135)$$

wobei p_{t+1}^e die Rentenhöhe bezeichnet, die der Arbeiter in der Periode $t+1$ zu beziehen erwartet. Diese Modellierung impliziert, dass der Rentenversicherungsbeitrag in voller Höhe als Steuer empfunden wird, weil es keine Verknüpfung zwischen gezahltem Beitrag und dem eigenen zukünftigen Rentenanspruch gibt. Diese Annahme widerspricht zwar den Regelungen des deutschen Rentenrechts, ist jedoch innerhalb des Modells mit der Annahme kompatibel, dass die eigene Rente auch nur dadurch gesichert werden kann, dass man die nachfolgende Generation $t+1$ besteuert. Maximierung von U_t unter den Nebenbedingungen (Gl. 5.134) und (5.135) liefert dann seine Reaktionsfunktionen

$$s_t = s\big(b_t, p_{t+1}^e\big) \qquad (5.136)$$

$$l_t = l\big(b_t, p_{t+1}^e\big). \qquad (5.137)$$

Diese Reaktionsfunktionen berücksichtigt der repräsentative Rentner (aus Generation $t-1$) in Periode t, wenn er den Beitragssatz so wählt, dass das Beitragsaufkommen und damit sein Rentenniveau p_t maximiert wird, wobei gilt:

$$p_t = (1 + n) \cdot b_t \cdot l_t\big(b_t, p_{t+1}^e\big). \qquad (5.138)$$

Die notwendige Bedingung erster Ordnung für ein Maximum lautet dann wie folgt:

$$\frac{\partial l_t}{\partial b_t} \cdot \frac{b_t}{l_t} = -1. \qquad (5.139)$$

Um konkrete Aussagen ableiten zu können, sei im Folgenden eine Cobb–Douglas-Nutzenfunktion unterstellt:

$$U_t = \alpha \cdot \ln c_t^{(1)} + \beta \cdot \ln c_{t+1}^{(2)} + \ln (1 - l_t). \qquad (5.140)$$

Außerdem sei ein Steady-State-Gleichgewicht bei vollkommener Voraussicht betrachtet, d. h. alle endogenen Größen seien über die Zeit konstant und werden von der jeweiligen jungen Generation auch richtig vorausgesehen. Insbesondere gilt $p_t = p_{t+1}^e$. Unter diesen Voraussetzungen lauten die Reaktionsfunktionen (Gl. 5.136) und (5.137):

$$s^* = (1 - b) \cdot \frac{\beta}{\gamma} - \frac{1 + \alpha}{\gamma} \cdot \frac{p}{1 + r} \qquad (5.141)$$

$$l^* = \frac{\alpha + \beta}{\gamma} - \frac{p}{(1 - b) \cdot \gamma \cdot (1 + r)} \qquad (5.142)$$

mit $\gamma = 1 + \alpha + \beta$.

Setzt man die Reaktionsfunktion (Gl. 5.142) in die Optimalbedingung zur Bestimmung des optimalen Beitragssatzes, (Gl. 5.139), ein, so erhält man nach einigen Umformungen

$$p = (\alpha + \beta) \cdot (1 + r) \cdot (1 - b)^2. \qquad (5.143)$$

Unter Beachtung von (Gl. 5.138) lässt sich (Gl. 5.143) wie folgt nach b auflösen:

$$b^* = 1 - \left[\frac{1}{1 + \sqrt{\gamma \cdot R/(1 + n)}} \right] \qquad (5.144)$$

$$p^* = \frac{(\alpha + \beta) \cdot R}{\left(1 + \sqrt{\gamma \cdot R/(1 + n)}\right)^2}. \qquad (5.145)$$

Anhand von (Gl. 5.145) sieht man sofort, dass bei einem Absinken der Fertilität n sowohl

- der Beitragssatz b^* steigt, als auch
- das Rentenniveau p^* sinkt.

Folgerung 5-15

(Breyer und Stolte 2001) Auch und gerade in einer Gerontokratie, in der die Rentner die Mehrheit der Wahlberechtigten stellen, müssen die Rentner einen Teil der demografischen Last tragen, die mit einem Absinken der Fertilität verbunden ist, denn dieses führt sowohl zu einem höheren Beitragssatz als auch zu einem geringeren Rentenniveau. Dieses Ergebnis beruht auf der Annahme, dass die Aktiven auf Beitragserhöhungen mit einer Verringerung des Arbeitsangebots reagieren. ◀

5.7.2 Modellerweiterungen

5.7.2.1 Eine Klassifikation der Modelle der Politischen Ökonomie

Das dargestellte Grundmodell der Politischen Ökonomie der Rentenversicherung stellt nur einen ersten Ansatz zur Erklärung der Existenz umlagefinanzierter Rentensysteme

Tab. 5.3 Eine Klassifikation der Annahmen in der Politischen Ökonomie der Rentenversicherung

1. Zeitstruktur
a. Unendlicher Horizont: 2- oder 3-OLG-Modelle
b. Unendlicher Horizont: stetige Zeit
c. Statisch: Ein- oder Zwei-Perioden-Modell
2. Annahme der Wähler über die Geltungsdauer der Entscheidung
a. Unendlich
b. Nur eine Periode
3. Entscheidungsregel
a. Direkte Demokratie mit Mehrheitswahl
b. Einstimmigkeitsregel
c. Diktatur der Erwerbstätigen
d. Diktatur der Rentner
4. Wählerziele
a. Egoistisch
b. Altruistisch gegenüber eigenen Eltern bzw. Kindern
5. Heterogenität innerhalb einer Generation
a. Keine
b. Vorhanden:
1. im Einkommen
2. in der Kinderzahl
6. Ökonomisches Modell
a. Kleine offene Volkswirtschaft
b. Geschlossene Volkswirtschaft
7. Arbeitsangebot
a. Exogen
b. Endogen

dar. In der Literatur existieren zahlreiche weitere Erklärungsmodelle, die man am besten durch die Annahmen charakterisieren kann, auf denen sie beruhen. Tab. 5.3 gibt einen Überblick über die verschiedenen Fragen, hinsichtlich derer sich die Annahmen unterscheiden. Beispielsweise ist das auf Browning (1975) zurückgehende Grundmodell durch die Annahmen 1a, 2a, 3a, 4a, 5a, 6a, und 7a gekennzeichnet, wahrend das in Abschn. 5.7.1.5 dargestellte Modell einer Gerontokratie durch die Annahmen 1a, 2b, 3d, 4a, 5a, 6a und 7b definiert ist.

5.7.2.2 Politische Ökonomie und intragenerative Umverteilung

Die bisher dargestellten Modelle betonen die Umverteilung zwischen verschiedenen Generationen mittels der umlagefinanzierten Rentenversicherung, während die Mitglieder einer Generation als völlig homogen angenommen werden und daher auch die gleichen Interessen haben. Reale Rentensysteme verteilen jedoch bisweilen auch innerhalb der einzelnen Generationen um, und diese Vorgänge sind umso wichtiger, je mehr sich die

Mitglieder einer Generation voneinander unterscheiden. Unterschiede spielen zum einen hinsichtlich des Einkommens, zum anderen hinsichtlich der Kinderzahl eine Rolle.

5.7.2.2.1 Ein Modell der Umverteilung zwischen Einkommensgruppen

In manchen Ländern werden zwar einkommensabhängige Beiträge erhoben, die Renten-höhe ist aber für alle Versicherten weitgehend oder vollständig gleich,[19] d. h. das umlagefinanzierte Rentensystem verteilt nicht nur

1. zwischen den Generationen

um, sondern implizit auch

2. von den besser zu den geringer Verdienenden.

Die Mehrheitsfähigkeit eines solchen Systems in der Demokratie lässt sich naturgemäß nur in einem Modell untersuchen, in dem sich die Erwerbstätigen in ihrem Einkommen unterscheiden. Ein solches Modell wurde von Tabellini (2000) vorgestellt, der annimmt, dass die Wählerschaft in Familien aufgeteilt ist, die aus je einem Mitglied der Rentner- und n Mitgliedern der Erwerbsgeneration bestehen, die wir im Folgenden „Mutter" und „Töchter" nennen wollen. Innerhalb jeder Familie gibt es Altruismus und es können Ein-kommenstransfers in Form von Vererbung bzw. Schenkung vorgenommen werden. Das Modell beruht demnach auf den Annahmen 1b, 2b, 3a, 4b, 5b1, 6a und 7a.

Falls der unter 1. genannte Transfer isoliert zur Wahl stünde, würde er von allen Rentnern akzeptiert und von allen Erwerbstätigen abgelehnt, während der 2. Transfer von allen Familien mit unterdurchschnittlichem Erwerbseinkommen angenommen und von allen anderen abgelehnt würde. Da die beiden Transfers nur in Kombination erhält-lich sind, lassen sich die Präferenzen der verschiedenen Typen von Wählern bezüglich des Beitragssatzes wie folgt herleiten: Unter den Töchtern wird die Durchschnitts-verdienerin jeden positiven Beitragssatz ablehnen, aber unterhalb einer Einkommens-schwelle werden alle Töchter für einen positiven Wert stimmen, der um so größer ist, je geringer ihr Arbeitseinkommen ist. Umgekehrt wird die Mutter einer Durchschnitts-verdienerin einen positiven Beitragssatz wünschen, und der optimale Beitragssatz aus der Sicht der Mütter wird ebenfalls eine abnehmende Funktion des Einkommens der Töchter sein und oberhalb einer Einkommensschwelle den Wert null haben.

Folglich gibt es einen Beitragssatz b^* mit der Eigenschaft, dass genau 50 % aller Wählerinnen (d. h. mehr als die Hälfte aller Rentnerinnen und weniger als die Hälfte aller Arbeiterinnen) einen höheren Beitragssatz präferieren und die anderen 50 % einen niedrigeren. Da die individuellen Präferenzen eingipflig sind, erhält der Beitragssatz b^* in einer paarweisen Abstimmung mit jedem anderen Wert von b die Mehrheit der Wähler-stimmen. Tabellini (2000) zeigt, dass der gleichgewichtige Beitragssatz b^* umso größer ist,

---

[19]Einheitliche, meist steuerfinanzierte „Grundrenten" bestehen in den Niederlanden, Großbritannien, Australien und Neuseeland.

- je größer die Ungleichheit der Bruttoeinkommen in der Tochtergeneration und
- je geringer die Bevölkerungswachstumsrate n ist.

Während man die erste Aussage empirisch kaum überprüfen kann, liefert insbesondere die zweite Aussage eine empirisch testbare Hypothese. Allerdings ist diese auf Deutschland nur begrenzt anwendbar, weil hier im Wesentlichen das Prinzip der Teilhabeäquivalenz gilt und daher intragenerative Transfers kein konstitutives Element der Rentenversicherung sind.

5.7.2.2.2 Ein Modell der Umverteilung zwischen Kinderreichen und Kinderarmen

Eine andere Form der Heterogenität innerhalb der Gesellschaft wird von Breyer und v.d. Schulenburg (1990) thematisiert, nämlich die in der Zahl der bereits lebenden (und wahlberechtigten) Nachkommen, die ein Rentner hat. Hierbei wird angenommen, dass innerhalb jeder „Dynastie", die jeweils aus einem Rentner und allen seinen Nachkommen gebildet wird, vollkommener Altruismus herrscht, d. h. jedes Familienmitglied verhält sich bei Abstimmungen so, dass es nur den Nettotransfer an seine Familie insgesamt zu maximieren versucht. Als Alternative zum staatlichen Umlagesystem betrachtet jede Familie damit implizit das Umlageverfahren innerhalb der Dynastie (vgl. Abschn. 8.3.2.2), und sie wird sich nur dann für das staatliche Umlagesystem aussprechen, wenn dieses eine höhere Rendite abwirft als das Umlagesystem innerhalb der eigenen Familie. Dies ist jedoch genau dann der Fall, wenn die Fertilität innerhalb der Familie geringer ist als die in der Gesellschaft insgesamt. Das Modell ist durch die Annahmen 1a, 2a, 3 a, 4b, 5b2, 6a und 7 a charakterisiert.

Während also das Grundmodell den Interessenkonflikt zwischen Alt und Jung betont und Tabellini den zwischen Arm und Reich, steht in diesem Modell der Interessenkonflikt zwischen Kinderreichen und Kinderarmen (bzw. Kinderlosen) im Vordergrund, und es wird lediglich untersucht, unter welchen Voraussetzungen die Einführung bzw. Aufrechterhaltung eines staatlichen Umlagesystems mehrheitsfähig ist.

Es stellt sich heraus, dass der Anteil der Stimmen gegen ein staatliches Umlagesystem keine monoton abnehmende Funktion der Gesamtfertilität und damit seiner Rendite ist. Allerdings ist der Anteil der Nein-Stimmen bei abnehmender Bevölkerung immer größer als 50 %, während dies bei konstanter oder wachsender Bevölkerung nur dann der Fall ist, wenn die Kinder sehr ungleich über die Familien verteilt sind. Die Intuition für dieses letzte Ergebnis lautet: Wenn die Kinder ungleich verteilt sind, d. h. wenn es sowohl viele Kinderlose als auch viele Kinderreiche, aber relativ wenige „Durchschnittsfamilien" (mit 1 oder 2 Kindern) gibt, lebt die Mehrheit der Wähler in Dynastien, die schneller wachsen als die Gesellschaft insgesamt. Daher haben diese Wähler ein Interesse daran, das staatliche Umlagesystem durch ein intrafamiliäres zu ersetzen.

Die Ergebnisse sagen voraus, dass das staatliche Umlagesystem vor allem in Ländern mit geringer Fertilität und einem hohen Anteil Kinderloser auf Akzeptanzprobleme stoßen wird. Dies sind aber Merkmale, die heute die Situation in vielen Industrieländern kennzeichnen.

5.8 Rentenversicherung und intragenerative Umverteilung

5.8.1 Grundlagen

Umlagefinanzierte Rentenversicherungssysteme mit Zwangsmitgliedschaft können sich auch darin unterscheiden, ob in ihnen eine systematische Umverteilung zugunsten von Geringverdienern vorgesehen ist. Man unterscheidet dabei den Bismarck- vom Beveridge-Typ. Bismarck-Systeme beruhen auf dem Grundsatz der Verteilungs-neutralität und versuchen diese durch die sog. „Beitrags-Äquivalenz", d. h. eine strikte Proportionalität zwischen der Rentenhöhe und den während des Erwerbslebens ins-gesamt gezahlten Beiträgen zu erreichen. Begründung hierfür ist nicht nur das Leistungs-prinzip, sondern auch das Ziel, den Teilnehmern eine Aufrechterhaltung des zuvor erreichten Lebensstandards im Rentenalter zu ermöglichen. Im Gegensatz dazu sind Beveridge-Systeme durch eine einheitliche Grundrente für jeden Bürger im Rentenalter charakterisiert, mit der Altersarmut verhindert werden soll.

Worin bestehen die Stärken und Schwächen dieser beiden idealtypischen Systeme?

1. Ein offensichtlicher Vorzug des Bismarck-Systems besteht darin, dass es die Ver-zerrung des Arbeitsangebots durch die lohnbezogenen Rentenbeiträge minimiert, wie bereits in Abschn. 5.3.2.1.2 gezeigt wurde. Im Grenzfall der Gleichheit von Zinssatz und Wachstumsrate verschwindet die Verzerrung sogar vollständig, weil jeder Bei-trags-Euro genau zu einem Euro an Leistungsansprüchen führt. Liegt die Wachstums-rate unter dem Zinssatz, so kann allenfalls „Teilhabeäquivalenz" erreicht werden, die bedeutet, dass innerhalb jeder Alterskohorte die Rentenansprüche proportional zu den gezahlten Beiträgen sind. Im Gegensatz dazu maximiert das Beveridge-System die Verzerrung, da bei diesem der volle Rentenbeitrag wie eine Steuer wirkt, denn ein zusätzlicher Beitrags-Euro führt zu keinerlei zusätzlichem Rentenanspruch.

2. Dieses Argument trifft allerdings nicht auf die Empfänger sehr niedriger Ein-kommen in einer Bismarck-Welt zu, vor allem bei Existenz eines staatlichen Mindest-sicherungssystems, das jedem einen Transfer gewährt, der nicht mit eigenen Mitteln ein bestimmtes Mindest-Konsumniveau aufrechterhalten kann. In diesem Fall gibt es eine Einkommensschwelle, unterhalb der ein zusätzlicher Beitrags-Euro doch keinen zusätzlichen Rentenanspruch nach sich zieht, wenn nämlich der Leistungsanspruch aus der Rentenversicherung unter dem garantierten Mindesteinkommen liegt und damit ohnehin aufgestockt wird. Angesichts einer alternden Bevölkerung in vielen Industriestaaten ist der Rentenanspruch in den staatlichen Rentensystemen schon so weit reduziert worden, dass ein erheblicher Anteil der gegenwärtigen Arbeitnehmer vermutlich unter dieser Einkommensschwelle liegen. Neben dem Effizienzverlust aus

Tab. 5.4 Ländergruppen nach Form der Beitragsäquivalenz

Gruppe	Eigenschaften	Länder
I	Einheitliche Grundrente	Australien, Dänemark, Irland, Kanada, Neuseeland, Niederlande, VK
II	Rentenansprüche steigen unterproportional mit den Beiträgen	Island, Japan, Korea, Luxemburg, Mexiko, Norwegen, Schweiz, USA
III	Rentenansprüche steigen zwischen Mindest- und Höchstrente proportional mit den Beiträgen	Belgien, Finnland, Frankreich, Schweden, Tschechien,
IV	Rentenansprüche steigen proportional mit den Beiträgen; für diese existiert jedoch eine Bemessungsgrenze	Deutschland Griechenland, Italy, Österreich, Polen, Slowakei, Spanien, Türkei, Ungarn,

Quelle: Döring 2007

der damit verbundenen Verzerrung des Arbeitsangebots wird es vielfach als ungerecht angesehen, wenn Menschen, die über ein langes Erwerbsleben hinweg Beiträge gezahlt haben, im Alter über keine höheren Ansprüche an den Staat verfügen als diejenigen, die niemals Beiträge an die Rentenversicherung entrichtet haben.[20]

5.8.2 Beitragsäquivalenz in den Rentensystemen der OECD-Staaten

Innerhalb der OECD existiert eine große Variation bezüglich der Art und Weise, wie die Leistungsansprüche eines Rentners von seinen eigenen Beiträgen während des Erwerbslebens abhängen, die von der vollkommenen Abwesenheit einer Verbindung (also für alle gleichen Rentenansprüchen) bis zu vollkommener Proportionalität reicht. Die Übersicht in Tab. 5.4 bezieht sich auf Rentensysteme, die sowohl 1) obligatorisch als auch 2) umlagefinanziert sind. Sie unterscheidet zwischen vier Ländergruppen, die durch die folgenden Eigenschaften gekennzeichnet sind:

I.   Einheitliche Grundrente (reines Beveridge-System): Der Rentenanspruch ist entweder für jede Person oberhalb eines Eintrittsalters identisch oder unterscheidet sich ausschließlich nach Kriterien, die unabhängig vom Einkommen sind, etwa der Dauer des Aufenthalts im Land.

II. Der Rentenanspruch steigt unterproportional mit den gezahlten Beiträgen.

---

[20]Dies war das zentrale Argument für die Einführung der in Abschn. 5.2.2 beschriebene „Grundrente" in Deutschland im Jahr 2021, die ein Zwitter zwischen einer beitragsbezogenen Rente und einer bedürftigkeitsgeprüften Transferleistung ist.

III. Der Rentenanspruch steigt proportional mit den gezahlten Beiträgen; es existiert jedoch eine Mindestrente (und gegebenenfalls auch eine Höchstrente).

IV. Der Rentenanspruch steigt proportional mit den gezahlten Beiträgen; es existiert jedoch eine Einkommensgrenze, oberhalb derer die marginalen Beiträge null werden (reines Bismarck-System).

Beispielhaft sei der Zusammenhang zwischen dem jährlichen Erwerbseinkommen Y_i und dem, jährlichen Rentenanspruch R_i für einen typischen Rentner in Deutschland, der Schweiz und den USA dargestellt.

In Deutschland ist die Rentenhöhe durchgehend proportional zum Erwerbseinkommen bis zur Bemessungsgrenze von 80.400 EUR, und da das Durchschnittseinkommen im Jahr 2019 bei 38.900 lag und ein Entgeltpunkt derzeit (Ende 2020) monatlich 34,19 EUR wert ist, lautet die Gleichung

$$R_i = R(Y_i) = 0,4746 \cdot \frac{T_i}{45} \cdot Y_i, \; falls \; Y_i \leq 80.400, \tag{5.146}$$

wobei T_i die Zahl der Beitragsjahre bezeichnet.

Die entsprechende Rentenformel lautet für die 1. Säule (also für den umlagefinanzierten Anteil der Rente) in der Schweiz:

$$R(Y_i) = \begin{cases} 14.220 & falls \quad Y_i \leq 14.220 \\ 14.220 + 0.2 \cdot (Y_i - 14.220) & falls \quad 14.220 < Y_i \leq 85.320 \\ 28.440 & sonst \end{cases}, \tag{5.147}$$

was bedeutet, dass über eine große Einkommensspanne (zwischen 14.220 und 85.320 CHF) ein zusätzlicher Franken an jährlichem Einkommen einen zusätzlichen jährlichen Rentenanspruch von nur 0,2 Franken nach sich zieht, während unter- und oberhalb dieses Einkommensintervalls der Rentenanspruch überhaupt nicht vom Einkommen abhängt.

In den USA wird die jährliche Rente wie folgt vom durchschnittlichen Jahreseinkommen der besten 35 Jahre bestimmt (alle Zahlen in USD):

$$R(Y_i) = \begin{cases} 0,9 \cdot Y_i & falls \quad Y_i \leq 11.520 \\ 10.368 + 0,32 \cdot (Y_i - 11.520) & falls \quad 11.520 < Y_i \leq 69.420 \\ 28.896 + 0,15 \cdot (Y_i - 69.420) & sonst \end{cases}, \tag{5.148}$$

d. h. die ersten 11.520 US$ des (durchschnittlichen) Jahreseinkommens werden zu 90 % ersetzt, die nächsten knapp 58.000 US$ nur noch zu 32 % und alles, was über 69.420 US$ liegt, lediglich noch zu 15 %.

5.8.3 Verteilungsneutralität, wenn die Lebenserwartung mit dem Einkommen steigt

Die Auffassung, dass Bismarck-Systeme Verteilungsneutralität erreichen, indem jeder Beitrags-Euro zu gleich hohen Rentenansprüchen führt, wurde in den letzten Jahrzehnten wiederholt infrage gestellt. Empirische Analysen für zahlreiche Länder zeigen nämlich, dass die Lebenserwartung systematisch und positiv mit dem jährlichen Einkommen variiert,[21] und Haan u. a. (2020) haben kürzlich ermittelt, dass die Kluft in der Lebenserwartung zwischen den Einkommensgruppen in Deutschland in den letzten Jahrzehnten stark zugenommen hat. Die "Beitragsäquivalenz", die einem typischen Bismarck-System wie der deutschen Gesetzlichen Rentenversicherung zugrundeliegt, sichert Proportionalität zwischen den *monatlichen* Rentenleistungen und den *lebenslang* gezahlten Beiträgen, die wiederum von der Zahl der Beitragsjahre und dem durchschnittlichen Jahresverdienst abhängen. Im Gegensatz dazu verlangt wirkliche Verteilungsneutralität zwischen verschiedenen Einkommensgruppen die Proportionalität zwischen den *gesamten* Rentenansprüchen und den lebenslang gezahlten Beiträgen. Natürlich kann man die tatsächlichen Rentenleistungen, die eine Person bezogen hat, erst ex post berechnen, also nach ihrem Tod. Den *Erwartungswert* dieser Zahlungen oder Ansprüche kann man jedoch schon ex ante bestimmen, indem man die verbleibende Lebenserwartung mit den monatlichen Rentenansprüchen multipliziert.

Mit der Frage, wie man durch eine Rentenreform die nicht intendierte Umverteilung von den Schlechter- zu den Besserverdienern eliminieren kann, haben sich Breyer und Hupfeld (2009) beschäftigt. Dazu sei angenommen, man könne den Zusammenhang zwischen dem jährlichen Einkommen und der fernen Lebenserwartung bei Renteneintritt durch eine lineare Funktion approximieren:

$$L_i = L^0 + \beta \cdot Y_i, \tag{5.149}$$

wobei L_i die fernere Lebenserwartung von Individuum i am gesetzlichen Renteneintrittsalter misst und Y_i ein Maß für sein Einkommen ist (nämlich die durchschnittlichen Entgeltpunkte pro Beitragsjahr). L^0 und β sind die geschätzten Parameter dieser Beziehung. Bezeichnen weiterhin T_i die Beitragsdauer und R_i den jährlichen Rentenanspruch, so setzt Beitragsäquivalenz voraus, dass sich gesamte Einzahlungen und gesamte Rentenansprüche proportional zueinander verhalten:

$$L_i \cdot R_i = A \cdot T_i \cdot Y_i, \tag{5.150}$$

wobei A den Proportionalitätsfaktor angibt. Wegen Gl. 5.149 müssten daher die jährlichen Rentenansprüche wie folgt von den Parametern der Erwerbsbiographie abhängen:

---

[21]Z.B. Duggan et al. (2007) für die USA, Breyer und Hupfeld (2009) für Deutschland. Sasson (2016) findet einen positiven Zusammenhang zwischen Bildung und Lebenserwartung.

Monatliche Rente in €

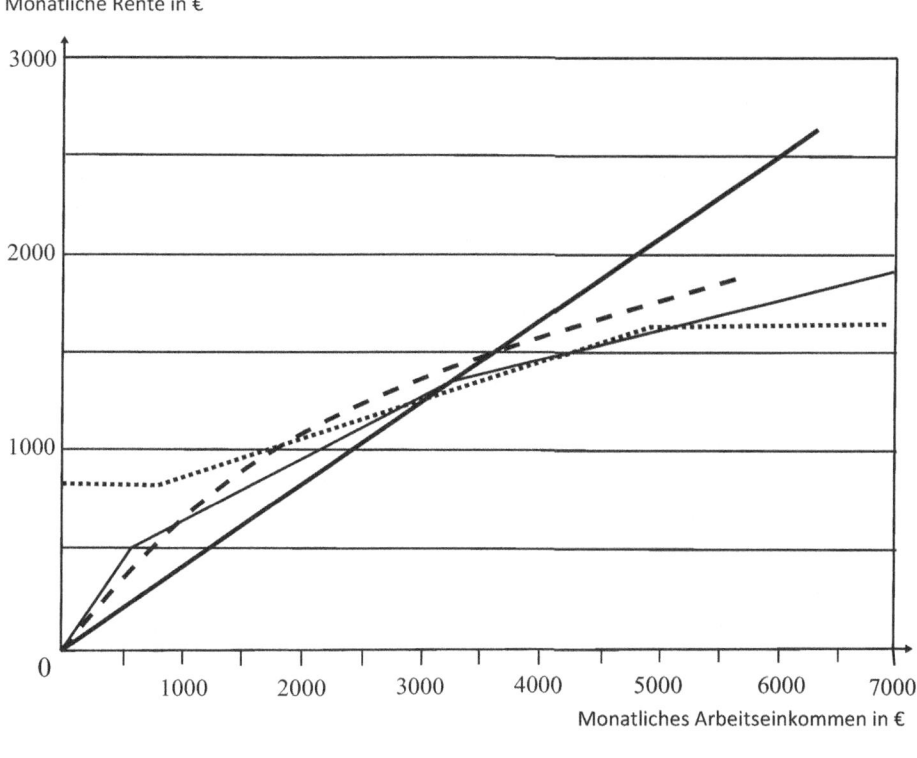

——— *Deutschland (aktuell)* – – *Deutschland (vorgeschlagen)* ⋯⋯ *Schweiz* ——— *USA*

Abb. 5.6 Funktionaler Zusammenhang zwischen Rente und Arbeitseinkommen in Deutschland, Schweiz und USA

$$R_i(T_i, Y_i) = A \cdot \frac{T_i \cdot Y_i}{L_i} = A \cdot \frac{T_i \cdot Y_i}{L^0 + \beta \cdot Y_i}. \tag{5.151}$$

In der gegenwärtigen deutschen Rentenformel Gl. 5.146 wird die linke Seite von Gl. 5.151 lediglich dem Zähler der rechten Seite gleichgesetzt, der die Summe der Entgeltpunkte misst. Der Nenner in Gl. 5.151 wirkt demgegenüber als Korrekturfaktor, der sicherstellt, dass bei der Berechnung der Beitragsäquivalenz auch die ferne Lebenserwartung der entsprechenden Einkommensgruppe gemäß (Gl. 5.149) berücksichtigt wird. Bei positivem Wert von β, wenn also die Lebenserwartung statistisch mit dem Einkommen steigt, stellt Gl. 5.151 einen konkaven Zusammenhang zwischen den insgesamt erworbenen Entgeltpunkten und dem jährlichen (oder monatlichen) Rentenanspruch dar, der in Abb. 5.6 in stilisierter Form dargestellt ist.[22]

---

[22]Die Werte beziehen sich auf das Jahr 2020.

In Abb. 5.6 sind die Graphen für die geltende (proportionale) Rentenformel in Deutschland sowie für die Formeln in der Schweiz und den USA, (Gl. 5.147) und (5.148) dargestellt, nachdem CHF und USD in Euro nach dem Wechselkurs im Mai 2020 umgerechnet wurden.

Wie stark umverteilend sind nun die betrachteten Rentensysteme? Für das Schweizer System kann man diese Frage eindeutig so beantworten, dass hier "von oben nach unten" umverteilt wird: Die Finanzierung erfolgt durch eine proportionale Steuer mit dem Satz 10,1 % auf alle Erwerbseinkommen; die Leistungen variieren jedoch in relativ geringem Maß zwischen einem Minimum und einem Maximum, das nur das Zweifache des Minimums beträgt. Überdies beträgt die marginale Einkommensersatzrate nirgendwo mehr als 20 %. Die US-amerikanische Rentenformel wirkt wegen ihres stark degressiven Verlaufs umverteilend; empirische Analysen (etwa Coronado et al. 2000) zeigen jedoch, dass wegen der großen Mortalitätsdifferenzen zwischen den Einkommensgruppen dieses System per saldo sogar in geringem Ausmaß von arm zu reich umverteilt. Die eingezeichnete konkave Kurve bildet die in (Gl. 5.148) dargestellte „verteilungsneutrale" Rentenformel für Deutschland ab, wobei die Parameterwerte aus der Arbeit von Breyer und Hupfeld (2009) übernommen wurden. Man erkennt, dass diese Kurve eine differenzierbare Approximation an die stückweise lineare Kurve für die USA darstellt. Das bedeutet, dass die in der zitierten Arbeit vorgeschlagene Rentenformel nicht nur annähernd verteilungsneutral ist, sondern darüber hinaus derjenigen in den USA relativ nahekommt.

Folgerung 5-16

Obwohl in der deutschen Gesetzlichen Rentenversicherung Teilhabeäquivalenz gilt, die üblicherweise mit Verteilungsneutralität gleichgesetzt wird, wird implizit Einkommen zu Gunsten derjenigen Gruppen von Versichertren umverteilt, die eine längere Lebenserwartung haben. Diesem Effekt könnte entgegengewirkt werden, wenn die „Rentenformel" nicht linear, sondern konkav ausgestaltet würde, wofür es internationale Vorbilder gibt. ◄

5.9   Übungsaufgaben

Aufgabe 5.1

a) Wie muss sich der Beitragssatz im Umlageverfahren entwickeln, damit ein konstantes Rentenniveau aufrechterhalten wird? Leiten Sie die entsprechende Beziehung zwischen b_t und b_{t+1} ab und interpretieren Sie sie ökonomisch.

b) Untersuchen Sie, unter welcher Bedingung das von einer Generation (nicht der ersten Rentner!) realisierte Verhältnis zwischen Rentenleistungen und gezahlten Beiträgen unabhängig davon ist, ob das Prinzip des (über die Zeit) konstanten Beitragssatzes oder das des konstanten Rentenniveaus gilt.

Aufgabe 5.2

Gegeben sei die Nutzenfunktion $U_t(c_t^{(1)}, c_{t+1}^{(2)}) = c_t^{(1)} \cdot c_{t+1}^{(2)}$. Wir betrachten eine kleine offene Volkswirtschaft, in der der (exogene) Zinssatz 50 % und das Lohneinkommen in jeder Periode 4 Konsumguteinheiten beträgt.

a) Wie hoch wäre – bei Abwesenheit eines staatlichen Rentensystems – die optimale Ersparnis s_t^* und wie hoch folglich $c_t^{(1)*}$, $c_{t+1}^{(2)*}$ und U_t^*?

b) Begründen Sie, warum $c_t^{(1)*} \neq c_{t+1}^{(2)*}$ gilt.

c) Erläutern Sie, unter welcher Bedingung ein umlagefinanziertes Rentensystem bei unendlichem Horizont intergenerativ Pareto-superior gegenüber (rein) privater Ersparnis ware.

Aufgabe 5.3

Nehmen Sie Stellung zu folgender Aussage: „Wenn die Nettoreproduktionsrate größer ist als 1, so sollte die Gesellschaft ein umlagefinanziertes Alterssicherungssystem einführen (bzw. beibehalten); wenn sie kleiner ist als 1, so sollte sie es abschaffen."

Aufgabe 5.4

In einer geschlossenen Volkswirtschaft sei die gesamtwirtschaftliche Pro-Kopf-Produktionsfunktion durch $f(k_t) = 4 \cdot k_t^{1/4}$ gegeben und die Nutzenfunktionen der Individuen durch $U_t(c_t^{(1)}, c_{t+1}^{(2)}) = c_t^{(1)1/2} \cdot c_{t+1}^{(2)1/2}$. Betrachten Sie im Folgenden nur Steady States.

a) Drücken Sie die gleichgewichtige und die „Golden-Rule"-Kapitalintensitat, k^* bzw. k° sowie $1+r^*$ und $1+r^\circ$ jeweils als Funktionen der Bevölkerungswachstumsrate n aus.

b) Berechnen Sie für konstante Bevölkerung ($n = 0$) die Werte im Gleichgewicht, $c^{(1)*}$, $c^{(2)*}$, s^*, w^*, $1+r^*$ und den resultierenden Lebensnutzen U^*. Stellen Sie diesen die entsprechenden „Golden-Rule"-Werte $c^{(1)\circ}$, $c^{(2)\circ}$, s°, w°, $1+r^\circ$ und U° gegenüber.

c) Wie hoch muss im unter b) betrachteten Fall der Beitragssatz zu einer umlagefinanzierten Rentenversicherung sein, der die Aufrechterhaltung des Golden-Rule-Steady-State sichert?

Aufgabe 5.5

Gegeben sei die altruistische Nutzenfunktion $U_t = \ln c_t^{(1)} + 0,5 \ln c_{t+1}^{(2)} + 0,25 \ln c_t^{(2)}$. Wir betrachten eine kleine offene Volkswirtschaft, in der der (exogene) Zinssatz 50 % und das Lohneinkommen in jeder Periode 2 Konsumguteinheiten beträgt; die Bevölkerung sei konstant.

a) Wie lautet die Zielfunktion für eine optimale Aufteilung des Lebenseinkommens, wenn jede Generation berücksichtigt, dass die Höhe des Geschenks der nachfolgenden Generation an sie von ihrer eigenen Ersparnis abhängt?

b) Welche Werte ergeben sich für s, Z, $c^{(1)}$ und $c^{(2)}$ im Steady-State-Stackelberg-Gleichgewicht? (Setzen Sie eine innere Losung für Z voraus).

c) Wie lautet die optimale Steady-State-Lösung?

d) Welche Folgerung kann aus einem Vergleich zwischen dem zuletzt ermittelten gesellschaftlichen Optimum und der Gleichgewichtslösungen für die Gestaltung eines Alterssicherungssystems in diesem Beispiel gezogen werden?

e) Kritisieren Sie die Annahmen des Modells.

Aufgabe 5.6

Gegeben sei die Nutzenfunktion $U_t = c_t^{(1)} \cdot c_{t+1}^{(2)} \cdot (4 - l_t)$. Wir betrachten eine kleine offene Volkswirtschaft mit konstanter Bevölkerung, in der der (exogene) Zinssatz $r = 1/3$ beträgt. Jede Person i im Erwerbsalter sei durch ein Fähigkeitsniveau w_i charakterisiert, das zugleich seinen Lohnsatz misst, könne sich entscheiden zu arbeiten ($l_t = 1$) oder nicht ($l_t = 0$). Jede Person, ob alt oder jung, habe Anspruch auf eine bedürftigkeitsgeprüfte Sozialhilfeleistung von $\hat{y} = 3$. Diese werde durch eine Lohnsteuer mit dem Steuersatz τ finanziert. Die Regierung denke darüber nach, ob sie ein obligatorisches kapitalgedecktes Rentensystem mit dem Beitragssatz b auf Arbeitseinkommen einführen soll.

a) Ermitteln Sie, in welchen Einkommensbereichen – in Abhängigkeit der Abgabensätze b und τ – es rational ist,

   1. zu arbeiten und zu sparen,
   2. zu arbeiten, aber nicht zu sparen,
   3. nicht zu arbeiten.

b) Die Gesellschaft bestehe aus drei Individuen mit den Fähigkeiten $w_1 = 3$, $w_2 = 6$ und $w_3 = 24$. Berechnen Sie den zum Budgetausgleich notwendigen Steuersatz τ in Abwesenheit eines Rentensystems und die zugehörigen Nutzenwerte der drei Individuen.

c) Nun werde ein obligatorisches Rentensystem mit dem Beitragssatz $b = 0,15$ eingeführt. Berechnen Sie den zum Budgetausgleich notwendigen Steuersatz, falls Individuum 2 weiterhin arbeitet. Zeigen Sie, dass es sich jedoch dann für Individuum 2 nicht mehr lohnt zu arbeiten und ermitteln Sie den in diesem Fall erforderlichen Steuersatz. Berechnen Sie die resultierenden Nutzenhöhen der drei Individuen und vergleichen Sie sie mit dem Ergebnis in Teil b). Interpretieren Sie Ihr Ergebnis.

Aufgabe 5.7

Ein 20jähriger, der ins Erwerbsleben eintritt, plane für den Rest seines (sicheren) Lebenshorizonts bis zum Tod im Alter von 80 Jahren aufgrund der Konsum-Nutzenfunktion $U(c) = \ln c$. Das Arbeitseinkommen je Periode betrage 1 und der Kreditmarkt sei perfekt bei einem Zinssatz von null.

a) Eine Rentenversicherung existiere nicht. Wie groß muss sein Freizeitnutzen v sein, damit er sich freiwillig dazu entscheidet, mit 65 Jahren aus dem Arbeitsleben auszuscheiden? Wie groß ist sein erspartes Vermögen zu diesem Zeitpunkt?

b) Nun werde eine obligatorische Rentenversicherung mit dem Beitragssatz $b = 0{,}3$ und versicherungstechnischer Äquivalenz eingeführt. Wie ändern sich dadurch

1. der Zeitpunkt seiner Pensionierung?
2. die Höhe seines Vermögens zu diesem Zeitpunkt?

c) Nehmen Sie an, der Freizeitnutzen betrage $v = 1/2$. Charakterisieren Sie in diesem Fall eine optimale Ruhestandsentscheidung.

d) Die gesetzliche Rentenversicherung in Deutschland kann als eine beitragsabhängige Rente mit Äquivalenzgrad $\xi < 1$ beschrieben werden. Heute wird vielfach gefordert, die Abschläge bei vorzeitigem Rentenbezug zu erhöhen.

1. Stellen Sie diese Reform als eine Änderung der Größen Φ (Grundrente) und ξ dar.
2. Wie reagiert das gewählte Pensionierungsalter auf diese Parameteränderung?

Aufgabe 5.8

Wir betrachten gemäß dem Modell von Browning (1975) eine Gesellschaft mit konstanter Bevölkerung und konstantem Lohnsatz w. Die wahlberechtigte Bevölkerung sei in 60 Jahrgangsgruppen (Index a mit $a \geq 21$) unterteilt, von denen die ersten 40 ($21 \leq a \leq 60$) arbeiten, die restlichen 20 ($61 \leq a \leq 80$) Rentner sind. Sparen sei nicht möglich, d. h. die einzige Form der Alterssicherung ist ein umlagefinanziertes Rentensystem, über dessen Beitragssatz b demokratisch abgestimmt wird. Ein Arbeiter im Alter a habe die Nutzenfunktion.

$$U_a = \sum_{t=a}^{80} \ln c_t \quad \text{mit} \quad c_t = \begin{cases} w \cdot (1 - b) & \text{für } t \leq 60 \\ 2 \cdot b \cdot w & \text{für } t \geq 61 \end{cases}.$$

a) Zeigen Sie, dass der gewünschte Beitragssatz b^* unter der Annahme, er werde dauerhaft gültig bleiben, mit dem Alter des Arbeiters monoton zunimmt.

b) Ermitteln Sie den optimalen Beitragssatz für einen Wähler, der gerade ins Erwerbsleben eintritt, und interpretieren Sie Ihr Ergebnis ökonomisch.

c) Kritisieren Sie die Annahmen des Modells von Browning.

Literatur

Aaron, H. J. (1966). The social insurance paradox. *Canadian Journal of Economics and Political Science, 33,* 371–374.

Berkel, B., & Börsch-Supan, A. (2004). Pension reform in Germany: The impact on retirement decisions. *Finanzarchiv, 60,* 393–421.

Borsch-Supan, A. (2000). Was lehrt uns die Empirie in Sachen Rentenreform? *Perspektiven der Wirtschaftspolitik, 1*, 431–451.

Breyer, F. (1989). On the intergenerational pareto efficiency of pay-as-you-go financed pension systems. *Journal of Institutional and Theoretical Economics, 145*, 643–658.

Breyer, F., & v.d. Schulenburg, J.-M. G. (1990), Family ties and social security in a democracy. *Public Choice, 67*, 155–167.

Breyer, F., & Stolte, K. (2001). Demographic change, endogenous labor supply, and the political feasibility of pension reform. *Journal of Population Economics, 14*, 409–424.

Breyer, F., & Hupfeld, S. (2009). Fairness of public pensions and old-age poverty. *FinanzArchiv, 65*, 358–380.

Browning, E. K. (1975). Why the social insurance budget is too large in a democracy. *Economic Inquiry, 13*, 373–388.

Coronado, J. L., Fullerton, D., & Glass, T. (2000). *The progressivity of social security*, NBER Working Paper 7520.

Crawford, V. P., & Lilien, D. M. (1981). Social security and the retirement decision. *Quarterly Journal of Economics, 15*, 505–529.

Diamond, P. A. (1965). National debt in a neoclassical growth model. *American Economic Review, 55*, 1126–1150.

Döring, D. (2007). *Sozialstaatsstrategie und Beschäftigung im europäischen Vergleich*. Bonn: WISO-Diskurs, Friedrich-Ebert-Stiftung.

Duggan, J. E., Dillingham, R., & Greenlees, J. S. (2007). *Mortality and lifetime income: Evidence from U.S. Social security records*. IMF Working Paper, No. 07/15.

Edwards, S. (1998). Chile: Radical change towards a funded system. In H. Siebert (Hrsg.), *Redesigning social security* (S. 233–263). Tübingen: Mohr-Siebeck.

Fenge, R. (1995). Pareto-efficiency of the pay-as-you-go pension system with intragenerational fairness. *Finanzarchiv, 52*, 357–364.

Haan, P., Kemptner, D., & Lüthen, H. (2020), The rising longevity gap by lifetime earnings – Distributional implications for the pension system, *Journal of the Economics of Aging* 17, 100199.

Homburg, S. (1988). *Theorie der Alterssicherung*. Berlin: Springer.

Homburg, S. (1990). The efficiency of unfunded pension schemes. *Journal of Institutional and Theoretical Economics, 146*, 640–647.

Homburg, S. (1991). Interest and growth in an economy with land. *Canadian Journal of Economics, 24*, 450–459.

Homburg, S. (2000). Compulsory savings in the welfare state. *Journal of Public Economics, 77*, 233–240.

Meinhardt, V. (2016). Auswirkungen Sozialversicherungsfreiheit der Entgeltumwandlung, *Study Nr. 46*, Institut für Makroökonomie und Konjunkturforschung der Hans-Böckler-Stiftung.

Merton, R. (1983). On the role of social security as a means for efficient risk sharing in an economy where human capital is not tradable. In Z. Bodie & J. Shoven (Hrsg.), *Financial aspects of the United States Pension System* (S. 325–358). Chicago: University of Chicago Press.

Missoc. (2020). https://www.missoc.org/missoc-information/missoc-vergleichende-tabellen-datenbank/missoc-vergleichstabellen-datenbank-ergebnisse-anzeigen/?lang=de. Zugegriffen: 28. Jan. 2021.

Samuelson, P. A. (1958). An exact consumption-loan model of interest with or without the social contrivance of money. *Journal of Political Economy, 66*, 467–482.

Samuelson, P. A. (1975). Optimum social security in a life-cycle growth model. *International Economic Review, 16*, 539–544.

Sasson, I. (2016). Trends in life expectancy and lifespan variation by educational attainment: United States, 1990–2010. *Demography, 53,* 269–293.

Sinn, H.-W. (2000). Why a funded pension system is needed and why it is not needed. *International Tax and Public Finance, 7,* 389–410.

Sinn, H.-W. (2020). Staatsverschuldung und dynamische Ineffizienz: Warum der Münchhausen-Trick nicht funktioniert. *Wirtschaftsdienst, 8,* 572–576.

Spremann, K. (1984). Intergenerational contracts and their decomposition. *Zeitschrift für Nationalökonomie, 44,* 237–253.

Statista. (2020). https://de.statista.com/statistik/daten/studie/954/umfrage/lebenserwartung-bei-geburt-in-ausgewaehlten-laendern-der-europaeischen-region/. Zugegriffen: 28. Jan. 2021.

Tabellini, G. (2000). A positive theory of social security. *Scandinavian Journal of Economics, 102,* 523–545.

Übelmesser, S., & Sinn, H.-W. (2002). Pensions and the path to gerontocracy in Germany. *European Journal of Political Economy, 19,* 153–158.

Veall, M. R. (1986). Public pensions as optimal social contracts. *Journal of Public Economics, 31,* 237–251.

v. Weizsäcker, C.C., & Krämer, H. (2019), *Sparen und Investieren im 21 Jahrhundert. Die große Divergenz.* Berlin.: Springer.

Kranken- und Pflegeversicherung 6

6.1 Gründe für Staatseingriffe

Medizinische Güter und Dienstleistungen sind keine öffentlichen, sondern private
Güter. Individuen können von der Nutzung dieser Güter ausgeschlossen werden und
die Produktionsfaktoren, die in die Behandlung des einen Patienten fließen, stehen für
einen anderen Patienten nicht zur Verfügung. Es herrscht somit bei medizinischen Gütern
und Dienstleistungen auch Rivalität im Konsum. Obwohl es sich nicht um öffentliche
Güter handelt, kommt es im Zusammenhang mit der medizinischen Versorgung in
allen Ländern aber zu mehr oder weniger intensiven Eingriffen des Staates. Wir wollen
zunächst danach fragen, wie diese weit verbreitete staatliche Einflussnahme auf das
Gesundheitswesen aus ökonomischer Sicht zu erklären und zu beurteilen ist (vgl. auch
Cutler 2002; Breyer et al. 2012, Kap. 5).

6.1.1 Spezieller Altruismus und das Prinzip der Chancengleichheit

Die Möglichkeit zur Nutzung medizinischer Güter und Dienstleistungen ist in vielen
Fällen eine Frage von Leben und Tod. Darüber hinaus beeinflusst der Zugang zur
medizinischen Versorgung die *Lebensqualität* der Individuen ganz entscheidend. Nur
wenn man gesund ist, kann man das Leben genießen und seine Lebenschancen nutzen.
Gesundheitsgüter sind deshalb zu den meisten Konsumgütern (gutes Essen, Ferien-
reisen, …) komplementär. Im Übrigen wirkt nicht nur die Behandlung einer bereits eingetretenen Krankheit nutzenstiftend. Bereits die Aussicht, im Bedarfsfall Zugang zur
medizinischen Versorgung zu finden und dabei nicht von einer übermäßigen Belastung
durch Krankheitskosten bedroht zu sein, erhöht das Sicherheitsgefühl der Individuen
ganz entscheidend. Die Vermeidung des Kostenrisikos kann einen erheblichen Beitrag

F. Breyer und W. Buchholz, *Ökonomie des Sozialstaats*,
https://doi.org/10.1007/978-3-658-33369-0_6

zur Erhöhung des individuellen Wohlbefindens durch eine Krankenversicherung leisten (vgl. Finkelstein und McKnight 2008).

Von den meisten Menschen wird der Gesundheitszustand aber auch mit anderen Augen als die übrigen Bestimmungsfaktoren für das individuelle Wohlbefinden (wie etwa die Höhe des materiellen Vermögens) gesehen, weil Krankheiten in besonderem Maße zufalls- bzw. schicksalsabhängig sind. Dies schafft eine stärkere Identifikation mit Kranken als mit Armen. Das Gefühl, „das hätte mich auch treffen können", begünstigt solidarisches Verhalten. Dazu kommt, dass Menschen es in der Regel schlecht ertragen können, andere leiden zu sehen oder auch nur über ihr Leiden konkret Bescheid zu wissen. Dahinter steckt – neben reiner Nächstenliebe bzw. Altruismus – wieder die Furcht vor Gefahren, die einem selber oder nahen Angehörigen drohen können. Vielleicht entwickelt man auch eine Art schlechtes Gewissen, weil man sich als Gesunder zu den vom Schicksal Bevorzugten zählt. Auch hierdurch wird das Entstehen von Empathie und eines spezifischen Solidaritätsgefühls gefördert, das die Forderung nach einer vom Staat garantierten medizinischen Grundversorgung begünstigt. Im Gegensatz etwa zur Sozialhilfe ist eine Grundabsicherung im medizinischen Bereich auch weniger missbrauchsanfällig, weil es hier objektivere Bedarfsindikatoren gibt, die weniger leicht strategisch zu manipulieren sind.

Die Verwirklichung dieser Ziele erfordert aber bei Licht betrachtet nicht unbedingt, dass der Staat die Kosten der medizinischen Versorgung übernimmt. Denkbar wäre auch, dass er seinen Eingriff darauf beschränkt, die Bürger zum Abschluss einer Kranken-versicherung zu zwingen. In einem System der Privatversicherung würden die Ver-sicherungsunternehmen, wie wir im 4. Kapitel gesehen haben, von jedem Bürger eine Prämie verlangen, die seinem spezifischen Krankheitskostenrisiko entspricht.

Da Krankheitsrisiken jedoch zu einem erheblichen Teil auf Erbanlagen beruhen, wären diese versicherungsmathematisch berechneten Prämien in der Gesellschaft sehr ungleich verteilt: Ein kleiner Prozentsatz der Bevölkerung (z. B. Bluterkranke), die ohnehin schon von der Natur mit Krankheit und Leiden bedacht worden sind, müssten darüber hinaus noch weit überdurchschnittliche Kosten für ihren Versicherungsschutz aufbringen. Dies kann man als einen Verstoß gegen das normative Prinzip der *Chancengleichheit* verstehen (vgl. z. B. Olsen 2011; Fleurbaey und Schokkaert 2012). Wenn es gegen das Risiko, mit einer hohen Krankheitsanfälligkeit geboren zu werden, eine Versicherung gäbe und Ungeborene im Mutterleib (oder stellvertretend für sie ihre Eltern) diese abschließen könnten, würde dies wohl jeder tun, sofern seine Finanzierungsmöglichkeiten es erlauben. Eine Pflichtversicherung mit der gesetzlichen Auflage, alle Bürger anzunehmen („Kontrahierungszwang") und die Prämien nicht nach dem persönlichen Risiko zu differenzieren („Diskriminierungsverbot"), erfüllt den Zweck, für Fairness und Chancen-gleichheit zu sorgen. In dieser Argumentationskette kann man eine wesentliche, wenn nicht die wichtigste Begründung für einen Staatseingriff im Gesundheitswesen finden.

Von besonderer Brisanz ist die Frage nach Chancengerechtigkeit bei der medizinischen Versorgung, wenn die medizinischen Ressourcen knapp sind und nicht mehr alle Erkrankten im erforderlichen Ausmaß versorgt werden können und deshalb eine

Priorisierung erforderlich wird. Bei Überlastung von Notfallkapazitäten etwa in Folge von Katastrophen oder Pandemien wird eine „Triage" erforderlich, d. h. es ist zu entscheiden, wer bevorzugt und wer nachrangig behandelt werden soll. Dabei treten erhebliche ethische und rechtliche Fragen auf, die sich insbesondere auf die Kriterien der Priorisierungsentscheidung beziehen. Wer soll eher gerettet werden: Die junge Mutter oder der an vielen Krankheiten leidende Senior, bei dem die Überlebenswahrscheinlichkeit nach einer Behandlung aber höher ist?

6.1.2   Spezielle Eigenschaften von Gesundheitsgütern

Gesundheitsgüter haben über den genannten Aspekt hinaus einige typische Merkmale, die in der Literatur mit der Notwendigkeit von Staatseingriffen in Zusammenhang gebracht werden (vgl. dazu die klassischen Artikel von Arrow 1963; Pauly 1988).

- Bei von Mensch zu Mensch übertragbaren Krankheiten kommt es zu *externen Effekten*. Eine Impfung oder eine Vorbeugungsmaßnahme nützt nicht nur dem Individuum, das sie vornimmt, sondern auch anderen Individuen, weil deren Ansteckungsrisiko sinkt. Der individuelle Nutzen von Impfungen (etwa gegen Masern oder Kinderlähmung) oder anderen Vorbeugungsmaßnahmen (wie etwa der Benutzung von Kondomen als Schutzmaßnahme gegen HIV/Aids oder des Tragens von Gesichtsmasken gegen das Corona-Virus) liegt deshalb unter dem gesamtwirtschaftlichen Nutzen, sodass zu erwarten ist, dass das tatsächliche Niveau der freiwillig vorgenommenen Impfungen unter deren gesamtwirtschaftlich optimalem Niveau bleibt. Durch die Gefahr von Freifahrerverhalten ist also ein klassischer Marktversagensgrund gegeben – und eine staatliche (Mit)Finanzierung von Impf- bzw. Vorsorgeprogrammen oder sogar ein Impfzwang ist aus ökonomischer Sicht geboten. Die Eingriffe in die individuellen Freiheitsrechte können dabei – mit guten Gründen – sehr stark ausfallen, wie sich im Rahmen der Corona-Pandemie deutlich zeigt.
- Durch Krankheiten droht eine Entwertung von *Humankapital*. Die Produktivität von Erkrankten ist stark (in vielen Fällen sogar auf null) reduziert. Wenn sich die Individuen ihren Beitrag zum Sozialprodukt durch Entlohnung vollständig selber aneignen könnten, wäre das gesamtwirtschaftliche Interesse unter Effizienzaspekten zwar nicht tangiert. In der Regel sind die Produktionsfaktoren Arbeit und Realkapital zueinander komplementär, sodass auch Dritte, nämlich die Kapitalbesitzer, Verluste erleiden, wenn ein Arbeitnehmer erkrankt oder einen Unfall erleidet. Zudem treten „Netzwerkeffekte" auf. Damit ist gemeint, dass zur Aufrechterhaltung vieler Produktionsprozesse der Einsatz von Spezialisten erforderlich ist, die sich kurzfristig nicht ohne weiteres ersetzen lassen. Fallen diese in Folge von Krankheit aus, können auch die anderen Arbeitnehmer und der Kapitalbestand nicht mehr optimal eingesetzt werden, und es drohen eventuell enorme Produktionseinbußen. Zu berücksichtigen

ist ebenso, dass auch die Pflege von Kranken (durch Angehörige oder Krankenhaus-
personal) Humankapital bindet, das dem Produktionsprozess nicht mehr zur Verfügung steht. Wenn Eltern in jungen Jahren schwer erkranken oder gar sterben, leidet
zudem die Erziehung der Kinder, d. h. die Bildung von Humankapital in qualitativer
Hinsicht.

- Die Ausgestaltung des Gesundheitssystems hat darüber hinaus noch auf einer völlig
  anderen Ebene Einfluss auf das in einer Volkswirtschaft vorhandene Humankapital.
  Wenn potenzielle Eltern damit rechnen müssen, dass sie die hohen Behandlungskosten für eine schon bei Geburt eines Kindes vorhandene chronische Erkrankung
  selber zu tragen haben, wird das ihren Kinderwunsch dämpfen. Es werden weniger
  Kinder in die Welt gesetzt, die Bildung von Humankapital vermindert sich dann
  auch in quantitativer Hinsicht. In einer von Bevölkerungsrückgang gekennzeichneten
  Gesellschaft wie der deutschen ist ein solcher Effekt unerwünscht.[1] Die staatliche
  Gesundheitspolitik lässt sich deshalb auch als Bestandteil der Bevölkerungspolitik
  begreifen.

- Gesundheitsgüter weisen – wie zuvor schon bemerkt – einen beträchtlichen *Options-
  wert* auf. Die Individuen ziehen nicht erst dann Nutzen aus diesen Gütern, wenn
  eine Krankheit tatsächlich eingetreten ist, sondern bereits dadurch, dass im Bedarfsfall genügend Behandlungsmöglichkeiten vorhanden sein werden. Dass der Markt
  von sich aus eine solche Absicherung in effizienter Weise zustande bringt, ist kaum
  zu erwarten. Wenn ich die Möglichkeit haben will, in unmittelbarer Nähe meines
  Wohnortes im Bedarfsfall rasch einen Arzt konsultieren oder eine Klinik aufsuchen
  zu können, kann ich isoliert nur wenig für die Erfüllung dieses Wunsches tun. Zwar
  könnte ich beim Abschluss eines Krankenversicherungsvertrages darauf achten,
  dass mir die Versicherung die Verfügbarkeit von Behandlungsoptionen garantiert,
  wofür ich über eine entsprechend höhere Prämie auch bezahlen müsste. Allerdings
  wäre bei einer solchen dezentralen Lösung zu befürchten, dass sie einerseits nicht
  umfassend genug ist, weil es sich bei Optionsgütern faktisch um öffentliche Güter
  handelt, und dass sie andererseits nicht erlaubt, Skalenvorteile *(Economies of Scale)*
  zu nutzen. Auch ist mit hohen Transaktionskosten zu rechnen, sodass eine staatliche
  Koordination Effizienzgewinne verspricht.

- Das Problem der Absicherung eines ausreichenden Angebots an Grundbedarfsgütern ist nicht auf den Gesundheitsbereich beschränkt: Solange es den Tante-Emma-
  Laden um die Ecke gibt, habe ich die Wahl, ob ich dort kaufe oder nicht. Macht er
  die Türen zu, geht diese Option verloren – und man muss, wenn man vergessen hat,
  Milch zu kaufen, zu einem weit entfernten Supermarkt fahren oder auf die Milch verzichten. Dies ist ärgerlich und unbequem, ein analoges Fehlen einer Nutzungsoption
  bei Gesundheitsgütern kann aber tödlich sein. Insbesondere im Bereich der Notfall-
  medizin sind Maßnahmen zur Sicherung einer entsprechenden Grundversorgung

---

[1]Siehe dazu aber die Analyse in Kap. 8.

durch Nichttrivialität und fehlende Ausschließbarkeit gekennzeichnet, haben also den Charakter öffentlicher Güter, sodass es effizient sein kann, dem Staat im Gesundheitswesen einen Sicherstellungsauftrag zuzuweisen. Dies bedeutet jedoch nicht zwangsläufig, dass auch die Leistungserbringung durch staatliche Instanzen erfolgen muss. Vielmehr kann der Staat im Bereich der Notfallversorgung private Subunternehmer beauftragen, wie es in Deutschland beim Rettungsdienst der Fall ist.

- Zur Vorsorge bei Naturkatastrophen oder Epidemien benötigt man die Vorhaltung spezieller Reservekapazitäten etwa bei Schutzanzügen, Antibiotika oder Notfalllazaretten mit Intensivbetten. Weil Notfallkapazitäten hoffentlich nur selten genutzt werden müssen, verfügen private Anbieter von sich aus nur über wenige Anreize zu deren Bereitstellung. Um ihre Finanzierung zu sichern, sind deshalb staatliche Maßnahmen erforderlich.

- Medizinische Güter stellen typische *Expertengüter* dar. Die Patienten sind in der Regel über Notwendigkeit, Angemessenheit und Qualität medizinischer Leistungen nur unzureichend informiert, sodass *Konsumentensouveränität* nur höchst eingeschränkt vorhanden ist. Das Phänomen des unkundigen Nachfragers tritt nicht nur im Gesundheitswesen auf, sondern z. B. auch in der Beziehung zwischen Klient und Rechtsanwalt oder zwischen dem Kunden einer Kfz-Werkstatt und dem Kfz-Mechaniker. Dort dürfte das Problem in der Regel aber weniger gravierend sein als bei der medizinischen Versorgung, bei der das Risiko einer Fehleinschätzung der Qualität oft extrem, das für eine fundierte Beurteilung notwendige Fachwissen gleichzeitig jedoch außerordentlich hoch ist. Anders als bei der Autoreparatur helfen auch frühere Erfahrungen eines Nachfragers nur wenig, wenn es um nicht regelmäßig auftretende Behandlungen durch Spezialisten geht, die bei vielen schweren Erkrankungen erforderlich werden. Gerade in solchen Fällen dürfte eine wiederholte Nachfrage aber eher die Ausnahme darstellen. Gesundheitsgüter stellen deshalb nur zum Teil *Vertrauensgüter* dar, bei denen sich die Konsumenten durch häufige Nachfrage einen Eindruck von der Qualität eines Anbieters verschaffen können. Bei akuten Erkrankungen oder Unfällen bleibt dem Patienten und seinen Angehörigen im Übrigen auch nicht die Zeit, sich über die Qualität eines Arztes oder einer medizinischen Einrichtung zuverlässig zu informieren. Vom Lehrbuchideal des zwischen verschiedenen Angebotsalternativen rational entscheidenden Homo Oeconomicus ist die Nachfrage nach Gesundheitsgütern somit weit entfernt, wenngleich in Zeiten des Internet die Informationsmöglichkeiten der Patienten enorm gewachsen sind.

- Im Zusammenhang mit dem *Prinzipal-Agenten-Problem* zwischen Arzt und Patient ist ein Staatseingriff ziemlich unumstritten: Das Recht zur Durchführung bestimmter Therapien soll jemand nur besitzen, wenn er sich zuvor einem Zulassungsverfahren *(Approbation)* unterzogen hat, in dem seine Qualifikation für diese Aufgabe genau geprüft wird. Ebenso hat der Staat dafür zu sorgen, dass mit zu großen Gesundheitsrisiken verbundene Medikamente nicht auf den Markt gebracht werden dürfen bzw. die Patienten zumindest über unvermeidbare Nebenwirkungen umfassend informiert werden. Dazu sind aufwendige und langwierige Zulassungsverfahren erforderlich, wie sie in Deutschland vom Bundesinstitut für Arzneimittel und Medizinprodukte (BfArM) durchgeführt werden. Ein unregulierter Markt wäre nicht in der Lage, das hohe Sicherheitsbedürfnis der Individuen in dieser Hinsicht zu befriedigen.

Folgerung 6-1

Gesundheitsgüter weisen zahlreiche spezielle Merkmale auf. Diese stehen v. a. im Zusammenhang mit der potenziellen Existenznotwendigkeit der Versorgung mit diesen Gütern und der typischerweise unvollkommenen Information der Individuen über die Qualität der Güterbereitstellung. Die Annahmen des Modells vollkommener Märkte sind daher im Gesundheitsbereich nur eingeschränkt anwendbar. ◄

Die bisher dargestellten Argumente liefern zwar wichtige Anhaltspunkte für die Begründung staatlicher Maßnahmen im Gesundheitsbereich, betreffen jedoch letztlich nur Teilbereiche. Die in der Realität zu beobachtende Regulierungsdichte können sie aber nicht vollständig erklären. Die zentrale Ursache für die staatlichen Interventionen im medizinischen Bereich ist vielmehr in einem möglichen *Allokationsversagen auf Krankenversicherungsmärkten* zu suchen. Diesem Thema wollen wir uns jetzt zuwenden.

6.1.3 Die Relevanz adverser Selektion für Krankenversicherungsmärkte

Im 4. Kapitel wurde begründet, dass unter ganz bestimmten Voraussetzungen ein Versagen privater Versicherungsmärkte aufgrund von adverser Selektion bei asymmetrischer Information zwischen Versicherer und Versicherten eintritt. „(B)ecause adverse selection leads to underinsurance, the worst possible scenario is when nobody is insured but everybody should be insured" (Einav und Finkelstein 2011, S. 134, in Bezug auf den Markt für Krankenversicherungen). Dies ist ein wichtiges Argument für die Einführung einer Pflichtversicherung durch den Staat. Hier wollen wir nun prüfen, inwieweit diese Bedingungen im Falle der Krankenversicherung vorliegen.

Dass asymmetrische Information über das Krankheitsrisiko tatsächlich den typischen Fall darstellt, darf bezweifelt werden. Den Versicherungsgesellschaften ist es ja nicht verwehrt, vor Abschluss eines Vertrages die potenziellen Versicherungsnehmer zur Offenlegung von Vorerkrankungen und zu Eingangsuntersuchungen zu zwingen – und private Versicherungsgesellschaften tun dies auch. Auf Grundlage dieser Erkenntnisse über das Behandlungskostenrisiko einzelner Individuen wird es möglich, für die Individuen risikoäquivalente Prämien zu berechnen. Auch Risikofaktoren, die mit der Lebensweise zusammenhängen (Alkohol, Zigaretten, …), ließen sich zumindest teilweise durch medizinische Tests ermitteln.

Die Einteilung in Risikoklassen, die sich auf diese Weise ergibt, mag recht grob sein. Wie trennscharf sie werden kann, hängt davon ab, inwieweit der Stand des medizinischen Wissens es erlaubt, ohne allzu großen Untersuchungsaufwand von diagnostischen Befunden (Gewicht, Blutdruck, Blutbild, …) auf zukünftige Krankheitsrisiken zu schließen. Dass hier zwangsläufig ein Informationsvorsprung der Versicherten bestehen sollte, ist jedoch nicht erkennbar. Es ist nicht allzu ungewöhnlich, dass Individuen erst bei Eingangsuntersuchungen für private Krankenversicherungen überhaupt merken, wo ihre gesundheitlichen Schwachstellen liegen. Zudem kann ex post eine Versicherung die Leistungsübernahme für bestimmte Behandlungen auch verweigern, wenn sich herausstellt, dass der Versicherte beim Abschluss der Versicherung nicht die Wahrheit gesagt und etwa Vorerkrankungen verschwiegen hat.

Gerade für viele kostspielige Krankheiten (wie Mucoviscidose oder manche Formen von Krebs) gilt, dass die Wahrscheinlichkeit, an ihnen zu erkranken, in erheblichem Maße genetisch bedingt ist. Versicherungsgesellschaften könnten versuchen, sich entsprechende Informationen einfach dadurch zu beschaffen, dass sie den Bewerber um eine Versicherung nach Erkrankungen von Eltern und Großeltern fragen. Überprüfbar sind die hierbei erlangten Informationen (mit Ausnahme echter Erbkrankheiten wie Hämophilie (Bluterkrankheit)) allerdings nur schwer. Man kann von Individuen auch kaum verlangen, dass sie über die Krankheiten ihrer Vorfahren genau Bescheid wissen.

Der medizinische Fortschritt in Form von sich immer weiter verbessernden Möglichkeiten, durch genetische Tests die Anfälligkeit für bestimmte Krankheiten zu erkennen, erlaubt eine wesentlich genauere Einstufung der Versicherten in Risikoklassen. Wenn die erbliche Veranlagung für Krankheiten leichter verifiziert werden kann, sind die Versicherungsgesellschaften eher im Stande, risikoäquivalente Prämien festzusetzen. Die mit adverser Selektion zusammenhängenden Probleme würden dann an Bedeutung verlieren.

Wenn jedoch – wie in Deutschland aufgrund des 2010 in Kraft getretenen Gendiagnostikgesetzes – die Versicherungsgesellschaften kein Recht zur Beschaffung bzw. Verwertung genetischer Daten haben, nimmt das Informationsgefälle zwischen Versicherten und Versicherern möglicherweise sogar zu. Die Probleme adverser Selektion auf Versicherungsmärkten werden dann größer, wenn zwar die Versicherten über ihre genetische Beschaffenheit Bescheid wissen, die Versicherungsgesellschaften jedoch nicht. Die Versicherungsgesellschaften könnten dann ja Verträge mit Leistungsausschlüssen bzw. hohen Selbstbeteiligungen anbieten, die gerade für Individuen mit vorteilhafter genetischer Ausstattung attraktiv wären und von diesen dann bevorzugt gewählt werden. Die Folge wäre ein Trenngleichgewicht, das aber, wie wir in Kap. 4 gesehen haben, gegenüber einem Gleichgewicht bei symmetrischer Information nach dem Pareto-Kriterium unterlegen ist.

Ein zumindest denkbarer Lösungsansatz wäre es, genetische Informationen zur Verwendung durch Versicherungen freizugeben, um damit das Problem asymmetrischer Information zu entschärfen. Nach genetischer Ausstattung differenzierte risikoäquivalente Prämien würden sich aber zwischen den einzelnen Individuen schon von Geburt an unterscheiden.

Es besteht somit ein Konflikt zwischen Effizienz und Verteilung: Um bei verbessertem Kenntnisstand der Versicherer zu Effizienz des Krankenversicherungsmarktes zu gelangen, müssten die Prämien differenziert werden, was unter Verteilungsgesichtspunkten aber zu einer unfairen genetischen Diskriminierung und zur Verletzung des Gebots der Chancengleichheit führen würde. Davon war bereits im Abschn. 6.1.1 die Rede. Wenig Akzeptanz findet auch die Beschränkung der Versicherungsleistung, die im Trenngleichgewicht bei asymmetrischer Information erforderlich würde.

Folgerung 6-2

Das Problem der adversen Selektion verhindert nicht von vornherein das Funktionieren privater Krankenversicherungsmärkte. Die dabei erforderliche Differenzierung der Prämienhöhe wird aber von den Individuen aus Vorsichts- und Gerechtigkeitsgründen nur in Grenzen akzeptiert – und ist ohnehin nur begrenzt möglich. Durch die verbesserten Möglichkeiten zur Gen-Diagnose wird dieses Problem verschärft. ◄

6.1.4   Das Prämienrisiko als Motiv für Staatseingriffe im Bereich von Krankenversicherungen

Wenn risikoaverse Individuen eine Krankenversicherung abschließen, möchten sie damit eine dauerhafte Vermeidung ihres Behandlungskostenrisikos erreichen: Wenn ein Individuum jedoch damit rechnen muss, irgendwann im Laufe seines Lebens in eine höhere Risikoklasse eingestuft zu werden und dann eine höhere Prämie zahlen zu müssen, erfüllt die Versicherung ihren Zweck für den Versicherten nur noch zum Teil. Für private Krankenversicherungen schafft dies ein Problem, weil sie nur schwer in der Lage sind, einem Individuum über seinen gesamten Lebenszyklus hinweg die von ihm gewünschte umfassende Absicherung gegen steigende Krankenversicherungsprämien zu gewährleisten. Es besteht ein *Prämienrisiko,* durch das sich der Grad der faktischen Absicherung der Individuen erheblich vermindern kann (vgl. Kifmann 2002 für eine ausführliche Erörterung).

Um das Prämienrisiko im Rahmen eines kleinen Modells zu veranschaulichen, gehen wir – anders als in dem zuvor behandelten versicherungstheoretischen Modell – nicht von einer einzigen, sondern von $n \geq 2$ Perioden aus. Es soll eine große Zahl identischer Individuen mit stochastisch unabhängigen Risiken geben, deren Lebenszeit sich einheitlich über diese n Perioden erstreckt. In jeder Periode wird ein Individuum mit der Wahrscheinlichkeit π von einer chronischen Krankheit befallen, die dann – und das ist der zentrale Punkt – in allen nachfolgenden Perioden Behandlungskosten in Höhe von jeweils L verursacht. Der Einfachheit halber nehmen wir an, dass der Zinssatz null ist, sodass wir uns komplizierte Barwertberechnungen ersparen können.

Wenn auf dem Versicherungsmarkt in dieser Situation kurzfristige Verträge angeboten werden, deren Laufzeit sich auf eine einzige Periode beschränkt und die genau die in dieser Periode anfallenden Behandlungskosten abdecken, zahlt jedes versicherte (und noch gesunde) Individuum pro Periode die – bezogen auf die einzelne Periode – faire Prämie πL (= Wahrscheinlichkeit des Versicherungsfalls $\times$ Versicherungsleistung pro Periode). Allerdings ist es unter den getroffenen Annahmen für Individuen, die in einer Periode t neu chronisch erkrankt sind, überhaupt nicht mehr möglich, in den Folgeperioden überhaupt noch eine Versicherung abzuschließen. Für diese Erkrankten sind die in jeder dieser Perioden anfallenden Behandlungskosten zu einer sicheren Größe geworden. Die durch eine Erkrankung in Periode 1 in den Folgeperioden entstehenden Kosten in Höhe von $(n-1)L$ bleiben unversichert. Wenn ein Individuum erst in Periode 2 erkrankt, vermindern sich diese Kosten auf $(n-2)L$ usw.

Woran liegt es, dass der Versicherungsmarkt in dem eben beschriebenen Szenario „versagt"? Man ist es gewohnt, in der Wahrscheinlichkeit des Schadensfalles und der Höhe von Versicherungsleistungen in einer Periode die Grundlage für eine korrekte Prämienermittlung zu sehen. Dies ist auch angemessen, wenn in jeder Periode im Prinzip das gleiche Risiko (wie etwa bei einer Hausratversicherung) vorliegt. Bei Erkrankungen, deren Folgekosten sich über mehrere Perioden erstrecken, ist dies aber völlig anders. Die richtige Anwendung des Versicherungsprinzips würde in diesem Fall bedeuten, dass die in einer bestimmten Periode zu entrichtenden Versicherungsprämien alle Kostenrisiken abdecken, die durch einen in dieser Periode *eintretenden* „Schadensfall" entstehen – unabhängig davon, wann diese Kosten anfallen. Die faire Prämie einer solchen nicht „kurzsichtigen" Versicherung würde dann in Periode 1 $\pi n L$ (und eben nicht nur πL) betragen.

In diesem einfachen Modell wurde unterstellt, dass bei chronischen Erkrankungen alle damit verbundenen Behandlungskosten mit absoluter Sicherheit anfallen. Diese Annahme ist aber unrealistisch. Vielmehr steigt in vielen Fällen nur die Wahrscheinlichkeit des Auftretens bestimmter Kosten, so bei Diabetes etwa die Notwendigkeit zur Behandlung von Gefäß- oder Augenerkrankungen. Wie eine solche Erhöhung des Behandlungskostenrisikos bei der Gestaltung von Versicherungsangeboten berücksichtigt werden kann und welche Konsequenzen sich daraus für den Markt für Krankenversicherungen ergeben, wollen wir jetzt erörtern. Um die Darstellung möglichst einfach zu halten, beschränken wir uns dabei auf ein Modell mit zwei Perioden. Die Überlegungen lassen sich aber auch auf den Fall mit mehr als zwei Perioden übertragen, wodurch sich zusätzliche Erkenntnisse über das Prämienrisiko gewinnen lassen.

Es soll wiederum eine große Zahl von Individuen mit stochastisch unabhängigen Risiken geben, bei denen im Falle einer Erkrankung in einer der beiden Perioden Behandlungskosten in Höhe von jeweils L entstehen. In der ersten Periode weisen alle Individuen ein niedriges Behandlungskostenrisiko auf, dessen Wahrscheinlichkeit mit π^L bezeichnet wird. In der zweiten Periode erhöht sich aber für einen Teil der Individuen die Erkrankungswahrscheinlichkeit auf π^H, während die Wahrscheinlichkeit für die übrigen Individuen bei π^L bleibt. Von welchem Risikotyp ein bestimmtes Individuum ist, offenbart sich allerdings erst in der zweiten Periode, dann allerdings sowohl für die Individuen selber als auch für die Versicherungsgesellschaften, sodass die Informationen zwischen den Akteuren am Versicherungsmarkt hier symmetrisch verteilt sind. In der ersten Periode soll aber nur die mit π^K bezeichnete Wahrscheinlichkeit dafür bekannt sein, dass ein Individuum in der zweiten Periode zu einem hohen Risiko wird, nicht aber, welche Individuen dies genau sein werden. Aus Vereinfachungsgründen wird wiederum ein Zinssatz von null angenommen.

Bei einer Versicherung, die sich nur auf die jeweils in einer Periode anfallenden Behandlungskosten bezieht, bezahlen alle Individuen (bei fairer Vollversicherung) in der ersten Periode die einheitliche Prämie $\pi^L L$. In der zweiten Periode kommt es jedoch zu einer Differenzierung: Während für die verbleibenden L-Typen die Prämie nach wie vor $\pi^L L$ beträgt, steigt sie für die H-Typen auf $\pi^H L$. Dieser mit der Wahrscheinlichkeit π^K eintretende Prämienanstieg stellt für alle Individuen in der Periode 1 das Prämienrisiko dar, gegen das sich risikoaverse Individuen ex ante gleichfalls absichern möchten.

Im Rahmen üblicher periodenbezogener Versicherungsverträge könnte ein naiver Ansatz zur Bewältigung des Prämienrisikoproblems darin bestehen, die über die zwei Perioden hinweg anfallenden durchschnittlichen Behandlungskosten in Höhe von $G := \left(\pi^L + \left(1 - \pi^K \right) \pi^L + \pi^K \pi^H \right) L$ gleichmäßig auf beide Perioden zu verteilen. Jedes Individuum hätte dann sowohl in Periode 1 als auch in Periode 2 die gleiche Prämie $G/2$ zu entrichten, sodass das Prämienrisiko völlig eliminiert wäre. Allerdings wird sich diese Lösung auf einem Versicherungsmarkt mit periodenweise kündbaren Verträgen nicht durchsetzen. Diejenigen, die in der zweiten Periode noch ein geringes Erkrankungsrisiko aufweisen, werden ja feststellen, dass die bei einem solchen Vertrag von ihnen in Periode 2 zu zahlende Prämie größer ist als ihre in Bezug auf diese Periode faire Prämie in Höhe von $\pi^L L$. Diese Individuen haben also einen Anreiz, den in Periode 1 abgeschlossenen Versicherungsvertrag zu kündigen. Einen entsprechenden für L-Typen günstigeren Versicherungsvertrag anzubieten, ist für die Versicherungsgesellschaften zudem in kostendeckender Weise möglich. Im alten Vertrag würden dann nur die H-Typen verbleiben, sodass ohne Verluste bei den Versicherern die ursprünglich vereinbarte Prämienhöhe nicht eingehalten werden kann. Das Prämienrisiko wird durch das beschriebene Arrangement somit nur abgemildert, aber nicht vollkommen ausgeschaltet.

Dass den Individuen die völlige Absicherung versagt bleibt, lässt sich auch als Folge eines *Zeitkonsistenzproblems* begreifen, wie man es aus vielen Bereichen der Ökonomie kennt: Die Einhaltung einer Abmachung oder einer Ankündigung, die für ein Wirtschaftssubjekt in einer früheren Periode rational war, kann sich in einer späteren Periode für dieses Wirtschaftssubjekt als unvorteilhaft erweisen, was die Erreichung effizienter Lösungen erschwert.

Im Prinzip lässt sich ein derartiges opportunistisches Verhalten durch *Selbstbindung* der Versicherten vermeiden. Im konkreten Fall würde dies bedeuten, dass die Individuen feste langfristige Verträge abschließen, die sie auf Dauer an eine bestimmte Krankenversicherung binden und nicht vorzeitig gekündigt werden können. Die Versicherten wären dann definitiv dazu verpflichtet, in jeder der beiden Perioden die gleiche Prämie $G/2$ zu zahlen.

Aufgrund der langen Laufzeit des Vertrages entstehen dabei aber bei beiden Vertrags-parteien erhebliche Risiken, deren Ausmaß dem des Prämienrisikos entsprechen kann. Auf der einen Seite sind die Versicherungsgesellschaften mit der Gefahr konfrontiert, dass sie ihre Ansprüche an die Versicherten nicht durchsetzen können – diese mög-licherweise zahlungsunfähig werden, ins Ausland ziehen oder sich aber die gesetzlichen Regelungen für die Versicherungen oder die Rechtsprechung ändern. Auf der anderen Seite können die Versicherungsnehmer nur schwer einschätzen, ob sie zu einem weit in der Zukunft liegenden Zeitpunkt die finanziellen Belastungen aus den vereinbarten Prämienzahlungen zu tragen in der Lage sein werden. Schon von daher ist die Prämien-kalkulation bei langlaufenden Verträgen erheblich erschwert.

Durch eine veränderte Vertragsgestaltung lässt sich ein Teil der Probleme, die bei diesem Ansatz mit gleich hoher Prämie $G/2$ in beiden Perioden auftreten, beheben. So könnte in unserem Modell Opportunismus seitens der Versicherten dadurch vermieden werden, dass jeder Versicherte die sich auf die Kosten beider Perioden beziehende Gesamtprämie in Höhe von G bereits vollständig in der ersten Periode entrichtet. Die Versicherung kann auf dieser Basis dann eine Rückstellung für die bei den H-Typen in Periode 2 anfallende Zusatzkosten bilden. Weil sie alle Zahlungen schon in Periode 1 geleistet haben, wäre den verbleibenden L-Typen in Periode 2 von vornherein die Möglichkeit genommen, sich ihren vertraglichen Verpflichtungen zu entziehen. Zugleich würde durch solche Verträge bei den Versicherern das Einnahmerisiko und bei den Ver-sicherten das Risiko über die Höhe ihrer gesamten Prämienzahlung eliminiert.

Allerdings ist unter realistischen Bedingungen damit zu rechnen, dass der am Anfang zu zahlende Prämiensatz sehr hoch ist und die Selbstfinanzierungsmöglichkeiten vieler Individuen übersteigt. Selbst wenn in diesem Falle dann eine Kreditfinanzierung der Prämienzahlung möglich wäre, käme es durch die Risikoprämie für das Ausfallrisiko des Kredits zu einer Erhöhung der Gesamtkosten für die Versicherten. Zu bedenken ist überdies, dass im Prinzip bereits Eltern für ihre Kinder eine solche Vorauszahlung leisten müssten, was zumindest in diesem Fall staatliche Unterstützungsmaßnahmen unverzicht-bar machen dürfte.

Diese Schwierigkeiten werden dadurch abgemildert, dass die Prämie in der ersten Periode kleiner als G sein kann, ohne dadurch die Anreizkompatibilität des Arrange-ments zu gefährden. Wenn alle Individuen in der zweiten Periode die Prämie $\pi^L L$ bezahlen, ist es bei Kostendeckung für eine Versicherung nicht mehr möglich, einen L-Typen in Periode 2 aus einem bestehenden Kontrakt herauszulösen. Die Prämien-zahlung in Periode 1, das *Front Load Payment*, kann sich dann auf das Niveau $G - \pi^L L = L \cdot [\pi^L + \pi^K \cdot (\pi^H - \pi^L)]$ vermindern (vgl. zu solchen Vertragsdesigns in der Empirie Herrin und Pauly 2006). In der zweiten Periode bezahlen dann alle Individuen – die L-Typen und die H-Typen – die gleiche Prämie $\pi^L L$. Auch bei diesem Vertragstyp sinkt die Prämienbelastung im Zeitablauf, wie es für vorausschauende Versicherungsver-träge, die eine Vorsorge gegen das Prämienrisiko treffen, typisch ist.

Während durch eine solche Vorauszahlung von Prämien opportunistisches Ver-halten bei den Versicherten ausgeschaltet werden kann, nimmt gleichzeitig die Gefahr opportunistischen Verhaltens aufseiten der Versicherer zu: Das Eigeninteresse der Versicherungsunternehmen an der Aufrechterhaltung eines zufriedenstellenden Service für die Versicherten wird vermindert, wenn sie einen großen Teil der gesamten Prämienzahlung schon lange vor dem Eintreten des Versicherungsfalls erhalten haben. Zur Senkung ihrer Ausgaben können die Versicherer – allerdings unter Inkaufnahme der Gefahr eines Reputationsverlustes – auch versuchen, ihre Leistungen im Versicherungsfall zu reduzieren. Durch nur unvollständig spezifizierbare Vertragsbedingungen wird ein solches Verhalten der Versicherer erheblich erleichtert. Der Versuch einer konkreten Formulierung von Leistungsansprüchen in einem Versicherungsvertrag kann hier nur begrenzt Abhilfe schaffen. Wenn dadurch neuartige Krankheiten und Therapien von der Deckung ausgeschlossen werden, kann sich das Risiko des Versicherten sogar erhöhen. Zudem sind mit hohen Transaktionskosten und Unsicherheiten verbundene Rechtsstreitigkeiten um die Übernahme von Behandlungskosten vorprogrammiert.

Dazu tritt das Problem der angemessenen Kalkulation der zur Abdeckung des Prämienrisikos notwendigen Vorauszahlungen. Insbesondere lässt sich die zukünftige Entwicklung des medizinisch-technischen Fortschritts nur unvollständig berücksichtigen, sodass prinzipiell die Gefahr besteht, dass die Versicherten von neuen Behandlungsmethoden ausgeschlossen werden oder aber die anfänglichen Prämien zur Schaffung eines Risikopuffers sehr hoch angesetzt werden müssen. Man befindet sich bei der Festlegung der Prämien in einer Situation Knight'scher Ungewissheit, in der nicht einmal die möglichen zufallsabhängigen Ereignisse – geschweige denn ihre Eintrittswahrscheinlichkeiten – bekannt sind. Aus all diesen Gründen wissen die Individuen letztlich nicht, was sie von den Versicherungen in weit entfernter Zukunft an Leistungen zu erwarten haben. Der von den Individuen erreichte Absicherungsgrad bleibt somit beschränkt.

Ein Teil dieser Hindernisse für eine privatwirtschaftlichen Bewältigung des Prämienrisikoproblems lässt sich durch alternative Vertragsdesigns (siehe etwa Pauly et al. 1995) reduzieren. In diesem Zusammenhang wird zum einen vorgeschlagen, den Individuen das Recht einzuräumen, bei einem Versicherungswechsel die zur Abdeckung zukünftiger Kosten angesammelten Rückstellungen auf die neue Versicherungsgesellschaft übertragen zu dürfen. Dadurch wird zumindest die Bindung der Versicherten an eine einzige Versicherungsgesellschaft gelockert, der Wettbewerb zwischen den einzelnen Versicherungsgesellschaften intensiviert und die Gefahr opportunistischen Verhaltens seitens der Versicherer vermindert. Zum anderen wäre es denkbar, die eigentliche Versicherung für die laufenden Krankheitskosten durch eine separate Versicherung gegen das Prämienkostenrisiko zu ergänzen (siehe Cochrane 1995). Für diese Versicherung würde in Periode 1 eine Prämie in Höhe von $\pi^K(\pi^H - \pi^L)L$ fällig, während die Prämie für die „normale" Krankenversicherung in beiden Perioden jeweils $\pi^L L$ beträgt. Auch hierdurch würde der effizienzfördernde Wettbewerb zwischen den Krankenversicherungen gestärkt. Allerdings sind auch hier in erheblichem Maße Prämienvorauszahlungen erforderlich, wenn ein späteres Ausscheren von Individuen mit geringem Risiko vermieden werden soll. Die Probleme bei der Ermittlung dieser Prämien, wie wir sie zuvor beschrieben haben, bleiben grundsätzlich bestehen. Sie werden nur von der eigentlichen Krankenversicherung in die neue Prämienversicherung verlagert

– und wegen der Schwierigkeiten, eine angemessene Klassifizierung von Risikotypen zu finden, eventuell sogar noch verschärft.

Als Konsequenz aus diesen Überlegungen zum Prämienrisiko ergibt sich, dass die umfassende Absicherung gegen Risiken, die risikoscheue Individuen gerade im Bereich der medizinischen Versorgung wünschen, von einem völlig freien Markt für private Krankenversicherungen nicht garantiert werden kann. Eine Versicherung, bei der weder die zukünftige Prämienhöhe noch die Leistungen einigermaßen sicher sind, wird von den Individuen kaum als befriedigende Lösung akzeptiert werden. In dieser Hinsicht stößt der Markt für private Krankenversicherungen sogar unter ansonsten idealen Bedingungen an seine Grenzen, d. h. also auch dann, wenn keine asymmetrische Information zwischen Versicherern und Versicherten vorliegt und adverse Selektion keine Rolle spielt.

Folgerung 6-3

Kurzfristige Krankenversicherungsverträge führen wegen des Prämienrisikos nicht zu der von den Individuen gewünschten nachhaltigen Absicherung gegen das Behandlungskostenrisiko. Langfristige Verträge sind aber mit der Gefahr opportunistischen Verhaltens bei Versicherern und Versicherten verbunden und können deswegen (und wegen des Problems der adäquaten Berücksichtigung des medizinisch-technischen Fortschritts) das Problem des Prämienrisikos nur unzureichend lösen. ◄

Der Staat ist zur Bewältigung vieler mit dem Prämienrisiko verbundener Probleme in der Lage, weil er per Gesetz für einheitliche Prämien – für Junge und Alte, für Gesunde und chronisch Kranke – sorgen kann. Dies kann sowohl im Rahmen eines staatlichen Gesundheitssystems mit einheitlichen Prämien als auch durch Regulierungsmaßnahmen geschehen, durch die es privaten Krankenversicherungen verboten wird, Individuen mit Vorerkrankungen auszuschließen und die Prämien nach dem Gesundheitsstatus der Versicherten zu differenzieren. Zwar lässt sich auf diese Weise das auf der Verschlechterung des Gesundheitszustandes beruhende individuelle Prämienrisiko vermeiden, jedoch nicht das kollektive, das seine Ursache in prinzipiell alle Individuen betreffenden Faktoren, wie der Änderung des Altersaufbaus der Bevölkerung und dem medizinisch-technischen Fortschritt, hat.

6.1.5   Die Sozialhilfe als Ursache für Allokationsversagen auf dem Markt für private Krankenversicherungen

Es gibt einen weiteren wichtigen Grund dafür, dass der Staat im Gesundheitsbereich aktiv werden und die Individuen zumindest zum Abschluss einer Krankenversicherung zwingen sollte. Das Ziel dabei ist, eine ganz bestimmte Art von Trittbrettfahrer-Verhalten auszuschließen und auf diese Weise eine Überbeanspruchung der Sozialhilfe und gleichzeitig eine unzureichende Absicherung der Individuen zu vermeiden. In diesem Zusammenhang geht es nicht um die Korrektur eines Marktversagens im eigentlichen Sinne, sondern vielmehr um die Verhinderung von Wohlfahrtsverlusten, die eine andere staatliche Maßnahme ansonsten erzeugen würde.

Die staatliche Garantie des Existenzminimums beinhaltet insbesondere die Gewähr-leistung einer Grundsicherung im Krankheitsfalle. Es besteht ein breiter gesellschaft-licher Konsens, dass auch finanziell weniger leistungsfähigen Individuen eine medizinische Behandlung auf keinen Fall verweigert werden darf, wenn dadurch eine Verlängerung ihres Lebens oder die Vermeidung eines erheblichen Verlusts an Lebens-qualität ermöglicht wird. Durch die unbedingte Garantie eines solchen medizinischen Basisschutzes entstehen Fehlanreize, welche die Individuen vom Abschluss einer privaten Krankenversicherung abhalten können: Weil die Individuen sich auf eine Rettung durch den Staat verlassen können, sinkt ihre Bereitschaft zur Privatvorsorge. Welche Mechanismen hierbei im Einzelnen wirken, wird im Folgenden anhand eines Modells gezeigt, dessen Grundgedanke ähnlich dem von Buchholz und Wiegard (1992) und Coate (1995) ist.

In diesem Modell gibt es wiederum eine große Anzahl ex ante identischer Individuen, deren individuelle Erkrankungsrisiken stochastisch unabhängig sein sollen. Im Zwei-Zustands-Vermögensdiagramm sei W_0 das Anfangsvermögen eines repräsentativen Individuums. Mit L bezeichnen wir wie zuvor die Behandlungskosten bei Krankheit (die „Schadenshöhe"), die mit der Erkrankungswahrscheinlichkeit π anfallen. Neu hinzu tritt jetzt aber das *Existenzminimum* genannte Endvermögen $\hat{W}$, das ein Individuum zur Finanzierung seines täglichen Bedarfs und zur Aufrechterhaltung eines menschen-würdigen Daseins unbedingt benötigt. Falls $W_0 - L < \hat{W}$ gilt, d. h. die Kosten zur Sicherung des Existenzminimums (in Höhe von $\hat{W}$) zusammen mit den Behandlungs-kosten der Krankheit (in Höhe von L) das Anfangsvermögen W_0 übersteigen, müsste das Individuum im Krankheitsfall entweder verhungern oder aber seine Krankheit müsste unbehandelt bleiben.

Um eine solche durch das Fehlen eigener finanzieller Mittel bedingte Existenz-bedrohung zu verhindern, wurde in den allermeisten entwickelten Ländern ein System der sozialen Grundsicherung („Sozialhilfe") eingeführt. Ihre Aufgabe besteht im Rahmen unseres Modells darin, die Lücke zwischen dem existenziellen Grundbedarf, der im Krankheitsfall $\hat{W}+L$ beträgt, und dem verfügbaren Vermögen W_0 eines Individuums zu schließen. Pro erkranktem Individuum verursacht dies Aufwendungen in Höhe von $S = \hat{W} + L - W_0$.

Der Einfachheit halber gehen wir davon aus, dass ein Individuum auch dann, wenn es gesund bleibt, nicht zur Finanzierung dieser Sozialhilfeausgaben herangezogen wird. Als Finanzierungsquelle dient vielmehr die Besteuerung einer anderen Gruppe von Individuen, deren explizite Darstellung im Modell zum Verständnis der relevanten Effekte nicht erforderlich ist. Die Modellergebnisse ändern sich im Übrigen auch nicht, wenn man unterstellt, dass die Finanzierung der Sozialhilfeausgaben durch eine Kopf-steuer innerhalb der Gruppe selbst aufgebracht werden muss.

Abb. 6.1 Die
Versicherungsentscheidung
bei Gewährung einer
Grundsicherung

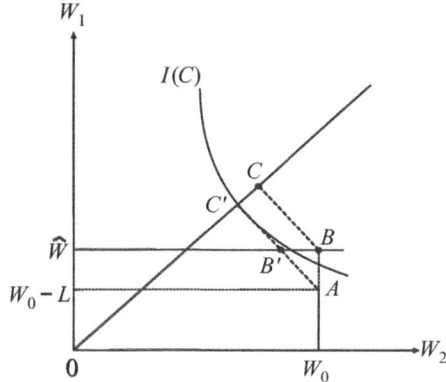

Im W_2-W_1-Diagramm (siehe Abb. 6.1), in dem auf der horizontalen Achse das verfügbare Vermögen W_2 im Falle der Nicht-Erkrankung und auf der vertikalen Achse das verfügbare Vermögen W_1 im Krankheitsfall abgetragen wird, gelangt ein Individuum bei Gewährung einer sozialen Grundsicherung in den Punkt $B = (W_0, \hat{W})$, während ohne diese Grundsicherung seine Position im Punkt $A = (W_0, W_0 - L)$ läge.

Wäre es für das Individuum in dieser Situation möglich, die in B durch die Sozialhilfe erreichte Teilabsicherung aufzustocken, ergäbe sich unter Effizienzgesichtspunkten kein Problem: Jedes Individuum würde nämlich bei einer fairen Versicherungsprämie $p = \pi$, ausgehend von B, den Vollversicherungspunkt $C = ((1 - \pi)W_0 + \pi\hat{W}, (1 - \pi)W_0 + \pi\hat{W})$ wählen, der sich als Schnittpunkt zwischen der fairen Versicherungsgeraden durch B mit Anstieg $-(1 - \pi)/\pi$ und der 45°-Sicherheitslinie ergibt.

Unter den in der Realität für eine soziale Grundsicherung geltenden Bedingungen ist die Entscheidung des Individuums für eine Pareto-optimale Vollversicherung jedoch nicht zu erwarten. In einem Grundsicherungssystem wie dem deutschen erfolgen – gemäß dem Bedürftigkeitsprinzip – Zahlungen des Staates nämlich erst dann, wenn die eigenen Einkünfte und das eigene Vermögen zur Finanzierung des Grundbedarfs inklusive der Krankheitskosten nicht mehr ausreichen. Dazu zählen aber auch die Leistungen, die ein Individuum aus einer privaten Krankenversicherung bezieht. Welche Folgen diese Anrechnung der Leistungen einer privaten Krankenversicherung auf die Sozialhilfe für die Versicherungsentscheidung eines Individuums hat, wollen wir jetzt genauer analysieren.

Zu diesem Zweck überlegen wir, welche Position im W_2-W_1-Diagramm das Individuum erreichen kann, wenn es zum fairen Prämiensatz $p = \pi$ eine Krankenversicherung mit einer zunächst beliebigen Deckungssumme $V \in [0, L]$ abschließt. Das Individuum zahlt dann die Prämie πV, sodass sein Endvermögen bei Nicht-Erkrankung $W_0 - \pi V$ beträgt. Im Krankheitsfall erhält das Individuum von der privaten Versicherung den Nettobetrag $(1 - \pi)V$, wobei die eigentliche Versicherungsleistung V um die Prämienzahlung πV vermindert ist.

Bei $V = 0$ bezieht das Individuum die volle Sozialhilfe in Höhe von S und befindet sich in Abb. 6.1 im Punkt B. Bei Abschluss einer privaten Krankenversicherung mit der Deckungssumme $V > 0$ reduziert sich die Sozialhilfezahlung im Krankheitsfall aufgrund der Anrechnung der Versicherungsleistung auf

$$S - (1 - \pi)V. \tag{6.1}$$

Diese Verminderung der Sozialhilfezahlung tritt ein, solange die vom Individuum gewählte Deckungssumme V unter dem Schwellenwert

$$V^* := \frac{S}{1 - \pi} \tag{6.2}$$

liegt. Die Konsequenz ist, dass das Individuum bei $V \leq V^*$ im Krankheitsfall gegenüber der Situation bei voller Inanspruchnahme der Sozialhilfe keinerlei Verbesserung erzielt. Gleichzeitig wird jedoch im Falle der Nicht–Erkrankung sein Vermögen durch die Prämienzahlung um πV vermindert.

In Abb. 6.1 bedeutet dies, dass sich das Individuum im Bereich $V \leq V^*$ auf einer durch B verlaufenden horizontalen Linie nach links bewegt, wenn es die Deckungssumme V erhöht. Bei $V = V^*$ wird der Punkt B' erreicht, bei dem die Netto-Leistung der privaten Krankenversicherung gerade so hoch wie die ursprüngliche Sozialhilfeleistung S ist, d. h. $V^* = S/(1 - \pi)$ gilt. Erst bei einer Deckungssumme $V > V^*$ zeigt die private Krankenversicherung für ein erkranktes Individuum überhaupt einen realen Effekt. Sein Nettovermögen im Krankheitsfall beträgt dann

$$W_0 - L + (1 - \pi)V > \hat{W}, \tag{6.3}$$

sodass sich das Individuum in einer Position auf der fairen Versicherungslinie durch den Punkt B' mit dem Anstieg $-(1 - \pi)/\pi$ befindet. Diese Linie ist identisch mit der fairen Versicherungslinie durch den Punkt A. Bei Vollversicherung $V = L$ erreicht das Individuum schließlich den Punkt C' auf der Sicherheitslinie, in dem es über ein sicheres Endvermögen in Höhe von $W_0 - \pi L$ verfügt und der unterhalb des zunächst betrachteten hypothetischen Vollversicherungspunktes C liegt.

Für die Bereitschaft eines Individuums zum Abschluss einer privaten Krankenversicherung ergeben sich aus diesen Überlegungen die folgenden Schlussfolgerungen: Wenn – wie in Abb. 6.1 dargestellt – der Punkt B *oberhalb* der durch C' verlaufenden Indifferenzkurve $I(C')$ liegt, verliert das Individuum jeglichen Anreiz zum Abschluss einer privaten Krankenversicherung. Im Sozialhilfe-Punkt B stellt es sich ja besser als in dem unter den gegebenen Umständen erreichbaren Vollversicherungspunkt C'. Es bleibt beim Punkt B und dem vollen Bezug der Sozialhilfe.

Allerdings tritt dieses Ergebnis nicht zwangsläufig ein. Je nachdem, welche Risikopräferenzen das Individuum hat und wie hoch sein Anfangsvermögen W_0 ist, kann B auch *unterhalb* der durch C' verlaufenden Indifferenzkurve $I(C')$ liegen. Jedes Individuum hätte dann trotz des Grundsicherungssystems einen Anreiz zum Abschluss einer Vollversicherung, und die Sozialhilfezahlungen sowie die zu ihrer Finanzierung benötigten Steuern würden überflüssig. Dieses Ergebnis tritt – wie man sich leicht überlegt – ein, wenn das Individuum entweder sehr risikoavers ist und seine Indifferenzkurven somit stark gekrümmt sind oder aber wenn es bei gegebenen Risikopräferenzen über ein relativ hohes Antragsvermögen W_0 verfügt.

Die zweite dieser beiden Behauptungen wollen wir jetzt präzise begründen. Dazu nehmen wir an, dass sich das Individuum bei einem bestimmten Wert von W_0 für die private Vollversicherung anstelle einer potenziellen Inanspruchnahme der Sozialhilfe (in Abb. 6.1 also für den Punkt C' statt B) entschieden hat. Die formale Bedingung hierfür lautet

$$u(W_0 - \pi L) > (1 - \pi)u(W_0) + \pi u(\hat{W}). \tag{6.4}$$

Die Erwartungsnutzenwerte auf beiden Seiten dieser Ungleichung werden dann als Funktionen von W_0 aufgefasst und nach W_0 abgeleitet. Die Ableitung der linken Seite lautet $u'(W_0 - \pi L)$, die der rechten $(1-\pi)u'(W_0)$. Wegen der Konkavität der vNM–Nutzenfunktion $u(W)$ und wegen $\pi > 0$ erhält man beim Vergleich dieser beiden Ableitungen $u'(W_0 - \pi L) > (1 - \pi)u'(W_0)$, sodass die Funktion auf der linken Seite von (Gl. 6.4) schneller wächst als die Funktion auf der rechten Seite. Wenn das Individuum bei einem bestimmten Wert W_0 der privaten Vollversicherung den Vorzug vor der Sozialhilfe gibt, gilt dies somit auch für alle höheren Niveaus des Anfangsvermögens. Anders gesagt: Bei Erhöhung des Anfangsvermögens wird der Abschluss einer privaten Krankenversicherung wahrscheinlicher.

Kehren wir jetzt aber zu dem in Abb. 6.1 dargestellten Fall zurück, in dem aus individuellem Blickwinkel die Inanspruchnahme der Sozialhilfe vorteilhafter ist. In dieser Situation können politische Maßnahmen, d. h. die Einführung einer Krankenversicherungspflicht, dafür sorgen, dass es zu einer Pareto-Verbesserung kommt. Die zu diesem Zwecke ergriffene Politik besteht aus zwei Komponenten:

1. der Verpflichtung der Individuen zum Abschluss einer fairen Vollversicherung zum Prämiensatz $p = \pi$ und der Deckungssumme $V = L$,
2. der Gewährung eines sicheren Transfers in Höhe von πS an jedes Individuum. Die Höhe dieses Transfers entspricht also genau dem Erwartungswert der im Krankheitsfall entstehenden Sozialhilfeausgaben pro Kopf. Dadurch wird sichergestellt, dass die im Modell nicht explizit betrachteten Zahler durch die Finanzierung dieses Transfers nicht schlechter gestellt werden als zuvor.

Als Folge dieser Politik erreichen die Individuen dann mit Sicherheit das Nutzenniveau $u(W_0 + \pi S - \pi L)$, das über dem im Sozialhilfepunkt B erreichten Erwartungsnutzen $(1 - \pi)u(W_0) + \pi u(\hat{W})$ liegt. Wegen der Konkavität der Nutzenfunktion ergibt sich dies daraus, dass die Erwartungswerte des *Vermögens* in beiden Fällen übereinstimmen, d. h. dass $W_0 + \pi(S - L) = (1 - \pi)W_0 + \pi \hat{W}$ gilt, was seinerseits aus $\pi(S - L) = \pi(\hat{W} - W_0)$ bzw. $S = \hat{W} + L - W_0$ und damit aus der Definition von S folgt. Eine weitere Konsequenz dieser Überlegungen ist, dass die von einem Pro-Kopf-Transfer in Höhe von πS

begleitete Einführung einer Krankenversicherungspflicht alle Individuen in Abb. 6.1 in den Vollversicherungspunkt *C* führt.

In dieser ersten Politikvariante bleiben die Belastungen und damit auch die Nutzenniveaus der Zahler unverändert. Es wäre aber auch möglich, den Transfer leicht unter πS abzusenken, sodass es den Transferempfängern zwar immer noch besser geht als im Sozialhilfepunkt *B,* die Zahler jedoch eine Entlastung erfahren. Die Einführung einer Krankenversicherungspflicht würde dann eine Nutzenerhöhung bei allen Beteiligten und somit sogar eine strikte Pareto-Verbesserung bewirken.

Dass der private Krankenversicherungsmarkt in der hier betrachteten Situation nicht zu effizienten Vollversicherungslösungen führt, wird bemerkenswerterweise nicht durch ein Marktversagen im eigentlichen Sinne verursacht. Vielmehr beruht die Verzerrung der individuellen Anreize zum Abschluss einer Versicherung auf einem staatlichen Eingriff, nämlich der Gewährung einer sozialen Grundsicherung. Wenn man aus ethischen Gründen die staatliche Garantie des Existenzminimums nicht abschaffen will, hilft zur Erreichung einer effizienten Lösung nur ein zweiter Eingriff, nämlich die Einführung einer Krankenversicherungspflicht. Auf diese Weise kann es vermieden werden, dass die Individuen auf den Abschluss einer privaten Krankenversicherung verzichten und sich als Trittbrettfahrer durch die Leistungen des Grundsicherungssystems besserstellen.

Folgerung 6-4

Die Gewährung einer unbedingten sozialen Grundsicherung durch den Staat vermindert die individuellen Anreize zum Abschluss einer privaten Krankenversicherung. Die aus Effizienzgründen wünschenswerte Erreichung eines Vollversicherungszustandes wird dadurch v. a. bei Individuen mit niedrigem Einkommen oder Vermögen verhindert. Die Einführung einer Krankenversicherungspflicht kann in diesem Fall zu einer Pareto-Verbesserung führen. Ein staatlicher Eingriff dient dabei der Vermeidung der negativen allokativen Wirkungen einer anderen staatlichen Maßnahme, nämlich der Grundsicherung. ◄

6.2   Probleme bei der Ausgestaltung von Verträgen im Gesundheitsbereich

Bei der Gestaltung von Staatseingriffen im Gesundheitsbereich sind weitere spezifische Eigenschaften von Gesundheitsgütern zu beachten, die mit Marktversagen an sich nichts zu tun haben und die jedes Gesundheitssystem, unabhängig davon, ob es mehr öffentlich oder mehr privat organisiert ist, vor Herausforderungen stellen.

Die Eigenschaften von Gesundheitsgütern, die bei der Ausgestaltung von Regeln und vertraglichen Beziehungen im Gesundheitswesen beachtet werden müssen, betreffen vor allem

- das Verhaltensrisiko („Moral-Hazard") sowie
- das Problem der „angebotsinduzierten Nachfrage".

Beide Faktoren begünstigen eine in vielen Fällen aus medizinischen Gründen nicht angemessene Ausdehnung des Leistungsumfangs im Gesundheitsbereich und lassen sich deshalb als wichtige Ursachen für ineffizient hohe Ausgaben im Gesundheitswesen auffassen (vgl. Breyer und Ulrich 2000; Chernew und Newhouse 2011).

6.2.1   Moral-Hazard-Phänomene

6.2.1.1 Die beiden Typen des Moral Hazard

Bei vielen Arten von Versicherungen sind Fehlanreize eines ganz speziellen Typs vorprogrammiert. Wenn Individuen nämlich davon ausgehen können, dass ihnen im Bedarfsfall die Kosten für die von ihnen in Anspruch genommenen Leistungen abgenommen werden, steigt ihre Nachfrage nach diesen Leistungen. In gewisser Weise ist dies eine Variante des altbekannten Trittbrettfahrerproblems. Im Zusammenhang mit Versicherungen wird es aber unter den Begriff des Verhaltensrisikos (*Moral Hazard*) gefasst (vgl. z. B. Zweifel und Manning 2000). Es lassen sich zwei Arten von Verhaltensrisiko unterscheiden: *Moral Hazard ex ante* und *Moral Hazard ex post*.

Moral Hazard ex ante

Mit Moral Hazard ex ante ist gemeint, dass die Individuen bei vollständiger Absicherung zu wenig tun, um die Wahrscheinlichkeit des Eintretens des Schadensfalls zu senken. Im Falle von Krankenversicherungen bedeutet dies, dass die Individuen rauchen, zu viel alkoholische Getränke konsumieren, sich insgesamt ungesund ernähren, sich zu wenig bewegen und insgesamt zu wenig Vorbeugungsmaßnahmen gegen Krankheiten tätigen – oder aber Aktivitäten (wie etwa Motorradfahren) ausüben, die mit einer der hohen Unfallgefahr verbunden sind. Weil die Individuen wissen, dass die Behandlung der auf diese Weise verursachten Krankheiten oder Unfälle von der Versichertengemeinschaft bezahlt wird, erhöht sich ihre Bereitschaft zu gesundheitsschädigendem Verhalten. Wie wir im Kap. 4 gesehen haben, kann diesem Verhaltensrisiko durch Begrenzung der Versicherungsleistung begegnet werden. Ebenso könnten Prämienzuschläge für gesundheitsgefährdendes Verhalten einen materiellen Anreiz für ein gesundheitsbewussteres Verhalten schaffen. Aufgrund asymmetrischer Information bestehen – analog zum Fall adverser Selektion (vgl. z. B. Pauly 1974) – aber erhebliche Probleme bei der Kontrolle des tatsächlichen Verhaltens, und die Drohung mit Leistungsausschlüssen oder Regressforderungen ex post bei unwahren Angaben lässt sich insbesondere in einem öffentlichen Gesundheitswesen nur schwer durchsetzen. Zudem ist die Gefahr nicht von der Hand zu weisen, dass Kontrollmaßnahmen zu erheblichen Eingriffen in die Privatsphäre der Individuen führen, die in einem freiheitlichen Rechtsstaat nur schwer tolerierbar sind. Aufgrund all dieser Probleme ist es nicht allzu überraschend, dass die öffentliche

Meinung zu verhaltensabhängigen Krankenkassenprämien gespalten ist. In einer in der Schweiz im Jahre 2018 durchgeführten repräsentativen Meinungsumfrage haben sich 60 % der Befragten für Prämienzuschläge bei einem der Gesundheit abträglichen Lebensstil ausgesprochen, während ca. 40 % dagegen waren. Die Zustimmung für die Gewährung eines Prämienbonus für „Achtsame" als positivem Anreiz fiel dabei leicht höher aus.

Eher akzeptiert werden steuerliche Anreize, durch die gesundheitsschädliche Substanzen mit einer speziellen Verbrauchsteuer belegt werden – und die es aus gesundheitspolitischen (und fiskalischen) Motiven in Form der Tabak- und Alkoholbesteuerung in den meisten Staaten schon seit langem gibt. In der Diskussion ist seit langem eine Ausdehnung der Besteuerung auf ungesunde Nahrungsmittel mit hohem Fett- oder Zuckergehalt.

Moral Hazard ex post
Moral Hazard ex post heißt, dass die Individuen sich bei einem bereits eingetretenen Schadensfall zu wenig um die Begrenzung der Folgekosten kümmern, wenn diese von einer Versicherung übernommen werden. Müssen die Individuen die Behandlungskosten nicht aus der eigenen Tasche bezahlen, sondern können sie diese auf andere – eben ihre Krankenversicherung – abwälzen, wird ihre Nachfrage nach medizinischen Leistungen steigen. Die Versicherten haben ja den (durchaus verständlichen) Wunsch, im Krankheitsfalle eine möglichst gute und damit kostspielige Versorgung zu erhalten. Gesundheit ist kaum durch andere Güter substituierbar. Das Sicherheitsbedürfnis der Individuen ist deshalb gerade hier besonders hoch, was dazu führt, dass auch unnötige und faktisch unnütze Diagnoseverfahren und Therapien nachgefragt werden. Die Versicherungsgesellschaften verfügen aber nur über begrenzte Möglichkeiten, den jeweiligen Gesundheitszustand eines Versicherten und die daraus resultierenden medizinischen Erfordernisse eindeutig zu bestimmen und die von ihnen gewährten Leistungen daran auszurichten. Zudem wird das Interesse an einer Wiederaufnahme der Berufstätigkeit nach einer Krankheit oder einem Unfall vermindert, wenn die finanziellen Einbußen bei Arbeitsunfähigkeit durch ausreichenden Versicherungsschutz gegen den Verdienstausfall nur gering ausfallen. Mehrere empirische Studien – von denen das „Rand Health Insurance Experiment" aus den 1970er Jahren und das „Oregon Health Insurance Experiment" von 2008 international besondere Beachtung fanden – bestätigen die große Bedeutung dieses Phänomens in der Realität (vgl. Einav und Finkelstein 2018): Die Verfügbarkeit einer Krankenversicherung führt durch Zunahme des Moral Hazard Verhaltens zu einer Erhöhung der Gesundheitsausgaben.

Wie sich Moral Hazard ex post auf das Verhalten der Versicherten auswirkt, wollen wir jetzt im Rahmen eines Modells zeigen (vgl. in ausführlicherer Form Breyer et al. 2012, S. 281 ff.). Zu diesem Zweck modifizieren wir das zuvor schon verwendete Versicherungsmodell, indem wir den Verlust, der einem Individuum im Krankheitsfall droht, von der Höhe der aufgewendeten Behandlungskosten abhängig machen. Der Verlust L, der sowohl für eine direkte finanzielle Einbuße als auch für die in Geldgrößen gemessene krankheitsbedingte Beeinträchtigung der Lebensqualität des Individuums stehen kann, soll mit dem von der Versicherung abgedeckten Umfang der medizinischen Leistungen abnehmen. Jedem dieser Leistungsbündel entspricht eine bestimmte Höhe der Behandlungskosten Z. Für die Funktion $L = L(Z)$ gilt dann:

$$L'(Z) < 0 \text{ und ferner} : \ L''(Z) > 0 \text{ sowie } \lim_{Z \to 0} L'(Z) < -1.$$

Es soll aber aufgrund beschränkter medizinischer und finanzieller Kapazitäten eine Obergrenze für den einem Individuum zugutekommenden Behandlungsaufwand geben, die wir mit $\overline{Z}$ bezeichnen. Mit der ansonsten gleichen Notation wie zuvor beträgt der Erwartungsnutzen eines Individuums bei Abwesenheit jeglicher Krankenversicherung somit

$$E(u) = \pi u(W_0) + (1 - \pi)u(W_0 - L(Z) - Z). \tag{6.5}$$

Im Folgenden bezeichnen wir mit $\hat{Z}(\alpha)$ das optimale Behandlungsniveau aus der Sicht des Individuums in Abhängigkeit von der „Selbstbeteiligungsquote" α, also des Anteils der Behandlungskosten, den es selbst tragen muss. In Abwesenheit einer Versicherung wird das Individuum also das Behandlungsniveau $\hat{Z}(1)$ wählen, das sein Vermögen $W_0 - L(Z) - Z$ im Krankheitsfalle maximiert und das durch die Bedingung erster Ordnung $L'(\hat{Z}(1)) = -1$ gekennzeichnet ist. Wegen der Konvexität von $L(Z)$ ist bei dieser Autarkielösung auch die Bedingung zweiter Ordnung erfüllt.

Wenn es eine Vielzahl gleichartiger Individuen der beschriebenen Art gibt, deren Erkrankungsrisiken stochastisch unabhängig sind, wird das Angebot einer Versicherung möglich, die sich aber nicht auf den Verlust $L(Z)$, sondern auf die Behandlungskosten Z bezieht. Bei einer fairen Versicherung beträgt für ein bestimmtes Z die Prämie eines Individuums dann πZ. Die optimale Deckungssumme Z^* ergibt sich dann durch Maximierung des Erwartungsnutzens

$$\pi u(W_0 - L(Z) - \pi Z) + (1 - \pi)u(W_0 - \pi Z) \tag{6.6}$$

was zur Bedingung erster Ordnung

$$\pi u'(W_0 - L(Z^*) - \pi Z^*)(L'(Z^*) + \pi) = -\pi(1 - \pi)u'(W_0 - \pi Z^*) \tag{6.7}$$

führt. Diese Bedingung lässt sich umformen zu

$$L'(Z^*) = -\left(\pi + (1 - \pi)\frac{u'(W_0 - \pi Z^*)}{u'(W_0 - L(Z^*) - \pi Z^*)}\right). \tag{6.8}$$

Wegen $W_0 - L(Z^*) - \pi Z^* < W_0 - \pi Z^*$ ist aufgrund der Konkavität von $u(W)$ aber $u'(W_0 - L(Z^*) - \pi Z^*) > u'(W_0 - \pi Z^*)$. Somit gilt $L'(Z^*) > -1$ und $Z^* > \hat{Z}(1)$ (siehe Abb. 6.2).

Wenn die Versicherung die Finanzierung ihres Leistungsumfangs auf das zu Z^* gehörige Leistungsbündel durch Vorgaben an Ärzte, Kliniken und Pharmaunternehmen wirksam beschränken kann, ist sie auch in der Lage, diese Lösung durchzusetzen. Wenn dies aber nicht der Fall ist, weil die Versicherung den genauen Gesundheitszustand des Erkrankten und die sich daraus ergebenden medizinischen Leistungserfordernisse nicht beobachten und deshalb der Patient bis zu einem gewissen Grade den Umfang der von ihm in Anspruch genommenen medizinischen Leistungen selber bestimmen kann, kommt es zu Moral Hazard ex post. Nach Bezahlung der Prämie $P^* = \pi Z^*$ hat das Individuum im Krankheitsfall in diesem Falle nämlich den Anreiz, den Umfang seiner Behandlung bis zum „Sättigungsniveau" auszdehnen, das in unserem Modell zu Behandlungskosten von $\overline{Z}$ führt: Nach bereits getätigter Prämienzahlung P^* wächst ja das Vermögen $W_0 - L - P^*$ des Individuums im Krankheitsfall mit steigendem L. Wenn nun alle Individuen in dieser Weise handeln, kann der Versicherer die ursprüngliche Prämie P^* aber nicht mehr halten. Um Verluste zu vermeiden, muss er sie auf das Niveau $\overline{P} = \pi\overline{Z}$ erhöhen, sodass die Individuen dann das Erwartungsnutzenniveau $\pi u(W_0 - \pi\overline{Z}) + (1 - \pi)u(W_0 - L(\overline{Z}) - \pi\overline{Z})$ erreichen. Wenn nun $\overline{Z}$ größer als das durch (Gl. 6.8) definierte Z^* ist, was wir im Folgenden annehmen, ist diese Lösung sicher nicht optimal.

Die Fehlallokation aufgrund von Moral Hazard ex post kann nicht nur durch eine strikte Leistungsbeschränkung auf das Niveau Z^*, sondern zumindest teilweise auch durch eine Selbstbeteiligung der Individuen an den Behandlungskosten Z vermieden werden. Wenn die Selbstbeteiligungsquote $\alpha < 1$ beträgt, wird sich ein Individuum im Krankheitsfall für das Behandlungsniveau $\hat{Z}(\alpha)$ entscheiden, durch das die nach Abzug der versunkenen Prämienzahlung verbleibende Gesamtbelastung $L(Z) + \alpha Z$ minimiert wird und das folglich durch die Bedingung erster Ordnung $L'(\hat{Z}(\alpha)) = -\alpha$ charakterisiert ist (siehe Abb. 6.2). Mit steigendem α sinkt die Behandlungsintensität und erreicht bei $\alpha = 1$ schließlich das Autarkieniveau $\hat{Z}(1)$.

Abb. 6.2 Moral Hazard ex-post und die optimale Selbstbeteiligungsquote

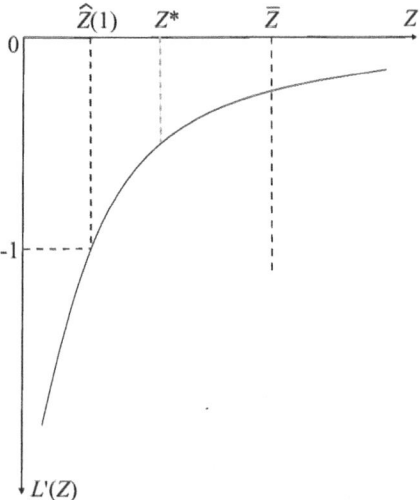

Die optimale Selbstbeteiligungsquote α^* lässt sich ermitteln, indem man den Erwartungsnutzen

$$\pi u(W_0 - \pi(1-\alpha)\hat{Z}(\alpha) - L(\hat{Z}(\alpha)) - \alpha\hat{Z}(\alpha)) + (1-\pi)u(W_0 - \pi(1-\alpha)\hat{Z}(\alpha)) \tag{6.9}$$

als Funktion von α maximiert. Dabei ist berücksichtigt, dass bei einer Selbstbeteiligungsquote α die faire Prämie bei der Deckungssumme Z nur noch $\pi(1-\alpha)Z$ beträgt. Die Bedingung erster Ordnung für dieses Maximierungsproblem führt (unter Beachtung von $L'(\hat{Z}(\alpha^*)) = -\alpha^*$) zu

$$\alpha^* = 1 - \frac{(1-\pi)(u'_g - u'_k)\hat{Z}(\alpha^*)}{((1-\pi)u'_g + \pi u'_k)\hat{Z}'(\alpha^*)} = 1 - \frac{(1-\pi)(u'_k - u'_g) \cdot \alpha^*}{((1-\pi)u'_g + \pi u'_k) \cdot \eta(\alpha^*)}, \tag{6.10}$$

wobei $u'_g = u'(W_0 - (1-\alpha^*)\hat{Z}(\alpha^*))$ und $u'_k = u'(W_0 - (1-\alpha^*)\hat{Z}(\alpha^*) - L(\hat{Z}(\alpha^*)) - \alpha^*\hat{Z}(\alpha^*))$ gesetzt ist. $\eta(\alpha)$ bezeichnet die Elastizität der Nachfrage nach medizinischen Leistungen in Bezug auf den Selbstbeteiligungssatz α, d. h. $\eta(\alpha) = -\frac{\hat{Z}'(\alpha)\alpha}{\hat{Z}(\alpha)}$. An (Gl. 6.10) wird unmittelbar ersichtlich, dass die Höhe des optimalen Selbstbeteiligungssatzes α^* davon abhängt, wie stark die Individuen auf eine Änderung des Selbstbeteiligungssatzes reagieren: Ist die Reaktion stark (schwach), d. h. die Elastizität $\eta(\alpha)$ also groß (klein), ergibt sich unter Effizienzgesichtspunkten für α^* ein hoher (niedriger) Wert. In der Praxis bedeutet das, dass bei lebensnotwendigen Behandlungen mit geringer Preiselastizität der Nachfrage die Selbstbeteiligung niedrig, bei medizinischem Maßnahmen mit erheblichem ästhetischen Zusatznutzen (wie etwa der Warzenentfernung oder dem Zahnersatz) die Selbstbeteiligung jedoch hoch sein sollte.

Wie das Modell zeigt, können die durch Moral Hazard ex post verursachten Fehlanreize im Prinzip auf zweierlei Weise vermieden bzw. abgemildert werden – zum einen durch Leistungsausschlüsse und -begrenzungen und zum anderen durch die Selbstbeteiligung der Patienten an ihren Krankheitskosten, die mit einem eingeschränkten Versicherungsschutz einhergeht. Der von den Individuen erreichte (Erwartungs)Nutzen ist bei der ersten Alternative höher als bei der zweiten. Die Begründung dieser Aussage ist Gegenstand von Übungsaufgabe 6.6. Die Verhinderung von Moral Hazard ex post durch Leistungsbegrenzungen setzt allerdings voraus, dass der Versicherer den Gesundheitszustand des Versicherten und den entsprechenden Behandlungsbedarf genau kennt. Bei einer Selbstbeteiligung ist das nicht der Fall.

Im Vergleich zu anderen Versicherungen wie etwa der Diebstahlversicherung sind aber erhebliche Zweifel daran angebracht, ob diese Instrumente zur Bekämpfung von Moral Hazard ex post und somit zur Kostendämpfung im Gesundheitswesen tatsächlich in der erwünschten Weise funktionieren.

Im Zusammenhang mit Leistungsausschlüssen und -begrenzungen ist festzuhalten, dass es die Vollversicherung in der im Modell zuvor unterstellten idealtypischen Form in der Realität nicht gibt. Sowohl bei privaten als auch staatlichen Krankenversicherungen gibt es vielfältige Formen der Leistungsbegrenzung und -kontrolle, die die Wahlfreiheit der Versicherten einschränken: Auch auf Grundlage von Kosten-Nutzen-Analysen sind manche Therapien von vorneherein von der Finanzierung durch die jeweilige Versicherung ausgeschlossen. In Deutschland wird diese Aufgabe seit 2004 vom durch die gesetzlichen Krankenkassen finanzierten Institut für Qualität und Wirtschaftlichkeit in Gesundheitswesen IQWiG übernommen. In anderen Ländern wie z. B. Großbritannien basieren Kosten-Nutzen-Analysen (vgl. Breyer et al. 2012, Kap. 2) auf dem allerdings umstrittenen Konzept der qualitätsbereinigten Lebensjahre (Quality Adjusted Life Years, QALYs), bei dem der Wert medizinischer Leistungen danach bewertet wird, wieviel zusätzliche Lebensjahre sie einem Patienten gewähren – wobei die Zahl der gewonnenen Lebensjahre mit Faktoren gewichtet wird, welche die in diesen Lebensjahren erzielte Lebensqualität angeben. Ein dauerhaft verschlechterter Gesundheitszustand führt dabei zu niedrigeren Gewichtungsfaktoren.

Zudem bedarf der Zugang zu einer Vielzahl von der Versicherung finanzierter Therapien (von der Massage bis zur MRT-Untersuchung und teuren Operationen) einer ärztlichen Verordnung, sodass insbesondere Hausärzte als „Türhüter" beim Zugang zu anspruchsvolleren medizinischen Leistungen fungieren. Allerdings ist in vielen Fällen damit zu rechnen, dass die Patienten moralischen Druck auf die behandelnden Ärzte ausüben und diese zu großzügigem Verhalten bewegen. Zu Moral Hazard ex post kommt es dann auf indirektem Wege. Eine Leistungsbegrenzung wird auch erreicht, wenn die Versicherungsgesellschaften ihren Versicherten nur den Zugang zu bestimmten Leistungserbringern, Ärzten und Kliniken, gewähren, auf deren Leistungsangebot sie direkten Durchgriff haben. Als „Managed Care" ist ein solches selektives Kontrahieren zwischen Versicherern und Leistungsanbietern insbesondere aus den Vereinigten Staaten bekannt (vgl. Glied 2000; McGuire 2011).

Weitgehende Ausschlussklauseln würden zudem die Erfüllung des eigentlichen Versicherungszwecks gefährden und unvermeidlich Rechtsstreitigkeiten provozieren, für die im Falle schwerer lebensbedrohlicher Erkrankungen keine Zeit bleibt und die für die Betroffenen psychisch nur schwer zu ertragen sind. Stirbt ein Versicherter in Folge einer Nicht-Gewährung von Leistungen oder erleidet er bleibende Schäden, erscheint dies nicht nur aus ethischen Gründen fragwürdig, sondern es drohen auch Schadensersatzforderungen und rufschädigende Medienkampagnen. Deshalb haben auch private Versicherungsgesellschaften, zumindest in Deutschland, zumeist kein allzu großes Interesse an weitgehenden Ausschlussklauseln. In einem öffentlichen Gesundheitswesen sorgt der öffentliche Druck dafür, dass die Leistungsbegrenzung gerade bei schweren und kostspieligen Krankheiten beschränkt bleibt.

Bei der Selbstbeteiligung der Patienten kommen in der Praxis verschiedene Formen zur Anwendung, die in Bezug auf Moral Hazard ex post unterschiedliche Verhaltensanreize bei den Versicherten auslösen und die wir jetzt im Rahmen eines Angebots-Nachfrage-Modells analysieren wollen. Dabei beschreibt p den Abgabepreis für ein medizinisches Gut (z. B. den Apothekenpreis für ein Medikament oder den Preis für eine Zahnkrone), den der Leistungserbringer erhält und h die von den Individuen von diesem Gut konsumierte Menge, die – wie üblich – mit steigendem Preis fallen soll. Mit $s(p)$

wird die in p wachsende Angebotsfunktion und mit $h(p)$ die in p fallende Nachfrage-funktion für dieses Gut beschrieben.

Bei einer *Festbetragsregelung* erhält der Versicherte unabhängig vom Preis der Leistung nur einen fixen Zuschuss d pro in Anspruch genommener Leistungseinheit, beispielsweise für eine bestimmte Form des Zahnersatzes. Den Rest der Kosten muss er selber tragen. In einem Preis-Mengen-Diagramm verschiebt sich die ursprüngliche Nachfragekurve hierdurch um den Zuschussbetrag d parallel nach oben. Der von den Versicherten effektiv zu zahlende Preis vermindert sich so genau um d, die neue Nach-fragekurve lautet $h(p-d)$. Wenn nun der Festbetrag auf $\tilde{d}$ gesenkt und damit die Selbst-beteiligung der Patienten erhöht wird, verschiebt sich die Nachfragekurve parallel nach unten (vgl. Abb. 6.3). Die neue Nachfragekurve $h(p-\tilde{d})$ liegt dann im Abstand $d-\tilde{d}$ unterhalb von $h(p-d)$. Die durch die Absenkung von d auf $\tilde{d}$ bewirkte Nachfrage-dämpfung fällt dabei umso größer aus, je flacher die Angebotsfunktion und die Nach-fragefunktion verlaufen, d. h. je elastischer Angebot und Nachfrage auf eine Veränderung des Preises reagieren. Diese Effekte sind völlig analog zu denen, die sich bei Erhöhung einer Mengensteuer auf den Verbrauch eines Gutes ergeben. Aus der theoretischen Steuerwirkungslehre sind diese Effekte wohlbekannt.

Von den Angebots- und Nachfrageelastizitäten hängen auch die von der Erhöhung der Selbstbeteiligung bewirkten Verteilungseffekte ab. Die Versicherten werden durch die Absenkung des Festbetrags umso weniger belastet, je elastischer ihre Nachfrage und je unelastischer das Angebot der entsprechenden medizinischen Leistung ist, d. h. je flacher die Nachfragefunktion und je steiler die Angebotsfunktion in Abb. 6.3 ist. Es gelingt ihnen in diesen Fällen ihre zusätzliche Belastung zumindest teilweise auf die Anbieter zu überwälzen. Bei im Extremfall völlig preisunelastischem Angebot tragen hingegen die Anbieter die volle aus der Senkung des Festbetrags resultierende Last.

Bei einer *proportionalen Selbstbeteiligung* mit dem Selbstbeteiligungsfaktor α ver-ändert sich die ursprüngliche Nachfragefunktion $h(p)$ zu $h(\alpha p)$. In Abb. 6.4 bedeutet dies, dass die Nachfragekurve im Abszissenschnittpunkt nach oben gedreht wird. Die Versicherung übernimmt in diesem Fall den Anteil $(1-\alpha)$ der Kosten. Wenn der Selbst-

Abb. 6.3 Verschiebung der Nachfragekurve durch einen Festbetrag

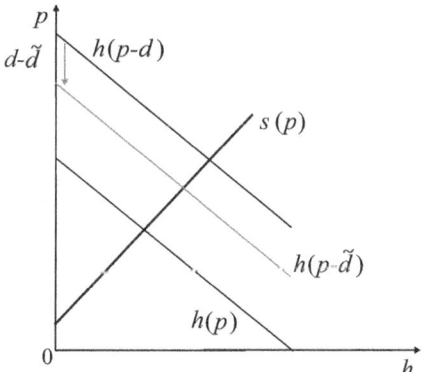

Abb. 6.4 Drehung der
Nachfragekurve durch
proportionale Selbstbeteiligung

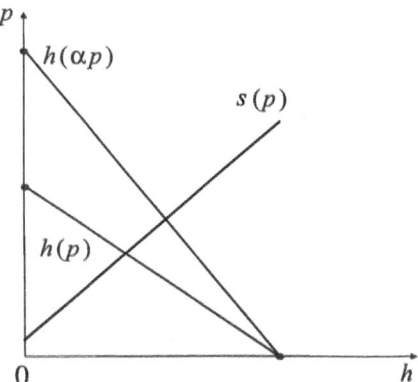

beteiligungsfaktor erhöht wird und die Versicherungsleistung sinkt, dreht sich die Nachfragekurve wieder nach unten. Die dabei entstehenden Wirkungen sowohl auf das Verhalten der Versicherten als auch auf die Verteilung der Zusatzbelastung zwischen Anbietern und Nachfragern sind im Prinzip die gleichen wie die bei der Senkung eines Festbetrages, die wir zuvor herausgearbeitet haben.

In diesem einfachen Modell sind die Festbetragsregelung und die proportionale Selbstbeteiligung insofern zueinander äquivalent, als durch entsprechende Anpassung der Parameter d und α die gleichen Nachfrageeffekte und die gleichen Belastungswirkungen für die Versicherten erreicht werden können.

Diese Äquivalenz zwischen Festbetragsregelung und proportionaler Selbstbeteiligung gilt aber nur bei einer rein statischen Betrachtungsweise. An einem Beispiel, in dem es um die Auswirkungen des medizinischen Fortschritts geht, lässt sich dies leicht klarmachen: Angenommen im Ausgangszustand sei der Festbetrag für ein bestimmtes Medikament auf 10 € festgesetzt. Die Wirkung auf das Nachfrageverhalten des Versicherten soll dabei die gleiche sein wie bei einer proportionalen Selbstbeteiligung von 20 %. Es werde jetzt ein neues Medikament entwickelt, das besser wirkt bzw. mit geringeren Nebenwirkungen verbunden ist als das ursprüngliche, dessen Herstellung aber zusätzliche Kosten in Höhe von 100 € verursacht. Die zusätzliche Zahlungsbereitschaft des Individuums für diese medizinische Innovation belaufe sich aber nur auf 50 €. Beim Festbetrag von 10 € wird das Individuum beim ursprünglichen Medikament bleiben, bei der proportionalen Selbstbeteiligung von 20 % wird es sich jedoch für das neue Medikament entscheiden. Dem Zusatznutzen von 50 € steht ja eine individuelle Kostenbelastung von lediglich 20 € gegenüber. Die Ausgaben der Krankenversicherung wachsen jedoch um 80 €, obwohl gemessen am individuellen Nutzen-Kosten-Kalkül die neue Therapie nicht einmal vorteilhaft ist. Eine Festbetragsregelung trägt hier also nicht nur zur bloßen Kostendämpfung bei, sondern führt auch zur Erreichung der ökonomisch effizienten Lösung. Aus ökonomischer Sicht ergibt sich deshalb eine gewisse Präferenz für Festbeträge gegenüber einer proportionalen Selbstbeteiligung, weil der Konsument bei einem Festbetrag mit den vollen Zusatzkosten der Behandlung konfrontiert ist.

Abb. 6.5 Die individuelle
Nachfrageentscheidung bei
einer Abzugsfranchise

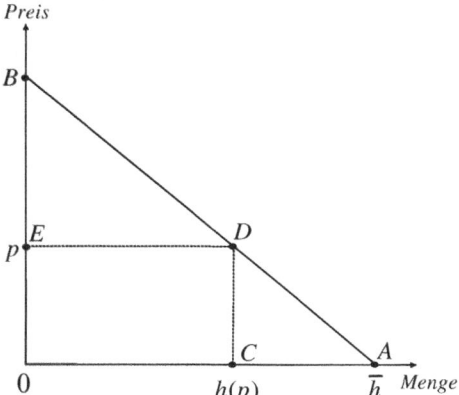

Eine weitere Form der Selbstbeteiligung sind *Selbstbehaltsregelungen (Abzugs-franchisen)*, bei denen die Versicherten alle in einem Jahr anfallenden Ausgaben für Gesundheitsleistungen aus der eigenen Tasche bezahlen müssen, bis der Selbstbehalts-/ Franchise-Betrag F erreicht ist. Alle darüber hinaus gehenden Ausgaben werden von der Versicherung übernommen. In der folgenden theoretischen Analyse für diese Form der Selbstbeteiligung beschreibt Abb. 6.5 das Nachfrageverhalten eines einzelnen Individuums, in dessen Krankenversicherungsbetrag der Franchise-Betrag F vorgesehen ist.

Angenommen, ein bestimmter Preis p für das betreffende Gesundheitsgut sei gegeben. Für das betrachtete Individuum könnten jetzt im Prinzip zwei Optionen lohnend sein: zum einen die Wahl der Menge $h(p)$ – wie im Fall ohne Versicherung – und zum anderen (bei Ausnutzung des Franchise-Betrags) der Konsum der Sättigungs-menge $\bar{h}$, die im Schnittpunkt A der Nachfragekurve mit der Mengenachse liegt und die das Individuum wählen würde, wenn ihm das betreffende Gut kostenlos zur Verfügung gestellt würde. Wir überlegen uns nun, wovon es abhängt, welche der beiden Alternativen für den Versicherten die vorteilhaftere ist und von diesem somit gewählt werden wird.

Bei Entscheidung für die erste Alternative erhält das Individuum die Nettokonsumentenrente EDB (= Bruttokonsumentenrente $OCDB$ abzgl. Aufwendungen $OCDE$). Bei einer Entscheidung für die zweite Alternative (die Sättigungsmenge) steigt die Bruttokonsumentenrente um die Fläche des Trapezes $OADE$ (auf OAB) und die Ausgaben des Individuums betragen F. Die Entscheidung des Individuums hängt also vom Größenvergleich der Trapezfläche $OADE$ und dem Franchisebetrag F ab. Indifferenz zwischen den beiden Optionen herrscht bei einem Preis $\hat{p}$, bei dem gerade $OADE = F$ gilt. Ein solcher Schwellenpreis $\hat{p}$ existiert und ist eindeutig bestimmt, falls wir $OAB > F$ annehmen. Bei sehr niedrigen Preisen ist $OADE$ ja sehr klein, während sich diese Trapezfläche bei hohen Preisen der Fläche OAB annähert.

Abb. 6.6 Die Veränderung
der Nachfragefunktion durch
eine Abzugsfranchise

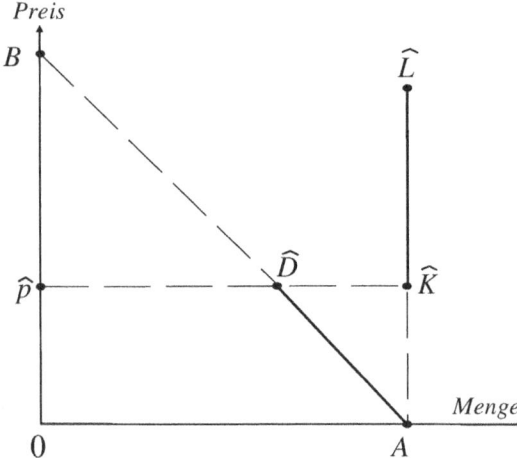

Bei einem Preis $p > \hat{p}$ wird sich das Individuum dann die Sättigungsmenge $\overline{h}$ nachfragen. Bei einem niedrigen Preis $p < \hat{p}$ wird es hingegen die Menge $h(p)$ wählen. Insgesamt gesehen ergibt sich also eine Nachfragekurve, die den in Abb. 6.6 dargestellten Verlauf aufweist und aus den Teilkurven $A\hat{D}$ und $\hat{K}\hat{L}$ besteht.

Der amerikanische Gesundheitsökonom *Mark Pauly,* von dem dieses Modell stammt, beschreibt dessen Ergebnis folgendermaßen: Unter einer Abzugsfranchise verhält sich das Individuum entweder so, als wäre es voll versichert, oder so, als wäre es überhaupt nicht versichert (Pauly 1968, S. 534). Der Anreiz zur Einschränkung der Nachfrage bleibt somit begrenzt. Um einen nachfragedämpfenden Effekt auch bei kostspieligen medizinischen Leistungen zu erreichen, müsste stattdessen für eine echt positive *Grenz*belastung der Patienten bei allen Nachfrageniveaus gesorgt werden. Dann wäre aber zu befürchten, dass der Versicherungsschutz erheblich ausgehöhlt wird und besonders ärmere Individuen in Relation zu ihrem Einkommen übermäßig belastet würden. Empirische Untersuchungen (z. B. Werblow und Felder 2003) zeigen, dass Selbstbehaltsregelungen trotz dieser Einwände einen nicht unerheblichen Einfluss auf die Ausgaben von Patienten und Krankenversicherungen haben.

Analysiert man die Anreizwirkungen von Selbstbeteiligungsmechanismen in dem üblichen mikroökonomischen Zwei-Güter-Haushaltsmodell, in dem eines der betrachteten Güter ein medizinisches Gut darstellt, ist ein zusätzlicher Effekt zu beachten, wenn in Folge der gestiegenen Selbstbeteiligung die Versicherungsbeiträge gesenkt werden. Falls das Gesundheitsgut ein normales Gut ist, wirkt der dabei ausgelöste Einkommenseffekt ja auf eine höhere Nachfrage nach diesem Gut hin. Bei einkommensabhängigen Beiträgen wie im System der Gesetzlichen Krankenversicherung in Deutschland tritt dieser Einkommenseffekt besonders bei den Beziehern höherer Einkommen auf, die verglichen mit den höheren Zuzahlungen von der Bcitragsreduktion überproportional profitieren. Die von einer Selbstbeteiligung erhoffte Nachfrage-dämpfung wird in diesem Falle vermindert, unter realistischen Bedingungen jedoch nicht völlig zunichtegemacht.

Eine andere Frage ist, ob die von einer Selbstbeteiligung der Patienten ausgehende Lenkungswirkung auch immer als wünschenswert gelten kann. So wird befürchtet, dass die Versicherten zögern könnten, bereits beim Auftreten der ersten Krankheits-symptome zum Arzt zu gehen, wenn sie einen Teil der dabei anfallenden Kosten selber tragen müssen. Bei verspätetem Therapiebeginn könnten die gesamten Behandlungs-kosten dadurch sogar steigen. In diesem Zusammenhang wird auch auf die Gefahr hin-gewiesen, dass das individuelle Humankapital durch die Unterlassung einer rechtzeitigen medizinischen Behandlung (und eine auf diese Weise bedingte vorzeitige Invalidität) beeinträchtigt werden könnte. Obwohl es entsprechende Einzelfälle sicher gibt, ist dieses Phänomen – wie die vorliegenden empirischen Untersuchungen (etwa aus dem Kranken-versicherungs-Experiment der RAND Corporation, vgl. Manning et al. 1987) zeigen – statistisch betrachtet von keiner allzu großen Bedeutung. Ein rationaler Patient wird ja antizipieren, dass mit Zeitverzögerung auftretende höhere Behandlungskosten auch mit höheren Zuzahlungen verbunden sein werden, sodass sich das Verschleppen von Krank-heiten für ihn nicht einmal finanziell lohnt. Trotzdem wird dieses Argument gegen Selbstbehaltsregelungen in der öffentlichen Diskussion um die Reform des Gesundheits-wesens insbesondere von der Ärztelobby immer wieder vorgebracht.

Inwieweit die Nachfrage nach Gesundheitsgütern überhaupt preiselastisch ist, bleibt umstritten. Gezeigt hat sich, dass in vielen Fällen längere Wartezeiten wesentlich stärker nachfragedämpfend wirken als Zuzahlungen – zumindest solange diese auf einem moderaten Niveau bleiben.

Folgerung 6-5

Zur Verhinderung von Moral-Hazard-Verhalten ex ante und ex post liegt es nahe, die Patienten an ihren individuellen Behandlungskosten in gewissem Umfang zu beteiligen. Die dabei erzielten Lenkungseffekte hängen in starkem Maße von der ver-wendeten Form der Selbstbeteiligung sowie von der Preiselastizität des Angebots ab und sind auch nicht in jedem Falle positiv zu beurteilen. ◄

6.2.2 Angebotsinduzierte Nachfrage

Zuvor bereits hatten wir im Informationsgefälle zwischen Arzt und Patient ein spezi-fisches Merkmal des Gesundheitsbereichs erkannt. Bei der Entscheidung über Diagnose und Therapie sind die Individuen in ganz erheblichem Maße auf die Beratung durch Ärzte angewiesen. Schon deswegen stimmt die Vorstellung, Patienten seien Kunden, die gemäß ihren Präferenzen über ihre Nachfrage nach medizinischen Gütern frei und rational entscheiden, mit der Realität kaum überein. Vielmehr können die Ärzte (d. h. die eigentlichen Leistungsanbieter) die von ihnen erbrachten Leistungen in weiten Grenzen selber bestimmen. In diesem Sinne ist die Nachfrage nach ärztlichen Leistungen sicher „anbieterdeterminiert". Problematisch wird dieser Umstand dann, wenn die Anbieter ihre Ratschläge nicht im besten Interesse des Patienten geben, sondern dabei ihre eigenen Einkommensinteressen im Auge haben. Dann besteht die Gefahr, dass bei einer Zunahme des Angebots (d. h. der Zahl der Ärzte pro Kopf der Bevölkerung) auch zu einer bewussten Stimulierung der „Nachfrage" kommt, sodass man von einer „angebotsinduzierten Nachfrage" sprechen muss.

Eine wichtige Rolle spielt in diesem Zusammenhang auch, dass in fast allen Bereichen der medizinischen Versorgung die technische Ausstattung im Laufe der Zeit immer anspruchsvoller geworden ist. Der Übergang zur „Apparatemedizin" (Ultraschall, MRT etc.) bedeutet aber einen höheren Fixkostenanteil an den Ausgaben. Der Zwang zur Amortisierung dieser Fixkosten und der dadurch entstehende Kostendruck begünstigt die Ausweitung der medizinischen Leistungen zusätzlich.

Geringe Kontrollmöglichkeiten seitens des Patienten führen aber nicht nur zu unnötigen Therapien, sondern erleichtern es den Leistungsanbietern zudem, sogar nicht erbrachte Leistungen abzurechnen. In einem System wie dem der Gesetzlichen Krankenversicherung in Deutschland, in dem Patienten nie eine Arztrechnung zu Gesicht bekommen, sind solche individuellen Aktivitäten immer wieder zu beobachten. Die mit angebotsinduzierter Nachfrage und schlichtem Betrug zusammenhängenden Probleme treten nicht nur im Gesundheitssektor auf. Bei Reparaturen komplizierter technischer Geräte ist man darauf angewiesen, dass einem Fachleute sagen, was notwendig und sinnvoll ist. So ist man immer mit der Gefahr konfrontiert, dass Kfz-Werkstätten nicht erbrachte Leistungen abrechnen oder unnötig kostspielige Reparaturen durchführen.

Das Problem der angebotsinduzierten Nachfrage kann anhand des folgenden kleinen theoretischen Modells beschrieben werden. Die Nutzenfunktion $u(y,F)$ eines Arztes hat dabei zwei Argumente: Geldeinkommen y und Freizeit F. Der Gebührensatz („Preis") für eine medizinische Leistung sei p, der Leistungsumfang wird mit H bezeichnet. Bei der Erbringung von H entstehen Praxiskosten in Höhe von $C(H)$. Der Zeitaufwand, den der Arzt für die Erbringung der Leistung H benötigt, beträgt γH. Wichtig ist jetzt, dass H nicht exogen gegeben ist, sondern vom Arzt durch bestimmte Maßnahmen beeinflusst werden kann, die ihrerseits Kosten verursachen. Dabei denken wir in erster Linie an den Zeitaufwand, den der Arzt benötigt, um die Patienten von der Nützlichkeit bzw. Notwendigkeit bestimmter Therapieformen zu überzeugen. Die Zeit, die ein Arzt in solche „Werbemaßnahmen" investiert, bezeichnen wir mit V. Der Leistungsumfang H ist dann eine Funktion von V (formal: $H(V)$), die mit steigendem V wächst. Der Nutzen des Arztes beträgt dann

$$u(\underbrace{pH(V) - C(H(V))}_{y}, \underbrace{\overline{F} - \gamma H(V) - V}_{F}),$$

wobei $\overline{F}$ wie üblich für die Zeitausstattung steht. Wenn man diesen Nutzen nach V ableitet, ergibt sich als Bedingung erster Ordnung

$$u_y \cdot (pH' - C'H') - u_F \cdot (\gamma H' + 1) = 0 \text{ bzw. } p - C' = \frac{u_F}{u_y}(\gamma + \frac{1}{H'})$$

Dabei bezeichnen u_y bzw. u_F die Grenznutzen aus Einkommen $\partial u/\partial y$ bzw. Freizeit $\partial u/\partial F$.

Der Grenzgewinn an Einkommen auf der linken Seite dieser Gleichung entspricht im individuellen Optimum also den marginalen Zeitaufwendungen auf der rechten Seite, die mit den Opportunitätskosten der Zeit u_F/u_y bewertet werden. Je größer H' ist, d. h. je stärker Maßnahmen zur Nachfragestimulierung wirken, desto kleiner wird im Optimum die rechte und folglich auch die linke Seite dieser Gleichung. Wenn die Produktions-kostenfunktion $C(H)$ einen steigenden Grenzkostenverlauf aufweist, d. h. $C''(H) > 0$ gilt, ergibt sich daraus (d. h. aus einer Erhöhung von H') im Optimum eine Zunahme sowohl des Leistungsumfangs H als auch des Arzteinkommens $pH - C(H)$. Dies bestätigt, dass verbesserte Möglichkeiten zur nachfrageinduzierten Leistungsausweitung den monetären Gewinn des Arztes erhöhen.

In der Realität hängen die Anreize eines Arztes zu angebotsinduzierendem Verhalten von verschiedenen Faktoren ab:

- den Charakteristika des Arztes
- dem Zeitraum seit Gründung der Praxis
- der Ärztedichte in der Region
- der Art der Honorierung der ärztlichen Leistung
- dem Umfang des Versicherungsschutzes bzw. dem Grad der Selbstbeteiligung bei den Patienten.

Im Hinblick auf diese Faktoren ist insbesondere mit einer stärkeren Angebotsinduzierung der Nachfrage seitens eines Arztes zu rechnen,

- wenn er in einer Fachrichtung tätig ist, die hohe Investitionen in medizinische Geräte erfordert (wie bei Radiologen),
- wenn er jung ist, seine Praxis noch nicht lange betreibt, er seine Investitionen amortisieren muss, er noch über keinen allzu großen Patientenstamm verfügt und er deshalb einem hohen Kostendruck ausgesetzt ist,
- wenn die Ärztedichte in einer Region hoch ist, Überkapazitäten bestehen und ein einzelner Arzt somit um die Auslastung seiner Kapazität fürchten muss,
- wenn das herrschende Vergütungssystem die Deckung der Fixkosten nur unzureichend absichert, vor allem wenn Einzelleistungsvergütung vorherrscht,
- wenn der Deckungsgrad der Krankenversicherungen sinkt und somit die originäre Nachfrage nach medizinischen Leistungen zurückgeht.

Vergleichbare Determinanten für angebotsinduziertes Verhalten von Leistungsanbietern werden speziell für Deutschland auch im Krankenhausbereich festgestellt (vgl. Wissenschaftlicher Beirat 2018), wobei der Honorierungsform und dem Bestehen von Über-kapazitäten besondere Bedeutung beigemessen wird.

Ökonometrische Studien zeigen seit langem die hohe empirische Relevanz der angebotsinduzierten Nachfrage im Gesundheitsbereich. In seiner klassischen, auf die Vereinigten Staaten der 1960er Jahre bezogenen Studie gelangte Fuchs (1978) zum Ergebnis, dass eine Steigerung der Ärztedichte bei Chirurgen um 10 % die Häufig-keit von Operationen um 3 % erhöht. Eine auf das Verhalten niedergelassener Ärzte in Deutschland bezogene Studie hat gezeigt, dass es zwischen den Konsultationen pro Krankenschein und der Ärztedichte einen signifikanten Zusammenhang gibt (vgl. Breyer 1984). Ein Unterschied zwischen jungen und alten Ärzten ließ sich hier jedoch nicht beobachten. Das Ergebnis sieht gemäß dieser Studie anders aus, wenn man die Konsultationen pro Patient und die Kosten pro Konsultation betrachtet. Hier ist das Alter des Arztes von entscheidender Bedeutung. Bei jungen Ärzten fallen deutlich mehr Kosten an als bei alten. Allerdings deutet diese Beobachtung nicht zwangsläufig auf eine angebotsinduzierte Nachfrage im engeren Sinne hin. Sie lässt sich vielmehr auch so erklären, dass in erster Linie jüngere Ärzte über eine moderne Praxiseinrichtung ver-fügen, die gewisse aufwendigere Diagnose- und Therapieformen überhaupt erst erlaubt.

Den Problemen, die von angebotsinduzierter Nachfrage im Gesundheitswesen ver-ursacht werden, kann man auf verschiedene Weise begegnen. Naheliegend ist natürlich eine bessere Kontrolle der Notwendigkeit von Diagnose- und Behandlungsverfahren im Einzelfall. Abgesehen von Fällen echten Missbrauchs gibt es hier aber einige prinzipielle Hindernisse. Zum einen ist eine solche Kontrolle im medizinischen Bereich selber mit erheblichen Kosten verbunden. Die in weiten Bereichen bestehende (kosten-sparende) Einheit von Diagnose und Therapie würde teilweise aufgehoben. Zudem setzt eine effektive Kontrolle voraus, dass *Standards ("Leitlinien")* für eine angemessene Behandlung definiert werden.

Derartige Leitlinien sollen nicht nur Kosten sparen helfen, sondern auch die Quali-tät der Behandlung heben, indem unnötige und den Patienten belastende Leistungen (wie Röntgenaufnahmen) eingespart werden. Im Einzelfall können sie jedoch die Quali-tät ärztlichen Handelns auch beeinträchtigen. Patienten befürchten teilweise zu Recht, dass Behandlungsstandards dazu führen können, dass ihnen nicht mehr die bestmög-liche Therapie zuteilwird. Jeder Standard stellt auch eine Art Rationierung dar, die bei Patienten und Ärzten auf Ablehnung stößt. Mit Widerstand vonseiten der Ärzte ist auch deswegen zu rechnen, weil sie sich durch feste Leitlinien in ihrer Therapiefreiheit beschränkt sehen. In einem Gesundheitssystem mit begrenzten Kapazitäten und einer fixen Entlohnung werden die Ärzte Therapierichtlinien dagegen eher begrüßen, weil sie zu einer Verminderung der Arbeitsbelastung und einer verbesserten individuellen Absicherung führen können. Generell ist zu erwarten, dass eine Begrenzung der Ärzte-zahl und die somit verbundene hohe zeitliche Beanspruchung eines einzelnen Arztes das Problem der angebotsinduzierten Nachfrage erheblich vermindert. Diese Form der Kostendämpfung dürfte bei den Erkrankten aber kaum auf besondere Gegenliebe stoßen, weil sie mit einer erheblichen Verlängerung der Wartezeiten erkauft wird.

Folgerung 6-6

Aufgrund von Informationsdefiziten bei den Patienten können im Gesundheitswesen die Anbieter den Umfang ihrer Leistungen in erheblichem Maße selber bestimmen, wodurch es zu einer übermäßigen und ineffizienten Ausdehnung der erbrachten Leistung kommen kann. Die Ansätze zur Abmilderung des Problems der angebotsinduzierten Nachfrage (wie die Einführung von Behandlungsleitlinien oder eine Beschränkung von Behandlungskapazitäten) entsprechen aber nicht immer den Wünschen der Patienten und stoßen auf Ablehnung bei den Ärzten. ◄

Dieses letzte Argument deutet bereits darauf hin, dass das Ausmaß der Leistungsausweitung im Gesundheitsbereich in starkem Maße davon abhängt, wie die Vertragsbeziehungen mit den Leistungsanbietern (Ärzten, Krankenhäusern, Pharmafirmen, …) ausgestaltet sind und vor allem welche Vergütungsform gewählt wird. Dem Problem der Ausgestaltung von Honorierungsverfahren und der damit verbundenen Wirkungen wollen wir uns jetzt zuwenden (vgl. hierzu auch Chalkley 2018; Greiner et al. 2019, insbes. Kap. 6).

6.2.3   Ökonomische Anreize bei verschiedenen Entlohnungsschemata für Leistungsanbieter

Wie durch die vorherigen Überlegungen gezeigt wurde, ist es aus ökonomischer Sicht wichtig, durch geschickt gestaltete Honorierungssysteme das Eigeninteresse der Beteiligten und insbesondere der Leistungsanbieter an effizientem und kostengünstigem Verhalten zu wecken, um auf diese Weise die mit angebotsinduzierter Nachfrage und Moral Hazard ex post verbundenen Probleme abzumildern. Zum besseren Verständnis dieser Problematik wollen wir jetzt verschiedene im Gesundheitsbereich praktizierbare Entlohnungsschemata im Hinblick auf die von ihnen geschaffenen Anreize zu einer effizienten Leistungserbringung diskutieren (vgl. Ellis und McGuire 1990; Ma 1994).

Erstattung der Kosten

Diese Vergütungsform erscheint vor allem gegenüber nicht-gewinnorientierten Leistungsanbietern wie Krankenhäusern mit karitativen Trägern nur recht und billig zu sein, denn wer wollte diese Anbieter dazu nötigen, Verluste zu machen? Dennoch hat sie sehr negative Wirkungen, denn sie vermittelt weder einen Anreiz, nur die medizinisch notwendigen Leistungen zu erbringen noch diese in kosteneffizienter Weise bereitzustellen, weil die Leistungsanbieter aus einer sparsameren Mittelverwendung keinerlei Vorteil ziehen können.

Entlohnung nach Einzelleistungen

Die Kosteneffizienz bei der Erbringung einer einzelnen Leistung wird bei diesem Honorierungsverfahren zwar wenig gefährdet, ein Anreiz zur Überversorgung bleibt jedoch bestehen. Diese Form der Entlohnung lässt sich zudem nicht problemlos auf den Krankenhausbereich anwenden, da dort eine integrierte Form der Leistungserstellung vorliegt. Die detaillierte Abrechnung von Einzelleistungen ist deshalb in diesem Fall zumindest zu aufwendig.

Entlohnung nach Behandlungsdauer

Die Differenzierung kann auch nach der Behandlungsdauer (etwa durch „tagesgleiche Pflegesätze" im Krankenhaus) erfolgen. Wegen des dabei entstehenden Anreizes zu einer Ausdehnung der Verweildauer führt dieser Ansatz aber zu erheblichen Ineffizienzen. Die Abschiebung Pflegebedürftiger ins Krankenhaus wird gefördert, eine aussagekräftige Rechnungslegung bei den Leistungsanbietern ist nicht zu erwarten.

Entlohnung nach Anzahl der potenziellen Patienten

Individuen schreiben sich bei diesem Entgeltverfahren zu Beginn eines Jahres bei bestimmten Leistungsanbietern ein. Die jeweiligen Anbieter erhalten dann eine Pauschalzahlung für jeden eingeschriebenen Patienten, unabhängig davon, ob im betreffenden Zeitraum eine Behandlung erfolgt ist oder nicht. Dabei ist aus ökonomischer Sicht positiv zu werten, dass nicht nur Anreize zur Übertherapie, sondern auch zur Überdiagnose vermieden werden. Der Leistungsanbieter erleidet ja materielle Nachteile, wenn er zusätzliche Leistungen jeglicher Art erbringt. Die Ausgaben der Krankenversicherungen lassen sich in diesem System vorab ziemlich genau kalkulieren: Dass es innerhalb eines bestimmten Jahres zu unerwarteten Kostensteigerungen für sie kommt, ist durch die Konstruktion dieses Systems weitgehend ausgeschlossen. Zudem ergibt sich ein Anreiz zur sorgfältigen Behandlung der Patienten, wenn ein Leistungs-anbieter damit rechnen muss, dass er die Folgekosten einer unzulänglichen Behandlung selber zu tragen hat. Der Arzt hat ein materielles Interesse daran, dass die bei ihm ein-geschriebenen Individuen gesund bleiben. Sind die Patienten mit der Qualität der Behandlung bei einem Arzt nicht zufrieden, können sie in der nächsten Periode zu einem anderen Anbieter wechseln, was Leistungsanreize schafft und den Qualitätswettbewerb zwischen den Anbietern fördert.

Allerdings ist diese Vergütungsform nur beschränkt anwendbar. So eignet sie sich eher für Hausärzte, aber kaum für Fachärzte und Spezialkliniken, bei denen die Inan-spruchnahme nur selten erfolgt und bei denen der Kreis der potenziellen Patienten nur schwer abgrenzbar ist. Als problematisch erscheinen bei diesem Verfahren auch die folgenden Aspekte: Das Behandlungskostenrisiko wird vollständig auf den Leistungs-anbieter verlagert. Insbesondere trägt er ein hohes finanzielles Risiko, wenn sich in seinem Patienten-Pool überdurchschnittlich viele kostspielige Krankheitsfälle sammeln. Krankschreibungen (bei Lohnfortzahlung zu Lasten der Arbeitgeber) können als „Werbemaßnahmen" zur Vergrößerung des Patientenstamms missbraucht werden.

Befürchtet wird auch eine Risikoselektion zulasten der Alten und der schwer Kranken, deren Behandlung in diesem System für die Leistungsanbieter nur zu hohen Zusatzkosten, jedoch nur zu durchschnittlichen zusätzlichen Einnahmen führen. Selbst wenn den Ärzten eine Auswahl der Patienten formell untersagt ist, können sie versuchen, durch unfreundliche Behandlung „unerwünschte" Patienten fernzuhalten. Entsprechende Tricks der Leistungsanbieter lassen sich nur schwer unterbinden. Eine derartige Risikoselektion ließe sich allerdings dadurch vermeiden, dass die Höhe der Pauschale nach dem Gesundheitszustand der Patienten differenziert wird, was bei chronisch Kranken durchaus möglich erscheint.

Pauschale Entlohnung nach Krankheitstypen (Fallpauschalen)

Die Differenzierung bei der Entlohnung von Leistungsanbietern kann auch nach der jeweiligen Krankheitsart erfolgen. Dies führt zum System der diagnoseorientierten *Fallpauschalen,* die v. a. für die Abrechnung von Krankenhausbehandlungen als sinnvolle Alternative erscheinen. Pro Krankheitsfall und Krankheitsbild erhalten die Krankenhäuser bzw. die Ärzte einen Festbetrag. Im Prinzip ist dadurch ein starker Anreiz zu effizienterem Verhalten zu erwarten, da die Leistungsanbieter die Kosten für zusätzliche Einzelleistungen vollständig selber zu tragen haben und ihnen damit die „Kostenverantwortung" zugewiesen wird. Vielfach werden Fallpauschalen auch ganz allgemein als Hebel zur Förderung ökonomischen Denkens v. a. im Krankenhaus-Management angesehen. Man erhofft sich insbesondere eine Stärkung der „Prozessorientierung" in Kliniken sowie eine transparentere Kostenrechnung und dadurch eine bessere Ausnutzung von Wirtschaftlichkeitsreserven gerade in einem Bereich des Gesundheitswesens, in dem die Kostensteigerungen in der Vergangenheit besonders ausgeprägt waren. Ein ökonomischer Leistungsvergleich zwischen den einzelnen Krankenhäusern wird durch eine genauere Kenntnis der jeweiligen Kostenstruktur erleichtert, was die Position der Krankenversicherungen in ihren Verhandlungen mit den Kliniken stärkt und damit zur Kostendämpfung beiträgt.

Allerdings ist ein Fallpauschalen-System trotz dieser vermuteten Vorzüge mit erheblichen Schwierigkeiten konfrontiert, die seiner Einführung in reiner Form entgegenstehen:

- Das System begünstigt absichtliche Fehl- und Überdiagnosen, weil die Leistungsanbieter durch eine Einstufung der Patienten in höher bewertete Krankheitskategorien, d. h. durch „Upgrading", ein höheres Einkommen erzielen können. Um diesem strategischen Verhalten zu begegnen, werden vermehrte Kontrollen seitens der Versicherer erforderlich.
- Es wird befürchtet, dass durch ein Fallpauschalen-System – wie auch durch die „Ökonomisierung" des Gesundheitswesens generell – eine Unterversorgung bei Diagnose und Therapie zum Schaden der Patienten gefördert werden, weil Untätigkeit des medizinischen Personals genauso honoriert wird wie der Einsatz für die Kranken. Die Kritiker des Fallpauschalen-Systems befürchten eine zu starke Unterordnung des medizinisch Notwendigen unter ökonomische Zwänge und damit einen Quali-

tätsverlust in der Krankenhausbehandlung. Frühzeitige Entlassungen von Patienten aus der Klinik werden gefördert, was zwar zu Kosteneinsparungen führt, allerdings für die Patienten auch mit Risiken verbunden ist. Wird bei nicht auskurierten Krankheiten im Sinne eines „Drehtüreffekts" eine erneute Einweisung in ein Krankenhaus erforderlich, drohen insgesamt sogar Kostensteigerungen. Zur Aufrechterhaltung der Behandlungsqualität muss ein Fallpauschalen-System deshalb durch umfangreiche Maßnahmen der Qualitätskontrolle und der Schaffung entsprechender Anreize für die Leistungsanbieter ergänzt werden.

- Die großen Unterschiede zwischen den einzelnen Behandlungsfällen (Komplikationen im Krankheitsverlauf, Kombination verschiedener Krankheiten, Ko-Morbiditäten bzw. Nebendiagnosen) lassen sich bei der praktischen Ausgestaltung von Fallpauschalen nur schwer berücksichtigen. Es besteht deshalb die Gefahr einer Risikoselektion, d. h. die Ärzte und Kliniken haben den Anreiz, erwartungsgemäß schwierige Fälle abzuweisen, bei denen sie nur eine unvollständige Kompensation ihrer Kosten erwarten können.
- Da das finanzielle Risiko in einem Fallpauschalen-System beim Leistungsanbieter liegt, könnte es sogar zu Kostensteigerungen kommen, wenn die Leistungsanbieter eine hohe Risikoprämie zur Abdeckung ihres Kostenrisikos fordern.
- Der administrative Aufwand, den ein Fallpauschalen-System verursacht, ist v. a. in der Einführungsphase hoch. Die erhöhten Verwaltungskosten (und die damit einhergehende Ablenkung der Ärzte von ihrer eigentlichen Aufgabe) müssen bei einer fairen Beurteilung des Fallpauschalen-Systems von den mit dessen Hilfe erzielten Einsparungen bei den Behandlungskosten abgezogen werden.

Jedes prospektive Vergütungssystem wie das der Fallpauschalen beruht auf einer Typisierung der Fälle ex ante, welche die Krankheitsverläufe ex post nur unzureichend abbilden kann. In einem reinen Fallpauschalen-System werden die Leistungsanbieter einerseits erheblichen Kostenrisiken ausgesetzt, andererseits schafft ihnen ihr Informationsvorsprung aber auch die Möglichkeit, das System zu ihren eigenen Gunsten auszunutzen. Die Patienten sind deshalb der Gefahr einer unzureichenden medizinischen Versorgung ausgesetzt – auch weil sie bei schweren, mit hohen Kostenrisiken verbundenen Erkrankungen Schwierigkeiten haben könnten, eine geeignete Behandlungsmöglichkeit zu finden.

Im Rahmen des Fallpauschalen-Systems kann man diesen Problemen dadurch zu begegnen versuchen, dass man die Fallpauschale flexibler gestaltet und mit anderen Vergütungsformen anreichert – wie es im Klinikbereich auch in Deutschland durch Anwendung von *Diagnosis Related Groups* (DRGs) geschieht. Praktische Erfahrungen wie auch die theoretische Analyse optimaler Vergütungssysteme im Gesundheitsbereich (vgl. Breyer et al. 2012, Kap. 10) legen eine gemischte Finanzierung nahe, bei der neben Fallpauschalen auch andere Elemente wie eine fixe Grundvergütung sowie u. U. auch die teilweise Vergütung von Einzelleistungen zum Zuge kommen. Ebenso ist im Rahmen von Mischsystemen auch der Einbau einer zusätzlichen Komponente möglich, die etwa mit Hilfe von Bonuszahlungen Belohnungen für hohe Behandlungsqualität erlaubt.

Zu bedenken ist im Zusammenhang mit der Finanzierung des medizinischen Leistungsangebotes schließlich, dass der Optionsgut-Charakter vieler medizinischer Leistungen die Vorhaltung von Reservekapazitäten (wie Notvorräte an Medikamenten oder Intensivbetten) erfordert, die einer gesonderten Vergütung bedarf. Die Corona-Pandemie hat die Bedeutung dieses in „normalen" Zeiten häufig vernachlässigten Aspekts des Gesundheitssystems deutlich vor Augen geführt.

Die hohe Bedeutung, welche die Gestaltung des Honorierungsverfahrens auf das Verhalten von Ärzten ausübt, zeigt sich mittlerweile auch im Rahmen ökonomischer Experimente mit Medizinstudenten und Ärzten als Probanden (vgl. Hennig-Schmidt et al. 2011; Brosig-Koch et al. 2016, 2017). Dabei bestätigt sich, dass Pauschalzahlungen eine Unterversorgung und Einzelleistungsvergütungen eine Überversorgung der Patienten begünstigen. Die Gewinnorientierung der Leistungsanbieter, die diesem Verhalten zugrunde liegt, wird aber durch eine altruistische patientenorientierte Verhaltenskomponente abgeschwächt, die individuell allerdings höchst unterschiedlich stark ausgeprägt ist. Die in den Experimenten gemachten Beobachtungen bestätigen, dass Mischformen zwischen Pauschal- und Einzelleistungsvergütungen sowie der Einbau einer qualitätsorientierten Honorierungskomponente zu einem effizienteren Ergebnis führen können.

Folgerung 6-7

Die sich durch Moral Hazard ex post und anbieterinduzierten Nachfrage ergebenden Probleme lassen sich durch die Gestaltung des Honorierungsverfahrens für die Anbieter medizinischer Leistungen vermindern. Aus ökonomischer Sicht erscheinen in diesem Zusammenhang pauschale Entlohnungsverfahren wie die mittlerweile im Krankenhausbereich angewandten Fallpauschalen als vorteilhaft, die aber aus verschiedenen Gründen durch andere Honorierungsformen ergänzt werden sollten. ◀

6.3 Alternative Formen der staatlichen Gestaltung des Gesundheitswesens

In den vorherigen Abschnitten haben wir verschiedene Gründe dafür kennengelernt, dass die Märkte für Krankenversicherungen und Gesundheitsleistungen nicht in idealer Weise funktionieren und deshalb keine effizienten Ergebnisse zu erwarten sind. Aus ökonomischer Sicht bestehen deshalb berechtigte Gründe für staatliche Eingriffe in diesem Bereich. Allerdings sind wir bisher noch nicht systematisch der Frage nachgegangen, wie diese Eingriffe im Einzelnen auszugestalten sind. Diesem Thema wenden wir uns in diesem Abschnitt zu.

6.3.1 Gestaltungserfordernisse und -optionen

Im Abschn. 6.1.5 hat sich gezeigt, dass die soziale Grundsicherung, die den Individuen auch ohne Krankenversicherung im Notfall die Übernahme sehr hoher Behandlungskosten gewährt, zu Trittbrettfahrerverhalten einlädt. Es wird dadurch ein Anreiz geschaffen, auf die Versicherung von Krankheitskostenrisiken zu verzichten, was Ineffizienzen verursacht und zu als ungerecht empfundenen Verteilungseffekten führt. Aus diesem Grund liegt es nahe, dass der Staat – zumindest für die große Mehrheit der Bevölkerung, die nicht in der Lage ist, die Kosten der Behandlung schwerer Erkrankungen aus der eigenen Tasche zu bezahlen – eine Krankenversicherungspflicht einführt.

Damit wäre es analog zur Kfz-Haftpflichtversicherung durchaus vereinbar, dass die Individuen ihrer Versicherungspflicht durch Abschluss von Verträgen mit privaten Versicherungsgesellschaften nachkommen, deren Prämienkalkulation in der marktüblichen Weise erfolgt. Die Prämien wären dann unabhängig vom Einkommen und Vermögen der Versicherten, dafür würde bei der Festlegung der Prämienhöhe deren aktuelles Krankheitsrisiko berücksichtigt. Die Konsequenz wäre, dass in einem solchen System die Prämienhöhe zwischen den einzelnen Individuen stark streuen und bei manchen Individuen (solchen mit niedrigen Einkommen und/oder hoher Krankheitsanfälligkeit) die Grenzen der finanziellen Belastbarkeit überschreiten würden. Bei vielen gesundheitlich schlecht disponierten Individuen würde sich zudem überhaupt keine private Krankenversicherung mehr bereitfinden, ihnen Versicherungsschutz zu gewähren. Deshalb wäre eine nicht unwesentliche Zahl von Individuen faktisch nicht in der Lage, der formal bestehenden Versicherungspflicht zu genügen. Zudem besteht für einen großen Teil der Bevölkerung die Gefahr, irgendwann einmal – bei sinkendem Einkommen oder chronischer Erkrankung – in diese missliche Lage zu geraten, d. h. relativ zum Einkommen extrem hohe Prämien zahlen zu müssen oder gänzlich ohne wirksamen Krankenversicherungsschutz zu bleiben.

Aufgrund dieses Prämienrisikos, das im Extrem zu einem Versicherbarkeitsrisiko wird, bedarf es zusätzlicher staatlicher Maßnahmen, die dafür sorgen, dass der Krankenversicherungsschutz für alle Individuen auf Dauer möglich und auch bezahlbar bleibt. Erst dann kann das System der Versicherungspflicht umfassend realisiert werden und den Individuen die von ihnen erwünschte nachhaltige Absicherung verschaffen.

Ohne Eingriffe in den eigentlichen Marktprozess bietet es sich zu diesem Zweck an, den Individuen – bei drohender finanzieller Überlastung – staatliche Zuschüsse zu ihren Krankenversicherungsprämien zu bezahlen. Die Umverteilung zugunsten von Individuen mit geringerem Einkommen und/oder hohem Behandlungskostenrisiko wäre von der eigentlichen Bereitstellung der Versicherungsleistung vollkommen entkoppelt. Jedes Individuum würde einkommensunabhängige und damit risikogerechte Prämien bezahlen. Das marktwirtschaftliche Äquivalenzprinzip käme zum Tragen, und die Versicherungsgesellschaften hätten keinen Anreiz, Risikoselektion zu betreiben und Hoch-Risiko-Individuen den Abschluss von Verträgen zu verwehren. Auf diese Weise würden zwei Fliegen mit einer Klappe erschlagen: Das Problem der adversen Selektion auf Versicherungsmärkten würde vermieden und gleichzeitig wäre dem Solidaritätsgedanken umfassend Rechnung getragen.

Allerdings gibt es, was die Ermittlung der individuellen Bedürftigkeit für Prämienzuschüsse angeht, eine Asymmetrie zwischen den Bedarfskategorien „niedriges Einkommen" auf der einen und „hohes Behandlungskostenrisiko" auf der anderen Seite. Während sich die Höhe des Einkommens eines Individuums in gewissen Grenzen objektiv ermitteln lässt, ist die Einschätzung des finanziellen Mehrbedarfs infolge eines höheren Krankheitsrisikos mit großen Unsicherheiten verknüpft. Dies schafft den Versicherungsgesellschaften erhebliche Manipulationsmöglichkeiten bei der Einstufung der Individuen in Risikoklassen.

Die Gewährung von Prämienzuschüssen hat darüber hinaus Einfluss auf das Verhalten der Versicherten. So wird bei einer staatlichen Subventionierung der Prämien der Widerstand der Individuen gegen Prämienerhöhungen schwinden, selbst wenn diese ungerechtfertigt sind. Diese können sogar von den Versicherten gewünscht werden, wenn damit eine Verbesserung der Versicherungsleistung einhergeht und die Zusatzkosten auf den Staat abgewälzt werden. Um einem solchen Missbrauch zu begegnen, müsste der Staat den Umfang des Versicherungsschutzes und die Prämienkalkulation der Versicherungsgesellschaften detailliert kontrollieren, was – soweit überhaupt möglich – mit erheblichen Kosten verbunden wäre. Dieser Aufwand lässt sich zwar durch Vorgabe fester und an objektiven Kriterien orientierten Regeln zur Risikoklassifizierung vermindern, zieht jedoch eine starke Normierung der Prämien durch den Staat und eine Beschränkung der Handlungsfreiheit der Versicherungsgesellschaften nach sich. Überdies müsste auch dafür gesorgt werden, dass die Versicherungsgesellschaften nicht Individuen abweisen oder ausschließen, die selbst nach den staatlichen Transfers für sie ein Verlustgeschäft darstellen könnten. Es würden umfangreiche Detailregulierungen erforderlich, die den Staat überfordern und den Krankenversicherungsmarkt vom Ideal eines freien Marktes weit entfernen.

Um die mit der Risikoabhängigkeit der Prämien verbundenen Schwierigkeiten von vorneherein zu vermeiden, bietet es sich an, einer gewissermaßen im Sinne des KISS-Prinzips („Keep it simple and stupid") ausgestalteten Regulierung des Krankenversicherungsmarktes den Vorzug zu geben. Dabei würde vom Staat ein Standard-Leistungskatalog vorgegeben, in dessen Rahmen den Versicherungsgesellschaften eine Prämiendifferenzierung nach dem Risikograd des Versicherten nicht gestattet ist und sie gleichzeitig gezwungen werden, auch schlechte Risiken zu versichern. Für die Versicherungsgesellschaften besteht dann sowohl ein Diskriminierungsverbot als auch ein Kontrahierungszwang.

Für eine solche Lösung spricht zudem ein allokationstheoretisches Argument, das die auf der Finanzierungsseite entstehenden Wohlfahrtseffekte in den Blick nimmt: Wenn die Prämienzahlungen von Hochkosten- bzw. Hochrisikogruppen vom Staat bezuschusst werden, ist zu erwarten, dass die Finanzierung dieser Subventionen durch verzerrende und wohlfahrtsschädliche Steuern erfolgt. Bei risikounabhängigen Einheitsprämien erfolgt die Finanzierung der Transferleistungen jedoch automatisch durch

Pauschalzahlungen der Individuen mit niedrigem Risiko, die zu keinen Zusatzlasten führen. Wollte der Staat diese Art der Umverteilung im Steuer-Transfer-Mechanismus nachahmen, müsste er spezielle Pauschalsteuern für Individuen mit gutem Gesundheitszustand und niedriger Erkrankungswahrscheinlichkeiten vorsehen, was bestenfalls als ein Kuriosum der Steuergestaltung gelten könnte.

Folgerung 6-8

Bei risikoabhängigen Prämien, die sich auf einem unregulierten Krankenversicherungsmarkt ergeben würden, ist nicht sichergestellt, dass die Individuen auf Dauer einen für sie bezahlbaren Versicherungsschutz erhalten. Da staatliche Prämienzuschüsse keine praktikable Alternative zur Linderung dieses Problems darstellen, liegt es nahe, den Versicherungsgesellschaften eine risikoabhängige Prämiendifferenzierung zu untersagen („Diskriminierungsverbot") und sie einem Kontrahierungszwang zu unterwerfen. Der Vermeidung von Freifahrverhalten aufseiten der Versicherten dient gleichzeitig eine allgemeine Krankenversicherungspflicht. ◄

Das Diskriminierungsverbot und der Kontrahierungszwang legen den Regulierungsrahmen für den Krankenversicherungsmarkt aber erst zum Teil fest. Zu dessen vollständiger Ausgestaltung sind darüber hinaus Regelungen in zwei anderen Bereichen erforderlich, wobei weitere gesundheitspolitische Grundsatzentscheidungen nötig werden.

Zum einen ist zu klären, wie die Finanzierung der Krankenversicherungsprämien für einkommensschwache Individuen vorgenommen werden sollte, um bei der Krankenversicherung einen Ausgleich zwischen Arm und Reich herzustellen. Ein entsprechender sozialer Ausgleich, über dessen Wünschbarkeit im Prinzip ein breiter gesellschaftlicher Konsens besteht, lässt sich innerhalb des Krankenversicherungssystems durch einkommensabhängige Prämien bzw. Beiträge erreichen. Was dabei aber als prämienpflichtiges Einkommen zu gelten hat, liegt zunächst nicht eindeutig fest. In vielen Ländern werden hauptsächlich Lohneinkünfte zur Beitragsbemessung herangezogen, was die Frage nahelegt, ob die Beitragspflicht auf andere Einkommensteile ausgeweitet werden soll. Denkbar ist aber auch, dass die Umverteilungsaufgabe völlig aus dem Krankenversicherungssystem heraus verlagert wird. Die Prämienverbilligung für einkommensschwache Individuen würde bei einer solchen Lösung als echte Sozialleistung aus dem allgemeinen Steueraufkommen bestritten.

Zum anderen ist zu bestimmen, wie viel Wettbewerb im regulierten Krankenversicherungsmarkt zugelassen wird und welche Wettbewerbsparameter und generell Handlungsoptionen den Versicherungsgesellschaften zugestanden werden sollen. Eine potenziell effizienzfördernde Anbieterkonkurrenz ist prinzipiell auch – wie das Beispiel Deutschlands zeigt – bei einkommensabhängigen Beiträgen möglich, sodass die Schaffung von Wettbewerbsstrukturen von der Frage nach der Art der Prämiengestaltung unabhängig ist.

Zu klären ist im Rahmen der staatlichen Regulierung des Krankenversicherungs-marktes auch, welche Freiheiten den Krankenversicherungen bei der Gestaltung ihrer Verträge einerseits mit den Versicherten und andererseits mit den Leistungsanbietern ein-geräumt werden sollen. Inwieweit soll es beispielsweise den Versicherungsgesellschaften erlaubt sein, Verträge mit Selbstbeteiligungsklauseln anzubieten und die Prämiensätze nach dem individuellen Verhalten zu differenzieren, um auf diese Weise dem Moral Hazard Verhalten der Versicherten entgegenzuwirken? Soll es ihnen gestattet sein, den Kreis der für ihre Versicherten zugänglichen Leistungsanbieter zu beschränken, wie es bei den in Vereinigten Staaten weit verbreiteten Health Maintenance Organizations (HMOs) geschieht? Soll es den Versicherungen gestattet sein, über die Honorierungs-formen für Leistungsanbieter selbstständig zu entscheiden? Welche Restriktionen sind hier nötig, damit sich die Probleme der im Hinblick auf das Ziel der Kosten-dämpfung vorteilhaften prospektiven Honorierungsverfahren vermeiden lassen? Von der Antwort auf diese und andere Fragen hängt es ab, wie gut ein Gesundheitssystem in medizinischer und ökonomischer Hinsicht funktioniert.

Im Zusammenhang mit dem Wettbewerb auf dem Krankenversicherungsmarkt ist zudem zu berücksichtigen, dass die einzelnen Krankenversicherungen eine im Hinblick auf ihr Kostenrisiko höchst unterschiedliche Versichertenstruktur aufweisen können. Wenn sich in einer Krankenkasse besonders viele kranke Individuen (oder auch Ver-sicherte mit geringem Erwerbseinkommen) sammeln, geriete sie von vornherein in einer ungünstigen Wettbewerbssituation. Der Wettbewerb wäre dadurch in zweierlei Hinsicht verzerrt:

- Beitragssatzunterschiede zwischen den Krankenkassen würden nicht ihre unterschied-liche Leistungsfähigkeit, z. B. im Leistungs– und Kostenmanagement, sondern ihre divergenten Risikostrukturen widerspiegeln.
- Der Kassenwettbewerb würde sich vor allem auf das Anwerben von Versicherten mit günstigem Risiko konzentrieren (etwa durch zusätzliche Leistungsangebote und Selbstbehaltsregelungen, die nur für diese von Interesse sind), nicht aber auf Wirtschaftlichkeit und Qualität bei der Versorgung von Kranken.

Das Problem der Risikoentmischung wird dadurch verschärft, dass bei schlechten Risiken, d. h. bei Individuen mit einem schlechten Gesundheitszustand sowie bei älteren Versicherten, die Wechselträgheit wesentlich höher ist als bei guten Risiken und jungen Versicherten (vgl. z. B. Nuscheler und Knaus 2005). Um faire Wettbewerbsbedingungen auf dem Krankenversicherungsmarkt herzustellen, benötigt man deshalb einen *Risikostrukturausgleich* zwischen den einzelnen Kassen, wie es ihn bei der Gesetzlichen Krankenversicherung in Deutschland seit 1994 gibt. Die zentrale ordnungspolitische Aufgabe des Risikostrukturausgleichs besteht darin, die von den unterschiedlichen Ver-sichertenstrukturen der einzelnen Krankenkassen ausgehenden Effekte auf die Höhe der kassenspezifischen Prämiensätze einzuebnen.

Diese Probleme lassen sich von vorneherein durch Schaffung einer staatlichen Einheitsversicherung mit einem klar definierten Leistungsangebot vermeiden. Wenn dazu noch die Erbringung der medizinischen Leistung in die Hände des Staates gelegt, landet man bei einem staatlichen Gesundheitsdienst, wie man ihn insbesondere aus Großbritannien kennt. Mit einem solchen System verbindet sich auch die Hoffnung, hohe Sicherheits- und Qualitätsstandards mit begrenztem Kontrollaufwand garantieren zu können, weil ein unmittelbarer Durchgriff auf die Leistungserbringer möglich ist und das Profitmotiv als Anreiz für unzureichende Behandlungsqualität entfällt. Eine solche Einschätzung ist aber keineswegs zwingend, da eine Selbstkontrolle der Behandlungsqualität durch die Ärzteschaft möglich ist (wie beispielsweise in Deutschland durch die Ärztekammern). Zudem besteht bei zu weitgehender staatlicher Einflussnahme des Staates auf die Leistungserbringung die Gefahr, dass die Ärzte sich in ihrer Entscheidungsfreiheit zu sehr beschränkt fühlen und ihr Berufsethos zulasten der Patienten deshalb Schaden nimmt. Zudem kann man sich auf wirksame Qualitätskontrollen innerhalb eines zentral gelenkten staatlichen Gesundheitssystems auch deswegen weniger verlassen, weil es hier kaum wirklich unabhängige Experten zur Begutachtung von Fehlbehandlungen geben wird.

Nachdem wir nun die grundlegenden Themen umrissen haben, die bei der staatlichen Gestaltung des Gesundheitswesens zu bedenken sind, wenden wir uns jetzt einem zentralen Teilaspekt zu, dem in der öffentlichen Diskussion um eine Reform des Gesundheitswesens speziell in Deutschland große Beachtung geschenkt wird – nämlich der Frage nach den grundlegenden Finanzierungsalternativen für ein Gesundheitssystem, zu dessen Merkmal ein Sozialausgleich zwischen arm und reich gehört.

6.3.2 Finanzierungsalternativen für das Gesundheitssystem

6.3.2.1 Die allokativen Nachteile lohnbezogener Beiträge

In sehr vielen Ländern v. a. in Europa hängt für die meisten Individuen die Höhe ihrer Krankenversicherungsbeiträge von der Höhe ihres Lohns ab. In diesem Zusammenhang spielt es keine Rolle, ob die Arbeitnehmer, die Arbeitgeber oder beide zusammen als Beitragszahler gelten und wer konkret die Beiträge an die Krankenversicherungen abzuführen hat. Von vielfach bestehenden Einkommenshöchst- und teilweise auch -mindestgrenzen abgesehen, ist der zu entrichtende Beitrag proportional zum individuellen Lohn, sodass die Finanzierung der Krankenversicherung faktisch über eine proportionale Lohnsteuer erfolgt. Diese Finanzierungsform hat sich historisch dadurch entwickelt, dass ursprünglich die Leistung der Krankenversicherung eine wichtige lohnabhängige Komponente enthielt, nämlich das Krankengeld. Seit dieses nur noch einen unbedeutenden Anteil an den Gesamtausgaben der Krankenversicherungen ausmacht, ist diese Rechtfertigung für lohnabhängige Beiträge weggefallen. Ferner sind die allermeisten Krankheiten und Unfälle nicht berufsbedingt, sodass die Verknüpfung zwischen Beitragserhebung und dem Arbeitsverhältnis ziemlich willkürlich erscheint.

Zudem schließt eine Gesetzliche Krankenversicherung wie in Deutschland über die Lohneinkommensbezieher hinaus auch andere Bevölkerungsgruppen ein, die zwangsläufig anderen Regeln bei der Festsetzung ihrer Beitragshöhe unterliegen. Eine einheitliche und systematische Behandlung aller Versicherten ist dann von vornherein nicht möglich. Darüber hinaus wird an den lohnbezogenen Beiträgen v. a. kritisiert, dass diese mit negativen ökonomischen Effekten verbunden sind und gemessen am Finanzierungszweck zu unnötigen Wohlfahrtsverlusten, Wachstumseinbußen und einem Beschäftigungsabbau führen. Welche Überlegungen dieser von ökonomischer Seite vorgetragenen Kritik am derzeitigen Beitragssystem in Deutschland zugrunde liegen, soll jetzt im Einzelnen erörtert werden.

Steuern und Abgaben, deren Höhe durch ein von Wirtschaftssubjekten gewähltes Aktivitätsniveau bestimmt wird, treiben einen Keil zwischen Brutto- und Nettopreise. Die dadurch ausgelösten Verzerrungen bei den Konsum- und Produktionsentscheidungen führen zu Wohlfahrtsminderungen in Form *steuerlicher Zusatzlasten (Excess Burdens)*, wie wir sie bereits im Kap. 2 kennengelernt haben.

Weil sie sich auf einen bestimmten Teil des Einkommens, nämlich der Lohneinkünfte, konzentrieren, führen lohnbezogene Beiträge sogar zu besonders hohen Zusatzlasten und sind somit in besonderem Maße wohlfahrtsschädlich. Zur theoretischen Präzisierung dieses Arguments soll jetzt – genauso wie in Kap. 2 – wieder das mikroökonomische Haushaltsmodell dienen, in dem die Arbeitsangebotsentscheidung eines repräsentativen Individuums betrachtet wird.

In Abb. 6.7 ist wie schon in Kap. 2 auf der horizontalen Achse die von diesem Individuum gewählte Freizeitmenge F abgetragen, wobei $\overline{F}$ das Zeitpotenzial des Individuums bezeichnet, das dieses entweder für Freizeitkonsum F $(\leq\overline{F})$ oder aber zur Erzielung von Lohneinkommen einsetzen kann. Der Differenzbetrag $L=\overline{F}-F$ gibt dann die vom Individuum geleistete Arbeitszeit an, aus der das Individuum beim exogen vorgegebenen Lohnsatz w das Arbeitseinkommen $y=wL$ bezieht. Mit diesem Einkommen erwirbt das Individuum ein Konsumgut, dessen mit c bezeichnete Menge auf der vertikalen Achse abgetragen wird. Die Nutzenfunktion des Individuums sei $u(F,c)$, sodass der Nutzen der Individuen sowohl vom Freizeit- als auch vom Güterkonsum abhängt. All das ist schon aus Kap. 2 bekannt.

Es wird nun als neue Komponente des Modells angenommen, dass das Individuum neben seinem Lohneinkommen wL über ein zusätzliches Einkommen (aus Zinserträgen oder durch Vermietung und Verpachtung) in Höhe von $M \geq 0$ verfügt. Die Budgetgleichung, welche die für das Individuum erreichbaren (F,c)-Kombinationen im Fall ohne Krankenversicherungsbeiträge angibt, lautet $c = w(\overline{F} - F) + M = -wF + w\overline{F} + M$. Dabei ist zur Vereinfachung der Darstellung der Preis des Konsumgutes auf den Wert eins normiert. In der 6.7 entspricht die zugehörige Budgetlinie dem links oberhalb des Anfangsausstattungspunktes $A=(\overline{F},M)$ liegenden Abschnitt der Geraden g_0 durch A mit dem Anstieg $-\tan \alpha = -w$.

Abb. 6.7 Allokationseffekte verschiedener Finanzierungsformen für die Gesetzliche Krankenversicherung im Arbeitsangebotsmodell

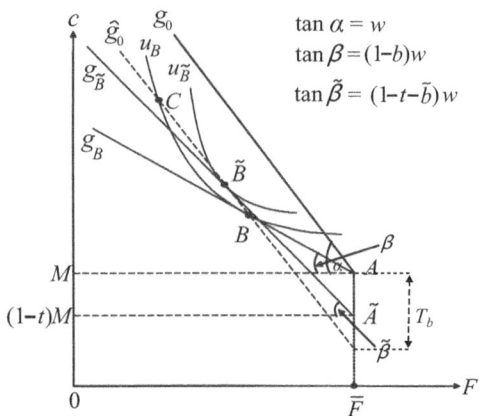

Wenn in dieser Situation lohnbezogene Krankenversicherungsbeiträge erhoben werden, deren Höhe proportional zum Lohneinkommen ist, lautet bei einem Beitragssatz b die neue Budgetgleichung des Individuums $c = (1 - b)w(\overline{F} - F) + M$.

Die entsprechende Budgetlinie g_B wird dann durch die durch den Punkt A verlaufende Gerade mit dem Anstieg $-\tan \beta = -(1 - b)w$ angegeben. Die vom Individuum gewählte optimale Kombination (F, c) liegt dann unter den üblichen Annahmen an die Nutzenfunktion im Punkt $B = (c_B, F_B)$, in dem g_B von einer zur Nutzenfunktion $u(F, c)$ gehörigen Indifferenzkurve u_B tangiert wird. Die Beitragseinnahmen pro Individuum betragen dann $T_B = b \cdot L_B = b \cdot (\overline{F} - F_B)$. Dieser Betrag T_B soll gerade ausreichen, um die durchschnittlichen Behandlungskosten pro Individuum zu decken, die im Rahmen dieses Modells fix sein sollen.

Angenommen wird jetzt, dass im Rahmen einer auf mehr Belastungsgerechtigkeit zielenden Gesundheitsreform die Finanzierung der Gesundheitsausgaben auf eine breitere Basis gestellt wird, sodass auch das Nicht-Arbeits-Einkommen zumindest teilweise zur Finanzierung der Krankenversicherungsausgaben herangezogen wird. In unserem Modell geschieht dies dadurch, dass der Staat zusätzlich zum eigentlichen Krankenversicherungsbeitrag auf beide Einkommensteile wL und M eine umfassende Steuer mit dem gemeinsamen Steuersatz t erhebt, deren Aufkommen gleichfalls zur Finanzierung der konstant bleibenden Gesundheitsausgaben verwendet wird. Um die angestrebte Aufkommensgleichheit bei der Reform erreichen zu können, muss bei gegebenem Steuersatz t dann der Krankenversicherungsbeitrag auf das Niveau $\tilde{b}$ gesenkt werden.

Die Budgetgleichung nach der Reform lautet $c = (1 - t - \tilde{b})w(\overline{F} - F) + (1 - t)M$. Die zugehörige Budgetgerade $g_{\tilde{b}}$ startet im Punkt $\tilde{A} = (\overline{F}, (1 - t)M)$ und hat den Anstieg $\tan \tilde{\beta} = (1 - t - \tilde{b})w$. Der nutzenmaximale Punkt, den das Individuum auf $g_{\tilde{b}}$ erreicht, bezeichnen wir mit $\tilde{B} = (F_{\tilde{B}}, c_{\tilde{B}})$. Das Arbeitsangebot beträgt dort $L_{\tilde{B}} = \overline{F} - F_{\tilde{B}}$, und wegen der postulierten Aufkommensgleichheit der Reform hat man $(t + \tilde{b})wL_{\tilde{B}} + t \cdot M = b \cdot wL_B = T_B$.

Grafisch bedeutet die Forderung nach Aufkommensgleichheit, dass $\tilde{B}$ auf der durch B verlaufenden Parallelen $\hat{g}_0$ zur Budgetlinie g_0 liegen muss. Der vertikale Abstand zwischen einem unterhalb von g_0 gelegenen Punkt und g_0 gibt ja an, wie viel Einkommen dem Individuum jeweils entzogen wird – und dieser Betrag soll annahmegemäß bei B und $\tilde{B}$ gleich groß sein und T_B betragen.

Im Folgenden wollen wir prüfen, was sich die Lage von $\tilde{B}$ von der des ursprünglichen Optimalpunkts B unterscheidet. Dazu treffen wir zwei Annahmen, die im Kontext des Haushaltsmodells Standard sind:

- Die Freizeit F und der Güterkonsum c sind für das Individuum nicht-inferior. Das impliziert, dass bei konstanten relativen Preisen die Nachfrage nach F und c wächst, falls das verfügbare Nicht-Arbeitseinkommen M steigt.
- Bei gegebenem Wert von M befindet man sich beim ursprünglichen Beitragssatz b im ansteigenden Bereich der *Laffer-Kurve*, d. h. eine Erhöhung des Beitragssatzes steigert ceteris paribus das Beitragsaufkommen.

Aus diesen Annahmen lässt sich ableiten, dass der effektive Beitragssatz $t + \tilde{b}$ nach der Reform kleiner sein muss als der Beitragssatz b vor der Reform. Wäre dies nämlich nicht so und gälte $t + \tilde{b} \geq b$, würden in einem ersten hypothetischen Schritt bei alleiniger Erhöhung des lohnabhängigen Beitragssatzes auf $t + \tilde{b}$ (ohne Besteuerung von M) im Nicht-Laffer-Bereich die Staatseinnahmen steigen. Wird dann im zweiten Schritt der Steuersatz t zusätzlich auf M angewandt, so steigt das Steueraufkommen weiter – und zwar sogar um mehr als $t \cdot M$: Durch die Verminderung des verfügbaren Nicht-Arbeitseinkommens geht aufgrund der unterstellten Nicht-Inferiorität der Freizeit die Freizeitnachfrage zurück, sodass das Arbeitsangebot und damit auch das Aufkommen aus den lohnabhängigen Beiträgen zunimmt. Wäre $t + \tilde{b} \geq b$, könnte die Forderung nach Aufkommensgleichheit deshalb auf keinen Fall eingehalten werden. Somit gilt $1 - t - \tilde{b} < 1 - b$.

Daraus folgt, dass der neue Optimalpunkt $\tilde{B}$ auf der Linie $\hat{g}_0$ links oberhalb von B liegen muss, sodass $F_{\tilde{B}} < F_B$ bzw. $L_{\tilde{B}} < L_B$ gilt. Rechts unterhalb von B kann $\tilde{B}$ nicht liegen, weil aufgrund der angenommenen Inferiorität beider Güter die Grenzrate der Substitution zwischen der Freizeit und dem Güterkonsum dort kleiner als in B ist, was mit $1 - t - \tilde{b} < 1 - b$ nicht kompatibel ist. Die Indifferenzkurve durch $\tilde{B}$ wäre dann flacher als die Budgetlinie $g_{\tilde{B}}$. Gleichzeitig kann $\tilde{B}$ aber auch nicht oberhalb von C auf $\hat{g}_0$ liegen, weil sich wegen der Konvexität der Indifferenzkurven die Indifferenzkurven u_B und $u_{\tilde{B}}$ sonst schneiden würden. Also muss sich $\tilde{B}$ auf dem Segment BC von $\hat{g}_0$ befinden, woraus $u_{\tilde{B}} > u_B$ folgt.

Die Ausdehnung der Finanzierung der Krankenversicherung auf das Nicht-Arbeitseinkommen M wirkt also leistungsfördernd in dem Sinne, dass sie das Arbeitsangebot des repräsentativen Individuums vergrößert. Gleichzeitig erhöht sich dessen Nutzen, was einer Senkung der steuerlichen Zusatzlasten entspricht. Wenn t hinreichend groß gewählt wird, kann $\tilde{b}$ sogar auf null gesenkt werden. Dies würde die Situation beschreiben, in der die ursprünglichen rein lohnbezogenen Beiträge völlig durch ein neues Beitragssystem mit breiterer Bemessungsgrundlage ersetzt werden.

Diese Überlegung, die auch hinter vielen in der politischen Debatte vorgeschlagenen Konzepten zur Umfinanzierung der gesetzlichen Krankenversicherung steckt, beruht ganz entscheidend auf der Annahme, dass der nicht-lohnbezogene Einkommensteil fest vorgegeben ist. Das zuvor abgeleitete Resultat ist dann aus steuertheoretischer Perspektive auch nicht allzu überraschend, weil die steuerliche Belastung von M einer teilweisen Verlagerung der staatlichen Einnahmeerzielung auf eine verzerrungsfreie Pauschalsteuer, d. h. einer *Lump-Sum Tax,* gleichkommt.

In der Realität kann in der Regel nicht von einem konstanten und exogen gegebenen Wert von M ausgegangen werden. So ist schon kurzfristig ein Teil des Kapitals mobil und kann sich (teils legal, teils illegal) durch Abwanderung ins Ausland der heimischen Besteuerung entziehen. Davon abgesehen wirkt eine zusätzliche Besteuerung von Kapitalerträgen zwar wie eine Pauschalbesteuerung in Bezug auf das „alte" Kapital, dessen Bildung bereits in den Vorperioden stattgefunden hat und deshalb von einer neu eingeführten Steuer logischerweise nicht mehr beeinflusst werden kann. Allerdings werden die Anreize zur zukünftigen Bildung von neuem Kapital, d. h. zum Sparen beeinträchtigt, wenn Kapitaleinkünfte zur Finanzierung der Gesundheitsausgaben herangezogen werden. Die Höhe von M ist dann endogen. Die mit der Verminderung von M verbundenen Wohlfahrtsverluste fallen aber erst in der Zukunft an, sodass der Staat durch eine Ausdehnung der Finanzierungsbasis der Krankenversicherung auf Kapitalerträge kurzfristig in der Tat eine Reduzierung der steuerlichen Zusatzlasten erreichen kann. Wichtig für diesen „Erfolg" einer solchen Reform ist deshalb, dass die Steuererhöhung für Kapitalerträge so überraschend erfolgt, dass sie von den Bürgern nicht schon zuvor bei ihren Spar- und Kapitalanlageentscheidungen antizipiert werden konnte. Die Einbeziehung solcher Verhaltensreaktionen würde eine detaillierte optimalsteuertheortische Untersuchung erforderlich machen, die den Rahmen dieses Buches überschreitet.

Folgerung 6-9

Die Verlagerung der Krankenversicherungsbeiträge vom Lohneinkommen auf andere nicht-lohnabhängige Einkommensteile erlaubt bei kurzfristiger Betrachtung die Verminderung steuerlicher Zusatzlasten. Allerdings greift dieses Argument nur dann, wenn die zusätzlich belasteten Einkommensteile exogen vorgegeben sind. Auf längere Sicht kann von einer solchen Exogenität des Kapitalbestandes (außer bei Grund und Boden) jedoch nicht ausgegangen werden. ◀

Die effektive Erweiterung der Bemessungsgrundlage zur Finanzierung der Krankenversicherung kann entweder – im Sinne des Konzepts einer „Bürgerversicherung" – durch eine direkte Ausdehnung der Beitragsbasis der Krankenversicherung (auf Kapitaleinkünfte) oder aber durch Zuschüsse an das Krankenversicherungssystem geschehen, die aus einer Besteuerung zusätzlicher Einkommensteile finanziert werden.

Im obigen Modell werden beide Alternativen erfasst. Bei der gesetzestechnischen und administrativen Ausgestaltung dieser beiden Alternative bestehen allerdings erhebliche Unterschiede.

Von entscheidender Bedeutung für die hier vorgetragene Argumentation ist es schließlich auch, dass die lohnabhängigen Krankenversicherungsbeiträge tatsächlich Steuercharakter haben. Bei der Rentenversicherung ist dies, wie wir in Kap. 5 gesehen hatten, nur teilweise der Fall, wenn das Rentensystem auf dem Äquivalenzprinzip beruht und die späteren Rentenzahlungen eines Individuums mit der Summe seiner Beitragszahlungen steigen. Bei der Gesetzlichen Krankenversicherung mit lohnbezogenen Beiträgen ist im Gegensatz dazu der Leistungskatalog für alle Versicherten im Wesentlichen der gleiche, sodass ein höheres Einkommen und somit steigende Beiträge einem Individuum nicht zu höheren Ansprüchen an die Krankenversicherung verhelfen. Eine Äquivalenz zwischen Beiträgen und zu erwartenden Leistungen besteht bei der Gesetzlichen Krankenversicherung somit in der Regel nicht, sodass aus steuerlicher Perspektive ein erheblicher Unterschied zwischen diesen beiden Zweigen des Sozialsystems besteht. Eine Ausnahme hiervon gibt es nur in einem Teilbereich der Leistungen der Krankenversicherung, nämlich den Lohnersatzleistungen (dem Krankengeld), deren Höhe sich am Einkommen bzw. der Beitragshöhe der einzelnen Versicherten orientiert. Dass diese Leistung der Krankenversicherung im Lauf der Zeit – wie wir zu Anfang dieses Abschnittes bereits bemerkt hatten – im Vergleich zur Finanzierung der Behandlungskosten stark an Bedeutung verloren hat, liegt neben dem überproportionalen Anstieg der Kosten für medizinische Leistungen speziell in Deutschland daran, dass seit dem 1.1.1970 die Arbeitgeber für die ersten sechs Wochen der Krankheitsdauer eine Lohnfortzahlung zu leisten haben. Deshalb entfallen in Deutschland zurzeit nur noch ca. 6 % der gesamten Beitragszahlung auf die dem Äquivalenzprinzip entsprechende Finanzierung des Krankengeldes, während der Rest des Beitrags aus der Sicht der einzelnen Individuen zu beitragsunabhängigen Versicherungsleistungen führt und somit in der Tat wie eine Steuer wirkt.

6.3.2.2 Das Kopfpauschalen-Modell

Die im vorherigen Abschnitt beschriebenen negativen Allokationswirkungen durch lohnabhängige Beiträge lassen sich durch die erörterte Ausdehnung der Bemessungsgrundlage verringern, aber nicht vermeiden. Bei einer radikaleren Änderung der Finanzierungsform, wie sie in der Schweiz in den 1990er Jahren durchgeführt wurde und in Deutschland seit einiger Zeit in der Diskussion ist, wäre dies anders: Durch Umstellung der Finanzierung der Krankenversicherungskosten auf eine vom individuellen Einkommen unabhängige *Kopfpauschale* können nämlich im Idealfall die Zusatzlasten der einkommensabhängigen Finanzierungssysteme sogar vollständig vermieden werden. In Abb. 6.8 wird die allokative Wirkung einer solchen Kopfprämie durch die Parallelverschiebung der ursprünglichen Budgetlinie g_0 um T_B nach unten beschrieben. Die Budgetlinie $\hat{g}_0$ ist – anders als in der vorherigen Abb. 6.7 – nicht nur eine aus theoretischen Gründen eingeführte Hilfslinie, sondern sie ergibt sich daraus, dass das repräsentative Individuum den Betrag der durchschnittlichen Gesundheits-

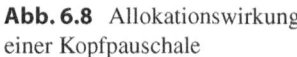

Abb. 6.8 Allokationswirkung
einer Kopfpauschale

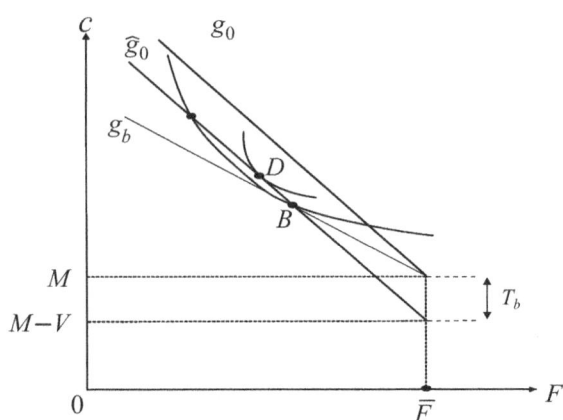

kosten als Pauschalzahlung in Höhe von V an die Krankenversicherung abführt. Der Betrag $T_B = V$ ist dabei so hoch wie der Beitrag, den das Individuum bei einer lohnproportionalen Finanzierung seiner Krankheitskosten im Punkt B auf der gedrehten Budgetgeraden g_b entrichtet. Auf der parallel verschobenen Budgetgeraden $\hat{g}_0$ wählt das Individuum dann seinen mit D bezeichneten Optimalpunkt, der in Abb. 6.7 auf einer höheren Indifferenzkurve als B und auch, wie man sich leicht klarmacht, als $\tilde{B}$ liegt.

Dieser Wohlfahrtsvergleich entspricht einer Grundaussage der Optimalsteuertheorie, der zufolge eine pauschale Kopfsteuer unter Wohlfahrtsgesichtspunkten den die relativen Preise verzerrenden Steuern überlegen ist. Ein solches Steuerkonzept stößt aber auf eine breite Ablehnung, weil es in flagranter Weise die Forderung nach Steuergerechtigkeit verletzt. Wer mehr verdient, soll nach allgemeiner Auffassung auch mehr Steuern bezahlen.

Bei der Finanzierung der Krankenversicherung erscheinen jedoch einkommensunabhängige Beiträge wesentlich plausibler als bei der Finanzierung der allgemeinen Staatsausgaben: Die Leistungen einer Krankenversicherung stellen ja ein privates Gut dar, für das fixe, vom Einkommen entkoppelte Prämien einem „Preis" entsprechen, wie man ihn am Markt für andere private Güter kennt und bereitwillig zu zahlen bereit ist. Dass private Krankenversicherungen von der individuellen wirtschaftlichen Situation eines Versicherten unabhängige Prämien verlangen, erscheint somit völlig selbstverständlich und ruft kaum Widerspruch hervor. Aus dieser Perspektive lassen sich Kopfpauschalen also nicht nur allokationstheoretisch, sondern auch durch ein grundsätzliches marktwirtschaftliches Ordnungsprinzip, das Äquivalenzprinzip, begründen: Jeder soll für eine Leistung den Preis bezahlen, der dem Wert dieser Leistung entspricht.

Allerdings wird im Bereich der Krankenversicherung dieser Äquivalenzgedanke aus Gerechtigkeitsgründen nur eingeschränkt akzeptiert. Dass Gesundheitsleistungen zum existenziellen Minimalbedarf (wie Ernährung, Wohnung und Kleidung) gezählt werden, der für die Individuen auf alle Fälle sichergestellt werden soll, bedeutet ja in Bezug auf die Finanzierung der Krankenversicherung, dass einkommensschwache Haushalte vor einer finanziellen Überforderung durch die Prämienzahlungen geschützt werden müssen. Deshalb besteht zumindest in Europa ein breiter gesellschaftlicher Konsens im Hinblick darauf, dass im Sinne einer „solidarischen Krankenversicherung" ein sozialer Ausgleich zwischen Arm und Reich erforderlich wird. Beiträge, deren Höhe proportional zum (Lohn-)Einkommen ist, dienen genau diesem sozialpolitischen Zweck.

In einem solchen System erfolgen die Finanzierung der Versicherungsleistung und die Finanzierung des sozialen Ausgleichs in einem Schritt. Bei näherem Hinsehen erscheint diese Koppelung jedoch keineswegs zwingend. Man könnte sich ja vorstellen, dass bei der Krankenversicherung die Allokationsfunktion (d. h. die Bereitstellung des Kranken-versicherungsschutzes) von der Distributionsfunktion (d. h. der sozial gerechten Ver-teilung der Finanzierungslasten) separiert wird. Insbesondere eröffnet sich durch eine solche Trennung die Möglichkeit, für die Finanzierung der eigentlichen Krankenver-sicherungsleistungen ein Kopfpauschalensystem zu verwenden und dieses dann durch einen separaten sozialen Ausgleichmechanismus zu ergänzen (vgl. Breyer und Haufler 2000; Buchholz 2001). Ein solcher Ansatz könnte nicht nur als die ordnungspolitisch „sauberere" Lösung gelten, sondern er scheint gegenüber der einkommensabhängigen Finanzierung auch allokative Vorteile zu versprechen. Weil die Gesundheitsausgaben durch Pauschalzahlungen finanziert werden, die keine Zusatzlasten verursachen, liegt die Erwartung nahe, dass sich die finanzierungsbedingten Wohlfahrtsverluste durch einen derartigen Systemwechsel automatisch reduzieren lassen. Im Vergleich zum ursprüng-lichen System mit einkommensproportionalen Beiträgen sind es bei der Kopfpauschale mit Sozialausgleich ja nur die zur Unterstützung der Ärmeren erforderlichen Mittel, für die eine Finanzierung mithilfe verzerrender Steuern überhaupt nötig wird.

Eine etwas genauere Betrachtung zeigt jedoch, dass die Hoffnungen auf eine Ver-minderung des verzerrenden Steuerkeils und damit auf einen Wohlfahrtsgewinn durch den Umstieg auf ein Kopfpauschalensystem mit Sozialausgleich nicht gerechtfertigt sind (vgl. Breyer 2002; Haufler 2004; Buchholz 2005). Obwohl die Einnahmen aus verzerrenden Steuern nach dem Übergang zu einem sozial abgefederten Kopfprämien-system in der Tat sinken, folgt daraus keineswegs, dass auch die für die Zusatzlasten verantwortlichen effektiven *Grenzsteuersätze* zurückgehen müssen. Weshalb dies so ist, wird durch eine kleine Modellanalyse gezeigt. Dabei betrachten wir eine aus n Individuen $i = 1, \dots, n$ bestehende Ökonomie, in der aus Vereinfachungsgründen alle individuellen Lohneinkommensniveaus y_i fest vorgegeben sein sollen. Die Individuen seien nach der Höhe ihres Einkommens geordnet, d. h. es gelte $y_1 \le y_2 \le \dots \le y_n$, und das Gesamteinkommen wird mit $Y = \sum_{i=1}^{n} y_i$ bezeichnet. Die Gesundheitsausgaben pro Kopf, die gleichfalls als konstant angenommen werden, betragen L, sodass im ursprüng-lichen einkommensabhängigen Finanzierungssystem der Beitragssatz die Höhe $b = nL/y$ hat. Es wird jetzt ein Kopfpauschalensystem eingeführt, bei dem jedes Individuum unabhängig von seinem Einkommen eine Versicherungsprämie in Höhe seiner durch-schnittlichen Krankheitskosten zu bezahlen hat. Die individuelle Kopfpauschale beträgt damit $P = L$.

Das die Kopfpauschale begleitende soziale Ausgleichsystem wird durch eine vom Einkommen y abhängige (und als differenzierbar angenommene) Tariffunktion $T(y)$ beschrieben. Für höhere Einkommen, d. h. solche, die über einem Schwellenwert $\hat{y}$ liegen, ist $T(y)$ positiv, d. h. die Individuen mit einem Einkommen $y > \hat{y}$ sind die Zahler im sozialen Ausgleichsystem. Für unter $\hat{y}$ gelegene Einkommensniveaus ist $T(y)$ hingegen negativ, d. h. Individuen mit einem Einkommen $y < \hat{y}$ sind Transferempfänger, die in den Genuss einer effektiven Prämienverbilligung gelangen. Für die Sozialausgleichfunktion $T(y)$ sollen jetzt drei Annahmen gelten:

Annahme A1: Das System des Sozialausgleichs ist selbstfinanzierend, d. h. es gilt $\sum_{i=1}^{n} T(y_i) = 0$. Es fließen dem Sozialausgleich weder weitere Steuermittel von außen zu noch fließen Mittel nach außen ab.

Annahme A2: Beim ärmsten Individuum $i = 1$ soll die Nettobelastung, d. h. die Kopfpauschale abzüglich der sozialen Ausgleichzahlung, nach dem Systemwechsel nicht höher sein als vorher beim einkommensabhängigen Beitragssystem, d. h. es gilt

$$P + T(y_1) \leq b \cdot y_1.$$

Diese Annahme spiegelt eine Minimalforderung im Hinblick auf die Verteilungsgerechtigkeit der Reform wider.

Annahme A3: Die effektive Grenzbelastung des Einkommens soll nach dem Systemwechsel für kein Einkommensniveau *größer* sein als zuvor, d. h. es soll

$$(P + T(y))' = T'(y) \leq b$$

für alle $y > 0$ gelten.

In dieser Annahme kommt die Forderung zum Ausdruck, dass sich die verzerrenden Effekte durch den Systemwechsel vermindern bzw. auf keinen Fall erhöhen sollen.

Unter Zugrundelegung dieser Annahmen überlegen wir uns nun, wie hoch die Gesamtbelastung eines beliebigen Individuums $i > 1$ im Kopfpauschalensystem mit Sozialausgleich maximal werden kann, d. h. wir berechnen

$$P + T(y_i) = P + \int_{y_1}^{y_i} T'(y)dy + T(y_1) \leq P + \int_{y_1}^{y_i} bdy + by_1 - P = by_i.$$

Das Ungleichheitszeichen folgt dabei unmittelbar aus Kombination der Annahmen A2 und A3.

Diese Ungleichung zeigt, dass die Nettobelastung eines jeden Individuums i im neuen System *niemals höher* als im alten sein kann. Als Folge der Selbstfinanzierungsbedingung A1 muss sie dann sogar genau gleich sein. Die Annahmen A1, A2 und A3 determinieren also das soziale Transferschema $T(y)$ bereits vollständig, d. h. es gilt $T(y_i) = by_i - P$ für alle $i = 1, \ldots, n$.

Wenn man die Zahl n der Individuen gegen unendlich gehen lässt und die Abstände zwischen den einzelnen Einkommensniveaus y_i immer kleiner werden lässt, ergibt sich daraus $T'(y) = b$. Das bedeutet, dass durch den Systemwechsel hin zu einem

Kopfpauschalensystem mit Sozialausgleich bei der Grenzbelastung der Individuen keinerlei Änderung eintritt. Somit ist auch kein Rückgang der Zusatzlasten zu erwarten, die durch die einkommensabhängigen Beiträge bzw. Steuern verursacht werden. Deren Anteil am Gesamteinkommen geht allerdings zurück, und zwar vom Niveau b im alten System auf das Niveau $\left(b \sum_{i=i^*}^{n} y_i - (n - i^*)P\right)/Y$ im neuen. Dabei bezeichnet i^* dasjenige Individuum, bei dem als erstem das Einkommen über dem Schwelleneinkommen $\hat{y} = Y/n$ liegt, das die Zahler von den Empfängern trennt. Es sinkt also sowohl die Zahl der Individuen, welche verzerrende Beiträge bzw. Steuern bezahlen als auch die Gesamthöhe dieser Zahlungen. Zu einer Reduktion der Grenzbelastung kommt es jedoch nicht, weil die Individuen mit einem unter $\hat{y}$ gelegenen Einkommen bei Erhöhung ihres Einkommens einen Transferentzug erfahren. Das soziale Ausgleichschema wirkt bei diesen Individuen wie eine negative Einkommensteuer, die einen positiven nominalen Grenzbelastungseffekt in Höhe von b impliziert. Die Abb. 6.9 liefert einen grafischen Vergleich der Belastungsfunktion vor und nach dem Übergang zum Kopfprämiensystem mit Sozialausgleich.

Unsere Überlegungen haben gezeigt, dass der Wechsel zu pauschalen Kopfprämienzahlungen an sich zwar die marginalen Belastungen zunächst auf null verschwinden lässt, diese jedoch durch das erforderliche soziale Ausgleichsystem gleichsam durch die Hintertür zurückkehren. Bei Gültigkeit der Annahmen A1, A2 und A3 geschieht dies sogar in vollem Umfang.

Diese Erkenntnis trägt zwar zum besseren Verständnis darüber bei, was man von der Einführung einer Kopfprämie *nicht* erwarten kann. Folgt daraus aber auch, dass ein solcher Systemwechsel überhaupt keine Vorteile haben kann? Ein solch negatives Urteil erweist sich bei Licht besehen als übertrieben. Der Übergang auch zu einem von einem sozialen Ausgleich begleiteten Kopfpauschalsystem hat aus ökonomischer Sicht durchaus einige Vorteile auf, auf die wir jetzt kurz eingehen wollen.

Die Trennung in eine auf Pauschalzahlungen beruhende Finanzierung der eigentlichen Gesundheitsausgaben auf der einen Seite und den Sozialausgleich auf der anderen Seite macht es möglich, die Ausgaben für den Sozialausgleich aus allgemeinen Steuermitteln

Abb. 6.9 Proportionale Beiträge und Kopfpauschale mit Sozialausgleich im Vergleich

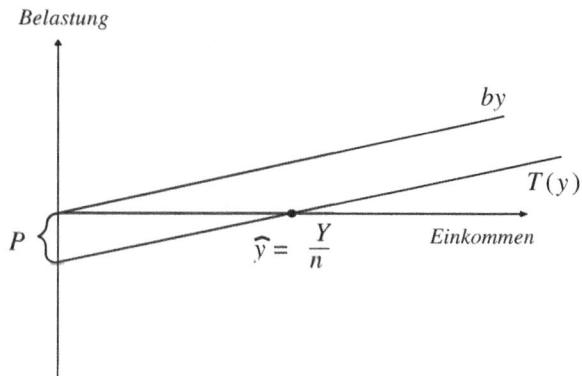

zu bestreiten. Bei der Ausgestaltung der zu diesem Zwecke erhobenen Steuern erhält der Staat wesentlich mehr Flexibilität als im Rahmen der starren Finanzierungsstruktur des ursprünglichen lohneinkommensabhängigen Beitragssystems und kann dabei allokativen und distributiven Zielsetzungen mehr Beachtung schenken. Zum einen könnte eine Finanzierung des Sozialausgleichs durch Verbrauchsteuern wie die Umsatzsteuer erfolgen, die mit weniger steuerlichen Zusatzlasten verbunden sind. Zum anderen kann bei Integration des Sozialausgleichs in die Einkommensteuer eine – im Sinne des steuerlichen Leistungsfähigkeitsprinzips – gerechtere Verteilung der Steuerbelastung erreicht werden (vgl. Breyer 2018). Die Einkommensteuer erfasst ja von vorneherein einen größeren Personenkreis als den der ursprünglichen Beitragszahler. Kapitaleinkünfte werden von ihr zumindest teilweise erfasst, Freibeträge tragen der individuellen Belastbarkeit der jeweiligen Steuerpflichtigen Rechnung, und der progressive Verlauf der Tariffunktion sorgt für eine höhere prozentuale Belastung der Einkommensstarken. Der Sozialausgleich im Rahmen der Gesetzlichen Krankenversicherung ist demgegenüber nur unvollkommen, weil er gerade Bessergestellte verschont. Eine Kopfpauschale wäre in der Lage, zur Beseitigung dieser als ungerecht empfundenen Verteilungswirkungen im deutschen Gesundheitswesen beizutragen. Steuertechnisch könnte das – ähnlich wie in den Niederlanden – dadurch geschehen, dass in den Einkommensteuertarif ein Steuerkredit in Höhe der durchschnittlichen Kopfpauschale eingebaut wird und zusätzlich die Grenzsteuersätze angehoben werden (vgl. Breyer 2018, S. 38).

Das ursprüngliche einkommensabhängige Beitragssystem ließe sich im Prinzip zwar auch mit ähnlichen Wirkungen modifizieren, was jedoch mit einer Komplizierung der Beitragserhebung und insgesamt höheren Transaktionskosten verbunden wäre. Von der Steuerfinanzierung des sozialen Ausgleichs kann zudem ein dämpfender Einfluss auf die übrigen Staatsausgaben ausgelöst werden, den manche aus Effizienzgründen für wünschenswert halten.

Bisher haben wir nur Effekte betrachtet, die mit der Finanzierungsstruktur in direktem Zusammenhang stehen. Der Übergang zu Kopfpauschalen kann darüber hinaus aber auch Wirkungen auf die Ausgabenseite entfalten. So wird durch eine stärkere Sichtbarkeit der Beitragsdifferenzen der Kassenwettbewerb intensiviert. Der Krankenversicherungsmarkt wird auf diese Weise kompetitiver, was stärkere Anreize zu einer kostengünstigeren Leistungserstellung erwarten lässt. Insbesondere werden die Anreize verstärkt, die Vertragsbeziehungen zwischen Versicherern auf der einen und Leistungsanbietern auf der anderen Seite in stärkerem Maße an Effizienzkriterien auszurichten. Ferner lassen sich Selbstbeteiligungsregelungen in ein Kopfprämiensystem leichter integrieren als in das gegenwärtige System. Für die Kritiker der Kopfpauschale dürfte aber gerade die Furcht vor einer auf diese Weise auf den Weg gebrachten weiteren Ökonomisierung des Gesundheitswesens ein zentrales Motiv ihrer Gegnerschaft sein.

Folgerung 6-10

Die Umstellung von einkommensabhängigen Krankenversicherungsbeiträgen auf ein Kopfpauschalen-System führt nicht automatisch zu einer Verminderung der Zusatzlasten, wenn man die Allokationswirkungen des aus Verteilungsgründen unverzichtbaren sozialen Ausgleichsmechanismus mit in Rechnung stellt. Der Systemwechsel schafft aber größere Flexibilität bei der Einnahmeerzielung und der Gestaltung des Leistungsangebots der Versicherungen, was sowohl Effizienzgewinne als auch eine gerechtere Verteilung ermöglichen kann. ◄

6.4   Gesundheitssysteme in der Praxis

Um die Vielfalt der staatlichen Eingriffe und Organisationsformen im Bereich des Gesundheitswesens näher zu beleuchten, werden im Folgenden einige empirische Beispiele etwas näher beschrieben. Dabei betrachten wir zwei völlig unterschiedliche Systeme, nämlich das System der Gesetzlichen Krankenversicherung in Deutschland und das Gesundheitssystem in den Vereinigten Staaten.

6.4.1   Das Krankenversicherungssystem in Deutschland

6.4.1.1   Versichertenstruktur und Finanzierung

In Deutschland sind ca. 90 % der Wohnbevölkerung Mitglied in der Gesetzlichen Krankenversicherung (GKV). Arbeitnehmer mit einem Einkommen bis zur *Versicherungspflichtgrenze* sind in der GKV pflichtversichert. Im Jahr 2021 liegt diese Versicherungspflichtgrenze bei einem Brutto-Jahreslohneinkommen von 64.350 €. Sie wird jährlich (mehr oder weniger im Ausmaß der Lohnentwicklung) nach oben angepasst. Von der Versicherungspflichtgrenze zu unterscheiden ist die (niedrigere) *Beitragsbemessungsgrenze,* die im Jahr 2021 58.050 € beträgt. Bei Mitgliedern der GKV, deren Einkommen höher ist, berechnet sich der Beitrag nur aus dem Einkommen bis zur Beitragsmessungsgrenze. Über die Beitragsbemessungsgrenze hinausreichende Einkommensteile bleiben beitragsfrei, was zu einer relativen Entlastung von Gutverdienern führt und den Umverteilungseffekt im Rahmen der GKV begrenzt. Pflichtmitglieder der GKV sind auch Landwirte, Studierende und die meisten Rentner. Bei den in der GKV Versicherten sind nicht-erwerbstätige Ehepartner sowie Kinder beitragsfrei mitversichert. Diese Familienversicherung nach § 10 SGB V erhöht auch den Anreiz (etwa für Selbständige), sich freiwillig in der GKV zu versichern. Für freiwillig Versicherte gelten bei der Beitragsbemessung andere Regeln als für die Pflichtversicherten. So wird deren Beitragssatz, wenn kein Anspruch auf Krankengeld besteht, auf 14 % ermäßigt. Allerdings wird bei freiwillig Versicherten der Beitrag auch auf Kapitaleinkünfte erhoben.

Die Beiträge zur GKV ergeben sich (gemäß §§ 241 ff. SGB V) für Arbeitnehmer als konstanter Prozentsatz des Bruttolohns und werden zwischen Arbeitnehmer und Arbeitgeber hälftig aufgeteilt. Bei Altersbezügen aus der Gesetzlichen Rentenversicherung GRV erfolgt eine hälftige Aufteilung zwischen den Rentnern und dem Rentenversicherungsträger. Für Betriebsrenten gilt das nicht, weil bei diesen seit 2004 die Rentner grundsätzlich die gesamte Beitragslast tragen. Um diese einseitige Belastung abzumildern, wurde 2020 eine Freibetragsgrenze von monatlich 159,25 € eingeführt.

Der Beitragssatz ist seit 2009 zweigeteilt: Zum einen gibt es den gesetzlich fixierten allgemeinen Beitragssatz, der 14,6 % beträgt und der (zusammen mit einem Bundeszuschuss) den gleichfalls seit 2009 bestehenden Gesundheitsfonds speist. Aus diesem Fonds erhalten die einzelnen Kassen pro Versichertem eine im Prinzip einheitlich Grundpauschale, die allerdings zum Zwecke eines Risikostrukturausgleichs durch diverse Zuschläge modifiziert wird. Zum anderen gibt es Zusatzbeiträge, die von den einzelnen Krankenkassen festgelegt werden und die dann für alle bei einer bestimmten Krankenkasse Versicherten gelten. Im Jahr 2020 betrugen diese kassenindividuellen Zusatzbeiträge im Durchschnitt aller Kassen 1,1 %. Mit diesen Zusatzbeiträgen sollen zusätzliche Kosten, die einer Krankenkasse entstehen, abgedeckt werden.

Durch den Zusatzbeitrag erhalten die Versicherten den Anreiz, zu einer günstigeren und damit erwartungsgemäß effizienter wirtschaftenden Kasse zu wechseln. Von diesem Wettbewerbselement im Rahmen der GKV wird später noch ausführlicher die Rede sein wird.

Die Beitragsgestaltung der GKV unterlag auch in einem relativ kurzen Zeitraum zahlreichen Veränderungen, die einem Zickzackkurs gleichen: So wurde die paritätische Finanzierung zwischen Arbeitgebern und Arbeitnehmern in 2005 aufgegeben und den Versicherten eine zusätzliche Belastung von 0,9 % auferlegt, die 2015 wieder abgeschafft wurde. 2009 kam es dann zur Einführung des kassenindividuellen Zusatzbeitrags, der – gemäß einem Konzept des Finanzwissenschaftlers Wolfram Richter (vgl. Richter 2005), das zur Schaffung einer „kleinen Kopfpauschale" führen sollte – von 2011 bis 2014 in einkommensunabhängiger Form erhoben wurde und von den Versicherten allein zu tragen war. Um eine Überforderung einkommensschwacher Individuen zu vermeiden, wurde dieser Zusatzbeitrag durch einen Sozialausgleich ergänzt. 2015 ist man zu einkommensproportionalen Zusatzbeiträgen bei paritätischer Finanzierung des allgemeinen Beitrags zurückgekehrt, die aber bis 2018 immer noch allein auf die Versicherten fielen. Seit 2019 kommt wieder die vollständig paritätische Finanzierung zwischen Arbeitgebern und Arbeitnehmern zur Anwendung, die sich jetzt also auch auf den Zusatzbeitrag bezieht.

Dem System der GKV gegenüber steht das System der Privaten Krankenversicherungen PKV mit 8,7 Mio. Versicherten, das sich in nahezu jeder Hinsicht von der GKV unterscheidet. So werden bei der PKV die Prämien nicht einkommensabhängig, sondern pauschal erhoben, bei Abschluss einer PKV (aber nur dann) erfolgt eine Risikodifferenzierung der Prämien und eine beitragsfreie Mitversicherung von Familienmitgliedern gibt es nicht. Die PKV steht nur Selbstständigen, gutverdienenden

Angestellten (mit einem Jahreseinkommen von über 62.550 € in 2020) und Beamten offen, die etwa die Hälfte der PKV-Versicherten ausmachen. Wer sich einmal für die PKV entschieden hat, dem ist der Wechsel in die GKV nur mit Schwierigkeiten möglich und für über 55-Jährige faktisch versperrt. Im Gegensatz zur GKV sind die PKV-Unternehmen zur Bildung von Altersrückstellungen verpflichtet, wodurch es hier in begrenztem Umfang zu einer Kapitaldeckung kommt.

Die PKV-Unternehmen unterliegen bei der Gestaltung ihres Vertragsangebots in zunehmendem Maße einer staatlichen Regulierung, die insbesondere auf die Beseitigung sozialer Härten abzielt. So wurde ihnen 2009 (zusammen mit der Einführung einer Versicherungspflicht) vorgeschrieben, für bestimmte Gruppen ohne Risikoprüfung einen „Basistarif" anzubieten, bei dem die Leistungen denen der GKV entsprechen und dessen Prämie nicht über dem Maximalbeitrag der GKV liegen darf. Bei drohender finanzieller Überlastung eines im Basistarif Versicherten kommt es sogar zur Halbierung dieses Beitrags. Zum Schutz der von Prämiensteigerungen bei der PKV besonders betroffenen älteren Versicherten wurde gleichfalls 2009 die Pflicht zum Angebot eines „Standardtarifs" eingeführt, bei dem Leistungsumfang und Prämienhöhe im Wesentlichen gleich wie im Basistarif sind. Darüber hinaus gibt es seit 2013 einen preiswerten, aber mit starken Leistungseinschränkungen verbundenen „Notlagentarif", durch den eine finanzielle Überforderung von Beitragsschuldnern in der PKV vermieden werden soll.

6.4.1.2 Leistungsumfang der GKV

Der Leistungskatalog, auf den alle in der GKV Versicherten Anspruch haben, ist gesetzlich festgelegt. Nach § 11 SGB V gehören dazu Maßnahmen zur Empfängnisverhütung, Früherkennung und Behandlung von Krankheiten. Der wichtigste Einzelposten ist die *Krankenbehandlung,* die in § 27 SGB V näher geregelt ist. Nach Abs. 1 dieses Paragrafen umfasst die Krankenbehandlung:

- ärztliche Behandlung einschließlich Psychotherapie,
- zahnärztliche Behandlung einschließlich der Versorgung mit Zahnersatz,
- Versorgung mit Arznei-, Verband-, Heil- und Hilfsmitteln,
- häusliche Krankenpflege und Haushaltshilfe,
- Krankenhausbehandlung,
- Leistungen zur medizinischen Rehabilitation und ergänzende Leistungen.

In der Regel werden die Leistungen nach dem Sachleistungsprinzip gewährt: Die Krankenversichertenkarte gibt den Versicherten die Möglichkeit zur Leistungsinanspruchnahme bei den einzelnen Anbietern (Ärzten, Krankenhäusern, …), die ihr Entgelt dann von den Krankenversicherungen erhalten. Kostenerstattung ist (nach § 13 SGB V) nur in Ausnahmefällen vorgesehen.

Das Handeln der GKV steht nach den Buchstaben des Gesetzes § 12 SGB V unter einem strikten *Wirtschaftlichkeitsgebot,* das wie folgt lautet:

„Die Leistungen müssen ausreichend, zweckmäßig und wirtschaftlich sein; sie dürfen das Maß des Notwenigen nicht überschreiten. Leistungen, die nicht notwendig oder unwirtschaftlich sind, können Versicherte nicht beanspruchen, dürfen die Leistungserbringer nicht bewirken und Krankenkassen nicht bewilligen."

Geschieht dies trotzdem, drohen den Verantwortlichen nach § 12 Abs. 3 SGB V Regressforderungen. In § 71 SGB V wird – als weitere Implikation des Wirtschaftlichkeitsgebots – zudem die *Beitragssatzstabilität* explizit zum Ziel erklärt.

6.4.1.3 Organisationsstruktur der GKV

Trotz der einheitlichen Leistungsvorgaben ist das GKV-System in Deutschland nicht monolithisch organisiert. Vielmehr gibt es zurzeit (2020) mehr als 100 Krankenkassen, die in Allgemeine Ortskrankenkassen, Ersatzkassen, Betriebskrankenkassen, Innungskrankenkassen, Landwirtschaftliche Krankenkassen sowie Bundesknappschaft und See-Krankenkasse gegliedert sind. Seit 1997 haben (gemäß § 173 SGB V) die meisten in der GKV Versicherten das *Recht zur freien Wahl der Krankenkasse*. Durch diese Reform wurde ein Wettbewerb zwischen den einzelnen Krankenkassen initiiert, durch den ökonomische Anreize zur Kostendämpfung geschaffen wurden. Aufgrund der weitgehend einheitlichen Festlegung des Leistungsangebots stellt der Beitragssatz den primären Wettbewerbsparameter dar. Wirtschaftlichkeitsreserven lassen sich auf diese Weise insbesondere im Hinblick auf die Verwaltungskosten in den einzelnen Krankenkassen aktivieren. In der Tat haben sich infolge der Schaffung des Kassenwahlrechts erhebliche Veränderungen in der Organisationsstruktur der Gesetzlichen Krankenkassen ergeben. So ist die Zahl der Krankenkassen von fast 1000 Mitte der 1990er Jahre drastisch um ca. 90 % gesunken, was zu einer gewissen Verminderung der administrativen Kosten geführt hat. Gleichzeitig nahm der Anteil der Verwaltungsausgaben an den Gesamtausgaben der Krankenkassen ab.

Allerdings setzt ein fairer Wettbewerb zwischen Krankenkassen voraus, dass sich die Risikostruktur der Versicherten bei den einzelnen Krankenkassen nicht allzu sehr unterscheidet. Deshalb gibt es in Deutschland seit 1994 einen Risikostrukturausgleich (RSA) zwischen den verschiedenen Krankenkassen (vgl. § 265 ff. SGB V), der seither zahlreiche Veränderungen erfahren hat. Bis 2008 wurde die Morbiditätsstruktur des Versichertenbestandes einer Kasse nur grob und indirekt über die Merkmale Alter, Geschlecht und Bezug einer Erwerbsminderungsrente erfasst. Nachdem seit 2002 zusätzlich bestimmte Gruppen chronisch Kranker einbezogen wurden, erfolgte im Jahr 2009 dann der Übergang zu einem in den Gesundheitsfonds integrierten morbiditätsorientierten RSA, was konkret hieß, dass der Ausgleichsanspruch einer Kasse anhand eines Katalogs von zunächst 80 Krankheiten ermittelt wird. Um die Ausgleichzahlungen zielgenauer zu gestalten, regionalen Besonderheiten Rechnung zu tragen und Manipulationsversuchen seitens der Kassen entgegenzuwirken, wird der RSA seither kontinuierlich evaluiert und weiterentwickelt. Gemäß § 268 SGB V tritt zu dem „normalen" RSA noch ein gesonderter Risikopool, der für einen Ausgleich der Kosten für besonders aufwendige Behandlungsfälle sorgt. Die Ausgleichsmaßnahmen im Rahmen des RSA beziehen sich mittlerweile nur noch auf die Ausgabenseite. Durch die Schaffung des Gesundheitsfonds im Jahre 2009 wurde die Notwendigkeit eines Ausgleichs der Einnahmen der einzelnen Kassen ja stark reduziert, was für das Ausgleichsverfahren eine erhebliche Vereinfachung bedeutet.

6.4.1.4 Formen der Honorierung medizinischer Leistungen im Rahmen der GKV

Bei der Abrechnung von *Leistungen im ambulanten Bereich* spielt die Kassenärztliche Vereinigung eine sehr wichtige Rolle. An sie entrichten die Krankenkassen für die gesamte vertragsärztliche Versorgung eine *morbiditätsbedingte Gesamtvergütung MGV*, deren Höhe in einem Gesamtvertrag mit allen Krankenkassen vereinbart wird (vgl. § 85 SGB V) und die zur Deckelung der Gesamtausgaben in der ambulanten Versorgung dient. Die Kassenärztliche Vereinigung verteilt diese ihr zur Verfügung stehenden Mittel an die Vertragsärzte. Gesetzlich geregelt ist in §86 SGB V, dass sich diese Verteilung an dem *Einheitlichen Bewertungsmaßstab EBM* zu orientieren hat. Dieser bestimmt die abrechnungsfähigen Leistungen und ihre in Punkten ausgedrückten relativen Werte, die insbesondere den zeitlichen Aufwand des behandelnden Arztes widerspiegeln sollen. Im Gesetz wird ferner gefordert, dass durch die Gestaltung des Verteilungsmaßstabs der „Hamsterradeffekt" früherer Zeiten, d. h. der Anreiz für Ärzte, durch Ausdehnung der Behandlungsmenge ihre individuelle Entlohnung auf Kosten ihrer Kollegen zu erhöhen, vermieden werden und für die Ärzte Kalkulationssicherheit in Bezug auf das zu erwartende Honorar erreicht werden soll. Zur Sicherung der Notfallversorgung sind die entsprechenden Leistungen aus dem regulären Verteilungsmechanismus ausgenommen, was deren Optionsgut-Charakter Rechnung trägt. Zudem soll die Honorierung der hausärztlichen Versorgung im Wesentlichen durch Pauschalen erfolgen. In der Realität kommt aber ergänzend auch die Vergütung von Einzelleistungen zum Zuge, sodass zurzeit nur etwa 50 % der im ambulanten Bereich erbrachten Leistungen pauschal vergütet werden.

Bei der der Gestaltung der Verteilungskriterien der vereinbarten Gesamtvergütung an die einzelnen Ärzte verfügen die Kassenärztlichen Vereinigungen über einen recht breiten Ermessensspielraum (vgl. § 87b SGB V), der auch genutzt wird (vgl. Greiner et al. 2019). So kommt zum einen das praxisbezogene *Regelleistungsvolumen* RLV zur Anwendung, das sich aus der Zahl der Behandlungsfälle in der Vorperiode und den diagnosebezogenen Fallwerten ergibt. Die Pauschalisierung der Vergütung ergibt sich dabei durch die Orientierung der RLV nicht an aktuellen, sondern an historischen Werten (des Vorquartals). Bei einem vereinfachten Verfahren erfolgt die Honorierung hingegen anhand *fallzahlunabhängiger Individualbudgets,* die sich aus dem Leistungsumfang einer Arztpraxis in der jeweiligen Vorperiode ergeben.

Im *Bereich der stationären Leistungserbringung in Kliniken* wurde in der Vergangenheit der überwiegende Teil der Behandlungsfälle nach tagesgleichen Pflegesätzen abgerechnet. Dies führte zu einer ineffizienten Erhöhung der Verweildauer im Krankenhaus, die 1999 in Deutschland im Durchschnitt bei 9,9 Tagen lag, während sie z. B. in Frankreich im gleichen Jahr nur 5,5 Tage betrug. Zudem schaffen tagesgleiche

Pflegesätze nur geringe Anreize für das Krankenhaus-Management, für Transparenz in der Kostenrechnung zu sorgen. Diese ist aber die Grundvoraussetzung für effizientes Verhalten im Krankenhausbereich. Die Finanzierung der Krankenhausbehandlung wurde deshalb seit 2003 schrittweise auf ein *Fallpauschalen-System* umgestellt, von dem allerdings die Pflegepersonalkosten mittlerweile ausgenommen sind. Grundlage für das deutsche Fallpauschalen-System ist ein in den USA entwickeltes und in Australien modifiziertes (und dort auch angewandtes) diagnosebasiertes Klassifikationsschema, das die Einteilung von Fällen der stationären Versorgung in Diagnosis Related Groups (DRGs) erlaubt. Aus Gründen, die wir zuvor schon diskutiert haben, kann die Pauschalisierung nicht zu weit getrieben werden. Das bedeutet, dass die Höhe der DRG-Fallpauschale für einen bestimmten Krankheitsfall neben der Krankheitsart auch von anderen Faktoren (wie dem Schweregrad der Erkrankung und teilweise auch den erbrachten Leistungen) abhängt. Die DRGs werden auf Basis der Erfahrungen in ca. 300 deutschen Krankenhäusern ermittelt und in einem DRG-Katalog festgehalten, der für das Jahr 2020 ca. 1300 Fallpauschalen und ca. 300 Zusatzentgelte enthält.

Wie wir bei unserer allgemeinen Erörterung gesehen haben, erzeugen Fallpauschalen auch einen potenziellen Anreiz zur Unterbehandlung der Patienten. Um dieser Gefahr zu begegnen, müssen die Krankenhäuser Vergütungsabschläge hinnehmen, wenn sie Patienten überdurchschnittlich früh entlassen. Bei Patienten, die aus medizinischen Gründen sehr lange im Krankenhaus verbleiben, erhalten die Kliniken – im Sinne einer Patientenschutzregelung – hingegen Zuschläge. Ein Kontrollmechanismus wird auch dadurch geschaffen, dass die Krankenhäuser jährliche Qualitätsberichte vorlegen müssen. Dadurch wird die Behandlungsqualität der einzelnen Kliniken transparenter. Man erhofft sich dadurch die Förderung eines Qualitätswettbewerbs im Interesse der Patienten, der den die im Fallpauschalen-System enthaltenen Anreizen zur Qualitätsminderung zusätzlich entgegenwirkt. Nach Angaben des Statistischen Bundesamtes beträgt die durchschnittliche Verweildauer in deutschen Akut-Krankenhäusern derzeit nur noch 7,2 Tage.

Im *Bereich der Arzneimittelversorgung* wird durch *Arzneimittelvereinbarungen* zwischen Kassenärztlichen Vereinigungen und den Krankenkassenverbänden (vgl. § 84 SGB V) ein jährliches Ausgabenvolumen für die von niedergelassenen Ärzten verordneten Medikamente vereinbart. Auf der Ebene der einzelnen Arztpraxen dienen dann *Richtwerte* dazu, übermäßige Verschreibungen von Arznei- und Heilmitteln zu verhindern. Das praxisindividuelle Richtgrößenvolumen bestimmt sich dabei anhand der Patientenzahl und Morbiditätsstruktur der jeweiligen Praxis. Bei Überschreitung des einem Arzt zustehenden Richtgrößenvolumens ist eine Wirtschaftlichkeitsprüfung durchzuführen, die zu Regressforderungen führen kann (vgl. §§ 106, 106b SGB V).

Gleichfalls zum Zweck der Kostendämpfung unterliegt die Finanzierung von Arzneimitteln durch die gesetzlichen Krankenkassen gewissen Beschränkungen: Seit 2004 müssen in der Regel die Patienten nicht-verschreibungspflichtige Medikamente selber bezahlen – auch wenn sie vom Arzt verordnet werden. Gewisse Ausnahmen gibt es für

Kinder und bei manchen schweren Erkrankungen. Schon seit längerem werden Arznei-mittel, die auf der „Negativliste" stehen, weil deren therapeutischer Nutzen nicht nach-gewiesen ist, nicht von der GKV finanziert.

Für die meisten verschreibungspflichtigen Medikamente werden vom Spitzenverband der Krankenkassen *Festbeträge* festgesetzt. Nur bis zur Höhe des jeweiligen Festbetrags trägt die Kasse die Kosten für ein Medikament. Der Patient muss bei einem höheren Medikamentenpreis entweder die höheren Kosten aus der eigenen Tasche bezahlen oder auf ein therapeutisch gleichwertiges Medikament ausweichen, dessen Preis den Fest-betrag nicht übersteigt. Seit 2002 gilt im Arzneimittelbereich die *Aut-Idem-Regelung.* Ihr zufolge muss ein Apotheker entgegen der eigentlichen Verordnung des Arztes bevorzugt wirkstoffgleiche (und somit medizinisch äquivalente) Medikamente abgeben, bei denen die Hersteller eine – mit der jeweiligen Krankenkasse in einem *Rabattvertrag* (vgl. § 130a SGB V) vereinbarte – Preisermäßigung gewähren. Wünscht der Patient dennoch ein anderes teureres Medikament, muss er dieses erst selber bezahlen, er kann aber seine Ausgaben (bis zum Preis in Höhe des äquivalenten Rabattmedikaments oder des jeweiligen Festbetrags) nachträglich von seiner Krankenkasse erstattet bekommen.

Zur Senkung der Vertriebskosten für Arzneimittel wurde im Jahr 2004 das „Mehr-besitzverbot" für Apotheken insoweit gelockert, als eine Apotheke maximal drei Außenstellen haben darf, die allerdings in geografischer Nähe zueinander liegen müssen. Dieses Mehr- sowie das Fremdbesitzverbot, das Nicht-Apothekern den Betrieb von Apotheken verwehrt, gilt nach wie vor und schließt die Bildung von Apotheken-Ketten (analog etwa zu Fielmann im Optik-Bereich) aus. Nach Ansicht vieler Kritiker der der-zeitigen Regelung behindert dies den Wettbewerb beim Vertrieb pharmazeutischer Produkte erheblich und verhindert die Nutzung ökonomischer Skalenvorteile. Der Ver-sandhandel auch von verschreibungspflichtigen Medikamenten ist in Deutschland allerdings grundsätzlich erlaubt. Dabei sind auch Versandapotheken aus einigen anderen europäischen Ländern zugelassen.

6.4.1.5 Ökonomische Anreize auf Patientenebene

Die Selbstbeteiligung der Patienten an ihren Krankheitskosten ist im deutschen GKV-System (vgl. § 61 SGB V) im Wesentlichen auf den Arznei- und Hilfsmittelbereich (mit 10 % des Abgabepreises und mindestens 5 € und höchstens 10 € pro Einzelver-ordnung), den Krankenhausbereich (mit 10 € pro Kalendertag bis zu maximal 280 € pro Jahr) sowie den Zahnersatz beschränkt. Beim Zahnersatz beruht die Kostenbe-teiligung der Patienten darauf, dass die Krankenkassen nur Festzuschüsse gewähren, die am 1. Oktober 2020 auf 60 % der normierten Regelleistung für die entsprechende Leistung erhöht worden sind. Bei Nachweis regelmäßiger Kontrolluntersuchungen kann der Finanzierungsanteil der Krankenkasse bis auf 75 % steigen. Die im Jahre 2004 ein-geführte Praxisgebühr von 10 € für die erste ambulante Behandlung in einem Quartal wurde Ende 2012 wieder abgeschafft.

Die Zuzahlungspflicht ist durch eine Belastungsgrenze sozial abgefedert (vgl. § 62 SGB V). Die Gesamtzuzahlungen dürfen 2 % (bei schwerwiegend chronisch Kranken 1 %) des jährlichen Bruttoeinkommens nicht übersteigen, wobei die Einkommen der übrigen Haushaltsmitglieder bis zu einem gewissen Grade anzurechnen sind. Für jedes Kind darf dieses Bruttoeinkommen um den Kinderfreibetrag (in Höhe von 4194 € in 2021) bereinigt werden. (Für jüngere Versicherte erhöht sich die Belastungsgrenze auch im Falle einer schweren chronischen Erkrankung auf 2 %, falls sie bestimmte Gesundheitsuntersuchungen vor Beginn der Erkrankung unterlassen haben.) Beim Zahnersatz gibt es spezielle Härtefallregelungen, die bei einkommensschwachen Individuen eine Finanzierung des gesamten Regelleistungsbetrages durch die Krankenkasse erlauben.

Zudem sind Zuzahlungsbefreiungen oder Beitragsboni möglich, wenn die Versicherten an Vorsorgeuntersuchungen, Präventivprogrammen oder an einem Hausarztsystem teilnehmen, in dem der Hausarzt als „Türhüter" vor der Konsultation anderer Spezialärzte fungiert.

6.4.1.6 Das deutsche Gesundheitssystem in Zahlen

Die Gesamtzahl der Versicherten in der GKV beträgt im Jahr 2020 73,3 Mio., von denen aber nur 57,1 beitragszahlende Mitglieder (mit einem Rentneranteil von 30 %) sind. Seit 2000 haben sich diese Zahlen um ca. 10 % erhöht. Als Familienangehörige (Ehepartner und Kinder) beitragsfrei mitversichert sind 16,2 Mio. Wesentlich niedriger als die Zahl der GKV-Versicherten ist mit ca. 8 Mio. die der Privatversicherten. Von diesen besteht die Hälfte aus beihilfeberechtigten Beamten, die nur eine Teilabsicherung ihrer Krankheitskosten von maximal 50 % durch die PKV benötigen, weil der öffentliche Arbeitgeber den Rest übernimmt.

Die Gesamtausgaben der GKV haben sich in den letzten zwanzig Jahren stark erhöht – von 133,7 Mrd. € in 2000 über 176,0 Mrd. € in 2010 auf mittlerweile 252,0 Mrd. € in 2019. Ihr Anteil am Bruttoinlandsprodukt ist dabei von 6,4 % in 2000 über 6,8 % in 2010 auf 7,3 % in 2019 gewachsen. Die Leistungsausgaben der GKV (nach Abzug von Verwaltungskosten) waren mit 239,5 Mrd. € und einem Anteil von 6,9 % am BIP etwas geringer. Der Anteil der gesamten Gesundheitsausgaben am BIP in Deutschland ist aber wesentlich höher als der der GKV: In 2019 beliefen sie sich (inklusive der Aufwendungen für die Pflege) auf 407 Mrd. € und liegen mit 11,8 % des BIP am oberen Ende der OECD-Staaten. Die erstaunlich große Differenz von 4,9 % wird vor allem von der PKV (mit 34,6 Mrd. € in 2019) und von den privaten Haushalten (mit 52,6 Mrd. €) finanziert. Nur in den Vereinigten Staaten ist übrigens der Anteil der Gesundheitsausgaben am BIP mit über 16 % erheblich höher als in Deutschland, während er in der Mehrzahl der anderen entwickelten Länder nicht allzu sehr unter dem deutschen Wert liegt.

Von den gesamten Leistungsausgaben der GKV fließen bezogen auf das Jahr 2019 über 34,5 % in die Krankenhausbehandlung, 17,2 % in die Honorierung ambulanter ärztlicher Leistungen und 17,1 % in die Arzneimittelversorgung. Die zahnärztliche Behandlung (mit Zahnersatz) beansprucht 6,5 % der GKV-Leistungsausgaben, das früher so bedeutsame Krankengeld aber nur noch 6,0 %.

Die Gesamteinnahmen der GKV beliefen sich in 2019 auf 250,4 Mrd. €. Dabei werden die Beitragseinnahmen als wichtigste Finanzquelle durch einen Bundeszuschuss ergänzt, der seit 2004 zur Finanzierung „versicherungsfremder Leistungen" der GKV (wie etwa dem Mutterschaftsgeld) dient und der 2017 auf 14,5 Mrd. € pro Jahr festgeschrieben wurde. Was unter diesen versicherungsfremden Leistungen zu verstehen ist, ist allerdings nicht klar definiert und umstritten.

6.4.2 Das Gesundheitssystem in den USA

Das Gesundheitswesen in den USA ist im Gegensatz zum deutschen System viel stärker privatwirtschaftlich organisiert. Dabei spielen Gruppenversicherungen, die der jeweilige Arbeitgeber für seine Beschäftigten bei einer privaten Versicherungsgesellschaft abschließt, die dominante Rolle. Allerdings wurden schon in den 1960er Jahren staatliche Elemente in das System eingefügt, die sich mit insgesamt ca. 25 % auf einen nicht unwesentlichen Teil der amerikanischen Bevölkerung erstrecken. So werden alle über 65jährigen und alle Menschen mit anerkannten Behinderungen oder chronischem Nierenversagen vom *Medicare* System, bedürftige (arme) Individuen vom *Medicaid System* erfasst, das auf Ebene der einzelnen Bundesstaaten organisiert ist. Im Medicaid-System kommt es nur dann zu einer Kostenübernahme, wenn eine Bedürftigkeitsprüfung erfolgt ist und das Einkommen des betreffenden Haushalts bestimmte Grenzen nicht überschreitet. In diesem Sinne ähnelt das Medicaid-System also dem System der Sozialhilfe in Deutschland. Allerdings blieb das amerikanische Gesundheitssystem auch nach Einführung dieser staatlichen Komponenten von einem universellen Krankenversicherungssystem, das allen oder zumindest den allermeisten Bürgern einen verlässlichen und umfassenden Schutz bietet, weit entfernt. Die bei der Absicherung bestehenden erheblichen Lücken ließen sich insbesondere darauf zurückführen, dass die Prämienhöhe von den Versicherungsgesellschaften vielfach – teilweise auch bei der Verlängerung eines Vertrages – in Abhängigkeit vom individuellen Gesundheitszustand festgelegt wurde. Das individuelle Prämienrisiko war deshalb hoch, und Individuen mit Vorerkrankungen liefen Gefahr, überhaupt keinen bezahlbaren Versicherungsschutz zu erhalten. Deswegen blieb eine nicht unbeträchtliche Zahl der US-Bürger ohne Krankenversicherungsschutz – weil ihnen die Krankenversicherung zu teuer war oder sich keine Krankenversicherung bereitfand sie aufzunehmen. Dazu treten andere Risiken:

- Da der Krankenversicherungsschutz an den Arbeitsplatz gekoppelt ist, besteht die Gefahr, mit dem Arbeitsplatz auch den Krankenversicherungsschutz zu verlieren oder aber durch einen Arbeitsplatzwechsel Verschlechterungen in den Versicherungsbedingungen in Kauf nehmen zu müssen.
- Aufgrund des prinzipiell privatwirtschaftlichen Charakters des Gesundheitssystems in den USA besteht eine größere Vielfalt in den Vertragsformen zwischen Patienten, Krankenversicherungen und Leistungsanbietern. Die vertikale Integration zwischen

Versicherungen und Leistungsanbietern ist weit fortgeschritten. Viele Versicherte sind Mitglied in einer Managed Care Organization (MCO) und insbesondere in Health Maintenance Organizations (HMO), die medizinische Leistungen entweder selber anbietet oder aber nur ganz bestimmte Leistungsanbieter als Subunternehmer beschäftigt. Die Freiheit der Patienten zur Wahl von Ärzten und Krankenhäusern wird bei Mitgliedschaft in einer MCO stark eingeschränkt. Die Verträge zwischen HMOs auf der einen und Ärzten und Krankenhäusern auf der anderen Seite sehen vielfach auch eine Standardisierung der Leistungen sowie explizite Leistungsausschlüsse vor. Von den Versicherten wird deshalb vielfach befürchtet, dass sie im Bedarfsfall keine qualitativ hochwertige medizinische Behandlung erhalten.

Die Gestaltung des Krankenversicherungsschutzes ist in den Vereinigten Staaten ein zwischen den beiden großen Parteien – den Republikanern und den Demokraten – seit langem heiß umkämpftes Thema. Während die Republikaner – auch im Interesse der privaten Versicherungsgesellschaften und der Leistungsanbieter – im Großen und Ganzen am bisherigen fragmentierten Gesundheitssystem festhalten wollten und wollen, streben die Demokraten eine Systemänderung an, die eine Ausdehnung und Systematisierung des Versicherungsschutzes zum Ziel hat. Mit dem von Präsident Barack Obama im Jahr 2010 auf den Weg gebrachten (und als „Obama Care" bekannten) „Patient Protection and Affordable Care Act" PPACA sind die Demokraten diesem Ziel ein gutes Stück nähergekommen. Im PPACA, dessen Bezeichnung die hauptsächliche Stoßrichtung dieses Gesetzes sehr gut beschreibt, kommen einige der zuvor erörterten Ansätze zum Tragen, so die Kombination eines Kontrahierungszwangs zu prinzipiell einheitlichen Prämien (ohne Gesundheitsprüfung und ohne Berücksichtigung von Vorerkrankungen) aufseiten der Versicherungsgesellschaften mit einem eher mild sanktionierten Zwang zum Abschluss einer Krankenversicherung („Individual Mandate") aufseiten der Bürger. Damit wird zwei Grundübeln des bisherigen Systems entgegenzuwirken versucht: dem Prämienrisiko und dem fehlenden Versicherungsschutz vieler Bürger.

Ergänzt werden diese Regelungen, die im Zentrum des PPACA stehen, durch eine Vielzahl von Einzelmaßnahmen wie die (durch eine zusätzliche Besteuerung hoher Einkommen finanzierte) Bezuschussung der Krankenversicherungsprämien für Haushalte, deren Einkommen um weniger als 300 % über der Armutsschwelle liegt, die Ausweitung von Medicaid, die Begrenzung der Selbstbehalte und die Festlegung eines als „Bronze" betitelten Mindestleistungskatalogs für Versicherungen mit relativ hohen Zuzahlungen aus der eigenen Tasche. Durch höhere Prämien können aber Leistungspakete mit niedrigeren Zuzahlungsquoten gewählt werden, die gleichfalls standardisiert sind und die Bezeichnungen Silber, Gold und Platin tragen. Ein Ziel wurde mit dem PPACA auch erreicht: Der Anteil der häufig einkommensschwachen US-Bürger, die über keinen Krankenversicherungsschutz verfügen, ist von 16 % im Jahr 2010 auf 8,9 % im Jahr 2016 zurückgegangen, was allerdings mit einer höheren finanziellen Belastung einkommensstärkerer Bürger erkauft wird. Die damit verbundenen Verteilungseffekte stellen – neben dem Vorwurf eines ungerechtfertigten Eingriffs in individuelle Freiheits-rechte – ein wichtiges Motiv der Gegner des PPACA dar. Die republikanische Partei versuchte deshalb insbesondere nach dem Amtsantritt von Donald Trump im Jahr 2017 immer wieder, das Gesetz parlamentarisch oder juristisch zu Fall zu bringen oder auf Ebene der Einzelstaaten zu sabotieren.

Weniger Beachtung bei der Diskussion des PPACA findet, dass dieses Gesetz auch Maßnahmen zur Kostendämpfung im Gesundheitswesen, wie die Stärkung prospektiver Honorierungsformen, vorsieht. Damit wird ein Problem adressiert, das zu dem des lückenhaften Versicherungsschutzes querliegt: Die Gesundheitsausgaben in den Ver-einigten Staaten liegen mit ca. 10.500 US $ pro Kopf in 2019 etwa auf dem doppelten Niveau wie in Deutschland– während die Effektivität (gemessen etwa an der durch-schnittlichen Lebenserwartung) alles andere als herausragend ist: In 2019 betrug die Lebenserwartung für Frauen in den Vereinigten Staaten 81,1 Jahre und für Männer mit fallender Tendenz 76,1 Jahre. Die entsprechenden Werte für Deutschland im selben Jahr sind 83,4 und 78,6. Der Stand des medizinischen Fortschritts in den USA ist bemerkens-wert hoch. Jedoch beschränken sich seine Früchte auf einen Teil der Bevölkerung. Für Kritiker gilt das amerikanische Gesundheitswesen deshalb als typisches Beispiel für eine Mehr-Klassen-Medizin. Der intensive Streit um Gesundheitsreformen in den Ver-einigten Staaten führt uns deshalb deutlich vor Augen, von welch zentraler Bedeutung Gerechtigkeits- und Verteilungsfragen bei der Gestaltung eines Gesundheitssystems sind.

6.5 Die Pflegeversicherung als Ergänzung zur Krankenversicherung

6.5.1 Versicherungsökonomische Grundlagen

Eng verwandt mit der Absicherung gegen Krankheitsrisiken ist die Absicherung gegen das Pflegefall-Risiko, das in einer alternden Gesellschaft immer mehr an Bedeutung gewinnt: Die Wahrscheinlichkeit, irgendwann zum Pflegefall zu werden, liegt in Deutschland bei über 50 %, wobei dieser Wert für Frauen über dem für Männer liegt. In vielen Ländern wie in Deutschland erfolgt die Absicherung gegen dieses Risiko – zumindest teilweise – auch im Rahmen des Krankenversicherungssystems. Im Vergleich zu den „normalen" Leistungen der Krankenversicherung bestehen aber im Bereich der Pflegeleistungen erhebliche Unterschiede. So fallen die Kosten der Pflege in noch viel stärkerem Maße als die der medizinischen Versorgung in einer sehr späten Lebensphase an – und fallen dann wesentlich höher aus: Während ein Krankenhausaufenthalt im Durchschnitt ca. 5000 € kostet, schlägt schon ein einziger Monat Betreuung im Pflege-heim bei hohem Grad an Pflegebedürftigkeit mit über 4000 € zu Buche. Das Pflegefall-Risiko stellt also ein typisches „Hochkosten-Risiko" dar. Vor diesem Hintergrund ist es erstaunlich, wie wenig sich Märkte für private Pflegeversicherungen herausgebildet haben. In der Literatur werden hierfür verschiedene Gründe angeführt (vgl. z. B. Pauly 1990; Brown und Finkelstein 2007; Norton 2016):

- Die Individuen schätzen das Pflegefall-Risiko und die damit verbundenen Kosten zu niedrig ein – insbesondere in jungen Jahren, wenn statistisch gesehen der Pflegefall noch in der fernen Zukunft liegt, der Einstieg in eine Pflegeversicherung aber noch mit relativ geringen Prämien möglich wäre.
- Die Individuen verlassen sich auf die weniger kostenintensive Pflege durch Angehörige und auf die Finanzierung ihrer Pflegekosten im Heim durch die Grundsicherung. Sie verlieren deshalb – wie wir es im Abschn. 6.1.5 beschrieben haben – vielfach den Anreiz zum Abschluss einer privaten Pflegeversicherung (vgl. auch Buchholz und Wiegard 1992) – und ziehen es vor, sich gegenüber dem Grundsicherungssystem als Freifahrer zu verhalten.
- Die Individuen schätzen den Wert einer Pflegeversicherung als eher gering ein, weil ihre Leistungen in einer Lebensphase anfallen, in der die Lebensqualität ohnehin nicht mehr allzu hoch ist. Eine Pflegeversicherung trägt aber dazu bei, das von einem Pflegebedürftigen gebildete Vermögen zu schonen und in dieser Hinsicht eine Absicherung für die Erben zu schaffen.
- Aufseiten privater Versicherungsgesellschaften kann die Neigung zum Angebot von Pflegeversicherungsverträgen wegen ihrer langen Laufzeiten und der schwer voraussehbaren zukünftigen Pflegekosten beschränkt sein.
- Die Probleme asymmetrischer Information und adverser Selektion waren für den ohnehin kleinen Markt privater Pflegeversicherungen früher kaum von Relevanz. Bei weiterer Verbreitung genetischer Tests könnte sich dies aber erheblich ändern. So haben Oster et al. (2010) in einer empirischen Studie gezeigt, dass der Nachweis des Huntington-Gendefekts mithilfe eines Gentests bei den Betroffenen dazu führt, dass sie im Vergleich zu Nicht-Betroffenen fünfmal öfter eine private Pflegeversicherung abschließen. Für sie lohnt sich das erheblich, weil die vom genetisch bedingten Huntington-Defekt ausgelöste neurologische Erkrankung bereits im mittleren Lebensalter auftritt und in der Regel eine lange und kostspielige Zeit der Pflegebedürftigkeit von im Schnitt 20 Jahren bedingt. Den durch adverse Selektion verursachten Konflikt zwischen Effizienz des Versicherungsmarktes auf der einen und Gerechtigkeitszielen auf der anderen Seite, den wir bereits in Abschn. 6.1.3 erörtert hatten, ist damit auch für die Pflegeversicherung von Bedeutung.

6.5.2 Entwicklung der deutschen Pflegeversicherung seit 1995

Neben dem in Folge des demografischen Wandels zu erwartendem Anstieg der Pflegeausgaben liefert der Wunsch nach Abwehr von Freifahrerverhalten ein zentrales Argument für Staatseingriffe im Pflegebereich, sei es – analog zur Krankenversicherung – durch staatliche Regulierung eines privaten Pflegeversicherungsmarkts mit Diskriminierungsverbot und Kontrahierungszwang oder durch Schaffung einer staatlichen Pflegeversicherung. In Deutschland wurde im Jahre 1995 die (im SGB XI) geregelte Soziale Pflegeversicherung SPV als fünfte Säule des Sozialversicherungssystems eingeführt, in der alle Mitglieder einer gesetzlichen Krankenkasse pflichtversichert sind. Je nachdem, in welchen der fünf Pflegegrade ein Pflegebedürftiger vom Medizinischen Dienst der Krankenkassen eingestuft worden ist und in welcher Weise die Pflege erfolgt (Pflege zu Hause, ohne und mit Inanspruchnahme ambulanter Pflegedienste, teil- und vollstationäre Pflege im Heim) zahlt die Pflegekasse monatliche Beträge, die im Jahr 2020 vom Pflegegeld von 316 € bei Pflegegrad 2 und häuslicher Pflege durch Angehörige bis zu 2005 € bei Pflegegrad 5 und vollstationärer Pflege im Heim reichen. Dazu kommen gemäß § 40 SGB XI Zuschüsse beispielsweise zur „Wohnumfeldverbesserung" (wie etwa zum Einbau eines behindertengerechten Bads) bis zur Höhe von 4000 €. Der auf das Arbeitsentgelt bzw. die Rente (bis zur Beitragsbemessungsgrenze von 56.250 € pro Jahr in 2020) erhobene Beitragssatz ist seit Einführung der SPV stark gestiegen. Während er bei Einführung 1995 bei 1,0 % lag, beträgt er derzeit (seit 1.1.2019) 3,05 %. Für die meisten Kinderlosen erhöht er sich um 0,25 Prozentpunkte. Mit Ausnahme von Sachsen, wo die Arbeitnehmer (aufgrund des Fortbestands eines kirchlichen Feiertags!) mehr als die Arbeitgeber bezahlen, wird der Beitragssatz zwischen Arbeitnehmern und Arbeitgebern paritätisch gesplittet. Rentner hingegen werden – anders als bei der GKV – mit dem vollen Beitragssatz von 3,05 belastet.

Im Jahr 2019 waren ca. 73 Mio. Menschen in der SPV erfasst, von denen 3,7 Mio. Leistungen bezogen haben. Die Einnahmen der SPV betrugen im selben Jahr 47,2 Mrd. €, die Ausgaben nach einem Anstieg von 7,1 % gegenüber dem Vorjahr) 43,95 Mrd. €. Die SPV erzielte somit – v. a. aufgrund der Beitragserhöhung von 2,55 % auf 3,05 % zum 1.1.2019 – im Jahr 2019 einen Überschuss, während es im Jahr zuvor noch zu einem Defizit von 4,6 Mrd. € gekommen war. Insgesamt ist im Zeitablauf ein erheblicher Anstieg der Ausgaben der SPV zu beobachten: In 2000 betrugen sie 10,9 Mrd. € und 2010 noch 21,5 Mrd. €, was bedeutet, dass sie sich seit 2000 vervierfacht und seit 2010 verdoppelt haben.

Die SPV ist von Anfang an lediglich als Teilversicherung gegen die Pflegekostenrisiken gedacht. Das heißt, dass der von ihr nicht gedeckte Teil der Pflegekosten aus dem Einkommen (faktisch in erster Linie der Rente) und dem Vermögen des Pflegebedürftigen (bis auf einen Schonbetrag) zu bestreiten ist. Reichen die Mittel des Pflegebedürftigen zur Finanzierung des mit durchschnittlich ca. 2000 € (bei stationärer Pflege) mittlerweile recht hohen Eigenanteils an den Pflegekosten nicht aus, gewährt der Sozialhilfeträger „Hilfe zur Pflege" gemäß SGB XII. Dabei zieht er in einem administrativ aufwendigen und von vielen Rechtsstreitigkeiten begleiteten Verfahren Einkommen und Vermögen des Ehepartners mit zur Finanzierung heran. Bis Ende 2019 waren im Pflegefall auch die Kinder zu einem Elternunterhalt verpflichtet. Seit 2020 ist dies aber nur noch der Fall, wenn das jährlich Bruttoeinkommen eines Kindes die Schwelle von 100.000 € übersteigt. Ein Rückgriff auf das Vermögen der Kinder erfolgt jetzt nicht mehr. In 2019 beliefen sich Netto-Ausgaben des Staates für die Hilfe zur Pflege auf 3,8 Mrd. €, was weniger als 10 % der Ausgaben der SPV entspricht.

Die Angehörigen einer privaten Krankenversicherung PKV sind gesetzlich zum Abschluss einer privaten Pflegeversicherung PPV verpflichtet. Zwischen PPV und PKV bestehen allerdings gravierende Unterschiede. So besteht für die Versicherungsgesellschaften ein Kontrahierungszwang, d. h. sie dürfen den dazu Berechtigten die Aufnahme in die PPV nicht verweigern. Darüber hinaus ist durch § 110 SGB XI vorgeschrieben, dass der Leistungsumfang für alle PPVs identisch ist und dem der SPV entspricht. Die von den einzelnen PPVs geforderten Prämien basieren auf einem einheitlichen Tarif, bei dem der Beitrag durch den Höchstbeitrag der SPV gedeckelt ist.

6.5.3 Elemente der Kapitaldeckung in der Pflegeversicherung

Um sich vor dem Risiko einer hohen Eigenbeteiligung zu schützen, können auch SPV-Versicherte private *Pflegezusatzversicherungen* abschließen, die seit 2013 auch mit 60 € pro Jahr staatlich gefördert werden können („Pflege-Bahr"). Voraussetzung für die Förderung ist dabei eine Prämienhöhe von mindestens 10 € pro Monat. Schon während des Gesetzgebungsverfahrens wurde das Vorhaben von Wissenschaftlern wie von Praktikern hart kritisiert (vgl. etwa Rothgang 2012). Moniert wurde vor allem, dass eine freiwillige Zusatzversicherung unter Adverser Selektion leiden würde und dass die Subvention vor allem Personen zu Gute kommen würde, die sich ohnehin eine Zusatzversorgung leisten würden, und dies seien primär Gutsituierte. Gerade diese hätten jedoch nur eine geringe Wahrscheinlichkeit, im Alter der Sozialhilfe zur Last zu fallen.

Die Subventionierung privater Pflegezusatzversicherungen war bisher auch nicht besonders erfolgreich: Bis Jahresende 2018, also 6 Jahre nach Einführung des „Pflege-Bahr", waren erst ca. 878.000 neue Verträge abgeschlossen.[2] Neben diesen staatlich subventionierten Verträgen bestanden Ende 2018 noch ca. 2,78 Mio. private Pflegezusatzverträge. Wenn man die Zahl der Verträge mit der Größe der Bezugsgruppe aller 30-60jährigen (35 Mio.) vergleicht, für die eine Zusatzversicherung sinnvoll und erschwinglich wäre, stellt man fest, dass kaum mehr als 10 % über einen solchen Vertrag verfügen. Bis 2019 waren dies insgesamt ca. 3,8 Mio. Bundesbürger. Gegenüber 2013 entspricht das zwar einem Anstieg von ca. 70 %, mit ca. 4,5 % ist der Anteil der Zusatzversicherten an der Gesamtzahl der Pflegeversicherten in Deutschland aber immer noch sehr gering.

Ein Schritt hin zu mehr Kapitaldeckung wurde von der schwarz-roten Koalition vollzogen, die 2013 ins Amt kam: Um den stetigen Anstieg des Beitragssatzes zu bekämpfen, wurde im Jahr 2015 mit dem *Pflegevorsorgefonds* ein Element der Teil-Kapitaldeckung in das System eingeführt, das darauf beruht, dass der Beitragssatz vom 1. Januar 2015 an für die nächsten 20 Jahre um 0,1 Prozentpunkte angehoben wurde, um

---

[2]Quelle: PKV-Verband: https://www.pkv.de/presse/meldungen/pflegezusatzversicherung-weiter-im-aufwind.

damit jedes Jahr 1,2 Mrd. € akkumulieren zu können. Die so eingenommenen Beträge werden in einem Treuhandkonto bei der Deutschen Bundesbank verwahrt und sollen vom Jahr 2035 an 20 Jahre lang zu einer Senkung des Beitragssatzes verwendet werden.

Auch wenn die Absicht der Stärkung der Kapitaldeckung anzuerkennen ist, ist doch das gewählte Instrument aus mindestens drei Gründen wenig geeignet, das angestrebte Ziel zu erreichen (vgl. etwa Rothgang 2014; Breyer 2016).

Zum einen sind die Beträge, die zur zukünftigen Beitragssenkung zurückgestellt werden, viel zu gering, um auf längere Sicht für eine wirksame Begrenzung des Beitragssatzes sorgen zu können. Unterstellt man realistischer Weise einen realen Zinssatz von null, so wird die SPV von 2035 an jedes Jahr lediglich 1,2 Mrd. € zusätzlich zur Finanzierung von Pflegeleistungen zur Verfügung haben. Dies ist nur ein verschwindend kleiner Anteil der Gesamtausgaben der SPV, die im Jahr 2018 schon 41,3 Mrd. € betrugen und bis dahin auf weit über 50 Mrd. € steigen werden. Der Beitragssatzeffekt wird bei bescheidenen 0,1 Prozentpunkten liegen.

Zum zweiten kann man bei einem staatlich eingenommenen Fonds niemals sicher sein, dass er nicht eher angezapft wird,[3] z. B. in einer schweren Rezession, in der jede Maßnahme zur Senkung von Sozialabgaben willkommen ist. Zumindest muss befürchtet werden, dass die weitere Akkumulation des Fonds in Zeiten eines finanziellen Engpasses ausgesetzt wird.

Drittens wäre ein Fonds, der über einen Zeitraum von 20 Jahren angesammelt und anschließend aufgelöst wird, dann angemessen, wenn es sich bei der Bevölkerungsalterung um ein vorübergehendes Phänomen handelte, d. h. wenn es in dem Zeitraum zwischen 2035 und 2054 eine Spitze im Altersquotienten gäbe. Tatsächlich ist dies, wie in Kap. 9 gezeigt werden wird, keinesfalls der Fall, sondern dieser steigt bis zum Jahr 2060 weiter an. Denn die niedrige Fertilität in Deutschland war kein kurzfristiges und vorübergehendes Phänomen, sondern dauert trotz leichter Besserung bis in die Gegenwart fort.

6.6 Übungsaufgaben

Aufgabe 6.1
Erörtern Sie, welche Probleme sich durch adverse Selektion für private Krankenversicherungsmärkte ergeben können und inwieweit sich daraus eine Rechtfertigung für staatliche Eingriffe ableiten lässt.

---

[3]Diese Befürchtung bestätigte die im April 2021 zur Kanzlerkandidatin der GRÜNEN ausgerufene Annalena Baerbock schon nach wenigen Tagen, als sie forderte, den Pflegevorsorgefonds aufzulösen (FAZ, 30.4.2021).

Aufgabe 6.2

In dem in Abschn. 6.1.4 zur Behandlung des Prämienrisikos verwendeten Modell betragen die Behandlungskosten pro Periode $L = 2000$ und es sei $\pi^L = 5$ %, $\pi^H = 10$ % und $\pi^K = 8$ %. Ermitteln Sie, welche Prämie sich in den beiden Perioden für jeden der drei im Text beschriebenen Vertragstypen ergibt. Erörtern Sie ferner, wovon die Durchsetzbarkeit dieser drei Vertragstypen abhängt.

Aufgabe 6.3

Wie lässt sich das in Abschn. 6.1.4 behandelte Prämienrisiko–Modell vom Zwei–Perioden-Fall auf den Drei-Perioden-Fall übertragen? Welche Prämienhöhen ergäben sich dann in den einzelnen Perioden für die verschiedenen Vertragstypen? Skizzieren Sie, wie man bei der Verallgemeinerung des Modells auf den n-Perioden-Fall vorzugehen hätte. Inwieweit stellt das im Text zunächst behandelte n-Perioden-Modell einen Spezialfall des auf diese Weise erhaltenen n-Perioden-Modells dar? Erläutern Sie, weshalb es im allgemeinen n–Perioden–Modell bei einem zeitkonsistenten Versicherungsvertrag zu einem Rückgang der Prämiensätze im Zeitablauf kommt.

Aufgabe 6.4

Es wird angenommen, dass es eine große Zahl identischer Individuen mit der von Neumann–Morgenstern Nutzenfunktion $u(W) = \ln W$ und dem individuellen Anfangsvermögen $W_0 = 50$ gibt. Im Krankheitsfall, der mit der Wahrscheinlichkeit $\pi = 1/3$ eintritt, kommen auf das Individuum Behandlungskosten in Höhe von $L = 30$ zu. Das Existenzminimum, das von der Sozialhilfe garantiert ist, beläuft sich auf $\hat{W} = 30$. Die hier betrachteten Individuen sollen – auch wenn sie gesund bleiben oder versichert sind – nicht zur Finanzierung von Sozialhilfezahlungen herangezogen werden.

a) Beschreiben Sie, welche Position ein Individuum im W_2-W_1–Diagramm erreichen kann, wenn es eine private Krankenversicherung zum fairen Prämiensatz $p = \pi = 1/3$ abschließt und deren Leistungen auf die Sozialhilfezahlungen angerechnet werden.

b) Bestimmen Sie die kritische Grenze V^* für die Deckungssumme, von der ab die Krankenversicherung zu einem über dem Existenzminimum $\hat{W} = 30$ gelegenen Endvermögenswert führt.

c) Zeigen Sie, dass sich unter den gegebenen Bedingungen eine private Krankenversicherung für das Individuum nicht lohnt. Weshalb ist das dann erreichte Ergebnis ineffizient?

d) Beschreiben Sie analog zum Vorgehen im Text, wie sich durch einen staatlichen Eingriff eine Pareto–Verbesserung erreichen lässt.

e) Wie hoch müsste das Anfangsvermögen des Individuums sein, damit es (unter ansonsten gleichbleibenden Annahmen) trotz Sozialhilfe einen Anreiz zum Abschluss einer privaten Krankenversicherung hat? Welche Deckungssumme wird das Individuum dann wählen?

Stellen Sie Ihre Überlegungen auch in einem der Abb. 6.1 entsprechenden Diagramm dar.

Aufgabe 6.5

Analog zu Aufgabe 6.4 sei ein repräsentatives Individuum durch $u(W) = \ln W$, $W_0 = 20$, $L = 15$ und $\pi = 1/3$ charakterisiert, und das von der Sozialhilfe garantierte Existenzminimum betrage $\hat{W} = 6$. Anders als zuvor sollen jetzt aber die Sozialhilfezahlungen dadurch finanziert werden, dass von jedem dieser Individuen, sofern es durch Erkrankung nicht bedürftig wird, eine Pro-Kopf-Pauschalsteuer in Höhe von T erhoben wird.

a) Wie hoch ist T in der betrachteten Situation anzusetzen?
b) Welchen Anreiz zum Abschluss einer privaten Krankenversicherung hat ein einzelnes Individuum, welches teilspielperfekte Nash–Gleichgewicht ergibt sich?
c) Was ändert sich am Ergebnis von b., wenn das Sozialhilfeniveau auf $\hat{W} = 9$ angehoben wird?

Aufgabe 6.6

Begründen Sie, weshalb in Abschn. 6.2.1.1 die Individuen bei Begrenzung des Leistungsumfangs auf das Niveau Z^* ein höheres Nutzenniveau als bei der Selbstbeteiligungsquote α^* erreichen.

Aufgabe 6.7

Die Nachfrage eines Individuums nach einem Gesundheitsgut mit dem Preis p sei $h(p) = 10 - p$. Vergleichen Sie die Vorteilhaftigkeit einer Versicherung mit Festbetrag (und dem Festbetrag $d = 2$) und einer Versicherung mit proportionaler Selbstbeteiligung (in Höhe $\alpha = 1/4$), falls das Angebot des Gesundheitsgutes.

a) bei $h = 7$ vollkommen unelastisch ist.
b) bei $p = 3$ vollkommen elastisch ist.

Inwieweit trifft die Aussage zu, dass Festbetragstarif und Selbstbeteiligungsregelung äquivalent zueinander sind?

Aufgabe 6.8

Für die Nachfrage nach einen Gesundheitsgut gelte $h(p) = 10 - p$. Wie lässt sich das Nachfrageverhalten eines Individuums beschreiben, das einen Versicherungskontrakt mit Selbstbehaltregelung abgeschlossen hat, bei dem der Franchise-Betrag $F = 37{,}5$ gilt?

Aufgabe 6.9

Die Nutzenfunktion eines repräsentativen Individuums sei $u(F,c)$, wobei F den Freizeit– und c den Güterkonsum des Individuums bezeichnet. Die Zeitausstattung betrage $F = 10$, und der Lohnsatz sei $w = 1$. Neben dem Lohneinkommen soll das Individuum in der betrachteten Periode noch über ein exogenes Einkommen (aus Zinserträgen oder aus Einnahmen aus Vermietung und Verpachtung) in Höhe von $M = 2$ verfügen. Im Ausgangszustand wird zur

Finanzierung der Gesundheitsausgaben ein Beitragssatz in Höhe von $b = 20\,\%$ auf das Lohneinkommen erhoben.

a) Um wie viel kann dieser lohnbezogene Beitragssatz gesenkt werden, wenn zur Finanzierung der Gesundheitsausgaben zusätzlich eine proportionale Steuer auf alle Einkommensarten mit dem Steuersatz $t = 10\,\%$ neu eingeführt wird und die Krankheitskosten pro Individuum konstant bleiben?

b) Zeigen Sie, dass sich durch diese Reform bei der Finanzierung der gesetzlichen Krankenversicherung eine Nutzenerhöhung für das Individuum bzw. eine Verminderung der Zusatzlasten ergibt.

c) Erörtern Sie, weshalb bei einer Erweiterung des Betrachtungszeitraums über die zunächst betrachtete Periode hinaus erhebliche Zweifel an dem in b. festgestellten effizienzsteigernden Effekt angebracht sind.

Aufgabe 6.10

In einer Volkswirtschaft leben 10 Mio. beitrags– und steuerpflichtige Einwohner, deren jährliche Lohneinnahmen gleichmäßig über das Intervall zwischen 10.000 € und 150.000 € verteilt sind. Die Gesundheitsausgaben pro Kopf sollen 4000 € pro Jahr betragen.

a) Welcher lohnbezogene Beitragssatz ist zur Finanzierung der gesamten Gesundheitsausgaben nötig?

b) Beschreiben Sie die verschiedenen möglichen Kombinationen eines proportionalen Beitragssatzes und einer pauschalen „Kopfprämie", die ebenfalls zur Finanzierung der (annahmegemäß konstanten) Gesundheitsausgaben eingesetzt werden könnten.

c) Erörtern Sie die Verteilungseffekte, die sich bei den in b. beschriebenen Finanzierungsalternativen jeweils ergeben.

d) Zur Vermeidung einer zusätzlichen Belastung der einkommensschwächeren Individuen soll der (teilweise) Übergang von einkommensproportionalen Beiträgen zu Kopfprämien durch ein soziales Ausgleichssystem ergänzt werden. Wie ist diese System auszugestalten, wenn erreicht werden soll, dass kein Individuum schlechter gestellt wird?

e) Ermitteln Sie den kritischen Schwellenwert des Einkommens, der bei dem in d. erhaltenen Steuer-Transfer-Mechanismus Geber und Nehmer voneinander trennt.

f) Weshalb wird die Gültigkeit der These von der prinzipiellen allokativen Vorteilhaftigkeit des Kopfprämiensystems durch diese theoretischen Überlegungen eingeschränkt?

g) Diskutieren Sie andere mögliche Vorteile sowie Nachteile eines Kopfpauschalen-Systems zur Finanzierung des Gesundheitswesens.

Literatur

Arrow, K. J. (1963). Uncertainty and the welfare economics of medical care. *American Economic Review, 53*, 941–973.

Breyer, F. (1984). *Die Nachfrage nach medizinischer Leistung – eine empirische Analyse von Daten aus der gesetzlichen Krankenversicherung.* Berlin: Springer.

Breyer, F. (2002). Einkommensbezogene versus pauschale GKV-Beiträge – Eine Begriffsklärung. *Schmollers Jahrbuch, 122*, 605–616.

Breyer, F. (2016). Die Zukunft der Pflegeversicherung in Deutschland: Umlage und Kapitaldeckung. *Zeitschrift für Versicherungswirtschaft, 105*, 445–461.

Breyer, F. (2018). Was spricht gegen Zwei-Klassen-Medizin? *Zeitschrift für Wirtschaftspolitik, 67*, 30–41.

Breyer, F., & Haufler, A. (2000). Health care reform: Separating insurance from income redistribution. *International Tax and Public Finance, 7*, 445–461.

Breyer, F., & Ulrich, V. (2000). Gesundheitsausgaben, Alter und medizinischer Fortschritt: Eine Regressionsanalyse. *Jahrbücher für Nationalökonomie und Statistik, 229*, 1–17.

Breyer, F., Zweifel, P., & Kifmann, M. (2012). *Gesundheitsökonomik* (6. Aufl.). Berlin: Springer.

Brosig-Koch, J., Henning-Schmidt, H., Kairies-Schwarz, N., & Wiesen, D. (2016). Using artefactual field and lab experiments to investigate how fee-for-service and capitation affect medical service provision. *Journal of Economic Behavior and Organization, 131*, 17–23.

Brosig-Koch, J., Henning-Schmidt, H., Kairies-Schwarz, N., & Wiesen, D. (2017). The effects of introducing mixed payment systems for physicians. *Health Economics, 26*, 243–262.

Brown, J. R., & Finkelstein, A. (2007). Why is the market for long-term care insurance so small? *Journal of Public Economics, 91*, 1967–1991.

Buchholz, W. (2001). Marktversagen und Staatseingriffe im Gesundheitswesen: Die Pflichtversicherungslösung als Alternative. *Schmollers Jahrbuch, 121*, 83–104.

Buchholz, W. (2005). A note on financing health-care reform: Some simple arguments concerning marginal tax burden. *FinanzArchiv, 61*, 438–446.

Buchholz, W., & Wiegard, W. (1992). Allokative Überlegungen zur Reform der Pflegevorsorge. *Jahrbücher für Nationalökonomie und Statistik, 209*, 441–457.

Chalkley, M. (2018). Incentives and performance of health professionals. Oxford Research Encyclopedia of Economics and Finance.

Chernew, M. E., & Newhouse, J. (2011). Health care spending growth. In M. V. Pauly, T. G. McGuire, & P. P. Barros (Hrsg.), *Handbook of health economics* (Bd. 2, S. 1–43). Amsterdam: Elsevier.

Coate, S. (1995). Altruism, the Samaritan's dilemma and Government transfer policy. *American Economic Review, 85*, 46–57.

Cochrane, J. (1995). Time-consistent health insurance. *Journal of Political Economy, 103*, 445–473.

Cutler, D. M. (2002). Health care and the public sector. In A. J. Auerbach & M. Feldstein (Hrsg.), *Handbook of public economics* (Bd. 4, S. 1003–2243). Amsterdam: Elsevier.

Einav, L., & Finkelstein, A. (2011). Selection in insurance markets: Theory and empirics in pictures. *Journal of Economic Perspectives, 25*, 115–138.

Einav, L., & Finkelstein, A. (2018). Moral hazard in health insurance: What we know and how we know it. *Journal of the European Economic Association, 16*, 957–982.

Ellis, R. P., & McGuire, T. G. (1990). Optinmal payment systems for health services. *Journal of Health Economics, 9*, 375–396.

Finkelstein, A., & McKnight, R. (2008). What did medicare do? The initial impact of medicare on mortality and out of pocket medical spending. *Journal of Public Economics, 92,* 1644–1668.

Fleurbaey, M., & Schokkaert, E. (2012). Equity in health and health care. In M. V. Pauly, T. G. McGuire, & P. P. Barros (Hrsg.), *Handbook of health economics* (Bd. 2, S. 1003–1093). Amsterdam: Elsevier.

Glied, S. (2000). Managed care. In A. Culyer & J. Newhouse (Hrsg.), *Handbook of health economics* (Bd. 1A, S. 707–753). Amsterdam: Elsevier.

Greiner, W., et al. (2019). *Empfehlungen für ein modernes Vergütungssystem in der ambulanten ärztlichen Versorgung. Bericht der Wissenschaftlichen Kommission für ein modernes Vergütungssystem KOMV.* Berlin: Im Auftrag des Bundesministeriums für Gesundheit.

Haufler, A. (2004). Welche Vorteile bringt eine Pauschalprämie für die Finanzierung des Gesundheitswesens? *Schmollers Jahrbuch, 124,* 539–556.

Henning-Schmidt, H., Selten, R., & Wiesen, D. (2011). How payment systems affect physicians' provision behavior – An experimental investigation. *Journal of Health Economics, 30,* 637–643.

Herring, B., & Pauly, M. V. (2006). Incentive-compatible guaranteed renewable health insurance premiums. *Journal of Health Economics, 25,* 395–417.

Kifmann, M. (2002). *Insuring Premium Risk in Competitive Health Insurance Markets.* Tübingen: Mohr Siebeck.

Ma, C. A. (1994). Health care payment systems: Cost and quality incentives. *Journal of Economics and Management Strategy, 3,* 93–112.

McGuire, T. (2011). Demand for health insurance. In M. V. Pauly, T. G. McGuire, & P. P. Barros (Hrsg.), *Handbook of health economics* (Bd. 2, S. 317–396). Amsterdam: Elsevier.

Manning, W., et al. (1987). Health insurance and the demand for medical care: Evidence from a randomized experiment. *American Economic Review, 77,* 251–277.

Norton, E. C. (2016). Health and long-term-care. In J. Piggott & A. Woodland (Hrsg.), *Handbook of the economics of population aging* (Bd. 1, S. 951–989). Amsterdam: Elsevier.

Nuscheler, R., & Knaus, T. (2005). Risk selection in the German public health insurance system. *Health Economics, 14,* 1253–1271.

Olsen, J. A. (2011). Concepts of equity and fairness in health and health care. In S. Glied & P. C. Smith (Hrsg.), *The oxford handbook of health economics* (S. 814–836). Oxford: Oxford University Press.

Oster, E. F., Shoulson, I., Quaid, K., & Ray Dorsey, E. (2010). Genetic adverse selection: Evidence from long-term care insurace and Huntington disease. *Journal of Public Economics, 94,* 1041–1050.

Pauly, M. V. (1968). The economics of moral hazard: Comment. *American Economic Review, 58,* 531–537.

Pauly, M. V. (1974). Overinsurance and public provision of insurance: The role of moral hazard and adverse selection. *Quarterly Journal of Economics, 88,* 44–63.

Pauly, M. V. (1988). Is medical care different? Old questions, new answers. *Journal of Health Politics, Policy and Law, 13,* 227–237.

Pauly, M. V. (1990). The rational nonpurchase of long-term-care insurance. *Journal of Political Economy, 98,* 153–168.

Pauly, M. V., Kunreuther, H., & Hirth, R. (1995). Guaranteed renewability in insurance. *Journal of Risk and Uncertainty, 10,* 143–156.

Richter, W. (2005). Gesundheitsprämie oder Bürgerversicherung? Ein Kompromissvorschlag. *Wirtschaftsdienst, 85,* 693–697.

Rothgang, H. (2012). Der „Pflege-Bahr": Umverteilung von unten nach oben. *Soziale Sicherung, 61,* 204.

Rothgang, H. (2014). Pflegereform: Fehlkonzipierter Vorsorgefonds. *Wirtschaftsdienst, 94*, 310.

Werblow, A., & Felder, S. (2003). Der Einfluss von freiwilligen Selbstbehalten in der Gesetzlichen Krankenversicherung: Evidenz aus der Schweiz. *Schmollers Jahrbuch, 123*, 235–264.

Wissenschaftlicher Beirat beim Bundesministerium der Finanzen. (2018). *Gutachten: Über- und Fehlversorgung in deutschen Krankenhäusern: Gründe und Reformoptionen*. Berlin.

Zweifel, P., & Manning, W. (2000). Moral hazard and consumer incentives in health care. In A. Culyer & J. Newhouse (Hrsg.), *Handbook of health economics* (Bd. 1A, S. 409–459). Amsterdam: Elsevier.

Arbeitslosenversicherung und Grundsicherung

7.1 Einleitung

In den meisten OECD-Mitgliedsländern existiert eine Arbeitslosenversicherung in staatlicher oder halb-staatlicher Trägerschaft mit obligatorischer Mitgliedschaft für unselbstständig Beschäftigte. Eine Ausnahme stellt Dänemark dar, wo die Mitgliedschaft zwar freiwillig ist, jedoch die Leistungen nur zu einem geringen Anteil aus Mitgliedsbeiträgen und überwiegend durch staatliche Zuschüsse finanziert werden, sodass die Mitgliedschaft aus der Sicht der meisten Arbeitnehmer höchst attraktiv ist. Die einzelnen Systeme unterscheiden sich allerdings erheblich in ihren Leistungen, sowohl im Hinblick auf die Bezugsdauer, als auch im Hinblick auf die Höhe und die Bemessung am früheren Arbeitseinkommen (vgl. Abschn. 7.2).

Dagegen existieren kaum private Versicherungsverträge zur Abdeckung des Einkommensausfalls durch Arbeitslosigkeit. Dieses Fehlen wirft die Frage auf, ob wir es hier mit einem Versagen des Marktes in dem Sinne zu tun haben, dass eine der Voraussetzungen des 1. Hauptsatzes der Wohlfahrtsökonomik nicht erfüllt ist, oder ob es sich bei dieser Absicherung um ein Gut handelt, das niemand zu einem am Versicherungsmarkt sich bildenden Preis freiwillig kaufen würde. Im ersten Falle läge es nahe zu vermuten, dass der staatliche Mitgliedschaftszwang wohlfahrtserhöhend wirkt, im zweiten Falle wäre eher das Gegenteil der Fall.

Grundsätzlich kann man eine Reihe von Ursachen für das Fehlen eines Marktes für privatwirtschaftliche Versicherungsverträge unterscheiden, wobei jeweils zu prüfen ist, ob die jeweiligen Voraussetzungen auf den Fall des Arbeitslosigkeitsrisikos zutreffen:

© Der/die Autor(en), exklusiv lizenziert durch Springer Fachmedien Wiesbaden GmbH, 327
ein Teil von Springer Nature 2021
F. Breyer und W. Buchholz, *Ökonomie des Sozialstaats,*
https://doi.org/10.1007/978-3-658-33369-0_7

1. Private Versicherungsverträge sind überflüssig oder für den Versicherungsnehmer nicht attraktiv, weil die staatliche Sozialversicherung mit Zwangsmitgliedschaft bereits für eine umfassende Absicherung sorgt. Dieser Umstand war etwa für das Fehlen eines Marktes für private Leibrenten in Deutschland bis Ende des 20. Jahrhunderts ursächlich, da die Gesetzliche Rentenversicherung ein hohes Maß der Lebensstandardsicherung im Alter zu garantieren schien, während dies in anderen Ländern wie dem Vereinigten Königreich durchaus nicht der Fall ist und man dort seit langem einen Leibrentenmarkt beobachtet. Er könnte auch auf die Arbeitslosenversicherung in Deutschland zutreffen, da die Sozialversicherung zumindest in den ersten 12–18 Monaten der Arbeitslosigkeit eine im internationalen Vergleich hohe Einkommensersatzrate vorsieht.

2. Das betrachtete Risiko ist in dem Sinne „unversicherbar", als die Risiken der verschiedenen Arbeitnehmer sehr hoch miteinander korreliert sind, denn Arbeitslosigkeit ist zum großen Teil ein konjunkturelles Phänomen. Dieses Argument ist jedoch nicht ganz stichhaltig, da auch in einer Rezession die überwiegende Mehrzahl der Arbeitnehmer einen Arbeitsplatz hat und es selbst bei einem vorhersehbaren Verlust an Arbeitsplätzen ex ante unklar ist, wer davon betroffen sein wird. Eine umlagefinanzierte Versicherung, bei der ein bestimmtes Leistungsniveau festgelegt wird, die Beiträge sich jedoch jeweils an die Konjunkturlage anpassen, könnte durchaus auch privat angeboten werden. Ähnliche Mechanismen findet man in der privaten Krankenversicherung und in der Gebäudeversicherung, in denen jeweils die Beiträge an die laufende Entwicklung der Leistungsausgaben angepasst werden.

3. Der Versicherungsmarkt ist durch asymmetrische Information gekennzeichnet, da der potenzielle Versicherungsnehmer sein individuelles Risiko weit besser einschätzen kann als der Versicherer (vgl. Abschn. 4.2). Dieser Grund scheint für die Arbeitslosenversicherung weniger typisch zu sein: Zum einen kann ein Versicherer das Arbeitslosigkeitsrisiko eines Arbeitnehmers aufgrund beobachtbarer Merkmale wie Alter, Ausbildung, berufliche Karriere, Branche und Unternehmen des Arbeitsplatzes vermutlich ebenso gut einschätzen wie der Betroffene selbst. Zum anderen wäre unter diesen Annahmen ein Marktergebnis zu erwarten, bei dem nur hohe Risiken privat versichert werden – ein Phänomen, das man in den wenigen Ländern, in denen Zusatzversicherungen zugelassen und wegen des niedrigen Absicherungsniveaus der Sozialversicherung sinnvoll sind, nicht beobachten kann.

4. Der Versicherungsmarkt kommt nicht zustande, weil er durch ein hohes Maß an Verhaltensrisiko gekennzeichnet ist. Dies setzt voraus, dass der einzelne Arbeitnehmer (oder jemand anderes) das Risiko der Arbeitslosigkeit selbst beeinflussen kann, dass das Versicherungsunternehmen dieses Verhalten nicht beobachten oder zumindest nicht nachweisen kann und dass deshalb die Tatsache, dass das Risiko abgesichert ist, zu einem riskanteren Verhalten des Betroffenen führt. In einem solchen Fall kann, wie in Abschn. 4.3 gezeigt wurde, der Abschluss einer privaten Arbeitslosenversicherung für den Arbeitnehmer unattraktiv sein, was das Fehlen solcher Verträge erklären kann. Ob in diesem Fall der Zwang zur Mitgliedschaft in einer Sozialversicherung

wohlfahrtserhöhend wirkt, hängt davon ab, ob der Staat über bessere Instrumente verfügt, um das Verhaltensrisiko einzudämmen. Das in Abschn. 7.3.1 zu besprechende Modell stellt einen solchen Fall dar. Es beantwortet die Frage, warum der Staat eine Arbeitslosenversicherung betreiben kann, die der Markt nicht anbietet.

Im Folgenden wird zunächst das System der sozialen Sicherung für Arbeitslose in Deutschland in seinen Grundzügen dargestellt (Abschn. 7.2). Abschn. 7.3 enthält theoretische Analysen von drei wichtigen Gestaltungsmerkmalen der Arbeitslosenversicherung, die in zahlreichen Ländern beobachtet werden können, nämlich

- erstens der Tatsache, dass Arbeitslosenversicherung durchweg staatlich organisiert ist (Abschn. 7.3.1),
- zweitens der Tatsache, dass die Höhe der Arbeitslosenunterstützung typischer Weise mit der Dauer der Arbeitslosigkeit abnimmt (Abschn. 7.3.2), und
- drittens (Abschn. 7.3.3) der Frage der optimalen Organisation der Arbeitslosenversicherung: branchenspezifisch oder zentral.

Abschn. 7.4 schließlich untersucht den Zusammenhang zwischen der Gestaltung der Grundsicherung für Arbeitslose und den Arbeitsanreizen für die Betroffenen.

7.2 Das System der sozialen Sicherung für Arbeitslose in Deutschland

7.2.1 Arbeitslosenversicherung (Arbeitslosengeld I)

Das Arbeitslosengeld I ist eine Entgeltersatzleistung, die nach dem SGB III als eine Versicherungsleistung gezahlt und aus den Beiträgen der Arbeitslosenversicherung finanziert wird. Anspruch auf Arbeitslosengeld I hat, wer a) arbeitslos und für die Vermittlung einer Stelle verfügbar ist, b) sich bei der Agentur für Arbeit als solcher gemeldet hat und c) die Anwartschaftszeit (s. u.) erfüllt hat.

7.2.1.1 Die Versicherten
Bei der Arbeitslosenversicherung in Deutschland gilt generell Versicherungspflicht, dies betrifft alle Personen, die gegen Entgelt oder im Rahmen ihrer Berufsausbildung beschäftigt sind. Von der Versicherungspflicht ausgenommen sind lediglich Beamte, Richter, Soldaten und Geistliche sowie geringfügig Beschäftigte (bis 450 €/Monat), Schüler und Studenten.

7.2.1.2 Anwartschaftszeit und Bezugsdauer
Die Anwartschaftszeit hat erfüllt, wer mindestens 12 Monate innerhalb der Rahmenfrist von zwei Jahren in einem Beschäftigungsverhältnis gestanden hat. Konkret richtet sich

Tab. 7.1 Höhe der Arbeitslosenunterstützung nach Dauer der Arbeitslosigkeit in ausgewählten Ländern in Europa (2019)

Land	Nettoersatzrate in Prozent eines Alleinstehenden mit 67 % des Durchschnittsverdienstes		
	Dauer der Arbeitslosigkeit		
	2 Monate	1 Jahr	5 Jahre
Österreich	55	51	51
Belgien	90	78	55
Dänemark	83	83	50
Frankreich	64	64	34
Deutschland	60	60	22
Italien	73	59	14
Niederlande	71	68	49
Spanien	79	54	31
Schweden	70	59	59
Schweiz	72	72	27
Vereinigtes Königreich	34	17	17

Quelle: OECD (2020)

die Bezugsdauer von Arbeitslosengeld I zum einen nach der Dauer des Beschäftigungsverhältnisses innerhalb der letzten drei Jahre vor Beginn der Arbeitslosigkeit und zum anderen nach dem Lebensalter des Antragstellers bei Entstehung des Anspruchs auf Arbeitslosengeld.

7.2.1.3 Höhe der Ansprüche

Die Höhe des Arbeitslosengeldes beträgt für Arbeitslose mit Kindern 67 %, bei kinderlosen Personen 60 % des pauschalierten Nettoentgelts (Leistungsentgelt):

Dieses errechnet sich aus dem Bruttoentgelt, das der Arbeitslose im Bemessungszeitraum erzielt hat (bis zu einer Bemessungsgrenze, die im Jahr 2020 in Westdeutschland 6.900, in Ostdeutschland 6.450 €/Monat betrug), vermindert um pauschalierte Abzüge für Lohnsteuer, Solidaritätszuschlag und Sozialversicherungsbeiträge (siehe Tab. 7.1).

7.2.2 Das System der Grundsicherung (Arbeitslosengeld II)

Am 1. Januar 2005 wurde die Grundsicherung für Arbeitssuchende auf Basis der Vorschläge der Hartz-Kommission zur Zusammenführung von Arbeitslosen- und Sozialhilfe eingeführt. Die einschlägige Rechtsnorm ist das SGB II, welches eine einheitliche Grundsicherung für alle erwerbsfähigen Hilfsbedürftigen vorsieht, die keinen Anspruch (mehr) auf Arbeitslosengeld I haben.

7.2.2.1 Anspruchsvoraussetzungen

Leistungsberechtigt sind Personen zwischen 15 Jahren und der Regelaltersgrenze der Gesetzlichen Rentenversicherung (vgl. Abschn. 5.2.1), die erwerbsfähig sind, den eigenen Lebensunterhalt jedoch nicht aus eigenen Kräften sichern können, sowie ihre Partner und Kinder.

7.2.2.2 Leistungen

Die vorgesehenen Leistungen umfassen zum einen aktive Leistungen zur Eingliederung in die Arbeit (Informationen, Beratung, Maßnahmen zur Wiederherstellung der Erwerbsfähigkeit und umfassenden Unterstützung bei der Eingliederung in eine Beschäftigung) und zum anderen Geldleistungen zur Sicherung des Lebensunterhalts (Arbeitslosengeld II). Die Regelleistungen des Arbeitslosengeldes II betrugen am 1.1.2020 für eine Einzelperson in ganz Deutschland 432 € im Monat, zuzüglich angemessener Kosten für Unterkunft und Heizung. Die Regelleistung für zusätzliche Personen beträgt zwischen 60 % (für Kinder unter 13) und 90 % (für volljährige Partner) dieses Betrags. Hinzu kommen sog. Mehrbedarfe für bestimmte Personengruppen (Alleinerziehende, Behinderte, Schwangere etc.) sowie einmalige Leistungen (z. B. für die Erstausstattung einer Wohnung) sowie die beitragsfreie Mitgliedschaft in einer gesetzlichen Krankenkasse.

7.2.2.3 Hinzuverdienstregelungen und zu berücksichtigendes Vermögen

Grundsätzlich müssen hilfsbedürftige Arbeitssuchende zunächst ihr eigenes Vermögen für den Lebensunterhalt aufwenden, bevor sie Arbeitslosengeld II beantragen dürfen. Es gibt jedoch Freibeträge, die vor allem die Rücklagen zur Altersvorsorge schützen sollen. Außerdem steht das Vermögen von Kindern unter besonderem Schutz. Vom Vermögen ist ein Grundfreibetrag von 150 € je vollendetem Lebensjahr des volljährigen Hilfsbedürftigen und seines Partners (mindestens je 3.100 €, höchstens je 10.050 €) abzusetzen. Außerdem ist Vermögen, welches der Altersvorsorge dient und nicht verwertbar ist, bis zu 750 € je vollendetes Lebensjahr vom zu berücksichtigenden Vermögen absetzbar. Ferner gilt ein Freibetrag von 750 € pro Person der Bedarfsgemeinschaft für notwendige Anschaffungen. Hausrat, ein Kraftfahrzeug, ein selbst genutztes Hausgrundstück oder eine Eigentumswohnung zählen nicht als Vermögen, sofern sie eine angemessene Größe bzw. einen angemessenen Vermögenswert nicht übersteigen, ihre Verwertung offensichtlich unwirtschaftlich wäre oder für den Betroffenen eine besondere Härte bedeuten würde.

Bei der Anrechnung von Einkommen sind folgende Freibeträge zu berücksichtigen: Zunächst sind vom Bruttoeinkommen Steuern, Sozialversicherungsbeiträge und Werbungskosten abzusetzen, ferner ein anrechnungsfreier Betrag von 100 € pro Monat. Liegt das Bruttoeinkommen zwischen 100 und 800 €, so bleiben davon 20 % anrechnungsfrei, von dem 800 € übersteigenden Betrag 10 %. Ab einem Bruttoeinkommen von 1.200 € (mit Kindern 1.500 €) wird jeder weitere Euro voll auf das Arbeitslosengeld II angerechnet.

Es wird aber nicht nur die finanzielle Ausstattung des Antragstellers selber geprüft, sondern auch die Möglichkeit zur Selbsthilfe innerhalb des Familienverbandes. Verwandte ersten Grades (Ehepartner, auch geschiedene, Eltern, Kinder) sind gemäß dem *Subsidiaritätsprinzip* im Notfall potenziell unterhaltspflichtig, wenngleich sich hier beim Arbeitslosengeld II im Vergleich zur früheren Sozialhilfe gewisse Vergünstigungen ergeben haben.

7.2.3 Ausgaben der Bundesrepublik Deutschland für Arbeitslose

Im Jahr 2017 betrugen die Ausgaben der Bundesagentur für Arbeit insgesamt 27,4 Mrd. Euro. Davon entfielen 3,9 Mrd. Euro auf Sachleistungen für aktive Arbeitsmarktpolitik (Arbeitsbeschaffungsmaßnahmen, Umschulung), 11,8 Mrd. Euro auf Arbeitslosengeld I, 7,0 Mrd. Euro auf Beiträge zur GKV und 4,0 Mrd. Euro auf Verwaltungskosten. Demgegenüber kostete die Grundsicherung für Arbeitsuchende 45,0 Mrd. Euro, von denen 19,1 Mrd. Euro auf Einkommensleistungen, 14,6 Mrd. Euro auf Sachleistungen (Wohnungskosten), 6,0 Mrd. Euro auf Beiträge zur GKV und 5,3 Mrd. Euro auf Verwaltungskosten entfielen.

7.3   Theoretische Analysen der Arbeitslosenversicherung

7.3.1   Private oder staatliche Arbeitslosenversicherung?

Das folgende Modell, das auf Boadway und Marceau (1994) zurückgeht, dient der Erklärung der Tatsache, dass die Arbeitslosenversicherung fast überall als staatliche organisierte Pflichtversicherung ausgestaltet ist.

7.3.1.1 Modellannahmen
Die betrachtete Ökonomie besteht aus einer großen Anzahl von Branchen, und innerhalb jeder Branche herrscht vollkommene Konkurrenz. Arbeit ist der einzige Produktionsfaktor. Die in den einzelnen Branchen produzierten Güter seien in ihren Einheiten so definiert, dass alle Preise gleich 1 sind. Die Branchen sind ex ante in der gleichen Lage, denn jede ist mit der gleichen Wahrscheinlichkeit π ($0 < \pi < 1$) einem negativen Schock ausgesetzt, der die Arbeitsproduktivität aller Firmen in der Branche senkt. In der Ökonomie gibt es jedoch kein aggregiertes Risiko, d. h. zu jedem Zeitpunkt ist der Anteil π aller Branchen von dem negativen Schock betroffen. Dieser kommt in der Produktionsfunktion einer repräsentativen Firma zum Ausdruck:

$$x = \begin{cases} F(L) \text{ in Zustand 1 (Wahrscheinlichkeit } 1 - \pi) \\ \theta \cdot F(L) \text{ in Zustand 2 (Wahrscheinlichkeit } \pi) \end{cases} \tag{7.1}$$

mit $0 < \theta < 1$. Dabei bezeichnet L die Anzahl der in der Firma beschäftigten Arbeiter. Dagegen sei N die Zahl der auf die einzelne Firma entfallenden Arbeitsanbieter. Die Produktionsfunktion F habe die üblichen Eigenschaften

$$F(0) = 0, F'(L) > 0, F''(L) < 0, \lim_{L \to 0} F'(L) = \infty. \tag{7.2}$$

Falls nun eine Firma weniger als die auf sie entfallenden N Arbeiter beschäftigt, also $L < N$ gilt, so werden die Beschäftigten nach einem Zufallsverfahren ausgewählt, sodass jeder Arbeitsanbieter mit der gleichen Wahrscheinlichkeit $(N-L)/N$ arbeitslos wird und ex ante, d. h. bevor der Zustand der einzelnen Branchen bekannt ist, jeder Arbeitsanbieter das Arbeitslosigkeitsrisiko $\pi \cdot (N-L)/N$ besitzt. Dagegen kann die Arbeitszeit für die Beschäftigten nicht variiert werden.

Die Arbeitsanbieter seien risikoavers und betrachten Einkommen und Freizeit als vollkommene Substitute, d. h. sie haben die strikt konkave Nutzenfunktion

$$U = \begin{cases} U(y) \text{ falls beschäftigt} \\ U(y + \beta) \text{ falls arbeitslos} \end{cases}, \tag{7.3}$$

wobei y das Einkommen bezeichnet und der Parameter β ($\beta > 0$) das finanzielle Äquivalent der Freizeit oder den „Reservationslohn" misst. Man beachte, dass Arbeitslosigkeit als solche die Menschen in diesem Modell also nicht unglücklicher macht.

7.3.1.2 Das Wettbewerbsgleichgewicht

Im Folgenden wird untersucht, welche Allokation in einem Wettbewerbsgleichgewicht dieser Ökonomie ohne Staatseingriffe zu erwarten ist. Dabei sei zusätzlich unterstellt, dass das Risiko eines negativen Produktivitätsschocks nicht versichert werden könne (z. B. weil die Firmen gegenüber einer Versicherungsgesellschaft nicht nachweisen können, dass ein Produktionsrückgang auf exogene Faktoren und nicht auf eigenes Versagen zurückgeht). Arbeiter und Firmen können dagegen zweifelsfrei feststellen, ob sich eine Branche im Zustand 1 oder 2 befindet. Ferner seien die Arbeiter nicht zwischen den Branchen mobil, sondern nur zwischen den Firmen innerhalb jeder Branche.

Dies impliziert, dass auf dem wettbewerblichen Arbeitsmarkt jeder Branche nach Feststellung des Zustands der Natur der Lohn auf dem Niveau der Grenzproduktivität der Arbeit bei Vollbeschäftigung einpendelt, nämlich:

$$w = \begin{cases} w_1 = F'(N) \text{ in Zustand 1} \\ w_2 = \theta \cdot F'(N) \text{ in Zustand 2} \end{cases} \tag{7.4}$$

mit $w_1 > w_2$ wegen $\theta < 1$. Es sei ferner angenommen, dass $w_2 \geq \beta$ gilt, weil andernfalls in Zustand 2 niemand bereit wäre zu arbeiten. In Abwesenheit von Steuern und Transfers gilt dann für den Haushalt $y_i = w_i$ in den beiden Zuständen $i = 1, 2$, und sein Ex-ante-Erwartungsnutzen beträgt

$$EU = (1 - \pi) \cdot u(w_1) + \pi \cdot u(w_2) \tag{7.5}$$

7.3.1.3 Staatlich oder gewerkschaftlich gesetzter Mindestlohn

Wir nehmen nun an, es gebe eine Institution, die die Macht habe, einen Mindestlohn für alle beschäftigten Arbeiter durchzusetzen. Dies kann sein

- der Staat, der einen Mindestlohn gesetzlich vorschreibt, oder
- eine Gewerkschaft, die einen Tariflohn durchsetzt.

Wichtig ist nur, dass diese Institution das Ziel verfolgt, den Ex-ante-Erwartungsnutzen der Arbeitsanbieter zu maximieren.

Ein Mindestlohn $\overline{w}$ ist nur dann wirksam, wenn er größer ist als der Marktlohn im Zustand 2; andererseits sei der Fall betrachtet, dass der Mindestlohn nur im schlechten Zustand 2 bindet. Wir unterstellen also

$$w_1 \geq \overline{w} > w_2. \tag{7.6}$$

Die Wirkung des Mindestlohns auf die Beschäftigung im Zustand 2 erhält man, wenn man die Bedingung für die gleichgewichtige Arbeitsnachfrage in diesem Zustand,

$$\theta \cdot F'(L) = \overline{w} \tag{7.7}$$

nach L auflöst,

$$L = (F')^{-1}(\frac{\overline{w}}{\theta}) \tag{7.8}$$

und nach $\overline{w}$ ableitet:

$$\frac{dL}{d\overline{w}} = \frac{1}{\theta \cdot F''} < 0. \tag{7.9}$$

Der Erwartungsnutzen (Gl. 7.5) verändert sich bei Existenz eines Mindestlohns zu

$$EU = (1 - \pi) \cdot u(w_1) + \pi \cdot \left[\frac{L(\overline{w})}{N} \cdot u(\overline{w}) + \frac{N - L(\overline{w})}{N} u(\beta) \right]. \tag{7.10}$$

Um zu untersuchen, ob ein wirksamer Mindestlohn im Interesse eines Arbeitsanbieters ist, differenzieren wir diesen Ausdruck nach $\overline{w}$ und werten diese Ableitung an der Stelle $\overline{w} = w_2$ aus:

$$\left. \frac{dEU}{d\overline{w}} \right|_{\overline{w} = w_2} = \pi \cdot \left[\frac{L}{N} \cdot u'(w_2) + \frac{u(w_2) - u(\beta)}{\theta N F''} \right]. \tag{7.11}$$

Da der erste Term in der eckigen Klammer positiv und der zweite negativ ist, ist das Vorzeichen dieses Ausdrucks unbestimmt. Nimmt man allerdings an, dass $w_2 = \beta$ gilt,[1] so ist

---

[1]Diese Gleichung könnte dadurch zustande kommen, dass zusätzliche Personen auf dem Arbeitsmarkt als Anbieter auftreten, solange der Lohnsatz im ungünstigen Zustand den Reservationslohn β übersteigt.

der letzte Summand null und der gesamte Ausdruck eindeutig größer als null. Ein wirksamer Mindestlohn liegt also im Interesse der Arbeitsanbieter, wodurch – bei Abwesenheit weiterer staatlicher Interventionen – die Existenz von Arbeitslosigkeit erklärt ist. Es ist übrigens nicht ausgeschlossen, dass im Optimum $\overline{w} = w_1$ gilt.

7.3.1.4 Die optimale Kombination aus Mindestlohn und Arbeitslosenversicherung

Nun stehe dem Staat ein zweites Instrument zur Verfügung, nämlich eine Arbeitslosenversicherung. Diese sei gekennzeichnet durch eine Versicherungsleistung q an jeden Arbeitslosen und eine Prämie P, die jeder Arbeitsanbieter zahlen muss. Wir ignorieren Verwaltungskosten und unterstellen, dass die Prämie versicherungsmathematisch fair ist, d. h. genau der erwarteten Versicherungsleistung entspricht:

$$P = \pi \cdot \frac{N - L}{N} \cdot q =: P(q). \tag{7.12}$$

Für die Ableitung der Prämie nach der Höhe des Arbeitslosengeldes erhält man dann:

$$P'(q) = \pi \cdot \frac{N - L}{N}. \tag{7.13}$$

Der Staat setzt nun seine Instrumente Arbeitslosengeld (q), Prämie (P) und Mindestlohn ($\overline{w}$) so ein, dass der Erwartungsnutzen eines Arbeitsanbieters maximiert wird. Dabei hat er allerdings neben der Restriktion (Gl. 7.12) noch zu beachten, dass ein Arbeitsloser nicht besser gestellt sein darf als jemand, der im Zustand 2 zum Mindestlohn arbeitet:

$$q + \beta \leq \overline{w} \tag{7.14}$$

Die Lagrange-Funktion zu diesem Optimierungsproblem lautet:

$$\Lambda(q, P, \overline{w}, \mu) = (1 - \pi) \cdot u[w_1 - P(q)]$$
$$+ \pi \cdot \left[\frac{L}{N} \cdot u[\overline{w} - P(q)] + \frac{N - L}{N} u[q + \beta - P(q)] \right] \tag{7.15}$$
$$+ \mu \cdot (\overline{w} - q - \beta).$$

Als Bedingung erster Ordnung für die optimale Höhe des Arbeitslosengeldes erhält man

$$\frac{\partial \Lambda}{\partial q} = -\pi(1 - \pi) \cdot \frac{N - L}{N} \cdot u'(y_1) - \pi^2 \frac{N - L}{N} \cdot \frac{L}{N} \cdot u'(y_2)$$
$$+ \pi \cdot \frac{N - L}{N} \left[1 - \pi \frac{N - L}{N} \right] u'(y_a) - \mu = 0 \tag{7.16}$$

wobei die Kürzel wie folgt definiert sind:

$$y_1 := w_1 - P \tag{7.17}$$

$$y_2 := \overline{w} - P \tag{7.18}$$

$$y_a := q + \beta - P \tag{7.19}$$

Durch einfaches Umformen erhält man aus (Gl. 7.16):

$$\mu = \pi \cdot \frac{N-L}{N^2} \cdot \left\{ (1-\pi) \cdot N \cdot [u'(y_a) - u'(y_1)] + \pi \cdot L \cdot [u'(y_a) - u'(y_2)] \right\} \tag{7.20}$$

Wegen (Gl. 7.6) und (Gl. 7.14) ist der Grenznutzen des Einkommens im Falle der Arbeitslosigkeit, $u'(y_a)$, nicht kleiner als in den beiden Zuständen der Beschäftigung. Damit sind die beiden Ausdrücke in den eckigen Klammern in (Gl. 7.20) nicht-negativ. Somit kann der Lagrange-Multiplikator μ höchstens dann null sein, wenn beide Klammerausdrücke null sind, woraus folgen würde:

$$y_1 = y_2 = y_a \quad \text{bzw.} \quad w_1 = \overline{w} = q + \beta \tag{7.21}$$

Dies würde jedoch implizieren, dass die Nebenbedingung (Gl. 7.14) bindend ist. Ist andererseits $\mu > 0$, so ist nach dem Theorem von Kuhn und Tucker (Gl. 7.14) ebenfalls bindend. Damit ist gezeigt, dass in einer optimalen Lösung das Risiko der Arbeitslosigkeit insofern voll versichert wird, als der Nutzen der Arbeitslosen und der Nutzen der im ungünstigen Zustand Beschäftigten gleich hoch sind, d. h. dass in (Gl. 7.14) das Gleichheitszeichen gilt.

Folgerung 7-1

Die optimale Arbeitslosenversicherung aus der Sicht eines risikoaversen Arbeitsanbieters gleicht die Nutzendifferenz zwischen den Zuständen der Beschäftigung und der Arbeitslosigkeit genau aus. ◄

Die optimale Höhe des Mindestlohns erhält man aus der Bedingung erster Ordnung

$$\begin{aligned}
\frac{\partial \Lambda}{\partial \overline{w}} =\ &\pi \cdot \frac{L}{N} u'(y_2) \\
&+ \frac{\pi}{N} \cdot q \cdot L'(\overline{w}) \cdot \left[(1-\pi) \cdot u'(y_1) + \pi \cdot \frac{L}{N} u'(y_2) + \pi \cdot \frac{N-L}{N} \cdot u'(y_a) \right] \\
&+ \frac{\pi}{N} \cdot L'(\overline{w}) \cdot [u(y_2) - u(y_a)] + \mu = 0.
\end{aligned} \tag{7.22}$$

Da, wie gerade gezeigt, in (Gl. 7.14) das Gleichheitszeichen gilt, ist der vorletzte Term gleich null. Der erste Term misst den (erwarteten) Nutzenzuwachs der in Zustand 2 Beschäftigten bei einer marginalen Anhebung des Mindestlohns und der zweite Term den mit dem Anstieg der Versicherungsprämie P verbundenen Nutzenverlust, der umso größer ist, je stärker die Arbeitsnachfrage auf einen Anstieg des Mindestlohns reagiert (d. h. je größer $L'(\overline{w})$ im Absolutbetrag ist).

7.3.1.5 Dezentralisierung über eine private Arbeitslosenversicherung

Im Folgenden soll geprüft werden, ob es möglich ist, die Optimallösung ($\overline{w}*$, $q*$, $P*$), die das Gleichungssystem (Gl. 7.16) bis (Gl. 7.22) löst, ohne staatlichen Zwang zu erreichen. Wir nehmen also an, private Versicherungsunternehmen bieten eine Arbeitslosenversicherung mit den Parametern $q*$, $P*$ an, und untersuchen, ob der Staat (bzw. die Gewerkschaft), der nach wie vor den Erwartungsnutzen eines Arbeitsanbieters maximiert, daraufhin tatsächlich den wohlfahrtsoptimalen Wert des Mindestlohns $\overline{w}*$ wählen wird.

Wir erkennen jedoch leicht, dass dies nicht der Fall sein wird, da nach Abschluss einer privatrechtlichen Arbeitslosenversicherung die Prämienhöhe $P*$ für die Versicherten und damit auch für den Staat eine exogen fixierte Größe ist, die nicht mehr auf eine Anhebung des Mindestlohns reagieren kann. Daher lautet die Zielfunktion des Staates, der den Erwartungsnutzen eines Arbeitsanbieters durch Wahl eines Mindestlohns maximiert,

$$EU(\overline{w}) = (1 - \pi) \cdot u[w_1 - P*]$$
$$+ \pi \cdot \left[\frac{L\overline{w}}{N} \cdot u[\overline{w} - P*] + \frac{N - L(\overline{w})}{N} u[q* + \beta - P*] \right] \qquad (7.23)$$

mit der ersten Ableitung

$$EU'(\overline{w}) = \pi \cdot \frac{L}{N} u'(y_2) + \frac{\pi}{N} \cdot L'(\overline{w}) \cdot [u(y_2) - u(y_a)]. \qquad (7.24)$$

An der Stelle ($\overline{w}*$, $q*$, $P*$) ist, wie oben gezeigt, der Ausdruck in der eckigen Klammer gleich null und somit der gesamte Ausdruck in (Gl. 7.24) strikt positiv. Ökonomisch bedeutet dies, dass ein Staat, der kein anderes Ziel verfolgt, als den Erwartungsnutzen der Arbeitnehmer zu maximieren, immer einen Anreiz hat, den Mindestlohn auf Kosten der privaten Versicherungsunternehmen über das optimale Maß hinaus anzuheben, d. h. über dasjenige Maß, das der Prämienkalkulation der Unternehmen zugrunde lag. Private Unternehmen, die diese Reaktion des Staates antizipieren, werden also niemals Versicherungsverträge mit den Parametern ($q*$, $P*$) anbieten.

Folgerung 7–2

Ein privates Versicherungsunternehmen würde eine Vollabsicherung gegen das Risiko der Arbeitslosigkeit nicht anbieten, da es befürchten müsste, dass der Staat oder die Gewerkschaften daraufhin den Mindestlohn über das kalkulierte Niveau hinaus anheben würde. Die dadurch zusätzlich verursachte Arbeitslosigkeit würde dem Unternehmen Verluste bescheren. ◄

7.3.1.6 Folgerungen für die Organisation der Arbeitslosenversicherung

Aus dem oben Gezeigten folgt, dass eine private Arbeitslosenversicherung einen gesellschaftlich optimalen Versicherungsschutz nicht anbieten kann. Die Begründung beruht auf dem Phänomen des Verhaltensrisikos aufseiten des Staates bzw. der Gewerkschaft. Diese Organisationen haben die Macht, einen Mindestlohn durchzusetzen und damit das Kalkül privater Versicherungsunternehmen zu durchkreuzen. Nur sie selbst sind daher in der Lage, eine optimale Arbeitslosenversicherung anzubieten. Damit ist das weit verbreitete Phänomen erklärt, dass dieser Versicherungstyp zumeist als staatliche Sozialversicherung und gelegentlich als gewerkschaftliche Versicherung organisiert ist. Übrigens waren auch die historischen Vorläufer der Arbeitslosenversicherung, die Arbeiter-Hilfskassen des 19. Jahrhunderts, eine Art gewerkschaftlicher Organisation.

Allerdings gilt das oben abgeleitete Modellergebnis (wie stets) nur unter den getroffenen Annahmen. Dazu gehört u. a., dass ein privates Versicherungsunternehmen Verträge nur zu festen Prämien anbieten kann. Mit der Aufnahme einer Klausel in den Versicherungsvertrag, die eine Anpassung der Prämien im Falle eines unerwarteten Anstiegs der „Schadensfälle" vorsieht, könnte das Unternehmen sicherstellen, dass es nicht vom Staat in den Ruin getrieben wird. Solche Klauseln sind in der Gebäude- und der Kraftfahrzeugversicherung üblich.

7.3.2   Im Zeitablauf fallende Arbeitslosenunterstützung[2]

In den meisten Ländern, die eine staatlich organisierte Arbeitslosenversicherung unterhalten, sinken die Unterstützungsleistungen an eine arbeitslose Person mit zunehmender Dauer einer Periode der Arbeitslosigkeit (vgl. Tab. 7.1); so auch in Deutschland, wo, wie beschrieben, das Arbeitslosengeld I nur für einen begrenzten Zeitraum von maximal 24 Monaten gezahlt wird, wohingegen die anschließend gezahlte Grundsicherung nicht nur der Höhe nach geringer ist, sondern auch restriktivere Anspruchsvoraussetzungen hat.

Dieses Gestaltungsmerkmal soll im Folgenden an Hand eines sehr einfachen Modells begründet werden, in dem die Zeit in diskrete Perioden (bzw. besser Zeitpunkte) eingeteilt ist: Zum Zeitpunkt $t = 1$ wird die betrachtete Person arbeitslos und kann mehr oder weniger Suchaufwand e treiben, um zum Zeitpunkt $t = 2$ wieder einen Arbeitsplatz zu finden. Die Wahrscheinlichkeit, dass sie fündig wird, wird mit p bezeichnet und kann vom Suchaufwand abhängen, sodass die Funktion $p(e)$ steigend in e ist. Andernfalls bleibt sie arbeitslos. Nach dem Zeitpunkt $t = 2$ endet die Betrachtung – z. B. weil die Person dann das Rentenalter erreicht oder auf jeden Fall wieder einen Arbeitsplatz hat. Der Lohn, den ein Arbeiter erhält, betrage w und sei höher als die Arbeitslosenunterstützung b. Letztere könne aber in den beiden Zeitpunkten der Arbeitslosigkeit

---

[2]Dies ist eine stark vereinfachte Darstellung des Modells von Shavell und Weiss (1979).

verschiedene Werte b_1 und b_2 annehmen, und das Modell dient der Klärung der Frage, ob $b_1 > b_2$ gelten soll.

Die Nutzenfunktion der betrachteten Person laute

$$u = \begin{cases} u(w) & \textit{falls beschäftigt} \\ u(b) - e & \textit{falls arbeitslos} \end{cases}, \tag{7.25}$$

wobei $u' > 0$, $u'' < 0$ gilt, d. h. die Person ist risikoavers. Folglich laute der Erwartungsnutzen der Person, falls sie gerade arbeitslos geworden ist,

$$EU = u(b_1) - e + (1 - p(e)) \cdot u(b_2) + p(e) \cdot u(w). \tag{7.26}$$

Dem stehen die Ausgaben der Arbeitslosenversicherung gegenüber, deren Erwartungswert durch

$$B = b_1 + (1 - p) \cdot b_2 \tag{7.27}$$

gegeben ist. Ein Pareto-optimales System der Arbeitslosenversicherung besteht dann in einem Wertepaar (b_1, b_2), das den Erwartungsnutzen der arbeitslos gewordenen Person unter der Bedingung eines festen Budgets der Versicherung maximiert. Dazu äquivalent ist das Problem der Minimierung der Ausgaben der Versicherung bei gegebenem Erwartungsnutzen des Versicherten.

Als Referenz-Situation wird der Fall betrachtet, in dem die Wahrscheinlichkeit, wieder einen Arbeitsplatz zu finden, exogen gegeben und damit unabhängig vom Suchaufwand des Arbeitslosen ist ($p = $const.). Für diesen Fall gilt im Pareto-Optimum $e^* = 0$ und $b_1^* = b_2^*$. Dies folgt unmittelbar aus der Tatsache, dass der Arbeitslose risikoavers, die Versicherung aber risikoneutral ist (da sie nur am Erwartungswert der Auszahlung interessiert ist). Somit wird dem Versicherten das Risiko, keinen Arbeitsplatz zu finden, abgenommen, da er dieses ja nicht beeinflussen kann.

Nun wenden wir uns dem allgemeinen Fall zu, in dem die Wahrscheinlichkeit p eine steigende Funktion des Suchaufwands e ist. Hier lautet das Optimierungsproblem des Versicherten:

$$\underset{e}{Max}\; EU = u(b_1) - e + \left[1 - p(e)\right] \cdot u(b_2) + p(e) \cdot u(w) \tag{7.28}$$

mit der notwendigen Bedingung erster Ordnung

$$\frac{\partial EU}{\partial e} = -1 + p'(e) \cdot [u(w) - u(b_2)] = 0. \tag{7.29}$$

Um zu ermitteln, wie der optimale Suchaufwand e^* auf die Höhe des Arbeitslosengelds b_2 reagiert, wenden wir das Implizite-Funktionen-Theorem an, nach dem gilt:

$$\frac{\partial e^*}{\partial b_2} = -\frac{\partial^2 EU / \partial e \partial b_2}{\partial^2 EU / \partial e^2} = \frac{u'(b_2) \cdot p'(e)}{\partial^2 EU / \partial e^2} < 0. \tag{7.30}$$

Diese Ungleichung gilt, weil der Nenner wegen der notwendigen Bedingung zweiter Ordnung nicht-positiv und der Zähler wegen der getroffenen Annahmen positiv ist. Ein höheres Arbeitslosengeld in Periode 2 führt also plausibler Weise zu einer geringeren Suchanstrengung in Periode 1.

Nach diesen Vorarbeiten kann nun bewiesen werden, dass eine optimale Arbeitslosenversicherung durch $b_1 > b_2$ charakterisiert ist.

Zum Beweis dieser Aussage sei angenommen, es gelte $b_1 = b_2$. Dann können die beiden Zahlungen wie folgt durch kleine Beträge verändert werden:

$$b_1^\circ = b_1 + (1 - p) \cdot \varepsilon, \quad b_2^\circ = b_2 - \varepsilon. \tag{7.31}$$

Diese Änderungen sind versicherungsmathematisch fair, sodass der Nutzen des Versicherten wegen $u'(b_1) = u'(b_2)$ konstant bleibt. Die Ausgaben der Versicherung sinken jedoch im Erwartungswert, da der geringere Wert von b_2 ein höheres e und somit ein höheres p nach sich zieht. Auf ähnliche Weise lässt sich leicht zeigen, dass auch eine Sequenz mit $b_1 < b_2$ nicht optimal sein kann.

Ökonomisch ist dieses Ergebnis plausibel, weil in diesem Modell die Wahrscheinlichkeit, arbeitslos zu *werden*, nicht vom Verhalten des Versicherten abhängt, wohl aber die Wahrscheinlichkeit, arbeitslos zu *bleiben*. Um dieses Verhaltensrisiko zu bekämpfen, muss also die Versicherungsleistung in der 2. Periode im Vergleich zu der in der 1. Periode verringert werden.

7.3.3   Sektorale oder zentrale Arbeitslosenversicherung?[3]

Selbst wenn man das Ergebnis von Abschn. 7.3.1 akzeptiert, d. h. dass nur der Staat eine Arbeitslosenversicherung betreiben kann, ist damit die Frage noch nicht beantwortet, ob es aus der Sicht des einzelnen Arbeitnehmers überhaupt vorteilhaft ist, dass eine solche Versicherung mit Zwangsmitgliedschaft existiert und wenn ja, wie diese ausgestaltet sein sollte.

Vergleicht man die Zweige der deutschen Sozialversicherung, so erkennt man, dass sie ganz unterschiedlich strukturiert sind: Während die gesetzliche Krankenversicherung stark dezentral organisiert ist – die über 100 Kassen sind teilweise regional abgegrenzt und waren früher auf Berufsgruppen und sogar einzelne Betriebe spezialisiert –, ist die Arbeitslosenversicherung eine zentrale Organisation mit einem einheitlichen Beitragssatz. Dies kann neben der etwaigen Einsparung von Verwaltungskosten auch noch weitere Vorteile haben. Führt etwa ein exogener Nachfrageschock auf einem Markt – wie das Auftreten von preisgünstiger Konkurrenz aus Asien in der Unterhaltungselektronik – zu einem starken Arbeitsplatzabbau in der betroffenen Branche, so müssen nicht die verbliebenen Beschäftigten in dieser Branche über erhöhte Beiträge die gesamten Kosten

---

[3]Dieses Modell orientiert sich an Holmlund und Lundborg (1988,1989).

der Arbeitslosigkeit selbst tragen, sondern die Kosten verteilen sich über die gesamte Volkswirtschaft. Die gesamte Arbeitnehmerschaft bildet also eine große Solidargemeinschaft, in der jede einzelne Branche gegen exogene Schocks, die nur sie betreffen, versichert ist.

Diese Zentralisierung kann jedoch auch Nachteile haben, nämlich dann, wenn die Arbeitslosigkeit weniger durch exogene Schocks als vielmehr durch nicht marktgerechte Löhne verursacht wurde. Wir betrachten dazu eine Branchen-Gewerkschaft, die sich einer Arbeitsnachfragefunktion $L(w)$ mit $L'(w) < 0$ gegenüber sieht. Wie oben bezeichne N die Anzahl der Arbeitswilligen, q die exogen festgelegte Höhe des Arbeitslosengeldes und P den von jedem Arbeiter zu zahlenden Beitrag zur Arbeitslosenversicherung. Die Gewerkschaft habe die Macht, einen beliebig hohen Lohnsatz w durchzusetzen, und verfolge das Ziel, den Erwartungsnutzen eines repräsentativen Mitglieds zu maximieren. Einziger Unterschied zum Modell des Abschn. 7.3.1 ist, dass Einkommen und Freizeit hier keine vollständigen Substitute sind, sondern dass zwischen einer Nutzenfunktion u bei Beschäftigung und v bei Arbeitslosigkeit unterschieden wird.

7.3.3.1 Sektorale Arbeitslosenversicherung

Bei sektoraler Organisation der Arbeitslosenversicherung tragen die eigenen Mitglieder den gesamten Versicherungsbeitrag. Daher lautet das Optimierungsproblem der Gewerkschaft:

$$\underset{w,P}{Max}\, L(w) \cdot u(w - P) + [N - L(w)] \cdot v(q) \tag{7.32}$$

unter der Nebenbedingung

$$[N - L(w)] \cdot q \leq L(w) \cdot P, \tag{7.33}$$

sodass die Lagrange-Funktion lautet:

$$\begin{aligned} \Lambda(w, P, \lambda) =&\, L(w) \cdot u(w - P) \\ &+ [N - L(w)] \cdot v(q) + \lambda \cdot \{L(w) \cdot P - [N - L(w)] \cdot q\} \end{aligned} \tag{7.34}$$

mit den Bedingungen erster Ordnung

$$\frac{\partial \Lambda}{\partial P} = -L(w) \cdot u'(w - P) + \lambda \cdot L(w) = 0 \Leftrightarrow \lambda = u'(w - P) \tag{7.35}$$

$$\frac{\partial \Lambda}{\partial w} = L(w) \cdot u'(w - P) + L'(w) \cdot [u(w - P) - v(q)] + \lambda \cdot L'(w) \cdot (P + q) = 0. \tag{7.36}$$

Durch Einsetzen von (Gl. 7.33) in (Gl. 7.32) erhält man:

$$L(w) \cdot u'(w - P) \cdot \left[1 + L'(w) \cdot \frac{q + P}{L}\right] = -L'(w) \cdot [u(w - P) - v(q)]. \tag{7.37}$$

Die linke Seite von (Gl. 7.37) gibt den Nutzen einer Lohnerhöhung um einen Euro an: Der Ausdruck in der eckigen Klammer ist der damit verbundene Anstieg des Nettolohns unter Berücksichtigung der Tatsache, dass zusätzliche $L'(w)$ Personen arbeitslos werden, die ein Arbeitslosengeld q erhalten und selbst keinen Versicherungsbeitrag P mehr zahlen, was auf die L Arbeiter umgelegt werden muss. Dieser Ausdruck wird mit dem Grenznutzen des Einkommens und der Zahl der Arbeiter multipliziert. Die rechte Seite von (Gl. 7.37) gibt die (erwartete) direkte Nutzeneinbuße durch das höhere Risiko der Arbeitslosigkeit an. Im Optimum müssen sich diese beiden Größen genau entsprechen.

7.3.3.2 Zentrale Arbeitslosenversicherung

Bei zentraler Organisation der Arbeitslosenversicherung tragen die eigenen Mitglieder der betrachteten Gewerkschaft nur einen Anteil α des Versicherungsbeitrags, der dem Anteil der betrachteten Branche an der Gesamtzahl der Arbeitnehmer entsprechen könnte. Daher ändert sich die Lagrange-Funktion des Optimierungsproblems der Gewerkschaft zu:

$$
\begin{aligned}
\Lambda(w, P, \lambda) =& L(w) \cdot u(w - P) \\
&+ [N - L(w)] \cdot v(q) + \lambda \cdot \{L(w) \cdot P - \alpha \cdot [N - L(w)] \cdot q\}
\end{aligned}
\tag{7.38}
$$

und die Bedingung erster Ordnung für die optimale Lohnhöhe modifiziert sich unter Verwendung von Gl. 7.33 zu:

$$
\begin{aligned}
\frac{\partial \Lambda}{\partial w} =& L(w) \cdot u'(w - P) \\
&+ L'(w) \cdot [u(w - P) - v(q)] + u'(w - P) \cdot L'(w) \cdot (P + \alpha q) = 0.
\end{aligned}
\tag{7.39}
$$

(Gl. 7.39) ist eine implizite Gleichung zur Bestimmung der aus der Sicht der Gewerkschaft optimalen Lohnhöhe. Wie dieser Wert $w*$ auf eine Variation des exogenen Parameters α reagiert, ermittelt man unter Verwendung des Theorems der Impliziten Funktionen, indem man Gl. 7.39 total differenziert:

$$
\frac{dw*}{d\alpha} = -\frac{\partial^2 \Lambda / \partial w \partial \alpha}{\partial^2 \Lambda / \partial w^2} = -\frac{1}{\partial^2 \Lambda / \partial w^2} \cdot u'(w - P) \cdot L'(w) \cdot q < 0.
\tag{7.40}
$$

Das Ungleichheitszeichen in Gl. 7.40 gilt dabei, weil der Ausdruck $\partial^2 \Lambda / \partial w^2$ im Falle eines Maximums kleiner oder gleich null sein muss. Damit ist gezeigt, dass der Lohnsatz umso höher gewählt wird, je geringer der Grad der Selbstfinanzierung der induzierten Arbeitslosigkeit ist, d. h. je mehr Kosten der Arbeitslosigkeit die Gewerkschaft auf die Mitglieder anderer Branchen abwälzen kann.

Damit ist jedoch ein Gefangenen-Dilemma beschrieben: Je geringer der Grad der Selbstfinanzierung, desto höher der Lohnsatz und die Arbeitslosigkeit, und desto höher auch der Beitrag, den die Arbeiter jeder Branche aufbringen müssen, um das Arbeitslosengeld der restlichen Branchen mitzufinanzieren.

Um diesen Zusammenhang zu analysieren, beziehen wir nun die Budgetrestriktion der zentralen Arbeitslosenversicherung ein, die den Teil des Arbeitslosengeldes für die

Arbeitnehmer der betrachteten Branche tragen muss, der nicht von ihr selbst getragen wird, und der $(1 - \alpha) \cdot q \cdot [N - L(w)]$ beträgt. Ferner sei angenommen, dass die Ausgaben der Arbeitslosenversicherung durch einen Beitrag auf alle Arbeits- und Transfereinkommen mit dem Beitragssatz t finanziert werden. Die Budgetrestriktion der Versicherung verlangt dabei, dass für eine repräsentative Branche das Beitragsaufkommen ausreicht, um die Zuschüsse der Zentrale zu decken:

$$t \cdot \{w \cdot L(w) + (1 - \alpha) \cdot q \cdot [N - L(w)]\} = (1 - \alpha) \cdot q \cdot [N - L(w)] \qquad (7.41)$$

Um die Analyse zu vereinfachen, sei im Folgenden unterstellt, dass die Arbeitsnachfrage in der betrachteten Branche linear ist, d. h.

$$L = a - b \cdot w.$$

Ferner nehmen wir an, dass die Nutzenfunktion der Arbeiter linear im Einkommen ist. Folglich maximiert die Gewerkschaft das Nettoeinkommen der Branche, das wie folgt definiert ist:

$$Y(w) = (1 - t) \cdot \{w \cdot L(w) + (1 - \alpha) \cdot q \cdot [N - L(w)]\}. \qquad (7.42)$$

Unter diesen Annahmen kann gezeigt werden (vgl. Übungsaufgabe 7.2), dass für die einzelne Gewerkschaft ein Selbstfinanzierungsgrad von 100 %, also eine sektorale Arbeitslosenversicherung, optimal ist.

Folgerung 7–3

Eine zentrale Arbeitslosenversicherung wie in Deutschland hat gegenüber einer auf die einzelne Branche beschränkten den Vorteil, dass die Arbeiter gegen die Konsequenzen sektorspezifischer Schocks geschützt sind. Der Nachteil jedoch ist, dass die Kosten einer durch zu hohe Löhne verursachten Arbeitslosigkeit zum großen Teil von anderen getragen werden. Dies verleitet jede Branche zu überhöhten Lohnabschlüssen, woraus eine höhere Arbeitslosigkeit und – für alle Branchen – höhere Beiträge resultieren. ◄

7.4 Grundsicherung für Arbeitsfähige

7.4.1 Die Begründung für ein staatlich garantiertes Existenzminimum

Wie in Abschn. 7.2 gezeigt, wird die Versicherungsleistung „Arbeitslosengeld", die sich in der Höhe am früheren Gehalt orientiert, nur eine begrenzte Zeit lang gezahlt. Die Begründung hängt mit der auch empirisch bestätigten Einsicht zusammen, dass erst gegen Ende der Bezugsdauer des Arbeitslosengeldes die Bereitschaft des Arbeitslosen steigt, eine Stelle mit geringerem Lohn anzunehmen. Dennoch lässt die Gesellschaft den Betroffenen nach Ende der Bezugsdauer nicht verhungern, sondern gewährt ihm (in Deutschland) die sog. Grundsicherung, mit der das Existenzminimum abgedeckt werden soll. In Deutschland war dafür früher der Begriff „Sozialhilfe" gebräuchlich, mit den Hartz-Gesetzen erfolgte eine Umbenennung in „Arbeitslosengeld II".

Es entspricht der Zielsetzung der Grundsicherung, dass diese erst dann greift, wenn die Individuen sich nicht mehr selber helfen können. Die Gewährung dieser Leistungen setzt also das Fehlen anderer materieller Ressourcen voraus. Sie ist insofern nachrangig und erfolgt deshalb erst nach einer Bedürftigkeitsprüfung. Bei der Feststellung der Bedürftigkeit wird nicht nur das laufende Einkommen, sondern auch das vorhandene Vermögen berücksichtigt, das im Bedarfsfall erst einmal aufgebraucht werden muss, sowie auch das Einkommen von Familienangehörigen.

Gerade letzteres stößt auf eine immer geringere Akzeptanz in der Gesellschaft, insbesondere weil hier viele Täuschungsmöglichkeiten bestehen, der Rückgriff auf die infrafamiliäre Solidarität oftmals zu offensichtlich unfair empfundenen Ergebnissen führt, sich Familienbande im Zuge der individuellen Emanzipation und gestiegenen Mobilität generell gelockert haben und v. a. weil der Sozialstaat heutzutage gerade als *Ersatz* für die auf Dauer wenig verlässliche wechselseitige Unterstützung im Familienverband angesehen wird. Dies war auch der tiefere Grund für die Neueinführung der Pflegeversicherung in Deutschland im Jahre 1995.

Aus ökonomischer Sicht leuchtet eine solche Rollenzuweisung an den Sozialstaat (Substitution des Risikoausgleiches im Familienverband) unmittelbar ein: Kleine Einheiten (wie die Familie) sind von vornherein weniger gut in der Lage, Risiken abzusichern als große Einheiten (private Versicherungsgesellschaften oder eben der Staat). Die Kehrseite der Medaille ist natürlich, dass eine kollektive Absicherung die Anreize dämpft, durch das In-die-Welt-setzen und die Erziehung eigener Kinder für die Verminderung von Lebensrisiken (v. a. bei Krankheit und Pflegebedürftigkeit) zu sorgen. Im Kollektivsystem des Sozialstaats kann man sich indirekt auf die Kinder anderer Leute verlassen, die somit – ökonomisch ausgedrückt – positive externe Effekte schaffen. Familienförderung kann vor diesem Hintergrund deshalb als Maßnahme zu einer effizienzfördernden Internalisierung dieser externen Effekte verstanden werden.

Im Mittelpunkt der politischen Diskussion um die „klassische" Grundsicherung für arbeitsfähige Individuen steht jedoch die Frage der Anreize, eigenes Einkommen zu erwerben. Dieses Problem beruht darauf, dass im Rahmen der Grundsicherung bei Ermittlung des individuellen Bedarfs nicht nur Sach- und Finanzvermögen eines Antragstellers voll auf die Sozialhilfezahlung angerechnet, sondern im Prinzip auch das aus seinem Humankapital fließende Arbeitseinkommen. Dadurch entsteht die Gefahr, dass in diesem System die Anreize für die Sozialhilfeempfänger vermindert werden, durch die Erzielung eigenen Erwerbseinkommens den Zustand der Bedürftigkeit zu verlassen (vgl. u. a. Schöb 2020a, b).

Gleichzeitig wird kritisiert, dass die Gewährung von Sozialhilfe zum laufenden Lebensunterhalt indirekt einen *Anspruchslohn* für niedrig qualifizierte Arbeit fixiert, dessen Existenz dann die Räumung des Arbeitsmarkts in diesem Marktsegment verhindert und damit zur Arbeitslosigkeit beiträgt. Als systemimmanente Lösung des Dilemmas wurde dann das sog. *Lohnabstandsgebot* postuliert, mit dem gefordert wird, dass die Höhe der Grundsicherung um einen gewissen Prozentsatz unter dem Einkommen liegen muss, das ein vollbeschäftigter Arbeiter in der untersten Tariflohngruppe im Monat netto verdienen kann. Kritisch ist zu dieser Forderung anzumerken, dass sie eine je nach Haushaltsgröße unterschiedliche und teilweise unrealistisch niedrige Grenze zieht: Man stelle sich einen Fünf-Personen-Haushalt mit nur einem arbeitsfähigen Erwachsenen vor, der obendrein ungelernter Arbeiter ist.

Was aus theoretischer Sicht hinter dieser Kritik an der klassischen Sozialhilfe genau steckt und wie eine ökonomisch sinnvollere Lösung des Dilemmas aussehen könnte, soll jetzt anhand eines einfachen Arbeitsangebots-Modells erörtert werden.

7.4.2 Das Problem des Transferentzugs in der Grundsicherung

7.4.2.1 Effekte der klassischen Sozialhilfe auf den Arbeitsmarkt

Die Wirkungen eines Sozialhilfeanspruchs auf das Arbeitsangebot eines Individuums lassen sich in einem Freizeit-Einkommens-Diagramm bestimmen. Mit $\overline{F}$ bezeichnen wir dabei die Zeitausstattung (= maximale Arbeitszeit) eines repräsentativen Individuums. Das von ihm gewählte Freizeitniveau wird wiederum F genannt und sein Arbeitsangebot entsprechend $L = \overline{F} - F$, ferner steht y für sein (zum Güterkonsum verwendetes) Einkommen. Wir nehmen der Einfachheit halber an, dass alle Individuen die gleichen Präferenzen aufweisen, sich aber in ihrer Produktivität und damit der Höhe ihres Lohnsatzes w unterscheiden können. Ohne Arbeitseinkommen (und ohne Sozialhilfe) befindet sich das Individuum in Abb. 7.1 im Punkt A auf der Freizeit-Achse. Für einen

Abb. 7.1 Bestimmung eines Anspruchslohns bei der klassischen Sozialhilfe

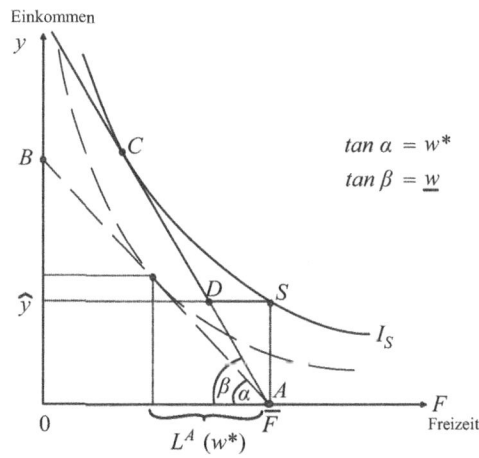

bestimmten Lohnsatz w kann das Individuum alle Einkommens-Freizeit-Kombinationen auf der Budgetgeraden AB erreichen, deren Steigung durch w gegeben ist.

Durch die Sozialhilfe werde nun ein Mindesteinkommen von $\hat{y}$ garantiert, sodass das Individuum ohne Arbeit den Punkt S erreicht. Falls, wie in Abb. 7.1 eingezeichnet, Punkt S auf einer Indifferenzkurve liegt, die vollständig oberhalb seiner Budgetgeraden AB verläuft, so lohnt es sich für das Individuum nicht, eine Arbeit aufzunehmen. Daraus folgt, dass die Sozialhilfe indirekt einen Mindestlohnsatz definiert, unter den der tatsächliche Lohn (bzw. die Arbeitsproduktivität) nicht fallen darf, damit das Individuum noch Anreize zum Arbeiten hat. Dieser „Anspruchslohn" $\underline{w}$ lässt sich auf folgende Weise ermitteln:

Wir zeichnen in Abb. 7.1 die mit I_S bezeichnete Indifferenzkurve des Individuums durch den Sozialhilfepunkt S ein und bestimmen dann $\underline{w}$ als denjenigen Lohnsatz, bei dem eine durch A verlaufende Gerade die Indifferenzkurve I_S tangiert. Der Tangentialpunkt wird C genannt.

Ökonomisch bedeutet diese Konstruktion, dass die Inanspruchnahme der Sozialhilfe (Punkt S) dem in Abb. 7.1 betrachteten Individuum gerade zu dem gleichen Nutzenniveau verhilft wie die Erwerbstätigkeit beim Lohn $\underline{w}$ (Punkt C). Die neue für das Individuum relevante Budgetrestriktion ist durch den Linienzug SDC gegeben. Wenn bei einem Individuum die Produktivität und damit der Lohnsatz w nur ein wenig kleiner als $\underline{w}$ ist, zieht das betreffende Individuum die Sozialhilfe dem Zustand bei Erwerbstätigkeit vor. Das Individuum bleibt dann unbeschäftigt und leistet keinen Beitrag zum Sozialprodukt. Dem Staat entstehen für dieses Individuum Ausgaben in Höhe von $\hat{y}$, bei deren Steuerfinanzierung in der Regel Zusatzlasten anfallen. Damit wird klar, dass es in der hier betrachteten Situation durch die Sozialhilfe zu Wohlfahrtsverlusten kommt.

Im Übrigen kann der Anspruchslohnsatz $\underline{w}$ sogar größer sein als der auf die entsprechende Stundenzahl (pro Monat) umgelegte Sozialhilfesatz, da er das Individuum nicht nur für die entgangene Sozialhilfe, sondern auch noch für das Arbeitsleid kompensieren muss.

Weshalb die Sozialhilfe zu Effizienzverlusten auf dem Arbeitsmarkt beitragen kann, lässt sich leicht anhand eines Angebots-Nachfrage-Diagramms für den Arbeitsmarkt erörtern (vgl. Abb. 7.2). Hierin stellt $L^N(w)$ die Arbeitsnachfragefunktion und $L^A(w)$ die Arbeitsangebotsfunktion ohne Existenz einer Grundsicherung dar. Vom Schnittpunkt dieser beiden Kurven ist der markträumende Gleichgewichtslohnsatz w^* abzulesen. Es gilt also $L^N(w^*) = L^A(w^*)$.

Die Existenz eines Sozialhilfesystems mit Vollanrechnung des Arbeitseinkommens bedeutet, wie gezeigt, dass das Arbeitsangebot bei jedem unter dem Anspruchslohnsatz $\underline{w}$ liegenden Lohnsatz null wird, sodass der Marktlohn nicht unter $\underline{w}$ fallen kann. Die Arbeitsangebotskurve knickt dann also bei $\underline{w}$ ab und verändert sich also zu $\underline{L}^A(w)$. Liegt $\underline{w}$ nun oberhalb des Gleichgewichts-Lohnsatzes w^*, so entsteht freiwillige Arbeitslosigkeit im Umfang der Differenz zwischen $L^A(\underline{w})$ und L^*.

Abb. 7.2 Auswirkung der klassischen Sozialhilfe auf den Arbeitsmarkt

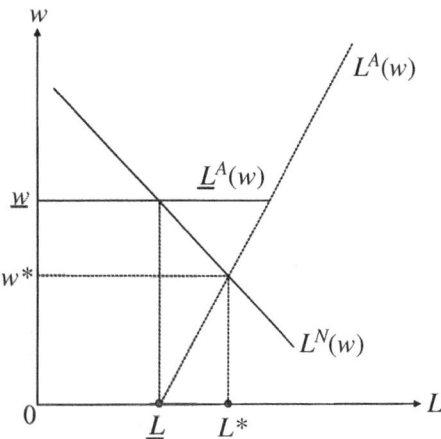

Wir wollen uns jetzt überlegen, woran es genau liegt, dass die Individuen sich hier im Hinblick auf ihre Arbeitsangebotsentscheidung in einer *Sozialhilfe-Falle* befinden und was getan werden kann, um in dieser Situation eine Wohlfahrtsverbesserung herbeizuführen.

Dass die Sozialhilfe zu Effizienzeinbußen führen kann, hatten wir schon in einem anderen Zusammenhang erkannt. Die Aussicht, auf die soziale Grundsicherung zurückgreifen zu können, nimmt – wie wir zuvor gesehen haben – den Individuen in vielen Fällen den Anreiz, z. B. durch Abschluss einer privaten Versicherung (etwa gegen das Krankheits- oder das Pflegerisiko) vorzusorgen, sodass der Versicherungsmarkt nicht zu einer Pareto-optimalen Lösung führt. Der tiefere Grund für eine solche Allokationsverzerrung bestand darin, dass jede Leistung aus der Privatvorsorge voll auf die Sozialhilfe angerechnet wird und diese in gleichem Umfang mindert. Auch bei der in Abb. 7.1 dargestellten Arbeitsangebotsentscheidung ist dieser Effekt relevant. Das Individuum bewegt sich dort zunächst auf der durch *S* verlaufenden Parallelen zur Freizeit-Achse nach links bis zum Punkt *D,* wenn es zu arbeiten beginnt und seinen Arbeitseinsatz allmählich steigert. Das ist für das Individuum offensichtlich nicht attraktiv: Es genießt dann ja weniger Freizeit, ohne gleichzeitig in den Genuss eines höheren verfügbaren Einkommens bzw. Güterkonsums zu kommen.

Im Zusammenhang mit der Freizeit-Einkommens-Wahl bietet sich für diesen Sachverhalt auch die folgende Interpretation an, wie wir sie in ähnlicher Form bereits in Abschn. 2.6 kennen gelernt hatten: Wenn ein Sozialhilfeempfänger ein Lohneinkommen erreicht, das zwischen 0 und dem Existenzminimum-Niveau liegt, wird ihm dieses am Arbeitsmarkt erzielte Einkommen durch Verrechnung mit der Sozialhilfe faktisch vollständig entzogen. Anders gesagt: Der *effektive Grenzsteuersatz bei der Einkommensteuer* im Einkommensintervall $[0, \hat{y}]$ beträgt 100 %.

Die klassische Sozialhilfe, die durch eine vollständige Anrechnung eigenen Einkommens gekennzeichnet ist, führt zu einer „Sozialhilfe-Falle": Für Individuen mit einer Arbeitsproduktivität unterhalb einer bestimmten Schwelle lohnt es sich nicht, überhaupt zu arbeiten, da sie dadurch nur ihre Freizeit schmälern, aber ihr verfügbares Einkommen nicht steigern würden. ◄

7.4.2.2 Effekte der negativen Einkommensteuer

Eine Idee zur Vermeidung von Wohlfahrtsverlusten durch die Sozialhilfe könnte vor diesem Hintergrund darin bestehen, den effektiven Grenzsteuersatz im Intervall $[0, \hat{y}]$ auf einen Wert unter 100 % zu senken. Diese Idee lässt sich dadurch umsetzen, dass bei einem Hinzuverdienst des Individuums in Höhe von Y (mit $0 \leq Y \leq \hat{y}$) die Transferzahlung des Staates nicht um den vollen Betrag Y, sondern lediglich um $t \cdot Y$ gesenkt wird, wobei t einen zwischen 0 und 1 gelegenen Anrechnungsfaktor bezeichnet. Ein Individuum, das ein „geringes" Lohneinkommen Y erzielt, erhält in diesem modifizierten Sozialhilfesystem dann den Transfer $\hat{y} - t \cdot Y$.

Die *Tarifformel* $T(Y) = t \cdot Y - \hat{y}$ für die Nettozahlung des Bürgers an den Staat lässt sich auch auf den Einkommensbereich $Y > \hat{y}$ fortsetzen. Sie entspricht dann einer linearen (indirekt-progressiven) Einkommensteuer mit dem Steuersatz t und dem Grundfreibetrag $b = \hat{y}/t$:

$$T(Y) = t \cdot (Y - b) \quad \text{für alle } Y \geq 0. \tag{7.43}$$

Anders als in der üblichen Form der Besteuerung hat diese modifizierte Form der Einkommensteuer jetzt (bei $Y < b$) aber eine negative Komponente, die an die Stelle der herkömmlichen Sozialhilfe tritt. Insgesamt funktioniert das Steuer-Transfer-System in der folgenden Weise: Positive Abweichungen des realisierten Einkommens von Grundfreibetrag b werden mit dem Faktor t besteuert, bei negativen Abweichungen erfolgt eine Subventionierung mit dem gleichen Faktor t. Dies bedeutet das gleiche wie eine nur partielle Anrechnung des Lohneinkommens auf die Sozialhilfezahlung. Im Einkommensbereich $Y < b$ spricht man auch von einer „negativen Einkommensteuer". Der effektive Grenzsteuersatz hat bei Anwendung der Tarifformel $T(Y) = t \cdot (Y - b)$ für alle Einkommensniveaus durchgehend den konstanten Wert t, und die zugehörige Nettoeinkommens-Funktion lautet für alle Y:

$$y(Y) = Y - T(Y) = (1 - t) \cdot Y + \hat{y} \tag{7.44}$$

Im Freizeit-Einkommens-Diagramm führt diese Nettoeinkommensfunktion zu einer Budgetgeraden, die durch den Punkt S verläuft und bei gegebenem Lohnsatz w den Anstieg $-(1-t)w$ hat (vgl. Abb. 7.3).

Wenn der Steuersatz t bei einer solchen negativen Einkommensteuer hinreichend klein gewählt ist und damit in Abb. 7.3 der Winkel β hinreichend groß wird, erreichen die Individuen aus einer bestimmten Gruppe von Sozialhilfeempfängern auf der durch

Abb. 7.3 Negative
Einkommensteuer und
Arbeitsangebot

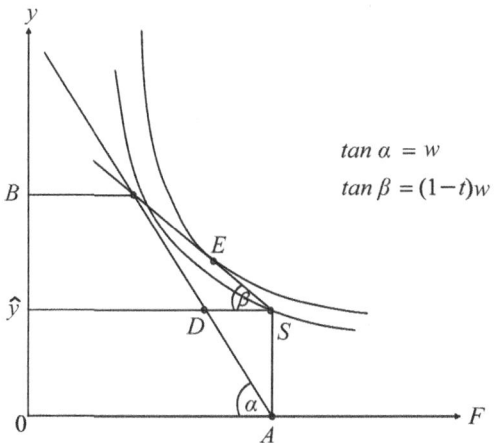

die negative Einkommensteuer bestimmten Budgetgeraden einen Optimalpunkt *E,* den sie dem Sozialhilfepunkt *S* vorziehen. Damit ist gezeigt, dass sich durch eine geschickt konzipierte negative Einkommensteuer in der Tat eine Nutzenerhöhung für die entsprechenden Individuen erreichen lässt. Durch die Reform der Grundsicherung werden diese Individuen zu ihrem eigenen Vorteil also aus der Sozialhilfe-Falle befreit.

Allein aufgrund dieses Tatbestandes kann man aber noch nicht darauf schließen, dass der Wechsel von der üblichen pauschalen Grundsicherung zur negativen Einkommensteuer aus gesamtwirtschaftlicher Sicht vorteilhaft ist. Die Verbesserung für die betrachteten Individuen könnte ja auch durch eine Erhöhung der Transferzahlung erkauft sein, sodass im Gegensatz die Belastung der Geber-Individuen steigen würde. Dies ist jedoch nicht der Fall. Im Punkt *E* erzielt ein Individuum aus der zugrunde liegenden Gruppe ein eigenes Lohneinkommen in Höhe von wL_E. Der Transferbetrag, der an ein solches Individuum fließt, beträgt dann $\hat{y} - twL_E$. Er ist somit sicher kleiner als der Transferbetrag im Sozialhilfesystem in Höhe von $\hat{y}$. Die Eigenleistung des Transferempfängers, zu deren Erbringung der Übergang zu einer negativen Einkommensteuer führt, entlastet deshalb die Transferzahler und ermöglicht durch die Senkung verzerrender Steuern zudem eine Minderung der steuerlichen Zusatzlast. Durch einen Systemwechsel der beschriebenen Art kommt es somit in der Tat zu einer Pareto-Verbesserung: Es profitieren nicht nur die Empfänger der Sozialhilfeleistung, sondern auch die Steuerzahler.

Dieses theoretische Argument der negativen Einkommensteuer bildet den Kern für eine Vielzahl von Vorschlägen zur Reform der Sozialhilfe, so das *Bürgergeld* oder in den USA der *Earned Income Tax Credit.*

Dieses Argument ist allerdings in gewisser Hinsicht zu relativieren: Bei der vorherigen Überlegung haben wir mögliche Anreizeffekte der Sozialhilfereform auf Individuen ausgeblendet, die im Ursprungszustand keine Sozialhilfe bezogen haben. Bei

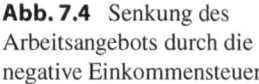

Abb. 7.4 Senkung des Arbeitsangebots durch die negative Einkommensteuer

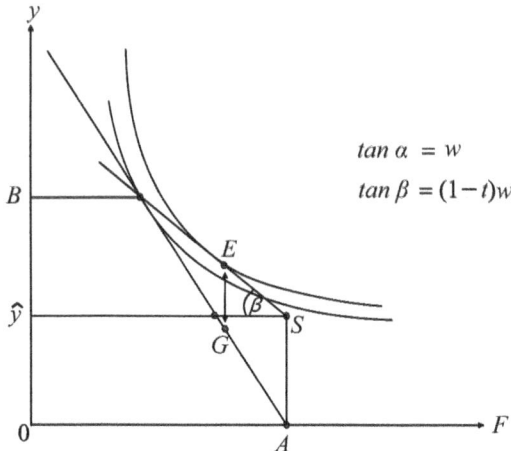

$$tan\ \alpha\ =\ w$$
$$tan\ \beta\ =\ (1-t)w$$

Individuen mit geringem Lohnsatz, die im alten Sozialhilfesystem mit Vollanrechung einer Arbeit nachgehen, kann es nämlich dazu kommen, dass diese erst nach dem Systemwechsel zu Transferempfängern werden und dabei ihr Arbeitsangebot reduzieren. Zwar steigt auch der Nutzen dieser Individuen, aber durch die an sie fließende Sozialhilfe werden die Steuerzahler belastet. Eine Pareto-Verbesserung wie im zunächst betrachteten Fall kann hier also nicht festgestellt werden. Die sich für diese Gruppe von Individuen einstellende Veränderung ist in Abb. 7.4 dargestellt. Die mit Pfeilen versehene Strecke *EG* beschreibt die Höhe der an die Individuen aus dieser Gruppe fließenden Transferzahlung.

Folgerung 7–5

Die negative Einkommensteuer, die durch eine nur partielle Anrechnung eigenen Einkommens gekennzeichnet ist, verbessert auf der einen Seite die Arbeitsanreize der Individuen mit sehr geringer Produktivität, verglichen mit der klassischen Sozialhilfe. Auf der anderen Seite gibt sie Individuen mit etwas höherer Produktivität den Anreiz, ihr Arbeitsangebot zu reduzieren und ebenfalls staatliche Transfers zu beanspruchen. Während der Nutzen aller Transferempfänger dadurch steigt, könnten die fiskalischen Kosten damit jedoch zunehmen. ◄

7.4.2.3 Zur Berechnung des Anspruchslohns

Ergänzend zu der oben durchgeführten grafischen Analyse wollen wir nun algebraisch bestimmen, wovon der Anspruchslohn eines Transferempfängers abhängt, wenn bei der Bestimmung der Transferhöhe dessen eigenes Einkommen ganz oder teilweise angerechnet wird. Insbesondere wird der Frage nachgegangen, ob der Anspruchslohn genau der Höhe der Sozialhilfe, bezogen auf die Arbeitsstunde, entspricht.

Wir betrachten dazu ein einfaches Modell eines Arbeitsanbieters, der über eine Zeiteinheit (hier als 160 h je Monat zu verstehen) verfügt und der alternative Bündel aus Konsum y und Arbeitszeit h gemäß der Nutzenfunktion $U(y, h)$ mit $U_y \equiv \partial U / y > 0$, $U_{yy} < 0$, $U_{hh} \leq 0$, $U_{yh} \leq 0$ bewertet. Bezüglich des Vorzeichens von U_h, also des Grenzleids der Arbeit, wird bewusst keine einschränkende Annahme getroffen. Der Lohnsatz pro Zeiteinheit betrage w. Im Folgenden betrachten wir der Einfachheit halber ein lineares Transfersystem, in dem $\hat{y}$ die Höhe der Sozialhilfe für eine Person ohne eigenes Einkommen und t den Effektivsteuersatz (als Summe aus Anrechnungssatz eigenen Einkommens auf die Sozialhilfe und Beitragssatz zur Sozialversicherung) bezeichnen. Folglich lautet die Budgetrestriktion der Person:

$$y = w \cdot h \cdot (1 - t) + \hat{y} \tag{7.45}$$

und die notwendige Bedingung erster Ordnung für ein Maximum von U unter Beachtung von (Gl. 7.45)

$$U'(h) = U_y \cdot w \cdot (1 - t) + U_h \leq 0 \, (= 0 \text{ falls } h > 0). \tag{7.46}$$

Aus Bedingung (Gl. 7.46) folgt, dass die Grenzrate der Substitution zwischen Konsum und Freizeit, $-U_h/U_y$, dem Effektivlohn $w \cdot (1 - t)$ genau entsprechen muss, falls ein positives Arbeitsangebot gewählt wird, und ansonsten mindestens so groß sein muss wie der Effektivlohn.

Bedingung (Gl. 7.46) führt dann zu einer natürlichen Definition des „Anspruchslohns": Dies ist der Bruttolohnsatz w_0, bei dem die betrachtete Person gerade indifferent ist zwischen Arbeiten und Nicht-Arbeiten oder, formal ausgedrückt, bei dem die Optimalbedingung (Gl. 7.46) im Falle des Nicht-Arbeitens gerade als Gleichung erfüllt ist. Setzt man $h = 0$ in die Budgetgleichung (Gl. 7.45) ein, so erhält man, nach dem Bruttolohn w aufgelöst:

$$w_0 := -\frac{U_h(\hat{y}, 0)}{U_y(\hat{y}, 0)} \cdot \frac{1}{1 - t}. \tag{7.47}$$

Die rechte Seite von (Gl. 7.47) erfüllt die oben gegebene Definition eines Anspruchslohns. Man erkennt, dass der Ausdruck von drei Größen abhängt:

1. der Höhe der Sozialhilfe $\hat{y}$,
2. dem Effektivsteuersatz t und
3. den Präferenzen des Arbeitsanbieters. Diese spiegeln sich in dem Term $-U_h[\hat{y}, 0]/U_y[\hat{y}, 0]$ wider, den man als „Arbeitsleid der ersten Arbeitsstunde in Einheiten des Konsumguts" interpretieren kann, wobei der Anspruchslohn negativ ist (d. h. man ist bereit, fürs Arbeiten etwas zu zahlen), wenn $U_h[\hat{y}, 0] > 0$ gilt, also die erste Arbeitsstunde Freude macht.

t ŷ	100	400	600	900
0	0,5	1,0	1,2	1,5
0,2	0,6	1,3	1,5	1,9
0,4	0,8	1,7	2,0	2,5
0,6	1,3	2,5	3,1	3,8
0,8	2,5	5,0	6,1	7,5
1	∞	∞	∞	∞
zum Vergleich: ŷ/160	0,6	2,5	3,8	5,6

Tab. 7.2 Der Anspruchslohnsatz in Abhängigkeit vom Sozialhilfesatz und vom Effektivsteuersatz Quelle: Breyer 2003, S. 86

Es gilt offenbar nicht die einfache Gleichung $w_0 = \hat{y}$ bzw. $w_0 = \hat{y}/160$, wie man vermuten könnte, wenn man den Regelsatz der Sozialhilfe selbst als Anspruchslohneinkommen deutet.

Den Unterschied zwischen dem Anspruchslohn und dem (vollen) Sozialhilfesatz erkennt man am besten, wenn man ein konkretes Beispiel betrachtet. In diesem Zahlenbeispiel sei die Nutzenfunktion definiert durch $U(y,h) = y^{1/2} - a \cdot h$. Der Parameter a misst hierin die Stärke des Arbeitsleids. Eingesetzt in (Gl. 7.47), ergibt sich hier ein Anspruchslohn von $w_0 = 2a \cdot \hat{y}^{1/2}/(1-t)$.

Setzt man etwa $a = 4$, so ergibt sich für $\hat{y} = 400$ und $t = 0,5$ ein (auf den Monat bezogenes) Anspruchslohneinkommen von $w_0 = 320$ oder – bei 160 Arbeitsstunden im Monat – einen Anspruchslohnsatz je Stunde von 2 €. Die Werte in Tab. 7.2 geben diese Stunden-Anspruchslöhne unter der Annahme $a = 4$ für alternative Werte von t und $\hat{y}$ an. Zum Vergleich ist in der letzten Zeile der Wert angegeben, den der Anspruchslohnsatz aufgrund der einfachen Argumentation vom Lohnabstandsgebot haben müsste, nämlich $\hat{y}/160$.

Aus Tab. 7.2 wird klar, dass der Anspruchslohnsatz eben nicht nur von der *Höhe* der Sozialhilfe bei Nicht-Arbeit abhängt, sondern gleichermaßen vom Effektivsteuersatz, d. h. vor allem von der Transferentzugsrate: Beträgt diese von Anfang an 100 % (also $t = 1$), so wird niemals gearbeitet, der Anspruchslohnsatz ist unendlich groß. Außerdem spielt der „Freizeitpräferenz"- (oder „Arbeitsleid") Parameter a eine große Rolle. In Tab. 7.2 wurde bewusst ein geringer Wert dieses Parameters unterstellt. Für höhere Werte ergibt sich ein proportional höherer Anspruchslohn. Andererseits kann das Arbeitsleid bei geringer Arbeitszeit auch null betragen, womit auch der Anspruchslohn null wird. Im Falle von Arbeitsfreude wird er sogar negativ.

Folgerung 7–6

Die Höhe des Anspruchslohns, bei dem ein Transferempfänger gerade zwischen einem Arbeitsangebot von 0 und 1 h indifferent ist, hängt von der Höhe des Sockel-Transfers, vom Anrechnungssatz bei Hinzuverdienst und von der Stärke des Arbeitsleids ab. Wenn ein Individuum lieber arbeitet, als nicht zu arbeiten, ist der Anspruchslohn negativ. ◄

7.4.3 Bedingte versus unbedingte Grundsicherungsleistungen

Bislang wurden unterschiedliche Systeme der Grundsicherung ausschließlich danach unterschieden, wie hoch in ihnen der Grenzsteuersatz (bzw. die Transferentzugsrate) ist. Daneben gibt es jedoch einen weiteren Parameter, der in der Grundsicherung variiert werden kann. Grundsicherungssysteme können sich nämlich im Hinblick darauf unterscheiden, ob der Hilfeempfänger die Grundsicherungsleistungen bedingungslos erhält oder dafür eine Gegenleistung erbringen muss. Die in der Realität in den meisten Ländern einschließlich Deutschlands vorherrschende Regelung sieht vor, dass von den Hilfeempfängern das Bemühen erwartet wird, die Abhängigkeit von der Grundsicherung nach Möglichkeit wieder zu verlassen. Das bedeutet etwa, dass „zumutbare" Arbeitsstellen angenommen werden müssen und, wenn ein Hilfeempfänger sich weigert, dies zu tun, die Leistungen gekürzt werden können. Es besteht also eine Verpflichtung zur Kooperation, aber keine Verpflichtung dazu, eine direkte Gegenleistung zu erbringen.

Dieses Regime kann nun in beiden Richtungen variiert werden:

a. Es kann festgelegt werden, dass im Gegenzug zum Transferbezug Arbeitsleistungen erbracht werden müssen. Diese sollen den Transferbezug für diejenigen Individuen unattraktiv machen, deren Arbeitsproduktivität hoch genug ist, sodass sie ihren Lebensunterhalt selbst verdienen können. Das im folgenden Abschnitt dargestellte, auf Besley und Coate (1992) zurückgehende Modell soll dieses Argument illustrieren.
b. Es kann auf jegliche Gegenleistung verzichtet, die Grundsicherung also bedingungslos ausgezahlt werden. Dieses System ist in der Literatur als „bedingungsloses Grundeinkommen" oder „Bürgergeld" bekannt und wird auch in der Politik von Zeit zu Zeit intensiv diskutiert.

7.4.3.1 Arbeitsverpflichtungen für Hilfeempfänger?

Die Grundannahme des Modells von Besley und Coate (1992) lautet, dass es zwei Typen von potenziellen Hilfeempfängern gibt, die sich in ihrer Arbeitsproduktivität unterscheiden, die durch den Stundenlohn definiert ist, den sie jeweils verdienen können, w_H bzw. w_L mit $w_H > w_L$. Diesen kann die Regierung nicht beobachten, denn sie kennt lediglich den Anteil der Niedrigproduktiven, der mit γ bezeichnet wird. Die Individuen haben quasilineare Präferenzen, die linear im Konsum c und konvex in der Arbeitszeit h sind:

$$u(c,h) = c - v(h) \tag{7.48}$$

mit $v'(h) > 0$ und $v''(h) > 0$.

Die Regierung bietet jedem Individuum eine Sozialhilfezahlung b_i als Gegenleistung für die Verpflichtung an, z_i Stunden gemeinnützige Arbeit zu verrichten, und es sei angenommen, dass der Output dieser Arbeit null beträgt.[4] Folglich beträgt das Arbeitseinkommen des Hilfeempfängers.

$$y(z_i, w_i) = \begin{cases} w_i \cdot (\hat{h}_i - z_i) & \text{falls } \hat{h}_i \geq z_i \\ 0 & \text{sonst} \end{cases} \quad (i = H, L), \tag{7.49}$$

wobei $\hat{h}_i$ das optimale Arbeitsangebot des i-Typen in Abwesenheit einer Arbeitsverpflichtung ist, das die Lösung der Gleichung $v'(h_i) = w_i$ darstellt.

Im Folgenden wird angenommen, dass ein Existenzminimum $\hat{c}$ für den Konsum gesetzlich fixiert ist und dass (nur) niedrig produktive Individuen in Abwesenheit eines staatlichen Eingriffs weniger verdienen würden:

$$y(0, w_L) < \hat{c} < y(0, w_H). \tag{7.50}$$

Die Regierung habe das Ziel, das Existenzminimum für alle Individuen zu minimalen Kosten für die Staatskasse sicherzustellen und dabei die Freiwilligkeit der Teilnahme an staatlichen Programmen aufrecht zu erhalten.

Falls die Regierung die Arbeitsproduktivität jedes Individuums beobachten könnte, ("symmetrische Information"), wäre die Lösung des gestellten Problems einfach: Sie würde einzig den niedrig produktiven Typen einen Transfer in Höhe von

$$b_L = \hat{c} - y(0, w_L) \tag{7.51}$$

anbieten und auf eine Arbeitsverpflichtung verzichten, da diese ineffizient wäre. Sie würde ja den Nutzen der Hilfeempfänger reduzieren, ohne einen Output zu generieren. Den hoch produktiven Typen würde natürlich kein Transfer angeboten, da sie ihren Lebensunterhalt selbst verdienen könnten (und dies auch tun würden).

Schwieriger zu lösen ist das Problem im Falle asymmetrischer Information, wenn also die Regierung die Zugehörigkeit eines Individuums zu einem Typ nicht erkennen kann. Für diesen Fall sei allerdings angenommen, dass die Regierung das Markteinkommen beobachten kann. Das entsprechende Optimierungsproblem lautet dann

$$\min_{b_L, b_H, z_L, z_H} \gamma b_L + (1 - \gamma) b_H \tag{7.52}$$

unter den Nebenbedingungen:

1. Armutsvermeidung:

$$b_L + y(z_L, w_L) \geq \hat{c}, \tag{7.53}$$

---

[4]Diese Annahme lässt sich damit rechtfertigen, dass die Kosten der Überwachung der gemeinnützigen Arbeit vom durch sie geleisteten Brutto-Output abgezogen werden müssen.

2. freiwillige Teilnahme der gering produktiven Personen:

$$u(b_L, z_L, w_L) = b_L + y(z_L, w_L) - v(\hat{h}_L) \geq u(0, 0, w_L) = w_L \cdot \hat{h}_L - v(\hat{h}_L), \quad (7.54)$$

3. Anreizverträglichkeit der hoch produktiven Personen:

$$u(b_H, z_H, w_H) \geq b_L + y(z_L, w_L) - v(z_L + \frac{y(z_L, w_L)}{w_H}). \quad (7.55)$$

Die rechte Seite der Ungleichung (Gl. 7.55) bezeichnet das Nutzenniveau eines hoch Produktiven, der einen niedrig Produktiven imitiert. Der Term in der letzten Klammer misst dabei seine Gesamtarbeitszeit, die sich als Summe aus der Arbeitsverpflichtung eines L-Typen und der Arbeitszeit zum (hohen) Marktlohn w_H bildet, die er benötigt, um das (optimale) Einkommen eines niedrig Produktiven zu erzielen.

Im Folgenden vergleichen wir die beiden Programme "Welfare" (also einen Transfer ohne Arbeitsverpflichtung) und "Workfare" (ein möglicherweise höherer Transfer, der an eine Arbeitsverpflichtung geknüpft ist) für diesen Fall asymmetrischer Information.

Abb. 7.5 stellt die "Welfare"-Lösung dar. Man erkennt, dass der minimale Transfer, der benötigt wird, um Bedingung (Gl. 7.53) für ein garantiertes Konsumniveau $\hat{c}$ ohne Arbeitsverpflichtung ($z_L = 0$) zu erfüllen, b' beträgt, sodass jedes niedrig produktive

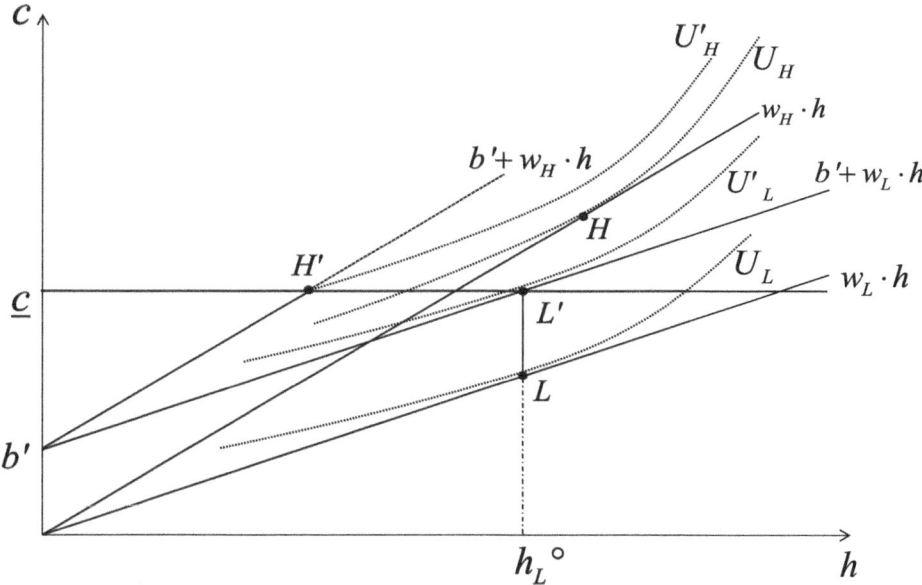

Abb. 7.5 Die „Welfare"-Lösung

Individuum $h_L{}^\circ$ Stunden arbeitet und in Punkt L' landet. Dagegen wird ein jedes hoch produktive Individuum, das in Abwesenheit eines Wohlfahrtsprogramms seinen Lebensunterhalt in Punkt H selbst verdienen würde, stattdessen den Transfer in Anspruch nehmen, eine niedrig produktive Person imitieren und in Punkt H' landen, der auf einer höheren Indifferenzkurve liegt als H.

Die "Workfare"-Lösung ist in Abb. 7.6 dargestellt. Hier ist der Transfer auf b^* angehoben, aber an eine Arbeitsverpflichtung von z^* Stunden geknüpft, die so berechnet ist, dass niedrig Produktive das gleiche Konsumniveau in Punkt L' erreichen wie mit dem „Welfare"-Programm, aber hoch Produktive indifferent sind zwischen den Optionen a) Inanspruchnahme des Transfers und Imitation eines niedrig Produktiven (Punkt H^*) und b) Verzicht auf den Transfer (Punkt H).

Der Nachteil der "Workfare"-Lösung besteht darin, dass der erhöhte Transfer an die L-Typen sie gegenüber der „Welfare"-Lösung verteuert. Auf der anderen Seite wird kein Geld dadurch verschwendet, dass H-Typen unterstützt werden, die ihren Lebensunterhalt selbst verdienen können. Per saldo kann die "Workfare"-Lösung für den Staat billiger sein als die "Welfare"-Lösung, falls 1. der Anteil γ der niedrig Produktiven nicht zu groß ist und 2. eine große Produktivitätslücke zwischen den beiden Gruppen besteht. Der Grund dafür liegt in den Opportunitätskosten der Verpflichtung, an einem

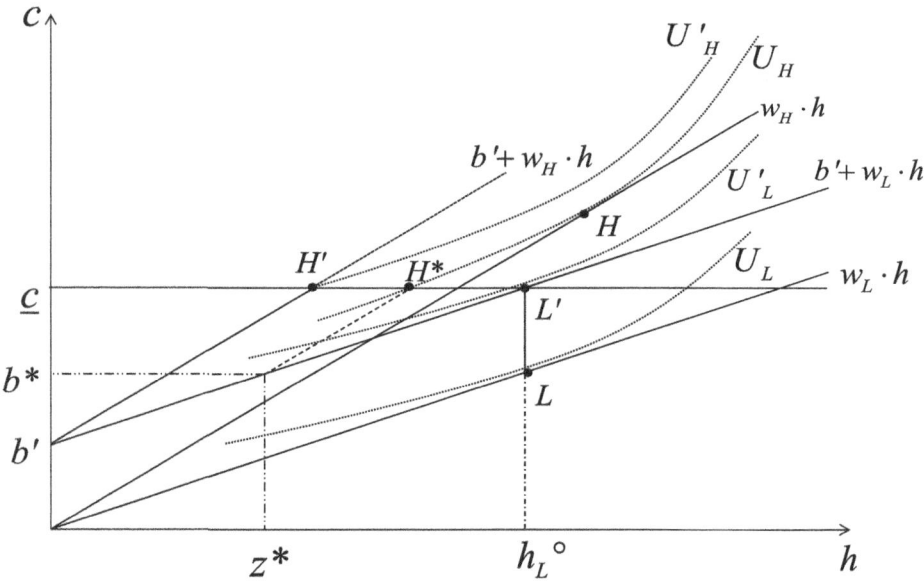

Abb. 7.6 Die „Workfare"-Lösung

(unproduktiven) Programm gemeinnütziger Arbeit teilzunehmen: Die ideale Situation für ein "Workfare"-Programm ist dann gegeben, wenn die Opportunitätskosten des Staates dadurch, dass er die gering Produktiven dem Arbeitsmarkt (teilweise) entzieht, gering sind, während die Opportunitätskosten, die die hoch Produktiven zu tragen haben, wenn sie die gering Produktiven nachahmen, hoch sind.

Eine weitere Bemerkung betrifft die wohlfahrtsökonomische Interpretation des Modells: Hier wird die Regierung nicht als "wohlwollend" in dem Sinne beschrieben, dass sie am *Nutzen* ihrer Bürger interessiert ist. Ihr einziges sozialpolitisches Ziel besteht darin, ein Mindest-Konsumniveau aller Bürger zu geringstmöglichen Kosten für die Steuerzahler aufrecht zu erhalten. Es ist daher eine offene Frage, ob es sich bei der "Workfare"-Lösung um ein Pareto-optimales Programm handelt.

Für die Umsetzbarkeit dieser Lösung in der Praxis wird es wichtig sein, ob die Arbeitsfähigkeit der Hilfeempfänger von den Behörden genau genug beobachtet werden kann. Denn die Workfare-Lösung gibt den Hilfeempfängern den Anreiz, sich als krank oder aus anderen Gründen arbeitsunfähig darzustellen, um den geforderten Arbeitsleistungen zu entgehen.

7.4.3.2 Das bedingungslose Grundeinkommen

Die vielleicht am heftigsten diskutierte mögliche Reform des Sozialstaats läuft darauf hinaus, dass der Staat jedem Bürger eine laufende Geldzahlung zukommen lässt, die zumindest das Existenzminimum abdeckt. „Bedingungslosigkeit" bedeutet dabei, dass die Zahlung weder

a. von der Bedürftigkeit des Empfängers und damit von dessen anderweitigem Einkommen oder Vermögen noch
b. von der Erbringung einer Gegenleistung

abhängig gemacht wird.

Für die praktische Umsetzung dieser Grundidee gibt es eine Vielzahl von Vorschlägen, die sich in mehreren Merkmalen unterscheiden, etwa in der Höhe, im Familienbezug, im Kreis der Anspruchsberechtigten sowie vor allem in der Finanzierung. Es ist unmöglich, allen Varianten, die in Deutschland von Wissenschaftlern wie Thomas Straubhaar, dem Unternehmer Götz Werner, einzelnen Politikern wie Dieter Althaus oder politischen Parteien wie den GRÜNEN vertreten werden, im Detail gerecht zu werden. Stattdessen werden im Folgenden zum einen die ökonomischen und sozialethischen Begründungen diskutiert und zum anderen die Frage der Finanzierbarkeit erörtert.

In der Diskussion stößt man auf verschiedene Begriffe zur Beschreibung eines bedingungslosen Grundeinkommens, die z. T. unterschiedliche administrative Vorgänge implizieren, jedoch aus Sicht der betroffenen Individuen eine sehr ähnliche oder gar identische Wirkung haben.[5]

7.4.3.2.1 Für und Wider die Idee des Bürgergelds[6]

Die Idee der Schaffung eines Anspruchs jedes Bürgers an den Staat auf Sicherung seiner materiellen Existenzgrundlagen ist schon sehr alt, wird aber in jüngerer Zeit wieder verstärkt vertreten, wobei neben rechtsphilosophischen und sozialethischen Rechtfertigungen auch ökonomische Begründungen eine Rolle spielen. Diese seien im Folgenden zunächst (1.-5.) genannt, bevor unter 6. eine sozialethische Perspektive eingenommen wird:

1. **Arbeit geht aus**

   Zum einen wird auf den permanenten Wegfall von einfachen Arbeitsplätzen durch fortschreitende Automatisierung der Produktion von Gütern und Dienstleistungen verwiesen, die im 21. Jahrhundert durch die Digitalisierung einen neuen Schub erhalten habe. Die Wirtschaft sei daher nicht mehr in der Lage, allen Personen im erwerbsfähigen Alter, einschließlich aller gering Qualifizierten, einen Arbeitsplatz bereitzustellen, mit dem sich bei Vollzeitbeschäftigung ein Lohn in Höhe des soziokulturellen Existenzminimums verdienen ließe. Kurz gesagt, den hoch entwickelten Volkswirtschaften „geht die Arbeit aus".

2. **Ineffizienz der Verwaltung**

   Der Sozialstaat verfüge heute schon über 30 % des Bruttoinlandsprodukts, sei aber mit seiner Vielzahl von Leistungen für den Bürger schwer überschaubar, durch Überlappung von Leistungsansprüchen ineffizient und gehe mit einem hohen Verwaltungsaufwand einher. Zudem gebe es bei vielen Leistungen eine hohe Nichtinanspruchnahme, teilweise aus Scham. Die Bündelung aller dieser Leistungen in einem einzigen extrem einfach gestalteten Instrument diene daher dem Bürokratieabbau und der Gerechtigkeit der tatsächlichen Auszahlungen.

3. **Bessere Verhandlungsposition**

   Das bedingungslose Grundeinkommen (BGE) entkopple die Existenzsicherung von der Erwerbsarbeit und führe damit zu einem Zuwachs an persönlicher Freiheit. Insbesondere fiele die Existenzangst weg und gering qualifizierte Menschen würden davon befreit, monotone, schmutzige und entwürdigende Arbeiten zu niedrigen Löhnen anzunehmen, um das Existenzminimum zu sichern. Da diese Arbeiten dadurch teurer würden, entstünde allerdings ein starker Anreiz, diese durch Rationalisierung einzusparen.

---

[5]Z.B.: Negative Einkommensteuer, partielles Grundeinkommen, Sozialdividende, Bürgergeld, Existenzgeld, Mindestsicherung, Grundsicherung, Garantiertes Einkommen, Sozialhilfe, etc.
[6]Zu diesem Abschnitt vgl. die Debattenbeiträge im „Zeitgespräch" des Wirtschaftsdienst (2013), sowie in Osterkamp (2015).

4. **Verringerung von Ungleichheit**

Oft wird angeführt, dass das BGE Ungleichheit mindere. Zum einen könne die Verhandlungsposition innerhalb des Haushalts für einkommensschwächere Mitglieder gegenüber einkommensstärkeren Mitgliedern durch das BGE verbessert werden, während bei der bedarfsgeprüften Grundsicherung in nicht anspruchsberechtigten Bedarfsgemeinschaften ein stärkeres Abhängigkeitsverhältnis zu den Einkommensbeziehern bestehe. Zum anderen könne die Finanzierung eines großzügig bemessenen BGE durch eine progressive Einkommensteuer oder Vermögensteuer die Ungleichheit zwischen Haushalten verringern.

5. **Passive statt aktive Arbeitsmarktpolitik**

Wegen der Entkopplung der Existenzsicherung von der Erwerbsarbeit sei das BGE auch mit der Marktwirtschaft eher kompatibel als das gegenwärtige System, da zahlreiche sozialpolitisch motivierte Regulierungen des Arbeitsmarkts dann entfallen könnten. Dazu gehören sowohl der gesetzliche Mindestlohn als auch der Kündigungsschutz sowie staatlich finanzierte Arbeitsbeschaffungs- und Qualifizierungsmaßnahmen.

6. **Zahlen und entscheiden lassen statt fördern und fordern**

Der Aspekt der Befreiung von unnötigen Zwängen steht auch in der sozialethischen Argumentation im Vordergrund: Zum Menschenwürde-Gebot im Grundgesetz gehöre es nicht nur, dass kein Bürger verhungere oder anderweitig Not leide, sondern auch, dass darauf verzichtet werden solle, bedürftige Menschen, zur Annahme jedweder Arbeit zu zwingen. Die Befreiung von diesem Druck werde bei den Betroffenen Kräfte freisetzen, die sie selbstbestimmt und kreativ nutzen würden. Dabei gebe es so viele sinnstiftende Tätigkeiten, die gesellschaftlich nützlich seien, sich aber für marktlichen Austausch nicht eigneten und daher in einer „reinen" Marktwirtschaft zu kurz kämen. Zu denken sei dabei an zeitaufwendige persönliche Dienstleistungen wie die Altenpflege oder anderes zivilgesellschaftliches Engagement.

Diesen theoretischen Pro-Argumenten ist in der Literatur jeweils mit gewichtigen Argumenten widersprochen worden, die im Folgenden aufgeführt werden. Zuvor sei noch gesagt, dass den gegensätzlichen Positionen jeweils unterschiedliche Menschenbilder zugrunde liegen, aus denen zunächst einmal theoretisch Verhaltensannahmen und deren Folgen abgeleitet werden. Auf die Frage der empirischen Überprüfbarkeit der behaupteten Wirkungen eines BGE wird in einem späteren Abschnitt eingegangen.

- **Ad 1.: Arbeit verändert sich, geht aber wahrscheinlich nicht aus**

Die Sorge, dass einer Volkswirtschaft „die Arbeit ausgeht", hat die Menschen schon vor zwei Jahrhunderten bewegt; man denke an den Aufstand der schlesischen Weber gegen die Einführung des mechanischen Webstuhls. Bislang hat noch jeder technische Fortschritt mehr Arbeitsplätze geschaffen, als er eingespart hat. Natürlich ist der Wegfall von Arbeitsplätzen für Arbeitnehmer in einer fortgeschrittenen Phase ihres Erwerbslebens schwer zu verkraften, und in manchen Fällen ist ein längerer Transferbezug bis zum Rentenalter nicht zu vermeiden. Dieses Problem löst man jedoch nicht mit einem pauschal gewährten Grundeinkommen, das sich lediglich am Existenzminimum orientiert.

- **Ad 2.: Neben der Existenzsicherung ist die Lebensstandardsicherung eine wichtige Aufgabe des Sozialstaats.**
  Weil der Sozialstaat vielfältige Aufgaben zu erbringen hat, ist auch das Bürokratie-Argument irreführend: Nicht alle Sozialleistungen können durch eine einheitliche, am Existenzminimum anknüpfende Zahlung ersetzt werden. Das gilt insbesondere für zwei Arten: zum einen für solche Leistungen, die auf einer eigenen Beitragszahlung basieren und die eine Lohnersatzfunktion haben wie das Arbeitslosengeld I und die gesetzliche Rente bei Alter und Erwerbsunfähigkeit. Beide Sozialleistungen orientieren sich zumindest annähernd an der Idee der Lebensstandardsicherung. So beträgt das Arbeitslosengeld bei Kinderlosen 60 % des letzten Nettolohns und die gesetzliche Rente ca. 50 % des durchschnittlichen Verdienstes während der Erwerbsphase (allerdings abhängig von der Dauer der Beitragszahlung). Beide Größen können bei Personen in der oberen Hälfte der Lohnverteilung um ein Mehrfaches über dem Niveau liegen, das üblicherweise für die Höhe eines BGE angenommen wird. Zum anderen können auch besondere über das allgemeine Existenzminimum hinausgehende Leistungen für bestimmte Bevölkerungsgruppen, vor allem die Eingliederungshilfen für Behinderte nicht einfach wegfallen, sondern müssen weiter finanziert werden, wenn die Ziele des Sozialstaats nicht modifiziert (und im Endeffekt heruntergeschraubt) werden sollen. Die Auszahlung der entsprechenden Leistungen erfordert daher bei der ersten Kategorie für einen sehr langen Übergangszeitraum (der der Länge eines Erwerbslebens entspricht) und bei der zweiten Kategorie auf Dauer gegenüber dem BGE nicht nur zusätzliche Finanzmittel, sondern auch noch eine Sozialbürokratie, die die entsprechenden Ansprüche prüft. Desgleichen lassen sich auch Wohnkosten nicht einfach pauschalieren, weil diese stark vom Wohnort abhängen.
  Hinzu kommt, dass eine Abschaffung der staatlichen Versicherungsleistungen manche Haushalte dazu zwingen würde, ständig Finanzmärkte zu beobachten und zusätzliche Ersparnisse zur Sicherung des Lebensstandards anzusparen. Andere könnten sich soweit verschulden, dass sie im Alter auf die Hilfe anderer angewiesen sind, wenn das BGE nicht zur Tilgung reicht. Auch ein BGE könnte damit verbundene Scham somit nicht beseitigen.
- **Ad 3.: Verhandlungsposition wird nur verbessert, wenn nicht mit dem Geldgeber verhandelt werden muss**
  Die Entkopplung der Erwerbstätigkeit von der Existenzsicherung kann statt zu einem Zuwachs an Freiheit zu einer verstärkten Abhängigkeit führen, da man auf das Wohlwollen der Steuerzahler angewiesen ist. Auch ohne BGE ist bereits zu beobachten, dass unattraktive Arbeiten automatisiert werden.

- **Ad 4.: Erhöhung von Ungleichheit**
  Die Spaltung der Gesellschaft in Nutznießer ohne Gegenleistung und Leistungserbringer kann Abhängigkeiten verfestigen und Spannungen im Gerechtigkeits-
  empfinden auslösen. Ein BGE könnte in Anspruch genommen werden, um Ältere,
  Kranke oder Kinder zu pflegen. Da diese Tätigkeiten oft von Frauen durchgeführt
  werden, könnte das BGE anderen gesellschaftspolitischen Zielen wie der Teilhabe
  von Frauen am Arbeitsmarkt entgegenstehen. Im Extremfall kann das BGE als ver-
  kappte „Herdprämie" gesehen werden, was einer der Gründe ist, aus denen manche
  Feministen ein BGE ablehnen.

- **Ad 5.: Aktive Arbeitsmarktpolitik bleibt notwendig**
  Die Behauptung, sämtliche wirtschaftspolitischen Eingriffe in den Arbeitsmarkt seien
  nur durch das Motiv begründet, das Existenzminimum der Arbeitnehmer zu sichern,
  hält einer Überprüfung nicht stand. Die Bekämpfung der Arbeitslosigkeit dient ebenso
  wie die meisten Qualifizierungsmaßnahmen und weitere Markteingriffe dem Ziel der
  Sicherung eines angemessenen und nicht nur minimalen Lebensstandards sowie der
  gleichberechtigten Teilhabe der Arbeitnehmer am wirtschaftlichen Wohlstand. Die
  Gewerkschaften werden dafür sorgen, dass diese Aktivitäten auch nach Einführung
  eines BGE nicht wegfallen werden.

- **Ad 6.: Geringe Bereitschaft zur Finanzierung des BGE**
  Auch die Befreiung vom „Zwang, den Lebensunterhalt durch Erwerbsarbeit zu
  sichern", kann als ein zweischneidiges Schwert gesehen werden. Zum einen könnte
  die Mehrheit der Gesellschaft – also diejenigen, die die Transfers durch ihre Steuern
  finanzieren – nicht gewillt sein, ein, wenn auch bescheidenes, Leben in vollständiger
  Faulheit zu finanzieren, sondern eine Gegenleistung einfordern. Dafür spricht auch,
  dass die Bürger der Schweiz eine Initiative zur Einführung eines BGE im Jahr 2016
  mit großer Mehrheit von 78 % abgelehnt haben. Zum anderen ist der genannte Zwang
  aus soziologischer Perspektive nicht ausschließlich negativ zu bewerten, weil die
  Erwerbstätigkeit auch eine integrative Funktion hat und derjenige, der vom Arbeitsmarkt ausgeschlossen ist oder sich freiwillig ausschließt, zu vereinsamen droht. So
  wird von manchen Soziologen bei Einführung eines BGE eine Spaltung der Gesellschaft in eine arbeitende und eine von der Arbeitswelt ausgeschlossene Klasse
  befürchtet.

- **Steuerflucht und Wohlfahrtsmigration**
  Ein weiterer Gesichtspunkt, der gegen das BGE – zumindest wenn es in existenzsichernder Höhe ausbezahlt würde – vorgebracht wird, ist die Tatsache, dass
  ein im internationalen Vergleich derart großzügiger Sozialstaat einen immensen
  Einwanderungssog nach sich ziehen würde und daher mit einem Europa der Frei-
  zügigkeit nicht kompatibel wäre. Auch das Asylsystem würde schnell an seine
  Grenzen stoßen, wenn Armutsflüchtlinge auch aus anderen Regionen als der EU
  sich mit dem Ziel auf den Weg machten, in Deutschland vom Grundeinkommen zu
  leben. Dem stünde ein starker Abwanderungsdruck auf Steuerzahler gegenüber. Die
  räumlichen Disparitäten in der EU würden noch verstärkt, wenn oft besonders gut

ausgebildete Steuerflüchtlinge in andere Regionen auswandern, um nicht ein BGE finanzieren zu müssen. Eine globale Implementierung ist nicht absehbar. Auf der anderen Seite wäre eine Beschränkung des Grundeinkommens auf deutsche Staatsbürger – analog zum Wahlrecht – zumindest nicht EU-konform und könnte daher nicht durchgehalten werden.

- **Krisenfestigkeit**
  Bei einem sprunghaften Anstieg der Arbeitslosigkeit könnte durch fehlende kurzfristige Absicherung des Lebensstandards durch die Sozialversicherungsleistungen und durch die Entkoppelung von Existenzsicherung und Erwerbstätigkeit die Bereitschaft zur Finanzierung des BGE schneller sinken und ein höherer Druck aus Steuerflucht und Wohlfahrtsmigration entstehen. Es müsste gezeigt werden, dass das BGE in Krisen nicht schneller an die Grenze der Finanzierbarkeit gelangt.
- **Einfache Dienstleistungen würden teurer**
  Wenn das Grundeinkommen an alle Bürger ausbezahlt würde, würden sich auch die Preise z. B. auf dem Markt für einfache Dienstleistungen ändern. Nicht nur sind die Effekte auf das Arbeitsangebot schwer vorherzusagen, sondern auch die Zahlungsbereitschaften der Konsumenten. Ob bzw. inwieweit eine Welt mit Grundeinkommen dann eine für die Gesellschaft „bessere" wäre, gehört zu den wichtigsten Fragen in der Debatte über ein BGE.

7.4.3.2.2 Zur Finanzierbarkeit eines Bürgergelds

Manche Autoren – wie etwa Habermacher und Kirchgäßner in Wirtschaftsdienst (2013) – nennen das bedingungslose Grundeinkommen „vielleicht wünschenswert, aber nicht bezahlbar". Dagegen meint Straubhaar (ebenda): „Wenn … darüber gestritten wird, ob ein BGE finanzierbar sei oder nicht, geht der Streit am Kern des Problems vorbei. Denn natürlich ist das BGE finanzierbar, aber eben nicht in jeder Höhe, ohne dass dadurch massive Rückwirkungen auf Beschäftigung, Wachstum und damit Wohlstand erfolgen." Dieser Auffassung muss allerdings widersprochen werden, weil die von seinen Fürsprechern hervorgehobenen Vorteile eines BGE, wie sie oben aufgeführt sind, in der Mehrzahl nur dann eintreten, wenn es in existenzsichernder Höhe angesetzt wird. Es erhebt sich daher die Frage, mit welchen (zusätzlichen) fiskalischen Belastungen ein Bürgergeld, das mindestens die Höhe der Sozialhilfe hat, verbunden wäre und wie eine Gegenfinanzierung aussehen könnte (vgl. hierzu auch Schöb 2020b, Kap. 4).

Dazu hat es in den Jahren nach der Veröffentlichung der ersten BGE-Vorschläge durch Dieter Althaus (CDU) und Götz Werner einige Studien gegeben, die auf der Basis von Mikrosimulations-Modellen die fiskalischen Kosten dieser Programme errechnet haben (Osterkamp 2015, S. 238). Der Tenor der Ergebnisse dieser Studien lautet, dass die Programme mit einem jährlichen Finanzierungsdefizit in der Größenordnung von gut 200 Mrd. Euro, bezogen auf das Jahr 2007, einhergehen würden. Um ein solches Defizit aufzufangen, müssten die effektiven Steuersätze für alle Markteinkommen, die in den BGE-Plänen ohnehin schon bei 50 % unterhalb der Transfergrenze und 25 % oberhalb angesetzt waren, deutlich angehoben werden, nämlich entweder auf 50 % unterhalb und knapp 61 % für Einkommen oberhalb der Transfergrenze oder auf 80% unterhalb und 35% oberhalb der Transfergrenze (Sachverständigenrat 2007, S. 222 ff.). In einer Simulationsstudie zeigen Jessen u. a. (2017), dass ein BGE in Höhe von monatlich 800 € für Erwachsene und 380 € für unter 18-Jährige mit einem Einheitssteuersatz auf Einkommen von knapp 70 % finanzierbar wäre. Diese Simulation berücksichtigt einen Rückgang des Arbeitsangebots, der auf knapp fünf Prozent geschätzt wurde. Derart hohe Steuersätze gehen aber mit extrem starken Anreizen zur Steuervermeidung, Steuerhinterziehung und Schwarzarbeit einher, was wiederum den Kontrollaufwand des Staates deutlich erhöhen würde. Die sonstigen Vorteile eines Bürgergeldes würden damit auch infrage gestellt.

In der BGE-Konzeption von Götz Werner wird an Stelle der Einkommensteuer eine ausschließliche Finanzierung durch Konsumsteuern vorgeschlagen. Dies habe den Vorteil, dass nicht die Erbringung einer Wirtschaftsleistung besteuert werde, sondern deren Inanspruchnahme – so etwa Werner (Wirtschaftsdienst 2013).

Eine Finanzierung durch eine einheitliche Mehrwertsteuer hätte allerdings mehrere Nachteile:

- Da die Mehrwertsteuer einen linearen Tarif hat, kann sie im Unterschied zur progressiven Einkommensteuer nicht zur Umverteilung dienen.
- Zur Finanzierung eines existenzsichernden BGE wären sehr hohe Sätze der Mehrwertsteuer weit jenseits der 50 % erforderlich, was wiederum die Preise stark ansteigen lassen würde, sodass der Realwert des BGE entsprechend kleiner ausfällt.
- Auch eine sehr hohe Konsumsteuer vermittelt – ganz analog zu einer hohen Einkommensteuer – starke Anreize zum Ausweichen in die Steuervermeidung, Steuerhinterziehung oder Schattenwirtschaft, was wiederum die Steuerbasis senkt und zu noch höheren Steuersätzen zwingt.

Als weitere Finanzierungsquelle wird die Wiedereinführung der Vermögenssteuer genannt deren Hauptnachteile darin bestehen, dass Vermögen sehr schwierig zu messen ist und Anreize zu Vermögensverlagerung bestehen. Davon war in Kap. 2 schon ausführlich die Rede.

7.4.3.2.3 Experimente zur Erforschung der Wirkungen eines Bürgergelds

Straubhaar (a.a.O.) lehnt die Ergebnisse der oben diskutierten Studien ab, denn: „Letztlich vermögen die gewählten Ansätze die Dynamik nicht wirklich abzuschätzen, weil die durch ein BGE verursachten Verhaltensänderungen nur unzureichend voraussehbar sind." Die logische Folgerung daraus ist, dass man die Wirkungen eines BGE nicht kennen kann, bevor man es ausprobiert hat. In der Tat hat es in der Vergangenheit in verschiedenen Ländern eine Reihe von Experimenten gegeben, mit denen erforscht werden sollte, wie Menschen darauf reagieren, dass sie ein BGE erhalten. Das bekannteste dieser Experimente hat in den Jahren 2017/18 in Finnland stattgefunden. Dort wurde zwei Jahre lang ein (teilweise bedingtes) Grundeinkommen in Höhe von 560 € an 2000 zufällig ausgewählte Arbeitslose ausgezahlt. Erste Ergebnisse zeigen, dass die Teilnehmer sich nach eigenen Angaben während der Laufzeit des Experiments besser gefühlt haben, jedoch ist die Beschäftigung am Ende der Laufzeit nicht höher gewesen als zu Beginn. Ein weiteres Experiment läuft von Anfang 2021 an in Deutschland unter wissenschaftlicher Leitung des DIW Berlin.

Grundsätzlich ist dazu zu bemerken, dass es nicht anzunehmen ist, dass man die von einem BGE erwarteten Verhaltensänderungen auch dann schon beobachten kann, wenn es sich um ein zeitlich befristetes Experiment mit einer geringen Teilnehmerzahl handelt, denn

- erstens wissen die Teilnehmer, dass sie anschließend wieder mit dem „alten" Sozialsystem leben müssen;
- zweitens leben sie in einem Umfeld, in dem die meisten anderen Menschen arbeiten, sodass die sozialen Normen noch die gleichen sind wie ohne das BGE;
- drittens sind in den bisher durchgeführten oder geplanten Experimenten die Abgaben auf Hinzuverdienst sehr niedrig, während bei einem flächendeckenden BGE die Abgabesätze, wie oben gezeigt, sehr hoch sein müssten;
- wenn das Grundeinkommen an alle Bürger ausbezahlt würde, würden sich auch die Preise z. B. auf dem Markt für einfache Dienstleistungen ändern. Nicht nur sind die Effekte auf das Arbeitsangebot schwer vorherzusagen, sondern auch die Zahlungsbereitschaft der Konsumenten.

Aus allen diesen Gründen muss man die Übertragbarkeit der Ergebnisse dieser Experimente auf ein flächendeckendes und dauerhaftes BGE sehr skeptisch beurteilen.

Eine seit 1982 an alle Bürger Alaskas jährlich ausgezahlte Dividende des Alaska Permanent Fund ist ein Beispiel für ein langfristiges Sozialexperiment. Eine Studie von Jones und Marinescu (2020) zeigt, dass die Beschäftigung nicht zurückgegangen und Teilzeitbeschäftigung sogar angestiegen ist. Ob die Resultate aus dieser Erfahrung auf bevölkerungsreichere Länder wie Deutschland und die von seinen Verfechtern angestrebte Konzeption des BGE übertragbar sind, ist fraglich.

7.5 Übungsaufgaben

Aufgabe 7.1

a. Im Modell von Boadway/Marceau kann das Realeinkommen des Arbeitnehmers je nach dem Zustand der Welt drei verschiedene Werte annehmen. Bringen Sie diese in eine Rangfolge.
b. Erläutern Sie, wie die beiden Instrumente „Mindestlohn" und „Arbeitslosenversicherung" die Abstände zwischen den in a. genannten Größen verringern. Verwenden Sie dazu eine Grafik, bei der auf der Abszisse die Wahrscheinlichkeiten der einzelnen Zustände und auf der Ordinate das Realeinkommen abgetragen sind.

c. Machen Sie an Hand der Grafik aus b. plausibel, dass bei perfekter Arbeitslosenversicherung die Erhöhung des Mindestlohns immer wohlfahrtssteigernd für den Arbeitnehmer ist.

d. Kritisieren Sie die Annahmen des Modells.

Aufgabe 7.2

Im Modell von Holmlund/Lundborg habe die Gewerkschaft der i-ten Branche die (im Einkommen lineare) Nutzenfunktion $u(y_i) = y_i$. Die Arbeitsnachfrage in der Branche betrage $L_i = a - bw_i$. Das Arbeitslosengeld q sei eine exogene Größe. Der Anteil α der Kosten des Arbeitslosengeldes werde innerhalb der Branche aufgebracht, der Rest auf alle Branchen verteilt. Jede Branche habe M Mitglieder.

a. Ermitteln Sie den optimalen Lohnsatz in der Branche i aus der Sicht der Gewerkschaft.

b. Zeigen Sie, dass das Einkommen der Branche umso größer ist, je höher der Grad der Selbstfinanzierung, α, ist.

Aufgabe 7.3

In einer Ökonomie haben alle Individuen die Nutzenfunktion $u(y,h) = y^{1/2} - a \cdot h$. Wer kein Markteinkommen bezieht, erhalte eine Sozialhilfe in Höhe von $\hat{y}$.

a. Stellen Sie eine Ungleichung für den Anspruchslohnsatz w_0 auf, bis zu dem es sich für das Individuum nicht lohnt, Arbeit anzubieten. Verwenden Sie dazu die indirekte Nutzenfunktion.

b. Ermitteln Sie das optimale bedingte Arbeitsangebot für die Parameterwerte $a = 1/20$, $\hat{y} = 400$. Wie hoch ist der Anspruchslohn?

c. Nehmen Sie nun an, ein Sozialhilfebezieher könne zusätzliches Arbeitseinkommen beziehen, von dem ihm ein Drittel auf die Sozialhilfe angerechnet wird. Welche Auswirkungen hat dies auf das Arbeitsangebot eines Individuums mit dem (Produktivitäts-) Lohn $w = 3,5$, und welche für ein Individuum mit $w = 5$? Kommentieren Sie Ihr Ergebnis im Hinblick auf die Kosten der beschriebenen Sozialreform für den Steuerzahler.

Aufgabe 7.4

Die Nutzenfunktion eines Individuums sei $u(y,F) = y \cdot F$, wobei F das Freizeitniveau und y den Konsum misst. Die Zeitausstattung sei F, der von der Sozialhilfe gesicherte Mindestkonsum sei $\hat{y}$.

a. Beschreiben Sie diejenigen Konstellationen, für die es zu einer Sozialhilfe-Falle kommt. Wie hoch ist der durch die Sozialhilfe determinierte Mindestlohnsatz $\underline{w}$ in Abhängigkeit von $\hat{y}$?

b. Zeigen Sie explizit, wie eine negative Einkommensteuer mit Steuersatz *t* die Anreiz-struktur für das Individuum ändert. Beschreiben Sie, wie auf diese Weise sowohl das Nutzenniveau des Individuums steigen als auch die Transferzahlungen reduziert werden können.

Literatur

Besley, T., & Coate, S. (1992). Workfare versus Welfare: Incentive Arguments for Work Requirements in Poverty- Alleviation Programs. *American Economic Review, 82*, 249–261.

Boadway, R., & Marceau, N. (1994). Time Inconsistency as a Rationale for Public Unemployment Insurance. *International Tax and Public Finance, 1*, 107–126.

Breyer, F. (2003). Lohnabstandsgebot und Anspruchslohn – zu den Vorschlägen einer Sozialhilfe-reform, *Vierteljahreshefte zur Wirtschaftsforschung* 72. Heft, 1, 83–93.

Holmlund, B., & Lundborg, P. (1988). Unemployment Insurance and Union Wage Setting. *Scandinavian Journal of Economics, 90*, 161–172.

Holmlund, B., & Lundborg, P. (1989). Unemployment Insurance Schemes for Reducing the Natural Rate of Unemployment. *Journal of Public Economics, 38*, 1–15.

Jessen, R., Rostam-Afschar, D., & Steiner, V. (2017). Getting the Poor to Work: Three Welfare-Increasing Reforms for a Busy Germany. *FinanzArchiv, 73*, 1–41.

OECD (2020), Benefits in unemployment, share of previous income (indicator). doi: https://doi.org/10.1787/0cc0d0e5-en (10.10.2020)

Osterkamp, R. (Hrsg.). (2015). *Auf dem Prüfstand: Ein bedingungsloses Grundeinkommen für Deutschland?* (S. 7). Sonderband: Zeitschrift für Politik.

Sachverständigenrat zur Begutachtung der gesamtwirtschaftlichen Entwicklung (2007), *Das Erreichte nicht verspielen*. Jahresgutachten 2007/08, Stuttgart.

Schöb, R. (2020a). Eine neue solidarische Grundsicherung. *Perspektiven der Wirtschaftspolitik, 21*, 162–184.

Schöb, R. (2020b). *Der starke Sozialstaat – Weniger ist mehr*. Frankfurt a. M.: Campus.

Shavell, S., & Weiss, L. (1979). The Optimal Payment of Unemployment Insurance Benefits over Time. *Journal of Political Economy, 87*, 1347–1362.

Wirtschaftsdienst (2013). Das Bedingungslose Grundeinkommen – ein tragfähiges Konzept?, Jg. 93. *Heft 9*, 583–605.

Familienpolitik

8

8.1 Einleitung

Ein wichtiger Zweig der Sozialen Sicherung besteht in der staatlichen Förderung der Familien, früher „Familienlastenausgleich" genannt. Im Jahre 2010 wurden im Rahmen einer groß angelegten Evaluation durch wirtschaftswissenschaftliche Forschungsinstitute (vgl. Bonin u. a. 2013) ca. 200 Mrd. EUR oder 8 % des Bruttoinlandsprodukts den familienbezogenen Leistungen im weiteren Sinne zugerechnet (siehe Tab. 8.1). Hauptinstrumente der Förderung waren und sind das Kindergeld und die steuerlichen Kinderfreibeträge (im Jahr 2018 zusammen ca. 45 Mrd. Euro) sowie die öffentliche Finanzierung der Kinderbetreuung, deren Ausgaben schon 2009 ca. 16 Mrd. Euro betrugen und sich im letzten Jahrzehnt mehr als verdoppelt haben.

Angesichts dieses Aufwands stellt sich die Frage nach der Begründung dieser Maßnahmen, die man aus den familienpolitischen Zielen ableiten kann, die in der Gesamtevaluation auf S. 12 genannt werden:

- Wirtschaftliche Stabilität und soziale Teilhabe von Familien,
- Vereinbarkeit von Familie und Beruf,
- Förderung und Wohlergehen von Kindern,
- Fertilität/Realisierung von Kinderwünschen,
- Nachteilsausgleich zwischen den Familien.

Aus ökonomischer Sicht sind aus diesem Katalog vor allem die beiden zuletzt genannten interessant, die man in die folgenden generellen wirtschaftspolitischen Ziele übersetzen kann:

© Der/die Autor(en), exklusiv lizenziert durch Springer Fachmedien Wiesbaden GmbH, ein Teil von Springer Nature 2021
F. Breyer und W. Buchholz, *Ökonomie des Sozialstaats,*
https://doi.org/10.1007/978-3-658-33369-0_8

Tab. 8.1 Ausgaben für familienpolitische Leistungen 2010 und 2018 in Mio. Euro

Art der Leistung	Ausgaben 2009/10	Ausgaben 2017/18
Kindergeld/-freibeträge	41.180	44.988
Kinderbetreuung	16.183	33.672
Elterngeld	4.583	6.835
Kindbezogener Anteil Alg II	3.925	n.v.
Erhöhtes Alg I	656	n.v.
Kindbezogener Anteil Wohngeld	902	n.v.
Waisenrenten	756	721
Witwen/Witwerrenten	38.093	40.535
Ehegattensplitting	19.790	22.640
Kindererziehungszeiten GRV	11.637	14.470
Beitragsfreie Mitversicherung GKV (Ehepartner)	12.624	n.v.

Quelle für 2010: prognos (2014), für 2017/18: Statistisches Bundesamt (2019); n.v. = nicht verfügbar

1. Die Umverteilung von den Kinderlosen zu Familien mit Kindern kann in Form eines „Nachteilsausgleichs" der Gerechtigkeit dienen. In diesem Falle ist die entsprechende Gerechtigkeitsnorm offen zu legen.
2. Die durch die Umverteilung angestrebte Erhöhung der Fertilität kann der Effizienz dienen. In diesem Falle ist zu zeigen, dass bei Abwesenheit eines Staatseingriffs der 1. Hauptsatz der Wohlfahrtsökonomik verletzt ist. Insbesondere ist zu prüfen, ob bzw. inwiefern mit der Geburt eines Kindes ein positiver „externer Effekt" verbunden ist, der durch eine familienpolitische Leistung „internalisiert" wird, oder in welcher Hinsicht Kinder „Kollektivgutcharakter" besitzen. Bejaht man diese Frage, so ist ferner zu untersuchen, welche Art des Staatseingriffs am ehesten dazu geeignet ist, die Effizienz der Allokation herzustellen. Bei Vorgabe eines bestimmten Ziels sind dann auch die Instrumente der Familienpolitik Gegenstand der ökonomischen Analyse.

Entsprechend den genannten Fragestellungen ist dieses Kapitel aufgebaut: In Abschn. 8.2 wird diskutiert, ob die Gewährung familienpolitischer Leistungen als gerechtigkeitsfördernd begründet werden kann. Abschn. 8.3 wendet sich der Effizienzfrage zu und erörtert zunächst das Problem, was unter einer „optimalen" Bevölkerungswachstumsrate zu verstehen ist. Darauf aufbauend wird dann zu klären versucht, worin eine spezifische positive Externalität der Kindererziehung bestehen und mit welchen Mitteln diese internalisiert werden könnte.

8.2 Familienlastenausgleich und Gerechtigkeit

Gerechtigkeitsgründe für Umverteilung sind bereits in Kap. 2 behandelt worden, sodass die dort aufgeführten Kriterien, die sich in besonderem Maße auf Umverteilung zugunsten von durch natürliche Faktoren benachteiligte Individuen bezogen haben, hier nicht wiederholt werden müssen. Die zusätzliche Frage, die in diesem Kapitel zu klären ist, lautet: Angenommen, die Gesellschaft bestehe aus Individuen, die in ihren Fähigkeiten vollkommen gleich sind und sich lediglich in der Zahl ihrer Kinder unterscheiden, z. B. weil ihre Präferenzen für Kinder verschieden sind. Lässt sich dann eine Umverteilung zugunsten der Kinderreichen aus Gründen der Gerechtigkeit rechtfertigen?

Dazu ist zunächst festzustellen, dass die Zeugung eines Kindes in der Regel auf einer freien Willensentscheidung der Eltern beruht. Niemand ist gezwungen, Kinder zu haben, und die Mittel zur Verhütung sind noch nie so effektiv gewesen wie heute. Allein schon diese Tatsache spricht gegen eine Umverteilung zugunsten von Eltern aus Gerechtigkeitsgründen, solange man unter „Gerechtigkeit" den Ausgleich für naturgegebene Unterschiede versteht.[1] Eher schon ließe sich ein Ausgleich für ungewollt Kinderlose rechtfertigen, denen das Glück der Elternschaft von der Natur verwehrt wurde.

Befürworter des Familienlastenausgleichs verweisen auf die hohen Kosten der Aufzucht eines Kindes, die zum einen aus direkten Kosten und zum anderen oft größeren Teil aus Opportunitätskosten (so v. a. dem Verdienstausfall der Mutter in den ersten Lebensjahren des Kindes) bestehen. Aber auch dies ist kein Argument für den Ausgleich der „Belastung", da für jede andere Konsumaktivität (wie z. B. den Kauf eines Autos) das gleiche gilt: Auch der Eigentümer eines Autos hat weniger Geld für andere Zwecke zur Verfügung, da er neben den Anschaffungskosten den Unterhalt finanzieren muss und die Zeit, die er zur Autopflege verwendet, nicht mehr zur Einkommenserzielung zur Verfügung hat. Dafür hat er allein den Nutzen aus seinem Auto, und er wird sich auch nur dann für das Auto entscheiden, falls der Nutzen aus seiner subjektiven Sicht die Kosten aufwiegt. Gleiches gilt für Eltern, die sich – anders als Kinderlose – an ihren Kindern erfreuen können und sich daher nur dann für Kinder entscheiden werden, wenn diese Freude die Summe aller Kosten im Erwartungswert aufwiegt.

An dieser Argumentation, bei der Kinder als „Konsumgut" begriffen werden (vgl. Becker 1960), wird klar, dass der Familienlastenausgleich gerade nicht als Mittel zur Herstellung von Gerechtigkeit begründet werden kann. Vorerst halten wir fest:

---

[1]Vgl. hierzu Homburg und Gräff (1988). Mit dem gleichen Recht, mit dem Eltern einen „Familienlastenausgleich" verlangen, könnte ein Elternmörder auf mildernde Umstände plädieren, da er jetzt Vollwaise sei.

Folgerung 8–1

Ein „Familienlastenausgleich" kann nicht als Mittel zur Herstellung von Gerechtigkeit begründet werden, da die Elternschaft in aller Regel freiwillig gewählt wird.
Etwaige Transfers zugunsten von Familien müssten also mit Effizienzerwägungen
motiviert werden. ◄

Man könnte allenfalls argumentieren, Adressat etwa des Kindergelds sei nicht die
gesamte Familie bzw. die Eltern, sondern das Kind, dessen Wohlergehen gefördert
werden müsse (dritter Spiegelstrich). Es fragt sich dabei aber, ob ein solcher
ungebundener Transfer immer vollständig den Kindern zugute kommt, und wenn nein,
ob es geeignetere Formen der Unterstützung der Kinder selbst gibt.

8.3   Familienlastenausgleich und Effizienz

8.3.1   Das Problem der optimalen Bevölkerungsgröße

Wie oben schon ausgeführt, beruht ein weiteres häufig vorgebrachtes Argument für einen
Transfer zugunsten von Familien auf der Behauptung, dass der von einem Kind erzeugte
Nutzen nicht exklusiv seinen eigenen Eltern zu Gute kommt. Genau dann handelt es
sich aber in der Sprache der Ökonomie um eine Externalität, die zur Herstellung von
Allokationseffizienz durch Subventionen für Familien „internalisiert" werden sollte.
Diese Subventionen sind insbesondere dann angebracht, wenn ohne staatliche Förderung
„zu wenige" Kinder geboren würden, sodass durch die Geburt zusätzlicher Kinder alle
Gesellschaftsmitglieder bessergestellt werden könnten. Dies ist aber eine klassische
Effizienzbegründung für staatliche Maßnahmen, die mit Gerechtigkeitserwägungen
nichts zu tun hat.

   Will man jedoch begründen, dass die individuellen Fertilitätsentscheidungen der
Gesellschaftsmitglieder nicht zur „optimalen" Bevölkerungsgröße führen, so muss
man sich zunächst einmal auf ein Kriterium verständigen, mit dem die Optimalität der
Bevölkerungsgröße gemessen werden kann. Herkömmliche Kriterien der gesellschaftlichen Wohlfahrt, wie die in Kap. 2 verwendeten Konzepte der utilitaristischen Wohlfahrtsfunktion oder der Rawls'schen Maximin-Regel, setzen allesamt eine exogen
gegebene Bevölkerungszahl voraus. Sie müssen entsprechend modifiziert werden,
wenn mit ihnen die mit n bezeichnete Bevölkerungszahl selbst zum Gegenstand der
Beurteilung werden soll.

   Gemäß der Wohlfahrtsbewertung mithilfe einer utilitaristischen Wohlfahrtsfunktion
ist eine Allokation A einer Allokation B genau dann vorzuziehen, wenn in A die Nutzensumme aller Gesellschaftsmitglieder größer ist als in B, was äquivalent dazu ist, dass der
durchschnittliche Nutzen in A größer ist als in B. Das Gesamtnutzen- und das Durch-
schnittsnutzenkriterium unterscheiden sich nur dadurch, dass beim zuletzt Genannten

beide Seiten der Ungleichung durch dieselbe Größe, nämlich die (feste) Bevölkerungs-zahl n dividiert werden. Diese Äquivalenz gilt offensichtlich nicht mehr, wenn n selbst Gegenstand der Optimierung ist. In diesem Falle muss unterschieden werden zwischen

a. der Maximierung der Nutzensumme $W^B = \sum_{i=1}^{n} u_i$, die man auf Jeremy Bentham's Kriterium des „größten Glücks der größten Zahl" zurückführen kann, und
b. der Maximierung des Pro-Kopf-Nutzens $W^M = (1/n) \cdot \sum_{i=1}^{n} u_i$, die auf John Stuart Mill zurückgeht.

Um den Unterschied zwischen beiden Maximierungsproblemen zu sehen, betrachte man eine einfache Ökonomie mit einer erschöpfbaren Ressource, die in der Menge R vorhanden ist und nur direkt konsumiert, nicht aber in einem Produktionsprozess eingesetzt werden kann. Alle Individuen i haben die gleiche Nutzenfunktion $u_i = u(c)$ mit $u'(c) > 0$ und $u''(c) < 0$. Wird die Ressource gleichmäßig auf die Individuen aufgeteilt, d. h. gilt $c = R/n$, so folgt aus dem Kriterium des Pro-Kopf-Nutzens, $W^M = u(R/n)$ wegen

$$\frac{dW^M}{dn} = -\frac{R}{n^2} \cdot u'\left(\frac{R}{n}\right) < 0, \tag{8.1}$$

dass die gesellschaftliche Wohlfahrt in einer Ein-Personen-Gesellschaft maximal ist. Selbst wenn man annimmt, dass Menschen produktiv sind und die Ressourcenbasis mit zunehmender Bevölkerungszahl steigt, dürfte dennoch der Pro-Kopf-Nutzen sein Maximum bei einer sehr kleinen Bevölkerungszahl erreichen.

Anders sieht es beim Kriterium des Gesamtnutzens, $W^B = n \cdot u(R/n)$ aus, denn es gilt:

$$\frac{dW^B}{dn} = u\left(\frac{R}{n}\right) - \frac{R}{n} \cdot u'\left(\frac{R}{n}\right) = u\left(\frac{R}{n}\right) \cdot (1 - \eta_{uc}), \tag{8.2}$$

wobei $\eta_{uc} = u'(c) \cdot c/u(c)$ die Elastizität des Nutzens bezüglich des Konsums misst. Ist dieser Wert geringer als 1, so ist der Gesamtnutzen in der Bevölkerungszahl monoton steigend, d. h. er wird umso größer, je mehr Menschen auf der Erde buchstäblich verhungern.[2] Dieser Fall ist z. B. bei einer iso-elastischen Nutzenfunktion $u(c) = c^\alpha$ gegeben, bei der Konkavität vorliegt, falls die Elastizität α kleiner ist als 1. Trotz Konkavität gilt diese die Größe der Bevölkerung betreffende Optimalitätsaussage nicht für die logarithmische Nutzenfunktion $u(c) = \ln c$, die ein eindeutiges Maximum für W^B an der Stelle $n = R/e$ ergibt, wobei e die Euler-Zahl bezeichnet ($e \approx 2{,}718$).

Hält man andererseits die Rawls'sche Maximin-Regel für das passende Gerechtig-keitskriterium, so muss man weiter festlegen, wie groß der Nutzen eines „nie Geborenen" ist. Setzt man diesen Wert auf null und spezifiziert die Konsum-Nutzen-funktion aller geborenen Menschen so, dass der Nutzen immer positiv ist, so ist die am schlechtesten gestellte Person immer eine ungeborene, und es ergibt sich das gleiche

---

[2]Parfit (1984) nennt dies die „abstoßende Schlussfolgerung" (engl. „repugnant conclusion").

Resultat wie unter der Bentham'schen Wohlfahrtsfunktion bei $u(c) = c^{\alpha}$, d. h. die „optimale" Bevölkerungszahl ist unendlich groß.

Aus diesen Überlegungen können wir folgern, dass die Anwendung herkömmlicher Wohlfahrtskriterien auf die Definition einer „optimalen Bevölkerungszahl" zu kontraintuitiven Resultaten führt. Unter einfachen, aber plausiblen Annahmen über die ökonomische Ressourcenbeschränkung liegt die optimale Bevölkerungszahl entweder nahe bei 1 oder bei unendlich und somit bei extremen Werten.[3] Wenn aber schon die Definition einer optimalen Bevölkerungszahl auf derart große Schwierigkeiten stößt, so wird man noch viel weniger begründen können, dass die individuellen Entscheidungen der Gesellschaftsmitglieder systematisch zu einer zu kleinen Bevölkerungszahl führen.

Folgerung 8–2

Die finanzielle Förderung von Familien mit Kindern durch den Staat lässt sich nicht damit begründen, dass es eine optimale Bevölkerungszahl gebe, die höher liegt als die durch freiwillige Entscheidungen erreichte, Vielmehr muss man zur Rechtfertigung solcher Subventionen speziellere Gründe finden, die etwa in der Existenz eines Transfersystems zwischen den Generationen liegen. Damit verlässt man aber das Feld der „reinen", nur auf Präferenzen und Produktionsmöglichkeiten bezogenen Effizienzüberlegungen, da ein solches Transfersystem auf gesellschaftlichen Institutionen basiert. ◀

8.3.2   Endogene Fertilität und intergenerative Transfers

8.3.2.1 Individuelle Fertilitätsentscheidungen

Bevor sich ein staatliches Rentensystem und organisierte Kapitalmärkte herausgebildet hatten, also noch vor wenigen Jahrhunderten, wurden Kinder nicht zuletzt deshalb aufgezogen, weil die Eltern sich davon eine Versorgung im Alter versprachen. In vielen Entwicklungsländern gilt dieser Zusammenhang auch heute noch. Man spricht in diesem Zusammenhang von einem „Investitionsmotiv" der Geburtenentscheidung. Daneben gibt es natürlich das schon zuvor erwähnte Motiv, dass das Aufziehen von Kindern als solches den Eltern Freude macht, was man in der Sprache der Ökonomik das „Konsummotiv" nennt.

Im Folgenden werden wir untersuchen, ob die Wahl der Kinderzahl durch die Eltern verzerrt ist, wenn es in der Gesellschaft eine Institution wie die staatliche Rentenversicherung gibt, in deren Rahmen jedes Kind, wenn es erwachsen geworden ist, einen

---

[3]Auch wenn man mit Samuelson (1975) eine kompliziertere Ökonomie mit Produktion betrachtet, gibt es, wie Deardorff (1976) gezeigt hat, im Allgemeinen für die optimale Bevölkerungswachstumsrate keine innere Lösung.

bestimmten Transfer an seine eigenen Eltern oder anonym an die Generation der Eltern zu leisten hat. Daran anschließend werden wir untersuchen, wie die genannte Transfer-Institution auszugestalten ist, um eine Verzerrung der Geburtenentscheidung möglichst zu vermeiden.

Zu diesem Zweck betrachten wir in diesem Abschnitt wie schon in Kap. 5 eine kleine offene Volkswirtschaft, in der die Individuen zwei Perioden lang leben und in der ersten eine (exogen determinierte und auf das Niveau 1 normierte) Menge Arbeit anbieten und dabei einen in der Zeit konstanten Lohn w beziehen. Der Zinssatz r sei ebenfalls konstant. Die von Generation t pro Kopf hervorgebrachte Kinderzahl bezeichnen wir wieder mit n_{t+1}. Diese Variable ist aber – aus Gründen der leichteren mathematischen Handhabbarkeit – nicht unbedingt ganzzahlig, sondern wird als stetig variierbar angenommen. Die Kindererziehung koste die Eltern pro Kind einen (von der Kinderzahl unabhängigen) Betrag von q. Das Rentensystem sei, soweit Generation t tangiert ist, wie in Kap. 5 durch den Beitragssatz b_t und den Rentenanspruch p_{t+1} charakterisiert. Dabei lassen wir zu, dass die Rente von der Kinderzahl abhängt, also durch eine Funktion

$$p_{t+1} = p_{t+1}(n_{t+1}) \tag{8.3}$$

beschrieben werden kann. Außerdem soll die Möglichkeit bestehen, dass jedes Individuum durch private Ersparnis s_t für sein Alter vorsorgen kann.

Alle Individuen haben die gleiche Nutzenfunktion

$$U_t = U(c_t^{(1)}, c_{t+1}^{(2)}, n_{t+1}), \tag{8.4}$$

wobei das dritte Argument, die Kinderzahl, den „Konsumnutzen" aus der Elternschaft widerspiegelt. Hier wird angenommen, dass

$$\lim_{n_{t+1} \to 0} \frac{\partial U_t}{\partial n_{t+1}} = \infty \tag{8.5}$$

gilt, wodurch ein Randoptimum mit null Kindern ausgeschlossen wird. Ferner lauten die Budgetrestriktionen für den Konsum eines Mitglieds der Generation in seinen beiden Lebensabschnitten:

$$c_t^{(1)} = (1 - b_t) \cdot w - s_t - q \cdot n_{t+1} \tag{8.6}$$

$$c_{t+1}^{(2)} = (1 + r) \cdot s_t + p_{t+1}(n_{t+1}) \tag{8.7}$$

bzw., wenn man s_t eliminiert:

$$c_t^{(1)} + \frac{c_{t+1}^{(2)}}{1 + r} = (1 - b_t) \cdot w - q \cdot n_{t+1} + \frac{p_{t+1}(n_{t+1})}{1 + r}. \tag{8.8}$$

Das individuelle Optimierungskalkül lässt sich dann durch die folgende Lagrange-Funktion beschreiben:

$$L\left(c_t^{(1)}, c_{t+1}^{(2)}, s_t, n_{t+1}, \lambda\right) = U\left(c_t^{(1)}, c_{t+1}^{(2)}, n_{t+1}\right)$$
$$+ \lambda \cdot \left[(1 - b_t) \cdot w - q \cdot n_{t+1} + \frac{p_{t+1}(n_{t+1})}{1 + r} - c_t^{(1)} - \frac{c_{t+1}^{(2)}}{1 + r}\right]. \qquad (8.9)$$

Die Bedingungen erster Ordnung für ein inneres Optimum lauten

$$\frac{\partial L}{\partial c_t^{(1)}} = \frac{\partial U}{\partial c_t^{(1)}} - \lambda = 0 \qquad (8.10)$$

$$\frac{\partial L}{\partial c_{t+1}^{(2)}} = \frac{\partial U}{\partial c_{t+1}^{(2)}} - \frac{\lambda}{1 + r} = 0 \qquad (8.11)$$

$$\frac{\partial L}{\partial n_{t+1}} = \frac{\partial U}{\partial n_{t+1}} - \lambda \cdot q + \frac{\lambda}{1 + r} \cdot p'_{t+1}(n_{t+1}) = 0. \qquad (8.12)$$

Zur Interpretation dieser Bedingungen setzen wir zunächst (Gl. 8.10) in (Gl. 8.11) ein und erhalten die bekannte Bedingung für die optimale Ersparnis, die besagt, dass die Grenzrate der Substitution zwischen gegenwärtigem und zukünftigem Konsum dem Zinsfaktor entsprechen muss:

$$\frac{\partial U / \partial c_t^{(1)}}{\partial U / \partial c_{t+1}^{(2)}} = 1 + r. \qquad (8.13)$$

Setzt man (8.10) in Gleichung (8.12) ein, so lässt sich diese umformen zu:

$$\frac{\partial U / \partial n_{t+1}}{\partial U / \partial c_t^{(1)}} + \frac{1}{1 + r} \cdot p'_{t+1}(n_{t+1}) = q. \qquad (8.14)$$

Auf der linken Seite der Gleichung (8.14) steht der Nutzen eines zusätzlichen Kindes, der sich aus dem direkten Nutzen (der Grenzrate der Substitution zwischen Konsum und Kinderzahl)[4] und dem indirekten Nutzen, dem damit verbundenen abgezinsten Rentenanspruch, zusammensetzt. Auf der rechten Seite von (Gl. 8.14) stehen die Kosten des Kindes.

---

[4]Diese sagt bekanntlich aus, auf wie viele Einheiten des einzigen Konsumguts das Individuum für ein weiteres Kind verzichten würde. Damit die Bedingungen zweiter Ordnung für ein Nutzenmaximum erfüllt sind, sei dieser Ausdruck in der Kinderzahl abnehmend.

8.3.2.2 Institutionen und ihre Anreizwirkungen

Im Folgenden vergleichen wir verschiedene mögliche institutionelle Ausgestaltungen des intragenerativen Transfersystems im Hinblick auf die mit ihnen verbundenen Reproduktionsanreize.

1. Die intrafamiliäre Elternrente

In der Gesellschaft existiert in diesem Szenario eine gesetzliche Regelung, die jedes Individuum im Erwerbsalter verpflichtet, einen Anteil b seines Einkommens an die *eigenen Eltern* abzutreten. Mit dieser institutionalisierten Verpflichtung erhält (Gl. 8.3) die spezielle Form.

$$p_{t+1}^{1}(n_{t+1}) = n_{t+1} \cdot b \cdot w \qquad (8.15)$$

und folglich wird (Gl. 8.14) zu

$$\frac{\partial U / \partial n_{t+1}}{\partial U / \partial c_t^{(1)}} + \frac{1}{1+r} \cdot b \cdot w = q \qquad (8.16)$$

bzw.

$$\frac{\partial U / \partial n_{t+1}}{\partial U / \partial c_t^{(1)}} = q - \frac{1}{1+r} \cdot b \cdot w, \qquad (8.17)$$

d. h. der Nutzen eines zusätzlichen Kindes entspricht genau den mit ihm verbundenen Nettokosten, und die von den Eltern gewählte Kinderzahl entspricht der optimalen.

2. Umlagefinanzierte Sozialversicherung mit festem Beitragssatz

Genauso wie unter der im vorherigen Abschnitt beschriebenen Institution des Elternunterhalts wird von jedem Individuum im Erwerbsalter ein Anteil b seines Einkommens erhoben. Diese Zahlung eines Individuums fließt nun aber nicht mehr an seine eigenen Eltern, sondern an eine Rentenkasse, die die Einnahmen zu gleichen Teilen an alle Rentner ausschüttet. Diese Institution kann damit gerechtfertigt werden, dass sich die Individuen mit ihrer Hilfe gegen ungewollte Kinderlosigkeit sowie den Tod bzw. Leistungsunfähigkeit ihrer Kinder versichern wollen. Diese Versicherung hat jedoch wie viele andere ihren Preis in einer Allokationsverzerrung, d. h. konkret in der Veränderung des Anreizes, Kinder in die Welt zu setzen. (Gl. 8.3) erhält jetzt die neue Form

$$p_{t+1}^{2}(n_{t+1}) = \bar{n}_{t+1} \cdot b \cdot w, \qquad (8.18)$$

wobei $\bar{n}_{t+1}$ die durchschnittliche Kinderzahl aller Individuen bezeichnet. In (Gl. 8.14) eingesetzt, ergibt sich

$$\frac{\partial U / \partial n_{t+1}}{\partial U / \partial c_t^{(1)}} = q, \qquad (8.19)$$

d. h. der (indirekte) Nutzen eines Kindes ist (im Grenzwert) null, da der Rentenanspruch nur von der durchschnittlichen Kinderzahl je Familie abhängt, die jedoch von der eigenen Fertilitätsentscheidung so gut wie unabhängig ist. Wie man bei einem Vergleich der Optimalbedingungen (Gl. 8.17) und (Gl. 8.19) unschwer erkennt, ist die Kinderzahl bei der Sozialversicherungslösung geringer als bei der Elternrente, denn die rechte Seite von (Gl. 8.17) ist kleiner als die rechte Seite von (Gl. 8.19), sodass das Gleiche für die beiden linken Seiten gelten muss. Aus den Eigenschaften der Nutzenfunktion (vgl. Fußnote 4) folgt damit, dass (Gl. 8.17) bei einer größeren Kinderzahl erfüllt ist als (Gl. 8.19).

3. Umlagefinanzierte Sozialversicherung mit festem Rentenniveau

Als dritte Institution wird eine Rentenversicherung betrachtet, die jedem Individuum im Rentenalter einen festen Rentenanspruch $\bar{p}$ garantiert, unabhängig davon, wie viele Beitragszahler in der Folgeperiode vorhanden sind. Setzt man diese Größe auf der rechten Seite von (Gl. 8.3) ein, so ergibt (Gl. 8.14) in diesem Fall ebenfalls (Gl. 8.19). Auch hier werden die Anreize, Kinder zur Welt zu bringen, verzerrt, da ein zusätzliches Kind den Rentenanspruch in keiner Weise erhöht.

Zwischenfazit

Wenn man die Optimalbedingung (Gl. 8.17) als Maßstab wählt, so erkennt man, dass die beiden unter den Punkten 2. und 3. behandelten institutionellen Regelungen eine Verzerrung der Fertilitätsanreize mit sich bringen, da die Zahlungen eines zusätzlich geborenen Kindes nicht zu einer höheren eigenen Rente führen und somit von den potenziellen Eltern bei ihrer Reproduktionsentscheidung nicht berücksichtigt werden. Bei einer Rentenversicherung mit festem Beitragssatz fließen sie zu gleichen Teilen allen Angehörigen der Elterngeneration zu, im Falle eines festen Rentenniveaus verringern sich die Abgaben, die jedes einzelne Kind in der nächsten Periode leisten muss, wenn mehr Kinder geboren werden. Man spricht hier von einer fiskalischen Externalität, weil einem Akteur (hier: den Eltern) nicht die vollen ökonomischen Erträge aus seiner Handlung zufließen, dies jedoch durch die Institution des staatlichen Steuer-Transfer-Systems ausgelöst wird. Es hat nun nicht an Vorschlägen gefehlt, wie diese Externalität durch Änderung des institutionellen Regelwerks vermieden werden kann. Zwei davon werden im Folgenden vorgestellt.

4. Umlagefinanzierte Sozialversicherung mit Elternrente

Ebenso wie in der Institution 2. wird bei dieser Regelung von jedem Individuum im Erwerbsalter ein Anteil b seines Einkommens erhoben, der an die Rentenkasse fließt. Diese schüttet ihre Einnahmen jedoch nicht zu gleichen Teilen an alle Rentner aus, sondern proportional zu deren jeweiliger Kinderzahl. Das intrafamiliäre Umlagever-

fahren wird gleichsam von der Rentenversicherung simuliert. Damit erhält die Rentenformel das gleiche Aussehen wie in (Gl. 8.15), und somit ist die Marginalbedingung
(Gl. 8.17) auch hier erfüllt. Hierzu ist allerdings zu bemerken, dass die Rentenhöhe nicht
gleichzeitig zur Kinderzahl und zu den geleisteten Beiträgen in einer festen Proportion
stehen kann. Wie in Abschn. 5.3.2.1.1 diskutiert, bringt eine von den Beiträgen
unabhängige Rentenhöhe eine Verzerrung des Arbeitsangebots mit sich, die im hier
betrachteten Modell nur deshalb nicht sichtbar wird, weil es aus Vereinfachungsgründen
von einem exogenen Arbeitsangebot ausgeht.[5]

5. Umlagefinanzierte Sozialversicherung mit festem Beitragssatz und Kindergeld[6]
Die zweite Möglichkeit einer Internalisierung der geschilderten fiskalischen Externalität
besteht darin, dass mit einem anderen fiskalischen Instrument gegengesteuert wird.
Dafür kommt in erster Linie das Kindergeld infrage. Zahlt man den Eltern für jedes
Kind in der Phase der Kindererziehung, also der Erwerbsphase, ein Kindergeld in Höhe
von a, so modifiziert sich die Budgetgleichung (Gl. 8.8) in Abwesenheit einer umlagefinanzierten Rentenversicherung zu.

$$c_t^{(1)} + \frac{c_{t+1}^{(2)}}{1 + r} = (1 - b_t) \cdot w + (a - q) \cdot n_{t+1} \qquad (8.20)$$

und die Marginalbedingung für die optimale Kinderzahl wird zu

$$\frac{\partial U / \partial n_{t+1}}{\partial U / \partial c_t^{(1)}} = q - a. \qquad (8.21)$$

Falls nun die Höhe des Kindergeldes a so festgelegt wird, dass gilt:

$$a = \frac{1}{1 + r} \cdot b \cdot w, \qquad (8.22)$$

so erkennt man, dass Bedingung (Gl. 8.21) äquivalent zu (Gl. 8.17) wird. Das Kindergeld kann also bei entsprechender Höhe exakt die gleichen Anreize schaffen wie das
System der Elternrente. Der einzige Unterschied liegt im Zeitpunkt der Zahlung an die
Eltern, denn diese erhalten das Kindergeld bereits in der Erwerbsphase und nicht erst,
wenn sie in den Ruhestand getreten sind. Aus Sicht des Staates lässt sich Äquivalenz
zwischen den beiden institutionellen Arrangements dadurch herstellen, dass die Ausgaben für das Kindergeld durch Kreditaufnahme auf dem Kapitalmarkt finanziert und

---

[5]Bei endogenem Arbeitsangebot ist es ein kompliziertes Problem der Optimalsteuer-Theorie, wie
die Verzerrungen des Arbeitsangebots und der Fertilität auszubalancieren sind. Seine Lösung hängt
davon ab, welchen Grad an Komplementarität Kindererziehung bzw. Güterkonsum mit dem nicht-
besteuerbaren Gut „Freizeit" aufweisen (vgl. hierzu Fenge und v. Weizsäcker 2010).
[6]Vgl. hierzu Fenge und Meier (2009).

dieser Kredit aus den Rentenversicherungsbeiträgen der Kinder in der Folgeperiode zurückgezahlt werden.

6. Umlagefinanzierte Sozialversicherung mit Kinderrabatt auf den Rentenbeitrag
Es ist leicht einzusehen, dass anstelle der Auszahlung von Kindergeld auch der Beitrag zur Rentenversicherung um den entsprechenden Betrag pro Kind ermäßigt werden kann. Dies hat lediglich den optischen Unterschied, dass nun der Ausgleich innerhalb der Rentenversicherung vorgenommen wird, d. h. der Institution, die die Externalität überhaupt erst verursacht.

8.3.2.3 Vergleich der Instrumente
Unter der Annahme perfekter Kapitalmärkte sind die drei zuletzt genannten Instrumente,

1. die Elternrente,
2. das Kindergeld,
3. die Ermäßigung des Rentenbeitrags für jedes Kind,

äquivalent. In der Praxis ergeben sich jedoch erhebliche Unterschiede: Erstens ist die Annahme perfekter Kapitalmärkte unrealistisch. Familien sind in der Regel kreditbeschränkt und können ihre zukünftig höheren Renten aus der Elternrente nicht auf dem Kapitalmarkt beleihen. Um also den Familien den Transfer dann zukommen zu lassen, wenn sie ihn am nötigsten haben, nämlich im Zeitraum der Kindererziehung, muss man ihnen entweder Kindergeld zahlen oder einen Kinderrabatt auf die Rentenbeiträge gewähren. Zweitens unterliegt die Elternrente einem Glaubwürdigkeitsproblem. In Anbetracht der Tatsache, dass reale Rentensysteme – vor allem das deutsche – häufigen Reformen ausgesetzt sind, würde das bloße Versprechen, Eltern in 30 oder 40 Jahren eine höhere Rente zu zahlen als Kinderlosen, vermutlich einen geringeren Fertilitätsanreiz auslösen als die sofortige Auszahlung von Kindergeld oder ein Rabatt bei den Rentenbeiträgen.

8.3.2.4 Schlussfolgerungen
In diesem Abschnitt wurde gezeigt, dass bei Existenz eines intergenerativen Transfers von Jung zu Alt die Geburtenentscheidung verzerrt sein kann, wenn die Transfers nicht an die eigenen Eltern fließen, sondern – über eine umlagefinanzierte Rentenversicherung – zu gleichen Teilen an alle Mitglieder der „alten" Generation. Bei der Interpretation dieses Ergebnisses darf man jedoch nicht vergessen, dass das Modell, aus dem die Optimalbedingung für die Kinderzahl (Gl. 8.17) entwickelt wurde, selber die Existenz einer gesellschaftlichen Regelung, nämlich eines exogenen Pro-Kopf-Transfers an die eigenen Eltern in Höhe von b voraussetzte. Es handelt sich also keineswegs um ein institutionenfreies Effizienzresultat. Damit kann man letztlich keine nur auf Effizienzkriterien basierende Aussage über die Optimalität der betrachteten Institutionen treffen.

Vielmehr muss man diese Ergebnisse im Kontext eines Effizienzvergleichs zwischen Umlage- und Kapitaldeckungsverfahren (vgl. Kap. 5) interpretieren: Falls – auch mit ansonsten verzerrungsfreien Geburtenentscheidungen – die Bevölkerungswachstumsrate unter dem Zinssatz liegt, so ist die Steady-State-Wohlfahrt um so geringer, je kleiner der exogene Parameter b ist, d. h. je weniger Transfers von Jung zu Alt geleistet werden. Das Zahlenbeispiel in Übungsaufgabe 8.1 soll diese Aussage illustrieren. Es zeigt zweierlei:

1. Der Steady-State-optimale Wert von b beträgt immer dann null, wenn der Zinssatz groß genug ist, um auch bei hohen Fertilitätsanreizen von der Wachstumsrate nicht erreicht zu werden.[7]
2. Für einen *gegebenen* Wert des Parameters b ist die Elternrente bzw. das Kindergeld der herkömmlichen Rentenformel stets überlegen.

Folgerung 8–3

Die fiskalische Externalität, die aus der Existenz eines intergenerativen Transfersystems resultiert, lässt sich bei perfekten Kapitalmärkten alternativ durch eine Elternrente oder durch ein entsprechend hohes Kindergeld bzw. durch einen Kinderrabatt auf den Rentenbeitrag internalisieren. Allerdings ist in dynamisch effizienten Ökonomien die Steady-State-Wohlfahrt dann am größten, wenn gar kein intergenerativer Transfer stattfindet. ◄

8.3.2.5 Exkurs: Die geschlossene Volkswirtschaft

Schließlich sollte eine weitere Einschränkung der obigen Analyse nicht vergessen werden. Sie gilt nämlich nur für eine *kleine offene Volkswirtschaft,* also bei exogen gegebenen Faktorpreisen. Für eine geschlossene Volkswirtschaft und damit für die Welt als Ganze trifft sie jedoch nicht zu. In einer *geschlossenen Volkswirtschaft,* in der eine umlagefinanzierte Rentenversicherung mit festem Beitragssatz b gibt, erhöht eine zusätzliche Arbeitskraft die Auszahlung an die Rentner genau dann, wenn durch sie die Lohnsumme $w{\cdot}N$ steigt. Diese reagiert jedoch genau dann positiv auf eine Zunahme der Arbeiterzahl N, wenn

$$0 < \frac{\partial(w \cdot N)}{\partial N} = w + \frac{\partial w}{\partial N} \cdot N = w \cdot (1 - \frac{1}{\eta_{Nw}}) \Leftrightarrow |\eta_{Nw}| > 1 \qquad (8.23)$$

gilt, wobei η_{Nw} die Lohnelastizität der Arbeitsnachfrage misst. Damit es zu einer Rentenerhöhung kommt, muss gemäß (Gl. 8.23) die Arbeitsnachfrage also elastisch sein. Unterstellt man etwa eine Cobb–Douglas-Produktionsfunktion mit einem Homogenitätsgrad

---

[7]Im Lichte unserer Ergebnisse in Kap. 5 heißt das allerdings nicht, dass es Pareto-verbessernd wäre, ein bestehendes intergeneratives Transfersystem abzuschaffen.

von $\alpha + \beta < 1$, wobei α und β die partiellen Produktionselastizitäten von Arbeit und Kapital sind, so beträgt die Lohnelastizität der Arbeitsnachfrage $-(1-\beta)/(1-\alpha-\beta)$ und ist somit für realistische Werte der Parameter kleiner als -1, sodass auch hier die Lohnsumme und damit die Rentenhöhe mit der Arbeiterzahl wächst.

8.4   Übungsaufgaben

Aufgabe 8.1

Gegeben sei die Nutzenfunktion $U = c_t^{(1)} \cdot c_{t+1}^{(2)} \cdot n_{t+1}$, und w sei auf 1 normiert. Ferner seien der Zinssatz r und die Erziehungskosten von q pro Kind exogen gegeben.

a. Stellen Sie das Gleichungssystem auf, das die Steady-State-Lösung mit intrafamilialem Umlagesystem bzw. Elternrente mit festem Beitragssatz b charakterisiert, und lösen Sie es. Drücken Sie die Lösungswerte n_F, $c_F^{(1)}$ und $c_F^{(2)}$ in Abhängigkeit von den exogenen Parametern q, r und b aus. Bestimmen Sie den zugehörigen Steady-State-Nutzen U_F und zeigen Sie, dass dieser genau dann in b zunimmt, wenn n_F größer ist als $1+r$.

b. Beantworten Sie die gleichen Fragen für das Umlageverfahren ohne Berücksichtigung von Kindern in der Rentenformel. (Kennzeichnen Sie die entsprechenden Lösungswerte durch das Subskript R.)

c. Zeigen Sie, dass eine hinreichende Bedingung dafür, dass $U_F > U_R$ gilt, darin besteht, dass die Kinderkosten q größer sind als $b/(1+r)$, die abdiskontierten Erträge aus dem Aufziehen von Kindern in einem intrafamiliären Umlagesystem. Welche Konsequenzen hätte es, wenn diese Bedingung verletzt wäre?

Literatur

Becker, G. S. (1960). An economic analysis of fertility. *Demographic and Economic Change in Developed Countries, NBER Conference Series, 11,* 209–240.

Bonin, H. u.a. (2013). Zentrale Ergebnisse der Gesamtevaluation familienbezogener Leistungen. *DIW-Wochenbericht* 40-2013: 1–12.

Deardorff, A. V. (1976). The growth rate for population: Comment. *International Economic Review, 17,* 510–515.

Fenge, R., & Meier, V. (2009). Are family allowances and fertility-related pensions perfect substitutes? *International Tax and Public Finance, 16,* 137–163.

Fenge, R., & Weizsäcker, J. V. (2010). Mixing Bismarck and child pension systems: an optimum taxation approach. *Journal of Population Economics, 23,* 805–823.

Homburg, S., & Gräff, C. (1988). Zur ökonomischen Begründbarkeit des Familienlastenausgleichs. In B. Felderer (Hrsg.), *Familienlastenausgleich und demographische Entwicklung* (S. 13–28). Berlin: Duncker & Humblot.

Parfit, D. (1984). *Reasons and Persons.* Oxford: Oxford University Press.

Prognos. (2014). *Gesamtevaluation der ehe- und familienbezogenen Maßnahmen und Leistungen in Deutschland.* Endbericht, Berlin.

Samuelson, P. A. (1975). The optimum growth rate for population. *International Economic Review, 16,* 531–538.

Statistisches Bundesamt. (2019). Statistisches Jahrbuch, Wiesbaden.

Nachhaltigkeit des deutschen Sozialsystems in einer alternden Bevölkerung

In den vorherigen Kapiteln haben wir vor allem Theorien der Wirkung sozialer Sicherungssysteme behandelt, die allgemein gültig sind und keine spezifische historische Situation betreffen. In diesem abschließenden Kapitel, das sich an die Kap. 5 und 6 anschließt, soll nun untersucht werden, ob für die konkrete Lage Deutschlands zu Beginn des 21. Jahrhunderts spezifische Aussagen getroffen werden können. Insbesondere werden wir fragen, ob die zuvor dargestellten Theorien Antworten auf eine Herausforderung liefern, vor denen die deutsche Wirtschaft und Gesellschaft in naher Zukunft stehen werden, nämlich den demografischen Wandel, der durch zunehmende Lebenserwartung und niedrige Fertilität gekennzeichnet ist. Dieser wirft die Frage auf, ob die Finanzierung des deutschen Sozialstaats nachhaltig ist in dem Sinne, dass sie auf lange Sicht gesichert ist, ohne dass gravierende Einschnitte in die Leistungsversprechen vorgenommen werden müssen (Abschn. 9.1). In diesem Zusammenhang werden wir für die einzelnen Zweige der Sozialversicherung prüfen, welche Reformen notwendig und auch möglich sind, um die Nachhaltigkeit ihrer Finanzierung zu verbessern (Abschn. 9.2). Der letzte Abschn. 9.3 ist schließlich der Frage gewidmet, ob die demokratischen Institutionen in Deutschland erwarten lassen, dass die als notwendig erachteten Reformen durchgeführt werden. Dabei geht es auch um eine Tendenz, die sich in den letzten Jahrzehnten verstärkt hat, nämlich den schrittweisen Übergang von der Beitragsfinanzierung des deutschen Sozialstaats zu einer Steuerfinanzierung: Wie ist dieser Übergang zu erklären, und trägt er tatsächlich nachhaltig zur Lösung der Finanzierungsprobleme bei?

F. Breyer und W. Buchholz, *Ökonomie des Sozialstaats*,
https://doi.org/10.1007/978-3-658-33369-0_9

9.1   Ursachen und Indikatoren des demografischen Wandels

Die wichtigste langfristige Herausforderung für die Finanzierung der Sozialen Sicherung in Deutschland ist die demografische Alterung, die ihrerseits von zwei Faktoren verursacht wird:

1. dem schon vor vier bis fünf Jahrzehnten erfolgten Rückgang der Fertilität und
2. einem Anstieg der (fernen) Lebenserwartung der Menschen, die sich bereits im Rentenalter befinden.

9.1.1   Von „Babyboom" und „Babybust"

Abb. 9.1 zeigt, dass sich die Kinderzahl pro Frau in beiden Teilen Deutschlands von ca. 2,5 in den 1960er Jahren auf 1,3 in den 1980er Jahren in Westdeutschland bzw. unter 1 in den 1990er Jahren in Ostdeutschland vermindert hat und erst nach 2010 wieder über 1,5 gestiegen ist. In seiner 14. Koordinierten Bevölkerungsvorausberechnung

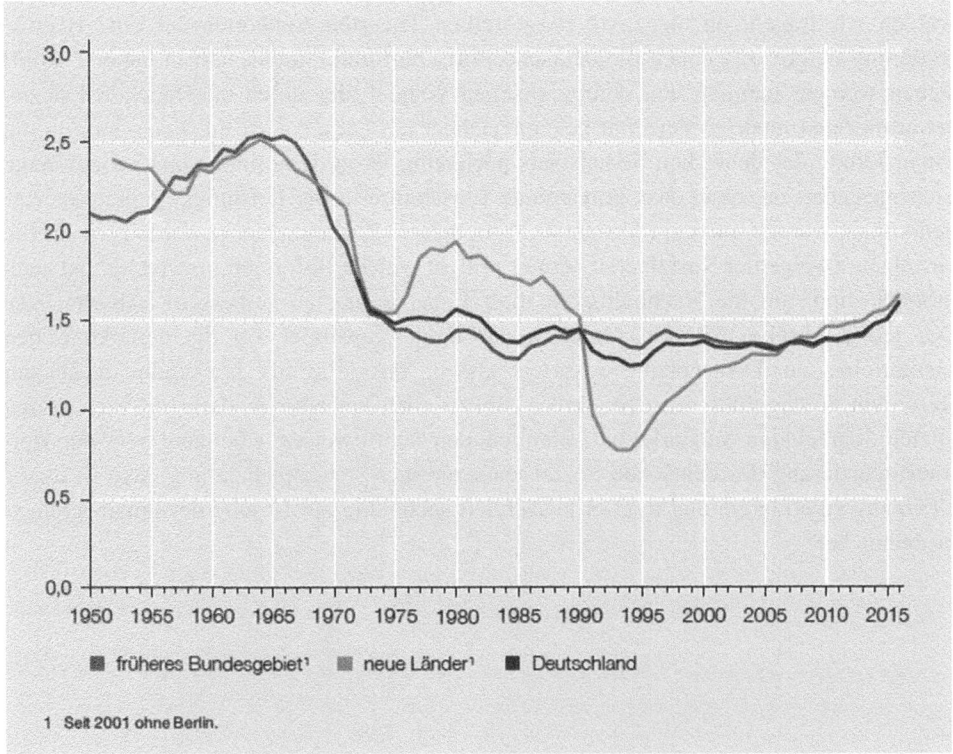

■ früheres Bundesgebiet[1]   ■ neue Länder[1]   ■ Deutschland

1 Seit 2001 ohne Berlin.

Abb. 9.1 Kinder je Frau in Deutschland.Quelle: Statistisches Bundesamt (2019), S. 18

(KBV) von 2019 rechnet das Statistische Bundesamt (in der mittleren Variante) damit, dass sich diese Ziffer dauerhaft bei 1,55 einpendelt, während zur Bestanderhaltung der Bevölkerung 2,1 Kinder erforderlich wären. Nach dieser Projektion wird in Zukunft jede Geburtskohorte um ca. ein Viertel kleiner sein als die ihrer Eltern, eine Lücke, die auch durch Nettozuwanderung kaum wird geschlossen werden können.

In der politischen Debatte um die Zukunft der umlagefinanzierten Sozialversicherung in Deutschland ist häufig zu hören, die Herausforderung für die Finanzierung dieser Systeme beruhe vor allem auf dem „Altern der Babyboom-Generation", also der großen Geburtskohorten der 1960er Jahre, die um das Jahr 2030 ins Rentenalter eintreten wird. Damit wird suggeriert, dass die Finanzierungsprobleme damit zusammenhingen, dass diese Generation außergewöhnlich groß ist, und sich die Probleme mit dem Ausscheiden dieser Generation stark vermindern.

Darin liegt jedoch ein Trugschluss, da es bei "Generationenverträgen" wie der umlagefinanzierten Sozialversicherung weder auf die *absolute* Größe einer bestimmten Generation ankommt noch auf ihre *relative* Größe verglichen mit der ihrer *Eltern,* auf die der Begriff des „Babybooms" hinweist. Vielmehr zählt für die Finanzierung ausschließlich die relative Größe der betrachteten Generation zu der *nachfolgenden,* in diesem Fall also den nach 1980 Geborenen, die die Renten-, Pflege- und Gesundheitsleistungen für die "große" Generation der "Babyboomer" finanzieren müssen. Und da gilt für Deutschland – wie für einige andere Länder, z. B. Spanien und Italien – dass die nach 1980 geborene Generation ca. ein Drittel kleiner ist als die ihrer Eltern. Mithin verursacht nicht der *"Babyboom"* der 1960er Jahre die zukünftigen Finanzierungsprobleme der umlagefinanzierten Sozialversicherung, sondern der "Geburtenstreik" (englisch: *baby bust*), der in den 1970er Jahren begann und in abgeschwächter Form bis heute anhält. Da sich aufgrund der nachhaltig gesunkenen Geburtenrate am Zahlenverhältnis zwischen einer Generation und ihrer jeweiligen Nachfolgerin nichts ändern wird, wird das Problem auch nach 2050 bestehen bleiben.

9.1.2 Steigende Lebenserwartung

Die Lebenserwartung ab Geburt hat zwischen 1991 und 2017 bei Männern um 6,5 und bei Frauen um 4,6 Jahre zugenommen. Für die Rentenversicherung noch wichtiger ist die ferne Lebenserwartung der 65-jährigen, die im gleichen Zeitraum bei Männern um 3,9 und bei Frauen um 3,3 Jahre gestiegen ist (vgl. Tab. 9.1), wobei sich der Anstieg in der zweiten Hälfte des betrachteten Zeitraums fast halbiert hat. Das Statistische Bundesamt rechnet mit einer Fortsetzung dieses zuletzt beobachteten Trends. Nach der mittleren Variante der 14. KBV wird sich die ferne Lebenserwartung im Alter 65 bis zum Jahr 2060 bei Männern um weitere 4 auf 21,8 Jahre und bei Frauen um 3,5 auf 24,5 Jahre erhöhen.

Die beiden geschilderten Entwicklungen führen dazu, dass die Alterspyramide der deutschen Bevölkerung, die vor 100 Jahren noch die Form einer Tanne hatte und heute die eines Pilzes hat, sich bis 2050 immer mehr der Form einer Urne annähert (vgl. Abb. 9.2).

Tab. 9.1 Lebenserwartung bei Geburt und ab 65 in Deutschland seit 1991/1993

Zeitraum/Sterbetafel	Lebenserwartung ab Geburt		Lebenserwartung ab 65	
	Männer	Frauen	Männer	Frauen
1991/1993	72,47	79,01		
1992/1994	72,77	79,30		
1993/1995	72,99	79,49		
1994/1996	73,29	79,72		
1995/1997	73,62	79,98		
1996/1998	74,04	80,27		
1997/1999	74,44	80,57		
1998/2000	74,78	80,82		
1999/2001	75,11	81,07		
2000/2002	75,38	81,22		
2001/2003	75,59	81,34	16,07	19,61
2002/2004	75,89	81,55	16,26	19,77
2003/2005	76,21	81,78	16,47	19,94
Δ 1992–2004	3,74	2,77		
2004/2006	76,64	82,08	16,77	20,18
2005/2007	76,89	82,25	16,93	20,31
2006/2008	77,17	82,40	17,11	20,41
2007/2009	77,33	82,53	17,22	20,52
2008/2010	77,51	82,59	17,33	20,56
2009/2011	77,72	82,73	17,48	20,68
2010/2012	77,72	82,80	17,46	20,74
2011/2013	77,90	82,88	17,55	20,79
2012/2014	78,13	83,05	17,69	20,90
2013/2015	78,18	83,06	17,71	20,90
2014/2016	78,31	83,20	17,81	21,03
2015/2017	78,36	83,18	17,80	21,00
2016/2018	78,48	83,27	17,87	21,06
Δ 2005–2017	1,84	1,19	1,10	0,88

Quelle: OECD.Stat 2020

Dadurch steigen auch die sog. Altenquotienten, die als Maße für das Zahlenverhältnis zwischen Alten und Erwerbsfähigen gedacht und durch folgende Formel definiert sind:

$$AQ_j = \frac{\text{Personen über } j \text{ Jahren}}{\text{Personen zwischen 20 und } j \text{ Jahren}}.$$

Abb. 9.3 zeigt, dass der Altenquotient zwar naturgemäß um so kleiner ist, je höher man die Schwelle für den Austritt aus dem Erwerbsfähigen-Alter ansetzt, sich jedoch bei jeder Definition innerhalb der ersten Hälfte des 21. Jahrhunderts in etwa verdoppeln wird.

9.1.3 Die Folge: Die Entwicklung der Beitragssätze in der Sozialversicherung

Als Folge des steigenden Altenquotienten lässt sich bei gleichbleibendem Finanzierungs-verfahren ein drastischer Anstieg der Beitragssätze zu den umlagefinanzierten Sozialversicherungssystemen prognostizieren, so vor allem bei der Renten- und Pflege-versicherung, bei denen der Großteil der Leistungsempfänger alte Menschen sind. Aber

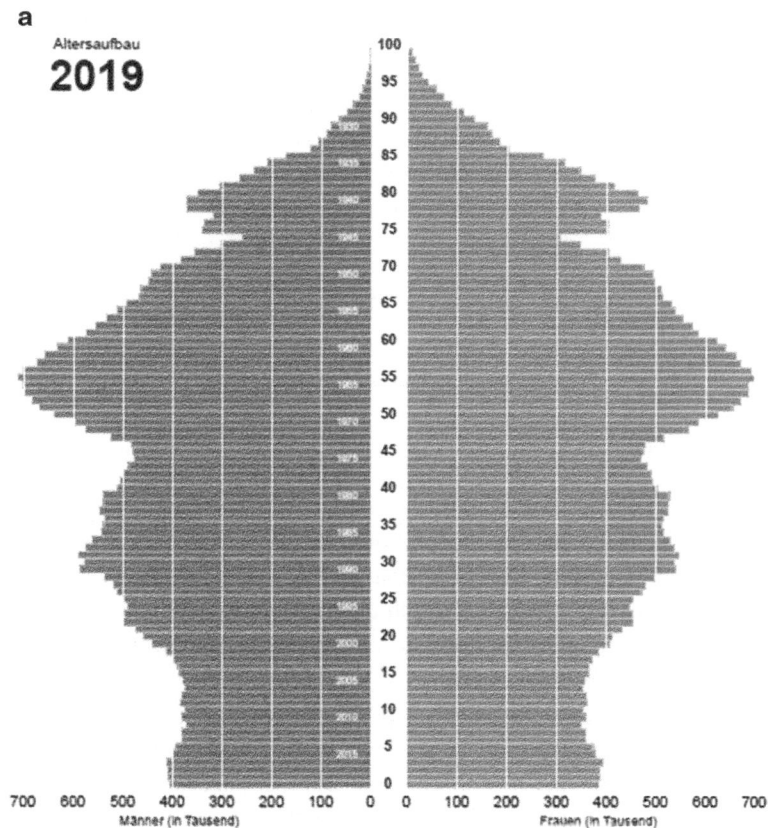

Abb. 9.2 Alterspyramiden (Quelle: Statistisches Bundesamt 2020)

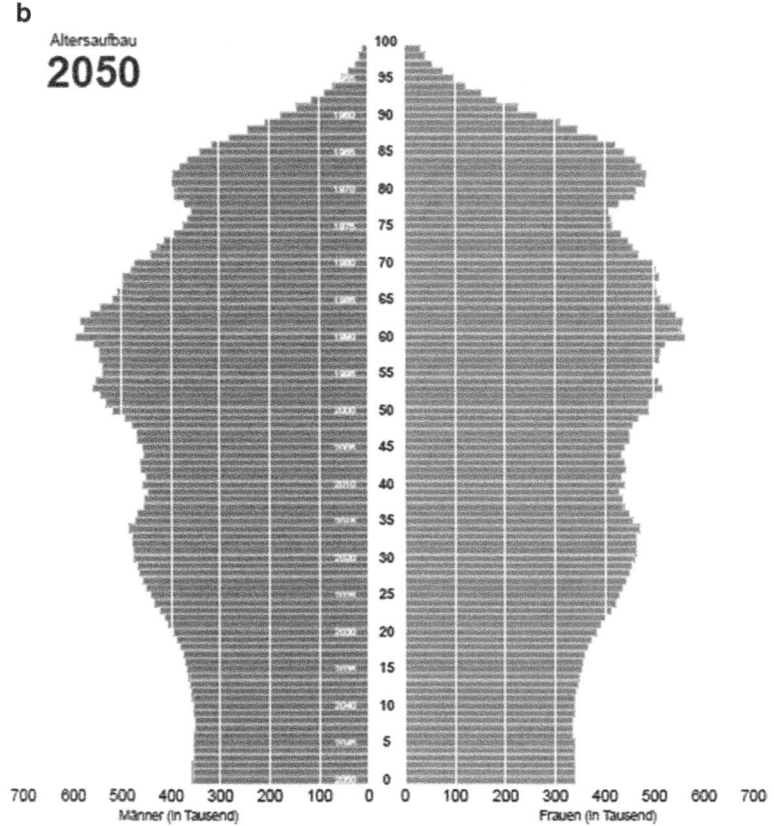

Bevölkerungspyramide Deutschland 2050

Abb. 9.2 (Fortsetzung)

auch in der Krankenversicherung finden implizit hohe Transfers von den Erwerbstätigen zu den Rentnern statt. So erwirtschaftet die Krankenversicherung der Rentner
weniger als die Hälfte ihrer Ausgaben durch eigene Beitragseinnahmen. Tab. 9.2 enthält
Prognosen der Entwicklung der Beitragssätze zur Sozialversicherung auf der Basis der
14. KVB des Statistischen Bundesamtes.

Da eine so hohe Abgabenbelastung auf die Arbeitseinkommen übereinstimmend
als extrem beschäftigungsschädlich angesehen wird, sind Reformen in der Sozialversicherung mit dem Ziel einer Dämpfung der Beitragssatzentwicklung zu einem der
zentralen Themen der politischen Debatten in Deutschland seit der Jahrtausendwende
geworden.

Jugend-, Alten- und Gesamtquotient mit den Altersgrenzen 20 und 67 Jahren[1]
Ab 2019 Ergebnisse der 14. koordinierten Bevölkerungsvorausberechnung

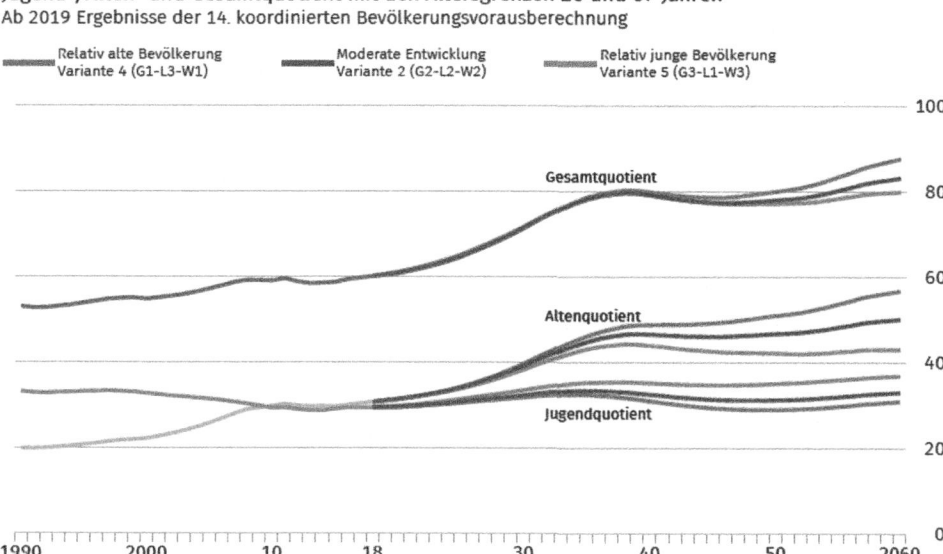

1 Jugendquotient: unter 20-Jährige je 100 Personen im Alter von 20 bis 66 Jahren;
Altenquotient: 67-Jährige und Ältere je 100 Personen im Alter von 20 bis 66 Jahren;
Gesamtquotient: unter 20-Jährige und ab 67-Jährige je 100 Personen im Alter von 20 bis 66 Jahren.

Abb. 9.3 Altenquotienten in Deutschland. (Quelle: Statistisches Bundesamt 2019, S. 28)

Tab. 9.2 Entwicklung der Beitragssätze in der Sozialversicherung in Prozent

Jahr	Renten-versicherung	Kranken-versicherung	Pflege-versicherung	Arbeitslosen-versicherung	Gesamt
2020	18,6	15,6	3,13	2,4	39,73
2040	22,5	20,2 – 23,2	4,4 – 5,1	2,4	49,5 – 53,2

Quelle: Werding (2018), Breyer und Lorenz (2020)

9.2   Reformbedarf und Reformoptionen in den einzelnen Zweigen der Sozialversicherung

9.2.1   Reformoptionen in der Rentenversicherung

9.2.1.1   Überlegungen zur Reform des Finanzierungsverfahrens in der Rentenversicherung

Als Folge der gesunkenen Geburtenziffern wird seit den 1990er Jahren weltweit ein kompletter oder teilweiser Umstieg vom Umlageverfahren (UV) zum Kapitaldeckungs-verfahren (KDV) diskutiert. Lässt man die für einen solchen Wechsel angeführten

Argumente Revue passieren, so muss man im Lichte der theoretischen Analysen des Kap. 5 aber feststellen, dass manche davon nicht triftig sind:

1. Durch den Rückgang der Fertilität und die gestiegene Lebenserwartung ist die Rendite des Umlagesystems stark gesunken, sodass es als Hauptpfeiler der Alterssicherung nicht mehr geeignet ist.

Dieses Argument ist aus zwei Gründen verfehlt. Zum einen hat die Rendite nichts mit der gestiegenen Lebenserwartung zu tun, denn diese erhöht – bei festem Renteneintrittsalter – sowohl den zur Finanzierung eines gegebenen Rentenniveaus notwendigen Beitragssatz als auch die Dauer des Rentenbezugs und damit die Leistung, die der Einzelne aus dem Umlagesystem bezieht. Anders ausgedrückt, müsste bei steigender Lebenserwartung auch im KDV die Ansparrate erhöht werden, um ein gegebenes Rentenniveau abzusichern. Zum anderen ist ein Ausstieg aus dem UV, wie in Kap. 5 gezeigt, nicht mit einer Pareto-Verbesserung verbunden, da im Barwert die Nettozahlungen aller zukünftigen Generationen an die Rentenkasse in der Summe konstant bleiben und lediglich anders verteilt werden können.

2. Der Ausstieg aus dem Umlageverfahren beendet ein für alle Male die Verzerrung des Arbeitsangebots, die mit der Beitragserhebung verbunden ist, denn im Rahmen des KDV steht jeder Einzahlung eine im Barwert äquivalente Auszahlung gegenüber, sodass hier das Arbeitsangebot nicht verzerrt wird.

Dies ist zwar richtig, jedoch ist die Verzerrung für die Übergangsgeneration, die noch Beiträge zahlt, aber als erste keinen Rentenanspruch mehr erhält, um so größer, da der gesamte Beitrag wie eine Steuer wirkt. Unterstellt man, dass die Höhe des Wohlfahrtsverlustes mit dem Steuersatz überproportional steigt, so bedeutet die Konzentration der Verzerrung auf eine einzige Generation insgesamt eine Erhöhung des Wohlfahrtsverlustes.

3. Schließlich wird das Umlageverfahren als politisch anfällig bezeichnet, weil die nachfolgende Generation von Beitragszahlern erst einmal bereit sein muss, die „Rentenansprüche" der jeweiligen Rentnergeneration zu honorieren. Dagegen beruht das KDV auf privaten Verträgen und ist daher politisch weniger anfällig.

Auch hier ist der erste Satz richtig, der zweite jedoch problematisch, da die nachfolgende Generation die Rentner auch durch eine höhere Besteuerung von Kapitalerträgen (Zinsen und Wertzuwachs) enteignen kann.

Skepsis gegenüber dem KDV wird zudem aus den folgenden Gründen geäußert:

1. Im KDV sind Versicherte stärker mit Kapitalmarktrisiken konfrontiert. Erfahrungen aus dem Ausland (Verfall des Nikkei-Indexes in den 1990er Jahren), aber auch aus dem Inland (Börsencrash im Jahr 2001, Finanzkrise 2008, Corona-Krise 2020) zeigen, dass

auch bei einer breit gestreuten Aktienanlage die Rendite über mehrere Jahre hinweg negativ sein kann, wenn man den Zeitpunkt der Kapitalanlage ungünstig gewählt hat.

2. Umgekehrt ist man bei einer vorgeblich „sicheren" Anlage in festverzinslichen Wertpapieren nicht gegen das Inflationsrisiko geschützt. Zudem sind aufgrund fundamentaler Faktoren („Savings Glut") und der lockeren Geldpolitik der Notenbanken die Renditen für festverzinsliche Wertpapiere in den vergangenen zehn Jahren stark gesunken, was im Hinblick auf die Renditeerwartungen die behauptete Überlegenheit des KDV zumindest relativiert.

3. Kritisch werden auch die hohen Vertriebs- und Werbekosten bei privaten Lebensversicherungen gesehen.

4. Schließlich wird eingewendet, dass auch die Rendite einer Kapitalanlage gegenüber einer schrumpfenden Bevölkerung nicht immun sei, da Kapital im Falle komplementärer Produktionsfaktoren ohne Arbeit keine Erträge abwirft.

Als Fazit bleibt die Aussage, dass in einer Welt mit vollkommener Voraussicht die Wahl zwischen Umlage und Kapitaldeckung keine Frage der Effizienz, sondern der Verteilung zwischen den Generationen ist, die man allenfalls auf der Basis von distributiven Werturteilen und Risikoeinschätzungen beantworten kann. Wendet man etwa das Rawls'sche Maximin-Kriterium auf die Verteilung zwischen den Generationen an, so hängt die Antwort davon ab, ob man als „Zukunftsoptimist" glaubt, allen kommenden Generationen werde es besser gehen als der heute lebenden: in diesem Fall müsste man das Umlagesystem eher noch ausweiten (wie es etwa 1995 mit der Einführung der Pflegeversicherung in Deutschland geschehen ist). Ist man ein „Zukunftspessimist" und glaubt daran, dass z. B. wegen Verknappung der Rohstoffe oder der Erderwärmung alle nachfolgenden Generationen ärmer sein werden als die jetzige, so müsste man jene durch einen Abbau des Umlageverfahrens entschädigen.

In einer Welt der Unsicherheit kommen jedoch zusätzliche Gesichtspunkte hinzu: Kann man etwa die zukünftigen Erträge der Produktionsfaktoren Arbeit und Kapital nicht abschätzen, so wäre es vorteilhaft für den Einzelnen, im Alter an beiden Typen von Erträgen zu partizipieren. Daher müsste das UV so weit eingeschränkt werden, dass daneben noch eine private Altersvorsorge erforderlich und gewünscht ist.

9.2.1.2 Weitere Reformen zur Stabilisierung der Rentenversicherung

Wenn es darum geht, den Budgetausgleich der gesetzlichen Rentenversicherung langfristig zu sichern, so stehen hierzu die grundsätzlichen Alternativen

a. Anhebung des Beitragssatzes zur Aufrechterhaltung des Rentenniveaus und
b. Absenkung des Rentenniveaus zur Stabilisierung des Beitragssatzes

zur Wahl, die sich auch kombinieren lassen. Von Ökonomen wird dabei die Option b) klar bevorzugt, was trotz der im vorherigen Abschnitt angestellten Überlegungen einen teilweisen Übergang zum Kapitaldeckungsverfahren bedeuten würde. Ein weiterer distributiver Gesichtspunkt, der für diese Strategie spricht, ist, dass bei konstantem Beitragssatz jede Generation als Ganze das Rentenniveau erhält, das sie durch ihre eigene Fertilität ermöglicht hat.

Dieser Gedanke liegt auch dem „Nachhaltigkeitsfaktor" zu Grunde, der die Rentenanpassungen vom Jahr 2009 an determiniert hat (vgl. Kap. 5) und der Änderungen des Zahlenverhältnisses von Erwerbstätigen zu Rentnern mit dem Faktor $\alpha = 0,25$ berücksichtigt. Eine völlige Stabilisierung des Beitragssatzes hätte allerdings einen Faktor $\alpha = 0,5$ erfordert. Von dort wäre es nur ein kleiner Schritt zu einem System gewesen, das z. B. in Schweden angewendet wird und das unter dem Schlagwort „Notional Defined Contributions" (NDC), zu Deutsch etwa „fiktives Versicherungskonto" bekannt geworden ist. Nach diesem Modell wird für jeden Versicherten ein individuelles Rentenkonto geführt, auf dem alle seine Beiträge (einschließlich der Beiträge des Staates für Ersatz- und Ausfallzeiten) gutgeschrieben werden. Diese „verzinsen" sich pro Periode mit der Wachstumsrate der Lohnsumme. Bei Renteneintritt wird die monatliche Entnahmerate nach der Rest-Lebenserwartung seiner Kohorte berechnet. Ein solches System erlaubt es, den Beitragssatz langfristig festzuschreiben, ohne dass dazu willkürliche politische Eingriffe in geltendes Recht nötig sind, wie sie in der Vergangenheit in Deutschland häufig vorgenommen wurden. Das Risiko liegt dann allerdings bei den späteren Rentnern.

Neben den oben erwähnten Optionen werden in Deutschland zwei weitere Optionen zur nachhaltigen Sicherung der Rentenfinanzierung diskutiert, nämlich

a. eine Anhebung des gesetzlichen Renteneintrittsalters,
b. eine Ausweitung des Versichertenkreises in der GRV.

Was spricht nun für bzw. gegen die genannten Maßnahmen?

a) Anhebung der Regelaltersgrenze für den Rentenbezug

Die Regelaltersgrenze in der Rentenversicherung wird bis zum Jahr 2031 auf 67 Jahre angehoben. Für die Zeit danach ist bislang keine weitere Erhöhung beschlossen. In der politischen Diskussion wird vielfach die Auffassung vertreten, die Verlängerung der Lebensarbeitszeit sei ein „dritter Weg" zwischen den unangenehmen Optionen steigender Beitragssätze und eines sinkenden Rentenniveaus. In Wahrheit handelt es sich bei dieser Maßnahme aber um kaum etwas anderes als eine Kürzung des Rentenanspruchs, der aus einer gewissen Summe an eingezahlten Beiträgen resultiert, da, wie in Kap. 5 dargestellt, jeder Versicherte sein Renteneintrittsalter in gewissen Grenzen selbst wählen kann und jedes Jahr des vorzeitigen Rentenbezugs mit einem Abschlag auf die Rentenhöhe von 3,6 % belegt wird. Somit entspricht eine Erhöhung der Regelaltersgrenze um 2 Jahre einer impliziten Rentenkürzung um 7,2 %.

Eine solche Rentenkürzung kann auf lange Sicht (d. h. in Deutschland nach dem Jahr 2031) aus Gründen der Generationengerechtigkeit angemessen sein, wenn die ferne

Lebenserwartung weiter so steigt wie bisher. Wenn nämlich für jedes Jahr Anstieg der Lebenserwartung die Regelaltersgrenze um 8 Monate erhöht wird, bleibt die ungefähre Relation von 2 zu 1 zwischen Erwerbsphase und Rentenphase erhalten, und die längere Lebensdauer muss nicht einseitig von der Generation der Beitragszahler finanziert werden.

Mit der Anhebung der Regelaltersgrenze sind allerdings zwei weitere Wirkungen verbunden, die zu einem Anstieg der tatsächlichen Lebensarbeitszeit führen könnten: Zum einen ist der vorzeitige Bezug einer Altersrente derzeit (2020) auf eine Höchstdauer von 3 Jahren begrenzt, sodass auch das Mindestalter für Altersrentner steigt. Diese Wirkung hat aber nur dann nachhaltige Folgen, wenn zugleich der Umweg über den Bezug einer Erwerbsminderungsrente erschwert wird. Zum anderen erstreckt sich der gesetzliche Kündigungsschutz nach herrschender Rechtsauffassung bis zur Regelaltersgrenze der Rentenversicherung, sodass deren Anhebung es Unternehmen zumindest schwerer macht, Arbeitsverhältnisse gegen den Willen der betroffenen Arbeitnehmer zu beenden. Durch das 2006 in Kraft getretene Gleichbehandlungsgesetz hat dieser Aspekt noch zusätzlich an Bedeutung gewonnen.

Ferner wird in der politischen Diskussion bisweilen geäußert, wichtiger als die Anhebung der gesetzlichen Altersgrenze sei die Steigerung des faktischen (durchschnittlichen) Renteneintrittsalters, das in Deutschland derzeit 3–4 Jahre unterhalb der Regelaltersgrenze liegt. Um diese Forderung zu bewerten, muss man fragen, *wofür* die Verlängerung der Lebensarbeitszeit wichtig sein soll,

a. zur Verbesserung der Finanzierung der Rentenversicherung oder
b. aus anderen Gründen?

Ad a): Die bereits in Kraft getretenen Abschläge bei vorzeitigem Rentenbezug sind so berechnet, dass die nachfolgenden Beitragzahler in der Summe gleich hohe Beträge zur Befriedigung der Rentenansprüche eines Versicherten aufbringen müssen – unabhängig davon, wie lange dieser gearbeitet hat. Geht er früher in Rente, so verlängert sich zwar seine Rentenbezugsdauer, aber die Rentenhöhe pro Monat verringert sich. Der im Jahre 2005 in Kraft getretene Nachhaltigkeitsfaktor verstärkt den kompensierenden Effekt noch, indem er die Rentenhöhe direkt von der Zahl der Rentner und der Beitragszahler abhängig macht. Eine Verlängerung der Lebensarbeitszeit verringert zwar den Rentnerquotienten, führt für sich genommen jedoch zu einem Rentenanstieg, da bei einer längeren Lebensarbeitszeit ja auch mehr Beitragspunkte gesammelt werden. Dieser Effekt würde durch eine steilere Skala von Zu- und Abschlägen verschärft werden, sodass das Interesse der zukünftigen Beitragszahler dann endgültig auf eine *kürzere* Lebensarbeitszeit gerichtet sein könnte.

Ad b) Ein zweiter Grund, für einen späteren Renteneintritt zu plädieren, könnte darin liegen, dass das Rentenniveau in Folge zahlreicher Reformen inzwischen so weit abgesunken ist, dass vor allem Geringverdiener in vielen Fällen Rentenansprüche unterhalb des Sozialhilfe-Niveaus erwerben. Bei diesem Personenkreis würde sich eine Verlängerung der Lebensarbeitszeit also darin auswirken, dass sie zusätzliche Beiträge zahlen, ohne dass ihr Gesamtanspruch an das Sozialsystem steigt, sodass sich für die nachfolgende Generation ein echter Vorteil ergibt.

In diesem Zusammenhang wird häufig die Frage aufgeworfen, wie den Arbeitnehmern die Möglichkeit gegeben werden kann, länger zu arbeiten. In der Tat lag die Erwerbsbeteiligung der Altersgruppe der 55–64-Jährigen in Deutschland im internationalen Vergleich bis ins neue Jahrtausend hinein auf eher niedrigem Niveau, ist aber seitdem wie in vielen anderen Ländern erheblich gestiegen (Tab. 9.3). Dies ist sicher zum größten Teil darauf zurückzuführen, dass die staatlichen Programme zur Subventionierung der Frühverrentung im Jahr 2009 ausgelaufen sind.

Neben diesen eher effizienzbezogenen Gründen kann man den Vorschlag einer Verlängerung der Lebensarbeitszeit auch verteilungspolitisch bewerten. Nach verschiedenen empirischen Analysen mithilfe des Sozioökonomischen Panels (SOEP) ist die Versichertengemeinschaft nicht homogen, sondern es besteht eine positive Korrelation zwischen dem Einkommen und der Lebenserwartung. Soweit die Einzelnen ihre eigene Lebenserwartung einigermaßen gut einschätzen können, ist die Frühverrentung gerade für die Individuen attraktiv, die ihre Lebenserwartung als unterdurchschnittlich einschätzen. Auch empirisch lässt sich nachweisen, dass die Frühverrentung ein signifikanter Prädiktor für eine höhere Mortalität ist. Unter diesen Annahmen trägt gerade die Möglichkeit einer Frühverrentung mit *geringen Abschlägen* dazu bei, die implizite Umverteilung in der Rentenversicherung zulasten der Bevölkerungsgruppen mit niedriger Lebenserwartung zu dämpfen oder aufzuheben. Hält man die besagte Umverteilung für ungerecht, so muss man eine Verschärfung der Abschläge bei vorzeitigem Rentenbezug ablehnen. Alternativ könnte man sich vorstellen, dass die Regelaltersgrenze nicht für die gesamte Bevölkerung einheitlich festgelegt wird, sondern nach der gruppenspezifischen Lebenserwartung gestaffelt. Mögliche Prädiktoren für die Lebenserwartung wären dabei das Einkommen und der Bildungsabschluss.

Tab. 9.3 Entwicklung der Erwerbsquoten der 55–64-Jährigen in Prozent

Land	1990	2003	2019
Deutschland	36,8	39,0	72,7
Frankreich	35,6	36,8	53,0
Niederlande	29,7	43,5	69,7
Schweden	69,4	69,0	77,7
Vereinigtes Königreich	49,2	55,5	66,3
Kanada	46,3	53,0	63,2
USA	54,0	59,9	63,7
OECD	48,0	50,1	61,4

Quelle: OECD Data (2020)

b) Ausweitung des Versichertenkreises in der GRV

Wie in Kap. 5 dargelegt, sind in der GRV bestimmte Gruppen von der Versicherungspflicht ausgenommen. Hierzu gehören in der Regel Selbstständige sowie Personen,
die Mitglieder einer berufsständischen Versorgungseinrichtung sind wie z. B. Ärzte,
Apotheker, Architekten, Rechtsanwälte und Wirtschaftsprüfer. Die Altersversorgungs-
systeme dieser Berufsgruppen verfügen über eine Kapitaldeckung. Im Vergleich zu den
in der GRV Pflichtversicherten unterliegen ihre Mitglieder also nicht der impliziten
Besteuerung des Umlageverfahrens.

Bei einer Einbeziehung der Bestandsversicherten dieser Gruppen in die GRV blieben
deren bereits gezahlte und in Kapitalfonds angesammelte Beiträge aufgrund des Eigen-
tumsschutzes nach Art. 14 GG unangetastet. Man könnte diese Personen (und insbesondere die Berufsanfänger) jedoch von einem Stichtag an zu einer Beitragszahlung
in der GRV verpflichten. Damit würden *kurzfristig* alle anderen Beitragszahler in der
GRV entlastet, und im Rahmen der Rentenanpassung nach dem Anstieg des bereinigten
Bruttolohns würden auch alle Rentner profitieren.

Gegen diese Maßnahme wird nun verschiedentlich eingewandt, dass die *lang-
fristigen* Wirkungen negativ seien, da die von diesen Neuversicherten erworbenen
Rentenansprüche gerade dann fällig würden, wenn der Beitragssatz in der GRV wegen
des demografischen Wandels ohnehin sehr hoch sein werde. Um die Richtigkeit dieser
Behauptung zu prüfen, sollen zwei verschiedene Szenarien bezüglich der zukünftigen
Steuerung der Rentenformel unterschieden werden (vgl. Kifmann 2001):

a. eine Beibehaltung der gegenwärtigen Rentenformel und
b. ein Übergang zu „fiktiven Versichertenkonten".

Ad a) Behält man die Rentenformel bei, so wird die Einbeziehung weiterer Personen in
die GRV langfristig keine Auswirkungen auf den Beitragssatz haben. Die heute neu Ein-
bezogenen werden zwar in einigen Jahren Rentenansprüche geltend machen; zum Ausgleich dafür wird jedoch auch in Zukunft der Kreis der Versicherten größer sein als ohne
diese Maßnahme. Solange die entsprechenden Berufszweige einen konstanten Anteil an der
Erwerbsbevölkerung ausmachen, hat ihre Einbeziehung in die GRV die gleiche Wirkung wie
eine Einwanderung der entsprechenden Personenzahl, wenn die Einwanderer die gleiche
Fertilität aufweisen wie die Inländer. Letztlich handelt es sich also um eine Ausweitung
des Umlageverfahrens und damit um eine Verlagerung eines Teils der impliziten Steuer
des Umlagesystems auf zukünftige Generationen, genauer: auf die Mitglieder zukünftiger
Generationen, die andernfalls (aufgrund ihres Berufs) nicht belastet worden wären.

Ad b): Die Idee der fiktiven Versichertenkonten (s. o., Abschn. 9.3.2.1) besagt, dass
jedem Pflichtversicherten eine bestimmte „Rendite" seiner Beiträge (im Erwartungswert) garantiert wird, die der Wachstumsrate der Lohnsumme entspricht. Wenn nun
durch eine Ausweitung des Versichertenkreises in einem bestimmten Jahr der Beitragssatz gesenkt wird, so wirkt sich dies dämpfend auf die Rentenansprüche aller Personen

aus, die in diesem Jahr Beiträge zahlen, und dies wiederum senkt den Beitragssatz in allen zukünftigen Perioden. Die Verteilung der impliziten Steuerlast des Umlagesystems auf mehr Köpfe lässt also in der Tat – weil es sich, wie in Kap. 5 gezeigt, beim Umlagesystem um ein Nullsummenspiel handelt – die Last jedes Einzelnen in der Zukunft sinken.

c) Ausbau der kapitalgedeckten Säulen
Nicht nur die GRV als erste Säule des deutschen Alterssicherungssystems befindet sich in einem permanenten Reformprozess, sondern auch die beiden anderen kapitalgedeckten Säulen: die betriebliche Altersvorsorge und die Riester-Rente – was zu einem nicht unwesentlichen Teil auf die Entwicklungen am Kapitalmarkt und die dort gesunkenen Renditen für sichere Anlagen zurückzuführen ist. So wurde im 2018 in Kraft getretenen „Betriebsrentenstärkungsgesetz" neben der Schaffung von Anreizen zum vermehrten Angebot und Abschluss von Betriebsrenten auch die Möglichkeit einer „reinen Beitragszusage" neu eingeführt (vgl. auch Abschn. 5.2.4), was konkret heißt, dass sowohl der Arbeitgeber als auch der Anbieter der Betriebsrente keine Leistungsgarantien zu geben brauchen. Dadurch wird es den Versicherungsgesellschaften und Pensionskassen ermöglicht, auch in riskantere Anlageformen zu investieren, um den Versicherten auf diese Weise im Niedrig-Zins-Umfeld bessere Renditechancen zu eröffnen, die allerdings mit einem höheren Risiko der Versicherten in der Auszahlungsphase einhergehen.

Zur weiteren Stärkung der kapitalgedeckten Altersvorsorge, die sowohl von Ökonomen als auch Teilen der Politik nach wie vor als erstrebenswert angesehen wird, ist auch bei der Riester-Rente mit der Abschaffung der Beitragsgarantie und der damit verbundenen Möglichkeit zur Investition in Aktien ein ähnlicher Reformschritt angedacht. Zudem soll durch Erhöhung der Zulagen die Attraktivität der künftig wohl anders bezeichneten Riester-Rente gesteigert werden, deren Akzeptanz in der Bevölkerung in den letzten Jahren stark gelitten hat: Von 40 Mio. prinzipiell förderberechtigen Bürgern haben nach wie vor erst ca. 16 Mio. einen Riester-Vertrag abgeschlossen. Zudem ist eine Ausdehnung der Förderung auch auf Selbstständige im Gespräch. Umstritten ist und bleibt die Rolle der privaten Versicherungsunternehmen, da deren Angebot als zu kompliziert und als überteuert gelten. Die Vorschläge zur Bewältigung dieses Problems reichen von einer gesetzlichen Deckelung der Abschluss- und Verwaltungskosten bis zum Angebot standardisierter kapitalgedeckter Altersvorsorgeprodukte durch die öffentliche Hand. Besondere Aufmerksamkeit hat in diesem Zusammenhang das Konzept der „Deutschlandrente" erregt, das 2016 von der schwarz-grünen Landesregierung in Hessen vorgestellt worden ist. Dabei werden die eingezahlten Beiträge – nach norwegischem und schwedischem Vorbild – in einem staatlich verwalteten Kollektivfonds gesammelt, der sein Kapital dann am Kapitalmarkt auch in volatile, aber renditeträchtige Anlageformen investieren kann. Befürchtet wird bei einem solchen Ansatz zur Verbesserung der kapitalgedeckten Altersvorsorge, dass sich der Staat zum Ausgleich fehlender Steuereinnahmen oder zur Abdeckung von Sonderbedarfen dieses Rententopfs bedienen könnte.

Problematisch ist im Übrigen bei den zwei KDV-Säulen des deutschen Rentensystems auch, dass sie nicht unbedingt viel zur Bewältigung des Problems der Alterarmut beitragen, das nach allgemeiner Überzeugung in den kommenden Jahren an Bedeutung gewinnen wird – kontrovers ist allenfalls das Ausmaß dieser Entwicklung. Zwar sieht sowohl die staatliche Förderung von Betriebsrenten als auch die von Riester-Renten Elemente vor, die für Geringverdiener zu besonders günstigen Bedingungen führen, jedoch sind diese Regelungen im Hinblick auf die Vermeidung von Alterarmut zu wenig zielgenau. Das Gleiche gilt im Übrigen für die ab 2021 in Deutschland für langjährige GRV-Versicherte gewährte Grundrente. Vor dem Hintergrund des Problems der Altersarmut sind deshalb weitere Rentenreformen zu erwarten, die u. U. zu einem „progressiven" Rentensystem führen könnten, bei dem in systematischer Weise ein Beitragseuro eines Geringverdieners zu einem höheren Rentenanspruch als ein Beitragseuro eines Besserverdienenden führt.[1] Ein Element der intrapersonellen Umverteilung würde dann in systematischer Weise auch in Deutschland – wie in vielen anderen Ländern – in das Rentensystem integriert, während vom Äquivalenzprinzip noch stärker abgewichen würde.

9.2.2 Reformoptionen in der Kranken- und Pflegeversicherung

9.2.2.1 Einflussfaktoren des Beitragssatzes zur GKV

Zusätzlich zur demografischen Entwicklung, die die Entwicklung des Beitragssatzes zur Rentenversicherung bestimmt, kommen in der Krankenversicherung weitere Faktoren hinzu, die mit dem Wesen der versicherten Leistung „medizinische Behandlung" zusammenhängen. Im Gegensatz zur Rentenversicherung, die (abgesehen von der Rehabilitation) eine reine Geldleistung vorsieht, ist der Gegenstand der Krankenversicherung eine Sachleistung, womit zwei fundamentale Unterschiede verbunden sind. Zum einen ändert sich das Produkt „medizinische Behandlung" durch die medizintechnische Entwicklung ständig, da vor allem neue Diagnose- und Behandlungsformen auf den Markt kommen, und zum anderen ändert sich auch der altersspezifische „Bedarf" an solchen Leistungen über die Zeit. Man kann daher drei Faktoren unterscheiden, die sich auf die Entwicklung des Beitragssatzes in der GKV auswirken:

1. den Einfluss der demografischen Alterung auf die Bemessungsgrundlage der GKV-Beiträge, die aus Arbeits- und Transfereinkommen (bis zu einer Bemessungsgrenze) besteht: Wenn der Anteil der Erwerbsfähigen an der Gesamtbevölkerung sinkt, schrumpft die Bemessungsgrundlage pro Versichertem;
2. den Einfluss der Alterung, insbesondere des Anstiegs der Lebenserwartung auf die Pro-Kopf-Ausgaben;
3. den Einfluss des medizinischen Fortschritts auf die Pro-Kopf-Ausgaben.

---

[1]Vgl. Fehr, Kallweit und Kindermann (2013) mit numerischer Simulation und die Diskussion in Buchholz und Wiegard (2014).

Der 1. Effekt ist wenig kontrovers, würde jedoch durch einen Übergang von lohn-bezogenen zu pauschalen Beiträgen (vgl. Abschn. 6.4) stark sinken, da dann auch Rentner den gleichen Beitrag zahlen müssten wie Erwerbstätige. Er würde allerdings in dem Maße bestehen bleiben, wie Rentner die Kopfbeiträge nicht selbst tragen können und durch Transfers unterstützt werden müssen.

Der 3. Effekt ist in seiner Richtung wenig kontrovers, da inzwischen eine relativ große Einigkeit darüber herrscht, dass der medizinische Fortschritt sich überwiegend in qualitäts- und ausgabensteigernden Produktinnovationen niederschlägt. Lediglich über die Höhe des Effekts des Fortschritts kann es Unklarheit geben.

Weniger eindeutig ist der 2. Effekt. Über die Auswirkung des Anstiegs der Lebens-erwartung auf die Ausgaben *bei konstanter Medizintechnik* existieren drei alternative Hypothesen, die wir jetzt im Detail erörtern wollen:

a. die Status-quo-Hypothese: Sie geht davon aus, dass die altersspezifischen Pro-Kopf-Ausgaben nur vom Stand der Medizintechnik abhängen und daher bei deren Konstanz gleichbleiben. Den Einfluss der Lebenserwartung erhält man demnach, wenn man die heutigen Alters-Ausgabenprofile auf die geänderte Altersverteilung der Bevölkerung anwendet.

b. die Medikalisierungs-Hypothese (vgl. etwa Olshansky u. a. 1991): Sie basiert auf der vielfach beobachteten Multimorbidität älterer Patienten und sagt aus, dass neu gefundene Möglichkeiten der Bekämpfung einer Krankheitsart (z. B. Herz-Kreislauf-Erkrankungen) das Leben des Patienten zwar verlängern, ihn aber nicht gesund machen. Es tritt schon bald ein anderes Leiden (z. B. Krebs) auf, das wieder neue Behandlungen erfordert. Nach dieser These besteht die Hauptwirkung des medizinisch-technischen Fortschritts darin, das Leben von Personen zu verlängern, die so krank sind, dass sie ohne ihn sterben würden. Die Folge dieser Senkung der Überlebensschwelle sei, dass der durchschnittliche Gesundheitszustand sinke.

c. die Kompressions-Hypothese: Sie gründet sich auf die These, dass die in Querschnitts-daten beobachtbare Differenz in den Gesundheitsausgaben zwischen älteren und jüngeren Versicherten nicht primär die Konsequenz des Lebensalters seien, sondern mit der unterschiedlichen zeitlichen Entfernung zum Tod zusammenhingen (vgl. Fuchs 1984): In höheren Altersgruppen befindet sich ein größerer Anteil von Ver-sicherten im letzten Lebensjahr, und in dem werde – in einem vergeblichen Versuch, den Tod noch abzuwenden – überproportional mehr für die Behandlung aufgewendet als in anderen Jahren. Steigt nun – sei es durch medizinischen Fortschritt oder durch gesündere Lebensweise – die Lebenserwartung, so sinken die Sterbeziffern ab, und in jeder Altersgruppe befinden sich damit weniger Personen in ihrem letzten Lebens-jahr. Anders ausgedrückt, die Zeiten hoher Ausgaben am Lebensende werden auf einen geringeren Anteil der gesamten Lebenszeit komprimiert (vgl. Fries 1980).

Während also gemäß der Medikalisierungs-These eine Hochrechnung der heutigen alters-spezifischen Ausgaben auf eine längerlebige zukünftige Bevölkerung den tatsächlichen

Ausgabenanstieg (auch bei konstanter Medizintechnik) unterschätzt, besagt die *schwache* Kompressionsthese genau das Gegenteil. Die *starke* Kompressionsthese würde darüber hinaus behaupten, dass mit einem Anstieg der Lebenserwartung aufgrund des Rückgangs der Sterberate sogar ein Sinken der Pro-Kopf-Ausgaben verbunden ist.

Für die Medikalisierungs-Hypothese gibt es kaum empirische Evidenz. Umgekehrt steht die Kompressions-Hypothese auf einer soliden Datengrundlage: Die Steigerung der Behandlungskosten vor dem Tod ist in vielen Studien mit Daten aus verschiedenen Ländern überzeugend belegt.[2]

Um den Einfluss der demografischen Alterung auf die Gesundheitsausgaben abschätzen zu können, hat es sich mittlerweile durchgesetzt, dass man in empirischen Analysen zwischen zwei Personengruppen differenziert, nämlich

- „Verstorbenen", also denen, die sich in den letzten x Jahren vor dem Tod befunden haben, wobei je nach Datenverfügbarkeit $x = 3$ oder $x = 4$ gewählt wird;
- „Überlebenden", also allen Übrigen.

In einer neueren Arbeit haben Lorenz u. a. (2020) eine große Stichprobe aus einer deutschen Krankenkasse mit Ausgabendaten für mehr als 300.000 Versicherte pro Jahr über 15 Jahre (2001–15) untersucht und dabei mittels nicht-parametrischer Methoden[3] folgende Zusammenhänge zwischen dem Alter und den durchschnittlichen Gesundheitsausgaben (GKV) sowie Pflegeausgaben (SPV) gefunden:

1. Von allen Gesundheitsausgaben entfallen ca. 20 % auf die letzten 4 Lebensjahre, von den Pflegeausgaben ca. 50 %, wobei diese Anteile bei Männern etwas höher sind als bei Frauen.
2. Gesundheitsausgaben für Überlebende sind im ersten Lebensjahr hoch (ca. 5.000 €) und nehmen dann stark ab und erreichen ihr Minimum im Alter 10 für weibliche und 18 für männliche Versicherte bei ca. 800 bis 1.000 €. Anschließend steigen sie langsam an, wobei zwischen 20 und 45 Jahren Frauen höhere Ausgaben verursachen als Männer, was ganz sicher mit den Kosten der Mutterschaft zusammenhängt.
3. Ungefähr vom 45. Lebensjahr an steigen die Ausgaben steil an und erreichen ihr Maximum von ca. 4.600 € für Männer mit 78 und Frauen mit 85 Jahren, bevor sie bis zum Alter 95 leicht abfallen.
4. Ausgaben für Langzeitpflege sind bis zum 75. Lebensjahr sehr niedrig und steigen dann steil an, wobei Frauen erheblich höhere Ausgaben verursachen als Männer.

---

[2]Vgl. etwa Lubitz u. a. (1995), Zweifel u. a. (1999), Stearns und Norton (2004), Seshamani und Gray (2004).

[3]Nicht-parametrische Methoden ermöglichen es, jeden möglichen funktionalen Zusammenhang zwischen einer unabhängigen (hier: Alter) und der abhängigen Variablen nachzubilden.

5. In allen Altersgruppen übersteigen die Gesundheitsausgaben für Verstorbene die für Überlebende um einen großen Faktor, der erst in sehr hohem Alter kleiner wird. Selbst für 95jährige sind die Ausgaben im letzten Lebensjahr noch doppelt so hoch wie bei Überlebenden (d. h. wenn der Tod noch mehr als 4 Jahre entfernt ist).

6. In den letzten 4 Lebensjahren sind die GKV-Ausgaben für Frauen erheblich höher als für Männer, und sie sinken mit dem Alter für Frauen von 40 Jahre und für Männer von 70 Jahren an. Dies könnte zum einen daran liegen, dass sich die Todesursachen unterscheiden (z. B. mehr Krebsfälle mit hohen Behandlungskosten in jüngerem Alter), zum anderen daran, dass Ärzte in einer Art von „Rationierung nach dem Alter" dazu tendieren, lebensbedrohlich erkrankte Patienten in sehr hohem Alter nicht mehr so aggressiv zu therapieren wie jüngere Patienten mit vergleichbarem Krankheitsbild.

7. Gesundheitsausgaben in den letzten 4 Lebensjahren steigen mit der Nähe zum Tod progressiv an.

8. Pflegeausgaben am Ende des Lebens sind bis zum 70. Lebensjahr sehr niedrig und steigen dann steil an. Für Frauen, die mit 95 Jahren sterben, liegen die durchschnittlichen SPV-Ausgaben (einschließlich der Personen, die gar keine Pflegeleistungen in Anspruch nehmen) im letzten Lebensjahr bei annähernd 15.000 €.

Auf der Basis dieser Regressionsergebnisse führen Lorenz u. a. (2020) Simulationsrechnungen für die Ausgabenentwicklung zwischen 2015 und 2050 durch, die sich auf zwei alternative Szenarien beziehen: Im rein demografischen Szenario werden die altersspezifischen (durchschnittlichen) Gesundheitsausgaben der Schätzung auf die prognostizierte Altersstruktur zukünftiger Jahre angewendet. Im Szenario mit Zeittrend wird zusätzlich berücksichtigt, dass die Gesundheitsausgaben auch unabhängig von der Zusammensetzung der Bevölkerung über die Zeit steigen. Dafür wird die durchschnittliche jährliche Wachstumsrate der altersspezifischen Ausgaben aus dem Zeitraum 2001 bis 2015 bestimmt und auf den Simulationszeitraum 2015 bis 2050 fortgeschrieben. Die entsprechenden Jahresraten betrugen 1,73 % bei der Kranken- und 2,20 % bei der Pflegeversicherung.

Die Ergebnisse beider Szenarien sind in Tab. 9.4 zusammengefasst.

Tab. 9.4 Simulationsergebnisse für GKV- und SPV-Ausgaben bis 2050 in Relation zu 2015

Jahr	GKV-Ausgaben		SPV-Ausgaben		Summe	
	Demografie	+Zeittrend	Demografie	+Zeittrend	Demografie	+Zeittrend
2015	1,000	1,000	1,000	1,000	1,000	1,000
2020	1,013	1,104	1,065	1,187	1,020	1,113
2030	1,032	1,334	1,183	1,639	1,051	1,368
2040	1,059	1,625	1,315	2,265	1,091	1,696
2050	1,068	1,945	1,543	3,303	1,127	2,095

Quelle:Lorenz, Ihle und Breyer (2020)

Die Resultate der Simulationen legen folgende Entwicklung der Pro-Kopf-Ausgaben der Kranken- und Pflegeversicherung nahe:

1. Das rein demografisch, d. h. allein durch den Anstieg der Lebenserwartung und die Zuwanderung bedingte Wachstum der Gesundheitsausgaben pro Kopf ist positiv, aber mit 6,8 % in 35 Jahren nicht dramatisch. Das gilt nicht für die Ausgaben der Pflegeversicherung, die allein wegen der Alterung der Bevölkerung um über 50 % steigen.
2. Eine noch größere Rolle spielt allerdings der Zeittrend, der bei der Krankenversicherung durch den medizinischen Fortschritt, bei der Pflegeversicherung durch die Ausweitung der Leistungen und die zunehmende Knappheit und damit Verteuerung des Pflegepersonals zu erklären ist: Somit steigen die Ausgaben der GKV in 35 Jahren um 94,5 %, die der SPV sogar um 230,3 %, sodass die Summe beider Ausgaben immer noch um 109,5 % wächst und sich somit mehr als verdoppelt. Dies entspricht einer Jahresrate von 2,1 %, die damit deutlich höher ist als die prognostizierte Wachstumsrate des Bruttoinlandsprodukts in den nächsten 30 Jahren, was zu den in Tab. 9.2 genannten Schätzungen für die Beitragssätze der beiden Zweige der Sozialversicherung führt.

9.2.2.2 Mögliche Reformstrategien in der gesetzlichen Krankenversicherung

Angesichts der prognostizierten Entwicklung der Ausgaben in der gesetzlichen Krankenversicherung und der demografischen Einflüsse auf die Einnahmenseite wird seit einigen Jahren sowohl in der Wissenschaft als auch in der Politik intensiv über die Notwendigkeit einer umfassenden Systemreform diskutiert. Dabei schälen sich die folgenden möglichen idealtypischen Reformstrategien heraus:

1. *Effizienzsteigerung durch Rationalisierung*: Es wird vielfach behauptet, im deutschen Gesundheitswesen werde aufgrund ineffizienter Strukturen ein so großer Anteil an Ressourcen verschwendet, dass die Hebung der Effizienzreserven alleine ausreichend sei, den oben genannten Trends entgegenzuwirken und die Beitragssätze der Krankenkassen langfristig zu stabilisieren. Mögliche Maßnahmen hierzu könnten Reformen in den Vergütungssystemen oder mehr Wettbewerb zwischen Krankenkassen und zwischen den Leistungserbringern, u. a. durch mehr Vertragsfreiheit sein. Effizienzgewinne verspricht man sich mittlerweile auch durch die Anwendung digitaler Techniken wie etwa der automatisierten Auswertung von MRT-Befunden. Die hohe Personalintensität der medizinischen Versorgung wird sich aber auch dadurch nicht entscheidend vermindern lassen. Zudem stehen dem Erfolg von Rationalisierungsmaßnahmen auch politische Durchsetzungsprobleme entgegen. Da jede unnötige Ausgabe im Gesundheitswesen für eine Gruppe von Leistungserbringern Einkommen bedeutet, wird diese sich daher gegen die entsprechende Kürzung zur Wehr setzen, nicht zuletzt durch Lobby-Tätigkeit auf der politischen

Bühne. Auch wenn man die Existenz von Wirtschaftlichkeitsreserven bejaht, so gehört zu ihrer Mobilisierung, dass diese von den politischen Entscheidungsträgern erkannt und die notwendigen institutionellen Reformen auch – notfalls gegen den Widerstand der betroffenen Gruppe – durchgesetzt werden. Zusätzlich ist zu berücksichtigen, dass Effizienzsteigerungen im besten Falle zu einmaligen Kostensenkungen führen, während die hier aufgeführten Entwicklungen, die zu Ausgabensteigerungen führen, vor allem der medizinische Fortschritt, dauerhafte Phänomene sind.

2. *Mehr Kapitaldeckung im Gesundheitswesen:* Soweit der Finanzierungsengpass demografisch bedingt ist, könnte man ihm durch Bildung eines Kapitalstocks in der Krankenversicherung entgegenwirken. Als Vorbild hierfür werden die Alterungsrückstellungen in der Privaten Krankenversicherung in Deutschland genannt. Ein solcher Kapitalbestand könnte in einer alternden Gesellschaft dazu beitragen, die Beitragssätze gegen den Effekt der immer kleiner werdenden nachfolgenden Generationen abschirmen. Auch in dieser Strategie kann man jedoch kein Allheilmittel gegen die steigenden Ausgaben im Gesundheitswesen sehen: Erstens ist innerhalb der PKV das Problem der Portabilität der Alterungsrückstellungen noch nicht gelöst, sodass Versicherte schon nach wenigen Jahren ihren Versicherer nur noch unter großen Verlusten wechseln können, was den Wettbewerb zwischen den Anbietern auf die Neukunden begrenzt. Zweitens kann die Kapitalbildung zwar die alterungsbedingten Ausgabensteigerungen abfedern, nicht jedoch die prinzipiell nicht kalkulierbaren Effekte des medizinischen Fortschritts. Drittens ist die Bildung und Bewahrung eines Kapitalbestands angesichts unvorhersehbarer Entwicklung auf den Kapitalmärkten erheblichen Risiken ausgesetzt und bei einer öffentlich-rechtlichen Institution wie einer Krankenkasse immer auch durch politischen Druck gefährdet. Da Politiker in erster Linie den laufenden Beitragssatz senken wollen, ist die Gefahr nicht von der Hand zu weisen, dass sie zur Erreichung dieses Ziels den Kapitalstock angreifen könnten. Schließlich ist viertens daran zu erinnern, dass der Übergang vom Umlage- zum Kapitaldeckungsverfahren – wie in Kap. 5 gezeigt – eine Umverteilung zwischen den Generationen und keine Pareto-Verbesserung beinhaltet und daher nicht als Effizienzsteigerung interpretiert werden kann.

3. *Aufteilung des Leistungskatalogs in Grund- und Wahlleistungen:* Bei dieser Strategie, die auch als „explizite Rationierung" diskutiert wird, wird der im Umlageverfahren (also zu einem großen Teil durch intergenerative Transfers) zu finanzierende Leistungskatalog in der GKV bewusst so gesteuert, dass er trotz medizinischem Fortschritt mit einem festen Beitragssatz (von z. B. 15 %) auch langfristig finanzierbar bleibt. Dazu müssen Leistungsbereiche identifiziert werden, die nicht mehr kollektiv finanziert werden sollen, sondern für die der Einzelne gegebenenfalls eine Privatversicherung abschließen muss. Beispiele hierfür wären Zahnbehandlung oder die medizinische Versorgung spezieller Unfallfolgen (wie z. B. als Folge des Motorradfahrens oder des Bergsteigens), für die dann eventuell sogar eine Versicherungspflicht eingeführt werden könnte. Dabei käme es aber zu zusätzlichen Problemen

des sozialen Ausgleichs. Zu wahrscheinlich höheren Kosteneinsparungen könnte es durch weitergehende Eingrenzungen des Leistungskatalogs – z. B. auf Behandlungsformen, die ein bestimmtes Nutzen-Kosten-Verhältnis überschreiten – kommen, wie sie in anderen Ländern auch praktiziert werden.[4] Bei einer Nicht-Aufnahme in den Leistungskatalog könnte sich ein Patient diese Behandlungen dann jedoch nur als Selbstzahler beschaffen, was in vielen Fällen aber nur für sehr Reiche überhaupt möglich wäre. Eine Privatversicherung zur Abdeckung dieser Kosten lässt sich nämlich kaum organisieren, da ein Versicherungsunternehmen kaum in der Lage sein dürfte, einen kostendeckenden Tarif für solche Behandlungsformen zu kalkulieren.

4. *Verbreiterung der Bemessungsbasis für die Einnahmen der Krankenversicherung:* Während die zuvor genannten Reformoptionen auf die Ausgaben der GKV zielten, lassen sich andererseits auch Reformen vorstellen, die die Einnahmenbasis der GKV verbessern. Da die Pflichtmitgliedschaft in der GKV vor allem Arbeitnehmer (außer Beamten) mit einem Brutto-Arbeitseinkommen unterhalb einer „Versicherungspflichtgrenze" sowie Transferempfänger betrifft, geht die Einnahmenbasis tendenziell zurück, wenn

- die Erwerbsbevölkerung durch Alterung der Gesellschaft zurückgeht oder
- der Anteil der Arbeitnehmer an den Erwerbstätigen zugunsten der Selbstständigen sinkt, oder
- die Einkommensverteilung durch stärkere Lohnspreizung ungleicher wird.

Alle drei Trends sind in den vergangenen Jahrzehnten zu beobachten oder werden zumindest für die Zukunft prognostiziert. Maßnahmen, die die negativen Auswirkungen dieser Entwicklungen für die Einnahmebasis der GKV dämpfen könnten, wären

a. die partielle Finanzierung der GKV-Ausgaben durch allgemeine Steuern, zu deren Finanzierung sämtliche Einkommensarten (bzw. die Konsumausgaben) herangezogen werden,

b. die Erweiterung des Kreises der Pflichtversicherten auf weitere Personengruppen, wobei auch hier eine Verbreiterung der Bemessungsbasis der Beiträge z. B. auf sämtliche Einkünfte denkbar ist („Bürgerversicherung"),

c. die weitestgehende Abkopplung der Beiträge vom individuellen Einkommen in Form einer „Kopfpauschale" (vgl. Kap. 6). Diese Maßnahme hätte vor allem den Effekt, dass der Beitrag der Rentner sich nicht mehr an deren (niedrigen) Transfereinkommen orientieren würde, sondern dem der Arbeitnehmer nahekäme. Somit würde

---

[4]So bewertet das National Institute for Health and Clinical Excellence (NICE) im Vereinigten Königreich alle neuen Medikamente und Therapieformen und gibt auf der Basis ihrer Kosten-Effektivität Empfehlungen über ihre Anwendung im Rahmen des steuerfinanzierten National Health Service ab.

der implizite Transfer von Jung zu Alt gedämpft und die Abhängigkeit der GKV-Finanzierung von der Demografie gemildert. Es verbliebe allerdings das Problem, mit welchen Maßnahmen sichergestellt werden kann, dass die Mehrzahl der Rentner über ein ausreichendes Einkommen verfügt, um den (steigenden) Pro-Kopf-Beitrag zur GKV zu tragen. Ansonsten würden die Belastungen nur in das Steuersystem verlagert, in dem der die Kopfpauschale begleitende Sozialausgleich finanziert wird.

Gerade an diesem letzten Punkt ist ablesbar, dass die Finanzierungsprobleme der einzelnen Zweige der Sozialversicherung sowie des Staatshaushalts nicht unabhängig voneinander, sondern nur im Zusammenhang gelöst werden können.

9.2.2.3 Mögliche Reformstrategien in der sozialen Pflegeversicherung

In den vorangegangenen Abschnitten wurden bereits Vor- und Nachteile einer Stärkung der Kapitaldeckung in der Renten- oder Krankenversicherung erörtert, wobei der Vorschlag, die Riester-Rente durch ein Obligatorium auszubauen, regelmäßig erhoben wird, nach der Finanzkrise von 2008 aber weniger Fürsprecher hat. Wenn es allerdings um den Schutz zukünftiger Steuerzahler vor Überforderung geht, ist ein Obligatorium in der kapitalgedeckten Pflegeversicherung zielgerichteter, da es zusätzliche (angesparte) Mittel genau für diejenigen Personen bereithält, die einen erhöhten Mittelbedarf haben. Das zeigt schon der Vergleich der monatlichen Kosten eines stationären Pflegeplatzes im höchsten Pflegegrad von (im Jahr 2017) im Mittel 3.700 €, abzüglich der Leistungen der SPV von 2.005 €, was einen Eigenanteil von durchschnittlich 1.700 € ergibt, mit der Höhe der Grundsicherung im Alter von ca. 800 €. Das Argument für einen Ausbau der Kapitaldeckung in der Pflegeversicherung beruht also auf der Tatsache, dass der Bedarf an Pflegeleistungen in der Gesellschaft ungleicher verteilt ist als der Bedarf an normalem Lebensunterhalt und dass daher durch diesen Ausbau Ansprüche an zukünftige Steuerzahler wirksamer verhindert werden als durch zusätzliche Rentenverträge. Das erkennt man u. a. aus der Tatsache, dass im Jahr 2019 knapp 4 Mio. Personen Leistungen der Pflegeversicherung bezogen, während die Zahl der Rentner 21,2 Mio. betrug, also mehr als fünf Mal so groß war.

Die Einführung eines Obligatoriums in der Pflegeversicherung würde zudem dadurch erleichtert, dass es bereits ein Produkt auf dem Markt gibt, das perfekt geeignet zu sein scheint, die aufgezeigte Deckungslücke zu verkleinern. Es ist dies die *Pflegetagegeldversicherung*, bei der – anders als bei der Riester-Rente – die Höhe der Auszahlung vertraglich garantiert wird. Der Gesetzgeber, der seit 2013 eine bestimmte Form dieser Zusatzversicherung subventioniert (und damit Mitnahmeeffekte generiert hat), könnte sie stattdessen für obligatorisch erklären und seine Zuschüsse auf den Personenkreis beschränken, der die entsprechenden Beiträge aus dem eigenen Einkommen nicht aufbringen kann. Will man etwa die Hälfte der derzeitigen Deckungslücke von ca. 1.800 € im Monat bei Pflegegrad 5 bei der heute mittleren Generation (den 30 bis 60jährigen) schließen, so müssten Angehörige der genannten Altersgruppen verpflichtet werden, eine Pflegetagegeldversicherung über 900 € pro Monat in Pflegegrad 5 (und gestaffelte Leistungen in den unteren Stufen) abzuschließen.

Würden alle 35 Mio. Personen der genannten Altersgruppe einen entsprechenden Vertrag abschließen, hätte das nach einer Berechnung von Breyer (2016) eine Kapitalbildung von ca. 12 Mrd. Euro im Jahr ergeben, die allerdings nicht notwendigerweise zusätzlich erfolgen, sondern teilweise andere Sparformen verdrängen würde. Aus dem oben genannten Grund wäre jedoch sogar eine vollständige Verdrängung anderer Sparformen unproblematisch, weil durch die Verlagerung der Mittel in eine Pflegetagegeldversicherung die Mittel später genau den Personen zur Verfügung stehen, die den höchsten Mittelbedarf haben, und damit die maximale Entlastung der nachfolgenden Generationen ermöglicht wird.

Ein Problem bei dieser Hochrechnung besteht darin, dass nicht a priori klar ist, ob die Prämien der Pflegezusatzversicherungen auch dann noch gelten würden, wenn diese obligatorisch wären und damit von der gesamten Bevölkerung gekauft würden. Das wäre dann nicht der Fall, wenn die heutige Klientel durch eine enge Gesundheitsprüfung positiv selektiert wäre. Tatsächlich finden Gesundheitsprüfungen statt; jedoch darf man bezweifeln, ob die Risikoauslese bei der Pflegeversicherung ebenso gut möglich ist wie bei einer Krankenversicherung, insbesondere wenn die Versicherung im jungen oder mittleren Alter abgeschlossen wird.

9.3 Zur politischen Ökonomie der Sozialreformen in Deutschland

9.3.1 Sozialreformen pro und contra Nachhaltigkeit

Im vorangegangenen Abschnitt wurde erörtert, welche Reformen in den einzelnen Zweigen der Sozialversicherung in Deutschland erforderlich sein könnten, um die Nachhaltigkeit ihrer Finanzierung zu sichern. Dabei wurde die Frage ausgeblendet, ob es zu erwarten ist, dass die dazu notwendigen Gesetzesänderungen von demokratisch gewählten Parlamenten auch beschlossen werden. Schließlich werden die Finanzierungsprobleme zum großen Teil durch die Alterung der Bevölkerung ausgelöst, aber eine alternde Bevölkerung bedeutet auch eine alternde Wählerschaft, und in Abschn. 5.7 wurde gezeigt, dass mit dieser eine Tendenz einhergeht, Sozialprogramme, die Transfers von Jung zu Alt beinhalten, über das „effiziente" Maß hinaus auszuweiten. So haben Sinn und Übelmesser (2002) in einer viel zitierten Arbeit ausgerechnet, dass schon etwa vom Jahr 2015 an der Wähler im Median der Altersverteilung so alt sein werde, dass er von einer Absenkung von Beiträgen und Leistungen der Rentenversicherung nicht mehr profitieren könnte. Sie schlossen daraus, dass aus der Sicht des Jahres 2002 das Zeitfenster für mögliche spürbare Rentenreformen nur noch gut zehn Jahre offenstehen werde.

Betrachtet man die Gesetzgebung in Deutschland seit 2013, so muss man feststellen, dass diese Vorhersage ziemlich genau bestätigt wurde. Folgende Sozialreformen wurden in diesem Zeitraum u. a. vorgenommen:[5]

- Einführung eines abschlagsfreien Renteneintritts mit 63 Jahren (statt mit 65 Jahren) für langjährig Versicherte ab 2014 („Rente mit 63"),
- Zuweisung eines weiteren Entgeltpunkts pro Kind an Frauen, die vor 1992 Kinder geboren haben ab 2014 und eines weiteren halben Entgeltpunkts ab 2019 („Mütterrente"),
- Aussetzung des Nachholfaktors bis 2026, mit dem der Rentenanstieg im Anschluss an eine vermiedene Rentenkürzung (wegen eines Rückgangs des Lohnniveaus) gedämpft wurde,
- Einführung einer „Haltelinie" von 48 % für das Rentenniveau, die bis 2025 nicht unterschritten werden darf,
- Einführung einer steuerfinanzierten und bedarfsgeprüften „Grundrente" im Jahr 2021,
- Ausweitung der Leistungen der Sozialen Pflegeversicherung im Ersten, Zweiten und Dritten Pflegestärkungsgesetz und weitgehender Verzicht auf die Inanspruchnahme der Nachkommen.

Anstelle einer Begrenzung der Leistungen wie in den Sozialreformen der „Agenda 2010", die in den Jahren 2004–2007 umgesetzt wurde, wurden die Leistungen seit 2013 wieder ausgeweitet. Auch wurden zumindest im Bundestag keine Pläne diskutiert, wie die Regelaltersgrenze in der GRV nach 2031 gestaltet werden soll, falls der Anstieg der Lebenserwartung sich fortsetzen sollte.

Auf der anderen Seite wurde mit der Einführung der beschriebenen Haltelinie für das Rentenniveau auch eine „Haltelinie" in Höhe von 20 % für den Beitragssatz zur GRV beschlossen, die bis 2025 gelten soll. Außerdem wurde im Juni 2020 mit der Einführung einer „Sozialgarantie 2021" festgelegt, dass zumindest kurzfristig der Gesamtbeitragssatz zur Sozialversicherung den Wert 40 % nicht überschreiten darf. Diese Garantie war von Arbeitgeberverbänden gefordert worden, die bei weiter steigenden Beitragssätzen eine Abwanderung von Arbeitsplätzen aus Deutschland vorausgesagt hatten. Wie löst man aber das Dilemma, das sich unweigerlich ergibt, wenn sowohl das Leistungsniveau als auch die Beitragssätze zur Sozialversicherung auf längere Sicht festgeschrieben werden und sich wegen der Alterung der Bevölkerung eine Finanzierungslücke auftut?

9.3.2   Mehr Steuerfinanzierung der Sozialversicherung?

Eine naheliegende und immer populärer werdende Antwort auf diese Frage lautet, dass Zuschüsse aus dem Staatshaushalt eingesetzt werden sollen, um die

---

[5]Für eine vollständige Auflistung vgl. Steffen (2020).

Finanzierungsprobleme der Sozialversicherung zu begrenzen und den Konflikt zwischen Beitragshöhe und Leistungsniveau abzumildern. Von diesem Instrument wurde in der Vergangenheit bereits in größerem Umfang Gebrauch gemacht. So stieg der Bundeszuschuss zur Rentenversicherung allein zwischen 1991 und 2020 von 19,6 Mrd. Euro auf 100 Mrd. Euro (+410 %), während die gesamten Ausgaben der Rentenversicherung im selben Zeitraum nur um 126 % gewachsen sind. Im Jahr 2004 wurde ein weiterer Bundeszuschuss eingeführt, der der gesetzlichen Krankenversicherung (GKV) zugutekommt und seit 2017 jährlich 14,5 Mrd. Euro beträgt.

Zur Begründung für den Bundeszuschuss zur gesetzlichen Rentenversicherung wird zum einen angeführt, dass dieser zur Finanzierung der versicherungsfremden Leistungen dient, die der Gesetzgeber der Rentenversicherung aufgebürdet hat. Dazu gehört u. a. die Anerkennung von Ausfallzeiten wie Wehrdienst und Kindererziehung oder auch von Versicherungszeiten, die im Ausland verbracht worden sind (etwa bei Aussiedlern). Ein zweites Argument für eine partielle Steuerfinanzierung bezieht sich darauf, dass das nur in der gesetzlichen Rentenversicherung geltende Umlageverfahren eine geringere Rendite aufweist als das Kapitaldeckungsverfahren und dass somit die Pflichtversicherten (Arbeitnehmer) gegenüber anderen Bevölkerungsgruppen wie den Selbstständigen, die sich privat versichern können, benachteiligt sind. Dieser Nachteil soll dadurch ausgeglichen werden, dass die Pflichtversicherten nicht die gesamten Ausgaben der Rentenversicherung mit ihren Beiträgen tragen müssen.

Neben diesen allgemeinen Argumenten wurde die drastische Anhebung des Bundeszuschusses seit 1991 zusätzlich damit begründet, dass es wünschenswert sei, den Produktionsfaktor Arbeit von Abgaben zu befreien und dafür andere – möglicherweise weniger elastische – Bemessungsgrundlagen wie den Konsum stärker zu belasten. Folgerichtig wurde im Jahre 1997 die Mehrwertsteuer um einen Prozentpunkt erhöht und von 1999 an der Energieverbrauch mit einer Sondersteuer („Ökosteuer") belegt, um Mittel für eine Aufstockung des Bundeszuschusses zu generieren. Insbesondere wird oft behauptet, die Besteuerung des Umwelt- oder Energieverzehrs werfe eine „doppelte Dividende" ab, da man gleichzeitig zwei Verzerrungen vermindern könne: die Verzerrung des Arbeitseinsatzes durch Verminderung der Sozialabgaben und die Verzerrung beim Umweltverbrauch durch die Ökosteuer.

Eine wirkliche Begründung für die Erhöhung des Bundeszuschusses zur Rentenversicherung liefert dieses Argument jedoch nicht. Wenn eine Umfinanzierung der Staatseinnahmen das Gesamtmaß der Verzerrungen verringern kann, so ließe sich dies auch durch eine Änderung *innerhalb* des Steuersystems erreichen, etwa durch eine Verlagerung von den direkten zu den indirekten Steuern.

Gegen die immer weitergehende Ersetzung von Beitrags- zu Steuerfinanzierung lässt sich einwenden (vgl. Buchholz und Wiegard 2014), dass damit das Äquivalenzprinzip, d. h. der enge Zusammenhang zwischen Beitragszahlung und individuellem Leistungsanspruch ausgehöhlt werde. Da mit einer Steuerzahlung kein Anspruch auf eine Gegenleistung erworben werde, müsse das die Abgabenwiderstände noch verstärken. Als weiteres Manko des Bundeszuschusses (wie auch dessen ständiger Ausweitung) muss es angesehen werden, dass dieser die Transparenz des Rentensystems behindert, da der Beitragssatz seine Rolle als Signal für die Kosten der Rentenfinanzierung verliert. Aus politisch-ökonomischer Sicht könnte jedoch gerade die Intransparenz für die Steuerfinanzierung sprechen. Diese hat für Politiker mehrere Vorteile: Zum einen erscheint sie „gerechter", weil der Einkommensteuertarif progressiv ist, während die Beiträge zur Sozialversicherung linear (und bei Berücksichtigung der Bemessungsgrenzen sogar degressiv) sind, sodass durch Steuern die kleine Gruppe der Spitzenverdiener stärker belastet werden kann. Zum anderen ist es bei einer Erhöhung des Bundeszuschusses zumeist unklar, wie diese gegenfinanziert wird: durch die Erhöhung einer Steuer (und wenn ja, welcher) oder durch die Kürzung anderer Ausgaben. Dieses Phänomen ist als „fiskalische Illusion" bekannt, die darin besteht, dass die Vorteile einer Rentenerhöhung für die Begünstigten sofort sichtbar sind, während sich die Kosten der Maßnahme im Zeitpunkt der Entscheidung verschleiern lassen und erst später ans Tageslicht treten.[6]

Wie in Abschn. 5.7.1.5 gezeigt wurde, liegt es im Eigeninteresse jetziger und künftiger Rentnergenerationen, die Transfers zu maximieren, die von den Beitragszahlern in eine auf dem Umlageverfahren beruhende Rentenversicherung fließen. Allerdings gibt es eine obere Grenze für die Belastung der Nicht-Rentner, die durch die Höhe des Beitragssatzes bestimmt wird, bei dem diese Transfers von Jung zu Alt maximiert werden. Im Sinne eines „Laffer-Effekts" ist ja zu erwarten, dass die Erwerbstätigen von einem bestimmten Niveau der Abgabenbelastung mit einer Verringerung ihrer Arbeitsleistung reagieren.

Diese Schranke besteht jedoch nicht nur für die Beitrags-, sondern auch für eine Finanzierung durch Steuern, die zum größten Teil ebenfalls von den Erwerbstätigen aufgebracht werden müssen. Da die Existenz einer Obergrenze für mögliche Transfers an die Rentnergeneration somit auch bei Steuerfinanzierung unterstellt werden muss, stellt diese kein Allheilmittel dar und dient aus politökonomischer Sicht vielmehr der Veschleierung fundamentaler Verteilungsprobleme. Das Ausweichen auf Steuerfinanzierung bewahrt die Rentnergenerationen jedenfalls nicht vor dem Eintreten einer Situation, in der sie im eigenen Interesse einer Rentenreform mit Leistungskürzungen zustimmen. Wenn aber reformiert werden muss, dann ist es sinnvoll, dies so früh wie möglich zu tun, um künftigen Generationen von Rentnerinnen und Rentnern ein hohes Maß an Planungssicherheit zu geben.

---

[6]Ein erster Schritt hin zur Herstellung von Transparenz in der Finanzierung der verschiedenen Bundeszuschüsse bestünde darin, die dafür benötigten Mittel durch eine besondere Steuer aufzubringen, deren Sätze jährlich an den Finanzbedarf angepasst werden müssen. Dies könnte etwa ein prozentualer Aufschlag auf die Einkommensteuerschuld analog zum Solidaritätszuschlag sein. Vorbild könnte hier die Schweiz sein, die sogar die gesamten umlagefinanzierten Rentenausgaben durch eine (allerdings prozentuale) Steuer auf alle Einkommen ohne jegliche Obergrenze aufbringt.

Literatur

Breyer, F. (2016). Die Zukunft der Pflegeversicherung in Deutschland: Umlage und Kapitaldeckung. *Zeitschrift für die gesamte Versicherungswissenschaft, 105,* 445–461.

Breyer, F., & Lorenz, N. (2020). Wie nachhaltig sind die gesetzliche Kranken- und Pflegeversicherung finanziert? *Wirtschaftsdienst, 100,* 591–596.

Buchholz, W., & Wiegard, W. (2014). Wer finanziert den deutschen Sozialstaat in Zukunft? Beiträge, Steuern und Privatisierung der Risiken. In: P. Masuch u.a. (Hg.), *Grundlagen und Herausforderungen des Sozialstaats,* Denkschrift 60 Jahre Bundessozialgericht, Berlin, S. 751–774.

Fehr, H., Kallweit, M., & Kindermann, F. (2013). Should Pensions be Progressive? *European Economic Review, 63,* 94–116.

Fries, J. (1980). Aging, natural death, and the compression of morbidity. *New England Journal of Medicine, 303,* 130–135.

Fuchs, V. (1984). Though much is taken: Reflections on aging. *Health and Medical Care, Milbank Memorial Fund Quarterly/Health and Society, 61,* 143–166.

Kifmann, M. (2001). Langfristige Folgen einer Einbeziehung der Selbständigen in die gesetzliche Rentenversicherung. *Konjunkturpolitik, 47,* 51–73.

Lorenz, N., Ihle, P., Breyer, F. (2020). Aging and Health Care Expenditure: A Non-Parametric Approach, *CESifo Working Paper,* Nr. 8216, April.

Lubitz, J., Beebe, J., & Baker, C. (1995). Longevity and medicare expenditure. *New England Journal of Medicine, 332,* 999–1003.

OECD Data (2020). https://data.oecd.org/emp/employment-rate-by-age-group.htm. Zugegriffen: 28. Jan. 2021

OECD Stat. (2020). https://stats.oecd.org/OECDStat_Metadata/ShowMetadata.ashx?Dataset=HEALTH_STAT&ShowOnWeb=true&Lang=en. Zugegriffen: 28. Jan. 2021.

Olshansky, S. J., Rudberg, M. A., Carnes, B. A., Cassel, C. K., & Brody, J. A. (1991). Trading off longer life for worsening health: The expansion of morbidity hypothesis. *Journal of Aging and Health, 3,* 194–216.

Seshamani, M., & Gray, A. (2004). Ageing and health-care expenditure: the red herring argument revisited. *Health Economics, 13,* 303–314.

Sinn, H. W., & Übelmesser, S. (2002). Pensions and the path to gerontocracy in Germany. *European Journal of Political Economy, 19,* 153–158.

Stearns, S. C., & Norton, E. C. (2004). Time to include time to death? *The future of health care expenditure predictions, Health Economics, 13,* 315–327.

Steffen, J. (2020). Sozialpolitische Chronik. https://www.portal-sozialpolitik.de

Werding, M. (2018). *Demographischer Wandel, soziale Sicherung und öffentliche Finanzen: Langfristige Auswirkungen und aktuelle Herausforderungen.* Gütersloh: Bertelsmann Stiftung.

Zweifel, P., Felder, S., & Meier, M. (1999). Ageing of population and health care expenditure: A red herring? *Health Economics, 8,* 485–496.

Stichwortverzeichnis

The manufacturer's authorised representative in the EU is Springer
Nature Customer Service Centre GmbH, Europaplatz 3, 69115 Heidelberg,
Germany. If you have any concerns regarding our products, please
contact ProductSafety@springernature.com

Printed and bound by CPI Group (UK) Ltd, Croydon, CR0 4YY
28/04/2026
02098489-0011